Brigitte Brakelmann (Hrsg.)
Johanna Härtl (Hrsg.)

Kompendium Fachwirte-Prüfung

Kompaktwissen und Prüfungsfragen für die wirtschaftsbezogenen Qualifikationen

D1662846

Cornelsen

Verlagsredaktion: Annette Preuß
Technische Umsetzung: TypeArt, Grevenbroich
Layout: vitaledesign, Berlin
Umschlaggestaltung: vitaledesign, Berlin
Titelfoto: Vladimir Godnik / gettyimages®

Informationen über Cornelsen Fachbücher und Zusatzangebote:
www.cornelsen.de/berufskompetenz

© 2013 Cornelsen Schulverlage GmbH, Berlin

Druck: Stürtz GmbH, Würzburg

ISBN 978-3-06-151023-7

 Inhalt gedruckt auf säurefreiem Papier aus nachhaltiger Forstwirtschaft.

Vorwort

Dieses „Kompendium für Fachwirte" begleitet Sie umfassend beim ersten Teil Ihrer Qualifizierung zur Fachwirtin / zum Fachwirt. Sie finden in diesem Band die Inhalte aller **Prüfungsfächer der wirtschaftsbezogenen Qualifikationen**:

1. Volks- und Betriebswirtschaftslehre
2. Rechnungswesen
3. Recht und Steuern
4. Unternehmensführung

Mit dem nicht prüfungsrelevanten, aber sinnvollen Kapitel „Lern- und Arbeitsmethodik" wollen wir Ihnen außerdem wichtige Tipps und Hinweise für eine **effiziente Arbeitsweise** geben, die gerade dann, wenn Sie sich nebenberuflich fortbilden, unbedingt notwendig ist, um den Herausforderungen gewachsen zu sein.

Sie können dieses Buch in zweierlei Hinsicht nutzen: Zum einen eignet es sich als **direkte Begleitung Ihres Lehrgangs**, d.h., Sie können den Stoff parallel mitverfolgen und nacharbeiten. Denn die Gliederung und die Inhalte entsprechen konsequent denen des DIHK-Rahmenplans für die wirtschaftsbezogenen Qualifikationen der Fachwirte-Prüfung.

Zum anderen können Sie sich mithilfe des Kompendiums **optimal auf Ihre Prüfung vorbereiten**. Denn am Ende jedes Abschnitts der zweiten Hierarchie stehen Wiederholungsfragen mit Lösungshinweisen und am Ende jedes Hauptkapitels finden Sie eine **Musterklausur** mit typischen Prüfungsfragen und Lösungsvorschlägen.

Die Darstellung ist bewusst **kompakt** gehalten und dennoch stofflich vollständig. Die Autorinnen und Autoren haben den Umfang für die einzelnen Themen sorgfältig anhand ihrer langjährigen Erfahrungen als Dozent/-in in entsprechenden Lehrgängen festgelegt und mit Blick auf die Taxonomie des Rahmenplans gewichtet.

Durch eine **übersichtliche Aufbereitung mit Merksätzen, Beispielen und vielen Visualisierungen** wird das Verstehen unterstützt und Sie behalten den Überblick über den Stoff.

Zusammengefasst: Das vorliegende Werk bietet Ihnen das erforderliche Prüfungswissen für die wirtschaftsbezogenen Qualifikationen der Fachwirte-Prüfung und ermöglicht und erleichtert Ihnen ein gezieltes, individuelles Prüfungstraining.

Autoren und Verlag wünschen Ihnen viel Erfolg bei der Prüfung und für Ihre weitere berufliche Karriere!

Autorenvorstellung

Brigitte Brakelmann:

Brigitte Brakelmann, Industriekauffrau und Dipl.-Betriebswirtin, war viele Jahre als Personal- und Ausbildungsleiterin aktiv. Heute ist sie als Dozentin für diverse Bildungseinrichtungen tätig und qualifiziert Teilnehmer/-innen in den unterschiedlichen Maßnahmen der beruflichen Aus-, Fort- und Weiterbildung. Außerdem wirkt sie in verschiedenen Prüfungsausschüssen mit, z.B. für Technische Betriebswirte, Personalfachkaufleute, Wirtschaftsfachwirte, Industriemeister und für die Ausbildereignung.

Johanna Härtl:

Dr. Johanna Härtl, Verkehrsfachwirtin und Dipl.-Betriebswirtin, hat einige Jahre als Ausbilderin in Unternehmen gearbeitet und als Dozentin bei diversen Bildungsträgern unterrichtet. Seit über zehn Jahren bereitet sie in ihrer eigenen Akademie angehende Betriebswirte, Fachwirte und Industriemeister auf die IHK-Abschlussprüfungen vor.

Angela Kirschner:

Angela Kirschner, Rechtsanwältin und Mediatorin, war viele Jahre bei einer IHK tätig, vorrangig in den Bereichen „Recht" und „Berufliche Bildung". Seit 2008 ist sie als Anwältin selbstständig und arbeitet schwerpunktmäßig als Mediatorin. Zudem unterrichtet sie in den Bereichen „Recht" und „Steuern" in verschiedenen Bildungseinrichtungen und ist Mitglied in den Prüfungsausschüssen der „Wirtschaftsfachwirte" und der „Betriebswirte" der IHKs Bochum und Dortmund.

Immo Maier:

Immo Maier, Betriebswirt, war lange als Controller in verschiedenen Unternehmen und in der Außenwirtschaftsberatung tätig. 1996 machte er sich mit einem Beratungsunternehmen (Schwerpunkt Existenzgründung, -sicherung und Coaching) selbstständig. Seit einigen Jahren ist er zudem als Dozent im Fach „Steuern" für die Fachwirte-Ausbildung tätig.

Volker Maschke:

Volker Maschke, Hochschulingenieurökonom, ist seit 2000 als freier Dozent für IHKs, private Bildungsträger und verschiedene Firmen tätig. Seine Spezialgebiete sind: Datenverarbeitung, betriebswirtschaftliche Themen, wie das Rechnungswesen und die allgemeine Betriebswirtschaftslehre, und Grundlagen der Volkswirtschaftslehre.

Inhalt

0 Lern- und Arbeitsmethodik

0.1   Der Lernvorgang und seine Bedeutung

0.1.1   Drei verschiedene Gedächtnisspeicher

Erfolgreiches Lernen bedeutet, alle Inhalte und Informationen so im Gedächtnis zu behalten und zu ordnen, dass sie bei Bedarf abgerufen werden können. Das kann allerdings nur dann funktionieren, wenn die Inhalte folgenden Weg nehmen:

Dieser Weg gelingt uns mit interessanten Inhalten und mit Informationen, mit denen wir Gefühle verbinden oder mit denen wir Aktivitäten durchgeführt haben, wie z.B. das Aufschreiben oder das Nachsprechen.

Das **Ultrakurzzeitgedächtnis** hat eine hohe Speicherkapazität, allerdings verlieren sich die Informationen dort innerhalb von Zehntelsekunden, denn das Ultrakurzzeitgedächtnis funktioniert vorwiegend über visuelle Eindrücke. Bewusstsein und Aufmerksamkeit sind notwendig, um eine Übertragung in das Kurzzeitgedächtnis vollziehen zu können.

Die Kapazität des **Kurzzeitgedächtnisses** ist geringer als die des Ultrakurzzeitgedächtnisses, allerdings steht uns dort eine begrenzte Menge von Informationen aktiv für eine gewisse Zeit zur Verfügung. Wir können diese Informationen weiterverarbeiten und für unsere Zwecke nutzen. Findet diese aktive Nutzung und Weiterverarbeitung nicht statt, gehen die Informationen wieder verloren.

Dauerhafte Speicherung von Inhalten und Informationen findet schließlich im **Langzeitgedächtnis** statt. Die Kapazität dieses Gedächtnisses ist nahezu unbegrenzt. Es wird vermutet, dass das Vergessen von Informationen nicht auf mangelnde Kapazität zurückzuführen ist, sondern vielmehr ein Schutz vor zu viel Wissen sein soll. Somit findet kein Informationsverlust statt, wie bei den anderen Formen unseres Gedächtnisses, sondern eine Beeinflussung dieses Gedächtnisses durch andere, früher oder später gelernte Inhalte.

Insgesamt können folgende **Prozesse des Langzeitgedächtnisses** unterschieden werden:
- **Lernen**: Einspeicherung neuer Informationen
- **Behalten**: Bewahren wichtiger Informationen durch regelmäßigen Abruf
- **Erinnern**: Reproduktion oder Rekonstruktion von Inhalten
- **Vergessen**: Zerfall von Erinnerung durch neue oder veränderte Informationen zu einer Thematik

Um neue Inhalte in das Langzeitgedächtnis zu transportieren und vorhandene Inhalte vor Verlust zu bewahren, ist das Üben zwingend erforderlich, d.h., die

Inhalte müssen bewusst und regelmäßig abgerufen werden. Geschieht das nicht, haben wir Schwierigkeiten, die Informationen zu „finden". Die Verankerung im Gedächtnis nimmt sowohl mit der Relevanz und der Anzahl der Assoziationen zu als auch mit der emotionalen Bedeutung.

0.1.2 Die Arbeitsweise der beiden Gehirnhälften

Über diese Ebenen unseres Gedächtnisses hinaus wurde die Hemisphärentheorie entwickelt. Diese sagt aus, dass unser Gehirn eine Art Arbeitsteilung besitzt. Die **rechte Gehirnhälfte** ist für visuelle Wahrnehmungen, unsere Gefühle, für ganzheitliches und bildliches Denken und für Intuition und kreative Fähigkeiten zuständig. Unsere **linke Gehirnhälfte** hingegen ist für die Speicherung von sprachlichen Informationen und Fakten, für das logische und analytische Denken verantwortlich.

Im Rahmen dieser Hemisphärentheorie wurde erkannt, dass die meisten Menschen schwerpunktmäßig ihre Stärke auf einer der Gehirnhälften haben. So wurde festgestellt, dass Künstler vorwiegend die rechte Gehirnhälfte stark ausgeprägt einsetzen, während Mathematiker vorwiegend mit der linken Gehirnhälfte arbeiten. Diese Erkenntnisse sollten allerdings nicht dazu verleiten, zu glauben, dass nur eine Gehirnhälfte von uns für den Erwerb neuen Wissens geeignet ist. Vielmehr lernen wir besonders effektiv, wenn es uns gelingt, beide Gehirnhälften einzusetzen. Dies kann durch den Einsatz unterschiedlicher Techniken und die Nutzung verschiedener Medien unterstützt werden.

Abb. 0.1:   Linke und rechte Gehirnhälfte

Linke Gehirnhälfte	Rechte Gehirnhälfte
Rational	Visuell
Faktenorientiert	Experimentell
Logisch	Kreativ
Analytisch	Ganzheitlich
Kontrolliert	Expressiv
Strukturiert	Konzeptionell
Detailliert	Musikalisch
Sicherheitsorientiert	Empfindsam

0.2 Rahmenbedingungen des erfolgreichen Lernens

0.2.1 Positive Grundeinstellungen

Um erfolgreich lernen zu können, brauchen wir Motivation. Motivation kommt durch das Zusammenwirken von häufig mehreren Gründen (Motiven) zustande, die uns veranlassen, unterschiedliche Aktivitäten auszuführen.

Die vorhandene Motivation lenkt dabei unsere Aufmerksamkeit, sorgt für die notwendige Konzentration und versorgt uns mit der Energie, die wir brauchen, um unsere Ziele zu erreichen. Diese Ziele können auf den unterschiedlichsten Ebenen liegen, so z.B. Lernziele, Arbeitsziele oder allgemeine private Ziele.

Grundsätzlich wird bei der Motivation zwischen der sog. extrinsischen (sekundären) Motivation und der intrinsischen (primären) Motivation unterschieden.

- Von der **extrinsischen Motivation** wird gesprochen, wenn wir ein Ziel aufgrund äußerer Anreize verfolgen. Sowohl ein positiver als auch ein negativer Anreiz kann dazu führen, extrinsische Motivation zu erzeugen. Das Lernen wird ein Mittel zum Zweck.
- **Intrinsische Motivation** entsteht aus unserem eigenen Interesse an einer Sache, aus uns selbst heraus und somit völlig unabhängig von externen Belohnungen oder möglichen Sanktionen. Daher ist keine Beeinflussung von außen erforderlich.

Unabhängig von der Art der Motivation benötigen wir optimale Rahmenbedingungen, um erfolgreich lernen zu können. Wer sich neben Beruf und Familie z.B. für eine Weiterbildung entscheidet, bei dem wird die Zeit noch kostbarer und knapper, als sie es ohnehin schon ist. Durch ungünstige Rahmenbedingungen oder Voraussetzungen kann Zeit leicht vergeudet werden.

> **!** Wer es schaffen will, über einen längeren Zeitraum motiviert zu lernen, sollte sich die Phasen auf dem Weg z.B. zur Prüfung rechtzeitig festlegen.

Ein **guter Lernplan** ist gekennzeichnet durch:
- die Formulierung des **Lernziels** (Bestehen der Prüfung),
- die **Einteilung des Weges** bis zum Ziel (realistische und mit Zeiträumen versehene Teilziele),
- die **Überprüfung und Kontrolle** der Schritte auf diesem Weg.

Für eine gute Zielplanung eignet sich die Anwendung der sog. „SMART"-Regel:

	Regel	Beschreibung	Beispiel
S	spezifisch	Die Beschreibung des (Teil-)Ziels muss konkret sein.	Erarbeitung von Kapitel 0.5 der Thematik.
M	messbar	Das Ergebnis muss überprüfbar sein.	Kontrolle mithilfe der Aufgaben zur Selbstkontrolle vornehmen.
A	attraktiv	Der Nutzen muss erkennbar sein.	Es werden unterschiedliche Techniken des Zeitmanagements beherrscht. Dies hilft, Zeit zu sparen.

R	realistisch	Das Ziel sollte mittels einzelner Etappen erreichbar sein.	Ein Kapitel lässt sich gut bearbeiten. Es findet keine Überforderung statt.
T	terminiert	Zeitdauer realistisch festlegen.	Erarbeitung des Kapitels an zwei Tagen mit jeweils zwei Stunden Zeiteinsatz.

Wichtig ist, dass Sie sich nach Erreichen eines Etappenziels für Ihre Leistungen belohnen. Gönnen Sie sich z.B. eine bewusste Auszeit von ein paar Tagen, kaufen Sie sich etwas Schönes, besuchen Sie Ihr Lieblingsrestaurant usw. Diese kleinen, aber angenehmen Dinge des Lebens helfen, auch bei Nachlassen der Motivation „am Ball zu bleiben".

Prinzipiell wollen wir durch das Lernen in unserem Leben etwas ändern. Daher ist es wichtig, zu erkennen, wozu etwas gelernt werden soll.

0.2.2 Lerntypen

Jeder Mensch lernt auf seine individuelle Art und Weise. Vielleicht haben Sie schon einmal nach Vorträgen festgestellt, dass Sie sich nicht mehr an viele der gehörten Ausführungen erinnern können. Dann liegt das wahrscheinlich daran, dass Sie ein Mensch sind, bei dem ausschließlich akustische Signale keine hohe Behaltensquote verursachen. Darüber hinaus ist natürlich auch die Vorgehensweise des Redners im Vortrag von Wichtigkeit. Wurde der Vortrag monoton und langweilig gestaltet, trägt das auch zu einem Nachlassen der Aufmerksamkeit bei.

Je nach der bevorzugten Lernart lassen sich im Großen und Ganzen **vier Lerntypen** unterscheiden:

Lerntyp	Eingangskanal	Erläuterung
Auditiver Lerntyp	Ohr	Dieser Lerntyp versteht Inhalte am besten, wenn sie erklärt werden und er zuhören kann.
Visueller Lerntyp	Auge	Dieser Lerntyp lernt am besten, wenn er Texte lesen kann oder Bilder sieht.
Motorischer (haptischer) Lerntyp	Hand	Dieser Lerntyp lernt am besten, wenn er mit Gegenständen hantieren kann, Experimente selbst durchführt, Texte schreibt oder zeichnet.
Verbaler Lerntyp	Mund	Bei diesem Lerntyp findet der größte Lerneffekt statt, wenn er gehörte, gesehene oder geschriebene Inhalte anderen Personen erzählt.

Wenn man diese Darstellung jetzt ein wenig näher betrachtet und die mögliche Behaltensquote gegenüberstellt, dann ergibt sich folgendes Bild:

- Werden Inhalte nur gehört, dann kann mit einer Behaltensquote von ca. 20 % gerechnet werden.
- Werden Inhalte ausschließlich gesehen, dann kann eine Behaltensquote von ca. 30 % erreicht werden.
- Findet eine Kombination aus Hören und Sehen statt, dann steigt die Behaltensquote auf ca. 50 % an.
- Redet man auch noch zusätzlich über die Inhalte, dann erhöht sich die Behaltensquote auf ca. 70 %.
- Können darüber hinaus die Inhalte weiter bearbeitet werden durch eigene Handlung, wird eine Behaltensquote von ca. 90 % erreicht.

! Daraus lässt sich ableiten, dass ein Mensch am erfolgreichsten lernt, wenn er so viel wie möglich selbst tun kann.

0.2.3 Lernrhythmus und Konzentrationsfähigkeit

Unsere Fähigkeit, konzentriert zu arbeiten, und damit auch unser Lernvermögen steht darüber hinaus in einer Abhängigkeit von der Tageszeit und der aktuellen Leistungsfähigkeit. Jeder Mensch hat einen ganz **persönlichen Biorhythmus**, der unsere Leistungs- und Lernbereitschaft entscheidend beeinflusst. Ganz allgemein betrachtet kann eine Unterteilung in Morgentypen und Abendtypen vorgenommen werden.

Da wir alle einer Schwankung unserer Leistungsfähigkeit unterliegen, hat auch jeder seine eigenen **Leistungshochs** und seine **Tiefpunkte**. Wir können durch genaue Beobachtung die eigene Leistungskurve erkennen.
Führen Sie am besten ein paar Tage lang ein **Beobachtungsprotokoll**. Schreiben Sie sich auf, wann Sie voller Energie und Konzentration zügig Ihre Aufgaben erledigen konnten und wann Sie selbst bei größter Anstrengung nicht viel zustande gebracht haben. Diese Erkenntnisse können Sie nutzen, um wichtige Aufgaben oder Lernphasen in die Zeiten Ihrer persönlichen Leistungshochs zu legen.

Allgemein wird davon ausgegangen, dass wir morgens gegen 9.00 Uhr das erste Leistungshoch erreichen mit einer Steigerung bis ca. 12.00 Uhr. Danach nimmt die Leistungsfähigkeit kontinuierlich bis ca. 15.00 Uhr ab, um dort den Tiefpunkt zu erreichen. Dann steigt die Leistungsfähigkeit wieder leicht an, um gegen 21.00 Uhr rapide abzufallen.
Diese Schilderung soll nur der Übersicht dienen. Eine Verallgemeinerung ist nicht sinnvoll, denn es hat sich erwiesen, dass manche Menschen frühmorgens am effektivsten lernen, manche eher abends oder nachts, wenn keine Störungen von außen auftreten.

0.2.4 Lernumgebung

Auch die vorhandene Lernumgebung muss so gestaltet sein, dass wir ungestört lernen können. Dabei gilt es vor allem, zwei Arten von Störquellen zu beseitigen bzw. so weit wie möglich zu vermeiden:

0.2.4.1 Störung durch andere Menschen: Partner, Familien- mitglieder, Freunde oder Arbeitskollegen

Möglichkeiten zur Abhilfe oder Reduzierung: Die Menschen in Ihrem Umfeld soll- ten frühzeitig in Ihre Planung und Lernziele eingebunden werden. Dadurch erzeu- gen Sie Verständnis für Ihre Situation. Teilen Sie Ihrem Umfeld mit, zu welchen Zeiten Sie lernen wollen. Bitten Sie sie um Rücksicht.
Reservieren Sie Zeiten für diese Menschen, an denen Sie sich ihnen ungestört wid- men können. Bitten Sie z.B. Ihren Partner, mit den Kindern etwas außerhalb der Wohnung zu unternehmen (Spielplatz, schwimmen gehen, Fahrradtour, Kinobe- such usw.). Dann kommen alle auf ihre Kosten, und Sie haben kein schlechtes Gewissen.

0.2.4.2 Störung durch sonstige Einflüsse

Sonstige Beeinträchtigungen der Lernumgebung können beispielsweise entstehen durch:
- Lautstärke im Raum
- Zimmertemperatur – ist es zu kalt oder zu warm?
- Luft – ist sie stickig oder verbraucht?
- Unordnung – herrscht Chaos auf Ihrem Schreibtisch oder im Zimmer?
- Telefon, Handy, Internet – immer erreichbar und dadurch abgelenkt?

Diese Einflüsse lassen sich schnell und gründlich beseitigen:
- Radio und Fernseher müssen ausgeschaltet werden, um Ablenkungen durch Geräusche zu vermeiden.
- Regeln Sie die Heizung auf ein Ihnen angenehmes Maß. Sowohl schwitzen als auch frieren behindert die Konzentration, da der Körper mit einem Ausgleich der Temperatur beschäftigt ist. Schaffen Sie sich für den Sommer einen Ventila- tor an, um für eine angenehme Temperatur zu sorgen.
- Lüften Sie regelmäßig. Durch Frischluftzufuhr können Sie Ihre Konzentration aufrechterhalten.
- Schaffen Sie Ordnung. Alle benötigten Arbeitsmittel sollten griffbereit sein. Ordnung sorgt außerdem dafür, dass unser Blick nicht abschweift und wir uns auf das „Wesentliche" konzentrieren können.
- Befreien Sie sich von dem Drang, immer erreichbar sein zu müssen. Auch nach Ihrer Lernzeit sind die Menschen in „sozialen Netzwerken" noch da. Nicht jede Statusmeldung eines anderen ist wichtig und muss sofort kommentiert werden. E-Mails, SMS und Anrufe lassen sich problemlos nach der Lernzeit beantworten – nichts läuft Ihnen weg. Gerade im Zeitalter der modernen Kommunikation gehört dazu etwas Disziplin. Halten Sie durch und bleiben Sie „offline" – Sie werden feststellen, dass es Ihnen guttut, und sich dankbar sein.

0.3 Lerntechniken und -methoden

Bevor Sie unterschiedliche Lerntechniken anwenden, sollten Sie sich einen Über- blick über den Umfang des zu bearbeitenden Lernstoffs verschaffen.

Anschließend sollten Sie die verschiedenen Quellen analysieren, die Auskunft über Lerninhalte oder sonstige wichtige Informationen geben können. Mögliche Quellen können Skripte, Fachbücher, die Lernkartei usw. sein.

Sind Sie Teilnehmer eines Lehrgangs, der sich auf eine Prüfung vorbereitet, finden Sie wichtige Informationen im Rahmenplan. Die **Rahmenpläne** sind so aufgebaut, dass alle für die Prüfung benötigten Kenntnisse aufgelistet sind.

Weiterhin ist vermerkt, welche Inhalte bei eventuellen Teilprüfungen abgefragt werden und in welcher Tiefe die Kenntnisse vorhanden sein sollten. Die Tiefe der Kenntnisse wird als **Lernzieltaxonomie** bezeichnet.

Die Lernzieltaxonomie kann in folgende Ebenen differenziert werden (vgl. Allgemeine Rahmenpläne, DIHK – Deutscher Industrie- und Handelskammertag, Berlin):

- **Wissen**: Erwerb von Kenntnissen (Daten, Sachverhalte, Fakten), die notwendig sind, um Zusammenhänge verstehen zu können. Beispiele: beherrschen (kognitiv), kennen, überblicken
- **Verstehen**: Erkennen und Verinnerlichen von Zusammenhängen, um komplexe Aufgabenstellungen und Problemfälle einer Lösung zuführen zu können. Beispiele: analysieren, beurteilen, bewerten, unterscheiden
- **Anwenden**: Fähigkeit zu einem sach- und fachgerechten Handeln. Beispiele: auswählen, beherrschen (praktisch), darstellen, durchführen, einsetzen, entwickeln, erarbeiten, ermitteln, gestalten, kontrollieren, planen, steuern

0.3.1 Texte richtig lesen und verstehen

Wie Sie wissen, wird uns eine große Menge an Informationen in schriftlicher Form dargeboten. Da es für uns wichtig ist, diese Informationen zu verstehen, müssen wir die vorhandenen Texte richtig lesen. Francis Robinson, ein amerikanischer Pädagoge, hat für diesen Zweck die „**SQ3R-Methode**" entwickelt:

Arbeits-schritt	WAS soll gemacht werden?	WIE soll es gemacht werden?
Survey	Zunächst sollen Sie sich einen Überblick über die Inhalte verschaffen.	Lesen Sie das Inhaltsverzeichnis, den Klappentext und – falls vorhanden – die Zusammenfassungen. Achten Sie darüber hinaus auf Zwischenüberschriften bei einzelnen Kapiteln und auf Schlüsselwörter.
Question	Stellen Sie sich selbst die Fragen, auf die die einzelnen Kapitel Antwort geben sollen.	Da Sie sich vorher schon einen Überblick verschafft haben, lassen sich nun die Fragestellungen innerhalb des Textes erfassen.
Read	Lesen Sie nun aktiv den Text auf der Grundlage der Fragen.	Suchen Sie nach den Antworten auf die vorher gestellten Fragen.

Recite	Geben Sie die Antworten auf die Fragen wieder. Dazu müssen Sie die Antworten aufschreiben.	Wichtig ist die Wiedergabe der Antworten mit Ihren eigenen Worten. Machen Sie dies grundsätzlich, auch wenn Sie der Meinung sind, dass es nicht erforderlich ist, weil Sie glauben, auch so alles verstanden zu haben.
Review	Fassen Sie den erarbeiteten Text zusammen.	Lesen Sie die eigene Zusammenfassung anschließend noch einmal durch. Sollten Sie feststellen, dass Sie wichtige Informationen vergessen haben, nehmen Sie Ergänzungen vor. Das mehrmalige Beschäftigen mit dem Text sorgt für eine gute Behaltensquote. Legen Sie Ihre Aufzeichnungen so ab, dass Sie sie ohne langes Suchen schnell wiederfinden. Das ist vor allem wichtig, wenn Sie in die direkte Prüfungsvorbereitung gehen und Inhalte wiederholen wollen.

0.3.2 Karteikarten – das „Frage-Antwort-Spiel"

Die SQ3R-Methode lässt sich nach der „**Review-Phase**" fortführen. Die von Ihnen erarbeiteten Fragen und Antworten können Sie jetzt auf Karteikarten notieren, indem Sie auf der Vorderseite die Frage notieren und auf der Rückseite die Antwort schreiben. Diese selbst angefertigte Kartei kann nun regelmäßig genutzt werden, um die Inhalte aufzufrischen und zu üben. Darüber hinaus hat diese einfache Methode den Vorteil, dass Sie sich von jeder anderen Person aus Ihrem Umfeld abfragen lassen können, denn durch die vorgefertigten Antworten benötigt diese keinerlei Kenntnisse der Thematik.

Für Sie ist besonders vorteilhaft, dass Sie über die Inhalte sprechen, Antworten formulieren müssen, sich selbst hören und dadurch ggf. das Erlernte noch besser behalten können.

0.3.3 Notizen im Unterricht

Wenn Sie an einem berufsbegleitenden Lehrgang teilnehmen, sind die Anforderungen hoch. Nach einem Arbeitstag noch mehrere Stunden aufmerksam dem Unterricht zu folgen, ist häufig anstrengend. Die eigene Leistungsfähigkeit ist vielleicht nicht mehr so hoch, und Sie sind gefordert, mehrere Dinge gleichzeitig zu tun: Sie müssen nicht nur zuhören, sondern auch über das Gehörte nachdenken und mitschreiben, um Beiträge anderer Teilnehmer festzuhalten.

Das alles wird leichter, wenn Sie versuchen:
- die Gliederung oder die Hauptpunkte des Vortrages zu erkennen,
- sich nicht von anderen Teilnehmern ablenken zu lassen,
- sich Markierungen an den Stellen zu machen, die Sie nicht verstanden haben, und zu einem geeigneten Zeitpunkt nachzufragen,

- immer eine einheitliche Form für Notizen zu nutzen,
- genügend Platz auf den Notizseiten zu lassen, um ergänzen zu können,
- die Inhalte zu einem späteren Zeitpunkt zusammenzufassen.

0.3.4 Strukturierung von Themengebieten

Neue Inhalte lassen sich einfacher merken, wenn diese in eine gute Struktur eingebunden sind. Häufig bekommen wir diese Struktur nicht direkt geliefert, sondern müssen sie selbst erstellen. Eine bewährte Methode ist das Erstellen einer Mindmap. Sie ist für die Erarbeitung fast jeden Themas geeignet, wie Sie an dem folgenden Beispiel erkennen können.

Eine Mindmap ist folgendermaßen strukturiert: Sie beginnen mit der Erarbeitung in der Mitte Ihres Blattes und notieren dort das Thema. Von diesem Thema ausgehend zeichnen Sie die sog. Hauptäste, die Sie mit aussagefähigen Schlüsselwörtern versehen. Diese Schlüsselwörter sollten so gewählt werden, dass sie die großen und übergeordneten Themenblöcke darstellen.
An diese schließen danach einzelne Zweige und Nebenzweige an. Nach Fertigstellung haben Sie komplexe Sachverhalte durch eine grafische Reduzierung auf Schlüsselbegriffe übersichtlich und leicht erkennbar dargestellt.

Abb. 0.2: Beispiel für eine Mindmap

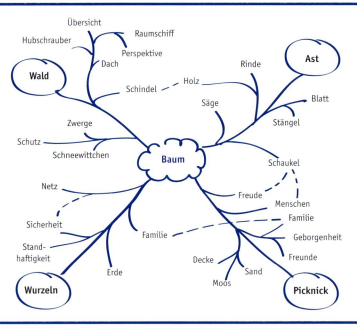

0.3.5 Lehrmethoden/Lernmethoden

Es gibt diverse Lehr- und Lernmethoden, die in der Ausbildung und beruflichen Weiterbildung wichtig sind und unterschiedliche Lerntypen ansprechen.

0.3.5.1 Das Lehrgespräch

Das Lehrgespräch ist eine Methode, die in allen Schulformen eingesetzt wird und natürlich auch in der beruflichen Aus- und Weiterbildung fest verankert ist. Das Lehrgespräch ist **besonders für den auditiven und verbalen Lerntyp** geeignet. Es ist immer dann sinnvoll einzusetzen, wenn z.B.
- Neues erarbeitet werden soll,
- Wiederholungen notwendig sind,
- Prüfungen bevorstehen oder
- die Teilnehmer Vorkenntnisse haben.

Normalerweise hat das Lehrgespräch folgende Stufen:
1. Hinführung zu der Thematik durch die Schilderung des Problems oder Darbietung der notwendigen Informationen.
2. Im Anschluss werden die Teilnehmer durch gezielte Fragen aktiviert.
3. Beantwortung der Fragen durch die Teilnehmer und Visualisierung dieser Beiträge mithilfe geeigneter Medien (Tafel, Pinnwand, Flipchart usw.).
4. Abschließend erfolgt eine Zusammenfassung der Ergebnisse durch den Dozenten/Referenten.

Auch für das Lernen im privaten Raum ist das Lehrgespräch geeignet. Wenn Sie z.B. Mitglied einer Lerngruppe sind, können Sie Thematiken in „Eigenregie" erarbeiten und mit den anderen Teilnehmern in einem Lehrgespräch behandeln. Versetzen Sie sich dazu einfach in die Rolle eines Dozenten, der seinen Teilnehmern Inhalte vermitteln will. Dadurch wird über die zu lernenden Inhalte erneut gesprochen und die Behaltensquote verbessert. Zusätzlich erwerben Sie noch die Fähigkeit, eine Unterrichtsmethode selbst anzuwenden.

0.3.5.2 Das Rollenspiel

Bei der Durchführung eines Rollenspiels geht es nicht schwerpunktmäßig um die Vermittlung von fachlichen Inhalten, sondern um die **Förderung der Sozialkompetenz** eines Menschen. Als Beispiele für soziale Kompetenz lassen sich Teamfähigkeit, Kommunikationsfähigkeit, Konfliktfähigkeit usw. nennen.
Diese Methode ist besonders für die **visuellen und verbalen Lerntypen** geeignet. Im Gegensatz zum Lehrgespräch ist das Rollenspiel eine sehr aktive Methode, die die beteiligten Personen stark fordert.

Als typische Themengebiete werden mit dem Rollenspiel z.B. schwierige Situationen behandelt. Als Beispiele lassen sich der professionelle Umgang mit einem unzufriedenen Kunden, das Beurteilungsgespräch mit einem Mitarbeiter usw. nennen. Natürlich lassen sich auch Themen des alltäglichen Geschehens bearbeiten, wie das Führen eines Verkaufsgesprächs, die Aufnahme einer Bestellung in einem Restaurant oder Ähnliches.
Durch die Übernahme einer Rolle als Kunde, Führungskraft, Mitarbeiter oder Gast erleben Sie die verschiedenen Sichtweisen in einer zwar simulierten, aber trotzdem realistischen Situation und können so angemessene Handlungsweisen trainieren. Das Rollenspiel lässt sich in insgesamt fünf Phasen unterteilen.

Phase	Inhalt
Informationsphase	Um einen nachhaltigen Lerneffekt zu erzielen, sollten Rollenspiele nicht improvisiert werden, sondern genau und gründlich vorbereitet werden. Der Spielleiter sollte die agierenden Personen gut kennen und die zu behandelnde Thematik genau analysieren. Dies ist wichtig, um eine Situation zu simulieren, die der Realität so nah wie möglich kommt. Je realistischer die Situation ausgewählt wurde, umso besser können die Spieler die Relevanz z.B. für die eigene Tätigkeit erkennen.
Vorbereitungsphase	Um einen guten Spielverlauf zu gewährleisten, müssen die Teilnehmer am Rollenspiel in die Situation eingewiesen werden und mit den geltenden Spielregeln vertraut gemacht werden. Den Spielern werden Rollenkarten ausgehändigt, auf denen ihre Aufgaben im Spiel dargestellt sind. Mithilfe dieser Rollenkarten können die einzelnen Personen die Argumente für ihre Rolle sammeln und sich für eine geeignete Form ihrer Darstellung entscheiden.
Interaktionsphase	In dieser Phase findet der eigentliche Spielverlauf statt. Während des Rollenspiels muss der Spielleiter darauf achten, dass die Spieler ihre Rollen nicht verlassen oder absichtlich nicht ausfüllen, damit keine falsche Interpretation der Rolle abgeliefert wird.
Diskussionsphase/ Auswertungsphase	Nach Beendigung der Interaktionsphase muss eine Diskussion der gesamten Gruppe über den Spielverlauf stehen. Die vorgebrachten Argumente der Spieler und der gesamte Spielverlauf müssen betrachtet werden. Bei dieser Auswertung sollte sich die Zielsetzung der gesamten Handlung klären, die Lernabsichten werden besprochen und Zusammenhänge zwischen den bisherigen Kenntnissen und dem späteren Wissen werden hergestellt. Die Spieler müssen in der Lage sein, ihre Rolle zu erklären und das Geschehene zu interpretieren. Fehler und Missverständnisse können dadurch korrigiert werden, und Gefühle und Veränderungen während des Spielverlaufs werden betrachtet und Ursachen dafür geklärt. Die Spieler bekommen die Möglichkeit, ihre Selbstwahrnehmung zu verbessern, aber auch ihre Fremdwahrnehmung zu trainieren. Die Ergebnisse aus dem Rollenspiel können in Beziehung zu den gewünschten Zielen gesetzt werden. Außerdem können Schlüsse aus dem gezeigten Verhalten gezogen werden, Lernergebnisse werden durch den Spielleiter bestätigt oder korrigiert und ggf. weiterführende Aspekte herausgearbeitet. Darüber hinaus kann die Anwendbarkeit der Erkenntnisse auf andere Situationen besprochen werden.
Ergebnisphase	In der letzten Phase fasst der Spielleiter die Ergebnisse zusammen, und die möglichen Lösungswege werden präsentiert.

Auch das Rollenspiel kann ideal für das selbstgesteuerte Lernen im privaten Rahmen genutzt werden. Sowohl bei der Berufsausbildung als auch in Fort- und Weiterbildungslehrgängen stehen am Ende nicht nur schriftliche, sondern auch mündliche bzw. praktische Prüfungen an. Sie können sich mithilfe dieser Methode hervorragend auf mündliche oder praktische Prüfungen vorbereiten, indem Sie Ihre spätere Rolle als Prüfungsteilnehmer trainieren und Personen aus Ihrem Umfeld die Rollen der Prüfungsausschussmitglieder zuweisen. Sie werden danach feststellen können, was bereits gut lief und worauf Sie noch achten müssen bzw. was verbessert werden muss. Die Rückmeldungen der anderen Spieler geben Ihnen da mit Sicherheit wertvolle Hinweise.

0.3.5.3   E-Learning

Unter E-Learning wird das Lernen, aber auch Lehren durch den Einsatz unterschiedlicher elektronischer Medien verstanden. E-Learning ist nur ein Ausdruck; in der Fachliteratur und auch bei Bildungsträgern sind noch weitere Bezeichnungen gebräuchlich, wie z.B. computerbasiertes Lernen, Online-Lernen, multimediales Lernen usw.

Das E-Learning bietet Ihnen die Möglichkeit, selbstgesteuert und eigenverantwortlich zu lernen. Sie können Ihre Lernzeiten individuell festlegen. Darüber hinaus müssen Sie nur noch sehr begrenzt (wenn überhaupt) Fahrtwege auf sich nehmen, um an Unterrichtsveranstaltungen bei einem Bildungsträger teilzunehmen.

Bevor Sie sich allerdings für eine Fortbildung mittels E-Learning entscheiden, sollten Sie sich darüber klar werden, was für Sie wichtig ist. Wenn Sie ein Mensch sind, der den Austausch mit anderen Teilnehmern braucht, um Inhalte zu verstehen und zu verinnerlichen, dann sind einzelne Formen dieses Lernens für Sie nicht geeignet. Darüber hinaus benötigen Sie ein hohes Maß an Disziplin. Sie müssen sich selbst dazu „zwingen", regelmäßig und intensiv zu lernen. Erfahrungsgemäß ist die Quote der „Abbrecher" von Bildungsmaßnahmen mittels E-Learning sehr hoch, da die Anforderungen an einen selbst von den meisten Teilnehmern unterschätzt werden. Nachfolgend eine Darstellung der drei gebräuchlichsten Formen des E-Learning:

Lernform	Darstellung
Computer Based Training (CBT)	Hiermit wird die Arbeit mit Lernprogrammen bzw. Lernsoftware bezeichnet. Diese Programme enthalten häufig multimediale Inhalte wie Animationen oder Videodokumente und werden auf CD-ROM oder DVD vertrieben. Es besteht ein hohes Maß an räumlicher und zeitlicher Flexibilität, d.h., der Lernende steht nicht im direkten Kontakt mit anderen Lernenden oder Dozenten. Das Selbststudium steht dabei absolut im Vordergrund, Kommunikation findet nicht statt. Verändern sich Lerninhalte, z.B. durch Änderungen in Gesetzen, müssen neue CD-ROMs oder DVDs erworben werden. Das verursacht zusätzliche Kosten.

Web Based Training (WBT)	Das Web Based Training ist eine Weiterentwicklung des Computer Based Training. Die Verbreitung der Lerninhalte erfolgt nicht über einen Datenträger, sondern die Lerninhalte werden von einem Webserver online durch das Internet oder Intranet abgerufen. Das bietet die Möglichkeit der Kommunikation und Interaktion sowohl mit anderen Lernenden als auch mit den Dozenten durch Mails, Chats und Diskussionsforen. Verständnisprobleme können dadurch beseitigt und Inhalte vertieft behandelt werden. Außerdem werden Veränderungen von Lerninhalten regelmäßig durch Updates vorgenommen, sodass keine zusätzlichen Kosten entstehen.
Blended Learning	Blended Learning ist die Verknüpfung der Vorteile des E-Learning mit denen von Präsenzveranstaltungen. Beide Lernformen werden durch einen gemeinsamen Lehrplan verbunden. Das hat den Vorteil, dass mit räumlicher und zeitlicher Flexibilität Inhalte eigenständig erarbeitet werden, die dann in gelegentlich stattfindenden Präsenzveranstaltungen besprochen oder vertieft werden. Besonders die Aspekte der praktischen Umsetzung der zuvor erlernten theoretischen Inhalte und der Austausch mit anderen Lernenden und Dozenten sind hierbei vorteilhaft.

0.4   Sozialformen des Lernens

Unter den Sozialformen des Lernens versteht man eine Differenzierung in die drei Methoden der Einzel-, Partner- und Gruppenarbeit. Als Gemeinsamkeit lässt sich bei diesen drei Methoden festhalten, dass die Teilnehmer eigenverantwortlich und selbstbestimmt lernen können.

Der Erfolg der Methoden ist abhängig von den zu lernenden Inhalten und den Zielen, denn jede Methode bringt sowohl Vorteile als auch Nachteile mit sich. Hier eine kurze Übersicht über die jeweiligen Merkmale der Methoden.

0.4.1   Einzelarbeit

Einzelarbeit ist immer dann sinnvoll, wenn die Aufnahme von Inhalten individuell erfolgen muss, um sie verstehen zu können. So ist das Analysieren von komplizierten Texten oder das Lösen von mathematischen Aufgaben unbedingt alleine zu üben, um Sicherheit in der Anwendung zu erzielen und das Behalten zu verstärken.

Die Sorgfalt bei einer Aufgabenerledigung, das Konzentrationsvermögen und das eigenverantwortliche Arbeiten werden gefördert und gestärkt.

Anlässe	• Wiederholen und Üben
	• Trainieren von Arbeitstechniken (z.B. Zeitplanung)
	• Erwerb von Routine
	• Informationssicherung (z.B. Vokabeln auswendig lernen)

Vorteile	Förderung von Schlüsselqualifikationen wie:
	• Eigenverantwortlichkeit
	• Selbstständigkeit
	• Ausdauer
	• planvolles Handeln
	• Zielstrebigkeit
	• Selbstdisziplin
Nachteile	• hat den Charakter von Prüfungssituationen
	• Schwierigkeiten bei der Lösung von Aufgaben können übersehen werden
	• zu häufiger Einsatz führt zu Ichbezogenheit
	• die Kooperations- und Kommunikationsfähigkeit wird nicht trainiert

0.4.2 Partnerarbeit

Partnerarbeit ist sinnvoll, um die Teamfähigkeit von Menschen zu fördern. Besonders für schüchterne und stille Menschen ist sie ein erster Schritt, sich anderen zu öffnen und sich mit ihnen auszutauschen. Darüber hinaus ist der Zeitbedarf überschaubar, da nicht mit ausufernden Diskussionen gerechnet werden muss.

Anlässe	• zum Lösen schwieriger Aufgaben, bei denen gegenseitige Unterstützung hilfreich ist
	• bei Aufgaben, die gut in Arbeitsteilung erledigt werden können
	• bei Aufgaben, die für eine Einzelarbeit zu schwierig sind
	• bei Aufgaben, die für eine Gruppenarbeit zu wenig hergeben
	• zur Nutzung von Helfersystemen: der starke Teilnehmer hilft dem schwächeren Teilnehmer
Vorteile	• unproblematische Zusammensetzung
	• das Formulierungsvermögen kann verbessert werden
	• es kann sich ein dynamisches Arbeitstempo entwickeln
	• die Selbstständigkeit wird erhöht
	• Hilfe für schwächere Partner wird gewährleistet
Nachteile	• schwächere Partner können sich hinter dem stärkeren Partner verstecken
	• fehlende Vielfalt im Gedankenaustausch

0.4.3 Gruppenarbeit

Die Gruppenarbeit ist eine der beliebtesten Arbeitsmethoden, da die gegenseitige Hilfe und Unterstützung im Vordergrund steht und soziale Kontakte geknüpft und gefestigt werden können. Insgesamt werden durch die größere Anzahl der Beiträge und der unterschiedlichen Sichtweisen die Themen intensiver bearbeitet und ausführlicher betrachtet.

Anlässe	• für Aufgabenstellungen, die sich zur kooperativen Bearbeitung eignen • für Aufgaben, die Gestaltungsspielräume bieten • für Aufgaben, bei denen Kommunikation hergestellt werden soll • für Aufgaben, bei denen diskutiert, recherchiert, geplant und organisiert werden soll • für Aufgaben, bei denen es um komplexe Probleme oder Situationen geht
Vorteile	• die Dominanz des Dozenten wird reduziert (er wird zum Beobachter und Berater) • die einzelnen Teilnehmer können mehr Eigenaktivität entwickeln • die individuellen Leistungsmöglichkeiten der Teilnehmer werden stärker berücksichtigt • selbstständiges Lernen wird ermöglicht • die Teilnehmer werden zur Formulierung eigener Meinungen ermuntert • die Kritikfähigkeit wird gestärkt • die Fähigkeit zur Kooperation in der Gruppe wird entwickelt • die Hilfsbereitschaft und Selbstständigkeit der einzelnen Teilnehmer wird gefördert • das Selbstbewusstsein wird gestärkt
Nachteile	• Gruppen zweifeln seltener an der Richtigkeit von Entscheidungen und Ergebnissen • sie berücksichtigen seltener Einwände und Gegenargumente als Einzelpersonen • schlechte Organisation der Gruppenarbeiten kann im Chaos enden

Die aktive Auseinandersetzung mit Lerninhalten durch die Gespräche innerhalb der Gruppe, das Erklären von Inhalten, das Hören von Erklärungen durch andere trägt dazu bei, dass häufig ein nachhaltiger Lernerfolg erzielt wird.

Daher sollten Sie für sich überlegen, ob das Bilden von Lerngruppen bzw. **Lernpartnerschaften** für Sie hilfreich sein kann, um auch außerhalb des Unterrichts einen hohen Lernerfolg zu erzielen. Die Untersuchungsergebnisse aus der Industrie über den Synergieeffekt von Gruppenarbeit lassen sich auch auf den Bereich des Lernens übertragen: „Die Leistung einer Gruppe ist höher als die Summe aller Einzelleistungen."

0.5 Zeitmanagement

0.5.1 Grundsätze eines erfolgreichen Zeitmanagements

Bevor Sie sich mit den Techniken für ein Zeitmanagement beschäftigen, sollten Sie die einfachen, aber grundlegenden Prinzipien des Zeitmanagements verinnerlichen:

1. Sie müssen auch einmal „Nein" sagen können

Erst wenn Ihnen klar geworden ist, dass Sie es nicht allen Menschen um sich herum recht machen können und auch nicht wollen, sind Sie in der Lage, sich die erforderlichen Freiräume zu schaffen, um Ihre eigenen Ziele zu erreichen.

2. Stellen Sie Ihre Arbeitsziele, privaten Ziele und Lernziele schriftlich in einer für Sie nachvollziehbaren Form dar

Nur dadurch gewährleisten Sie, dass Sie die Zielerreichung zu einem späteren Zeitpunkt auch überprüfen können. Außerdem gewinnen Ihre Ziele an Verbindlichkeit. Sie überlisten sich nicht mehr selbst, indem Sie Ihre Ziele verändern, nur weil Sie sie nicht in der vorgesehenen Zeit erreicht haben.

3. Planen Sie Ihre Aktivitäten

Zerlegen Sie Ihre Hauptaktivitäten in Teilaktivitäten und bringen Sie diese in einen realistischen zeitlichen Rahmen und planen Sie auch ausreichend Pausen ein. Dadurch verhindern Sie, dass Sie irgendwann – wahrscheinlich aus Zeitnot – alles in zu kurzer Zeit lernen müssen.

4. Setzen Sie Prioritäten

Durch das Festlegen von Prioritäten sind Sie in der Lage, die wichtigen und dringenden Aufgaben von den unwichtigen und nicht dringenden zu unterscheiden. Das hilft Ihnen, sich nicht zu verzetteln.

Praktische Regeln für ein erfolgreiches Zeitmanagement:

1. Planen Sie grundsätzlich schriftlich.	Je umfangreicher und vielfältiger Ihre Aufgabenstellung ist, umso wichtiger ist die schriftliche Fixierung der Aufgaben in Tages-, Wochen-, Monats- und Jahresplanung, um keine der Aufgaben aus den Augen zu verlieren.
2. Setzen Sie sich immer Prioritäten.	Durch das Setzen von Prioritäten können Sie sich davor schützen, einzelne Tätigkeiten vorzuziehen, die einfacher sind oder mal eben schnell erledigt werden können. Stattdessen packen Sie die wichtigen Aufgaben an.
3. Schätzen Sie den Zeitbedarf für Ihre Aktivitäten realistisch ein.	Nur dann erhalten Sie einen Überblick, wie Sie die zur Verfügung stehende Zeit effektiv einteilen und nutzen können.
4. Reservieren Sie sich Pufferzeiten.	Niemand kann verhindern, dass auch einmal ungeplante Dinge hinzukommen. Deshalb sollten Sie niemals Ihre gesamte Zeit verplanen, sondern nur maximal 60 % der verfügbaren Zeit.
5. Teilen Sie die Arbeit in Blöcke auf.	Wir benötigen immer eine gewisse Zeit, um uns in ein Thema hineinzudenken. Durch die Einteilung in Arbeitsblöcke beschränkt sich diese Einarbeitungszeit auf die jeweilige Aufgabe. Wir können uns dadurch besser auf die Aufgabe konzentrieren und sparen Zeit.

6. Vermeiden Sie Störungen.	Es ist sinnvoller, weniger Zeit zu investieren, diese dann aber ungestört nutzen zu können, als mehr Zeit unter Störungen (Telefon, Radio, Fernsehen usw.) einzuplanen.

0.5.2 Techniken des Zeitmanagements

Das Beherrschen unterschiedlicher Techniken des Zeitmanagements trägt entscheidend dazu bei, die eigenen Ziele in einer vernünftigen Zeit zu erreichen und den Stressfaktor gering zu halten. Nachfolgend werden die beiden gebräuchlichsten Techniken vorgestellt.

0.5.2.1 Eisenhower-Prinzip

Das Eisenhower-Prinzip hat seine Namensgebung durch den US-Präsidenten und Alliierten-General Dwight D. Eisenhower. Es ist eine der bekanntesten Techniken, bei der die Aufgaben nach den Hauptkriterien **Wichtigkeit und Dringlichkeit** eingeteilt werden.

Dies erfolgt unter dem Grundsatz, dass die Wichtigkeit einer Aufgabe Vorrang vor der Dringlichkeit hat. Dieser Grundsatz kommt vor allem dadurch zustande, dass wichtige Aufgaben helfen, unsere Ziele zu erreichen.

Abb. 0.3: Eisenhower-Matrix

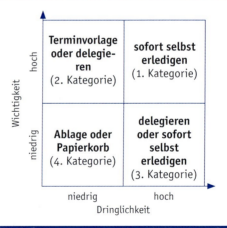

Durch diese Einteilung kann nun eine Zuordnung einzelner Aufgaben erfolgen, die sich wie folgt beschreiben lassen:

Anhand des vorangegangenen Schaubildes ist zu erkennen, dass die Aufgaben auf der x-Achse und y-Achse in vier Quadranten eingeteilt werden. Dabei beschreibt die y-Achse mit ihren Ausprägungen niedrig und hoch die Wichtigkeit der Aufgaben und die x-Achse mit ihren Ausprägungen niedrig und hoch die Dringlichkeit der Aufgaben.

1. Kategorie: Hohe Wichtigkeit und hohe Dringlichkeit

Wird eine Aufgabe sowohl als sehr wichtig als auch als sehr dringend eingestuft, muss sie sofort von einem selbst erledigt werden. Das ergibt sich zum einen aus der Tatsache, dass uns wichtige Aufgaben den eigenen Zielen näherbringen, als auch aus dem Umstand, dass dringende Aufgaben nicht verschoben werden können, da sonst ggf. schwerwiegende Folgen entstehen können.

2. Kategorie: Hohe Wichtigkeit und niedrige Dringlichkeit

Wird eine Aufgabe als sehr wichtig, aber nicht dringend eingestuft, ergibt sich eine Wahlmöglichkeit. Gibt es keine andere Person, der diese Aufgabe zugewiesen werden kann, dann wird sie der Terminvorlage zugeordnet. Das bedeutet, sie wird auf einen späteren Zeitpunkt geschoben, zu dem die Aufgabe dringend wird, und erst dann von uns selbst erledigt. Im Idealfall kann jedoch diese Aufgabe delegiert werden, so reduziert sich das eigene Arbeitsvolumen und die Aufgabe muss nur noch nach Erledigung kontrolliert werden.

3. Kategorie: Hohe Dringlichkeit und niedrige Wichtigkeit

Auch bei dieser Einteilung ergibt sich eine Wahlmöglichkeit. Gibt es eine andere Person, der die Aufgabe zugewiesen werden kann, dann muss sie auf jeden Fall delegiert werden, um das eigene Arbeitsvolumen zu reduzieren. Sollte dies nicht der Fall sein, muss diese Aufgabe allerdings sofort selbst erledigt werden, um negative Folgen zu vermeiden.

4. Kategorie: Niedrige Dringlichkeit und niedrige Wichtigkeit

Solche Aufgaben sind praktisch bedeutungslos und zehren nur an der verfügbaren Zeit. Sie sollten sofort abgelegt oder aber direkt eliminiert werden. Bei Unsicherheit, ob dieses Vorgehen möglich ist, sollte delegiert werden.

Gerade die Einteilung von Aufgaben in die Kategorien 3 und 4 bereitet den meisten Menschen Schwierigkeiten. Das liegt sehr häufig daran, dass wir aus Gewohnheit heraus meinen, alles selbst erledigen zu müssen oder aber behaupten, dass es niemanden gibt, dem Aufgaben zugewiesen werden können.

Hier sollte gründlich überlegt werden. Gewohnheiten müssen auf ihren Sinn überprüft und korrigiert werden und der Blickwinkel in Bezug auf unser Umfeld verändert werden. Gibt es tatsächlich niemanden im privaten Umfeld, der uns Aufgaben abnehmen kann? Gibt es keine Kollegen mit Leerlauf, die uns unterstützen können? Keine Auszubildenden, Praktikanten usw., die in der Lage sind, diese Aufgaben zu erledigen? Das wird niemals bei allen anstehenden Aufgaben so sein.

! Verändern Sie Ihre Verhaltensweisen und trauen Sie auch anderen Menschen etwas zu. Sie werden erstaunt sein, wie positiv sich Ihre eigene Arbeitssituation verändert.

0.5.2.2 ABC-Analyse

Die ABC-Analyse wurde erstmals 1951 von H. Ford Dickie, einem Manager der Firma General Electric beschrieben. Heute wird sie als betriebswirtschaftliches Analyseverfahren in den unterschiedlichen Bereichen eingesetzt.

Die ABC-Analyse kann helfen, das Wesentliche vom Unwesentlichen zu trennen, Schwerpunkte zu erkennen, unnötige Anstrengungen zu vermeiden, die Wirtschaftlichkeit zu steigern und die Zeit effektiver einzusetzen. Mit ihrer Hilfe lässt sich auf eine einfache Art eine Einteilung von Objekten in Klassen unterschiedlicher Bedeutung vornehmen.

Häufig ist diese Methode in Unternehmen im Einsatz, die so erkennen können, welche ihrer Produkte am stärksten am Umsatz beteiligt sind und welche am wenigsten. Daraus wiederum lassen sich Schlüsse ziehen, bei welchen Produkten sich weitere Maßnahmen lohnen und welche aus dem Produktprogramm genommen werden sollten.

Im Zeitmanagement wird die Methode eingesetzt, um die Aufgaben nach ihrer Wertigkeit zu ordnen und die Zeitverwendung dafür zu ermitteln. Eine Einteilung kann folgendes Aussehen haben:

Abb. 0.4: ABC-Analyse

Kategorie	Aufgabentyp	Zeit-verwendung	Wert der Tätigkeit
A = sehr wichtig	Aufgaben, die selbst erledigt werden müssen	15 %	65 %
B = wichtig	Aufgaben, die ganz oder teilweise delegiert werden können	20 %	20 %
C = weniger wichtig	Routineaufgaben, die delegiert werden können oder aber in geringer Anzahl selbst erledigt werden	65 %	15 %

Das ist nur ein Vorschlag für eine entsprechende Einteilung. Die endgültige Einteilung kann selbst vorgenommen werden, allerdings sollten sich die Prozentzahlen ungefähr in dieser Größenordnung bewegen. Um z.B. den eigenen Arbeitstag zu organisieren, sollte eine Festlegung der täglich zu erledigenden Aufgaben nach dieser Rangordnung und einer entsprechenden Reihenfolge erfolgen.

! Ein Arbeitstag sollte ca. ein bis zwei A-Aufgaben, zwei bis drei B-Aufgaben und den Rest C-Aufgaben beinhalten.

1 Volks- und Betriebswirtschaft

1.1 Volkswirtschaftliche Grundlagen

1.1.1 Markt, Preis und Wettbewerb

Markt, Preisbildung, Allokationsproblem

Auf einem **Markt** treffen **Angebot** und **Nachfrage** zusammen. Er ist der Ort der **Preisbildung**. Die **Nachfrage** bildet die Summe aller mit Kaufkraft ausgestatteten Kaufwünsche der Wirtschaftssubjekte. Das **Angebot** bildet die Summe aller Verkaufswünsche der Subjekte. Da die knappen Güter auf die Bedürfnisse verteilt werden müssen, tritt hier das **Allokationsproblem** auf (Allokation = Zuteilung von knappen Gütern). Die Lösung liegt darin, dass die Anbieter ihre Waren gegen Geld und die Nachfrager ihr Geld gegen Waren tauschen. Durch Angebot und Nachfrage bilden sich Preise. Je teurer ein Gut ist, desto weniger wird es nachgefragt und desto mehr wird es angeboten. Das Angebot steigt, weil die Anbieter ihren Gewinn vergrößern wollen. Die Nachfrage sinkt, weil die Nachfrager nur mit einer bestimmten Kaufkraft ausgestattet sind.

Markt, Wettbewerb, Gleichgewichtspreis

Durch das Zusammentreffen von **Angebot** und **Nachfrage** auf dem Markt bildet sich der **Preis**. Der Markt ist der Ort des ökonomischen Geschehens. Die **Anbieter** wollen ihre Güter (Waren und Dienstleistungen) verkaufen und streben nach möglichst hohem Gewinn (**Gewinnmaximierungsprinzip**). Da das jeder Anbieter möchte, kommt es zum **Wettbewerb**. Die **Nachfrager** wollen hingegen Güter einkaufen und einen möglichst hohen Nutzen erzielen (**Nutzenmaximierungsprinzip**). Am Markt erfolgt ein Ausgleich der entgegengesetzten Interessen von Anbietern und Nachfragern, wodurch sich der so genannte **Gleichgewichtspreis** bildet.

Wettbewerb

Der Wettbewerb übernimmt in der Ökonomie verschiedene Aufgaben. Er **steuert das Angebot** an Waren und Dienstleistungen für die Konsumenten. Es muss bedarfsgerecht gestaltet sein und die Preise sind so zu kalkulieren, dass es sich die Haushalte auch leisten können, da sonst nur eine geringe oder keine Nachfrage stattfindet. Des Weiteren werden durch den Wettbewerb die **Produktionsfaktoren** Arbeit, Boden und Kapital (Ressourcen) **optimal verwendet und kombiniert** (Allokation). Ebenso werden die Unternehmen durch den Wettbewerb veranlasst, sich um **technischen Fortschritt** zu bemühen und innovativ tätig zu sein, um die Konkurrenz zu überflügeln. Eine weitere Funktion des Wettbewerbs besteht darin, das **Einkommen** des „Marktes" **nach Leistung** zu **verteilen** (primäre Einkommensverteilung). Der Produktionsfaktor Arbeit erhält Lohn, der Boden Pacht, das Kapital Zinsen und der Unternehmer Gewinn. Außerdem zwingt der Wettbewerb die Unternehmen, sich permanent **an die sich verändernden Marktbedingungen**, Trends und Moderichtungen **anzupassen**.

Marktarten

Die privaten Haushalte stellen den Unternehmen Produktionsfaktoren (Arbeitskraft, Boden) zur Verfügung. Auf den **Faktormärkten** werden die Produktionsfaktoren angeboten und nachgefragt. Die Haushalte erhalten für ihre Leistungen Einkommen (Löhne, Gehälter, Gewinne, Mieten). Sie kaufen dafür bei den Unternehmen Sachgüter oder immaterielle Güter. Der Markt, auf dem diese Konsumgüter angeboten und nachgefragt werden, wird als **Konsumgütermarkt** bezeichnet.

Faktormärkte Produktionsfaktoren: Boden, Arbeit, Kapital	**Boden-/Immobilienmarkt:** Angeboten und nachgefragt werden bebaute und unbebaute Grundstücke, Wohnungen und Gewerberäume.
	Arbeitsmarkt: Menschliche Arbeitskraft wird angeboten und nachgefragt über Stellenanzeigen, die Bundesagentur für Arbeit und private Vermittler.
	Kapitalmarkt: Hier werden langfristige Kredite angeboten und aufgenommen und Kapitalanlagen gebildet. Beispiele: Hypotheken, Darlehen, Beteiligungen (z.B. Aktien), Gläubigerpapiere (z.B. Obligationen). Die kurzfristigen Kredite werden dem Geldmarkt zugerechnet.
Gütermärkte	**Konsumgütermarkt:** Hier werden die Güter des täglichen Bedarfs von Konsumenten nachgefragt. Beispiele: Nudeln, Milch, Hemden, Röcke, Fernsehgeräte, Küchentische.
	Investitionsgütermarkt: Unternehmer fragen Produktionsmittel nach. Beispiele: Maschinen, Roh-, Hilfs- und Betriebsstoffe, Fahrzeuge.

Markttypen

Auf dem **vollkommenen Markt** handeln alle Marktteilnehmer nach ökonomischen Prinzipien. Damit vollständige Konkurrenz herrscht, müssen folgende Prämissen erfüllt sein: Es sind genügend Anbieter und Nachfrager vorhanden, sodass keiner den Markt entscheidend beeinflussen kann (zweiseitiges Polypol). Anbieter und Nachfrager sprechen sich nicht untereinander ab mit dem Ziel der Marktbeeinflussung. Die Güter sind homogen. Ein Preis kann eindeutig einem Gut zugeordnet werden, da die Güter einer Gattung bezüglich Qualität, Aufmachung und Verpackung gleichartig sind. Es bestehen keine sachlichen Präferenzen. Der Markt ist für die Marktteilnehmer überschaubar (Markttransparenz). Der Markt ist ohne Behinderung zugänglich, es bestehen keine Marktzutrittsschranken. Es fehlen sachliche, zeitliche, räumliche oder persönliche Vorzüge jeglicher Art (Präferenzen der Marktteilnehmer). Die Anbieter streben nach maximalem Gewinn. Die Nachfrager streben nach maximalem Nutzen. Die Marktteilnehmer reagieren unendlich schnell. Anbieter und Nachfrager treffen sich am gleichen Ort zum gleichen Zeitpunkt.

Ein **unvollkommener Markt** liegt vor, wenn eine oder mehrere Bedingungen des vollkommenen Marktes nicht erfüllt werden. Dies wird besonders auf den Konsumgütermärkten deutlich, da die Anbieter daran interessiert sind, ihre Güter von denen der Konkurrenz abzuheben. Homogene Güter werden so zu heterogenen

Gütern. Der Kunde bildet Präferenzen bezüglich der Verpackung, des Standortes oder der Serviceleistungen.

Preisbildung auf dem Markt

Anbieter und Nachfrager wollen auf dem Markt ihre eigenen Interessen vertreten. Angebot und Nachfrage bleiben im Laufe der Zeit niemals fest. Der Preismechanismus stimmt die Einzelpläne der Wirtschaftssubjekte untereinander ab. Man spricht von der **Selbststeuerung** durch den Preis. Den Prozess, dass durch die Entscheidungen der Marktteilnehmer das Angebot und die Nachfrage in Richtung **Gleichgewichtspreis** gelenkt wird, bezeichnet man als **Preismechanismus**. Besteht ein **Angebotsüberhang**, so spricht man von einem **Käufermarkt**. Die Anbieter konkurrieren untereinander und es finden laufend Preissenkungen statt. Besteht hingegen ein **Nachfrageüberhang**, spricht man von einem **Verkäufermarkt**. Die Nachfrager konkurrieren untereinander, was zu steigenden Preisen führt. Dadurch werden neue Produzenten angelockt und die sich bisher auf dem Markt befindlichen Anbieter erweitern ihr Angebot so lange, bis das Marktgleichgewicht wieder erreicht ist.

Angebot und Nachfrage: zunehmend und abnehmend

Nimmt das Angebot zu, verschiebt sich die Angebotskurve nach rechts und umgekehrt. Bei gleich bleibender Nachfrage bewirkt eine Angebotserhöhung sinkende Preise und eine Angebotssenkung steigende Preise.

Abb. 1.1:   Steigendes und abnehmendes Angebot

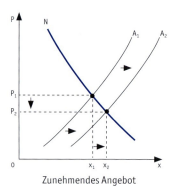

Zunehmendes Angebot

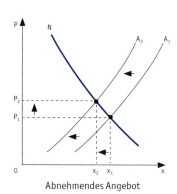

Abnehmendes Angebot

Die Nachfrage kann bei einem bestimmten Preis zunehmen, weil die Nachfrager mehr Einkommen haben oder erwarten, dass die Preise steigen. Im umgekehrten Fall sinkt die Nachfrage. Bei gleich bleibendem Güterangebot bewirkt eine Nachfrageerhöhung steigende Preise und eine Nachfragesenkung fallende Preise.

Abb. 1.2:   Zunehmende und abnehmende Nachfrage

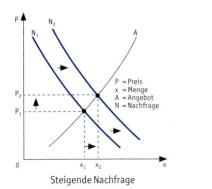

Steigende Nachfrage

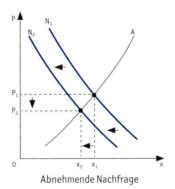

Abnehmende Nachfrage

Verschiebung der Angebots- und der Nachfragekurve

Einkommensänderungen, eine neue Mode, Verbilligung oder Verteuerung von Rohstoffen oder die Erfindung neuer Technologien verändern das Marktgleichgewicht. Die Angebots- und Nachfragekurven verschieben sich nach links oder nach rechts. Es laufen die Anpassungsprozesse der Marktteilnehmer an sich ändernde Marktdaten.

Die **Anbieter** können ihr Angebot verringern, weil sie zum Beispiel steigende Produktionskosten verzeichnen oder die Gewinnerwartungen schlecht einschätzen. Die Angebotskurve verschiebt sich nach links. Es kommt zu einem **Angebotsdefizit** (**Nachfrageüberhang**). Durch den Angebotsrückgang erhöhen sich die Preise, was wiederum einen Rückgang der Nachfrage nach sich zieht. Das neue Gleichgewicht bildet sich bei einer geringeren Menge als vorher, aber einem höheren Preis. Wird das Angebot beispielsweise durch die Einführung von Massenfertigung ausgeweitet, verschiebt sich die Angebotskurve nach rechts, es kommt zu einem **Angebotsüberhang** (**Nachfragedefizit**). Durch die Preissenkung steigt die Nachfragemenge. Das neue Gleichgewicht pendelt sich bei einem niedrigeren Gleichgewichtspreis und einer höheren Gleichgewichtsmenge ein (siehe nachfolgende Abbildung 1.3 auf der nächsten Seite).

Verringert sich die **Nachfrage** durch eine Verschiebung in den Bedürfnissen oder durch eine Einkommensverminderung, verschiebt sich die Nachfragekurve nach links. Es kommt zu einem **Nachfragedefizit** (**Angebotsüberhang**). Mit dem Rückgang der Nachfrage sinken auch die Preise. Das neue Marktgleichgewicht bildet sich bei einem niedrigeren Gleichgewichtspreis und einer niedrigeren Gleichgewichtsmenge. Wird die Nachfrage erhöht, weil zum Beispiel die Kaufkraft gestiegen ist, verschiebt sich die Nachfragekurve nach rechts. Es kommt zu einem **Nachfrageüberhang** (**Angebotsdefizit**). Durch die damit einhergehende Preiserhöhung steigt auch die Angebotsmenge. Das neue Marktgleichgewicht pendelt sich bei einem höheren Gleichgewichtspreis und einer höheren Gleichgewichtsmenge ein (siehe nachfolgende Abbildung 1.4).

Abb. 1.3:   Verschiebung der Angebotskurve

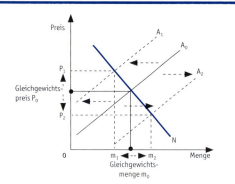

Abb. 1.4:   Verschiebung der Nachfragekurve

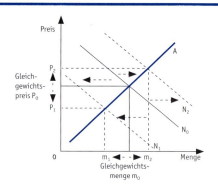

> **!** Ist bei einem gegebenen Preis das Angebot kleiner als die Nachfrage, wird der Preis steigen (**Angebotslücke**). Ist bei einem gegebenen Preis die Nachfrager kleiner als das Angebot, wird der Preis sinken (**Nachfragelücke**).

Konsumenten- und Produzentenrente

Das Gleichgewicht auf dem Markt wird nur selten und auch nur kurz erreicht, weil sich wirtschaftliche Daten ständig ändern.

Abb. 1.5:   Konsumenten- und Produzentenrente

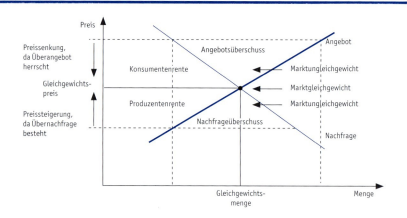

Die **Konsumentenrente** (Nettonutzen) stellt die Fläche dar, um die der Gesamtnutzen über den Ausgaben liegt. Die Konsumentenrente ergibt sich also immer als Fläche unterhalb der Nachfragekurve bis zur Preislinie. Die Änderungen in der Konsumentenrente werden herangezogen, um Wohlstandswirkungen von Politiken auf die Verbraucher abzubilden. Die Konsumentenrente ist der Betrag, der sich aus der Differenz zwischen dem Marktpreis eines Produktes (Gleichgewichtspreis aufgrund der Marktverhältnisse) und dem Preis ergibt, den die Konsumenten maximal dafür zu zahlen bereit wären (Reservationspreis).

Die **Produzentenrente** ist der Unterschied zwischen dem Preis, den der Verkäufer eines Gutes aufgrund seiner Kostenplanung mindestens erzielen möchte, und dem tatsächlich erhaltenen, höheren Marktpreis. Der Produzent hätte also ursprünglich seine Erzeugnisse auch zu einem geringeren Preis als dem Marktpreis verkauft (Reservationspreis = Preis, zu dem der Produzent sein Gut gerade noch anbieten würde), erzielt im Marktgleichgewicht nun aber einen höheren Erlös, als er vorausgeplant hatte.

Funktionen von Marktpreisen

Marktpreise übernehmen eine **Signalfunktion** (Informationsfunktion, Anreizfunktion). Die Preise informieren die Nachfrager über die Güter, die sie sich kaufen möchten oder auf die sie verzichten müssen. Der Preis signalisiert den Unternehmern durch sein Steigen, dass die Nachfrager das Gut vermehrt einkaufen. Da sich hierdurch die Gewinnchancen vergrößern, erhalten die Anbieter dadurch einen Anreiz, entweder in den Markt neu einzutreten oder die Produktion für dieses Gut zu erweitern. Die Signale über die Güterknappheit vermitteln den Anreiz, Materialien durch günstigere zu ersetzen, neue Rohstoffvorkommen zu erschließen oder Ressourcen sparende Produkte herzustellen.

Außerdem haben Marktpreise eine **Ausgleichsfunktion** (Ausschaltungsfunktion, Auslesefunktion). Die unterschiedlichen Interessen von Anbietern und Nachfragern kommen über den Preis zum Ausgleich. Im Gleichgewicht entspricht die angebotene Menge genau der nachgefragten Menge, sodass der Markt „abgeräumt" wird. Nicht konkurrenzfähige Anbieter werden vom Markt verdrängt, bis das Marktgleichgewicht wieder erreicht ist. Der Leistungswettbewerb zwingt den Unternehmer dazu, seine Kosten zu kontrollieren und so günstig wie möglich zu arbeiten. Durchsetzen kann sich nur der, der nicht mit überhöhten Kosten produziert. Auf der Nachfragerseite funktioniert es ähnlich. Nachfrager mit nicht genügend Kaufkraft nehmen nicht am Marktgeschehen teil, solange das Gleichgewicht nicht erreicht ist. Deshalb möchte der Nachfrager sein Einkommen erhöhen, um nicht verdrängt zu werden. Der Marktpreis ist ein Maßstab für die Knappheit der Güter. Durch hohe Preise kommen zusätzliche Anbieter auf den Markt und die Nachfrager, die nicht so viel Geld bezahlen wollen oder können, bleiben außen vor. Bei einem niedrigen Preis kommen zusätzliche Nachfrager auf den Markt und die Anbieter, die die niedrigeren Preise nicht halten können oder wollen, werden vom Markt verdrängt.

Ferner zeigen Marktpreise eine **Lenkungsfunktion** (Allokationsfunktion, Informationsfunktion, Verteilungsfunktion). Der Preis zeigt die Knappheit eines Gutes an. Knappe Güter werden zu hohen Preisen angeboten und umgekehrt. Unternehmen werden veranlasst, in den Bereichen mit hohen Preisen tätig zu werden, sodass dort vermehrt Produktionsfaktoren zum Einsatz kommen. Die unterschiedliche Einkommenshöhe bringt die Anbieter dazu, tätig zu werden, um mehr Einkommen zu erhalten. Ebenso ist das bei den Konsumenten der Fall, die für höheres Einkommen mehr Leistungsbereitschaft zeigen. Zu bedenken ist, dass Wettbewerb nicht nur vom Preis abhängt, sondern auch von der Qualität der Güter, den Dienstleistungen, der Kundennähe, der Absatz- und Vertriebsorganisation, der Werbung usw.

Produktionsfaktoren

Stellt man sich die Volkswirtschaft vereinfacht als großes Unternehmen vor, so fließen von der einen Seite die Produktionsfaktoren ein (Input), werden im Unternehmen in der Fertigung kombiniert (Throughput) und auf der anderen Seite kommt eine bestimmte Produktionsmenge heraus (Output).

Abb. 1.6: Kombination der Produktionsfaktoren

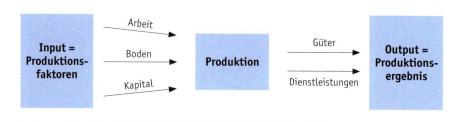

Als Bruttoinlandsprodukt wird die Produktionsmenge einschließlich der Dienstleistungen (Output) bezeichnet, die von einer Volkswirtschaft in einem Jahr hervorgebracht wird. Produktion ist nur möglich durch die Kombination der **Produktionsfaktoren** Arbeit, Boden und Kapital. Man spricht von **originären** (ursprünglichen) und **derivativen** (abgeleiteten) **Produktionsfaktoren**.

Abb. 1.7: Originäre und derivative Produktionsfaktoren

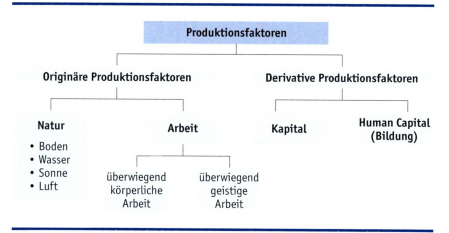

Natur/Boden

Der Produktionsfaktor Natur liefert Boden, Wasser, Sonnenlicht und Luft. Boden kann nicht vermehrt werden und ist an eine bestimmte Lage gebunden. In der Landwirtschaft ist Boden ein **Anbaufaktor**, da Nahrungsmittel oder Rohstoffe angebaut werden. Zugleich ist Boden auch **Abbaufaktor**, da er Erdöl oder Kohle liefert. Und zum dritten dient der Boden als **Standortfaktor**. Unternehmen siedeln sich zum Beispiel dort an, wo sie gut an das Verkehrsnetz angebunden sind. Für andere Betriebe ist es wichtig, gleich in der Nähe ihrer Kunden zu sein.

Da die Natur die Lebensgrundlage für alle Lebewesen bildet, ist es wichtig, sie so weit wie möglich vor Belastungen beispielsweise durch Schwermetalle und chemische Stoffe zu schützen. In diesem Zusammenhang werden die Arten der Stromerzeugung immer wichtiger, die zu „sauberer" Energie führen: Nutzung der Sonnen- und Windkraft, Wasserkraftwerke an Flüssen, Verwertung der Kräfte aus Ebbe und Flut.

Arbeit

Beim Produktionsfaktor Arbeit trennt man in überwiegend **körperliche** und überwiegend **geistige Arbeit**. Arbeit kann durch die **Arbeitsproduktivität** gemessen werden, indem zum Beispiel die hervorgebrachte Produktionsmenge zu der eingesetzten Arbeitszeit ins Verhältnis gesetzt wird. Die Arbeitsproduktivität ist abhängig von der Ausbildung und der Belastbarkeit des Menschen (**Leistungsfähigkeit**), von der Motivation und der Förderung durch das Unternehmen (**Leistungsbereitschaft**) und der Technik, die in dem Betrieb eingesetzt wird. Zur vorwiegend geistigen Arbeit zählen verwaltende, organisierende und anordnende Tätigkeiten. Es kann nicht immer zwischen geistiger und körperlicher Tätigkeit getrennt werden, da beispielsweise ein Bildhauer sowohl schöpferisch tätig ist als auch bei der Erstellung seines Werkes seine Körperkräfte einsetzen muss. Die Tätigkeit von Führungskräften wird auch **dispositive Arbeit** genannt. Gliedert man die Arbeit nach der **Ausbildung**, unterscheidet man ungelernte, angelernte und gelernte Arbeit. Nach dem Kriterium der **Selbstbestimmung** findet man selbstständige und unselbstständige Arbeit. Der vorher angesprochenen dispositiven Arbeit, also der Leitungsfunktion, steht die **ausführende (exekutive) Arbeit** gegenüber.

Kapital

Der Produktionsfaktor Kapital schließt alle in einem Produktionsprozess hergestellten **Produktionsmittel** ein. Man versteht darunter nur das **Realkapital bzw. Sachkapital** (Gebäude, Maschinen, Produkte) und nicht das Geldkapital. **Geldkapital** wird nur als Tauschmittel eingesetzt. Kapital wird als **derivativer (abgeleiteter) Produktionsfaktor** bezeichnet, da es erst aus der Kombination von Arbeit und Boden entsteht. Realkapital kann aber nur gebildet werden, wenn gespart wird (Konsumverzicht). **Sparen** bedeutet, dass auf die Ausgabe des Geldeinkommens verzichtet wird. Es wird Geldkapital gebildet, mit dem anschließend investiert werden kann. Diese **Investition** führt zur Bildung von Kapital im volkswirtschaftlichen Sinn. Der Begriff **Bruttoinvestition** umfasst die Summe aller Investitionen (Vorratsinvestition, Anlageinvestition). Als **Finanzierung** bezeichnet man die Bereitstellung von Geldkapital für den Kauf von Produktionsmitteln. Investition ist dann die anschließende Umwandlung des Geldkapitals in Realkapital. Als **produktives Kapital** bezeichnet man das Realkapital in Produktionsprozessen in Unternehmen. **Soziales Kapital** sind zum Beispiel Straßen und Abwasserkanäle, die der Staat für die Allgemeinheit und auf deren Kosten errichtet zur Erfüllung kollektiver Bedürfnisse. Hierzu gehört auch das Humankapital.

Humankapital (Human Capital, Bildung, Wissen)

Die in einem Unternehmen gefertigte Stückzahl und die Qualität (auch der Dienstleistungen) hängen neben den Produktionsfaktoren Arbeit, Boden und Kapital auch vom Humankapital ab. Dies ist ebenfalls ein **abgeleiteter (derivativer) Produktionsfaktor**, da Bildung erst unter **Konsumverzicht** erworben werden muss. Wissen ist weltweit verfügbar und abrufbar. Es bewegt sich in einer Art **Kreislauf** in Gesellschaft und Wirtschaft. **Wissen** wird zum Beispiel in Hochschulen und Forschungsinstituten produziert. Das Wissen wird unter anderem in Produktionen, Verwaltung und Industrie transferiert und dort angewendet und erprobt. Die neu gewonnenen Erkenntnisse fließen wieder in Schulen und Forschungsinstitute. So schließt sich der Kreis. Die **Bildung** unterliegt einer immer kürzeren Halbwertszeit. Die Halbwertszeit ist die Zeit, nach der die Hälfte des Wissens verfällt. Eine einmal gemachte Ausbildung reicht nicht mehr aus. Lebenslanges Lernen ist gefordert. Das kann man sich daran verdeutlichen, dass die Halbwertszeit des Schulwissens ungefähr 20 Jahre beträgt und die des aktuellen EDV-Wissens ca. ein Jahr. Beim beruflichen Wissen geht man von fünf Jahren aus. Unternehmen werden auch aufgrund ihrer **Innovationsfähigkeit** bewertet. Das bedeutet unter anderem, wie schnell sie sich an neue Gegebenheiten und Forderungen anpassen.

1.1.1.1 Preisbildung auf den unterschiedlichen Märkten

Bei der Einteilung der Märkte nach der Anzahl der Marktteilnehmer erhält man insgesamt neun verschiedene Marktformen. Die Preisbildung hängt davon ab, wie viele Marktteilnehmer auf der Angebots- und auf der Nachfrageseite auftreten.

Abb. 1.8:   Marktformen

Anbieter \ Nachfrager	einer	wenige	viele
einer	zweiseitiges Monopol	beschränktes Angebots-monopol	Angebotsmonopol
wenige	beschränktes Nachfrage-monopol	zweiseitiges Oligopol	Angebotsoligopol
viele	Nachfrage-monopol	Nachfrage-oligopol	zweiseitiges Polypol (vollständige Konkurrenz)

Beispiele:

Zweiseitiges Monopol	Für einen Automobilhersteller fertigt nur ein einziger Zulieferer ein bestimmtes Bauteil. Ein Unternehmen fertigt Luxusreisewaggons, die nur von der Deutschen Bahn nachgefragt werden.
Beschränktes Angebotsmonopol	Ein Physiker ist Inhaber eines Patents, an dem nur wenige Firmen interessiert sind. Ein Unternehmen fertigt Spezialgeräte zur Anwendung im medizinischen Bereich, die nur wenige Fachkliniken nachfragen.
Angebotsmonopol	Ein Wasserwerk versorgt viele Haushalte. In einer Stadt gibt es nur einen Baumarkt, bei dem viele Haushalte einkaufen.
Beschränktes Nachfragemonopol	Der Staat fragt Militärflugzeuge nach, für die es nur wenige Hersteller gibt. Der Staat tritt als Nachfrager für Polizeifahrzeuge und militärisches Gerät auf, wofür nur wenige Hersteller zur Verfügung stehen.

Zweiseitiges Oligopol	Wenige Fluglinien beziehen Flugzeuge von wenigen Herstellern. Für Satellitentransporte ins Weltall gibt es nur wenige Anbieter und wenige Nachfrager.
Angebotsoligopol	Viele Autofahrer tanken bei wenigen Mineralölkonzernen.
Nachfragemonopol	Der Staat fragt Formblätter nach, für deren Herstellung sich viele Druckereien bewerben. Der Staat baut Straßen und dafür bieten sich viele Baufirmen an.
Nachfrageoligopol	Viele Landwirte liefern ihre Milch bei wenigen Molkereien an. Wenige Zuckerfabriken verarbeiten die Zuckerrüben von vielen Landwirten.
Zweiseitiges Polypol	Viele Haushalte kaufen Lebensmittel bei vielen Anbietern.

Die Marktformen findet man auf vollkommenen und auf unvollkommenen Märkten. Auf unvollkommenen Märkten herrscht immer unvollkommene Konkurrenz. Auf vollkommenen Märkten gibt es auch unvollkommene Konkurrenz, wenn ein Oligopol oder ein Monopol vorliegt, da hier die Zahl der Marktteilnehmer beschränkt ist. Der vollkommene und der unvollkommene Markt wurden bereits am Anfang von Kapitel 1.1.1 beschrieben.

1.1.1.1.1 Marktgleichgewicht bei vollständiger Konkurrenz (Polypol auf dem vollkommenen Markt)

Die vollständige Konkurrenz (= Polypol auf dem vollkommenen Markt = vollkommen polypolistische Konkurrenz) ist ein Modell mit folgenden Voraussetzungen:
- Viele Nachfrager stehen vielen Anbietern gegenüber (Polypol).
- Es liegt ein vollkommener Markt vor (vollkommene Transparenz und homogene Güter).
- Anbieter sind Preisnehmer, da der konstante Marktpreis ein Datum für sie ist.
- Die Anbieter sind Mengenanpasser. Sie legen fest, welche Stückzahl sie bei dem gegebenen Preis produzieren und absetzen.
- Es liegt eine vollkommen elastische Preiselastizität der Nachfrage vor, das heißt, sobald ein Anbieter den Preis erhöht, wechseln die Nachfrager zur Konkurrenz.
- Es liegt eine horizontale Preis-Absatz-Funktion vor.

Beim Polypol steht einer großen Anzahl von Anbietern eine große Anzahl von Nachfragern des gleichen Gutes gegenüber. Auf dem **vollkommenen Markt** ist es nicht notwendig zu werben, da nur homogene Güter angeboten werden. Es gibt keine Präferenzen und es herrscht Markttransparenz. Der Preis ist ein Plandatum. Erhöht ein Anbieter seinen Preis, gehen die Nachfrager sofort zur Konkurrenz. Setzt er dagegen den Preis herab, kann er die gesamte Nachfrage aufgrund seines kleinen Marktanteils nicht erfüllen. Er ist **Preisnehmer**. Da der Anbieter den Preis akzeptieren muss, passt er sich mit der Absatzmenge am Markt an. Er bestimmt, welche Menge er zu dem vorgegebenen Preis verkaufen will. Er ist **Mengenanpasser**.

Der **Gleichgewichtspreis** im vollkommenen Polypol bringt Angebot und Nachfrage zum Ausgleich. Anbieter und Nachfrager können ihre Interessen realisieren. Anbieter wollen möglichst hohe Preise erzielen. Nachfrager möchten die Güter zu möglichst niedrigen Preisen erhalten. Der Gleichgewichtspreis ist der Punkt, an dem sich Nachfragekurve und Angebotskurve schneiden.

Abb. 1.9:   Gleichgewichtspreis p_0 und Gleichgewichtsmenge x_0

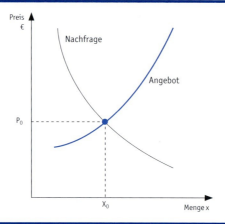

Nachfragekurve (sie zeigt die höhere Nachfragemenge bei niedrigerem Preis) und Angebotskurve (sie zeigt die höhere Angebotsmenge bei höheren Preisen) kreuzen sich im Gleichgewichtspreis.

Stehen Preis und Menge im gleichen Verhältnis zueinander, ergeben sich Geraden.

Der polypolistische Anbieter erreicht das Gewinnmaximum an seiner Kapazitätsgrenze. Voraussetzung: proportionaler Verlauf der variablen Kosten und damit der Gesamtkosten. Ist es ihm nicht möglich, mehr als die Gewinnschwellenmenge abzusetzen, befindet er sich in der Verlustzone und scheidet früher oder später aus dem Markt aus. Die Gewinnschwelle wird auch Break-even-Point genannt.

Abb. 1.10:   Preisbildung bei vollkommen polypolistischer Konkurrenz

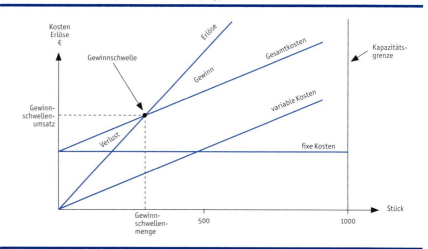

1.1.1.1.2   Preisbildung bei unvollständiger Konkurrenz

Der monopolistische Wettbewerb (= unvollkommene Konkurrenz = Polypol auf dem unvollkommenen Markt = polypolistische Konkurrenz) ist häufig zu finden. Viele Anbieter und viele Nachfrager sind unabhängig voneinander am Markt tätig. Der unvollkommene Markt ist gekennzeichnet durch heterogene Güter, keine vollständige Markttransparenz und Bestrebungen der Anbieter, sich von der Konkurrenz zu unterscheiden.

Die Anbieter versuchen, die Unvollkommenheit des Marktes zu nutzen, um beispielsweise durch Produktdifferenzierung oder das Angebot besonderer Serviceleistungen bei den Nachfragern Präferenzen zu schaffen. Die auf dieser Basis geschaffene Möglichkeit der Preisdifferenzierung, also der autonomen Preisgestaltung, ermöglicht es den Anbietern, sich einen monopolistischen Bereich zu schaffen. Die Nachfrage reagiert hier auf Preisänderungen relativ unelastisch. Die Kunden wechseln bei geringen Preiserhöhungen nicht den Anbieter.

Abb. 1.11: Preisbildung bei unvollkommener polypolistischer Konkurrenz

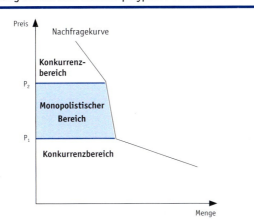

Preisbildung im Oligopol

Wenige Anbieter stehen einer Vielzahl von Nachfragern gegenüber (= **Angebotsoligopol**). Der Markt ist überschaubar und die Anbieter können sich beobachten und beeinflussen. Es besteht ein großer Wettbewerb um die Marktanteile, da der Oligopolist nicht nur von den Nachfragern abhängt, sondern auch von den Maßnahmen seiner Konkurrenten. Das kann dazu führen, dass die Oligopolisten Preisabsprachen treffen, um einen Preiskampf zu vermeiden. Der Wettbewerb wird mehr über Produktdifferenzierung und Werbung geführt.

Marktform	Anbieter	Nachfrager
zweiseitiges Oligopol	wenige	wenige
Angebotsoligopol	wenige	viele
Nachfrageoligopol	viele	wenige

Im **vollkommenen Angebotsoligopol** (= vollkommene oligopolistische Konkurrenz) wird ein homogenes Gut angeboten. Es herrscht Markttransparenz und es gibt keine Präferenzen. Da in homogenen Märkten ein einheitlicher Preis herrscht, verlöre ein Oligopolist alle Kunden, wenn er den Preis erhöhen würde. Umgekehrt würden alle Kunden bei ihm kaufen, wenn er den Preis senkte. Da die Konkurrenten aber darauf reagieren, ist das nicht der Fall. Es herrscht auf oligopolistischen Märkten relative Preisstarrheit, weil kooperatives Verhalten für alle von Vorteil ist.

Sollte ein Anbieter günstiger produzieren können als alle anderen, kann er versuchen, mit Niedrigpreisen die Konkurrenten zu verdrängen (Verdrängungswettbewerb). Die Kunden der verdrängten Anbieter kommen nun zu ihm und er kann seinen Preis wieder erhöhen.

Im **unvollkommenen Angebotsoligopol** versuchen die Anbieter über Produktdifferenzierung mit damit verbundener Preisdifferenzierung zu arbeiten. Die Produkte unterscheiden sich in Farbe, Größe, technischer Ausstattung, Verpackung usw., womit ein höherer Preis begründet wird. Auf diese Weise gibt es für ein Produkt verschiedene Preise auf dem Markt.

Preisbildung im Monopol

Beim Monopol findet man je nach Anzahl der Anbieter und Nachfrager vier verschiedene Marktformen.

Marktform	Anbieter	Nachfrager
(Angebots-)Monopol	einer	viele
beschränktes Monopol	einer	wenige
zweiseitiges Monopol	einer	einer
Nachfragemonopol	viele	einer

In einem **vollkommenen (Angebots-)Monopol** steht ein Anbieter vielen Nachfragern gegenüber. Der Monopolist ist konkurrenzlos. Er kann den Preis (Preisfixierer) oder die Menge (Mengenfixierer) autonom bestimmen und braucht auf keine Konkurrenten zu achten.

Tritt der Monopolist als **Preisfixierer** auf, muss sich der Nachfrager entscheiden, ob er zu dem Preis eine bestimmte Menge kaufen möchte (**Mengenanpasser**). Der Monopolist kann den Preis nicht beliebig hochsetzen. Bei steigenden Preisen geht die Nachfrage zurück und umgekehrt. Sobald er den Preis senkt, wird er auch mehr verkaufen.

Bestimmt der Monopolist die Gütermenge, die er anbieten möchte (**Mengenfixierer**), legen die Nachfrager durch ihr Kaufverhalten den Preis fest, den sie bereit sind, dafür zu zahlen.

Die Preisbildung im vollkommenen Angebotsmonopol erfolgt unter bestimmten Voraussetzungen. Ein einziger Anbieter steht einer Vielzahl von Nachfragern gegenüber. Es gelten die Bedingungen des vollkommenen Marktes. Die Preis-Absatz-Kurve verläuft linear. Sie schneidet die y-Achse an dem Punkt, bei dem der Höchstpreis liegt, zu dem keine Güter mehr nachgefragt werden (Prohibitivpreis). Der Schnittpunkt mit der x-Achse gibt die Sättigungsmenge an. Hier ist die nachgefragte Menge bei einem Preis von null abzulesen.

Der Monopolist hat fixe und proportional-variable Kosten. Er bildet keine Läger, sodass die Produktionsmenge mit der Angebotsmenge übereinstimmt. Die Faktorpreise/-kosten sind konstant. Der Verlauf der Gesamterlöskurve ergibt sich, weil die durch eine Preissenkung verursachten Erlösschmälerungen zuerst kleiner sind als die durch die höhere Absatzmenge verursachten Erlöszuwächse. Die Gesamterlöse steigen zunächst an. Sobald die Grenzerlöse negativ werden, kehrt sich dieser Prozess um. Der **Cournot'sche Punkt** gibt die **gewinnmaximale Absatzmenge** an. Er liegt auf der Preisabsatzfunktion. Es gilt die **Gewinnmaximierungsbedingung: Grenzerlöse** (E') = **Grenzkosten** (K').

Abb. 1.12:   Cournot'scher Punkt

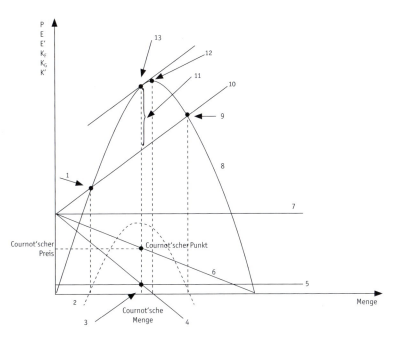

1 Gewinnschwelle	8 Gesamterlöskurve
2 Gewinn-/Verlustkurve	9 Gewinngrenze
3 Schnittpunkt von Grenzerlös- und Grenzkostenkurve	10 Gesamtkosten
4 Grenzerlöskurve	11 Gewinnmaximum durch größten Abstand von Erlös- und Kostenkurve
5 Grenzkostenkurve	12 Erlösmaximum
6 Die Preis-Absatz-Funktion zeigt, welche Mengen bei unterschiedlichen Preisforderungen absetzbar sind.	13 Konstruktion durch Parallelverschiebung der Gesamtkostenkurve bis zum Tangentialpunkt
7 Fixe Kosten	

In einem **unvollkommenen Angebotsmonopol** kann für ein Gut eine Preisdifferenzierung stattfinden, da ein unvollkommener Markt vorliegt. Dazu bildet der Monopolist Teilmärkte. Bei einer zeitlichen Preisdifferenzierung ist der Preis beispielsweise von der Uhrzeit abhängig (Kauf vor oder nach Mitternacht). Eine räumliche Preisdifferenzierung bezieht sich auf Orte. In Ballungsräumen kostet ein Produkt mehr als auf dem Land. Bei einer sachlichen Preisdifferenzierung gibt es ein Gut in verschiedenen Ausführungen (zum Beispiel die Variante mit Stoff oder Leder). Die persönliche Preisdifferenzierung orientiert sich an der Person des Kunden, ob beispielsweise Jugendliche oder Senioren nachfragen.

1.1.1.2 Wettbewerbspolitik

1.1.1.2.1 Funktionen des Wettbewerbs

Auf den Wettbewerb wurde bereits im ersten Kapitel hingewiesen. Man findet in der Ökonomie sowohl **statische** als auch **dynamische Funktionen** des Wettbewerbs. Zu den ersteren zählt die Steuerungsfunktion. Hier bestimmen die Wünsche und Präferenzen der Konsumenten das Güterangebot. Außerdem werden die Produktionsfaktoren über ihre Preise optimal eingesetzt (Allokation der Ressourcen). Eine dynamische Funktion des Wettbewerbs stellt die Anreizfunktion dar. Da Anbieter als Konkurrenten auftreten, besteht für sie ein ständiger Anreiz, sich durch Produktverbesserungen und Innovationen vom Markt abzuheben und durch Einsparung von Kosten Wettbewerbsvorteile zu erreichen.

Funktionen des Wettbewerbs	
Steuerungsfunktion	Der Anbieter verkauft nur dann seine Produkte, wenn sie dem Nachfrager zusagen. Stellt er diese her, setzt er hier auch verstärkt die Produktionsfaktoren ein. Über den Preis wird der Einsatz gesteuert.
Antriebsfunktion/ Anreizfunktion	Der Unternehmer, der bessere Produkte als seine Konkurrenten im Angebot hat und/ oder Möglichkeiten zur Kosteneinsparung gefunden hat, erzielt einen höheren Gewinn. Das wirkt sich positiv auf den technischen Fortschritt aus.
Verteilungsfunktion	Nach dem Prinzip der Leistungsgerechtigkeit verteilt sich das Einkommen auf Unternehmen und Haushalte. Unternehmen erwirtschaften höhere Gewinne, wenn sie die Wünsche der Konsumenten erfüllen. Haushalte erzielen mehr Einkommen, wenn sie qualifizierter sind als andere.
Kontrollfunktion	Unternehmen können aufgrund des Wettbewerbs ihre Preise nicht uneingeschränkt erhöhen. Je mehr Konkurrenten auf dem Markt sind, desto mehr wird die wirtschaftliche Macht des einzelnen eingeschränkt.

Soziale Funktionen marktwirtschaftlichen Wettbewerbs sind **Handlungsfreiheit** (keine Wettbewerbsbeschränkungen für die Marktteilnehmer) und **Wahlfreiheit** (Verbraucher können zwischen verschiedenen Angeboten wählen und Arbeitnehmer ihren Arbeitsplatz wechseln).

1.1.1.2.2 Ziele und Instrumente der Wettbewerbspolitik

Ein Ziel der staatlichen Wettbewerbspolitik ist die **Sicherung eines funktionsfähigen Wettbewerbs** und die Verhinderung negativer Auswirkungen auf die Volkswirtschaft oder soziale Bereiche, die durch unlauteres Verhalten oder wettbewerbsbeschränkende Maßnahmen der Anbieter verursacht werden könnten, wie zum Beispiel durch Missbrauch von Marktmacht und Bildung von Kartellen und Fusionen. Eine **gerechte Einkommensverteilung** stellt ein weiteres Ziel dar. Die Unterschiede im Einkommen sollen nur durch unterschiedliche Leistungen verursacht werden. Gleiche Leistung soll zu gleichem Einkommen führen.

Es stehen eine Vielzahl von Instrumenten bzw. Maßnahmen der Wettbewerbspolitik zur Erreichung der Ziele zur Verfügung.

Regelungen des Kartellrechts	**Gesetz gegen Wettbewerbsbeschränkungen (GWB)** **§ 1 Verbot wettbewerbsbeschränkender Vereinbarungen:** Vereinbarungen zwischen Unternehmen, Beschlüsse von Unternehmensvereinigungen und aufeinander abgestimmte Verhaltensweisen, die eine Verhinderung, Einschränkung oder Verfälschung des Wettbewerbs bezwecken oder bewirken, sind verboten.
Fusions-kontrolle	**Gesetz gegen Wettbewerbsbeschränkungen (GWB)** **§ 35 Geltungsbereich der Zusammenschlusskontrolle** (1) Die Vorschriften über die Zusammenschlusskontrolle finden Anwendung, wenn im letzten Geschäftsjahr vor dem Zusammenschluss 1. die beteiligten Unternehmen insgesamt weltweit Umsatzerlöse von mehr als 500 Millionen Euro und 2. im Inland mindestens ein beteiligtes Unternehmen Umsatzerlöse von mehr als 25 Millionen Euro und ein anderes beteiligtes Unternehmen Umsatzerlöse von mehr als 5 Millionen Euro erzielt haben. ... **§ 36 Grundsätze für die Beurteilung von Zusammenschlüssen** (1) Ein Zusammenschluss, von dem zu erwarten ist, dass er eine marktbeherrschende Stellung begründet oder verstärkt, ist vom Bundeskartellamt zu untersagen, es sei denn, die beteiligten Unternehmen weisen nach, dass durch den Zusammenschluss auch Verbesserungen der Wettbewerbsbedingungen eintreten und dass diese Verbesserungen die Nachteile der Marktbeherrschung überwiegen. ... **§ 37 Zusammenschluss** (1) Ein Zusammenschluss liegt in folgenden Fällen vor: 1. Erwerb des Vermögens eines anderen Unternehmens ganz oder zu einem wesentlichen Teil; 2. Erwerb der unmittelbaren oder mittelbaren Kontrolle durch ein oder mehrere Unternehmen über die Gesamtheit oder Teile eines oder mehrerer anderer Unternehmen. ... 3. Erwerb von Anteilen an einem anderen Unternehmen, wenn die Anteile allein oder zusammen mit sonstigen, dem Unternehmen bereits gehörenden Anteilen a) 50 vom Hundert oder b) 25 vom Hundert des Kapitals oder der Stimmrechte des anderen Unternehmens erreichen. ...
Miss-brauchs-aufsicht	**Gesetz gegen Wettbewerbsbeschränkungen (GWB)** **§ 19 Missbrauch einer marktbeherrschenden Stellung:** (1) Die missbräuchliche Ausnutzung einer marktbeherrschenden Stellung durch ein oder mehrere Unternehmen ist verboten. (2) Ein Unternehmen ist marktbeherrschend, soweit es als Anbieter oder Nachfrager einer bestimmten Art von Waren oder gewerblichen Leistungen auf dem sachlich und räumlich relevanten Markt 1. ohne Wettbewerber ist oder keinem wesentlichen Wettbewerb ausgesetzt ist oder 2. eine im Verhältnis zu seinen Wettbewerbern überragende Marktstellung hat; hierbei sind insbesondere sein Marktanteil, seine Finanzkraft, sein Zugang zu den Beschaffungs- oder Absatzmärkten, ... , zu berücksichtigen. ... (3) Es wird vermutet, dass ein Unternehmen marktbeherrschend ist, wenn es einen Marktanteil von mindestens einem Drittel hat. ... (4) Ein Missbrauch liegt insbesondere vor, wenn ein marktbeherrschendes Unternehmen als Anbieter oder Nachfrager einer bestimmten Art von Waren oder gewerblichen Leistungen 1. die Wettbewerbsmöglichkeiten anderer Unternehmen in einer für den Wettbewerb auf dem Markt erheblichen Weise ohne sachlich gerechtfertigten Grund beeinträchtigt; ...

Verhin-derung von un-lauterem Wettbe-werb	**Gesetz gegen den unlauteren Wettbewerb (UWG)** **§ 1 Zweck des Gesetzes** Dieses Gesetz dient dem Schutz der Mitbewerber, der Verbraucherinnen und Verbraucher sowie der sonstigen Marktteilnehmer vor unlauteren geschäftlichen Handlungen. Es schützt zugleich das Interesse der Allgemeinheit an einem unverfälschten Wettbewerb. **§ 3 Verbot unlauterer geschäftlicher Handlungen** (1) Unlautere geschäftliche Handlungen sind unzulässig, wenn sie geeignet sind, die Interessen von Mitbewerbern, Verbrauchern oder sonstigen Marktteilnehmern spürbar zu beeinträchtigen. ... **§ 4 Beispiele unlauterer geschäftlicher Handlungen** Unlauter handelt insbesondere, wer 1. geschäftliche Handlungen vornimmt, die geeignet sind, die Entscheidungsfreiheit der Verbraucher ... durch Ausübung von Druck, ... zu beeinträchtigen; 2. geschäftliche Handlungen vornimmt, die geeignet sind, ... die geschäftliche Unerfahrenheit, ... von Verbrauchern auszunutzen; 3. den Werbecharakter von geschäftlichen Handlungen verschleiert; ...

1.1.1.3 Eingriffe des Staates in die Preisbildung

Auf einem funktionierenden Markt bildet sich aus Angebot und Nachfrage ein **Gleichgewichtspreis**. Es gibt jedoch Anbieter, die zu diesem Preis ihre Güter nicht verkaufen möchten, ebenso wie sich einige Nachfrager das Produkt zu diesem Preis nicht leisten können. Man spricht von einem selektierenden Marktmechanismus, der zu sozialen Härten führen kann, die der Staat durch Eingriffe in die Preisbildung vermeiden möchte.

Abb. 1.13: Gleichgewichtspreis und Gleichgewichtsmenge

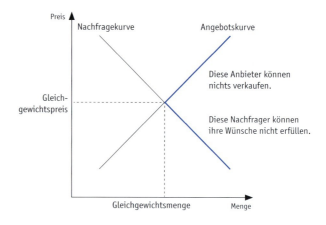

Höchstpreise

Möchte der Staat die Nachfrager vor zu hohen Preisen schützen, legt er Höchstpreise fest, die unter dem Gleichgewichtspreis liegen. Meist findet man dies bei Gütern, die zum Leben notwendig sind (z.B. Mietpreisbindung). Da derartige Eingriffe jedoch zu einem **Nachfrageüberschuss** führen, erhalten nicht alle Nachfrager das von ihnen gewünschte Gut. Der Staat kann dies durch festgelegte Zuteilungen (z.B. Bezugsscheine) regeln, was zu einer Einkommensumverteilung führt. Außerdem muss der Staat gegen den sich entwickelnden ungesetzlichen **Schwarzmarkt** vorgehen, auf dem die Güter „unter der Hand" über dem staatlich festgelegten Höchstpreis gehandelt werden. Der durch festgelegte Höchstpreise verursachte Preisstopp verdeckt die Inflation. Wird er wieder aufgehoben, werden die Preiserhöhungen nachgeholt. Kurzfristig erscheinen Höchstpreise für Nachfrager mit geringem Einkommen günstig, langfristig jedoch verringert sich das Angebot.

Abb. 1.14: Höchstpreis und Nachfrageüberschuss

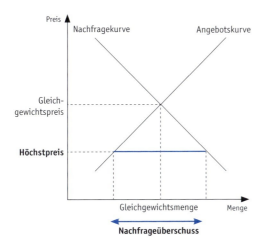

Mindestpreise

Die Anbieterseite wird mit Mindestpreisen unterstützt. Diese sind höher als der Gleichgewichtspreis. Beispiele dafür findet man in der Landwirtschaft. Da die Anbieter wegen des höheren Preises mehr produzieren, baut sich ein **Angebotsüberschuss** auf. Auf den Staat kommen dadurch Probleme zu, die er mit unterschiedlichen Maßnahmen versuchen kann zu lösen. Durch den Aufkauf der lagerfähigen Güter bilden sich zum Beispiel Kohle- und Milchberge, die zusätzliche Kosten verursachen. Auch die Vernichtung der Überschüsse ist möglich, besonders bei verderblicher Ware. Ebenso sind Prämienzahlungen denkbar, um die Anbieter von der Überproduktion abzuhalten. Bei der Einführung von Mengenkontingenten, bei denen den Anbietern eine bestimmte Produktionsmenge vorgeschrieben wird, kann ein ungesetzlicher **grauer Markt** entstehen, auf dem die Mehrproduktion unter dem festgesetzten Mindestpreis gehandelt wird.

Abb. 1.15: Mindestpreis und Angebotsüberschuss

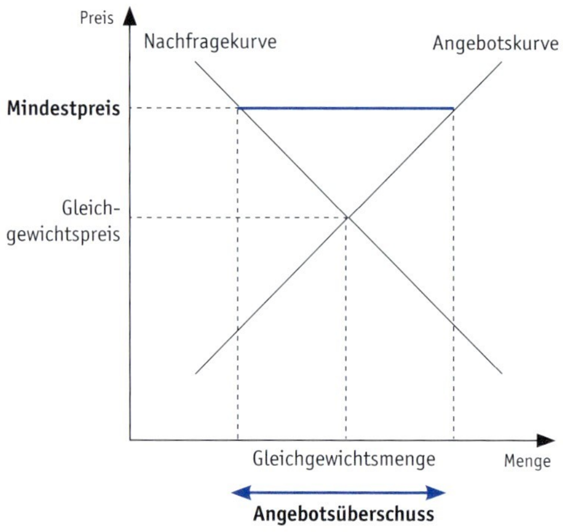

Subventionen

Die Zahlung von Subventionen durch den Staat zählt zur Strukturpolitik. Hier können bestimmte Wirtschaftszweige bzw. Branchen gefördert werden wie z.B. Wohnungsbau, Landwirtschaft oder Kohlebergbau (**sektorale Strukturpolitik**). Greift der Staat wirtschaftlich schwächeren Regionen unter die Arme, zum Beispiel zur Beseitigung von Standortnachteilen, spricht man von **regionaler Strukturpolitik**. Die am häufigsten zu findenden Formen von Subventionen sind direkte Finanzhilfen (direkte Auszahlung von Geldern, die nicht zurückgezahlt werden müssen) und Steuervergünstigungen (Steuerbefreiung oder Steuerermäßigung). Weitere Möglichkeiten sind Prämien und zinsgünstige Darlehen von der Kreditanstalt für Wiederaufbau. Weiterhin kann die öffentliche Hand als Bürge auftreten, wenn die Kreditsicherheiten eines Unternehmens nicht ausreichen. Man findet dies beispielsweise bei Exportkreditversicherungen (Hermesdeckungen). Ebenso besteht die Möglichkeit, dass die öffentliche Hand beispielsweise einige ihrer Grundstücke unter dem marktüblichen Preis an Unternehmen verkauft (Realförderung).

Steuern

Der Staat erhebt Steuern und verfolgt damit verschiedene Ziele. Er kann damit
- schwache Regionen fördern,
- Investitionszulagen gewähren,
- bestimmte Güter besteuern, um andere im Wettbewerb zu unterstützen (zum Beispiel Kohle),
- bestimmte Steuern senken.

Die Besteuerung erfolgt nach dem **Prinzip der Leistungsfähigkeit**. Eine sozialpolitische Zielsetzung ist die Umverteilung von Einkommen und Vermögen, eine weitere, Maßnahmen zur Daseinsvorsorge zu ergreifen. Über die Besteuerung kann der Staat das wirtschaftliche Verhalten von Haushalten und Unternehmen beeinflussen und dadurch die Wirtschaft lenken.

1.1.2 Volkswirtschaftliche Gesamtrechnung

Durch die Umstellung der Volkswirtschaftlichen Gesamtrechnung im Jahr 1999 auf das europäische System wurden einige Begriffe ersetzt, so das Sozialprodukt durch den Begriff Nationaleinkommen, das Bruttosozialprodukt durch Bruttonationaleinkommen und das Nettosozialprodukt durch Nettonationaleinkommen. Damit wurde eine wichtige Voraussetzung für die Harmonisierung Europas auf wirtschaftlichem Gebiet und für Vergleiche innerhalb Europas geschaffen.

Die **Volkswirtschaftlichen Gesamtrechnungen (VGR)** sind ein Teilgebiet der Makroökonomie innerhalb der Volkswirtschaftslehre und stellen ein statistisches Werk mehrerer **Teilrechnungen** dar. Den zentralen Schwerpunkt bildet dabei die **Entstehung**, **Verteilung** und **Verwendung** des **Bruttoinlandsprodukts** (**BIP**). Grundlage der VGR ist die **Kreislauftheorie**, bei der alle Tauschvorgänge zwischen Unternehmen und Haushalten erfasst werden. Alle hergestellten Waren und Dienstleistungen bilden dabei die **Wertschöpfung**, sofern es sich nicht um eine Vorleistung handelt. Die Veränderung der Wertschöpfung zum Vorjahr dient als Maß der Entwicklung einer Volkswirtschaft.

Für die Aufstellung der Volkswirtschaftlichen Gesamtrechnungen sind in der Europäischen Union einheitliche **Sektoren** gebildet worden. Wirtschaftseinheiten mit ständigem Sitz/Wohnsitz im Wirtschaftsgebiet (z.B. Bundesrepublik Deutschland oder Bayern oder Niedersachsen) werden als Volkswirtschaft bezeichnet. Außerhalb eines Wirtschaftsgebietes spricht man von der „übrigen Welt".

Zur Volkswirtschaft zählen die Sektoren:
* Nichtfinanzielle Kapitalgesellschaften: Personenhandels-, Kapitalgesellschaften, rechtlich unselbstständige Eigenbetriebe des Staates und der privaten Organisationen ohne Erwerbszweck (z.B. Pflegeheime, Krankenhäuser).
* Finanzielle Kapitalgesellschaften: Versicherungen, Banken usw.
* Staat: Bund, Länder, Gemeinden, Sozialversicherungsträger.
* Private Haushalte: Konsumenten, Landwirte, Händler, „Freiberufler" (z.B. Ärzte, Notare, Architekten), Handwerker usw.
* Private Organisationen ohne Erwerbscharakter: Kirchen, Gewerkschaften, Sportvereine usw.

Die „übrige Welt" setzt sich zusammen aus Drittländern, der Europäischen Union und internationalen Organisationen.

Das **nominale BIP** gibt die Summe der inländischen Wertschöpfung beziehungsweise der Wertschöpfung von Regionen in aktuellen Marktpreisen an. Dadurch ist das BIP abhängig von Veränderungen des Preisindex der betrachteten Volkswirtschaft. Das nominale BIP steigt bei **Inflation** und daraus folgenden steigenden Marktpreisen. Umgekehrt sinkt das nominale BIP bei **Deflation** und daraus folgenden sinkenden Marktpreisen. So führt eine Inflationsrate von zum Beispiel drei Prozent bei gleich bleibender Warenproduktion zu einem nominalen BIP-Anstieg von ebenfalls drei Prozent.

Das Bruttoinlandsprodukt kann man auch **real** (preisbereinigt) angeben. Die **Preisbereinigung** wird auf Grundlage einer jährlich wechselnden Preisbasis (**Vorjahrespreisbasis) vorgenommen. Die Güter des aktuellen Jahres multipliziert man mit den Preisen des Vorjahres. Das reale Bruttoinlandsprodukt für das Jahr 2013 errechnet man durch Multiplikation der produzierten Mengen dieses Jahres mit den Preisen des Jahres 2012. Da zur Ermittlung der Realwerte der einzelnen Jahre unterschiedliche Preise verwendet werden, können die Werte nicht verglichen werden. Das Statistische Bundesamt veröffentlicht aus diesem Grund **Indexwerte** (**Volumenindizes**). Die Berechnung erfolgt durch Division des realen Bruttoinlandsprodukts der Betrachtungsperiode durch das nominale Bruttoinlandsprodukt des Vorjahres. So wird sowohl im Zähler als auch im Nenner die gleiche Preisbasis verwendet. Werden die errechneten Werte durch Verkettung ins Verhältnis zu einem Basisjahr (Referenzjahr) gesetzt, erhält man **Wachstumsraten**.

Güter	Basisjahr			2. Jahr			3. Jahr		
	Preise	Menge (Stück)	nomi-nale Werte*	Preise	Menge (Stück)	nomi-nale Werte*	Preise	Menge (Stück)	nomi-nale Werte*
1. Gut	5 €	12	60 €	8 €	14	112 €	9 €	15	135 €
2. Gut	7 €	8	56 €	6 €	7	42 €	8 €	10	80 €
nominales **BIP**			116 €			154 €			215 €

*Die nominalen Werte ergeben sich aus der Multiplikation der Mengen mit den Preisen des jeweiligen Jahres.

Als Erstes wird das **reale Bruttoinlandsprodukt** nach der Vorjahrespreismethode ermittelt.

Reales BIP = Gütermenge der betrachteten Periode · Preise des Vorjahres

Reales BIP im zweiten Jahr:
14 Stück · 5 € + 7 Stück · 7 € = 119

Reales BIP im dritten Jahr:
15 Stück · 8 € + 10 Stück · 6 € = 180

Es folgt die Berechnung der **Volumenindizes**.

$$\text{Volumenindex} = \frac{\text{Realwert der Betrachtungsperiode}}{\text{Nominalwert des Vorjahres}}$$

Volumenindex des zweiten Jahres:
$$\frac{\text{Realwert des 2. Jahres}}{\text{Nominalwert des Basisjahres}} = \frac{119}{116} = 1{,}02$$

Volumenindex des dritten Jahres:
$$\frac{\text{Realwert des 3. Jahres}}{\text{Nominalwert des 2. Jahres}} = \frac{180}{154} = 1{,}168$$

Als Nächstes sind die **Kettenindizes** zu berechnen.

Kettenindex n-tes Jahr = 100 · Volumenindex zweites Jahr · ... · Volumenindex n-tes Jahr

Kettenindex des zweiten Jahres:
100 · 1,025862 = 102,5862

Kettenindex des dritten Jahres:
100 · 1,025862 · 1,1688311 = 119,90594

Als Letztes können die **Wachstumsraten** ermittelt werden.

$$\text{Wachstumsrate} = \frac{\text{Kettenindex der betrachteten Periode} \cdot 100}{\text{Kettenindex des Vorjahres}} - 100$$

Der Kettenindex des Basisjahres wird mit 100 angesetzt.

Wachstumsrate des zweiten Jahres:	Wachstumsrate des dritten Jahres:
$\dfrac{102{,}5862 \cdot 100}{100} - 100 = 2{,}5862\,\%$	$\dfrac{119{,}90594 \cdot 100}{102{,}5862} - 100 = 16{,}8831\,\%$

Die Volkswirtschaftliche Gesamtrechnung verfolgt das Ziel, das Wirtschaftsgeschehen einer Volkswirtschaft für einen zurückliegenden und daher abgeschlossenen Zeitraum quantitativ möglichst umfassend zu beschreiben. Die ermittelten Werte werden in Form eines **Kontensystems** erfasst und in Form von **Tabellen** dargestellt. Die VGR dient der Politik als **Informationsgrundlage** für konjunkturelle und wirtschaftspolitische Entscheidungen. Ohne diese Daten könnten keine Rahmenbedingungen geschaffen werden. Die Daten der VGR dienen auch als gesamtwirtschaftliche Entscheidungsgrundlage. Angaben wie Einkommens-, Produktivitäts- und Preisniveauentwicklungen werden beispielsweise von Gewerkschaften und Arbeitgeberverbänden für Tarifverhandlungen benötigt.

Nationaleinkommen und Volkseinkommen

Das Nationaleinkommen umfasst den Wert aller **Sachgüter** und **Dienstleistungen**, die in einer Volkswirtschaft innerhalb eines Jahres erzeugt werden. Das Nationaleinkommen kann als Gradmesser der **Leistungsfähigkeit** einer Volkswirtschaft verwendet werden, weil Bedürfnisse umso besser erfüllt werden können, je mehr Sachgüter und Dienstleistungen für den Konsum zur Verfügung stehen. Die Bewertung des Nationaleinkommens erfolgt für alle Sachgüter und Dienstleistungen, die auf den Märkten angeboten werden zu **Marktpreisen**. Schwierigkeiten bei der Bewertung gibt es bei den Gütern, die keinen Marktpreis haben. Bei den unentgeltlichen Leistungen des Staates geht man von der Höhe der Personal- und Sachkosten aus. Die Eigenleistung in den Unternehmen wird geschätzt und mit vergleichbaren Marktpreisen bewertet. Bei Gütern, die mehrere Wirtschaftsstufen durchlaufen, werden die **Vorleistungen** abgezogen, um **Doppelbewertungen** zu vermeiden.

Unberücksichtigt bleiben bei der Ermittlung des Nationaleinkommens die Leistungen im privaten Haushalt, da sie nicht für den Markt produziert werden.

Der Begriff Nationaleinkommen ist allerdings mehrdeutig, da damit sowohl das **Bruttonationaleinkommen** als auch das **Nettonationaleinkommen** gemeint sein kann. Das Bruttonationaleinkommen ist die Summe des Bruttoinlandsprodukts (BIP) und des Saldos der Erwerbs- und Vermögenseinkommen, die an das Ausland gezahlt bzw. aus dem Ausland bezogen werden. Das Nettonationaleinkommen ergibt sich durch den Abzug der Abschreibungen (bei der Produktion verbrauchte Teile des Sachkapitals) vom Bruttonationaleinkommen.

Das **Volkseinkommen** (auch Nettonationaleinkommen zu Faktorkosten oder Nettoinländereinkommen) ist die Summe aller von Inländern im Laufe eines Jahres aus dem In- und Ausland bezogenen **Erwerbs- und Vermögenseinkommen**, wie Löhne, Gehälter, Mieten, Zinsen, Pachten und Vertriebsgewinne. Volkseinkommen bezeichnet die Gesamtheit aller Einkommen aus unselbstständiger Arbeit (Erwerbsarbeit) und aus unternehmerischer Tätigkeit sowie aus Vermögen (Kapitaleinkommen), die Inländer meist während eines Jahres im In- und im Ausland erzielt haben.

1.1.2.1 Bruttoinlandsprodukt und Bruttonationaleinkommen

Entstehungsrechnung

Die Entstehungsrechnung zeigt, welche Wirtschaftsbereiche in welchem Umfang zur Entstehung des Bruttoinlandsprodukts beigetragen haben. Die Volkswirtschaftliche Gesamtrechnung unterscheidet sechs Wirtschaftsbereiche (in anderen Darstellungen nur fünf, da das Baugewerbe vielfach dem produzierenden Gewerbe zugerechnet wird):

* Land- und Forstwirtschaft, Fischerei (primärer Sektor)
* produzierendes Gewerbe ohne Baugewerbe (sekundärer Sektor)
* Baugewerbe (sekundärer Sektor)
* Handel, Gastgewerbe und Verkehr (tertiärer Sektor)
* Finanzierung, Vermietung und Unternehmensdienstleister (tertiärer Sektor)
* öffentliche und private Dienstleister (tertiärer Sektor)

Berechnung der Entstehung des **Bruttoinlandsprodukts**:

	Produktionswert
–	Vorleistungen
=	Bruttowertschöpfung
+	Gütersteuern
–	Gütersubventionen
=	Bruttoinlandsprodukt (zu Marktpreisen)
	Bruttoinlandsprodukt (zu Marktpreisen)
–	Abschreibungen
=	Nettoinlandsprodukt zu Marktpreisen
–	Gütersteuern abzüglich Subventionen
=	Nettoinlandsprodukt zu Herstellpreisen

Die **Produktionswerte** der Wirtschaftsbereiche werden zu Herstellungspreisen bewertet. Sie enthalten demzufolge weder Mehrwertsteuer noch Gütersteuern wie Mineralölsteuer, Kaffeesteuer, Schaumweinsteuer oder Versicherungsteuer. Gütersubventionen hingegen sind eingerechnet.

Vorleistungen sind die Waren und Dienstleistungen, die inländische Wirtschaftseinheiten von anderen in- und ausländischen Wirtschaftseinheiten bezogen und verbraucht haben.

Gütersteuern sind alle Steuern und Abgaben, erhoben vom Staat und Einrichtungen der Europäischen Union, deren Abzug bei der Gewinnermittlung nicht möglich ist, wie beispielsweise die Versicherungsteuer oder Verbrauchsteuern.

Gütersubventionen sind Zahlungen an Unternehmen ohne Gegenleistung vom Staat oder von Institutionen der Europäischen Union. Sie sollen niedrigere Marktpreise bewirken oder die Produktion fördern.

Das **Bruttoinlandsprodukt** gibt die Leistung einer Volkswirtschaft für einen bestimmten Zeitabschnitt (Monat, Quartal, Jahr) an.

Abschreibungen fassen die Wertminderungen des Anlagevermögens zusammen. Das **Nettoinlandsprodukt zu Herstellpreisen** stellt die Nettowertschöpfung dar.

	Bruttoinlandsprodukt
+	Saldo der Primäreinkommen aus der übrigen Welt
=	Bruttonationaleinkommen zu Marktpreisen
–	Abschreibungen
=	Nettonationaleinkommen zu Marktpreisen (= Primäreinkommen)
–	Produktions- und Importabgaben abzüglich Subventionen
=	Volkseinkommen (Nettonationaleinkommen zu Faktorkosten)

Der **Saldo der Primäreinkommen aus der übrigen Welt** errechnet sich aus folgenden Daten:

	von Inländern aus der übrigen Welt empf. Erwerbs- und Vermögenseinkommen
–	von Ausländern im Inland empfangene Erwerbs- und Vermögenseinkommen
+	von der Europäischen Union empfangene Subventionen
–	an die Europäische Union geleistete Produktions- und Importabgaben

Das Volkseinkommen setzt sich zusammen aus dem Arbeitsentgelt von Inländern und den Einkommen der Unternehmen und der Vermögen.

Das **Bruttoinlandsprodukt** addiert die produzierten Waren- und Dienstleistungen einer Volkswirtschaft in einem bestimmten Zeitraum (**Inlandskonzept**).

Das **Bruttonationaleinkommen** erfasst die Wertschöpfung aller Inländer im In- und Ausland (**Inländerkonzept**).

Verwendungsrechnung

Die Verwendungsrechnung sagt aus, welche Sektoren in welcher Höhe Güter konsumiert oder investiert haben.

	Private Konsumausgaben
+	Konsumausgaben des Staates
+	Ausrüstungsinvestitionen
+	Bauinvestitionen
+	sonstige Anlagen
+	Vorratsveränderungen und Nettozugang an Wertsachen
+	Exporte
–	Importe
=	Bruttoinlandsprodukt

Private Konsumausgaben sind die Ausgaben der privaten Haushalte und der privaten Organisationen ohne Erwerbszweck (Waren- und Dienstleistungskäufe, Eigenverbrauch).

Mit den **Konsumausgaben des Staates** wird der Wert der Güter erfasst, die der Staat selbst bezieht, und die Zahlung der Einkommen an die Staatsbediensteten.

Die **Ausrüstungsinvestitionen** beziehen sich auf Maschinen, Werkzeuge, Geräte und Fahrzeuge.

Bei den **Bauinvestitionen** handelt es sich um Wohnbauten und Nichtwohnbauten und bei den **sonstigen Anlagen** z.B. um immaterielle Anlagegüter, Nutztiere und Nutzpflanzungen. Ausrüstungen, Bauinvestitionen und sonstige Anlagen zusammengenommen ergeben die **Bruttoanlageinvestitionen**.

Die **Vorratsveränderungen** werden aufgrund von Bestandsangaben für Vorräte berechnet. Man bewertet die Differenz zwischen Anfangs- und Endbestand zu konstanten Preisen anschließend mit jahresdurchschnittlichen Preisen. Die sich daraus ergebende Vorratsveränderung ist frei von Scheingewinnen und Scheinverlusten. Der **Nettozugang an Wertsachen** besteht aus den Verkäufen der Sektoren abzüglich Verkäufen der privaten Haushalte von Goldbarren und nicht umlauffähigen Goldmünzen.

Der **Außenbeitrag** errechnet sich als Saldo zwischen den **Exporten** und **Importen** von Waren und Dienstleistungen. Nicht mit eingerechnet sind die grenzüberschreitenden Primäreinkommen zwischen Inländern und der übrigen Welt. Bei einem positiven Außenbeitrag übersteigen die Ausfuhren die Einfuhren. Das bedeutet, dass ein Teil des Bruttoinlandsprodukts ins Ausland verkauft wird. Bei einem negativen Außenbeitrag übersteigt die Inlandsnachfrage das eigene Bruttoinlandsprodukt, sodass zusätzlich importiert werden muss.

Verteilungsrechnung

Hier wird die Frage nach der Verteilung des Volkseinkommens geklärt.

	Volkseinkommen
+	Produktions- und Importabgaben abzüglich Subventionen
+	Abschreibungen
–	Saldo der Primäreinkommen aus der übrigen Welt
=	Bruttoinlandsprodukt

Das **Volkseinkommen** setzt sich zusammen aus dem Arbeitnehmerentgelt und dem Unternehmens- und Vermögenseinkommen.

	Arbeitnehmerentgelt (Inländer)
+	Unternehmens- und Vermögenseinkommen
=	Volkseinkommen

Das **Arbeitnehmerentgelt** ist das von den Inländern erhaltene Entgelt und die Beiträge der Arbeitgeber zur Sozialversicherung. Hier wird der Begriff „Lohnquote" zugeordnet.

Das **Unternehmens- und Vermögenseinkommen** ergibt sich als Differenz zwischen dem Volkseinkommen und dem Arbeitnehmerentgelt. Dazu zählen unter anderem Mieten, Gewinne, Dividenden und Zinsen. Man spricht von „Gewinnquote".

	Nettonationaleinkommen (Primäreinkommen)
–	Produktions- und Importabgaben an den Staat
+	Subventionen vom Staat
=	Volkseinkommen
–	Arbeitnehmerentgelt
=	Unternehmens- und Vermögenseinkommen

Das **Volkseinkommen** ist die Summe aller Erwerbs- und Vermögenseinkommen, die Inländern zugeflossen sind. Es umfasst das von Inländern empfangene Arbeitnehmerentgelt und die Unternehmens- und Vermögenseinkommen von Selbstständigen oder Arbeitnehmern. Erhöht man das Volkseinkommen um die Produktions- und Importabgaben an den Staat abzüglich Subventionen vom Staat sowie die empfangenen laufenden Transfers aus der übrigen Welt und zieht die geleisteten laufenden Transfers an die übrige Welt ab, so ergibt sich das verfügbare Einkommen der Gesamtwirtschaft. Ein großer Teil dieses verfügbaren Einkommens wird konsumiert, der Rest wird zum Sparen verwendet.

1.1.2.2 Primär- und Sekundärverteilung des Volkseinkommens

Leistungs- und Bedarfsprinzip

Die soziale Marktwirtschaft betont eine an der Marktleistung orientierte Einkommensverteilung. Der Wettbewerb soll sich entfalten können und das Wirtschaftssystem soll bei Ausnutzung des Produktionspotenzials eine **leistungsgerechte Einkommensverteilung** gewährleisten. Der Begriff „sozial" bedeutet nicht Wohlstand für alle. Eine gerechte Verteilung muss sich an bestimmten Bezugsgrößen orientieren. Dazu zählen Bedarf und Leistung. Daraus abgeleitet ist das **Leistungsprinzip**. Jeder soll das Einkommen erhalten, das dem Wert des von ihm erbrachten Beitrags entspricht. Beim **Bedarfsprinzip** wird das Wirtschaftssubjekt als Konsument betrachtet. Zur Existenz ist eine bestimmte Menge an Gütern notwendig.

Anforderungs-, Leistungs- und Sozialgerechtigkeit

Die Höhe des Arbeitsentgelts wird vielfach nicht als gerecht empfunden. Dies ist in erster Linie von persönlichen Wertvorstellungen abhängig. Zur Erarbeitung einer subjektiven Lohngerechtigkeit werden drei Kriterien herangezogen:

Anforderungsgerechtigkeit	Die Anforderungen von Arbeitsplätzen werden einer Arbeitsbewertung unterzogen und verglichen, z.B. die Montage mit dem Wareneingang.
Leistungsgerechtigkeit	Hier wird die persönliche Leistung berücksichtigt, ob ein Arbeitnehmer beispielsweise schnell und zuverlässig arbeitet oder eher nicht. Dieser Leistungsgrad fließt in die Lohnformen ein über u.a. Prämien oder Akkordzuschläge.
Sozialgerechtigkeit	Auch die sozialen Verhältnisse spielen bei der Höhe des Arbeitsentgelts eine Rolle wie Alter und Kinderzahl. Hier stehen vertragliche, gesetzliche und/oder tarifliche Sozialleistungen zur Verfügung.

Funktionelle Einkommensverteilung, Lohn- und Gewinnquote, Primärverteilung

Hier wird deutlich, wie sich das Volkseinkommen auf die Produktionsfaktoren verteilt. Das **Volkseinkommen** teilt sich auf in Einkommen aus unselbstständiger Arbeit und Einkommen aus Unternehmertätigkeit und Vermögen und besteht aus

Lohn, Pacht, Zinsen und Unternehmergewinn (Resteinkommen). Die Produktionsfaktoren sind Arbeit, Boden, Kapital und Unternehmertätigkeit.

Lohn	Pacht	Zinsen	Unternehmergewinn
↓	↓	↓	↓
Arbeit	Boden	Kapital	Unternehmertätigkeit

Das **Einkommen aus unselbstständiger Arbeit** (Arbeitnehmerentgelt) setzt sich
zusammen aus Bruttolohn bzw. Bruttogehalt, den Arbeitgeberbeiträgen zur Sozialversicherung und den Sozialaufwendungen der Arbeitgeber.

Das **Einkommen aus Unternehmertätigkeit und Vermögen** (Unternehmens-
und Vermögenseinkommen) besteht aus dem Einkommen aus der Unternehmertätigkeit (Bruttoeinkommen, kalkulatorischer Unternehmerlohn, Wohnungsver-
mietung, nicht ausgeschüttete Gewinne der Kapitalgesellschaften) und dem
Einkommen aus Vermögen (z.B. ausgeschüttete Gewinne, Dividenden, Pachten,
Zinsen).

Auf die funktionelle Einkommensverteilung wird durch die Lohnsätze Einfluss
genommen (**Primärverteilung**). Es geht um die Verteilung des Volkseinkommens,
wobei sich zwei Kategorien unterscheiden lassen:

$$\text{Lohnquote} = \frac{\text{Einkommen aus unselbstständiger Tätigkeit}}{\text{Volkseinkommen}} \cdot 100$$

Die tatsächliche **Lohnquote** ist der Anteil der Einkommen aus unselbstständiger
Tätigkeit (Arbeitnehmerentgelt) am Volkseinkommen.

$$\text{Gewinnquote} = \frac{\text{Einkommen aus Unternehmertätigkeit und Vermögen}}{\text{Volkseinkommen}} \cdot 100$$

Die **Gewinnquote** ist der Anteil der Einkommen aus Unternehmertätigkeit und
Vermögen am Volkseinkommen.

Wird die Lohnquote erhöht, verkleinert sich die Gewinnquote und umgekehrt, da
sich das Volkseinkommen zusammensetzt als Summe aus dem Einkommen aus
unselbstständiger Arbeit, dem Einkommen aus Unternehmertätigkeit und dem
Vermögen.

Bei Berechnung der tatsächlichen Lohnquote wird nicht beachtet, dass auch der
Unternehmerlohn dem Einkommen aus Arbeitnehmertätigkeiten entspricht.
Rechnet man den kalkulatorischen Unternehmerlohn hinzu, erhält man das
Arbeitseinkommen. Man berechnet daraus die **ergänzte Lohnquote**.

$$\text{Ergänzte Lohnquote (Arbeitseinkommensquote)} = \frac{\text{Arbeitseinkommen}}{\text{Volkseinkommen}} \cdot 100$$

Die Zahl der Selbstständigen und Unselbstständigen bleibt auf Dauer nicht konstant. Man spricht von Strukturverschiebung, wenn Unternehmer zu Arbeitnehmern werden, wenn sie ihr Geschäft schließen müssen. Dadurch steigt die Lohnquote, was jedoch nicht bedeutet, dass sich die Einkommensverteilung der

Arbeitnehmer positiv entwickelt hat. Die **bereinigte Lohnquote** geht von einem Basisjahr aus und davon, wie die Lohnentwicklung gewesen wäre ohne Berücksichtigung dieser Verschiebung.

Personelle Einkommensverteilung, Sekundärverteilung

Ein Haushalt kann mehrere Einkommen beziehen, wie z.B. aus Vermietung, aus Wertpapierbesitz und der Veröffentlichung von Bärengeschichten. Die **personelle Einkommensverteilung** erfasst die Anteile des Gesamteinkommens, die ein Haushalt erhält.

Sind Personen nicht mehr so leistungsfähig oder in Not geraten, kann es sein, dass sie auf dem Markt leer ausgehen. Hier greift der Staat unterstützend ein mit Maßnahmen zur Einkommensumverteilung (**Sekundärverteilung**). Die Finanzierung erfolgt aus Steuern und Sozialversicherungsbeiträgen. Die Zahlungen bzw. Hilfen erfolgen in Form von Subventionen und Transfers, Anbieten öffentlicher Güter, Sozialhilfe, Wohngeld usw.

> **!**
> **•**
> Die **primäre Einkommensverteilung** ergibt sich als unmittelbares Ergebnis aus dem Produktionsprozess (ursprüngliches Einkommen). Bei der **sekundären Einkommensverteilung** verteilt der Staat die am Markt erzielten Einkommen und es ergibt sich das abgeleitete Einkommen.

Einkommensumverteilung

Die Einkommen sind nicht gleichmäßig auf die Haushalte verteilt. Dies wird deutlich bei Betrachtung der personellen Einkommensverteilung. Zur Veranschaulichung verwendet man die **Lorenzkurve**. Je weiter die Kurve von der Gleichgewichtslinie entfernt ist, desto ungleichmäßiger sind die Einkommen verteilt.

Abb. 1.16:   Lorenzkurve

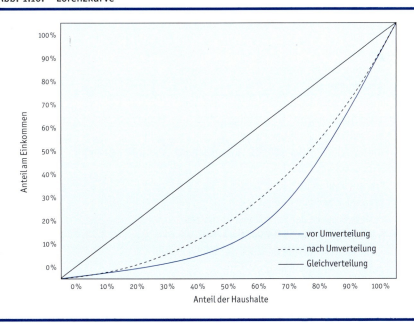

Zur Berechnung der Ungleichverteilung, also der Abweichung der tatsächlichen Einkommensverteilung von der Linie der Gleichverteilung, kann der **Gini-Koeffizient** verwendet werden. Dazu wird die Fläche zwischen der Gleichgewichtslinie und der Linie der tatsächlichen Verteilung ins Verhältnis gesetzt zur gesamten Dreiecksfläche unter der Gleichgewichtslinie. Je höher der Wert des Gini-Koeffizienten liegt, desto ungleicher ist das Einkommen verteilt. Bei Gleichverteilung hat der Gini-Koeffizient den Wert null.

> **!•** Die Lorenzkurve gibt an, welcher Anteil der gesamten Einkommen der Haushalte auf einen bestimmten Anteil der Haushalte entfällt. Je stärker die Krümmung ist, desto ungleicher ist die Verteilung. Die Fläche zwischen der Kurve und der Diagonale ist ein Maß für die Ungleichverteilung.

Verfügbares Einkommen

Den Haushalten steht das verfügbare Einkommen für Konsum und Sparen zur Verfügung. Geht man vom Primäreinkommen aus, ergibt sich folgende Rechnung:

	Primäreinkommen	Arbeitnehmerentgelt, Unternehmens- und Vermögenseinkommen
+	empfangene Übertragungen	Transfereinkommen: z.B. Rente, Kindergeld, Wohngeld
–	geleistete Übertragungen	z.B. Sozialversicherungsbeiträge, Einkommensteuer
=	verfügbares Einkommen	

Möchte man die Berechnung in einem größeren Zusammenhang durchführen, bietet sich nachstehendes Schema an:

	Konsum der Haushalte
+	Konsum des Staates
+	Investitionen
+	Export
–	Import
=	Bruttonationaleinkommen zu Marktpreisen
–	Abschreibungen
=	Nettonationaleinkommen zu Marktpreisen
–	indirekte Steuern
+	Subventionen
=	Nettonationaleinkommen zu Faktorkosten (= Volkseinkommen)
–	Einkommen des Staates
+	Transferzahlungen
=	privates Einkommen
–	direkte Steuern der Kapitalgesellschaften
–	Sozialversicherungsbeiträge der Arbeitgeber
–	nicht ausgeschüttete Gewinne der Unternehmen
=	persönliches Einkommen
–	direkte Steuern der privaten Haushalte
–	Sozialversicherungsbeiträge der Haushalte
=	verfügbares Einkommen

1.1.3 Konjunktur und Wirtschaftswachstum

Wirtschaftsschwankungen

Herrscht Gleichgewicht zwischen Angebot und Nachfrage bei Vollbeschäftigung, spricht man von einem konjunkturellen Idealzustand. Sobald in der Balance von Güterangebot und Geldmenge oder von Investieren und Sparen Abweichungen auftreten oder sich die Zukunftserwartungen aufhellen oder eintrüben, kommt es zu Schwankungen der Konjunktur. Die Wirtschaftsschwankungen werden durch Änderungen der die Wirtschaft bestimmenden Größen ausgelöst wie z.B. Preise, Umsätze, Export oder Import. Dabei werden **kurzfristige (saisonale)** Schwankungen, **mittelfristige (konjunkturelle)** Schwankungen und **langfristige Schwankungen (Wachstumstrend)** unterschieden.

Saisonale Schwankungen hängen ab von den Jahreszeiten (die Bauindustrie macht im Winter Pause) oder von bestimmten Gebräuchen (Schokoladenosterhasen werden zu Ostern gekauft und nicht zu Weihnachten). Betroffen sind bestimmte Wirtschaftszweige nur wenige Wochen.

Bei den **konjunkturellen Schwankungen** wechseln sich Phasen mit hohem, geringem und negativem Wachstum ab. Konjunkturelle Phasen ziehen sich länger als ein Jahr hin. Sie schwanken um den langfristigen Trend. Ein Indikator dafür ist der Auslastungsgrad des Produktionspotenzials (= produzierte Gütermenge bei Vollbeschäftigung der Produktionsfaktoren).

Der **Wachstumstrend** gibt die langfristige Tendenz der wirtschaftlichen Entwicklung an (langfristiger Wachstumspfad).

Konjunkturzyklus

Ein Konjunkturzyklus umfasst vier Phasen. Die Zyklen bewegen sich als Wellen um den Wachstumstrend.

Abb. 1.17: Konjunkturzyklus

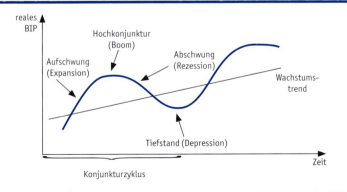

Expansion (Aufschwung): Die Arbeitslosigkeit geht zurück, Kurzarbeit wird abgebaut, die offenen Stellen nehmen zu. Die Auslastung der Kapazitäten steigt. Die Einkommen der Privathaushalte steigen. Es herrscht relative Preisniveaustabilität. Die Zinsen steigen tendenziell mit dem Aufschwung.

Boom (Hochkonjunktur): Es herrscht Voll- bis Überbeschäftigung. Es werden Überstunden und Sonderschichten gefahren. Die Kapazitäten sind fast ausgelastet. Die Preise steigen stärker. Das Zinsniveau ist hoch und die Zinsen steigen weiter.

Rezession (Abschwung): Arbeitskräfte werden freigesetzt, Kurzarbeit eingeführt und Überstunden abgebaut. Die Auslastung der Kapazitäten sinkt. Die Einkommen der Haushalte sinken durch Abbau freiwilliger Lohnzahlungen. Die Preissteigerungsrate nimmt ab. Die Zinsen gehen zurück.

Depression (Tiefstand): Die Arbeitslosenquote ist hoch, Kapazitäten sind bei weitem nicht ausgenutzt. Die Einkommen sinken. Das Preisniveau wird gedämpft und die Zinsen sind niedrig.

Konjunkturindikatoren

Die Konjunkturzyklen werden mit verschiedenen Messgrößen (**Indikatoren**) gemessen, die in drei Gruppen aufgeteilt sind.

Frühindikatoren: Aufgrund ihrer Entwicklung soll die Konjunktur in den kommenden Monaten vorausgesagt werden. Dazu zählen die Auftragseingänge der Industrie, die Baugenehmigungen und die Wirtschaftserwartungen von Unternehmen und Haushalten.

Präsenzindikatoren/Gegenwartsindikatoren: Mit ihrer Hilfe wird der augenblickliche Stand der Konjunktur beschrieben, z.B. mit dem Auslastungsgrad des Produktionspotenzials und dem Bruttonationaleinkommen.

Spätindikatoren: Arbeitslosenquote und damit Personaleinstellungen und -entlassungen und Preisindizes laufen dem Konjunkturverlauf hinterher.

Beispiele:
- Steigende Arbeitslosenzahlen zeigen die Unterbeschäftigung der Wirtschaft an. Unternehmen werden nicht investieren, weil sie eine zurückgehende Konsumgüternachfrage erwarten.
- Eine positive Entwicklung der Wirtschaft ist zu erwarten, wenn der private Konsum steigt. Als Folge daraus nehmen auch die Umsätze des Großhandels und der Hersteller zu. Bei Vollbeschäftigung steigen die Preise.
- Mit einer positiven Konjunktur ist zu rechnen, wenn der Export schneller zunimmt als der Import. Die Preise werden auch steigen in einer vollbeschäftigten Wirtschaft, weil die Nachfrage das Angebot übersteigt.
- Überproduktion lässt sich erkennen, wenn die Lagerbestände der Unternehmen über das übliche Maß hinaus zunehmen. Die Produktion wird heruntergefahren, was einen Konjunkturabschwung nach sich ziehen kann.

	Expansion	Boom	Rezession	Depression
Produktion	langsam steigend	schnell steigend	fallend	niedrig
Reallöhne	langsam steigend	steigend	fallende Zuwachsraten	gleich bleibend bis fallend
Auftragseingänge	steigend	schnell steigend	fallend	niedrig

Investitionsneigung	steigend	konstant bis fallend	fallend	schnell fallend
Arbeitslosigkeit	fallend	sehr niedrig	steigend	hoch
Preissteigerungsrate	langsam steigend	hoch und weiter steigend	langsam fallend	fallend
Zinsen	mit Verzögerung steigend	auf hohem Stand weiter steigend	fallend	niedrig
Stimmung	optimistisch	vorsichtig	pessimistisch	pessimistisch

1.1.3.1 Ziele der Stabilitätspolitik

Das Gesetz zur Förderung der Stabilität und des Wachstums der Wirtschaft (StabG) bestimmt in § 1:

„Bund und Länder haben bei ihren wirtschafts- und finanzpolitischen Maßnahmen die Erfordernisse des gesamtwirtschaftlichen Gleichgewichts zu beachten. Die Maßnahmen sind so zu treffen, dass sie im Rahmen der marktwirtschaftlichen Ordnung gleichzeitig zur Stabilität des Preisniveaus, zu einem hohen Beschäftigungsstand und außenwirtschaftlichem Gleichgewicht bei stetigem und angemessenem Wirtschaftswachstum beitragen."

1.1.3.1.1 Zielsetzungen und ihre Messbarkeit

Das **gesamtwirtschaftliche Gleichgewicht** soll durch vier Maßnahmen stabilisiert werden:
- hoher Beschäftigungsstand,
- stetiges und angemessenes Wirtschaftswachstum,
- außenwirtschaftliches Gleichgewicht,
- Stabilität des Preisniveaus.

Abb. 1.18: Magisches Viereck

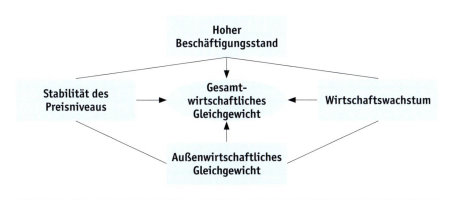

Unter **hohem Beschäftigungsstand** versteht man die Vollbeschäftigung aller Produktionsfaktoren. Als Indikator nimmt man die Arbeitslosenquote und das Verhältnis der Zahl der offenen Stellen zur Zahl der Arbeitslosen.

Zur Messung der **Stabilität des Preisniveaus** wird als Indikator der Preisindex für die Lebenshaltung verwendet. Hier wird die Entwicklung der Konsumgüterpreise sichtbar.

Der Indikator für das **außenwirtschaftliche Gleichgewicht** ist der Außenbeitrag als Differenz zwischen Export und Import von Waren und Dienstleistungen (Saldo der Handels- und Dienstleistungsbilanz). Ein positiver Außenbeitrag bedeutet, dass der Export den Import übersteigt.

> **!**
> **•**
> Die Deutsche Bundesbank stellt die Zahlungsbilanz der Bundesrepublik auf: Die Leistungsbilanz gliedert sich in die Handelsbilanz, die Dienstleistungsbilanz, die Bilanz der Erwerbs- und Vermögenseinkommen und die Bilanz der laufenden Übertragungen. Weiterhin findet man die Bilanz der Vermögensübertragungen, die Kapitalbilanz, die Veränderungen der Währungsreserven der Bundesbank und den Saldo der statistisch nicht aufgliederbaren Transaktionen (Restposten).

Das **Wirtschaftswachstum** – die Steigerung des Angebots an Gütern und Dienstleistungen pro Kopf – wird gemessen über die jährliche Zuwachsrate zum Bruttoinlandsprodukt (BIP). Man spricht von positivem und negativem Wirtschaftswachstum, wenn das BIP steigt oder fällt. Verändert es sich nicht, liegt Nullwachstum vor. Das quantitative Wachstum bezieht sich auf die mengenmäßige Steigerung des Bruttoinlandsprodukts. Das qualitative Wachstum erfasst die Verbesserung der Umwelt- und Lebensbedingungen.

Ziele der Wirtschaftspolitik	Zielvorgaben
hoher Beschäftigungsstand	1–3 % Arbeitslosigkeit
Stabilität des Preisniveaus	bis 2 % Preisanstieg pro Jahr
stetiges und angemessenes Wirtschaftswachstum	kontinuierliche Steigerung von 3–5 % pro Jahr
außenwirtschaftliches Gleichgewicht	positiver Außenbeitrag von 1–2 % des nominalen BIP (BIP zu Marktpreisen)

Das magische Viereck wird zum magischen Sechseck erweitert durch Hinzunahme der sozialverträglichen Einkommens- und Vermögensverteilung (Sozialpolitik) und des Umweltschutzes (Umweltpolitik).

Abb. 1.19: Magisches Sechseck

Man spricht von einem magischen Viereck oder magischen Sechseck, weil es praktisch nicht möglich ist, alle Ziele gleichzeitig zu realisieren.

1.1.3.1.2 Zielkonflikte und Zielharmonien

Ziele können miteinander harmonieren, sich neutral zueinander verhalten oder in Konflikt treten. Bei den Zielen der Wirtschaftspolitik treten diese Fälle auf und es ist Aufgabe der Bundesregierung, einen „goldenen Mittelweg" zu finden. Da die Ziele wechselseitig voneinander abhängen und sich beeinflussen, können sie nie gleichzeitig realisiert werden.

Auf das **Wirtschaftswachstum** kann durch die Nachfrage der öffentlichen Hand ebenso wie durch Erhöhung und Senkung von Steuern Einfluss genommen werden. Wächst die Wirtschaft, wirkt sich das negativ aus auf das außenwirtschaftliche Gleichgewicht und die Preisniveaustabilität.

Vollbeschäftigung kann erreicht werden durch Senkung von Steuern und Erhöhung der Staatsausgaben. Dadurch können sich negative Auswirkungen zeigen auf das außenwirtschaftliche Gleichgewicht, die Preisniveaustabilität und die Einkommens- und Vermögensverteilung.

Auf das **außenwirtschaftliche Gleichgewicht** wirkt sich der Waren- und Dienstleistungsaustausch aus. Der Staat kann hier einschränkend oder fördernd eingreifen. Dies verhindert die Preisniveaustabilität und die Vollbeschäftigung.

Die **Preisniveaustabilität** wird angestrebt durch Erhöhung von Steuern und/oder Nachfragesenkung der öffentlichen Hand. Dies wiederum ist negativ für die Einkommens- und Vermögensverteilung, die Vollbeschäftigung, das Wirtschaftswachstum und das außenwirtschaftliche Gleichgewicht.

Die Maßnahmen, die zur Erreichung der einzelnen Ziele zur Verfügung stehen, können – wie hier gezeigt – negative Folgen nach sich ziehen. Ob und in welchem Ausmaß diese jeweils eintreten, hängt von vielen Faktoren ab, die in einer Volkswirtschaft eine Rolle spielen. Es zeigt sich jedoch deutlich, dass nicht alle Ziele aufgrund der gegenseitigen Abhängigkeiten gleichzeitig zu realisieren sind.

Beispiele für Zielharmonien:

Stellen die Unternehmer Mitarbeiter ein, sinkt die Arbeitslosigkeit. Die Kapazitäten werden besser ausgelastet. Es werden mehr Güter produziert und das Bruttoinlandsprodukt wächst.

Herrscht hoher Beschäftigungsstand, steigen die Löhne. Den Haushalten steht mehr Kaufkraft zur Verfügung. Dies führt zu steigender Konsumnachfrage, was wiederum das Wirtschaftswachstum steigen lässt.

Beispiele für Zielkonflikte:

Befindet sich die Konjunktur in einem Tief und es werden Instrumente der Geld- und Fiskalpolitik eingesetzt, um Vollbeschäftigung zu erreichen, kann die Erhöhung der Geldmenge die Preisniveaustabilität gefährden.

Wird die Geld- und Fiskalpolitik restriktiv (einschränkend) zur Stabilisierung des Preisniveaus betrieben, sind Arbeitsplätze in Gefahr. Die Arbeitslosigkeit steigt.

1.1.3.2 Wirtschaftspolitische Maßnahmen und Konzeptionen

1.1.3.2.1 Geldpolitik

Die Höhe der umlaufenden Geldmenge in einer Volkswirtschaft wirkt sich aus auf das Preisniveau, die Beschäftigung und das Wirtschaftswachstum. Die Europäische Zentralbank (EZB) kann indirekt in die Wirtschaft eingreifen durch Beeinflussung der Geldnachfrage der Nichtbanken, durch Zinspolitik und Steuerung des Geldangebots der Geschäftsbanken durch **Liquiditätspolitik**. **Antizyklische Geldpolitik** wird dann betrieben, wenn die geldpolitischen Mittel während eines **Aufschwungs** bzw. Booms **restriktiv** eingesetzt oder während eines **Abschwungs** oder einer Depression **expansiv** eingesetzt werden. Wirtschaftliche Aktivitäten werden auf diese Weise angeregt oder gedämpft. Die EZB möchte mit **potenzialorientierter Geldpolitik** erreichen, dass sich die Gesamtnachfrage parallel zum Produktionspotenzial entwickelt. Die Zentralbank legt ein Maß für das Wachstum der Geldmenge fest, sodass Unternehmen, Banken und Regierungen sich daran orientieren können.

Sowohl eine zu hohe **Inflation** als auch **Deflation** wirken sich negativ auf das Preisniveau aus.

Inflation ist der Prozess der allgemeinen **Preissteigerung**. Treten überwiegend Preiserhöhungen auf und Preissenkungen kommen selten vor, so sinkt die Kaufkraft des Geldes und es kommt zu einer Geldentwertung. Nach der Geschwindigkeit der Geldentwertung unterscheidet man schleichende Inflation, trabende Inflation und galoppierende Inflation. Es gibt auch noch die Hyperinflation, wenn die Preissteigerungsrate über 50 % liegt. Weiterhin unterscheidet man nach der Erkennbarkeit der Geldentwertung die offene Inflation, bei der die Preissteigerungen nach außen erkennbar sind, und die versteckte Inflation, wo ein staatlicher Preisstopp die Steigerung zurückhält.

Ein Grund für Inflation ist eine überhöhte Nachfrage im Verhältnis zum Güterangebot (**nachfrageinduzierte Inflation**). Den Nachfrageüberhang bezeichnet man als **inflatorische Lücke**. Die Nachfrage kann nur steigen, wenn sich die nachfragewirksame Geldmenge erhöht. Haushalte können dazu z.B. höhere Kredite aufnehmen oder die Einkommensverwendung verschiebt sich zulasten des Sparens (Konsuminflation). Es wird mehr konsumiert und weniger gespart. Eine vermehrte Nachfrage kann auch vom Staat ausgehen (Staatsinflation), von Unternehmen (Investitionsinflation) oder vom Ausland. Man spricht von importierter Inflation, wenn die Exporte die Importe übersteigen.

Eine zweite Ursache für Inflation ist die **angebotsinduzierte Inflation**, wobei sich die Kosten über den Produktivitätszuwachs hinaus erhöhen oder überhöhte Gewinne durchgesetzt werden. Hier geht die Inflation von der Angebotsseite aus. Man spricht von Kosteninflation, wenn Kostensteigerungen durch Preiserhöhungen ausgeglichen werden. Man spricht von Gewinninflation, wenn durch die Preissteigerung erhöhter Gewinn durchgesetzt wird. Dies setzt allerdings eine gewisse Marktmacht voraus. Steigt der Marktpreis aufgrund erhöhter indirekter Steuern, spricht man von Steuerinflation.

Inflation kann zu Wachstums- und Wohlstandsverlusten führen. Es kommt zur Fehlallokation der Produktionsfaktoren. Da sich die Güterpreise erhöhen und die Einkommen gleich bleiben, führt das zu Kaufkraftverlust und somit zu Einkommensverlusten. Eine weitere Folge sind Zinsverlusten, da die Zinszahlungen durch die Inflation entwertet werden. Das Gleiche tritt bei Geldvermögen ein. Da es durch die Inflation an Wert verliert, kommt es zu Vermögensverlusten. Es kann zu einer Flucht in die Sachwerte kommen.

Die **Deflation** ist das Gegenteil der Inflation. Die **Preise sinken** und die Kaufkraft steigt. Damit verbunden ist zunehmende Arbeitslosigkeit. Bei einer Deflation ist die nachfragewirksame Geldmenge kleiner als die angebotene Gütermenge. Dieser Überhang wird als **deflatorische Lücke** bezeichnet. Die Ursachen der Deflation sind vielfältig. Es kommt z.B. zum Rückgang der Binnennachfrage, weil von den Wirtschaftssubjekten die Zukunft pessimistisch eingeschätzt wird. Sowohl beim Konsum als auch bei den Investitionen wird zurückhaltend agiert. Ein weiterer Grund ist der Rückgang der Auslandsnachfrage, weil sich dort das Wachstum verlangsamt hat. Werden im Inland vermehrt Güter aus dem Ausland zu niedrigen Preisen angeboten, kommt es zu einer Erhöhung des Güterangebots. Andere Länder überschwemmen den Weltmarkt mit Billigprodukten, was wiederum zur Deflation führt. Ein letzter hier genannter Grund sind Überkapazitäten. In manchen Sektoren wächst das Angebot schneller als die Nachfrage. Die Nachfragelücke führt zu einer Verschärfung des Wettbewerbs. Die Anbieter wollen diese Lücke durch Preissenkungen schließen.

Dauern Preisrückgänge längere Zeit an, führt dies bei Unternehmen zu sinkenden Gewinnen. Diese machen irgendwann Verluste und verschwinden vom Markt. Als Folge steigt die Arbeitslosigkeit, der Konsum und Investitionen gehen zurück. Die Nachfragelücke nimmt weiter zu. Wegen der niedrigeren Gewinne der Unternehmen sinken die Löhne und damit auch das Kaufkraftniveau. Um erneut Konsumanreize zu schaffen, müssen die Anbieter die Preise noch einmal senken. Das wiederum führt zu einem weiteren Anstieg der Deflation. Sachvermögen verliert an Wert und die Aktienkurse sinken wegen der stagnierenden oder zurückgehenden Unternehmensgewinne. Besitzer von Geldvermögen und Gläubiger profitieren von der Deflation, da sich der Realwert ihrer Geldforderungen erhöht.

Offenmarktpolitik

Die Offenmarktpolitik wird eingesetzt bei der Zinssteuerung und bei der Bereitstellung von Liquidität am Markt. Die Zentralbank kann durch den **Kauf** und **Verkauf** von **Wertpapieren** die Zinssätze beeinflussen. Sie legt dazu vom Marktzinssatz abweichende Sätze fest. Die Kreditinstitute können dann entscheiden, wie viele Wertpapiere sie bei der Zentralbank kaufen oder an sie verkaufen.

Durch den Verkauf von Wertpapieren von der Zentralbank fließt Geld vom Markt ab. Die Kreditinstitute haben keine Überschussreserven mehr und setzen das Kreditangebot herab. Dadurch kann eine inflationäre Entwicklung gebremst werden. Durch den Kauf von Wertpapieren führt die Zentralbank dem Markt Liquidität zu. Die Kreditinstitute haben wieder mehr Geld und erhöhen das Kreditangebot.

! • Zu den befristeten Transaktionen der geldpolitischen Maßnahmen zählen der Kauf und Verkauf von Vermögenswerten im Rahmen einer Rückkaufvereinbarung, der Kauf und Verkauf von Vermögenswerten (z.B. Wertpapiere) und die Emission von Schuldverschreibungen der Zentralbank.
Die Hauptrefinanzierungsgeschäfte haben eine Laufzeit von einer Woche, die längerfristigen Refinanzierungsgeschäfte von drei Monaten.

Abb. 1.20:   Auswirkungen der Offenmarktpolitik

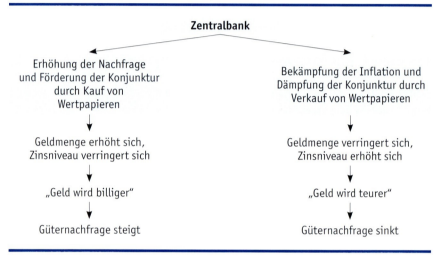

Erwähnt werden sollten hier noch der Mengentender und der Zinstender (Tenderverfahren = Ausschreibungsverfahren). Das ESZB (Europäisches System der Zentralbanken, bestehend aus der EZB und den nationalen Zentralbanken aller EU-Mitgliedsländer) legt beim **Mengentender** den Zinssatz im Voraus fest. Die Kreditinstitute teilen den Betrag mit, den sie zu diesem Festsatz haben möchten. Bei Überzeichnung des Kreditvolumens wird anteilig zugeteilt. Beim **Zinstender** nennen die Kreditinstitute den Bietungsbetrag und den Zinssatz, mit denen sie Geschäfte machen möchten. Das Kreditvolumen wird wieder vom ESZB festgelegt. Bieten die Kreditinstitute zu niedrige Zinsen, kann es passieren, dass sie bei der Zuteilung leer ausgehen.

Ständige Fazilitäten

Der Begriff Fazilität kommt aus dem Lateinischen und bedeutet Möglichkeit. **Kreditfazilität** bedeutet also die Möglichkeit, einen Kredit aufnehmen zu können, **Einlagenfazilität** hingegen, Geld bei einer Zentralbank anlegen zu können. Werden Kredite durch das ESZB bereitgestellt, spricht man von Spitzenrefinanzierungsfazilität. Unter Einlagenfazilität versteht man die Bereitschaft des ESZB, Einlagen der Kreditinstitute aufzunehmen. Die ständigen Fazilitäten dienen der Steuerung des kurzfristigen Geldmarktzinses. Die Abwicklung erfolgt über die nationalen Zentralbanken.

Spitzenrefinanzierungsfazilität: Hier werden am Tagesende bestehende Soll-Salden der Kreditinstitute gedeckt. Der Kredit erfolgt sozusagen über Nacht gegen refinanzierungsfähige Sicherheiten. Daraus folgt, dass sich die Geldmenge auf dem Markt erhöht. Der Zinssatz bildet gewöhnlich die Obergrenze für den Tagesgeldsatz am Interbankenmarkt.

Einlagenfazilität: Hier wird gegenteilig zur Spitzenrefinanzierungsfazilität gearbeitet. Kreditinstitute können über Nacht Haben-Salden bei den nationalen Zentralbanken anlegen. Die Verzinsung erfolgt zu einem im Voraus festgelegten Zinssatz, der im Normalfall die Untergrenze des Tagesgeldzinssatzes bildet (→ Verringerung der Geldmenge auf dem Markt).

> **!** Setzt die EZB den Spitzenrefinanzierungssatz höher an, müssen die Banken mehr Zinsen für die Refinanzierung bezahlen. → Dadurch steigen die Zinsen. → Die Haushalte erhalten einen Anreiz, mehr zu sparen, da sie höhere Zinsen dafür bekommen. → Das wiederum senkt die Nachfrage auf dem Markt. → Die Inflation wird bekämpft und die Konjunktur gedämpft.
> Umgekehrt soll durch einen niedrigeren Spitzenrefinanzierungssatz die Nachfrage angeregt werden.

Mindestreservepolitik

Mindestreserven sind Geldbeträge, die von den Kreditinstituten bei der Europäischen Zentralbank eingezahlt werden müssen. Sie erhalten dafür nur eine geringe Verzinsung. Folgende Verbindlichkeiten bilden die **Mindestreservebasis**: täglich fällige Einlagen (Sichteinlagen), Einlagen mit einer Kündigungsfrist von bis zu zwei Jahren (Termineinlagen), Schuldverschreibungen mit einer Laufzeit bis zu zwei Jahren, Geldmarktpapiere. Die Mindestreservebasis bildet die Grundlage zur Ermittlung der Höhe der Mindestreserve. Je höher die Mindestreserven sind, desto weniger Geld steht den Kreditinstituten zur Verfügung und umgekehrt.

Abb. 1.21: Auswirkungen der Mindestreservepolitik

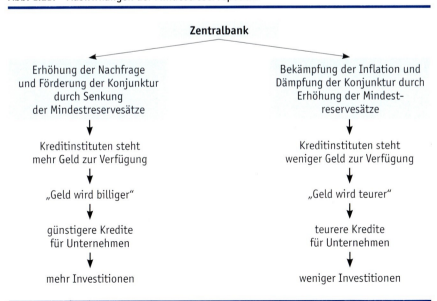

1.1.3.2.2 Finanzpolitik (Fiskalpolitik)

Die **Finanzpolitik** befasst sich mit den Einnahmen und Ausgaben des Staatshaushalts oder jedes anderen öffentlichen Haushalts. Zu den Aufgaben zählen die Festsetzung von Steuern und Subventionen und die Aufnahme von Krediten ebenso wie die Verabschiedung von Haushalten. Die **Fiskalpolitik** ist ein Teilbereich der Finanzpolitik und soll über Staatsausgaben und Steuern – also finanzpolitische Maßnahmen des Staates – konjunkturelle Schwankungen ausgleichen. Sie dient als Instrument zur Stabilisierung von Konjunktur und Wachstum. Weitere Ziele sind eine dauerhaft niedrige Inflation und ein hoher Beschäftigungsstand. Ferner soll das Einkommen aus dem marktwirtschaftlichen Prozess unter sozialen Gesichtspunkten umverteilt werden, ebenso wie die Ressourcen zuzuteilen sind wie beispielsweise bei der regionalen Strukturpolitik. Die Fiskalpolitik in der Bundesrepublik Deutschland läuft über die öffentlichen Haushalte (Bund, Länder und Gemeinden).

Antizyklische Fiskalpolitik

Der Staat soll bei der antizyklischen Fiskalpolitik seine Einnahmen und seine Ausgaben genau **entgegengesetzt zur Konjunktur**, d.h. zum Verhalten der übrigen Wirtschaftssubjekte, steuern.

In Krisenzeiten soll er sich verschulden, um fehlende Nachfrage auszugleichen. Während eines Booms soll er seine Ausgaben reduzieren und Kaufkraft abschöpfen (Schaffung einer Konjunkturausgleichsrücklage).

Abb. 1.22: Antizyklisches Verhalten des Staates

Angebotsorientierte Fiskalpolitik

Die angebotsorientierte Fiskalpolitik hat die Aufgabe, die wirtschaftlichen Aktivitäten auf der **Angebotsseite** zu aktivieren. Möglichkeiten dazu sind eine langfristige Verbesserung der Investitionsbedingungen und eine Verstetigung der öffentlichen Haushaltspolitik. Der Staat soll neutral zur Konjunktur wirken und sich parallel zum Produktionspotenzial bewegen. Verbessert werden können die Angebots- bzw. Investitionsbedingungen z.B. durch Schaffung günstiger Rahmenbedingungen (Erleichterung der Abschreibung, Förderung von Forschung und Entwicklung, Bildungsurlaub, Ausbau der Infrastruktur). Die angebotsorientierte Fiskalpolitik findet man auch unter den Begriffen anreizorientierte oder Verstetigungspolitik. Ziel ist es, Anreize zu schaffen für Investitionen und Innovationen und die Förderung von Wachstum und Beschäftigung. Die steuerliche Entlastung kommt jedoch hauptsächlich den wirtschaftlich Stärkeren zugute. Unternehmen, die Gewinne einfahren, müssen nicht unbedingt im Inland investieren. Sie können das Geld auch zinsgünstig anlegen oder ihre Produktion in Länder mit kostengünstigeren Bedingungen verlegen. Es werden nicht zwangsläufig durch angebotsorientierte Fiskalpolitik Arbeitsplätze geschaffen.

Nachfrageorientierte Fiskalpolitik

Bei der nachfrageorientierten Fiskalpolitik wird in erster Linie versucht, die **Nachfrage** zu beeinflussen. Der Staat tritt selbst als Nachfrager auf, indem er unter anderem in öffentliche Gebäude und Infrastruktur investiert. Die zusätzlichen Staatsausgaben werden über Kreditaufnahmen finanziert.

Der Staat kann auch auf die Nachfrage privater Haushalte und Unternehmen durch Steuererhöhungen oder -senkungen einwirken. Müssen weniger Steuern bezahlt werden, steht mehr Geld und damit auch Kaufkraft zur Verfügung. Erhöhte Nachfrage und neue Investitionen werden ermöglicht. Überdies können Haushalte durch Zahlungen ohne Gegenleistung wie Sparzulagen oder Kindergeld gefördert werden. Das alles wirkt sich positiv auf die Konjunktur aus.

Gefahren der Fiskalpolitik

Die Maßnahmen des Staates greifen erst mit zeitlicher Verzögerung. Da das Ausmaß der Konjunkturschwankungen nicht vorhergesehen werden kann, besteht die Gefahr einer Über- oder Untersteuerung. In Zeiten der Hochkonjunktur sollen die Staatsschulden zurückgezahlt und Rücklagen gebildet werden, was häufig politisch nicht durchsetzbar ist. Muss die Senkung von Steuern mit einer Kreditaufnahme des Staates finanziert werden, müssen die Schulden bzw. die Zinszahlungen in späteren Jahren über Steuererhöhungen wieder ausgeglichen werden. Weitere Beispiele dürfen gerne ergänzt werden.

1.1.3.2.3 Wachstums- und Strukturpolitik

Zur Wachstumspolitik zählen alle staatlichen Maßnahmen, die angemessenes und stetiges **Wirtschaftswachstum** unterstützen und damit eine langfristige **Erhöhung des Bruttoinlandsprodukts** pro Kopf. Die allgemeine Beschäftigungssituation verbessert sich und der Konsum nimmt zu. Ansatzpunkte sind der marktwirtschaftliche Wettbewerb und die wirtschaftliche Infrastruktur ebenso wie Kapital und Bildung. Die Wirtschaft wächst, wenn Leistungswettbewerb gegeben ist, technischer Fortschritt stattfindet und qualifizierte Mitarbeiter zur Verfügung stehen. Deshalb kann Wachstumspolitik als Überbegriff verstanden werden.

Wachstumspolitik

Wettbewerbspolitik Technologiepolitik Bildungspolitik Mittelstandspolitik Regionalpolitik

Der ständige Wandel bei Technologien, Veränderungen beim Nachfrageverhalten der Konsumenten aufgrund von Modeerscheinungen und auch die Globalisierung mit Fortschreiten der internationalen Arbeitsteilung verlangen permanent strukturelle Anpassungen. Sind diese Kriterien Ziel staatlicher Fördermaßnahmen, spricht man von **Strukturpolitik**, die vorrangig der Wettbewerbspolitik entspricht. Die staatliche Strukturpolitik unterscheidet sektorale und regionale Aufgaben bzw. Eingriffe.

Sektorale Strukturpolitik, z.B.:	Regionale Strukturpolitik, z.B.:
• Investitionen in neue Energiequellen • Schaffung günstiger Wettbewerbsbedingungen • Förderung der Entwicklung von Zukunftstechnologien • Vergabe von Risikokapital im Bereich von Spitzentechnologien Der Staat greift unterstützend ein, da Unternehmen aus eigener Kraft nicht dazu in der Lage sind, langfristige und risikoreiche Investitionen zu leisten.	• Sanierung von Stadtteilen • Angebot kommunaler Dienste in ländlichen Gegenden • Vergabe öffentlicher Aufträge • Entwicklung der Infrastruktur • Förderung des Wohnungsbaus Der Staat unterstützt wirtschaftlich benachteiligte Gebiete, um bezüglich der Wohn- und Arbeitsbedingungen eine Chancengleichheit zu erreichen.

Globalisierung der Wirtschaft ist nichts anderes als die **internationale Arbeitsteilung**. Durch die Globalisierung der Finanzmärkte können Ersparnisse weltweit in Investitionen umgesetzt werden. Und auch auf dem Markt der Dienstleistungen findet weltweites Wachstum statt. Aufgrund der Globalisierung lassen sich verschiedene Entwicklungen feststellen. So setzt sich z.B. die Ideologie des freien Marktes immer mehr durch. Technischer Fortschritt, Kommunikation und Vernetzung werden immer weiter verbessert. E-Mail und Videokonferenzen sind eine Selbstverständlichkeit. Durch die Öffnung der Grenzen können auch ausländische Konkurrenten Binnenmärkte besetzen. Ein Unternehmen wird als **Global Player** bezeichnet, wenn es in vielen Regionen der Welt präsent ist und sich die Errichtung einzelner Abteilungen am besten Standort orientiert. Zu den entscheidenden **Standortfaktoren** zählen der Aufbau einer modernen Telekommunikationsstruktur und Internetanschlüsse. Die Auswirkungen von Globalisierung können verstärkter Wettbewerb sein, eine Erhöhung des Angebots für Nachfrager, die Nutzung kostenoptimaler Standorte oder auch Strukturprobleme im umgekehrten Fall, wenn Standorte aufgegeben werden.

Auswahl von Maßnahmen bzw. Bedingungen der Wachstumspolitik:
• stabile politische Rahmenbedingungen,
• funktionierende Kommunikationsinfrastruktur,
• ausgebaute Verkehrsinfrastruktur,
• Preisstabilität,
• hohes Bildungsniveau,
• hoher Wissensstand z.B. in Form von Patenten,

- private und staatliche Investitionen,
- solide Finanzierung der öffentlichen Haushalte,
- Förderung der Ansiedlung von in der Forschung tätigen Unternehmen.

Nicht alle Maßnahmen und deren Konsequenzen wirken sich positiv aus. Steigt die Güterproduktion bzw. der Konsum, mindert sich der Wohlstand durch erhöhte Umweltbelastungen. Ist die Unterstützung für Arbeitslose zu hoch, fehlt der Anreiz, sich Arbeit zu suchen. Haben Unternehmen in Deutschland nicht die Förderungsmöglichkeiten, ihre Ideen zur Marktreife zu entwickeln, wandern sie ins Ausland ab und investieren dort usw.

1.1.3.2.4 Tarifpolitik

Tarifpolitik umfasst alle Fragestellungen, die bei Tarifverhandlungen und/oder Tarifvertragsabschlüssen auftreten können. Die Rahmenbedingungen regelt das **Tarifvertragsgesetz** (**TVG**).

§ 1 Inhalt und Form des Tarifvertrags

(1) Der Tarifvertrag regelt die Rechte und Pflichten der Tarifvertragsparteien und enthält Rechtsnormen, die den Inhalt, den Abschluss und die Beendigung von Arbeitsverhältnissen sowie betriebliche und betriebsverfassungsrechtliche Fragen ordnen können ...

Aufgabe der Tarifpolitik ist es, die **Arbeitsbedingungen** im Detail festzulegen:
- Berechnungsgrundlagen der Löhne und Gehälter
- Höhe des Entgelts
- Zuschläge (Art und Höhe)
- Zulagen (Art und Höhe)
- Eingruppierung
- Urlaub
- Betriebsrente
- Arbeitspausen (Art und Dauer)

Die **Tarifvertragsparteien** führen Tarifverhandlungen, die zu einem Tarifabschluss führen.

§ 2 Tarifvertragsparteien

(1) Tarifvertragsparteien sind Gewerkschaften, einzelne Arbeitgeber sowie Vereinigungen von Arbeitgebern.

(2) Zusammenschlüsse von Gewerkschaften und von Vereinigungen von Arbeitgebern (Spitzenorganisationen) können im Namen der ihnen angeschlossenen Verbände Tarifverträge abschließen, wenn sie eine entsprechende Vollmacht haben.

(3) Spitzenorganisationen können selbst Parteien eines Tarifvertrags sein, wenn der Abschluss von Tarifverträgen zu ihren satzungsgemäßen Aufgaben gehört.

Werden Arbeitsbedingungen verhandelt und geregelt, kann es sich um Einzelverträge, Haus- bzw. Firmentarifverträge oder Flächentarifverträge handeln.

Einzelvertrag	Die Arbeitnehmer erhalten individuelle Arbeitsverträge oder der Arbeitgeber erstellt „allgemeine Arbeitsbedingungen", die die Grundlage der Einzelverträge bilden. Einzelne Punkte werden bei Bedarf individuell festgelegt.
Haus- bzw. Firmentarifvertrag	Der Arbeitgeber und die Gewerkschaft, die die Branche vertritt, schließen einen Firmentarifvertrag ab. Am Ende der Laufzeit muss neu verhandelt werden.
Flächentarifvertrag	Tritt der Arbeitgeber einem Arbeitgeberverband mit Tarifbindung bei, verwendet er den mit der Gewerkschaft ausgehandelten Flächentarifvertrag. Auch dieser wird nach vereinbarter Laufzeit neu verhandelt.

Eine weitere Möglichkeit, Regelungen in Unternehmen festzulegen, bietet die Betriebsvereinbarung zwischen Arbeitgeber und Betriebsrat. Das Betriebsverfassungsgesetz (BetrVG) trifft dazu folgende Aussage:

§ 77 Durchführung gemeinsamer Beschlüsse, Betriebsvereinbarungen
(3) Arbeitsentgelte und sonstige Arbeitsbedingungen, die durch Tarifvertrag geregelt sind oder üblicherweise geregelt werden, können nicht Gegenstand einer Betriebsvereinbarung sein. Dies gilt nicht, wenn ein Tarifvertrag den Abschluss ergänzender Betriebsvereinbarungen ausdrücklich zulässt.

1.1.3.2.5 Arbeitsmarkt- und Beschäftigungspolitik

Sind alle Produktionsfaktoren einer Volkswirtschaft voll ausgelastet, wird die Bevölkerung optimal versorgt. Die **volkswirtschaftliche Beschäftigung** ist das Maß, mit dem die Auslastung gemessen wird. Da die Situation auftreten kann, dass beim Produktionsfaktor Arbeit Vollbeschäftigung herrscht und dennoch die sachlichen Produktionskapazitäten nicht ausgelastet sind, bezieht man den Beschäftigungsstand meist nur auf den Produktionsfaktor Arbeit. Als **Engpassfaktor** wird der Produktionsfaktor bezeichnet, von dem am wenigsten vorhanden ist. Durch ihn wird die volkswirtschaftliche Kapazität begrenzt. In der Bundesrepublik Deutschland spricht man bei einer Arbeitslosenquote von 1–2 % von Vollbeschäftigung.

Abb. 1.23: Unter- und Überbeschäftigung

Überbeschäftigung liegt vor, wenn die Zahl der offenen Stellen größer ist als die Zahl der Arbeitslosen. Bei niedrigem Lohnsatz fragen die Unternehmer mehr Stellenbesetzungen nach als Arbeitnehmer dafür zur Verfügung stehen. Der umgekehrte Fall gilt für die Unterbeschäftigung.

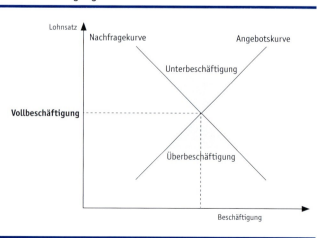

Zur Berechnung der **Arbeitslosenquote** werden zwei Werte verwendet, da der Kreis der Erwerbspersonen beziehungsweise der Erwerbstätigen unterschiedlich festgelegt werden kann.

Arbeitslosenquote, bezogen auf alle zivilen Erwerbspersonen:

Alle zivilen Erwerbstätigen =
abhängige zivile Erwerbstätige + Selbstständige + mithelfende Familienangehörige

$$\text{Arbeitslosenquote in \%} = \frac{\text{registrierte Arbeitslose}}{\text{alle zivilen Erwerbstätigen + Arbeitslose}} \cdot 100$$

Arbeitslosenquote, bezogen auf die abhängigen zivilen Erwerbspersonen:

Abhängige zivile Erwerbstätige =
sozialversicherungspflichtig Beschäftigte (einschl. Auszubildende) + geringfügig Beschäftigte + Personen in Arbeitsgelegenheiten + Beamte (ohne Soldaten) + Grenzpendler

$$\text{Arbeitslosenquote in \%} = \frac{\text{registrierte Arbeitslose}}{\text{abhängige zivile Erwerbstätige + Arbeitslose}} \cdot 100$$

Herrscht Arbeitslosigkeit, muss die staatliche Beschäftigungspolitik unterschiedliche Maßnahmen ergreifen, je nachdem, ob es sich um saisonale, friktionelle, strukturelle oder konjunkturelle Arbeitslosigkeit handelt.

Saisonale Arbeitslosigkeit	Sie entsteht aus dem Wechsel der Jahreszeiten, z.B. nimmt im Winter die Beschäftigung im Baugewerbe ab.
Friktionelle Arbeitslosigkeit	Sie entsteht aufgrund des Arbeitsplatzwechsels und ist die Zeit zwischen Beendigung der alten Tätigkeit und Aufnahme der neuen.
Strukturelle Arbeitslosigkeit	Sie tritt aufgrund von Bedarfs- und Nachfrageverschiebungen ein.
Konjunkturelle Arbeitslosigkeit	Sie entsteht aufgrund einer mit einem konjunkturellen Tief verbundenen Unterbeschäftigung.

Maßnahmen des Staates, um die strukturelle und die konjunkturelle Arbeitslosigkeit zu bekämpfen, können beispielsweise sein:
- Förderung bestimmter Wirtschaftszweige durch die Vergabe von Subventionen
- Einräumen erhöhter Abschreibungsmöglichkeiten für bestimmte Investitionen
- Steuererleichterungen für Unternehmen bzw. Haushalte

Die staatliche Beschäftigungspolitik birgt auch Probleme und Risiken, da z.B. ...
- ... bei Investitionszulagen der Mitnahmeeffekt auftritt.
- ... sich der Staat verschuldet.
- ... subventionierte Unternehmen nicht mehr zueinander in Wettbewerb treten.
- ... Steuererleichterungen bei Haushalten nicht unbedingt dazu führen, dass diese mehr konsumieren.

Aktive Arbeitsmarktpolitik

Der Staat versucht, Arbeitsangebot (private Haushalte fragen Arbeitsplätze nach) und Arbeitsnachfrage (Unternehmen und Staat bieten Arbeitsplätze an) auszugleichen. Maßnahmen sind die Berufsberatung, die Arbeitsberatung, die Arbeitsvermittlung, Förderung der beruflichen (z.B. Fortbildungs- und Umschulungsmaßnahmen) und regionalen Mobilität (z.B. Zuschüsse zu Bewerbungs- und Umzugskosten). Möglichkeiten zur Eingliederung von Arbeitslosen sind z.B. auch Arbeitsbeschaffungsmaßnahmen (finanziert durch die Agentur für Arbeit), Beschäftigungsgebote (z.B. für Schwerbehinderte) und Kündigungsschutzbestimmungen.

Passive Arbeitsmarktpolitik

Hier zielen die Maßnahmen auf die Unterstützung der Arbeitslosen. Sie erhalten einen finanziellen Ausgleich für ausgefallenen Lohn in Form von Arbeitslosengeld I, Arbeitslosengeld II, Arbeitslosenhilfe, Sozialhilfe, Winterbauhilfe, Schlechtwettergeld und Kurzarbeitergeld.

1.1.3.2.6 Umweltpolitik

Wirtschaftswachstum und Umweltschutz sind nicht zwingend harmonisierende Ziele, sie schließen einander aber auch nicht aus. Das Ziel muss sein, Umweltschutz mit möglichst geringem Aufwand zu erreichen. Produktion und Konsum von Gütern belasten die Umwelt (Luft, Boden, Wasser) mit Lärm, Schmutz, Strahlen, Abgasen usw. Da Umwelt keinen Preis hat, wird auch nicht ihre Knappheit angezeigt. Der marktwirtschaftliche Selbststeuerungsmechanismus funktioniert nicht. Güter, die die Umwelt belasten, werden mit zu niedrigen Preisen angesetzt. Es kommt zu einer Fehlallokation der Ressourcen. Der Staat muss korrigierend eingreifen, um die externen Effekte zu internalisieren, also in den Wirtschaftskalkulationen zu berücksichtigen.

Bei den externen Effekten – den Auswirkungen wirtschaftlicher Tätigkeit bzw. von Produktion und Konsum auf Dritte ohne Erfassung der Kosten – unterscheidet man positive externe Effekte,
- wenn beispielsweise ein Bienenzüchter durch seine Arbeit Vorteile für einen Obstbauern schafft,

und negative externe Effekte,
- wenn z.B. Produktionsprozesse CO_2-Ausstoß und Lärmemissionen verursachen.

Externe Effekte wirken sich auf den Verursacher nicht aus, da mit den Betroffenen über Markt- oder Preismechanismen keine Beziehung besteht.

Leiten Unternehmen Abwässer in Flüsse ein und Gemeinden bauen Kläranlagen, um das Wasser zu reinigen, trägt die Gesellschaft die Kosten. Der Staat kann aber über die Umweltpolitik dafür sorgen, dass die Betriebe die Kosten tragen, indem sie Filteranlagen einbauen müssen.

> **!** Die Internalisierung externer Effekte bedeutet, dass den Verursachern der externen Effekte die externen Kosten (soziale Zusatzkosten) bzw. die externen Erträge zugerechnet werden. Das Ziel ist die Beseitigung der Fehlallokation bzw. des Marktversagens. Als Instrument der Umweltpolitik bietet sich beispielsweise eine Ökosteuer an.

Da es sehr schwierig ist, Umweltschäden zu bewerten und deren Verursacher immer festzustellen, ist es nicht möglich, die externen Effekte vollständig zu internalisieren. Ein Ansatz dazu ist das Verursacherprinzip mit Ergänzung durch das Vorsorgeprinzip.

Umweltprinzipien, z.B.	Erläuterung
Verursacherprinzip	Derjenige, der Umweltschäden verursacht, soll dafür auch die Kosten tragen (Internalisierung). In der Praxis ist das nur eingeschränkt möglich, da die Kontrolle, die Zuordnung und schließlich die Durchsetzung Probleme mit sich bringen.
Vorsorgeprinzip	Man spricht von präventivem Umweltschutz, wenn Maßnahmen ergriffen werden, um Umweltschäden zu vermeiden.
Kooperationsprinzip	Der Umweltschutz ist eine Aufgabe, bei der Staat, Haushalte und Unternehmen mitwirken sollen. Das Prinzip zeigt sich beispielsweise in Selbstverpflichtungserklärungen der Wirtschaft.
Gemeinlastprinzip	Die Kosten der Belastung und auch der Verbesserung der Umwelt trägt die Allgemeinheit und nicht die Verursacher.

Unternehmen erstellen immer häufiger **Umwelt- bzw. Ökobilanzen** – auch Schadensbilanzen genannt, um ihr Engagement auf diesem Gebiet darzustellen und ihr Image zu verbessern. Diese Bilanzen sollen der Dokumentation nachhaltigen Wirtschaftens dienen. Sie sind ein System zur Erfassung aller mengen- und wertmäßigen Arten der Umweltbelastung durch ein Unternehmen. Der Input und Output wird dargestellt, d.h., wie viele Umweltgüter in der Produktion eingesetzt und verbraucht werden und wie das hergestellte Gut die Umwelt belastet. Die in der Ökobilanz angegebenen Mengen, beispielsweise der Wasserverbrauch, werden in **Umweltkennzahlen** umgerechnet, z.B. Wasserverbrauch je Mitarbeiter und Arbeitstag in Liter. Dadurch wird die Wirkung auf die Umwelt deutlich. Im Folgenden werden vier Beispiele von Ökobilanzen gezeigt.

Betriebsbilanz Das Unternehmen wird als Blackbox dargestellt mit dem Input und Output von Stoffen und Energien.	**Prozessbilanz** Die Produktion wird in einzelne Prozesse zerlegt, die wiederum mit dem Input und Output von Stoffen und Energien versehen werden.
Standortbilanz Alle Gebiete und Tätigkeiten, die am Standort in Zusammenhang mit der Umwelt stehen, werden erfasst und analysiert.	**Produktbilanz** Der Input und Output von Stoffen und Energien werden bei den Produkten von der Fertigung bis zur Vernichtung oder zum Recycling gezeigt.

Anschließend finden Sie eine einfache Darstellung einer Ökobilanz:

Ökobilanz vom 31.12...	
Input	**Output**
Rohstoffe (in Liter, Tonnen ...)	Produkt, Abwärme, Gefahrstoffe
Hilfsstoffe	Abfälle, Gefahrstoffe, Öl
Betriebsstoffe	Abwasser, Abwärme
Wasser (in cbm)	Abwasser, Schmutz
Energie	Emissionen, Abwärme

Zu den von der Bundesregierung aufgestellten **Zielen der Umweltpolitik** zählen die Sicherung der Umwelt für ein menschenwürdiges Dasein, der Schutz von Tieren, Pflanzen, Wasser, Luft und Boden und die Beseitigung bereits eingetretener Schäden. Die Umweltpolitik kann vielfältige **Instrumente zum Schutz der Umwelt** einsetzen, z.B.: Ökosteuer, Abwassergebühren, Umweltzertifikate, Ausbau des Nahverkehrs, Messstationen (Feinstaub), Festlegung von Grenzwerten, Kennzeichnung umweltfreundlicher Produkte.

> **!** Steigen die Energiekosten aufgrund der Verteuerung des Rohöls, können durchaus Gegenmaßnahmen von Unternehmen (z.B. Entwicklung/Einsatz Energie sparender Maschinen und neuer Rohstoffe) und Haushalten (z.B. Bus statt Auto, 22 °C statt 23°C Zimmertemperatur) ergriffen werden.

1.1.3.2.7 Unterscheidung nachfrage- und angebotsorientierte Wirtschaftspolitik

Normalerweise bildet sich in einer Marktwirtschaft der Preis durch Angebot und Nachfrage. In einer sozialen Marktwirtschaft jedoch greift der Staat aus sozialen oder aus umweltpolitischen Gründen in die Preisbildung ein. Da der Marktpreis nicht „gerecht" ist, schützt der Staat Nachfrager und/oder Anbieter durch direkte oder indirekte Eingriffe. Auch im Bereich Umweltschutz ist der Staat tätig, indem er zum Beispiel den Einsatz umweltschädlicher Produktionsverfahren verbietet.

Nachfrageorientierte Wirtschaftspolitik

Ausgangspunkt ist hier, dass ein privatwirtschaftliches Marktsystem zur Instabilität neigt. Dies kann nur durch Eingriffe des Staates ausgeglichen werden. Es herrscht die Grundannahme eines nicht ausgelasteten Produktionspotenzials. Der Staat hat die Aufgabe, der gesamtwirtschaftlichen Entwicklung durch Nachfrage auf die Beine zu helfen. Schwankungen in der Auslastung der Kapazitäten sollen möglichst nicht auftreten bzw. nur in geringem Ausmaß. An oberster Stelle steht das Ziel der Vollbeschäftigung. Die nachfrageorientierte Politik arbeitet mit den Instrumenten und Maßnahmen der Fiskalpolitik.

Der Staat soll in Krisenzeiten die fehlende private Nachfrage fördern, wobei er sich selbst verschuldet. In Zeiten des Booms soll der Staat sich zurückhalten, da die private Nachfrage genügend vorhanden ist, und Kaufkraft abschöpfen. Als Kritikpunkte können hier angebracht werden, dass eine antizyklische Fiskalpolitik durch die zeitliche Verzögerung genau das Gegenteil bewirken kann. Zudem besteht die Gefahr einer zu hohen Staatsverschuldung. Die Preisstabilität wird durch zu hohe

Staatsnachfrage gefährdet und bei den Haushalten stellt sich eine so genannte Versorgungsmentalität ein durch die Erhöhung der Transferzahlungen.

Angebotsorientierte Wirtschaftspolitik

Hier geht die Wirtschaftspolitik davon aus, dass eine auf Privateigentum basierende Marktwirtschaft in sich stabil ist. Störungen sind auf zu starke Eingriffe des Staates zurückzuführen. Der Staat muss den Entscheidungsspielraum der Wirtschaftssubjekte erweitern. Das Hauptaugenmerk liegt auf dem wirtschaftlichen Wachstum. Angebotsorientierte Wirtschaftspolitik bemüht sich, die Bedingungen auf der Angebotsseite zu verbessern. Staatliche Eingriffe werden so weit wie möglich reduziert und Eigeninitiative gefördert.

Durch die Förderung der Investitionstätigkeiten sollen neue Arbeitsplätze geschaffen werden. Es geht hier also um zukunftsorientierte Wachstumspolitik. Der Staat fährt für diesen Zweck seine Ausgaben zurück und verschafft den Wirtschaftssubjekten dadurch mehr Spielraum. Er dereguliert z.B. im Bereich des Wettbewerbs- und Umweltrechts. Durch die Senkung von Steuern versucht der Staat private Investitionen anzuregen. Gleichzeitig soll dadurch der private Konsum steigen. Investitionshemmnisse, z.B. die Gewinnbesteuerung, werden vermindert oder beseitigt und staatliche Unternehmen privatisiert. Das Problem, das hier auftreten kann, ist allerdings, dass der Nachfragerückgang durch die Verminderung der Staatsausgaben nicht automatisch die Ausweitung der privaten Nachfrage auslöst. Die Regulierung kann umweltpolitische und soziale Nachteile nach sich ziehen. Nur weil Steuern gesenkt werden, muss es noch lange nicht zutreffen, dass Unternehmen investieren.

1.1.4 Außenwirtschaft

Im Außenwirtschaftsgesetz (AWG) ist festgeschrieben, dass der wirtschaftliche Verkehr mit dem Ausland grundsätzlich genehmigungsfrei ist.

In § 1 Abs. 1 AWG findet sich der Grundsatz:
(1) Der Waren-, Dienstleistungs-, Kapital-, Zahlungs- und sonstige Wirtschaftsverkehr mit fremden Wirtschaftsgebieten sowie der Verkehr mit Auslandswerten und Gold zwischen Gebietsansässigen (Außenwirtschaftsverkehr) ist grundsätzlich frei
…

Es ist **Aufgabe der Außenwirtschaftspolitik**, das außenwirtschaftliche Gleichgewicht zu sichern (Export und Import). Die Außenhandelspolitik kann den grenzüberschreitenden Warenverkehr staatlich regulieren oder unbeschränkten Handel fördern. Man spricht im ersten Fall von Protektionismus und im zweiten Fall von Freihandel.

Der **Außenhandel** kann sich positiv auf eine Volkswirtschaft auswirken, da die Versorgung mit Gütern und deren Vielfalt verbessert wird. Auch Arbeitsplätze können durch Standortvorteile gegenüber dem Ausland entstehen und der Wettbewerb steigt im Hinblick auf die ausländische Konkurrenz. Jedoch birgt der Außenhandel auch Nachteile wie beispielsweise die Abhängigkeit von Kunden oder Lieferanten im Ausland. Weiterhin können Arbeitsplätze verloren gehen, wenn die Standortvorteile im Ausland überwiegen und Unternehmen ihre Produktionsstätten verlagern.

1.1.4.1   Freihandel und Protektionismus

Freihandel

Wird der internationale Handel nicht durch Zölle, Steuern oder Kontingentierung (mengenmäßige Begrenzung) beschränkt, spricht man von Freihandel. In- und ausländische Güter können angeboten und nachgefragt werden. Den Haushalten steht ein breites Sortiment an Produkten zur Verfügung und den Unternehmen bietet sich die Möglichkeit, ihre Erzeugnisse nicht nur im Inland zu vertreiben. Eine Volkswirtschaft kann ihre jeweiligen Standortvorteile nutzen und sich auf die Fertigung derjenigen Güter konzentrieren, die sie im Vergleich zu anderen Volkswirtschaften mit geringeren Kosten leisten kann. Der internationale Wettbewerb bewirkt eine Senkung der Kosten und damit auch der Preise. Ziel des Freihandels ist es unter anderem, in allen Ländern einen möglichst hohen Wohlstand zu erreichen. Allerdings kann er auch bewirken, dass durch Spezialisierung der Länder so genannte Monokulturen entstehen bzw. die Produktion sich nur noch auf bestimmte Schwerpunkte konzentriert.

Protektionismus

Da der Freihandel auch Nachteile mit sich bringt, greifen viele Länder in den Außenhandel ein, um die inländische Wirtschaft vor Konkurrenz aus dem Ausland zu schützen. Die Handelshemmnisse können tarifärer oder nichttarifärer Natur sein.

Tarifäre Handelshemmnisse → Preispolitik	Nichttarifäre Handelshemmnisse → Mengenpolitik
Werden auf importierte Güter Zölle erhoben, steigt deren Preis. Die inländischen Unternehmen werden auf diese Weise gegen die Konkurrenz aus dem Ausland geschützt. Der Staat kann auch über Steuertarife Einfluss nehmen und zum Beispiel die Fertigung von Erzeugnissen für den Export über Steuererleichterungen fördern. Ebenso kann eine Steuerung des Marktes über Subventionen (Gewährung vergünstigter Kredite, direkte Finanzhilfen) erfolgen.	Instrumente sind hier Verbote von bestimmten Ex- und Importen oder deren Kontingentierung. Weiterhin können Normen und Standards (z.B. bei der Sicherheit) bei Erzeugnissen gesetzt werden, die zusätzliche Kosten bei der Einhaltung verursachen. Ebenso ist Flaggenprotektionismus möglich. Das bedeutet, dass inländische Produkte vom Staat bevorzugt werden. Beispielsweise werden für Bauvorhaben nur einheimische Baufirmen beauftragt. Ein drastisches Mittel ist die Aufforderung der Regierung, ausländische Erzeugnisse zu boykottieren.
Tarifäre Handelshemmnisse behindern den Preismechanismus auf dem Markt nicht und die Unternehmen können Export und Import nach Art und Menge selbst bestimmen.	Nichttarifäre Handelshemmnisse sind nach Maßgabe der Welthandelsordnung (WTO = World Trade Organization) verboten. Es gibt jedoch Ausnahmen, z.B. zum Schutz der Gesundheit.

1.1.4.2   Besonderheiten der EU

1.1.4.2.1   Europäischer Binnenmarkt

Den europäischen Binnenmarkt gibt es seit dem 01.01.1993. Der gemeinsame Markt enthält keine Grenzen für Personen, Waren, Kapital und Dienstleistungen. Dadurch sind gleiche Chancen für alle gegeben.

EG-Vertrag Artikel 14 (ex-Art. 7a)

(2) Der Binnenmarkt umfasst einen Raum ohne Binnengrenzen, in dem der freie Verkehr von Waren, Personen, Dienstleistungen und Kapital gemäß den Bestimmungen dieses Vertrags gewährleistet ist.

Der Vertrag zur Gründung der Europäischen Gemeinschaft (EG-Vertrag) ist mit Inkrafttreten des Lissabon-Vertrags zum 01.12.2009 in „Vertrag über die Arbeitsweise der Europäischen Union" umbenannt worden und hat eine neue Artikelabfolge erhalten.

Freiheit des Warenverkehrs	**Freiheit des Kapital- und Zahlungsverkehrs**
Die nationalen Märkte bilden eine Zollunion, in der keine Zölle erhoben werden und es keine Begrenzung bezüglich der Mengen gibt. Ein gemeinsamer Außenzoll ist möglich.	Geldanlagen und Einsatz des Produktionsfaktors Kapital sind uneingeschränkt in der gesamten Gemeinschaft möglich.
Freizügigkeit der Arbeitskräfte	**Freiheit der Niederlassung und des Dienstleistungsverkehrs**
Jeder Bürger innerhalb der Gemeinschaft kann sich in jedem gewünschten Mitgliedsland eine Arbeitsstelle suchen und arbeiten oder ein Gewerbe ausüben (Wirtschaftstätigkeit).	Alle selbstständig Tätigen dürfen sich in allen Mitgliedsländern niederlassen. Dies gilt auch für juristische Personen.

Abb. 1.24: Binnenmarkt und Drittländer

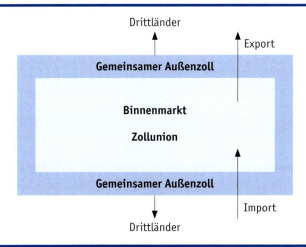

1.1.4.2.2 Europäische Währungsunion

Das Funktionieren eines Binnenmarktes hängt davon ab, dass die einzelnen Staaten ihre Wirtschafts- und Währungspolitik angleichen bzw. gegenseitig abstimmen. Die EWWU (Europäische Wirtschafts- und Währungsunion) wurde in drei Stufen realisiert.

Stufe I, 1992	Der Maastricht-Vertrag legt die Errichtung der Wirtschafts- und Währungsunion bis spätestens Anfang 1999 fest.
	Vertrag über die Arbeitsweise der Europäischen Union, Artikel 99 (ex-Art. 103 EG-Vertrag)
	(1) Die Mitgliedstaaten betrachten ihre Wirtschaftspolitik als eine Angelegenheit von gemeinsamem Interesse und koordinieren sie im Rat nach Maßgabe des Artikels 98.
	(2) Der Rat erstellt mit qualifizierter Mehrheit auf Empfehlung der Kommission einen Entwurf für die Grundzüge der Wirtschaftspolitik der Mitgliedstaaten und der Gemeinschaft und erstattet dem Europäischen Rat hierüber Bericht.
	Vertrag über die Arbeitsweise der Europäischen Union, Artikel 98 (ex-Art. 102 a EG-Vertrag)
	Die Mitgliedstaaten richten ihre Wirtschaftspolitik so aus, dass sie im Rahmen der in Artikel 99 Absatz 2 genannten Grundzüge zur Verwirklichung der Ziele der Gemeinschaft im Sinne des Artikels 2 beitragen. Die Mitgliedstaaten und die Gemeinschaft handeln im Einklang mit dem Grundsatz einer offenen Marktwirtschaft mit freiem Wettbewerb, ...
Stufe II, 1994	Das Europäische Währungsinstitut (EWI) wird in Frankfurt am Main installiert. Es handelt sich um den Vorläufer der EZB (Europäische Zentralbank). Seine Aufgabe ist es, die Geldpolitik der Staaten abzustimmen. Weiterhin sollen sich die einzelnen Staaten in Bezug auf z.B. Haushaltsdisziplin und Preisstabilität angleichen.
Stufe III, 1999	Am 01.01.1999 wird die Euro-Einheitswährung für 11 der 15 Mitgliedsländer eingeführt. Voraussetzung ist die Erfüllung der Konvergenzkriterien* des Maastricht-Vertrags (Haushaltsdisziplin, Preisstabilität, Währungsstabilität, Zinssatz für langfristige Staatsschuldverschreibungen).
	Am 01.01.2002 werden die Euro-Münzen und -Banknoten ausgegeben. Damit ist die Währungsunion Realität geworden.
	Die EZB ist für die Geldpolitik zuständig und handelt autonom.

* Die Konvergenzkriterien wurden im Maastrichter Vertrag festgelegt:

Haushaltsdisziplin (Finanzlage der öffentlichen Hand): Die jährliche Neuverschuldung der öffentlichen Haushalte darf maximal 3,0 % des Bruttoinlandsprodukts betragen. Der Stand der staatlichen Schulden darf nicht mehr als 60 % des Bruttoinlandsprodukts betragen.

Preisstabilität: Der Verbraucherpreisindex (Inflationsrate) darf den Durchschnitt der drei preisstabilsten Länder um nicht mehr als 1,5 % übersteigen.

Währungsstabilität (Wechselkursstabilität): Der Staat muss mindestens zwei Jahre lang ohne Abwertung am Wechselkursmechanismus II teilgenommen haben. Dabei darf die Währung des Landes nur in einer bestimmten Wechselkursbandbreite (meist 15 %) vom Euro-Kurs abweichen.

Langfristige Zinssätze (Kapitalmarktzins): Der Zinssatz langfristiger Staatsanleihen darf nicht mehr als 2 % über dem Durchschnitt der drei preisstabilsten Mitgliedstaaten liegen.

Sowohl Unternehmen als auch Haushalte profitieren von der gemeinsamen Währung, z.B. aufgrund einer besseren Preistransparenz für Produktions- und Konsumgüter, einer einheitlichen Kalkulationsgrundlage, des Wegfalls von Wechselkursrisiken und Umtauschgebühren.

1.1.5 Aufgaben und Lösungshinweise

1. Aufgabe

Im Stabilitätsgesetz von 1967 sind vier Ziele – die Wirtschaft betreffend – festgeschrieben worden. Später wurden noch zwei weitere Ziele ergänzt. Alle zusammen werden als das „magische Sechseck" bezeichnet.

a) Nennen Sie diese sechs Ziele.

b) Ordnen Sie jedem Ziel ein wirtschaftspolitisches Instrument zu, das dazu dienen soll, das Ziel zu erreichen.

c) Wählen Sie zu jedem Ziel eine Kennziffer aus, mit der der Grad der Erfüllung festgestellt werden kann.

2. Aufgabe

Sowohl für Unternehmen als auch für den Einzelnen besteht die Notwendigkeit des Wirtschaftens. Beschreiben Sie je am Beispiel eines Haushalts und eines Industriebetriebes, weshalb wirtschaftliche Wahlentscheidungen getroffen werden müssen, und nennen Sie das jeweilige Ziel.

3. Aufgabe

Bei der Fertigung von Produkten fallen regelmäßig Abfälle und Schadstoffe an, die die Umwelt schädigen. Luft, Boden und Wasser werden verschmutzt und es sammelt sich immer mehr Müll an. Aber auch Haushalte und der Personen- und Güterverkehr tragen zur Umweltverschmutzung bei. Erläutern Sie drei Maßnahmen zum Schutz der Umwelt.

4. Aufgabe

Erläutern Sie, wie sich auf dem Markt Angebot und Nachfrage ausgleichen.

5. Aufgabe

Senkt in einem Angebotsoligopol ein Anbieter den Preis, zieht er im Regelfall Kunden von seinen Konkurrenten ab und kann eine größere Gütermenge absetzen. Erläutern Sie zwei Gründe, die dies trotz Preissenkung verhindern können.

6. Aufgabe

Erläutern Sie, warum sich Gleichgewichte auf dem Markt selten einstellen und dann nicht lange bestehen.

7. Aufgabe

Da die Einkommensverteilung, die sich durch die Primärverteilung ergibt, nicht „gerecht" ist, kann der Staat korrigierend eingreifen.

a) Beschreiben Sie ein Beispiel, das die Notwendigkeit einer Einkommensumverteilung deutlich macht.

b) Erläutern Sie, in welcher Form der Staat die Mittel bezieht, die er bei der Einkommensumverteilung an die Haushalte verwendet, und nennen Sie drei Beispiele, wie sie an Haushalte fließen.

8. Aufgabe

Obst und Gemüse, das in südlichen Gegenden wächst, wird zum Teil über weite Strecken zu den Kunden in andere Länder transportiert. Erläutern Sie den Zielkonflikt, der hier zwischen Ökonomie und Ökologie besteht.

9. Aufgabe

Der Arbeitsmarktpolitik stehen verschiedene Instrumente zur Erfüllung ihrer Aufgaben zur Verfügung.

a) Unterscheiden Sie aktive und passive Arbeitsmarktpolitik.

b) Nennen Sie zwei Probleme, die bei der Arbeitsvermittlung auftreten können.

10. Aufgabe

Erläutern Sie, welche Anpassungsprozesse ein Rückgang der Nachfrage auslöst.

11. Aufgabe

Auf dem Markt bildet sich durch Angebot und Nachfrage ein Gleichgewichtspreis. Es gibt jedoch Gründe, weshalb der Staat in die Preisbildung eingreift.

a) Erläutern Sie, was der Staat damit erreichen möchte, wenn er einmal zugunsten der Nachfrager und einmal zugunsten der Anbieter den Marktmechanismus außer Kraft setzt.

b) Nennen Sie vier Instrumente, die dem Staat zur Verfügung stehen, um die Preisbildung zu beeinflussen.

12. Aufgabe

Im Zuge der Globalisierung hat sich der Welthandel entwickelt, der die entlegensten Volkswirtschaften miteinander verbindet. Es ist ein Netz von Güterströmen entstanden, das einen weltweiten Austausch von Produkten ermöglicht.

a) Erläutern Sie zwei Vorteile des Außenhandels.

b) Beschreiben Sie einen Nachteil, den außenwirtschaftliche Verbindungen mit sich bringen können.

13. Aufgabe

Unterscheiden Sie die Begriffe Lohnquote und Gewinnquote.

14. Aufgabe

Die EZB kann in Zuge der Geldpolitik den Banken Geld zur Verfügung stellen und die Banken können bei der EZB auch Geld anlegen. Bei den Offenmarktgeschäften werden Wertpapiere gekauft und verkauft. Die Zuteilung der Liquidität erfolgt mit dem Tenderverfahren.

a) Erläutern Sie Mengentender und Zinstender.

b) Erklären Sie, wie die Zuteilung bei Mengentendern erfolgt, wenn die Banken einen höheren Betrag bieten, als ihn die EZB zur Verfügung stellt.

c) Die EZB möchte dem Markt befristet Liquidität in Höhe von 270 Mio. Euro in Form eines Mengentenders zur Verfügung stellen. Fünf Banken geben folgende Gebote ab:

Banken	Gebote
Bank KRE	120.000.000 €
Bank DIT	30.000.000 €
Bank AUF	40.000.000 €
Bank NAH	60.000.000 €
Bank ME	50.000.000 €

Berechnen Sie in Prozent und Euro, wie viel die Banken von der EZB bekommen.

15. Aufgabe

Im Konjunkturverlauf unterscheidet man vier Phasen. Im Regelfall wird die Hochkonjunktur positiv gesehen.

a) Erläutern Sie vier positive Auswirkungen einer Hochkonjunktur.

b) Beschreiben Sie vier negative Auswirkungen einer Hochkonjunktur.

16. Aufgabe

Wird vom Staat ein Höchstpreis festgelegt, bildet sich durch diesen Eingriff ein Marktungleichgewicht.

a) Erläutern Sie, weshalb bei dem entstehenden Nachfrageüberhang die Haushalte mehr Güter nachfragen und die Unternehmen weniger Güter anbieten, als es beim Gleichgewichtspreis der Fall wäre.

b) Nennen Sie je eine Maßnahme auf der Angebots- und der Nachfrageseite zur Beseitigung des Ungleichgewichts.

17. Aufgabe

Erläutern Sie die Entstehung einer importierten Inflation.

18. Aufgabe

Sobald ein Oligopolist preis- und /oder absatzpolitische Maßnahmen ergreift, um einen höheren Umsatz zu erzielen, werden seine Konkurrenten darauf reagieren, um das zu verhindern. Gehen wir von der Situation aus, dass ein Oligopolist tatsächlich durch eine Senkung der Preise mehr Kunden gewinnen kann. Erläutern Sie zwei Möglichkeiten, wie sich die anderen Oligopolisten verhalten könnten.

19. Aufgabe

Begründen Sie, wie eine Verbesserung der Umweltbedingungen Wirtschaftswachstum auslösen kann.

20. Aufgabe

Stellen Sie drei Maßnahmen dar, die bei einer angebotsorientierten Wirtschaftspolitik Anwendung finden können.

Lösungshinweise

1. Aufgabe

a) Ziele des „magischen Sechsecks":
- Preisniveaustabilität
- Hoher Beschäftigungsstand
- Außenwirtschaftliches Gleichgewicht
- Stetiges und angemessenes Wirtschaftswachstum
- Gerechte Einkommensverteilung
- Lebenswerte Umwelt

b) Instrumente zur Zielerreichung, z.B.:
- Preisniveaustabilität: Geldpolitik der Zentralbank (z.B. Offenmarktpolitik), staatliche Haushaltspolitik (z.B. Regulierung der Geldmenge durch Erhöhung oder Senkung der öffentlichen Einnahmen bzw. Ausgaben)

- Hoher Beschäftigungsstand: aktive und passive Arbeitsmarktpolitik, Bildungspolitik (z.B. Qualifizierungsmaßnahmen anbieten)
- Außenwirtschaftliches Gleichgewicht: Erhebung von Zöllen bei Export und Import, Vereinbarung internationaler Handelsabkommen
- Stetiges und angemessenes Wirtschaftswachstum: Förderung von Forschung und Entwicklung, Unterstützung der Entwicklung neuer Techniken
- Gerechte Einkommensverteilung: Steuerpolitik (z.B. höhere Steuersätze bei größeren Einkommen), Einkommensumverteilung (z.B. über Sozialleistungen wie Kindergeld)
- Lebenswerte Umwelt: Umweltpolitik (z.B. gesetzliche Vorgaben zum Einbau von Filteranlagen, Festlegung von Obergrenzen bei Emissionen)

c) Kennziffern zur Messung der Ziele:

Ziele	können gemessen werden über
Preisniveaustabilität	Inflationsrate
Hoher Beschäftigungsstand	Arbeitslosenquote
Außenwirtschaftliches Gleichgewicht	positive oder negative Leistungsbilanz
Stetiges und angemessenes Wirtschaftswachstum	reales Bruttoinlandsprodukt
Gerechte Einkommensverteilung	Abweichung der Lorenzkurve von der Gleichverteilung
Lebenswerte Umwelt	prozentualer Anteil des kranken Baumbestandes am gesamten Baumbestand (Waldschadensquote), Ausstoß von CO_2

2. Aufgabe

Zum Beispiel:
- Einem Haushalt steht Haushaltsgeld pro Monat in bestimmter Höhe zum Kauf von Nahrungsmitteln zur Verfügung. Es müssen Entscheidungen getroffen werden für und gegen den Kauf verschiedener Güter, beispielsweise Schinken oder Salami, Weich- oder Hartkäse, Orangen- oder Apfelsaft. Das Ziel des Haushalts ist die Nutzenmaximierung.
- Einem Hersteller von Maschinenbauteilen mit ausgelasteten Kapazitäten bietet sich die Gelegenheit, zwei neue Großkunden zu gewinnen. Er muss sich zwischen der Erweiterung seiner Kapazität und einem Verzicht auf möglichen höheren Umsatz entscheiden. Als Möglichkeiten bieten sich die Einführung von Schichtarbeit oder Kauf zusätzlicher Maschinen. Das Ziel von Unternehmen ist die Gewinnmaximierung.

3. Aufgabe

Zum Beispiel:
- Bau von Kläranlagen zum Schutz der Gewässer

- Neue Produktionsverfahren mit weniger Wasserverbrauch
- Einbau von Filteranlagen zur Verringerung der Luftbelastung
- Verwendung neuer Techniken zur Reduzierung des Schadstoffausstoßes
- Begrenzung der Schadstoffemissionen bei Kraftfahrzeugen
- Verwendung von Mehrwegverpackungen zur Abfallvermeidung
- Recycling zur mehrfachen Verwendung von Rohstoffen
- Wärmeisolierung von Gebäuden zur Energieeinsparung
- Nutzung von Sonnenenergie zur Schonung der fossilen Brennstoffe

4. Aufgabe

Anbieter streben nach Gewinnmaximierung und versuchen, auf dem Markt ihre Güter zu einem möglichst hohen Preis abzusetzen. Nachfrager streben nach Nutzenmaximierung und möchten die Güter zu einem möglichst niedrigen Preis kaufen. Auf dem Markt bildet sich ein Preis, über den sich die Interessen der Anbieter und Nachfrager ausgleichen.

5. Aufgabe

Zum Beispiel:
- Die Konkurrenten senken ebenfalls den Preis und die Kunden sehen keinen Grund, den Anbieter zu wechseln.
- Die Kunden entscheiden nicht alleine nach dem Preis, sondern sind bereit, für Serviceleistungen oder höhere Qualität auch mehr zu bezahlen.
- Bei den Haushalten besteht aktuell keine Nachfrage nach dem angebotenen Gut, sodass sie nicht auf die Preissenkung reagieren (Marktsättigung).

6. Aufgabe

Anbieter und Nachfrager unterliegen vielen Einflüssen, die sich auf das Verhalten auswirken. Deshalb verschieben sich die Angebots- und/oder die Nachfragekurve. Da dies permanent stattfindet, werden Gleichgewichte zwar angestrebt, aber bevor oder sobald sie erreicht werden, haben sich bereits wieder Änderungen ergeben.

7. Aufgabe

a) Bei der Primärverteilung erhalten die Produktionsfaktoren Einkommen für ihre erbrachte Leistung. Ist es einem Haushalt nicht möglich, seine Arbeitskraft anzubieten, weil er von Arbeitslosigkeit oder Krankheit betroffen ist, bezieht er kein Einkommen und ist von Armut bedroht. Hier greift der Staat mit der Einkommensumverteilung ein und unterstützt diesen Haushalt.
b) Die Einnahmen des Staates setzen sich beispielsweise zusammen aus den Beiträgen der Haushalte zur Sozialversicherung und aus Steuereinnahmen. Diese Mittel fließen als Arbeitslosengeld, Pensionen, Leistungen nach dem Bundesausbildungsförderungsgesetz (BAFöG), Sozialfürsorge usw. zurück.

8. Aufgabe

Ökonomie: Die Bevölkerung wird mit Obst und Gemüse versorgt.
Ökologie: Die Transporte schädigen die Umwelt.

Zielkonflikt: Je besser die Versorgung der Bevölkerung ist, desto mehr Umweltschäden entstehen.

9. Aufgabe

a)
- Aktive Arbeitsmarktpolitik: Verringerung der Arbeitslosigkeit durch Information der Arbeitsuchenden und Unterstützung bei der Stellenvermittlung
- Passive Arbeitsmarktpolitik: Gewährung eines finanziellen Ausgleichs für den Arbeitsplatzverlust (z.B. Arbeitslosengeld)

b) Probleme bei der Arbeitsvermittlung, z.B.:
- Fehlende Qualifikation der Arbeitsuchenden
- Fehlende Informationen über Stellenangebote
- Fehlende Bereitschaft zur Weiterbildung

10. Aufgabe

Geht die Nachfrage zurück, verschiebt sich die Nachfragekurve nach links. Es entsteht ein Nachfragedefizit (Angebotsüberhang). Da wegen des Nachfragerückgangs die Preise sinken, verringert sich die Angebotsmenge. Es entsteht ein neues Marktgleichgewicht bei einem niedrigeren Gleichgewichtspreis und einer geringeren Gleichgewichtsmenge.

11. Aufgabe

a) Ist der Gleichgewichtspreis so niedrig, dass einige Anbieter nicht bereit sind, zu diesem Preis ihre Güter zu verkaufen, nehmen sie am Marktgeschehen nicht mehr teil. Ist hingegen der Gleichgewichtspreis so hoch, dass die Nachfrager nicht mehr dazu in der Lage sind, die Güter zu kaufen, werden sie ebenfalls vom Markt ausgeschlossen. Auf beiden Seiten kann dies zu sozialen Härten führen. Der Staat möchte aufgrund sozialpolitischer Erwägungen diese Belastungen mit gezielten Eingriffen verhindern oder wenigstens abschwächen.

b) Steuern, Subventionen, Höchstpreise, Mindestpreise

12. Aufgabe

a) Vorteile des Außenhandels:
- Da sich jedes Land auf die Tätigkeiten spezialisieren kann, die es am günstigsten auszuführen vermag, steigt durch diese internationale Arbeitsteilung die Produktivität im jeweiligen Land.
- Besitzt ein Land keine oder nur wenige eigene Rohstoffe, können diese weltweit von günstigen Lieferanten bezogen werden.
- Wettbewerb findet nicht mehr nur im Inland statt, sondern die Konkurrenz ist weltweit zu finden. Das wirkt sich positiv auf die Versorgung der Bevölkerung aus.

b) Nachteile des Außenhandels:
- Die rohstoffarmen Länder sind von Importen aus dem Ausland abhängig. Gibt es beispielsweise Lieferschwierigkeiten, kann dies sehr schnell negative Folgen für die eigene Industrie haben.

- Hat ein Land eine starke Exportindustrie aufgebaut, ist es von der weltweiten Wirtschaftslage abhängig. Lässt die Konjunktur in den zu beliefernden Ländern nach, wirkt sich das auf das Wachstum und die Beschäftigung im exportierenden Land aus.

13. Aufgabe

Lohnquote: Anteil der Einkommen aus unselbstständiger Tätigkeit am Volkseinkommen

Gewinnquote: Anteil aus Unternehmertätigkeit und Vermögen am Volkseinkommen

14. Aufgabe

a)
- Mengentender: Die EZB legt den Zinssatz im Voraus fest. Die Banken bieten den Geldbetrag, den sie bereit sind, zu diesem Zinssatz aufzunehmen.
- Zinstender: Hier bieten die Banken den Zinssatz und den Betrag, den sie zu den genannten Zinsen aufnehmen möchten.

b) Die Banken werden anteilig im Verhältnis ihrer Gebote bedient.

c)

Banken	Gebote	Zuteilung
Bank KRE	120.000.000 €	108.000.000 €
Bank DIT	30.000.000 €	27.000.000 €
Bank AUF	40.000.000 €	36.000.000 €
Bank NAH	60.000.000 €	54.000.000 €
Bank ME	50.000.000 €	45.000.000 €
Summe	300.000.000 €	270.000.000 €

$$\text{Prozentsatz der Zuteilung} = \frac{270.000.000\ €}{300.000.000\ €} \cdot 100 = 90\,\%$$

15. Aufgabe

a) Positive Auswirkungen einer Hochkonjunktur, z.B.:
- Die Arbeitslosenquote ist auf dem niedrigsten Stand.
- Die Produktionskapazitäten sind bis zur Kapazitätsgrenze ausgelastet.
- Die Verkaufszahlen erreichen Höchststände.
- Die Auftragslage wird von den Unternehmen als sehr gut eingestuft.
- Die Unternehmen nehmen nicht nur Ersatzinvestitionen vor, sondern sie tätigen Neuinvestitionen.

b) Negative Auswirkungen einer Hochkonjunktur, z.B.:
- Durch den hohen Beschäftigungsstand entsteht ein Mangel an Arbeitskräften.

- Die Güternachfrage übersteigt das Angebot, was Preissteigerungen nach sich zieht.
- Da die Unternehmen investieren, fragen sie Kredite nach, was wiederum die Zinsen steigen lässt.
- Durch die hohe Nachfrage werden Vorräte abgebaut und die Lieferfristen verlängern sich.

16. Aufgabe

a) Der Höchstpreis liegt unter dem Gleichgewichtspreis. Die Nachfrage steigt, da sich jetzt auch Haushalte das Gut leisten können, denen es zum Gleichgewichtspreis nicht möglich war. Bei den Unternehmen hingegen sinkt die Gewinnspanne oder sie können sogar ihre Kosten mit diesem Höchstpreis nicht mehr decken. Daraus folgt, dass sie weniger Güter anbieten bzw. aus dem Markt ausscheiden.

b) Angebotsseite: Unternehmen werden subventioniert und verpflichtet zu produzieren („Anbauzwang"). Eine weitere Option ist die Förderung des Imports.
Nachfrageseite: Die jetzt in geringerer Menge vorhandenen Güter werden zugeteilt (z.B. Bezugsscheine, Kontingentierung).

17. Aufgabe

Der Auslöser einer importierten Inflation kann sein, dass Güter in Länder exportiert werden, in denen die Preise steigen. Die Ausländer kaufen nicht mehr bei sich im Land, sondern vermehrt im exportierenden Land mit stabilem Preisniveau, da sie hier günstiger als bei sich zu Hause einkaufen können. Das führt zu einem Anstieg des Exports.

Beispiel:
In Land A herrscht ein stabiles Preisniveau. In Land B steigen die Preise. Die Einwohner von A kaufen nicht in B, da es ihnen dort zu teuer ist. Der Import von A aus B sinkt. Die Einwohner von B kaufen in A ein, da die Güter hier günstiger sind als bei ihnen zu Hause in B. Der Export von A nach B steigt. In A entsteht durch den gestiegenen Export nach B und den geringeren Import aus B eine Verknappung des Güterangebots und damit ein Nachfrageüberhang. Dieser Nachfrageüberhang verursacht eine Erhöhung der Preise für die in A angebotenen Güter. Das wiederum bewirkt, dass mehr Geld nachgefragt wird, um die höheren Preise bezahlen zu können.
Eine weitere Möglichkeit, wie importierte Inflation entstehen kann, ist, wenn importierte Produkte ständig teurer werden, z.B. Rohstoffe, Erdöl.

18. Aufgabe

Eine Möglichkeit besteht darin, dass die übrigen Oligopolisten auch die Preise senken.
Sie könnten aber auch eine andere Strategie anwenden, indem sie versuchen, die Kunden über eine Verbesserung der Qualität, zusätzliche Serviceleistungen oder eine Werbekampagne an sich zu binden.

19. Aufgabe

Die Verbesserung der Umweltbedingungen beruht unter anderem auf der Entwicklung neuer Technologien und Produkte. In diesen Bereichen werden neue Arbeitsplätze geschaffen, was an einem Wachstum der Wirtschaft gemessen werden kann. Der Schutz der Umwelt wird inzwischen auch weltweit als erstrebenswertes Ziel anerkannt. Die deutsche Wirtschaft kann hier mit Startvorteilen punkten, die in naher Zukunft einen Beitrag zum Wirtschaftswachstum leisten können.

20. Aufgabe

Maßnahmen der angebotsorientierten Wirtschaftspolitik, z.B.:

- Die Steuern für Unternehmen werden gesenkt. Dadurch bleibt Handel und Industrie mehr Gewinn. Dies soll einen Anreiz für Investitionen bieten. Gleichzeitig muss den Konsumenten mehr Kaufkraft zur Verfügung gestellt werden (z.B. auch über Steuersenkungen), um das erhöhte Güterangebot auch nachfragen zu können.
- Der Staat senkt seine Ausgaben und zieht sich aus dem Markt zurück, um den Wirtschaftssubjekten mehr Entfaltungsmöglichkeiten und Bewegungsfreiheit zu bieten.
- Staatliche Unternehmen werden privatisiert und unterliegen damit dem normalen Marktmechanismus.
- Staatliche Monopole werden abgeschafft, um Wettbewerb entstehen zu lassen.
- Bürokratische Hürden bei Investitionsvorhaben werden abgeschafft.

1.2 Betriebliche Funktionen und deren Zusammenwirken

1.2.1 Ziele und Aufgaben der betrieblichen Funktionen

Die **betrieblichen Funktionen** in Unternehmen wie beispielsweise Produktion, Marketing, Fertigung, Verwaltung, Controlling und Logistik müssen so organisiert sein, dass ein möglichst störungsfreies Zusammenwirken gewährleistet ist. Das Augenmerk ist permanent auf Optimierung zu richten, da auf diese Weise unter anderem die Ziele Kostenminimierung und Qualitätssicherung erfüllt werden.

Unter **Organisation** fasst man alle Regelungen zusammen, die die betrieblichen Vorgänge ordnen. Dadurch soll eine sinnvolle Kombination der Produktionsfaktoren erreicht werden, um die Ziele des Unternehmens möglichst effektiv erfüllen zu können. Zu diesen Zielen können höherer Gewinn, mehr Kunden oder die Sicherung von Arbeitsplätzen zählen. Ein Betrieb kann organisiert sein nach dem Aufbau oder nach dem Ablauf, wobei es eine völlige Trennung nicht gibt.

Aufbau- und Ablauforganisation

Man spricht von **Aufbauorganisation**, wenn die statischen Beziehungszusammenhänge – also die Zuständigkeiten – gezeigt werden. Zur Darstellung dient häufig ein **Organigramm**. Die Arbeitsaufgaben orientieren sich an den Merkmalen

- Verrichtung: Was wird getan? (Kopierpapier bestellen, Autotür montieren …) und
- Objekt: Woran wird etwas getan? (an der Karosserie, am Motor …).

Abb. 1.25: Beispiel einer Verrichtungszentralisation

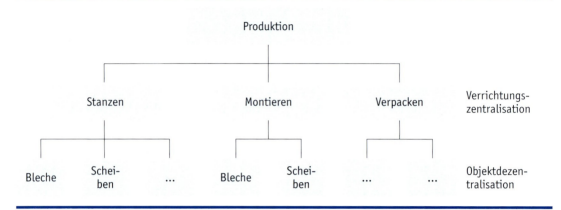

Abb. 1.26: Beispiel einer Objektzentralisation

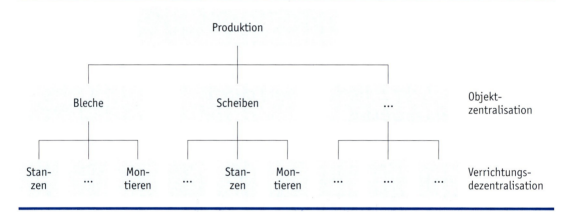

Abb. 1.27: Beispiel einer Verbindung aus Verrichtungs- und Objektzentralisation

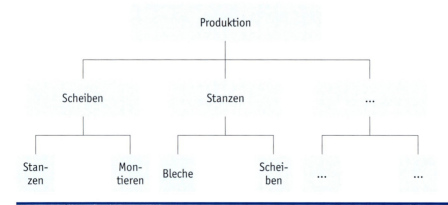

Es werden Stellen gebildet, die Struktur der Organisation wird festgelegt und der Aufbau dokumentiert. Bestimmende Kriterien können zum Beispiel die Rechtsform (GmbH oder Aktiengesellschaft) oder die Fertigungstechnologie (Inselfertigung oder Massenfertigung) sein. Auch gesetzliche Vorschriften spielen eine Rolle und eventuell die Wünsche der Kapitalgeber. Zum Aufbau einer **Hierarchie** benötigt man Stellen und Instanzen.

> ! Eine **Stelle** ist die kleinste organisatorische Einheit. Die immateriellen Stellenelemente sind Aufgaben, Verantwortung und Befugnisse. Materielle Stellenelemente sind Mitarbeiter, Sachmittel und zum Beispiel die Versorgung mit Informationen. Stellen werden meist langfristig gebildet. Eine Stelle ist personenunabhängig und kann von einem oder mehreren Aufgabenträgern ausgefüllt werden. Die Kompetenzen können sehr vielfältig sein: Ausführen, Verfügen, Mitspracherecht, Entscheiden, Anordnen, Vertretung u.a.
>
> Leitende Stellen werden als **Instanzen** bezeichnet. Sie übernehmen hauptsächlich Leitungsfunktionen wie Kontrollieren oder Planen. Eine Instanz kann die Kompetenz zur Entscheidung oder Anordnung auf untergeordnete Stellen übertragen. Die Kontrollspanne bzw. Leitungsspanne einer Instanz darf nicht zu hoch angesetzt werden. Das zu betreuende Aufgabengebiet und die Zahl der Mitarbeiter müssen überschaubar bleiben.

Abb. 1.28: Beispiel zur Struktur eines mehrstufigen Organigramms

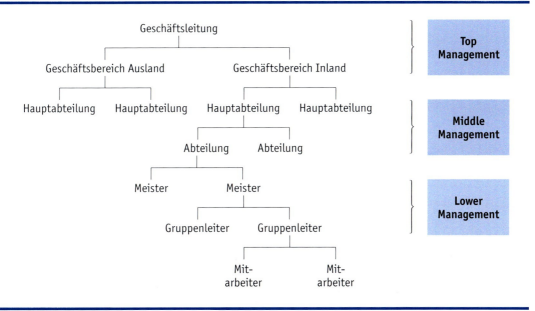

Die **Ablauforganisation** beschäftigt sich mit den dynamischen Beziehungszusammenhängen. Auch hier spielen die Verrichtung und das Objekt eine Rolle, jedoch kommen noch folgende Merkmale hinzu:
- Raum: Wo wird etwas getan? (Einkaufsbüro, Lackiererei, Montage …) und
- Zeit: Wann erfolgt etwas? (kurz vor Feierabend, in der zweiten Schicht …).

In der Ablauforganisation werden die **Prozesse** in einem Unternehmen festgelegt und geordnet. **Ziele** der Ablauforganisation sind die Verkürzung der Durchlaufzeiten, die Verringerung von Arbeitsaufwand, die Termineinhaltung bei Aufträgen, aber auch die Erleichterung von Arbeitsvorgängen für die Mitarbeiter.

Grundsätzlich ist darauf zu achten, Organisationseinheiten zu bilden, die eine sinnvolle Aufgabenerfüllung zulassen. Dazu müssen Verantwortungsbereiche und Kompetenzen genau abgegrenzt sein und die Einheiten klein genug, um flexibel reagieren zu können. Eine Hierarchie sollte nicht mehr als drei Stufen aufweisen, da sie sonst zu träge wird, Informationen zu lange unterwegs sind und sich der einzelne Mitarbeiter nicht mehr angesprochen fühlt.

Abb. 1.29: Grundlegende Unterscheidung zwischen Aufbau- und Ablauforganisation: statischer Aufbau einerseits, dynamischer Ablauf andererseits

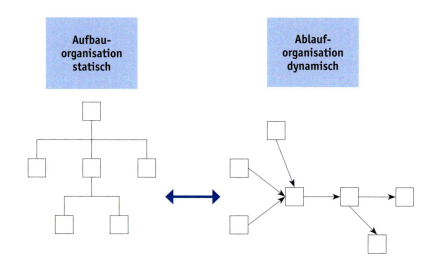

> Zu den **Gestaltungsprinzipien**, die beachtet werden sollten, zählt zum Beispiel die Wirtschaftlichkeit. Es darf nicht überorganisiert werden. Die Organisation darf nicht Selbstzweck sein. Sie muss dem Gesamtziel dienen. Zu viele Vorschriften verhindern Flexibilität. Wichtig ist auch die Transparenz für die Mitarbeiter.

Funktionen und Gliederung eines produzierenden Betriebes
Ein Industriebetrieb bzw. allgemeiner ein produzierender Betrieb weist vielfältige Funktionen auf, die zueinander in Beziehung stehen und sich wechselseitig beeinflussen. Dazu zählen hauptsächlich die Leitung, die Beschaffung, die Entwicklung, die Fertigung, der Absatz und die Verwaltung, auch die Lagerung und die Finanzierung dürfen nicht vergessen werden. Abbildung 1.30 veranschaulicht die Zusammenhänge in Verbindung mit dem Beschaffungs- und dem Absatzmarkt.

Abb. 1.30: Grundsätzliche Gliederung des Industrie-/Produktionsbetriebes und seine Einbettung in den Markt

1.2.1.1 Produktion

In der Fertigung/Produktion werden die Erzeugnisse durch Kombination der Produktionsfaktoren Mensch, Betriebsmittel und Materialien hergestellt. Dabei sollen die Kapazitäten möglichst optimal genutzt, die Rüstzeiten minimiert und die Durchlaufzeiten verkürzt werden. Dazu benötigt der Vorgesetzte vielfältige Informationen aus dem gesamten Betrieb. Zu seinem Ausschnitt der Produktions- und Absatzkette muss er – verkürzt gesagt – vor allem erfahren, welche Aufträge bearbeitet werden sollen, welches Material zur Verfügung steht, ob genügend Lagerplatz für die Erzeugnisse vorhanden ist etc.

Die Planung, Steuerung und Kontrolle von Terminen, Stückzahlen und Maschinenplätzen bei der Fertigung von Gütern sind (kurzfristige) Aufgaben der Produktionsplanung und -steuerung (PPS). Notwendige Informationen dafür sind Personal- und Maschinenkapazitäten, Terminzusagen gegenüber Kunden, Umfang der Aufträge, vorhandenes Material, zu bestellendes Material und so fort. Die Planung bestimmt die (optimalen) Losgrößen, nimmt die Durchlauf- und Kapazitätsterminierung vor und setzt die Reihenfolge der zu fertigenden Produkte fest.

Bei der **Fertigungskontrolle** unterscheidet man:
Tätigkeiten während der **Produktentwicklung**:
- Unterstützung bei der Auswahl des Fertigungsverfahrens
- Prüfpunkte mit Prüf- und Messmitteln festlegen
- Mithilfe bei Entwurf und Fertigung eines Prototyps
- Mitwirkung bei Pflichten- und Lastenheften
- Beratung bei Lieferantenauswahl
- Festlegung von Materialien
- Unterstützung bei der Produktgestaltung

Tätigkeiten vor und während der **Produktion**:

- Prüfablaufpläne festlegen
- Mitarbeiter auswählen und schulen
- Prüfungen durchführen
- Fehler erfassen und analysieren
- Überwachung von Maßnahmen

1.2.1.2 Logistik

In jedem produzierenden Betrieb finden sich verschiedene Arten von Lägern. Im Eingangslager werden die Materialien und Rohstoffe entgegengenommen, eventuell einer Qualitätskontrolle unterzogen und eingelagert, bis sie von der Fertigung abgerufen werden. Nach jeder Fertigungsstufe kann ein Zwischenlager eingebaut sein, wenn halb fertige Erzeugnisse nicht sofort weiterverarbeitet werden. Schließlich findet man noch das Lager für fertige Produkte, mit dem die Zeit überbrückt wird, bis die Lieferung an den Kunden erfolgt. Hier können noch Kommissionierungs- oder Verpackungsvorgänge stattfinden. Zwischen Lager und Fertigung finden innerbetriebliche Transportprozesse statt, man spricht von der **innerbetrieblichen Logistik**. Daran schließt sich die **Distributionslogistik** an, die die Produkte zum Kunden bringt. Diese kann entweder zum produzierenden Betrieb gehören (eigener Fuhrpark) oder extern (Spedition/Transportunternehmen oder auch durch den Kunden) erfolgen.

> **!**
> Die **Logistikplanung** umfasst die Organisation, Steuerung und Kontrolle des Material- bzw. Warenflusses bis hin zu Abfallentsorgung und/oder Recycling. Zur Erfüllung ihrer Aufgaben benötigt sie Informationen aus der Produktion, der Beschaffung, dem Marketing und der Verkaufsabteilung.

Eine mögliche Untergliederung der Logistik kann vorgenommen werden in

- **Beschaffungslogistik** (Beschaffung von Rohstoffen, Gütern und Waren),
- **Produktionslogistik** (Abwicklung der innerbetrieblichen Transporte und Ein- und Auslagerungen),
- **Distributionslogistik** (Organisation der Auslieferung an den Kunden) und
- **Entsorgungslogistik** (Verwendung, Verwertung, Beseitigung, Recycling von Abfällen).

> **!**
> Der Weg der Güter und Waren vom Lieferanten zum Kunden wird als **logistische Kette** bezeichnet. Der Teil, der innerhalb eines Unternehmens abläuft, wird als interne logistische Kette bezeichnet. Mit externer logistischer Kette wird der Weg vom Lieferanten zum Unternehmen bezeichnet und vom Unternehmen zum Kunden.

1.2.1.3 Absatz/Marketing

Die produzierten Erzeugnisse müssen an Kunden verkauft werden, damit – vereinfacht gesagt – über die Umsatzerlöse Geldmittel in das Unternehmen zurückfließen, um die Ausgaben auf dem Beschaffungsmarkt bestreiten und Überschuss erwirtschaften zu können. Dazu muss **Marktforschung** betrieben, neue Absatzmärkte müssen erschlossen und es muss regelmäßig **Werbung** gemacht werden. Diese muss auf die **Zielgruppen** abgestimmt sein. Singlehaushalte müssen mit anderen Mitteln und Formulierungen umworben werden als Familien. Um Produktinformationen zu erhalten und die Verfügbarkeit von Produkten zu kennen, ist der Kontakt zur Forschung und Entwicklung und zur Produktion unerlässlich.

Als Marketinginstrumente nutzen Unternehmen die Produktpolitik, die Distributionspolitik, die Kommunikationspolitik und die Preis- und Konditionenpolitik. Zusammenfassend spricht man vom **Marketingmix.**

Kurzbeschreibung der Einsatzgebiete und Ziele der Marketinginstrumente

Produktpolitik	**Kommunikationspolitik**
• Produktqualität (Neuentwicklungen, Veränderung bisheriger Produkte, Form, Farbe) • Sortiment (Produkte mit zusammenhängender Verwendung, Produkte mit unterschiedlicher Ausstattung, Zubehör) • Marke (Verpackung mit besonderen Kennzeichen, Unterscheidung von der Konkurrenz, den Eindruck von Qualität erwecken) • Kundendienst	• Öffentlichkeitsarbeit (Gewinnung öffentlichen Vertrauens, Imagepflege) • Persönlicher Verkauf (Erläuterung von Produkten, Beratung, Informationen über Kundenwünsche) • Verkaufsförderung (Schulung der Händler, Präsentation der Produkte, Preisausschreiben) • Werbung (Werbemittel, Werbemedien, Beeinflussung des Verhaltens der Käufer, Wecken von Bedürfnissen)
Distributionspolitik	**Preis- und Konditionenpolitik**
• Absatzkanäle (direkter oder indirekter Vertrieb, Anzahl der Verkaufsstellen, Art der Werbung) • Warenverteilung (Läger und Standorte, Transportmittel, Lieferzeiten)	• Preis (Differenzierung nach Zielgruppen) • Zahlungsbedingungen (Mengenrabatte, Skonto) • Lieferungsbedingungen (Lieferzeit, Umtauschmöglichkeiten, Frachtkosten)

Zwei Techniken der Marktforschung sind die Primär- und die Sekundärforschung. Die **Primärforschung** (field research) ist direkte Gewinnung von Informationen für eine bestimmte Marktuntersuchung durch beispielsweise Beobachtung, mündliche oder schriftliche Befragung oder Experiment. Der Vorteil besteht darin, dass Informationen direkt zu einer bestimmten Fragestellung gewonnen werden. Als Nachteile zeigen sich Kostenintensität und hoher Aufwand.

Die **Sekundärforschung** (desk research) beschäftigt sich mit der indirekten Gewinnung von Informationen aus außer- und innerbetrieblichem Quellenmaterial, Branchenberichten, Veröffentlichungen von Verbänden usw. Diese Methode ist kostengünstiger als die Primärforschung. Als Nachteil ist zu nennen, dass die Daten nicht direkt verwendet werden können.

1.2.1.4 Rechnungswesen

Das betriebliche Rechnungswesen gliedert sich in Buchführung (Zeitraumrechnung), Kalkulation (Stückrechnung), Statistik (Vergleichsrechnung) und Planung (Vorschaurechnung).

Buchführung	**Kalkulation (Kosten- und Leistungsrechnung)**
• Erfassung des Vermögens und des Kapitals und deren Veränderung nach Art, Menge und Wert • Ermittlung des Erfolges (Gewinn oder Verlust) für einen bestimmten Zeitraum • Aufzeichnung aller Geschäftsvorfälle aufgrund von Belegen in sachlicher und zeitlicher Ordnung	• Kostenrechnung: Erfassung des Gütereinsatzes bei der Fertigung von Erzeugnissen bzw. Bereitstellung von Waren, Berechnung der Selbstkosten • Leistungsrechnung: Erfassung der betrieblichen Leistungen (Umsatz-, Lager-, Eigenleistungen) • Gegenüberstellung von Leistungen und Kosten
Statistik	**Planung**
• Vergleichsrechnung für erwirtschaftete Gewinne, Umsätze, Ausschussquoten, Ein- und Auszahlungen, Maschinenlaufzeiten • Grundlage der Berechnungen sind Belege und direkte Ermittlung	• Vorschaurechnung zur Vorgabe von Plan- bzw. Sollzahlen für Projekte, Investitionen, Produktionszeiträume usw. • Wie kann das Ziel erreicht werden? Mit welchen Mitteln? Wie erfolgt Steuerung und Kontrolle?

Zu den **Aufgaben des betrieblichen Rechnungswesens** gehört die **Vorbereitung von Entscheidungen** aufgrund der vorliegenden Daten, ebenso die **Dokumentation** aller relevanten Vorgänge zu Rechenschaftslegungszwecken (Ein- und Verkäufe, Ein- und Auslagerungen, Nutzung und damit Abschreibung von Maschinen und Fahrzeugen, Verbrauch von Rohstoffen usw.), die Überwachung und Kontrolle von Soll-Ist-Abweichungen und die **Steuerung** auf Grundlage der Unternehmensziele.

Da im Rechnungswesen alle Daten zur Errechnung der betrieblichen **Kennzahlen** vorliegen, liefert es alle **Informationen für** die Unternehmensführung zur **Kontrolle und Planung** (z.B. Rentabilität, Liquidität).

Die **Rechenschaftslegungs- und Informationsaufgabe** erfüllt gesetzliche Vorschriften (Abgabenordnung, Steuergesetze), erstellt Unterlagen (Bilanz, Gewinn- und Verlustrechnung) für Banken zum Zwecke der Kreditgewährung und liefert Informationen für Gläubiger, Kapitalgeber und Mitarbeiter.

Zu den **internen Aufgaben** des betrieblichen Rechnungswesens gehören z.B. die Betriebsergebnisrechnung, die Wirtschaftlichkeitskontrolle und die Steuerungsaufgabe. **Externe Aufgaben** sind die Dokumentation, die Rechenschaftslegung, die Ermittlung der Steuerbemessungsgrundlage und die Information der Öffentlichkeit (große Kapitalgesellschaften müssen beispielsweise ihren Jahresabschluss veröffentlichen – § 325 Abs. 2 HGB).

1.2.1.5   Finanzierung und Investition

Finanzierung

Finanzierung kann zur Verwaltung gerechnet werden, wird hier aber als grundlegende Funktion, die Betriebstätigkeit überhaupt ermöglicht, getrennt betrachtet. Da alle anderen Funktionen, vom Einkauf über Lager und Fertigung bis zur Geschäftsleitung, Kosten verursachen, muss sich die Finanzierung damit beschäftigen, das notwendige Kapital rechtzeitig zur Verfügung zu stellen. Die entscheidenden Geldmittel müssen aus dem Verkauf der Erzeugnisse gewonnen werden. Reicht dies noch nicht (Gründungsphase, Erweiterungsphase) oder vorübergehend nicht (Flaute) aus oder gibt es zeitliche Verschiebungen, werden andere Quellen benötigt: Beispielsweise stellen Banken Kredite zur Verfügung, Geschäftsfreunde gewähren Darlehen oder die Eigentümer des Unternehmens leisten Einlagen aus ihrem Privatvermögen. Art und Höhe der benötigten Geldmittel sind ebenso zu planen (**Finanzierungsplanung**) wie die zeitliche Verteilung des Geldbedarfs (**Liquiditätsplanung**).

! Der Idealfall ist erreicht, wenn die aus- und einströmenden Finanzmittel so koordiniert werden können, dass die Ausgaben durch die Einnahmen gedeckt sind und noch ein Teil als Gewinn übrig bleibt.

Gegenüberstellung von Eigen- und Fremdkapital

Eigenkapital	Fremdkapital
Eigenmittel begründen ein Eigentümer- oder Miteigentümerverhältnis am Unternehmen.	Fremdmittel begründen ein Gläubigerverhältnis. Der Geldgeber wird nicht Eigentümer.
Eigenmittel sind haftende Mittel. Sie verbessern die Bonität und fangen Verluste auf.	Fremdmittel haften nicht für Verluste und müssen in voller Höhe zurückgezahlt werden, unabhängig davon, ob Gewinn erwirtschaftet wird oder nicht.
Eigenmittel stehen dem Unternehmen auf unbegrenzte Zeit oder wenigstens sehr langfristig zur Verfügung und sind geeignet zur Finanzierung des Anlagevermögens. Es erfolgt keine Tilgung. Damit wird die Liquidität geschont.	Fremdmittel stehen nur eine bestimmte Zeit zur Verfügung und belasten durch die vereinbarte Rückzahlung (Tilgung) und die Zinszahlungen die Liquidität.
Eigenmittel sind ertragsabhängig am Gewinn beteiligt und begründen keinen Anspruch auf feste Zinszahlungen. Dies wirkt sich besonders in Krisenzeiten für das Unternehmen günstig aus.	Die Aufnahme von Fremdmitteln zieht Zinszahlungen nach sich, die in schwierigen Zeiten Ertrag und Liquidität belasten. Kapitalgeber sind an steigenden Gewinnen nicht beteiligt.
Eigenmittel sind üblicherweise teurer als Fremdmittel, da die Geldgeber aufgrund des höheren Risikos eine höhere Rendite erwarten.	Fremdmittel sind normalerweise günstiger als Eigenmittel, da sie aufgrund der für sie zu stellenden Sicherheiten ein geringeres Risiko tragen.
Für Eigenmittel müssen keine Sicherheiten gestellt werden.	Für die Aufnahme von Fremdmitteln müssen Sicherheiten gestellt werden und das Unternehmen muss eine gute Bonität aufweisen.
Eigenmittel begründen – abhängig von der Rechtsform – mehr oder weniger umfangreiche Kontroll- und Mitspracherechte.	Fremdkapitalgeber erhalten kein Mitspracherecht an Unternehmensentscheidungen. Besteht jedoch eine starke Abhängigkeit, kann durchaus Einfluss auf die Geschäftsführung genommen werden.
Eigenmittel wirken sich steuerlich ungünstiger aus als Fremdmittel, da nur Fremdkapitalzinsen als Betriebsausgaben angesetzt werden können. Die Beteiligung am Gewinn muss versteuert werden.	Fremdmittel wirken sich steuerlich vorteilhafter aus als Eigenmittel, da die Zinsen in Abzug gebracht werden können. Der steuerpflichtige Gewinn wird dadurch verringert.

Eigenmittel können aufgebracht werden durch	Fremdmittel können beschafft werden von Kreditgebern, zum Beispiel:
• Einlagen der Inhaber oder beteiligten Gesellschafter, • Aufnahme von neuen Gesellschaftern, • Beteiligung einer Kapitalbeteiligungsgesellschaft.	• Kreditinstitute, Bausparkassen, Förderbanken der öffentlichen Hand, • Versicherungsgesellschaften, • Lieferanten, Kunden, Gesellschafter.

Die **Finanzierungsformen** lassen sich je nach gewähltem Kriterium einteilen nach ...

- ... der rechtlichen Stellung der Kapitalgeber: Werden die Finanzmittel vom Eigentümer bzw. von Gesellschaftern aufgebracht, liegt Eigenfinanzierung vor. Kredite von Banken, Versicherungen, Kunden, Mitarbeitern oder aus sonstigen Quellen sind Fremdfinanzierung.
- ... der Herkunft der Mittel: Bei der Innenfinanzierung werden die Mittel aus dem Umsatzprozess erwirtschaftet oder aus Vermögensumschichtung. Außenfinanzierung bedeutet einen Mittelzufluss von außen in das Unternehmen, zum Beispiel durch Privateinlagen, Aufnahme neuer Gesellschafter oder Kredite.
- ... der Fristigkeit: Finanzmittel können kurz-, mittel- und langfristig in Anspruch genommen werden.
- ... dem Anlass der Finanzierung: Gründung, Kapitalerhöhung, Umwandlung, Fusion, Liquidation.

Bei der **Außenfinanzierung** geschieht die Beschaffung des Kapitals (Herkunft) von Quellen, die außerhalb des Unternehmens liegen. Dies kann sowohl als Eigenfinanzierung (Einlagen, Beteiligungen) oder auch als Fremdfinanzierung (Kredite) geschehen.

Bei der **Innenfinanzierung** handelt es sich um Finanzmittel, die vom Unternehmen selbst bzw. aus den betrieblichen Umsätzen heraus aufgebracht werden. Auch hier ist sowohl Eigen- als auch Fremdfinanzierung möglich.

Verbindet man das Merkmal der Mittelherkunft mit dem der Rechtsstellung der Kapitalgeber, kann man die Finanzierung als Versorgung eines Unternehmens mit Kapital externer und interner Herkunft definieren, wobei die Finanzierung als Eigen- oder Fremdfinanzierung erfolgen kann.

Abb. 1.31: Außen- und Innenfinanzierung

Investition

Zu den **Betriebsmitteln** zählt alles, was die technischen Voraussetzungen für die betriebliche Leistungserstellung bildet. Dazu gehören

- Immobilien (Grundstücke, Gebäude),
- Maschinen und Werkzeuge,
- weitere technische Einrichtungen wie z.B. Anlagen zur Energieversorgung,
- Lagereinrichtungen, Sicherheitseinrichtungen, Anlagen zur Abfallentsorgung,
- spezielle Betriebsteile wie Ausbildungswerkstätten.

In einem weiteren Sinn gehören auch die Kantine oder Werkswohnungen dazu. Erstellt bzw. beschafft ein Unternehmen Betriebsmittel, spricht man davon, dass es Investitionen tätigt.

! Unter Investieren versteht man die Verwendung finanzieller Mittel zur Beschaffung von Gütern, die dem Unternehmenszweck dienen.

Bei einer Erweiterung oder Erneuerung von Betriebsmitteln ist immer zu bedenken, dass **Investitionen** auf vielfältige Weise **Auswirkungen** auf den Produktionsablauf und auf die Mitarbeiter zeigen. Die Folgen können auf unterschiedlichen Ebenen liegen:

Einführungsprobleme: Bei der Montage von neuen Maschinen oder einer Fertigungsstraße wird der Produktionsablauf unterbrochen, Ausfälle müssen aufgeholt werden, Überstunden sind notwendig. Für eine gewisse Zeit können Reibungsverluste auftreten, was aber Kunden wenig interessiert. Diese möchten ihre Aufträge termingerecht erfüllt sehen.

Qualifikationsprobleme: Mitarbeiter müssen mit neuer Technik und neuen Maschinen durch Schulungen vertraut gemacht werden und/oder sich in veränderte Betriebsabläufe einfinden.

Rationalisierungsfolgen: Es fallen Arbeitsplätze weg, sodass Mitarbeiter aufgrund der technischen Umrüstungen innerhalb des Betriebes versetzt werden oder sogar ihren Arbeitsplatz verlieren. Die Finanzierung von Neuanschaffungen kann sich auch bei den betrieblichen Leistungen bemerkbar machen. Beispielsweise, wenn Investitionen nicht zur Ausweitung des Betriebes, sondern zur Sicherung von Bestand getätigt werden, kann sich dies bei Betriebsvereinbarungen bemerkbar machen, wenn zukünftig nur noch geringere betriebliche Leistungen bezahlt werden (können).

Die **Notwendigkeit von Investitionen** ergibt sich aus der zunehmenden und auch internationalen Konkurrenz sowie den Wünschen der Kunden, die von den Industriebetrieben qualitativ hochwertige Produkte fordern. Neue Erzeugnisse müssen so schnell wie möglich zur Produktionsreife gelangen und Kosten sparend produziert werden. Auch ist hohe Flexibilität und Anpassungsfähigkeit vonnöten.

Dies alles sind Gründe, die Investitionen in neue Technologien notwendig machen. Entwicklung und Fertigung wird durch EDV unterstützt und erleichtert. Die Prozesse laufen effektiver ab, was sich wiederum günstig auf die Kosten auswirkt. Nur so kann ein Unternehmen auf dem Markt überleben.

Investitionsarten

Ganz allgemein versteht man unter einer Investition die Verwendung von Geldmitteln zur Anschaffung von Anlagegütern (**Sachinvestitionen**). Investitionen können den betrieblichen Leistungsprozess erhalten, verbessern oder erweitern. Zu Investitionen zählt auch der Kauf von Pfandbriefen oder Obligationen (= Forderungen). Da hier keine Anlagegüter angeschafft werden, spricht man von **Finanzinvestitionen**. Die Sach- bzw. **Realinvestitionen** können weiter unterteilt werden in Errichtungsinvestitionen, Erhaltungsinvestitionen, Ersatzinvestitionen, Rationalisierungsinvestitionen, Erweiterungsinvestitionen sowie Sicherheitsinvestitionen. Bei einer Kantine handelt es sich um eine **Sozialinvestition**. Die Trennung zwischen Ersatzinvestitionen und Rationalisierungsinvestitionen gestaltet sich meist schwierig, da praktisch jede Ersatzinvestition gleichzeitig eine Rationalisierung nach sich zieht.

Unterscheidung nach dem Objekt der Investition

- **Sachinvestition/Realinvestition**
  Sachinvestitionen, wie beispielsweise Maschinen, Werkzeuge, Vorräte und Fahrzeuge, sind direkt am betrieblichen Leistungsprozess beteiligt oder machen diesen erst möglich, wie zum Beispiel Grundstücke, Gebäude oder Lagerhallen.

- **Finanzinvestition**
  Finanzinvestitionen finden sich im Finanzanlagevermögen eines Unternehmens. Es kann investiert werden in Beteiligungsrechte (Aktien) oder sonstige Beteiligungen. Eine weitere Möglichkeit bilden Forderungsrechte, z.B. festverzinsliche Wertpapiere oder gewährte Darlehen.

- **Immaterielle Investitionen**
  Bei immateriellen Investitionen können die Einzahlungen oft nur sehr schwierig zugeordnet werden. Die Ausgaben stehen hingegen fest. Typische Beispiele dafür sind Investitionen im Forschungs- und Entwicklungsbereich, im Marketing und auch im Personalbereich, wie zum Beispiel Ausbildung, Fortbildung und Gesundheit der Mitarbeiter (Sozialinvestitionen).

Unterscheidung nach dem Zweck der Investition

- **Errichtungsinvestition/Gründungsinvestition**
  Es handelt sich um eine einmalige Investition bei der Gründung oder dem Kauf eines Unternehmens.

- **Ersatzinvestition**
  Die Investition ist langfristig angelegt und wird deshalb von der Geschäftsleitung aus geplant. Sie soll lange Zeit bestehen und im Unternehmen genutzt werden.

- **Erweiterungsinvestition**
  Entweder wird Kapazität in einem neuen Bereich geschaffen oder bereits vorhandene Kapazität erweitert.

- **Rationalisierungsinvestition**
  Rationalisierung bedeutet eine Steigerung der Leistungsfähigkeit. Neue Technik wird eingesetzt und veraltete Maschinen ausgemustert.

- **Sicherungsinvestition**
  Sicherungsinvestitionen können sich zum einen auf die wirtschaftliche Existenz eines Unternehmens beziehen (Datenschutz), zum anderen auf Anlagen gegen Feuer (Sprinkleranlagen) oder Absauganlagen (Stäube, Dämpfe) etc.

Zusammenhang von Finanzierung und Investition

Für jedes Unternehmen, das seinen Unternehmenszweck erfüllen will, ist eine bestimmte **Kapitalausstattung** erforderlich. Bei der Gründung eines Unternehmens liegt dieses Kapital überwiegend in Form von Geldkapital vor, das von Eigentümern aufgebracht und von Kreditgebern zur Verfügung gestellt wird. Man spricht von **Finanzierung**. Die Aufgabe der Geldgeber ist es, die finanziellen Mittel bereitzustellen, die das Unternehmen zur Erfüllung seiner Aufgaben benötigt. Zur Finanzierung zählen alle Formen der lang-, mittel- und kurzfristigen Kapitalbeschaffung. Damit nicht genug, zählen zu Finanzierung auch die fristgerechte Kapitalrückzahlung und alle dafür notwendigen Maßnahmen. So muss in diesem Zusammenhang beispielsweise auf den rechtzeitigen Zahlungseingang von Kunden geachtet werden. Durch die **Verwendung des Geldkapitals** entsteht betriebliches Vermögen in Form von Gebäuden, Fahrzeugen, Betriebs- und Geschäftsausstattung, Maschinen usw. (Anlagevermögen) und Rohstoffe, Waren, Hilfsstoffe, Bankguthaben usw. (Umlaufvermögen). Dieser Vorgang wird als **Investition** bezeichnet. Wird eine Maschine fremdfinanziert, steigen das Anlagevermögen und die Schulden.

1.2.1.6 Controlling

Controlling ist ein **Gesamtkonzept** zur Steuerung, Planung, Budgetierung und Kontrolle des Unternehmens. Es beinhaltet die Anwendung von Methoden und die Bereitstellung von Informationen für Planungs- und Kontrollprozesse. Die betriebliche Zielsetzung bildet den Ausgangspunkt für die betriebliche Planung. Es folgt die Vorbereitung der Realisation. Sobald die Umsetzung erfolgt ist, beginnen die Kontrollen. Bei negativen Abweichungen des Istzustands vom Sollzustand muss eine Plananpassung durchgeführt werden.

> **!** Betriebliche Zielsetzung → betriebliche Planung → Realisationsvorbereitung →
> Kontrolle → Plananpassung

Das **strategische Controlling** findet auf der langfristigen Zeitschiene statt (Sicherung und Vergrößerung des Vermögens), **operatives Controlling** beschäftigt sich mit kurzfristigen Fragestellungen. Je nach Größe und Organisationsform eines Unternehmens kann Controlling zentral oder dezentral durchgeführt werden. Man unterscheidet Gesamtcontrolling, Materialcontrolling, Marketingcontrolling, Finanzcontrolling, Personalcontrolling, Fertigungscontrolling usw.

Beispiele für Ansatzpunkte des Controllings in unterschiedlichen Abteilungen	
Controlling im Einkauf • Materialbedarf (Grundlagen: Lagerbestände, Produktionsprogramm, Lieferzeit) • Lagerorganisation • Lieferantenbewertungen • Personal	**Investitionscontrolling** • Soll-Ist-Vergleich: Analyse der Ursachen von Abweichungen, Lösungsansätze • Projektgröße: Umfang, Häufigkeit der Berichterstattung, Zeitpunkte der Kontrolle • Ressourcen
Finanzcontrolling Auswertung von Kennziffern (z.B. Cashflow, Liquidität)	**Personalcontrolling** Fluktuationsrate, Fehlzeitenquote (mögliche Gründe: Führungsstil, Betriebsklima)

Die **Aufgaben des Controllings** sind:
- **Kontrolle, Steuerung**: Soll-Ist-Vergleich, Abweichungsberichte, Analyse von Abweichungen und deren Ursachen und Auswirkungen
- **Planung**: zukünftiges Handeln, Zielbildungsprozess, Planungshorizonte, Maßnahmen, Ressourcen, Erstellung der Planungsunterlagen, zeitliche Koordination
- **Koordination**: Unternehmensziele (Termine, Personal, Betriebsprozesse), Koordination des Planungs- und Kontrollsystems mit dem Informationssystem
- **Information**: Aufbereitung und Interpretation, Berichtswesen, Kennzahlensysteme als Grundlage betrieblicher Entscheidungen, Schaffung von Transparenz

Grundsätzlich geht es um die **zielgerichtete Beeinflussung** der Abläufe im Unternehmen und die Unterstützung der Geschäftsleitung und verantwortlicher Stellen. Daraus folgt, dass das Controlling mitverantwortlich für die Erreichung der Ziele des Unternehmens ist.

Das **Controlling** kann als **Stabsstelle** (keine Weisungsbefugnis, Abhängigkeit, Fachwissen, Aufgaben: Beratung, Koordination, Information) oder **Linienstelle** (auf der gleichen Ebene wie andere Abteilungen, steht mehreren Abteilungen zur Verfügung) in die Unternehmensorganisation eingebunden werden.

1.2.1.7 Personal (-planung, -management, -wesen, -wirtschaft)

Die **Personalplanung** ist ein Teil der **Unternehmensplanung**. Sie ist die systematische und zukunftsorientierte Vorbereitung aller Entscheidungen, die den Faktor Arbeit betreffen auf der Grundlage der Unternehmensziele. Dazu zählen unter anderem die rechtzeitige Vorbereitung notwendiger Maßnahmen, die Einhaltung der Qualitätsstandards und die Verminderung/Vermeidung möglicher Risiken. Unternehmerische Interessen und Vorstellungen/Arbeitswünsche der Mitarbeiter und potenziellen Arbeitnehmer sind so weit wie möglich quantitativ und qualitativ aufeinander abzustimmen. Die Qualität der Planung hängt ab von den zur Verfügung stehenden Informationen.

Interne Informationen:
- Personalbestand, Altersstruktur, Qualifikationen
- Fluktuationsquote, Arbeitszeitregelung, Fehlzeiten

- Unternehmensplanung und Planung einzelner Bereiche (z.B. Kapazitätserweiterung, Rationalisierung)
- Veränderungen der Aufbau- und Ablauforganisation (z.B. Angliederung von Betriebsteilen, Hierarchieabbau)

Externe Informationen:
- Entwicklung des Arbeitsmarktes
- Arbeitsrechtliche Veränderungen
- Regelung der Arbeitszeit
- Bevölkerungsstruktur und Bevölkerungsentwicklung

Vorteile der Planung für Arbeitnehmer:
- Gezielte Personalplanung erhöht Sicherheit des Arbeitsplatzes
- Bessere Beachtung individueller Entwicklungswünsche und Qualifikationen
- Besserer Überblick über Möglichkeiten des internen Arbeitsmarktes

Vorteile der Planung für Unternehmen:
- Personalengpässe/Überkapazitäten rechtzeitig erkennen und berücksichtigen
- Bessere Nutzung der Kenntnisse über die Potenziale der Mitarbeiter
- Verbesserung des Images durch bekannte und konsequente Personalpolitik
- Verbesserung der Motivation durch gezielte Personalentwicklungsmaßnahmen
- Rechtzeitige Personalsuche und Personalentwicklung verringern die Abhängigkeit vom externen Arbeitsmarkt

Arten der Personalplanung

Personalbedarfsplanung	Wie viele Mitarbeiter werden wo und wann mit welcher Qualifikation benötigt?
Personalbeschaffungsplanung	Interne und externe Beschaffungswege
Personaleinsatzplanung	Optimaler Einsatz der Mitarbeiter nach ihren Fähigkeiten
Personalentwicklungsplanung	Förderung der Mitarbeiter, Erhaltung der Leistungsfähigkeit, Bildungsmaßnahmen
Personalkostenplanung	Kosten der geplanten Personalmaßnahmen

Personalbedarfsplanung

Kenntnisse über den qualitativen und quantitativen Personalbedarf sind Voraussetzung für die Beschaffungs- und Einsatzplanung.

Bedarf wird zu niedrig geschätzt:	Personalengpässe, evtl. Mehrarbeit
Bedarf wird zu hoch geschätzt:	unbeabsichtigter Personalabbau

Die Personalbedarfsplanung ist die Schnittstelle zu anderen Unternehmensbereichen (z.B. Absatz-, Produktions-, Investitionsplanung). Die Plandaten sind notwendig, damit ermittelt werden kann, wie viele Mitarbeiter zu welchem Zeitpunkt mit welcher Qualifikation an welcher Stelle eingesetzt werden sollen (Bruttopersonalbedarf/Personal-Soll).

Personalbeschaffungsplanung

Personal muss in der richtigen Anzahl, Qualifikation etc. zur Beseitigung eines Personalengpasses vom internen/externen Arbeitsmarkt beschafft werden.

Phasen beim Personalbeschaffungsprozess:
- Ermittlung und Analyse wesentlicher Informationen (kurz-, mittel- und langfristiger Personalbedarf, Informationen über internen und externen Arbeitsmarkt, Qualifikation der Arbeitnehmer)
- Ermittlung von Beschaffungswegen und -arten
- Personalauswahl
- Personalbindung (Arbeitsvertrag)

Personaleinsatzplanung

Mitarbeiter sollten nach ihren Fähigkeiten und Kenntnissen eingesetzt werden, sonst erbringen sie durch Über- oder Unterforderung keine optimale Leistung. Die Personaleinsatzplanung soll diese Diskrepanzen finden und versuchen, die Lage zu verbessern.

Weitere Aufgaben sind
- Personaleinführung und -einarbeitung,
- Arbeitsorganisation,
- Betreuung des Personals bei wechselndem Arbeitsanfall.

Personalentwicklungsplanung

Ziel von Personalentwicklungsprozessen ist die Veränderung des Leistungspotenzials der Mitarbeiter auf der Grundlage des mittel- und langfristigen Bildungsbedarfs im Unternehmen und des Qualifikationspotenzials der Mitarbeiter. Dazu gehören die
- Planung von betrieblichen/außerbetrieblichen Maßnahmen zur Aus- und Fortbildung und die
- Berücksichtigung von Wünschen, Bedürfnissen und Eignungsvoraussetzungen der Mitarbeiter.

Individuelle Entwicklungspläne münden beispielsweise in
- Laufbahnplanung,
- Förderkreise,
- betriebliche Aus- und Fortbildung.

Personalkostenplanung

Personalkosten stellen einen wesentlichen Faktor dar und dürfen bei der wirtschaftlichen Führung eines Unternehmens nicht vernachlässigt werden, insbesondere je arbeitsintensiver eine Branche ist.

Aufgabengebiete:
- Darstellung der Entwicklung der Personalkosten
- Bestimmung der Haupteinflussfaktoren auf die Personalkosten
- Ermittlung der Personalkostenentwicklung im Verhältnis zur Ertragskraft

1.2.1.8 Geschäftsleitung

Die Geschäftsleitung gibt die Ziele vor, übernimmt die Planung, kümmert sich mit den jeweiligen Bereichs- und/oder Abteilungsleitern um die Organisation, trifft Entscheidungen und kontrolliert letztendlich die Zwischenergebnisse bzw. das erreichte Ziel. Sie ist auch zuständig für die Koordination betrieblicher Teilbereiche und für die Elimination größerer Störungen. Von den einzelnen Abteilungen werden wiederum Informationen geliefert, die die Entscheidungen beeinflussen können. Das Integrierte Managementsystem (IMS) fasst Methoden und Instrumente zur Einhaltung von Anforderungen aus verschiedenen Bereichen (z.B. Qualität, Umwelt- und Arbeitsschutz, Sicherheit) zusammen. Durch Nutzung von Synergien und die Bündelung von Ressourcen ist ein effizienteres Management möglich.

1.2.1.9 Beschaffung

Sie muss dafür sorgen, dass das richtige Material in der richtigen Menge und der richtigen Qualität zu einem möglichst günstigen Preis zum richtigen Zeitpunkt am richtigen Ort ist. Es müssen aber auch alle notwendigen Informationen und Betriebsmittel besorgt werden und Arbeitskräfte zur Verfügung stehen, die für die jeweilige Aufgabe entsprechend qualifiziert sind. Als Startglied in der Kette von Beschaffung über Produktion bis Absatz (moderne Organisationsansätze sprechen von Supply Chain) braucht die Beschaffung die enge Zusammenarbeit mit der Fertigung bzw. Auftragsannahme.

1.2.1.10 Forschung und Entwicklung

Forschung und Entwicklung umfasst, bereits vorhandene Produkte weiterzuentwickeln, eventuell Materialien durch günstigere Rohstoffe zu ersetzen und zu versuchen, Funktionen zu vereinfachen. Sie holt sich aber auch Informationen von der Marktforschung und schafft ein neues Produkt, das den Kundenwünschen möglichst genau entspricht. Eine koordinierte Zusammenarbeit mit der Fertigung ist notwendig, weil diese die Entwürfe praktisch umsetzen muss anhand von Zeichnungen und Stücklisten.

1.2.1.11 Verwaltung

Die Verwaltung ist notwendig, um das Funktionieren des Betriebes zu sichern. Wichtige Teilfunktionen der Verwaltung sind Personal und Rechnungswesen. Zur Personalwirtschaft gehört neben der Personalverwaltung die Personalentwicklung. Sie kann zum Beispiel so gesteuert werden, dass der Führungsnachwuchs aus den eigenen Reihen gewählt werden kann. Die Kosten- und Leistungsrechnung liefert die Daten und Auswertungen, die als Grundlage der unternehmerischen Entscheidungen dienen, z.B. zu investieren oder zu rationalisieren. Zu den Aufgaben der Verwaltung zählen aber ebenso die technische Instandhaltung und das Gebäudemanagement bis hin zum Reinigungsdienst. Eine direkte Kommunikation zu allen Abteilungen ist wünschenswert.

1.2.2 Zusammenwirken der betrieblichen Funktionen

Die Unternehmensziele können nur erreicht werden, wenn Abteilungen, die von bestimmten Aufgabenstellungen betroffen sind, eng zusammenarbeiten. Dabei gibt es zwei grundsätzliche Fälle.

Kontinuierlicher Betriebsprozess: Sowohl die Aufbau- als auch die Ablauforganisation (Abschnitt 1.2.1) gliedern das Unternehmen nach Organisationseinheiten oder Funktionen. Um ein Ziel zu erreichen, läuft im Unternehmen ein Prozess ab, der sich wiederum in Teilprozesse gliedern lässt. Man spricht von einer Prozesskette. Für einen Teilprozess ist entweder nur eine betriebliche Funktion zuständig oder es müssen mehrere Abteilungen zusammenarbeiten. Auch an der Schnittstelle zwischen den Teilprozessen ist eine Zusammenarbeit notwendig.

Projekte (abgegrenzte, zeitlich befristete Aufgaben): Sie sind vielfach abteilungsübergreifend aufgesetzt.

Ein typisches Beispiel zum kontinuierlichen Betriebsprozess zeigt die Logistik, die sich als logistische Kette durch den gesamten Betrieb zieht. Die Logistik hat die Aufgabe, die Lagerhaltung, die Auftragswirtschaft und das Transportwesen zu koordinieren. Der gesamte Prozess soll so wirtschaftlich wie möglich ablaufen, d.h. das ökonomische Prinzip beachten. Dabei ist es die Aufgabe der Beschaffungslogistik, die für die betriebliche Leistungserstellung benötigten Materialien, Betriebsmittel usw. (Inputfaktoren) kostenoptimal und termingerecht zu beschaffen, sodass ein ungestörter Betriebsprozess möglich ist. Die Absatzlogistik bringt die Produkte und Leistungen ebenfalls kostenoptimal und termingerecht an die Abnehmer bzw. Kunden. Beide Funktionen müssen sich natürlich eng mit der Produktion abstimmen. In einem einfachen Organisationsaufbau arbeiten dazu die Abteilungen Einkauf, Produktion und Vertrieb gut koordiniert zusammen. Je nach Größe und Komplexität des Unternehmens wird differenzierter gegliedert.

Ein typisches Beispiel für Projekte ist ein Verbesserungsprojekt. Beispielsweise treten in einem Produktionsbetrieb, der Metalllegierungen herstellt, in letzter Zeit zunehmend Probleme mit dem Ausschuss beim Rohmaterial auf. Zugleich reklamieren Kunden gehäuft ungewöhnliche Materialbrüche und einige drohen der Geschäftsleitung bereits die Kündigung der Geschäftsbeziehung an. In diesem Fall kann eine Arbeitsgruppe eingesetzt werden, die Ursachen sowie Auswirkungen genau analysiert, Lösungsvorschläge erarbeitet und der Geschäftsleitung präsentiert. Mindestens die Leiter von Produktion, Qualitätskontrolle und Verkaufsabteilung sowie gegebenenfalls weitere Abteilungsvertreter sollten in diese Gruppe berufen werden.

Bei der prozessbezogenen Darstellung eines Betriebsablaufes und der Darstellung des Zusammenhangs betrieblicher Funktionen werden unterschieden:

Kernprozesse (auch als primäre Prozesse bzw. Aufgaben bezeichnet), das sind die unmittelbar mit der Wertschöpfung des Unternehmens zusammenhängenden Prozesse. In einem produzierenden Betrieb sind dies in erster Linie Beschaffung, Produktion (von der Ideenphase bis zum fertigen Produkt) und Absatz. Diese Kernprozesse schaffen unmittelbar den Output, den der Kunde bezahlt.

Supportprozesse (auch als sekundäre Prozesse bzw. Aufgaben bezeichnet) zur Unterstützung der Kernprozesse – dazu gehören die Funktionen des Rechnungswesens (Buchhaltung, Finanzierung, Controlling) und der Personalverwaltung und je nach Unternehmen auch ein Qualitätsmanagement, ein Informations- und Wissensmanagement und ein Umweltmanagement.

Dem Ganzen übergeordnet sind die **Führungsprozesse** (Steuerungsprozesse, Managementprozesse).

Mit den Kernprozessen wird die **Wertschöpfung** geschaffen. Als Wertschöpfung eines Betriebes bezeichnet man die Differenz zwischen den von dem Unternehmen erstellten oder abgegebenen Leistungen (Produkte, Dienstleistungen) und den von dem Unternehmen erworbenen oder übernommenen Leistungen (eingekaufte Vorleistungen, Material). Zwar tragen die Supportprozesse nur mittelbar zur Wertschöpfung bei. Sie sind jedoch für das reibungslose Funktionieren der gesamten Prozesskette unentbehrlich.

In der Praxis erfordert die Zusammenarbeit zwischen den Funktionen und Abteilungen, die an einem (Teil-)Prozess beteiligt sind,
- die Ausarbeitung einer gemeinsamen Zielstellung,
- die gründliche Analyse der Ausgangslage und
- die Erarbeitung konkreter Prozessschritte, die zum Erreichen des Ziels führen.

Es bietet sich an, dieses Vorgehen in Planspielen zu erproben. Zwei Beispiele für ein solches Planspiel finden die Benutzer/-innen des vorliegenden Buches ergänzend zum Download im Internet (www.cornelsen.de/berufskompetenz).

1.2.3 Aufgaben und Lösungshinweise

1. Aufgabe
Erläutern Sie, weshalb eine Werbeaktion nur dann sinnvoll ist, wenn sich die Verantwortlichen vorher darüber einig sind, an welche Zielgruppe sie sich wendet.

2. Aufgabe
Je höher in einem Unternehmen der Automatisierungsgrad ist, desto günstiger kann im Normalfall produziert werden. Voraussetzung ist allerdings eine entsprechende Auslastung. Erläutern Sie je drei Vorteile und Nachteile der Automation aus der Sicht des Arbeitnehmers und des Arbeitgebers.

3. Aufgabe
Für den Versand von Gütern stehen verschiedene Verkehrsmittel (auch Verkehrsträger) zur Verfügung. Stellen Sie je drei Kennzeichen von Lastkraftwagen, Binnenschiffen und Eisenbahngüterverkehr dar.

4. Aufgabe
Erläutern Sie, auf welche Weise sich einerseits ein Unternehmen auf dem oder am Markt orientieren muss und andererseits versuchen kann, den Markt selbst zu gestalten.

5. Aufgabe

Im Bereich des Rechnungswesens und der Geldbeschaffung bzw. -verwendung müssen verschiedene Begriffe unterschieden werden.
a) Erläutern Sie die Begriffe „Finanzierung" und „Investition".
b) Entscheiden Sie, auf welcher Seite der Bilanz die Begriffe „Schulden, Aktiva, Mittelherkunft, Vermögen, Eigenkapital, Mittelverwendung" zuzuordnen sind.

6. Aufgabe

Der weltweite Handel veranlasst viele Unternehmen, international tätig zu werden. Als Global Player bieten sich sehr viel mehr Möglichkeiten der Beschaffung und des Absatzes im Vergleich zu einem nur im Inland aktiven Unternehmen.
a) Beschreiben Sie zwei Vorteile, wenn der Einkauf auf internationaler Basis erfolgt.
b) Nennen Sie zwei Risiken einer weltweiten Beschaffung.

7. Aufgabe

Begründen Sie, weshalb der Personalbedarf eines Unternehmens langfristig geplant werden sollte.

8. Aufgabe

Erläutern Sie zwei Ereignisse, bei denen eine Personalbeurteilung vorgenommen werden sollte.

9. Aufgabe

Ein Unternehmen hat bisher alle notwendigen Transporte mit eigenem Fuhrpark durchgeführt. Bei einer Überprüfung der Kostensituation macht ein Verantwortlicher den Vorschlag, die eigenen Lkw zu verkaufen und die Beförderungen an Spediteure zu vergeben. Erarbeiten Sie je zwei Vor- und Nachteile für die weitere Nutzung der eigenen Fahrzeuge.

10. Aufgabe

Finanzierung und Investition sind untrennbar miteinander verbunden.
a) Erläutern Sie je eine Aufgabe der Finanzplanung und der Investitionsplanung.
b) Nennen Sie je einen Vor- und Nachteil der Fremdfinanzierung.

11. Aufgabe

Eine Marktprognose versucht eine Voraussage über die zukünftige Marktentwicklung mit dem Ziel, den in der Zukunft liegenden Absatz eines Produktes festzulegen. Beschreiben Sie das Risiko, das sich daraus ergeben kann.

12. Aufgabe

Bei Tarifverhandlungen einigen sich die Arbeitgeber und die Gewerkschaft, die Arbeitszeit zu verkürzen. Zeigen Sie zwei Auswirkungen auf den Personalbedarf.

13. Aufgabe

Stellen Sie den Materialfluss in einem Unternehmen dar.

14. Aufgabe

Beschreiben Sie je ein Beispiel für den Einsatz von Rabatt, Skonto und Bonus.

15. Aufgabe

Ein Unternehmen der Elektroindustrie bezieht einen Teil seiner Rohstoffe aus zwei afrikanischen Ländern.

a) Nennen Sie drei mögliche Risiken.

b) Bieten Sie drei Möglichkeiten an, wie diese Risiken minimiert werden können.

16. Aufgabe

Begründen Sie, weshalb es nicht genügt, „Controlling" einfach mit Kontrolle zu übersetzen.

17. Aufgabe

Die Statistik ist ein wichtiger Teil des Rechnungswesens. Nennen Sie vier Abteilungen oder Funktionsbereiche eines Unternehmens und je zwei darin zu erstellende Statistiken.

18. Aufgabe

Erläutern Sie die Begriffe „interne logistische Kette" und „externe logistische Kette" und nennen Sie jeweils zwei konkrete Teilstationen.

19. Aufgabe

Die Primärerhebung (Primärforschung) sammelt Informationen direkt zur Problemstellung. Die Sekundärerhebung (Sekundärforschung) bedient sich bereits vorhandener Informationsquellen. Nennen Sie je zwei Vorteile sowohl der einen als auch der anderen Methode.

20. Aufgabe

Begründen Sie, weshalb das Eigenkapital ein Unternehmen gewöhnlich teurer kommt als die Aufnahme von Fremdkapital.

21. Aufgabe

Ein Cateringunternehmen bietet die Lieferung warmer Mahlzeiten und Büfetts für Firmen, Einrichtungen und private Feiern an.

a) Beschreiben Sie, welche Prozessschritte ab Bestellung durchlaufen werden, bis der Kunde beliefert ist.

b) Nennen Sie die betrieblichen Funktionen, die am Prozess beteiligt sind.

c) Erläutern Sie, welche Abstimmungen die betreffenden Abteilungen miteinander treffen müssen.

Lösungshinweise

1. Aufgabe

Zielgruppen sollen direkt mit Werbeaktionen angesprochen werden. Nur wenn die Werbebotschaften (z.B. Formulierung des Kundennutzens) in der Sprache der Adressaten formuliert sind und auch Werbemittel (z.B. Anzeigen, Werbespots) und Werbeträger (z.B. Zeitungen, Fernsehen, Plakate) ausgewählt werden, auf die die Zielpersonen achten und mit denen sie in Kontakt kommen, wird eine effektive Wirkung erzielt. Werbeaktionen müssen individuell an Singles, Familien, Senioren oder Jugendliche angepasst sein.

2. Aufgabe

Vorteile aus der Sicht des Arbeitnehmers, z.B.:

- Die Verrichtung schwerer körperlicher Arbeit ist nicht mehr notwendig, da Maschinen dies übernehmen.
- Der Mitarbeiter wird nicht mehr von einer Maschine zu bestimmten Tätigkeiten innerhalb festgesetzter Zeiten gezwungen, da diese Vorgänge automatisch ablaufen.
- Durch Automation erfolgt der Wandel weg von körperlicher Arbeit hin zu überwachenden Tätigkeiten, was aufgrund höherer Verantwortung zu mehr Motivation und Zufriedenheit führen kann.

Nachteile aus der Sicht des Arbeitnehmers, z.B.:

- Da Maschinen regelmäßig mit aktueller Software ausgestattet werden, müssen Arbeitnehmer häufiger auf Schulungen geschickt werden.
- Das Risiko der Mitarbeiter, ihren Arbeitsplatz zu verlieren, steigt mit zunehmendem Automatisierungsgrad.
- Da Maschinen den Mitarbeitern alle körperlichen Tätigkeiten abnehmen, bleiben diesen nur Überwachungs- und Kontrollaufgaben, was zu Unzufriedenheit führen kann.

Vorteile aus der Sicht des Arbeitgebers, z.B.:

- Erst durch Automation sind Massenproduktion und damit höhere Verkaufszahlen möglich.
- Da Maschinen (fast) immer zuverlässiger und gleichmäßiger arbeiten als Menschen, steigt die Qualität der Produkte.
- Durch die Steigerung der Produktionszahlen verteilen sich die Fixkosten auf eine größere Stückzahl, was zu niedrigeren Stückkosten führt.

Nachteile aus der Sicht des Arbeitgebers, z.B.:

- Zum Aufbau automatisierter Anlagen ist ein hoher Kapitalbedarf vonnöten, der Kreditaufnahmen mit Zinszahlungen verursacht, was zu höheren Liquiditätsbelastungen führt.
- Ist so eine automatisierte Anlage erst einmal im Einsatz, kann sie nur unter großem Aufwand wieder umgebaut werden, wenn sich die Nachfrage ändert.
- Kann die Anlage nicht ausgelastet werden, könnte das Unternehmen gezwungen sein, mit anderen Unternehmen (Konkurrenten) eine Zusammenarbeit auf bestimmten Gebieten zu vereinbaren, was die Unabhängigkeit einschränkt.

3. Aufgabe

Lastkraftwagen:

- Transporte von Haus zu Haus sind möglich.
- Der Lkw kann ein dichtes Verkehrsnetz nutzen.
- Die Kapazität ist begrenzt.
- Transporte mit dem Lkw sind schnell und flexibel.

Binnenschiffe:

- Der Transport größerer Mengen ist möglich.
- Das Verkehrsnetz ist begrenzt.

- Nur wenige Unternehmen haben eine direkte Möglichkeit an einer Wasserstraße für Abholungen bzw. Anlieferungen.
- Die Transporte sind abhängig von der Witterung, da bei Hoch- oder Niedrigwasser oder zugefrorenen Flüssen nicht gefahren werden kann.

Eisenbahngüterverkehr:
- Der Transport größerer Mengen ist möglich.
- Das Schienennetz ist relativ gut ausgebaut.
- Größere Unternehmen verfügen meist über einen Gleisanschluss.
- Die Transportzeiten sind kürzer als beim Binnenschiff und meist länger als beim Lkw.

4. Aufgabe

Orientierung auf dem oder am Markt:
Ein Unternehmen muss den Kunden das Produkt oder die Dienstleistung anbieten, die diese nachfragen. Die Erfüllung der Kundenwünsche zählt zu den wichtigsten Zielen. Auch die Konkurrenten üben Einfluss aus, wenn sie etwas Neuartiges anbieten und versuchen, die Kunden für sich zu gewinnen. Eine Reaktion hierauf ist unerlässlich. Eine weitere Rolle spielt die Gesetzgebung, die es zu beachten gilt.

Gestaltung des Marktes:
Das Ziel ist es, Neukunden zu gewinnen und den Kundenstamm zu halten. Zu diesem Zweck kann beispielsweise mit Preisdifferenzierungen gearbeitet werden (z.B. Rabattstaffel, Sonderangebote). Auch mit Werbung nimmt ein Unternehmen Einfluss auf dem Markt. Eine gelungene Werbekampagne schlägt sich unmittelbar in steigenden Verkaufszahlen nieder. Ebenso bietet die Gestaltung des Sortiments Gelegenheit, den Kunden durch Kreativität zu überzeugen.

5. Aufgabe

a) Finanzierung: Geldmittel (auch Sachmittel) werden in Form von Eigen- oder Fremdkapital für bestimmte Zwecke bereitgestellt. Eigenkapital stammt von den Eigentümern bzw. Gesellschaftern des Unternehmens. Fremdkapital stellen meist Banken in Form von Krediten zur Verfügung.
Investition: Mithilfe der bereitgestellten Geldmittel kann in Anlage- und Umlaufvermögen investiert werden. Das bedeutet, es werden Maschinen, Fahrzeuge, Schreibtische, Lagereinrichtungen oder Rohstoffe gekauft.

b)
- Aktivseite der Bilanz: Aktiva, Vermögen, Mittelverwendung
- Passivseite der Bilanz: Schulden, Eigenkapital, Mittelherkunft

6. Aufgabe

a) Vorteile bei weltweiter Beschaffung, z.B.:
- Aufgrund der besseren Übersicht über die Lieferanten, hat man einen größeren Überblick über Angebote, Preise, Rohstoffe, Güter und deren Qualität.
- Da „Konkurrenz das Geschäft belebt", kann man inländische Anbieter mit weltweit agierenden Lieferanten vergleichen und befindet sich damit in einer günstigen Verhandlungsposition.

- Durch die ständigen internationalen Kontakte erhält man sehr schnell Informationen über neue Rohstoffe, Produkte oder Technologien.

b) Risiken bei weltweiter Beschaffung, z.B.:

Wechselkursrisiko, Qualität, Transportrisiko, Risiko aufgrund der politischen Systeme in den verschiedenen Ländern, Rechtssysteme

7. Aufgabe

Ohne qualifiziertes Personal ist kein Fortschritt möglich. Die betriebliche Leistungsfähigkeit hängt entscheidend von den Mitarbeitern ab. Bei langfristiger Planung kann besser reagiert werden auf Konjunkturschwankungen, Fluktuation, Änderungen der tariflichen Arbeitszeit (Verlängerung oder Verkürzung), technologische Neuerungen usw.

8. Aufgabe

Beförderung: Erfolgt keine Beurteilung und wird ein Mitarbeiter befördert, ohne die notwendigen Qualifikationen zu besitzen, handelt es sich eindeutig um eine Fehlentscheidung. Die Folge sind ein gestörtes Betriebsklima und notwendige Korrekturmaßnahmen, die meist nicht unmittelbar getroffen werden können und Kosten verursachen.

Wechsel des Vorgesetzten: Personalbeurteilungen bilden hier die Grundlage für den neuen Vorgesetzten, seine künftigen Mitarbeiter kennen zu lernen.

9. Aufgabe

Vorteile:

- Transporte zu Kunden können termingerecht durchgeführt werden.
- Die Fahrer kennen sich mit den Produkten aus.
- Bei Sonderaufträgen stellen Anlieferungen für die Produktion kein Problem dar.

Nachteile:

- Die Fahrzeuge sind nicht durchgehend ausgelastet.
- Die Fahrzeuge und das dazugehörige Personal stellen einen hohen Kostenfaktor dar.
- Da meist keine Rückladungen zur Verfügung stehen, finden ständig Leerfahrten statt.

10. Aufgabe

a) Die Finanzplanung überprüft die Möglichkeiten der Geldbeschaffung. Sie überwacht die Finanzierungsvorgänge und die Liquidität.

Die Investitionsplanung schätzt die zukünftigen Ein- und Auszahlungen von Projekten/Investitionen und berechnet deren Rentabilität und Amortisationsdauer.

b) Vorteil: Die Zinszahlungen bei Fremdfinanzierungen sind betrieblicher Aufwand und senken den Gewinn und damit die Steuerzahlungen.

Nachteil: Fremdkapital muss – im Gegensatz zum Eigenkapital – zurückgezahlt werden und steht dem Unternehmen nur zeitlich begrenzt zur Verfügung.

11. Aufgabe

Alles, was in der Zukunft liegt, kann nur geschätzt werden. Die Prognose baut auf Daten der Vergangenheit auf und versucht, einen Trend in die Zukunft zu projizieren. Einflussfaktoren werden dabei übersehen oder falsch bewertet. Eine Planung, die die Prognose als Basis verwendet, darf nicht zu langfristig sein, da Fehlentscheidungen sonst nicht mehr oder nur unter großem Aufwand korrigiert werden können.

12. Aufgabe

- Bei einer Verkürzung der Arbeitszeit und gleich bleibender Auftragslage müssen Mitarbeiter eingestellt werden.
- Das Unternehmen kann Rationalisierungsmaßnahmen umsetzen, deren Auswirkungen sich im geringeren Personalbedarf zeigen.

13. Aufgabe

Die Güter werden angeliefert und im Wareneingang angenommen. Vor der Einlagerung kann noch die Überprüfung in der Qualitätskontrolle erfolgen. Bei Bedarf wird auf einen der Fertigung vorgelagerten Standort umgelagert oder direkt an die Produktion ausgelagert. Wird nach dem „Just-in-time-Prinzip" gefertigt, fällt die Einlagerung weg und die Güter wandern direkt in die Fertigung. Das Material durchläuft die Produktionsschritte – eventuell mit Zwischenlagerungen – und wird als verkaufsfähiges Produkt im Lager für Fertigerzeugnisse gelagert oder unmittelbar dem Versand übergeben. Der interne Materialfluss endet bei Übergabe der Güter an die eigenen Fahrzeuge oder Spediteure, die die Bestellungen zu den Kunden bringen.

14. Aufgabe

- Rabatte werden gewährt, wenn ein Kunde eine größere Menge einkauft (Mengenrabatt) oder bereits seit langen Jahren Geschäftspartner ist (Treuerabatt).
- Die Gewährung von Skonto soll dem Kunden einen Anreiz bieten, die Rechnung vor Ablauf einer bestimmten Frist zu begleichen (innerhalb der Skontofrist und damit vor dem Zeitpunkt der Fälligkeit).
- Ein Bonus ist häufig ein nachträglicher Preisnachlass, wenn der Kunde am Jahresende eine bestimmte Umsatzgrenze überschritten hat.

15. Aufgabe

a) Einhaltung von Lieferfristen, Wege- und Transportrisiko, Qualitätsrisiko, Preisrisiko

b) Möglichkeiten der Risikominimierung, z.B.:

- Durch die Verteilung der Lieferungen auf mehrere Lieferanten können Risiken gestreut werden.
- Mit den Lieferanten können Vertragsstrafen vereinbart werden.
- Durch eigene Lagerhaltung kann die laufende Produktion einige Zeit aufrechterhalten werden.

16. Aufgabe

Die Abteilung Controlling oder ein Controller haben viel mehr Aufgaben, als nur zu „kontrollieren". Neben der Kontrolle (z.B. Soll-Ist-Vergleich, Abweichungsberichte) gehören noch Planung (z.B. zukünftiges Handeln, Erstellung der Planungsunterlagen, zeitliche Koordination), Koordination (z.B. Termine, Personal, Betriebsprozesse) und Information (z.B. Berichtswesen) dazu.

17. Aufgabe

- Personalabteilung: Zahl der Arbeitnehmer und Auszubildenden, Krankheitstage
- Fertigung: Ausschussquote, Überstunden
- Vertrieb/Marketing: Neukunden, Besuche, Umsatz pro Außendienstmitarbeiter
- Materiallager: Ein- und Auslagerungen, Reklamationen beim Lieferanten über beschädigte Güter

18. Aufgabe

Über die interne logistische Kette läuft der Güterfluss innerhalb eines Unternehmens.
Teilstationen: Wareneingang, Zwischenlager in der Fertigung, Versandlager
Die externe logistische Kette verbindet den Lieferanten mit dem Unternehmen und das Unternehmen mit dem Kunden.
Teilstationen: Lieferant, Frachtführer (Fernverkehr), Auslieferungslager des Spediteurs

19. Aufgabe

- Primärforschung: direkte Informationsgewinnung ohne Umwege, Aktualität, genau abgestimmte Fragen, exakt festgelegte Kriterien
- Sekundärforschung (im Vergleich zur Primärforschung): geringere Kosten, weniger Aufwand, baut auf bereits vorhandenen Unterlagen auf

20. Aufgabe

Eigenmittel werden im Gegensatz zu Fremdmitteln nicht über Grundstücke oder Ähnliches abgesichert. Da die Eigenkapitalgeber ein höheres Risiko tragen (Unternehmerrisiko), erwarten sie eine höhere Rendite als die Zinsen, die sie für ihr Geld von einer Bank bekämen.

21. Aufgabe

- Prozessschritte sind Auftragsannahme (mit Kundenberatung), Planung aller Arbeiten, Einkauf von Zutaten und Zubehör (z.B. Dekorationen), Herstellen der Speisen, Anrichten der Speisen, Bereitstellen von Geschirr, Qualitätsüberprüfung, Zustellen der Speisen, Herrichten der Ausgabe bzw. Aufbau eines Büfetts beim Kunden.
- Die betrieblichen Funktionen sind Marketing (Verkauf am Anfang, dann Einkauf), Produktion, Distributionslogistik, Service.
- Ausgehend von der Auftragsannahme muss ein unmissverständlicher Informationsfluss längs der Prozesskette zu Art und Menge der bestellten Speisen sowie zum Termin gegeben sein. Je standardisierter das Angebot ist, umso mehr lässt sich dieser Informationfluss automatisieren. Bei individuellen Angeboten müssen sich die Abteilungen individuell abstimmen und es wird ein Informationsfluss zurück zum Verkauf benötigt, der erfahren muss, welche Sonderwünsche

er wie (und zu welchem Preis) zusagen kann. Je nach Art und Umfang des Geschäfts ist ein Planer unentbehrlich, der den Gesamtprozess verbindlich und verantwortlich steuert.

1.3 Existenzgründung und Unternehmensrechtsformen

1.3.1 Gründungsphasen

Hat jemand eine Idee entwickelt und möchte das Risiko – und auch die Chance – der Selbstständigkeit auf sich nehmen, durchläuft er vier Phasen der Gründung, bis er sich mit seinem Unternehmen auf dem Markt etabliert.

1. Phase: Orientierung, Ideenfindung, Vorplanung

Hier kann nur eine Idee vorhanden sein, die sich erst zu einer tragfähigen Basis für ein Unternehmen entwickeln muss.

Ebenso ist es möglich, dass die Idee schon so weit gediehen ist, dass dafür ein Patent erteilt wurde.

Denkbar ist auch, dass der Interessent ein Geschäftsmodell aufgreift, das sich in der Praxis bereits bewährt hat.

2. Phase: Konzeption, Planung, Vorgründung

Hat der Existenzgründer eine konkrete Geschäftsidee vor Augen, muss er einen Businessplan erstellen, in dem er sein Konzept detailliert ausarbeitet und darstellt. Der Businessplan wird unter anderem dafür erarbeitet, den oder die Finanzpartner vom zukünftigen Erfolg zu überzeugen, damit sie Kapital zur Gründung zur Verfügung stellen.

3. Phase: Umsetzung, Gründung, Realisation

Haben die Kapitalgeber ihre Unterstützung zugesagt und sind die öffentlichen Fördermittel genehmigt, kann mit der Realisierung des Unternehmens begonnen werden. Dazu gehören beispielsweise die Einstellung von Personal, der Aufbau der einzelnen Abteilungen, die Installation der technischen Anlagen und der Abschluss von Verträgen mit Lieferanten und Kunden.

4. Phase: Festigung, Wachstum, Konsolidierung

Bewährt sich das Geschäftsmodell auf dem Markt, kann sich das Unternehmen etablieren und der Existenzgründer hat erfolgreiche Arbeit geleistet.

1.3.2 Voraussetzungen der Existenzgründung

Da eine Existenzgründung meist eine große Umstellung bedeutet im Vergleich zum Tagesablauf eines Angestellten, muss man sich diesen Schritt sehr genau überlegen. Eine Idee alleine reicht nicht aus. Neben der **Fachkompetenz** sind ebenso **Sozialkompetenz und Methodenkompetenz** notwendig, um die vielfältigen Aufgaben der Planung, Führung und Steuerung meistern zu können. Dazu zählen zum Beispiel die Einschätzung der Marktsituation, der Kontakt mit Behörden, das Führen von Kundengesprächen, das Verhandeln mit Lieferanten, die Erstellung von Kalkulationen und vieles mehr. Der Geschäftsinhaber übernimmt nicht nur die unternehmerische Verantwortung, sondern prägt auch die Unternehmenskultur.

Persönliche Ausgangslage

Ein Existenzgründer benötigt neben dem **Fachwissen**, auf dem seine Geschäftsidee basiert, auch die notwendigen **kaufmännischen Kenntnisse**, um gravierende Managementfehler zu vermeiden. Banken vergeben nur Kredite, wenn sie davon überzeugt sind, dass der angehende Unternehmer für die Selbstständigkeit geeignet ist. Dazu gehört unbedingt das Wissen um die Kalkulation der angebotenen Produkte oder Dienstleistungen. Außerdem ist eine eindeutige Aussage über den Bedarf an Eigen- und Fremdkapital zu treffen. Gelingt dies nicht, erscheint der erfolgreiche Sprung in die Selbstständigkeit mehr als zweifelhaft. Nicht zu vergessen ist, dass auch der Umgang mit Mitarbeitern und Kunden gelernt sein will.

Häufig stellt sich die Frage, ob sich der Existenzgründer überhaupt Gedanken über den Markt und die Konkurrenten gemacht hat. Es genügt nicht, nur eine zündende Idee zu haben, sie muss auch zu den Kunden und zum Wettbewerb passen und zum „richtigen" Preis angeboten werden.

Und zu guter Letzt bedarf es eines schlüssigen, übersichtlich gegliederten, verständlichen und nicht überladenen oder zu umfangreichen Konzeptes und einer überzeugenden **Präsentation** des Unternehmensplanes und der Person selbst, um die Geldgeber von den Erfolgsaussichten zu überzeugen.

Finanzielle Basis

Ein Businessplan ohne soliden **Finanzplan** ist nutzlos. Enthalten sein muss die Einschätzung der **Ertragslage** in den nächsten Jahren, der geplante **Umsatz** und eine Aussage darüber, wann damit zu rechnen ist, die **Gewinnzone** zu erreichen. Der Finanzbedarf für das Umlauf- und das Anlagevermögen ist im Einzelnen darzustellen. Weiterhin muss deutlich werden, ob in ein oder zwei Jahren die Aufnahme weiterer **Kredite** vorgesehen ist. Für alle Kredite ist ein Tilgungsplan beizulegen. Die Zinszahlungen dürfen bei Betrachtung der **Liquidität** nicht vergessen werden. Eine weitere wichtige Frage für Investoren ist die Höhe der zu erwartenden **Rentabilität**. Zur Darlegung all dieser Inhalte zum Gründungszeitpunkt und für die Prognosen sind Bilanzen, Gewinn- und Verlustrechnungen und Cashflow-Rechnungen geeignete Instrumente. In der unmittelbaren Zukunft bietet sich die Gliederung nach Quartalen an, später nach Jahren. Alle Zahlen sind hinreichend zu begründen bzw. mit Annahmen zu versehen.

Geschäftsidee

Mit der Geschäftsidee möchte sich der Existenzgründer auf dem Markt bei den Kunden gegen die Konkurrenten durchsetzen und Gewinne erzielen. Die Idee kann sich auf ein Produkt beziehen oder auf eine Dienstleistung oder auch auf besondere Dienstleistungen zu bestimmten Produkten. Es muss eine Nachfrage dafür vorhanden sein (Marktpotenzial), d.h., der Kunde muss einen Nutzen für sich darin sehen, für den er bereit ist, einen Preis bis zu einer bestimmten Höhe zu zahlen. Bei der Idee kann es sich auch um etwas handeln, was in der Form noch nicht angeboten wird (Marktlücke).

Businessplan

Ein Businessplan (auch Geschäftsplan) bildet die Grundlage einer Existenzgründung mit Angaben zum Produkt oder/und zur Dienstleistung, zum Kapitalbedarf mit den Möglichkeiten der Finanzierung, zu den Gründern selbst und zum Markt, auf dem das Unternehmen etabliert werden soll. Wichtig ist die klare und eindeutige Formulierung der Ziele und Strategien. Der Plan dient als **roter Faden** für den/die Gründer selbst, für Geschäftspartner und für Kreditgeber. Ohne Businessplan werden keine Zuschüsse genehmigt und keine Kredite erteilt.

 Der Businessplan ist das Konzept für die Gründung eines Unternehmens mit allen notwendigen Informationen für Beteiligte und Kapitalgeber.

Bei der Erstellung seines Businessplanes merkt der Existenzgründer sehr schnell, dass er systematisch vorgehen und Entscheidungen treffen muss. Treten Lücken auf, sind diese gezielt mit Informationen zu füllen. Werden Schwachstellen sichtbar, sind Lösungsvorschläge notwendig.

Die Formulierungen müssen aussagekräftig, verständlich, kurz und übersichtlich sein. Geschwafel, Übertreibungen und Spielereien bei der Darstellung sind nicht zielführend.

Einleitung

In der Einleitung soll in nur wenigen Sätzen der gesamte Businessplan zusammengefasst werden. Alle Informationen werden komprimiert. Der Leser erfährt dennoch alles Wesentliche. Besonders für Kapitalgeber sind die folgenden Punkte entscheidend: Geschäftsidee, Finanzierung, Gewinnchancen, Risiken. Sind die ersten Seiten so formuliert, dass der Investor sich entscheidet, auch die nächsten zu lesen, ist das bereits die halbe Miete. Besondere Betonung ist deshalb auf das Einzigartige der Geschäftsidee zu legen und die Begründung, warum das Unternehmen erfolgreich sein wird.

Erwähnung finden sollten unter anderem: Name der Firma, Firmensitz, Rechtsform, Gesellschafter, Produkt oder/und Dienstleistung, Kapitalbedarf, Zeitplan, Marktpotenzial, Zielgruppen, Vertriebsmöglichkeiten usw.

Produktidee

Bei der Beschreibung des Produktes oder/und der Dienstleistung, das oder die der Existenzgründer anbieten möchte, muss auf den Nutzen für den Kunden eingegangen und die Einordnung in den aktuellen Markt und dessen Entwicklung berücksichtigt werden. Besonders hervorzuheben sind die Einzigartigkeit und die Gründe, warum die Kunden ihre Nachfrage ausgerechnet auf dieses Angebot fokussieren werden. Die Betonung liegt auf einer Problemlösung oder Bedürfnisbefriedigung bei der Zielgruppe. Die Botschaft lautet: „Das muss man einfach haben."

Gründer und Gesellschafter

Die Vorstellung der Personen muss Namen, Ausbildung, Weiterbildung, sonstige Qualifikationen, Beruf und derzeitige Stellung mit Tätigkeitsfeld beinhalten. Hier wiederum ist das Augenmerk auf die Übernahme der Rollen und Aufgaben im zukünftigen Unternehmen zu legen, die Erfahrungen, die die Einzelnen auszeichnen, und was sie zum Erfolg beitragen können.

Marketingplan und Marketingstrategie

Ein Unternehmen wird vom Markt aus gesteuert. Die Kunden haben offene Wünsche, die es zu erfüllen gilt. Sie haben aber auch latente Bedürfnisse, die nur darauf warten, geweckt und erfüllt zu werden. Der **Marketingplan** zielt darauf ab, dem Kunden die Vorteile für ihn selbst in überzeugender Weise näherzubringen und zu begründen, weshalb er nicht zur Konkurrenz gehen sollte. Marketing ist nicht nur Werbung. Marketing verkauft eine Idee, eine Erfüllung von Sehnsüchten, eine Verbesserung der Lebensumstände usw. Für die Kapitalgeber ist es von entscheidender Bedeutung, dass realistische Aussagen zum aktuellen Markt getroffen werden, das Marktwachstum sachlich eingeschätzt wird, klare Vertriebsstrukturen geplant sind und eine Preisstrategie vorgeschlagen wird, die den Zielgruppen angemessen ist.

Zur **Marketingstrategie** gehören die Festlegung des Budgets und die Auswahl der Medien und Werbeträger. Kapitalgeber wollen auch durch die angestrebte Preisstrategie überzeugt werden. So dürfen Preise weder zu hoch noch zu niedrig angesetzt werden. Eine Orientierung bietet dafür die Konkurrenz.

Markt und Kunden

Im Businessplan ist der für die Geschäftsidee infrage kommende Markt zu beschreiben. Die Kunden sind – wenn nötig – in Zielgruppen einzuteilen nach Alter, Familienstand, Einkommen, Bildungsstand, Wohnort usw. auf der Grundlage von demo-, sozio- und psychografischen Daten. Die Wünsche der einzelnen Gruppen sind festzuhalten und es ist zu analysieren, wie sie am besten erfüllt werden können. Dazu muss auch geklärt werden, auf welchen Vertriebswegen das Produkt zum Kunden gelangt. Wünschenswert ist außerdem eine Prognose des angestrebten Marktanteils in den nächsten drei bis fünf Jahren.

Kundendienst und Service

Nicht nur das Produkt oder/und die Dienstleistung sind wichtig, sondern ebenso die Serviceleistungen oder zusätzliche Vorteile, die den Kunden zum Kauf anregen sollen. Die Erfüllung der Leistungen, deren interne Kalkulation und die Finanzierung sind darzustellen.

Konkurrenz

Die Konkurrenz schläft nicht. Deshalb ist es außerordentlich wichtig, sie von Anfang an im Blick zu haben. Es ist entscheidend, welche Konkurrenten auf dem Markt etabliert sind. Sie müssen beobachtet und ihre Aktivitäten analysiert werden. Der Vergleich mit den Konkurrenten zeigt die eigenen Stärken und Schwachstellen. Kennt man seine Schwächen, kann man daran arbeiten, sie zu beseitigen. Darauf kann wiederum die Prognose basieren, wann bestimmte Konkurrenten auf dem Markt überholt werden können.

Wettbewerbsvorteile

Ein entscheidender Punkt im Businessplan ist die Hervorhebung der Vorteile und überragenden Eigenschaften des Produktes oder/und der Dienstleistung. Man spricht von der **Unique Selling Proposition (USP)**, dem so genannten Alleinstellungsmerkmal, dem herausragenden Leistungsmerkmal, das das eigene Unternehmen von den Wettbewerbern abhebt.

Unternehmensorganisation

Es genügt nicht, eine zündende Idee zu haben, auch die Umsetzung und die Organisation des eigenen Unternehmens sind unabdingbare Voraussetzungen für den Erfolg. Deshalb ist es wichtig, dass im Businessplan auf die Verteilung der Verantwortlichkeiten und der Aufgaben eingegangen wird ebenso wie auf Personalplanung und Unternehmenskultur.

Weitere Inhalte im Businessplan

Investoren möchten etwas erfahren über

- die Kernkompetenz des Unternehmens,
- Eigenfertigung des Produktes oder Zukauf von Teilen,
- mögliche Kooperationen mit anderen Unternehmen und damit verbundene Schwierigkeiten,
- Entlohnung der Gesellschafter,
- Entlohnung der Mitarbeiter,
- Gründe für die Standortwahl,
- Risiken vonseiten der Lieferanten,
- Risiken auf der Kundenseite,
- die Größe der Konkurrenten,
- eventuelle sonstige Risiken.

Zeitplan der Realisierung

Zum Zeitplan gehören der konkrete Eintritt mit dem Produkt oder/und der Dienstleistung in den Markt, die Prognose des Wachstums des Unternehmens in den nächsten Jahren, zukünftige neue Aufgaben, Erschließung neuer Märkte und so fort. Diese Meilensteine bilden einen Fahrplan, der den kritischen Pfad zeigt. Trifft ein Ereignis nicht wie geplant ein, muss eventuell umdisponiert werden. Daran sollte auf alle Fälle gedacht werden.

Finanzierung

Der wichtigste Punkt im Businessplan betrifft die Finanzierung. Dieses Thema wurde bereits weiter oben unter dem Stichwort „finanzielle Basis" beschrieben.

Anhang

Damit der eigentliche Businessplan nicht überfrachtet wird, können zum Beispiel Erläuterungen zu Berechnungen, Grafiken, Lebensläufe der Gründer, Gesellschafterverträge, Prospekte, Muster, Bankunterlagen, Tilgungspläne, geplante Bilanzen und Gewinn- und Verlustrechnungen oder Umsatzprognosen im Anhang abgeheftet werden.

1.3.3   Rechtsformen

Die Unternehmungsform ist die rechtliche Grundlage eines **Unternehmens**, durch die die Rechtsbeziehungen im Innen- und Außenverhältnis festgelegt werden. Hier wird zum Beispiel die Haftung geregelt oder auch die Geschäftsführungsbefugnis.

Als **Betrieb** wird hingegen der Ort der Leistungserstellung bezeichnet. Ein Unternehmen kann demzufolge mehrere Betriebe besitzen, jedoch nicht umgekehrt.

Abb. 1.32: Überblick über Unternehmensformen

Kapitalgesellschaften	Personen-unternehmen	Andere Gesellschaftsformen
• Aktiengesellschaft (AG) • Kommanditgesellschaft auf Aktien (KGaA) • Gesellschaft mit beschränkter Haftung (GmbH)	• Einzelunternehmung • Offene Handelsgesellschaft (OHG) • Kommanditgesellschaft (KG) • GmbH & Co. KG • Stille Gesellschaft • Gesellschaft bürgerlichen Rechts (GbR) • (freiberufl.) Partnerschaftsgesellschaft	• Genossenschaft • Versicherungsverein auf Gegenseitigkeit

Abbildung 1.32 bietet einen Überblick über die wesentlichen Unternehmensformen. Die Entscheidung für eine Unternehmungsform hängt ab von der Betriebsgröße, der Eigenkapitalausstattung, dem Haftungsumfang, der Geschäftsführungsbefugnis, der Verteilung des Gewinns bzw. Verlustes, von steuerlichen Überlegungen u.a.

 Haften die Gesellschafter den Gläubigern gegenüber persönlich, spricht man von Personengesellschaften. Bei Kapitalgesellschaften haftet nur das Gesellschaftsvermögen der juristischen Person.

Die Wahl einer Unternehmensform wird bei Gründung getroffen und gehört mit zu den wesentlichen Entscheidungen. Ihre spätere Veränderung ist möglich (zum Beispiel der Gang an die Börse zur Umwandlung in eine AG). Im Folgenden werden die Formen näher dargestellt.

1.3.3.1 Rechtsformen und deren Kombinationen

1.3.3.1.1 Einzelunternehmung

Es handelt sich um einen Gewerbebetrieb, bei dem das Eigenkapital von einer Person zur Verfügung gestellt wird, die das Unternehmen leitet und das Risiko alleine trägt. Da die Mittel meist begrenzt sind, kann der Betrieb auch nur eine bestimmte Größe erreichen. Der Unternehmer haftet für Verbindlichkeiten mit seinem gesamten Vermögen. Die Vorteile sind ebenso wie die Nachteile leicht zu erkennen. Der Unternehmer trifft alle Entscheidungen alleine, das heißt, es kann bezüglich der Geschäftsführung nicht zu Meinungsverschiedenheiten mit Gesellschaftern kommen. Dafür, dass er das Risiko alleine auf sich nimmt, kann er auch den gesamten Gewinn auf seinem Konto verbuchen. Seine Kapitalkraft ist begrenzt und er haftet mit seinem Privatvermögen.

1.3.3.1.2 Offene Handelsgesellschaft (OHG)

Zwei oder mehr Personen schließen einen Vertrag zum Betrieb eines Handelsgewerbes mit unbeschränkter Haftung unter gemeinschaftlicher Firma. Es muss kein schriftlicher Gesellschaftsvertrag geschlossen werden, jedoch sollte dies aus Beweisgründen immer der Fall sein.

Die OHG ist in das Handelsregister einzutragen. Die Gesellschafter müssen eine festgesetzte Kapitaleinlage leisten. Dies kann in Form von Bargeld, von Sachwerten oder Rechtswerten geschehen. Jeder Gesellschafter ist verpflichtet, die Geschäfte zu führen (Einzelgeschäftsführungsbefugnis, kann durch Vertrag aufgehoben oder beschränkt werden) und nicht ohne Einwilligung der anderen Gesellschafter im gleichen Handelsgewerbe Geschäfte auf eigene Rechnung zu machen (Wettbewerbsenthaltung). Der Verlust wird nach Köpfen verteilt und vom Kapitalanteil abgezogen. Die gesetzliche Regelung sieht einen Gewinnanspruch von vier Prozent des Kapitalanteils vor. Der Restgewinn wird nach Köpfen verteilt. Gegenüber Dritten (Außenverhältnis) gilt der Grundsatz der Einzelvertretungsmacht. Vertraglich kann hier zum Beispiel geregelt werden, dass die Gesellschafter nur zusammen die OHG vertreten können oder die Vertretungsmacht nur einem Gesellschafter übertragen wird. Die Vertretungsmacht (Außenverhältnis) ist unbeschränkbar im Gegensatz zur Geschäftsführungsbefugnis (Innenverhältnis). Die Gesellschafter haften unbeschränkt, direkt (unmittelbar) und primär und gesamtschuldnerisch (solidarisch).

- Unbeschränkt: Haftung mit dem gesamten Privatvermögen (keine Einrede der Haftungsbeschränkung).

- Unmittelbar: Ein Gläubiger kann sich an jeden beliebigen Gesellschafter wenden (keine Einrede der Vorausklage).

- Solidarisch: Alle Gesellschafter haften für alle Schulden der Gesellschaft (keine Einrede der Haftungsteilung).

Tritt ein Gesellschafter in eine bestehende OHG ein, so haftet er für die bereits bestehenden Schulden. Beim Austritt aus einer OHG haftet der Gesellschafter noch fünf Jahre für die zu diesem Zeitpunkt vorhandenen Verbindlichkeiten.

1.3.3.1.3 Kommanditgesellschaft (KG)

Zwei oder mehr Personen schließen einen Vertrag zum Betrieb eines Handelsgewerbes unter gemeinschaftlicher Firma. Mindestens ein Gesellschafter muss unbeschränkt und einer beschränkt haften. Die Vollhafter bezeichnet man als Komplementäre, die Teilhafter als Kommanditisten. Tritt eine GmbH als Vollhafter auf, spricht man von einer GmbH und Co. KG (siehe unten).

Für die Gründung gelten die gleichen Vorschriften wie für die OHG. Dies trifft auch auf die Pflichten und Rechte des Komplementärs zu. Der Kommanditist muss seine Einlage leisten, mit der er haftet. Er ist am Verlust beteiligt, hat ein Widerspruchsrecht bei Geschäften, die über den gewöhnlichen Betrieb hinausgehen, und erhält einen Gewinnanteil bis zu vier Prozent seines Kapitalanteils. Der restliche Gewinn wird in angemessenem Verhältnis verteilt. Der Kommanditist hat kein laufendes

Kontrollrecht. Er kann jedoch den Jahresabschluss durch Einsicht in die Bücher nachprüfen.

1.3.3.1.4 GmbH und Co. KG

Es handelt sich um eine Kommanditgesellschaft, bei der eine GmbH Vollhafter ist. Man unterscheidet

- die typische GmbH und Co., bei der die Gesellschafter der GmbH gleichzeitig Kommanditisten der GmbH und Co. sind, und
- die atypische GmbH und Co., bei der andere natürliche oder juristische Personen Kommanditisten sind.

Abb. 1.33: Grundsätzliche Struktur der GmbH & Co. KG

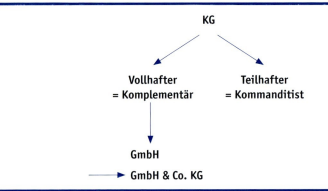

Die Geschäftsführungsbefugnis und die Vertretungsmacht übt die Komplementär-GmbH über den Geschäftsführer aus. Es gelten die gleichen Rechtsgrundlagen wie bei der KG. Die GmbH haftet als Komplementärin unbeschränkt, ihre Gesellschafter haften jedoch nur mit ihren Einlagen. Die Kapitalgrundlage kann durch Aufnahme von Teilhaftern erweitert werden, ohne dass diese Einfluss auf die Unternehmenspolitik nehmen.

1.3.3.1.5 Stille Gesellschaft

Ein Kaufmann (natürliche oder juristische Person) verbindet sich vertraglich mit einem Kapitalgeber (natürliche oder juristische Person), dessen Einlage in das Vermögen des Kaufmanns übergeht. Es entsteht kein echtes Gesellschaftsverhältnis, sondern ein langfristiges Gläubigerverhältnis. Es bestehen zwar die Merkmale einer Teilhaberschaft, man spricht aber von einer unvollkommenen Gesellschaft. Der stille Gesellschafter ist nach außen nicht ersichtlich. Er hat das gleiche Kontrollrecht wie ein Kommanditist. Am Gewinn und Verlust ist er nach vertraglicher Vereinbarung beteiligt. Die Verlustbeteiligung kann sogar ausgeschlossen werden.

1.3.3.1.6 Gesellschaft des bürgerlichen Rechts (GbR), BGB-Gesellschaft

Nichtkaufleute und/oder Kaufleute schließen einen Vertrag zur Erreichung eines gemeinsamen Ziels. Sie verpflichten sich zur Förderung dieses Ziels, insbesondere zur Leistung der vereinbarten Beiträge. Die Gesellschaft des bürgerlichen Rechts wird nicht in das Handelsregister eingetragen. Sie endet automatisch mit der Erfüllung des Zwecks. Das angesammelte Vermögen ist gemeinschaftliches Vermögen (Gesamthandvermögen). Ein Gesellschafter kann nicht über seinen Anteil verfügen. Die Geschäftsführung haben die Gesellschafter gemeinschaftlich. Es wird jedoch meist ein einzelner Gesellschafter damit beauftragt. Es besteht persönliche Haftung als Gesamtschuldner. Gewinne und Verluste werden nach Anzahl der Personen verteilt, dabei spielt die Höhe der Beiträge keine Rolle. Der Anlass der Gründung kann jeder beliebige Zweck sein. Handelt es sich um einen Zusammenschluss für eine bestimmte Gelegenheit, spricht man auch von Gelegenheitsgesellschaft, die durchaus vereinbart werden kann, um gemeinschaftlich für einen „kleinen" Zweck zu handeln (Ausflug, Miete eines Musikautomaten für eine Veranstaltung, Fahrgemeinschaft, Tippgemeinschaft).

1.3.3.1.7 Freiberufliche Partnerschaftsgesellschaft

Schließen sich Angehörige freier Berufe zu deren Ausübung zusammen, spricht man von Partnerschaft. Es wird kein Handelsgewerbe ausgeübt. Zu den freien Berufen zählen Wirtschaftsprüfer, Steuerberater, Ärzte, Journalisten, Übersetzer, Schriftsteller, Künstler, Lehrer u.a. Der Gesellschaftsvertrag muss schriftlich vorliegen. Die Eintragung erfolgt in ein Partnerschaftsregister bei den Amtsgerichten. Es gelten die Vorschriften über die BGB-Gesellschaft. Die Partnerschaft kann unter ihrem Namen Eigentum erwerben, Verbindlichkeiten eingehen und vor Gericht klagen und verklagt werden. Jeder Partner hat die Berechtigung zur Alleinvertretung. Den Gläubigern gegenüber haften das Vermögen der Partnerschaft und die Partner selbst als Gesamtschuldner. Die persönliche Haftung kann jedoch vertraglich auf den Verantwortlichen beschränkt werden.

1.3.3.1.8 Aktiengesellschaft (AG)

Es handelt sich hier um eine Handelsgesellschaft mit eigener Rechtspersönlichkeit (juristische Person). Die Gesellschafter (Aktionäre) sind mit ihren Einlagen beteiligt. Das Grundkapital ist in Aktien zerlegt. Den Gläubigern gegenüber haftet nur das Gesellschaftsvermögen. Das Grundkapital muss sich auf mindestens 50.000 € belaufen. Nicht ausgeschüttete Gewinne werden in Gewinnrücklagen gebucht. Die Aktiengesellschaft beschafft sich Kapital bei der Gründung und späteren Kapitalerhöhungen durch den Verkauf von Aktien. Bei den Aktien kann es sich um Nennbetragsaktien oder Stückaktien handeln. Nennbetragsaktien müssen auf mindestens einen Euro lauten. Stückaktien lauten auf keinen Nennbetrag. Der anteilige Betrag vom Grundkapital darf jedoch einen Euro nicht unterschreiten.

Eine Aktiengesellschaft kann von einer oder mehreren Personen gegründet werden. Die Satzung (Gesellschaftsvertrag) muss notariell beurkundet werden. Bei einer Bargründung leisten die Aktionäre Einzahlungen, bei einer Sachgründung werden Maschinen, Patente oder Grundstücke eingebracht. Die AG wird erst mit Eintragung ins Handelsregister eine juristische Person mit Kaufmannseigenschaft. Bis zu diesem Zeitpunkt bilden die Gesellschafter eine GbR und haften persönlich und gesamtschuldnerisch. Eine Aktiengesellschaft besteht aus drei Organen:
- dem Vorstand,
- dem Aufsichtsrat und
- der Hauptversammlung.

Der Vorstand wird vom Aufsichtsrat auf höchstens fünf Jahre bestellt. Eine wiederholte Bestellung ist zulässig. Der Aufsichtsrat wird auf vier Jahre bestellt. Er übt eine Überwachungsfunktion aus. Die Hauptversammlung wählt die Aktionärsvertreter für den Aufsichtsrat. In Gesellschaften mit weniger als 500 Arbeitnehmern kann der Aufsichtsrat nur mit Vertretern der Anteilseigner besetzt sein, da die Mitbestimmung der Arbeitnehmer hier nicht zwingend vorgesehen ist. Die Aktionäre versammeln sich in der Hauptversammlung. Sie können ihre Rechte durch Ausübung des Stimmrechts wahrnehmen. Eine ordentliche Hauptversammlung muss jedes Jahr innerhalb der ersten acht Monate des Geschäftsjahres einberufen werden.

Abb. 1.34: Wahl der Organe der AG

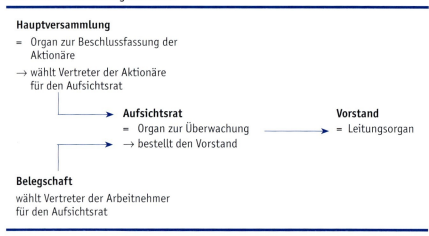

1.3.3.1.9 Kommanditgesellschaft auf Aktien (KGaA)

Es ist eine Gesellschaft mit eigener Rechtspersönlichkeit. Mindestens ein Gesellschafter haftet unbeschränkt. Die so genannten Kommanditaktionäre sind mit Einlagen auf das in Aktien zerlegte Grundkapital beteiligt. Sie haften nicht persönlich. Da die KGaA eine Kombination von KG und AG darstellt, gelten neben den Vorschriften für die KGaA auch die Bestimmungen für die KG und die AG. Die Satzung ist von mindestens fünf Personen festzustellen. Als Organe treten der Vorstand, der Aufsichtsrat und die Hauptversammlung auf. Anders als bei der AG sind die persönlich haftenden Gesellschafter Vorstand kraft Gesetzes. Der Aufsichtsrat wird von den Arbeitnehmern und von den Kommanditaktionären gewählt. In der Hauptversammlung sitzen alle Kommanditaktionäre.

1.3.3.1.10 Gesellschaft mit beschränkter Haftung (GmbH)

Hier liegt eine Handelsgesellschaft mit eigener Rechtspersönlichkeit vor: Gesellschafter sind am Stammkapital (mindestens 25.000 €) durch Geschäftsanteile (mindestens ein Euro) beteiligt; Beschränkung der Haftung auf das Gesellschaftsvermögen; Gründung durch eine oder mehrere Personen; notariell beurkundeter Gesellschaftsvertrag (Satzung); Eintragung der Gesellschafter in die Gesellschafterliste (Recht auf Gewinnanteil, Mitverwaltung und Auskunft). Die GmbH wird durch die Eintragung ins Handelsregister zur juristischen Person (Angabe einer inländischen Geschäftsanschrift, Verwaltungssitz kann im Ausland liegen). Die Gesellschafter haften vor der Eintragung solidarisch und persönlich und es muss ein Viertel der Stammeinlage geleistet werden beziehungsweise die Hälfte des Mindeststammkapitals.

Organe: Geschäftsführer, Gesellschafterversammlung, Aufsichtsrat.

Das GmbH-Gesetz sieht einen Aufsichtsrat nicht zwingend als Überwachungsorgan vor. Er ist jedoch nach dem Betriebsverfassungsgesetz bei Gesellschaften mit mehr als 500 Arbeitnehmern und nach dem Mitbestimmungsgesetz mit mehr als 2.000 Arbeitnehmern notwendig. Er wird auf vier Jahre bestellt.

1.3.3.1.11 Das neue GmbH-Recht (seit 01.11.2008, Gesetz zur Modernisierung des GmbH-Rechts)

Die GmbH als Unternehmensform soll international wettbewerbsfähig sein wie die englische Limited. Eine UG ist eine GmbH mit einem Stammkapital, das unter der gesetzlich vorgesehenen Einlage liegt. Die Mindesteinlage beträgt 1,00 €. Die Gründung ist ohne sofortige Einzahlung des sonst üblichen Stammkapitals möglich. Diese Form der GmbH trägt die rechtlich verpflichtende Bezeichnung: „Unternehmergesellschaft haftungsbeschränkt", kurz: „UG (haftungsbeschränkt)". Gewinne dürfen nicht voll ausgeschüttet werden. Ein Viertel davon muss in eine Rücklage eingestellt werden. Die UG soll das Mindestkapital der normalen GmbH ansparen. Erreicht die UG ein Stammkapital von 25.000 €, kann sie in eine „normale" GmbH umgewandelt werden, deren Stammkapital 25.000 € beträgt.

Gründungserleichterungen und Hinweise:

- Nur bei „erheblichem Zweifel" prüft das Registergericht die Einlagen. Das kann der Fall sein, wenn z.B. ein uralter Pkw ohne Marktwert mit 9.000 € angesetzt wird.
- Es sind keine öffentlichen Genehmigungen zur Eintragung nötig (z.B. Handwerksordnung, Gaststättengesetz, Gewerbeordnung).
- Die Firmengründer können den Verwaltungssitz (nicht den Satzungssitz!) ins Ausland verlegen. Verlegte man den Satzungssitz ins Ausland, würde die Gesellschaft nach wie vor aufgelöst.
- Für Standardgründungen stehen Musterprotokolle zur Verfügung.

Übersicht: GmbH und AG

Rechtsform	Gesellschaft mit beschränkter Haftung (GmbH) bzw. UG (haftungsbeschr.)	Aktiengesellschaft (AG)
Rechtsnormen	GmbH-Gesetz	Aktiengesetz
Anzahl der Gründer	mindestens 1 Gesellschafter	mindestens 1 Aktionär
Eigenkapital	Stammeinlagen der Gesellschafter	Übernahme der Aktien durch die Gründer
Mindestkapital (bei Gründung)	Stammkapital mind. 25.000 € (Mindesteinzahlung bei Gründung 12.500 €), bei UG ab 1 €	Grundkapital mindestens 50.000 € (Mindesteinzahlung bei Gründung 12.500 €)

Mindesteinlage (bei Gründung)	Stammeinlage mindestens 1 €	Aktie mindestens 1 € nominal
Haftung der Beteiligten	Haftung beschränkt auf das Gesellschaftsvermögen	Haftung beschränkt auf das Gesellschaftsvermögen
Leitungsbefugnisse	Geschäftsführer	Vorstand
Weitere Organe	Gesellschafterversammlung, Aufsichtsrat	Aufsichtsrat, Hauptversammlung
Gesetzliche Gewinnverteilung	anteilig nach Stammeinlage (= Geschäftsanteil), soweit vertragl. nichts anderes bestimmt; bei UG Pflicht zur Bildung einer Rücklage	Dividende anteilig nach Anzahl der Aktien
Eintragung ins Handelsregister	ja	ja

Übersicht: OHG und KG

Rechtsform	Offene Handelsgesellschaft (OHG)	Kommanditgesellschaft (KG)
Rechtsnormen	§§ 105–160 HGB	§§ 161–177 a HGB
Anzahl der Gründer	mindestens 2	mindestens 1 Komplementär und 1 Kommanditist
Eigenkapital	Einlagen der Gesellschafter	Einlagen der Gesellschafter
Mindestkapital (bei Gründung)	keines	keines
Mindesteinlage (bei Gründung)	keine	keine
Haftung der Beteiligten	jeder Gesellschafter haftet unbeschränkt, unmittelbar und solidarisch	Komplementär voll mit ganzem Vermögen, Kommanditist beschränkt auf die geleistete Einlage
Leitungsbefugnisse	alle Gesellschafter, ggf. nur zusammen	nur Komplementär
Weitere Organe	keine	keine
Gesetzliche Gewinnverteilung	4 % auf Kapitaleinlage, Rest nach Köpfen (soweit vertraglich nichts anderes bestimmt)	4 % auf Kapitaleinlage, Rest in angemessenem Verhältnis (soweit nichts anderes vertraglich bestimmt)
Eintragung ins Handelsregister	ja	ja

1.3.3.1.12 Genossenschaft (eG)

Eine Genossenschaft wird gegründet zur Förderung des Erwerbs oder der Wirtschaft ihrer Mitglieder (Genossen). Es ist eine Gesellschaft mit nicht geschlossener Mitgliederzahl, wobei mindestens sieben Gründer eine Satzung (Statut) aufstellen müssen.

Die Haftung beschränkt sich auf das Vermögen der Genossenschaft. Durch die Eintragung in das Genossenschaftsregister wird die Genossenschaft zur juristischen Person. Als Mitglieder können natürliche und juristische Personen auftreten. Die Beteiligung geschieht durch einen Geschäftsanteil. Die Organe sind der Vorstand, der Aufsichtsrat und die Generalversammlung. Der Vorstand besteht aus mindestens zwei Mitgliedern, die Gesamtbefugnis für Geschäftsführung und Vertretung haben. Gewählt werden sie vom Aufsichtsrat oder von der Generalversammlung. Der Aufsichtsrat besteht aus mindestens drei Mitgliedern, die von der Generalversammlung gewählt werden. Die Generalversammlung hat mehr Rechte als die Hauptversammlung der Aktiengesellschaft. Die Abstimmung erfolgt nach Köpfen.

Genossenschaften findet man häufig als
- Einkaufsgenossenschaften (günstiger Einkauf durch große Menge),
- Kreditgenossenschaften,
- Warengenossenschaften (Bezug und Absatz im landwirtschaftlichen Bereich) und
- Baugenossenschaften.

1.3.3.1.13 Versicherungsverein auf Gegenseitigkeit (VVaG)

Hier wurde eine spezielle Rechtsform für Versicherungsunternehmen geschaffen. Es gibt keine Kapital gebenden Aktionäre, sondern Mitglieder, die jedoch nicht unmittelbar am Kapital beteiligt sind. Durch Abschluss eines Versicherungsvertrags wird man Mitglied des Vereins. Die Leistungen werden aus den Beiträgen finanziert. Überschüsse werden verteilt, Fehlbeträge durch Beitragserhöhungen aufgefangen. Man findet hier die gleichen Organe wie bei der Genossenschaft. Das beschließende Organ heißt in diesem Fall „oberste Vertretung".

1.3.3.2   Ansprüche an Haftung, Geschäftsführung und Vertretung

Stellt man die Personengesellschaften den Kapitalgesellschaften gegenüber, werden einige Unterschiede deutlich.

	Kapitalgesellschaft	Personengesellschaft
Rechtspersönlichkeit	juristische Person	natürliche Person
Haftung	Gesellschaftsvermögen	Gesellschaftsvermögen und Privatvermögen der Gesellschafter
Geschäftsführungsbefugnis und Vertretungsmacht	Leitungsorgane	Gesellschafter
Gesellschaftsvermögen	Vermögen der juristischen Person	Gesamthandvermögen der Gesellschafter
Bestand des Unternehmens	unabhängig vom Gesellschafterbestand	abhängig vom Gesellschafterbestand
Gewinnbesteuerung	Körperschaftsteuer	Einkommensteuer

Betrachtet man im Speziellen die Kriterien Haftung und Geschäftsführung und Vertretung ergibt sich folgende Übersicht.

	Haftung	Geschäftsführung	Geschäftsführung und Vertretung
Einzelunternehmen Rechtsgrundlagen: §§ 17–37 HGB	Es besteht Vollhaftung des Inhabers mit dem gesamten Privat- und Geschäftsvermögen.	Inhaber und Geschäftsführer sind eine Person.	
Stille Gesellschaft Rechtsgrundlagen: §§ 230–236 HGB	Der stille Gesellschafter haftet mit seiner Einlage. Dies kann vertraglich jedoch ausgeschlossen werden.	Der stille Gesellschafter ist an der Geschäftsführung nicht beteiligt. Er hat jedoch das Recht, in die Bilanz und andere Unterlagen Einsicht zu nehmen.	
Offene Handelsgesellschaft (OHG) Rechtsgrundlagen: §§ 105–160 HGB	Es besteht volle persönliche, unbeschränkte und gesamtschuldnerische Haftung der Gesellschafter.		Jeder Gesellschafter ist berechtigt, an der Geschäftsführung teilzunehmen. Die Geschäftsführungsbefugnisse können durch Vertrag eingeschränkt werden. Diese Regelung gilt auch für die Vertretung.
Kommanditgesellschaft (KG) Rechtsgrundlagen: §§ 161–177 HGB	Der Komplementär haftet den Gläubigern gegenüber unbeschränkt. Der Kommanditist haftet nur mit seiner Einlage.		Jeder Komplementär hat das Recht, in der Geschäftsführung mitzuarbeiten und das Unternehmen nach außen zu vertreten. Die Kommanditisten sind davon ausgeschlossen.
Gesellschaft mit beschränkter Haftung (GmbH) Rechtsgrundlagen: GmbH-Gesetz	Die Haftung ist auf das Gesellschaftsvermögen beschränkt. Werden bereits vor Eintragung in das Handelsregister Geschäfte für die GmbH getätigt, haften die Gesellschafter auch mit ihrem Privatvermögen für Verbindlichkeiten der Gesellschaft.		Die Geschäftsführer werden durch die Gesellschafterversammlung bestimmt. Das Unternehmen kann von einem oder mehreren Geschäftsführern geleitet und nach außen vertreten werden. Üblicherweise sind die Geschäftsführer Gesellschafter der GmbH.

GmbH & Co. KG Rechtsgrundlagen: §§ 161–177 HGB	Die Kommanditisten (Teilhafter) haften nur mit ihrer Einlage. Die GmbH haftet als Komplementär (Vollhafter) unbeschränkt.		Die GmbH übernimmt die Geschäftsführung. Sie wird nach innen und außen durch einen Geschäftsführer vertreten.
Gesellschaft des bürgerlichen Rechts (GbR) Rechtsgrundlagen: §§ 705–740 BGB	Für die Verbindlichkeiten der Gesellschaft haften die Gesellschafter gesamtschuldnerisch und unbeschränkt mit dem Privat- und Geschäftsvermögen.	Grundsätzlich darf jeder Gesellschafter die Geschäfte führen. Durch Vertrag kann man jedoch festlegen, welche Gesellschafter mit der Geschäftsführung beauftragt und welche davon ausgeschlossen werden.	
Partnerschaftsgesellschaft (PartG) Rechtsgrundlagen: PartG	Die Partner haften für die Verbindlichkeiten der Partnergesellschaft gegenüber den Gläubigern als Gesamtschuldner. Vertraglich kann eine andere Regelung getroffen werden.		Zur Geschäftsführung ist jeder Gesellschafter berechtigt. Allgemeine Tagesgeschäfte darf jeder Gesellschafter alleine ausführen. Im Partnerschaftsvertrag können Gesellschafter von der Geschäftsführungsbefugnis ausgeschlossen werden.

1.3.4   Aufgaben und Lösungshinweise

1. Aufgabe
Erläutern Sie je eine Verpflichtung, die ein Unternehmen gegenüber den Eigenkapitalgebern und den Fremdkapitalgebern hat.

2. Aufgabe
Nennen Sie sieben Kriterien, die sich jemand überlegen muss, wenn er ein Unternehmen gründen möchte.

3. Aufgabe
Erläutern Sie an zwei Beispielen, weshalb der ursprünglich gewählte Standort für ein Unternehmen im Laufe der Jahre seine Vorteile verlieren kann.

4. Aufgabe
Begründen Sie, warum der Grundsatz der Gewerbefreiheit nicht ohne Einschränkungen gelten kann.

5. Aufgabe

Beschreiben Sie den Unterschied zwischen einem Vollhafter und einem Teilhafter, die gemeinsam eine Kommanditgesellschaft führen.

6. Aufgabe

Ihr Nachbar, der einen Lottogewinn gemacht hat, fragt Sie um Rat, da er sich als Gesellschafter an einem Unternehmen beteiligen möchte. Erläutern Sie die Voraussetzungen, unter denen Sie ihm empfehlen würden, Gesellschafter einer OHG zu werden oder Teilhafter bei einer Kommanditgesellschaft.

7. Aufgabe

Immer mehr Betriebe finden keinen Nachfolger zur Unternehmensfortführung. Nennen Sie fünf weitere persönliche und/oder wirtschaftliche Gründe zur Aufnahme eines Gesellschafters.

8. Aufgabe

Begründen Sie, warum bei einem hohen Kapitalbedarf eines Unternehmens häufig die Rechtsform der Aktiengesellschaft gewählt wird.

9. Aufgabe

Hausmeister Hubertus Grintig hat ein Vorhangeinfädelgerät erfunden. Er möchte seine Erfindung selbst produzieren und verkaufen und gründet deshalb ein Einzelunternehmen.
a) Finden Sie zwei Argumente, weshalb Hubertus Grintig die Rechtsform des Einzelunternehmers gewählt hat.
b) Beschreiben Sie drei Schwierigkeiten, die auf den Hausmeister als Einzelunternehmer zukommen könnten.

10. Aufgabe

Ein Unternehmer, der bisher seine Speziallampenaufhängungen als Einzelunternehmer produziert, möchte seine Tochter, die ihr Studium abgeschlossen hat und aus dem Ausland zurückgekehrt ist, beteiligen und eine Umwandlung in eine Personengesellschaft vornehmen. Erörtern Sie je zwei Argumente für und gegen das Vorhaben.

11. Aufgabe

Die GmbH ist eine häufig anzutreffende Rechtsform im Geschäftsleben. Von Existenzgründern wird gerne die Rechtsform der OHG gewählt.
a) Stellen Sie die OHG anhand von vier Kriterien dar.
b) Erläutern Sie, weshalb die Kündigung eines Gesellschafters als Auflösungsgrund im Gesetz zu finden ist.
c) Beschreiben Sie, was die Haftung für einen Gesellschafter einer OHG bedeutet.
d) Bestimmen Sie die Anzahl der Gründer einer GmbH und die Haftung der Gesellschafter.

12. Aufgabe

In das Handelsregister werden viele Daten der Unternehmen eingetragen wie beispielsweise die Einlage des Kommanditisten bei einer Kommanditgesellschaft oder welche Personen Prokura erhalten haben. Begründen Sie, warum man vergeblich nach der Höhe der Einlage eines Gesellschafters einer OHG im Handelsregister sucht.

13. Aufgabe

Albertus und Magnus betreiben einen Versandhandel mit Schneekristallmustern in Form einer OHG. Auf Albertus entfallen zwei Drittel des Eigenkapitals, das sich insgesamt auf 390.000 € beläuft.

a) Nennen Sie zwei Möglichkeiten, wie Magnus seinen Eigenkapitalanteil auf die Hälfte aufstocken kann.

b) Berechnen Sie den Betrag, um den Magnus seinen Anteil erhöhen muss, um zur Hälfte beteiligt zu sein.

c) Erläutern Sie, welche Konsequenzen die Höhe der Einlage auf die Geschäftsführungsbefugnis hat.

14. Aufgabe

Franz, Gustav und Heinz sind mit 120.000 €, 110.000 € und 100.000 € an einer OHG beteiligt. Der erwirtschaftete Gewinn beträgt 61.525 €. Franz entnimmt in diesem Geschäftsjahr 10.000 €, die mit 6 % für 60 Tage zu berücksichtigen sind. Ebenso ist die Einlage in Höhe von 15.000 € von Heinz mit 6 % für 90 Tage zu verzinsen. Die Verzinsung der Kapitalanteile ist mit 8 % festgelegt. Der restliche Gewinn wird im Verhältnis 2 : 2 : 3 auf die Gesellschafter aufgeteilt.

a) Ermitteln Sie den Gewinnanteil, der auf jeden Gesellschafter entfällt.

b) Berechnen Sie die Kapitalanteile von Franz, Gustav und Heinz nach der Gewinnverteilung

15. Aufgabe

Emil ist als Monteur in einem Metall verarbeitenden Unternehmen beschäftigt. Ferdinand, ein Freund von ihm, fragt ihn, ob er nicht nebenbei bei seinem Lampenvertrieb als Kommanditist einsteigen möchte.

a) Begründen Sie, ob Emil gleichzeitig als Monteur bei seinem bisherigen Arbeitgeber und als Kommanditist bei seinem Freund Ferdinand tätig sein kann.

b) Das Metall verarbeitende Unternehmen wird als KG betrieben. Emil überlegt sich, ober er nicht auch bei seinem Chef als Kommanditist beteiligt werden könnte. Erläutern Sie diese Möglichkeit.

16. Aufgabe

Nennen und begründen Sie die unterschiedlichen Gewinnverteilungsregelungen bei einer KG und einer OHG, die im Gesetz zu finden sind.

17. Aufgabe

Vergleichen Sie die Rechtsstellung eines stillen Gesellschafters mit der eines Teilhafters (Kommanditisten) anhand von drei Kriterien.

18. Aufgabe

Stellen Sie ein Mitglied des Vorstands einer Aktiengesellschaft einem Gesellschafter einer OHG gegenüber. Verwenden Sie dazu drei Kriterien.

19. Aufgabe

Liest man die einschlägige Passage im Aktiengesetz, stellt man fest, dass der Aufsichtsrat und der Vorstand einer Aktiengesellschaft nicht auf gleich lange Zeiten bestellt werden. Suchen Sie dafür eine Begründung.

20. Aufgabe

Findet bei einer Aktiengesellschaft die Hauptversammlung statt, müssen die Aktionäre regelmäßig über bestimmte Sachverhalte oder Vorhaben abstimmen. Geben Sie die Stimmzahlen an, die für die Sperrminorität, die einfache und die qualifizierte Mehrheit notwendig sind.

Lösungshinweise

1. Aufgabe

- Das Unternehmen ist grundsätzlich verpflichtet, das Kapital zu erhalten.
- Die Eigenkapitalgeber haben ein Recht darauf, am Gewinn beteiligt zu werden. Außerdem steht ihnen ein Mitbestimmungsrecht zu.
- Fremdkapitalgeber verlangen eine feste Verzinsung und Rückzahlung des Kapitals nach einer vereinbarten Frist.
- Außerdem haben beide Parteien Anspruch auf bestimmte Informationen bezüglich des Unternehmens.

2. Aufgabe

Zum Beispiel: Geschäftszweig, Betriebsgröße, Standort, Unternehmensform, Kapitalbeschaffungsmöglichkeiten, Investitionen, Sortiment, Mitarbeiter, Geschäftspartner

3. Aufgabe

- Die Umweltschutzauflagen werden strenger, da in der Nähe des ursprünglich allein stehenden Unternehmens immer mehr Wohnhäuser gebaut werden.
- Das Unternehmen kann keine neuen Lager- und Montagehallen bauen, da keine Grundstücke mehr in unmittelbarer Nachbarschaft zur Verfügung stehen.

4. Aufgabe

Der Grundsatz der Gewerbefreiheit wird beispielsweise eingeschränkt beim Betreiben gefährlicher Anlagen oder dem Verkauf von Arzneimitteln. Dadurch sollen Gesundheit und Leben der Öffentlichkeit vor Gefährdungen geschützt werden.

5. Aufgabe

- Der Vollhafter (Komplementär) haftet zusätzlich zum Betriebsvermögen mit seinem gesamten Privatvermögen.
- Der Teilhafter (Kommanditist) haftet mit seiner Einlage, die er wie vertraglich vereinbart einbringen muss. Dies kann er in Form von Sachwerten (Maschine, Fahrzeug), Rechtswerten (Patent, Lizenz) oder Geldwerten tun.

6. Aufgabe

- Sich als Gesellschafter an einer OHG zu beteiligen, ist nur empfehlenswert, wenn sich derjenige im Unternehmen mit seiner ganzen Arbeitskraft engagieren möchte. Da er mit seinem gesamten Vermögen haftet, sollte er auch mitbestimmen, was damit geschieht.
- Sucht jemand nur eine Geldanlage, kann er Kommanditist bei einer Kommanditgesellschaft werden, da er hier nicht für die Geschäftsführung verantwortlich ist und trotzdem am Gewinn beteiligt wird.

7. Aufgabe

Verteilung der Arbeitsbelastung auf mehrere Personen, Erhöhung des Eigenkapitals, Verteilung des Risikos, Aufnahme von fähigen und qualifizierten Mitarbeitern zur Unterstützung, Vermeidung von Konkurrenz, Erhöhung der Kreditwürdigkeit usw.

8. Aufgabe

Aktien werden über Banken vertrieben, sodass viele Personen erreicht werden. Durch die Stückelung des Grundkapitals in Aktien können sich viele Kapitalgeber beteiligen. Einzelne Aktien erfordern nur geringen finanziellen Aufwand, sodass eine Investition in die AG auch für Kleinanleger interessant ist.

9. Aufgabe

a) Als Einzelunternehmer obliegt ihm die alleinige Ausübung der Geschäftsführung und Vertretung. Dadurch ist er nicht von Gesellschaftern abhängig.
   Er kann alleine über den Gewinn verfügen.

b)
   - Er muss seine ganze Arbeitskraft einsetzen und hat niemanden, der ihm hilft. Das kann zu einer Überbelastung führen.
   - Er könnte bezüglich des Marketings und Verkaufs überfordert sein, da ihm das notwendige Wissen fehlt.
   - Er könnte unter Kapitalmangel leiden, wenn er nicht genügend Erspartes hat bzw. keinen ausreichend hohen Kredit bekommt.

10. Aufgabe

Argumente für eine Umwandlung in eine Personengesellschaft:

- Der Unternehmer erhält Unterstützung und muss nicht mehr alle Aufgaben alleine erledigen. Sein Arbeitsvolumen und damit seine Arbeitsbelastung sinken.
- Er kann seine Tochter an ihre zukünftigen Aufgaben heranführen, damit sie das Unternehmen einmal übernehmen kann.
- Die Tochter kann ihre Ideen einbringen und umsetzen. Sie sieht das Unternehmen „von außen" und hat keine Betriebsblindheit entwickelt.
- Da der Unternehmer Aufgaben an seine Tochter übertragen kann, hat er mehr Zeit, sich um Angelegenheiten zu kümmern, für die er bisher keine Zeit gefunden hat.

Argumente gegen eine Umwandlung in eine Personengesellschaft:
- Sind sich Unternehmer und Tochter nicht einig, kann es zu Streiteren kommen, die dem Betrieb schaden.
- Werden die Kompetenzen zwischen Unternehmer und Tochter nicht genau aufgeteilt, kann es zu Schwierigkeiten mit den Mitarbeitern kommen.
- Die Tochter hat noch keine Erfahrungen in Unternehmen gesammelt. Wird sie nicht richtig an ihre Aufgaben herangeführt, kann es dem Unternehmen schaden.

11. Aufgabe

a)

Kennzeichen einer OHG	
Zahl der Gründer	Es müssen mindestens zwei Gründer sein.
Geschäftsführung	Jeder Gesellschafter hat eine Einzelgeschäftsführungsbefugnis.
Vertretung	Jeder Gesellschafter hat eine Einzelvertretungsmacht.
Eigenkapital	Die Einlagen der Gesellschafter bilden das Eigenkapital. Mindestsummen sind nicht vorgeschrieben.
Gewinnverteilung	Laut Gesetz erfolgt die Gewinnverteilung mit 4 % auf die Kapitaleinlage, der Rest nach Köpfen. Vertraglich kann eine andere Regelung festgelegt werden.

b) Da die Gesellschafter gleichberechtigt bei der Geschäftsführung sind und darauf großen Einfluss nehmen können, ist gegenseitiges Vertrauen die unerlässliche Basis. Dies kann bei einem Nachfolger nicht zwingend vorausgesetzt werden.
c) Die Haftung eines Gesellschafters ist unbeschränkt, unmittelbar und solidarisch.
d) Zur Gründung einer GmbH ist nur ein Gesellschafter notwendig. Die Haftung beschränkt sich auf das Gesellschaftsvermögen.

12. Aufgabe

Da die Haftung unbeschränkt ist, sich also auch auf das Privatvermögen bezieht, ist im Handelsregister dazu keine Angabe notwendig. Überdies verändert sich das eingebrachte Kapital permanent durch Privatentnahmen (oder Privateinlagen) und durch die Buchung des Anteils am Gewinn (oder Verlust).

13. Aufgabe

a) Magnus könnte seine Gewinnanteile in der Firma lassen durch Verzicht auf die Entnahme. Es wäre auch möglich, dass er zusätzliche Privateinlagen leistet.
b) Vor der Kapitalerhöhung:

Gesamtes Eigenkapital	390.000 €
Zwei Drittel (Anteil von Albertus)	260.000 €
Ein Drittel (Anteil von Magnus)	130.000 €

Nach der Kapitalerhöhung:

Anteil von Albertus	260.000 €
Anteil von Magnus	260.000 €
Gesamtes Eigenkapital	520.000 €

Magnus muss seinen Anteil von 130.000 € verdoppeln, damit er zum gleichen Teil wie Albertus an der OHG beteiligt ist.

c) Die Höhe der Einlage wirkt sich nicht auf die Geschäftsführungsbefugnis aus, da die Gesellschafter einer OHG eine Einzelgeschäftsführungsbefugnis besitzen. Im Gesellschaftsvertrag kann jedoch eine andere Regelung getroffen werden.

14. Aufgabe

a) und b)

Gesellschafter	Kapitalanteil unter Berücksichtigung von Einlagen und Entnahmen	Verzinsung unter Berücksichtigung von Einlagen und Entnahmen	Verteilung des Restgewinns im Verhältnis 2 : 2 : 3	Gewinnanteile	Kapitalanteile nach der Gewinnverteilung
Franz	120.000 €	9.600 €			
	− 10.000 €	− 100 €			
	110.000 €	9.500 €	10.000 €	19.500 €	129.500 €
Gustav	110.000 €	8.800 €	10.000 €	18.800 €	128.800 €
Heinz	100.000 €	8.000 €			
	+ 15.000 €	+ 225 €			
	115.000 €	8.225 €	15.000 €	23.225 €	138.225 €
Summe	**335.000 €**	**26.525 €**	**35.000 €**	**61.525 €**	**396.525 €**

Berechnung bei Franz:

8 % Verzinsung von 120.000 €	= 9.600 €
6 % Zinsen für 60 Tage für 10.000 € Entnahme	= 100 €

Berechnung bei Heinz:

8 % Verzinsung von 100.000 €	= 8.000 €
6 % Zinsen für 90 Tage für 15.000 € Einlage	= 225 €

Verteilung des Gewinns in Höhe von 61.525 €:

Summe aus jeweils 8 % Verzinsung des Kapitalanteils	= 26.400 €
Verzinsung der Einlagen (+ 225 €) und Entnahmen (− 100 €)	= 125 €
Verzinsung der Kapitalanteile mit Einlagen und Entnahmen	= 26.525 €

Restgewinn = 61.525 € − 26.525 € = 35.000 €
Verteilung des Restgewinns im Verhältnis 2 : 2 : 3 (7 Teile)
35.000 € : 7 = 5.000 €

Franz: 10.000 €	Gustav: 10.000 €	Heinz: 15.000 €

15. Aufgabe

a) Da ein Kommanditist bei einer KG weder Geschäftsführungsbefugnis besitzt noch vertretungsberechtigt ist, wird Emil in der Ausübung seiner Tätigkeit als Monteur nicht eingeschränkt. Er kann sich als Kommanditist bei seinem Freund Ferdinand beteiligen.

b) Hier gilt die gleiche Begründung wie bei a).

16. Aufgabe

KG

4 % auf die Kapitaleinlage, der Restgewinn in angemessenem Verhältnis

OHG

4 % auf die Kapitaleinlage, der Restgewinn nach Köpfen

Bei einer OHG sind alle Gesellschafter gleichberechtigt bei der Geschäftsführung und der Vertretung. Alle tragen das gleiche Risiko. Deshalb ist eine Gewinnverteilung angebracht, bei der alle in gleichem Maße beteiligt werden.

Bei einer KG führen die Komplementäre (Vollhafter) die Geschäfte und haften zusätzlich mit ihrem Privatvermögen. Die Kommanditisten (Teilhafter) hingegen sind nicht zur Geschäftsführung verpflichtet. Außerdem können sie maximal ihr eingebrachtes Kapital verlieren. Der Arbeitsaufwand und die Risiken sind bei der Verteilung des Gewinns in angemessener Weise zu berücksichtigen, sodass Komplementäre in jedem Fall mehr bekommen als Teilhafter.

17. Aufgabe

Beteiligung am Verlust:

- Bei einem stillen Gesellschafter kann die Verlustbeteiligung ausgeschlossen oder im Gesellschaftsvertrag begrenzt werden.
- Der Teilhafter kann maximal bis zur Höhe der vereinbarten Einlage am Verlust beteiligt werden.

Art der Beteiligung:

- Mit dem stillen Gesellschafter wird ein langfristiger Vertrag als Gläubiger geschlossen.
- Mit einem Kommanditisten entsteht ein echtes Teilhaberverhältnis.

Einlage:

- Die vom stillen Gesellschafter geleistete Einlage ist „von außen" nicht sichtbar.
- Die Einlage des Teilhafters wird in das Handelsregister eingetragen.

18. Aufgabe

Geschäftsführung:

- Setzt sich der Vorstand einer Aktiengesellschaft aus mehreren Personen zusammen, besteht Gesamtgeschäftsführungsbefugnis.
- Die Gesellschafter einer OHG besitzen eine Einzelgeschäftsführungsbefugnis.

Vertretung:

- Entsprechend der Regelung bei der Geschäftsführung, besitzen Vorstandsmitglieder einer Aktiengesellschaft Gesamtvertretungsmacht.
- Die Gesellschafter einer OHG haben eine Einzelvertretungsmacht.

Berufung/Bestellung:
- Der Aufsichtsrat einer Aktiengesellschaft bestellt den Vorstand auf fünf Jahre. Eine erneute Bestellung ist zulässig.
- Die Gesellschafter einer OHG kennen keine zeitliche Befristung von Geschäftsführung bzw. Vertretung.

19. Aufgabe

Würden die Mitglieder des Aufsichtsrates und des Vorstands immer gleichzeitig wechseln, könnte die Führung der Geschäfte nicht mit einer gewissen Stetigkeit ablaufen, da sich die neu gewählten Mitglieder erst einarbeiten müssen. Die gesetzliche Regelung bewirkt, dass dies nur selten vorkommt.

20. Aufgabe

Sperrminorität:
Es sind mehr als 25 % des bei der Beschlussfassung vertretenen Grundkapitals notwendig.

Einfache Mehrheit:
Es sind mehr als 50 % des bei der Beschlussfassung vertretenen Grundkapitals nötig.

Qualifizierte Mehrheit:
Mehr als 75 % des bei der Beschlussfassung vertretenen Grundkapitals müssen zustimmen.

1.4   *Unternehmenszusammenschlüsse*

Unterscheidung von Kooperation und Konzentration
In vielen Bereichen der Wirtschaft finden Kooperationen und Konzentrationen statt, um gemeinsam bestimmte Ziele erreichen zu können:

Man spricht von **Kooperation**, wenn sich rechtlich und wirtschaftlich selbstständige Unternehmen auf vertraglicher Basis zur Zusammenarbeit verpflichten. Die wirtschaftliche Selbstständigkeit wird je nach Form der Kooperation zum Teil oder ganz im Bereich der Zusammenarbeit aufgegeben (Unternehmensverbände, Interessengemeinschaft, Arbeitsgemeinschaft, Syndikate, Kartelle).

Dagegen liegt eine **Konzentration** vor, wenn die wirtschaftliche und/oder rechtliche Selbstständigkeit aufgegeben wird und sich eine zentrale Leitung bildet (Konzern, Trust).

Ordnet man die Arten der Unternehmenszusammenschlüsse nach der Intensität ihrer rechtlichen und wirtschaftlichen Zusammenarbeit an, erhält man die nachstehende Reihenfolge:

Arbeitsgemein-schaft	Interessengemein-schaft, Syndikat, Kartell	Konzern	Trust
rechtlich und wirt-schaftlich selbstständig	rechtlich selbst-ständig, teilweise wirtschaftliche Unselbstständig-keit	rechtlich selbstständig, wirtschaftlich unselbstständig	rechtlich und wirt-schaftlich unselbstständig

Vorteile und Nachteile von Unternehmenszusammenschlüssen

- Vorteile: Die Preise könnten sinken, wenn die Unternehmen ihre Einsparungen an die Kunden weitergeben. Der Markt wird übersichtlicher (Markttransparenz). Da Rationalisierungsmaßnahmen häufig zu Leistungssteigerungen führen, könnte das eine bessere Versorgung der Verbraucher ermöglichen. Die außenwirtschaftliche Wettbewerbsfähigkeit wird gestärkt.
- Nachteile: Die Preise steigen, da kein Wettbewerb mehr gegeben ist oder nur noch in geringem Ausmaß. Die Vielfalt des Angebots ist nicht mehr gegeben. Rationalisierungsmaßnahmen fallen Arbeitsplätze zum Opfer. Die Konzentration wirtschaftlicher Macht kann zu politischem Missbrauch führen. Wird durch einen Zusammenschluss ein nicht leistungsfähiger Betrieb geschützt, werden dadurch der technische Fortschritt und die Leistungsauslese verzögert.

1.4.1 Formen der Kooperation

Erscheinungsformen zusammengeschlossener Unternehmungen
Man unterscheidet horizontale, vertikale und anorganische/diagonale Zusammenschlüsse von Unternehmen.

Ein horizontaler Zusammenschluss findet auf der gleichen Produktions- oder Handelsstufe statt. Es soll dadurch eine stärkere Marktposition erreicht werden.

Beispiel: Ein Chip-Hersteller (nicht zum Essen, sondern im IT-Bereich) schließt sich mit einem anderen Chip-Hersteller zusammen, um gemeinsam stärker in Forschung und Entwicklung zu sein, oder eine Autofabrik mit einer anderen, um bestimmte Komponenten gemeinsam günstiger zu produzieren.

Bei der vertikalen Form verbinden sich aufeinanderfolgende Produktions- oder/und Handelsstufen. Entweder die Beschaffung oder der Absatz oder beides soll dadurch abgesichert werden.

Beispiel: Besagter Chip-Hersteller sucht sich einen passenden Rohstofflieferanten und ein Unternehmen, das die Chips an die Verwender vertreibt. Daraus entsteht dann die Kette Rohstoff liefern – Chips herstellen – Chips verkaufen, also Beschaffung, Produktion und Vertrieb.

Durch diagonale/anorganische/branchenfremde/konglomerate Zusammenschlüsse möchte man das Risiko auf mehrere Branchen verteilen (Diversifikation). Die Unternehmen haben bezüglich der Produkte aber nichts miteinander zu tun.

Beispiel: Denkbar ist die Verbindung des Chip-Herstellers mit einer Hotelkette oder einer Autofabrik mit einem Süßwarenhersteller.

Weitere **Formen der Kooperation** findet man bezogen auf **betriebliche Funktionen** (z.B. Absatzkooperation bei Landwirten, Verwaltungskooperation bei einer Handwerkergemeinschaft, Beschaffungskooperation bei Schreinerwerkstätten), auf **Marktgebiete** (z.B. internationale Kooperation von Banken, überregionale Kooperation von Bäckereien zum deutschlandweiten Verkauf bayerischer Brezen, regionale Kooperation von Handwerksbetrieben bei der Ausbildung) und auf die **Dauer** (z.B. Auftragskooperation von Schreinereien zur Einrichtung einer Hotelkette, Kooperation einer Handwerkergemeinschaft über einen längeren Zeitraum bei öffentlichen Aufträgen).

1.4.1.1   Unterscheidung der einzelnen Kooperationsformen

Unternehmensverbände

Hier schließen sich häufig Unternehmen des gleichen Wirtschaftszweiges zusammen mit dem Ziel, die gemeinsamen wirtschaftlichen Interessen ihrer Mitglieder zu fördern, ihre Interessen z.B. gegenüber Verwaltungsorganen und Regierungen zu vertreten oder sie über wichtige Angelegenheiten zu informieren. Man findet Berufsverbände zur Unterstützung beruflicher Interessen und Weiterbildung der Mitglieder (z.B. Kreishandwerkerschaft), Fach- und Unternehmensverbände (z.B. Verband der Chemischen Industrie e.V. – VCI) und Arbeitgeberverbände (z.B. Bundesverband der Deutschen Industrie e.V. – BDI).

Arbeitsgemeinschaft

Die kooperierenden Unternehmen arbeiten nur bei einem bestimmten Projekt zusammen, z.B. bei der Errichtung eines Hotelkomplexes. Schließen sich Banken zusammen, um beispielsweise Aktien eines Unternehmens zu emittieren, spricht man von einem Konsortium.

Interessengemeinschaft (IG)

Es kann hier ein horizontaler oder vertikaler Zusammenschluss vorliegen. Die Unternehmen bleiben rechtlich selbstständig, geben aber einen Teil ihrer wirtschaftlichen Selbstständigkeit auf. Dies geschieht meist in einem höheren Grad als beim Kartell. Auch hier geht es wieder um die Förderung gemeinsamer Interessen, zum Beispiel Forschung und Entwicklung, gemeinsame Verwaltung oder gegenseitige Belieferung mit Erzeugnissen.

Syndikate

Unternehmen gründen eine Absatzgesellschaft, um die von den Vertragspartnern hergestellten Produkte zu vertreiben. Diese Form der Kooperation bietet sich besonders für homogene Güter an.

Kartelle

Kartelle sind vertragliche horizontale Zusammenschlüsse von Unternehmen, die rechtlich selbstständig bleiben. Sie geben aber einen Teil ihrer wirtschaftlichen Selbstständigkeit auf. Man findet folgende Kartellarten:

- Preiskartelle: einheitliche Preise, gleiche Lieferungs- und Zahlungsbedingungen
- Konditionenkartelle: gleiche Geschäftsbedingungen und Lieferungs- und Zahlungsbedingungen
- Rabattkartelle: einheitliche Verkaufsrabatte
- Kalkulationskartelle: Verwendung des gleichen Schemas in der Kostenrechnung
- Rationalisierungskartelle: Normen- und Typenkartelle (einheitliche Normen und Typen), Spezialisierungskartelle (Rationalisierung wirtschaftlicher Vorgänge), Syndikate (Rationalisierung der Beschaffung oder des Absatzes)
- Kontingentierungskartelle: Quotenkartelle (Zuteilung von Produktionsquoten zur Steuerung des Preises über das Angebot), Gebietskartelle (Zuteilung eines Absatzgebietes zur Vermeidung von gegenseitigem Wettbewerb)
- Einfuhr- und Ausfuhrkartelle: Unterstützung und Sicherung von Import und Export
- Krisenkartelle: Beschränkung des Wettbewerbs bei anhaltendem Rückgang der Nachfrage (Strukturkrisenkartell) oder kurzzeitigem Nachfragerückgang (Konjunkturkrisenkartell)
- Mittelstandskartelle: kleine und mittlere Unternehmen arbeiten zusammen und verbessern so ihre Wettbewerbsfähigkeit, zum Beispiel im Bereich der Forschung und Entwicklung, der Werbung, des Einkaufs und der Produktion

Die Bildung von Kartellen ist in Deutschland grundsätzlich verboten, es gibt jedoch Ausnahmen. Die Generalausnahmeklausel besagt, dass der Bundeswirtschaftsminister Kartelle genehmigen kann, die nicht genehmigt oder verboten sind. Zu diesen Ausnahmen gehören:

- genehmigungspflichtige Kartelle: Syndikate, Rationalisierungskartelle, Strukturkrisenkartelle, und
- anmeldepflichtige Kartelle: Spezialisierungskartelle, Mittelstandskartelle, Konditionenkartelle, Normenkartelle, Typenkartelle.

1.4.1.2 Ziele der Kooperation

Ziele von Zusammenschlüssen

Der Beschaffungs- bzw. Absatzmarkt soll gesichert werden. Durch gemeinsame Werbung und Entwicklungsarbeit können größere Erfolge erzielt und Kosten gespart werden. Der Wettbewerb wird beschränkt oder sogar ausgeschaltet. Da sich die Unternehmen im Preiskampf nicht mehr gegenseitig unterbieten wollen, steigen die Erträge. Es ist die Übernahme von Aufträgen möglich, die ein einzelnes Unternehmen nicht erfüllen könnte. Durch Rationalisierung und Spezialisierung sinken die Kosten und die Wirtschaftlichkeit steigt. Unternehmen können gegenseitig ihre Stärken nutzen, was zu Synergieeffekten führt. Das Risiko durch Verschiebungen des Bedarfs insolvent zu gehen, wird vermindert, da die Last auf mehrere Schultern bzw. Unternehmen verteilt wird.

1.4.2 Formen der Konzentration

Auch bei Konzentrationen findet man horizontale und vertikale Zusammenschlüsse und Konglomerate.

- Horizontale Zusammenschlüsse: Zusammenarbeit auf der gleichen Wirtschaftsstufe
- Vertikale Zusammenschlüsse: Zusammenarbeit von Unternehmen aufeinanderfolgender Wirtschaftsstufen
- Diagonale/anorganische/branchenfremde/konglomerate Zusammenschlüsse: Zusammenarbeit von Unternehmen verschiedener Wirtschaftsstufen, die nicht zusammenhängen und damit auch nicht im Wettbewerb zueinander stehen

1.4.2.1 Unterscheidung der einzelnen Konzentrationsformen

Konzern

Ein Konzern kann horizontal, vertikal oder anorganisch gebildet werden. Die Unternehmen bleiben rechtlich selbstständig, verlieren jedoch ihre wirtschaftliche Selbstständigkeit zugunsten einer einheitlichen Leitung. Bei Unterordnungskonzernen gibt es ein beherrschendes Unternehmen, bei Gleichordnungskonzernen handelt es sich um nicht abhängige Unternehmen.

Trust

Hier geben Unternehmen ihre rechtliche und wirtschaftliche Selbstständigkeit auf. Es existiert nur noch ein einziges Unternehmen. Bei der Verschmelzung durch Aufnahme geht das Vermögen einer Gesellschaft auf eine andere über. Die übertragende Gesellschaft erlischt, das aufnehmende Unternehmen besteht weiter. Bei der Verschmelzung durch Neubildung bzw. Neugründung wird eine neue Gesellschaft gegründet, auf die die Vermögen der sich vereinigenden Gesellschaften übergehen.

1.4.2.2 Ziele der Konzentration

Den Unternehmen bietet sich durch die Konzentration die Gelegenheit zur Erhöhung der Marktanteile und zur Stärkung der Machtposition. Daraus folgt eine Verbesserung der Wettbewerbsfähigkeit, auch im Hinblick auf die Globalisierung, was zur Sicherung von Arbeitsplätzen beiträgt. Durch die Zusammenarbeit auf den Gebieten der Beschaffung, der Forschung und Entwicklung oder des Vertriebs können die Kosten gesenkt werden. Weiterhin werden durch die Diversifikation die Risiken auf die Partner verteilt.

1.4.3 Aufgaben und Lösungshinweise

1. Aufgabe

Sind wenige Geschäftsleute im gleichen Gewerbe tätig, kann man den Eindruck gewinnen, ihre Verhaltensweisen bei der Preisgestaltung auf dem Markt seien aufeinander abgestimmt.
a) Bestimmen Sie die hier angesprochene Form von Unternehmenskonzentration.
b) Erläutern Sie die horizontale, vertikale und diagonale Konzentration und nennen Sie je ein Beispiel.

2. Aufgabe

Stellen Sie die Bedeutung des Wettbewerbs für die marktwirtschaftliche Ordnung heraus.

3. Aufgabe

Vergleichen Sie ein Quotenkartell mit einem Preiskartell in Bezug auf die Auswirkung auf den Markt.

4. Aufgabe

Beobachtet man die Entwicklung der letzten Jahre, stellt man fest, dass die Anzahl der Fusionen stark zugenommen hat. Erläutern Sie drei Gründe dafür.

5. Aufgabe

Erläutern Sie, weshalb Strukturkrisenkartelle vom Bundeskartellamt meist genehmigt werden.

6. Aufgabe

Ohne Wettbewerb ist das Marktgeschehen in der Bundesrepublik Deutschland nicht möglich.
a) Erläutern Sie die Funktionsweise des Wettbewerbs.
b) Nennen Sie drei Maßnahmen des Bundeskartellamts zum Schutz des Wettbewerbs.

7. Aufgabe

Beschreiben Sie drei Voraussetzungen eines funktionsfähigen Wettbewerbs.

8. Aufgabe

Kleine Handwerksbetriebe entschließen sich zur Zusammenarbeit, um gegen große Unternehmen konkurrieren zu können. Suchen Sie je einen möglichen Vorteil auf den Gebieten Beschaffung, Absatz und Finanzierung.

9. Aufgabe

Erläutern Sie zwei Gründe für eine anorganische Kooperation.

10. Aufgabe

Erklären Sie, was man unter einem „Ministerkartell" und einer „Ministerfusion" versteht.

Lösungshinweise

1. Aufgabe

a) Es kann sich um Oligopole oder Preiskartelle handeln.
b)
  • Horizontale Konzentration: Zusammenschlüsse auf der gleichen Produktionsstufe, z.B. Hersteller von Elektrogeräten, Automobilhersteller
  • Vertikale Konzentration: Zusammenschlüsse zwischen vor- und nachgelagerten Produktionsstufen, z.B. Sägewerk und Schreinerei und Möbelgeschäft
  • Diagonale Konzentration: Zusammenschlüsse zwischen Unternehmen verschiedener Branchen, z.B. Bekleidungs- und Nahrungsmittelhersteller

2. Aufgabe

Unternehmen, die im Wettbewerb zueinander stehen, versuchen ihre Produktionsmöglichkeiten so gut wie möglich zu nutzen, um zu einem günstigen Preis anbieten zu können. Konkurrenten wollen sich voneinander unterscheiden, um Kunden zu gewinnen bzw. zu halten. Deshalb investieren sie in neue Technologien. Wettbewerb ist dafür verantwortlich, dass die Verbraucher bestmöglich versorgt werden. Wettbewerb verhindert die Entwicklung zu großer wirtschaftlicher Macht.

3. Aufgabe

Die Wirkungen entsprechen sich. Ein Preiskartell ist über Absprachen verantwortlich für erhöhte Preise. Bei einem Quotenkartell führen die beschränkten Produktionsquoten ebenfalls zu erhöhten Preisen. Das Ziel ist jeweils die Maximierung des Gewinns der Kartellmitglieder.

4. Aufgabe

- Unternehmen fusionieren, um ihre Machtposition zu stärken.
- Gelingt die Übernahme eines Konkurrenten, vergrößert sich der Marktanteil.
- Schließt sich ein Unternehmen mit Lieferanten zusammen, kann es dadurch seine Stellung beim Einkauf stärken.
- Bei Fusionierungen können Abteilungen/Tätigkeiten zusammengelegt werden. Dadurch werden Kosten gespart.
- Weitere Gründe: Wachstum, Vergrößerung des Sortiments

5. Aufgabe

Bei einer Strukturkrise befinden sich Hersteller in wirtschaftlichen Schwierigkeiten, weil sich die Nachfrage verändert hat. Es muss eine Anpassung an den veränderten Bedarf vorgenommen werden. Das Kartellamt unterstützt mit der Genehmigung den Anpassungsprozess und versucht dadurch, soziale Härten zu vermindern.

6. Aufgabe

a) Die Unternehmen, deren Kosten zu hoch sind, scheiden aus dem Markt aus. Die Nachfrager, denen nicht ausreichend Kaufkraft zur Verfügung steht, können sich gewisse Güter nicht leisten. Die Unternehmen mit den günstigeren Angeboten, erwirtschaften einen höheren Gewinn.
   Durch Wettbewerb bildet sich ein Gleichgewichtspreis. Die Bereitschaft der Nachfrager, einen bestimmten Preis zu zahlen, wird in Übereinstimmung gebracht mit den Preisvorstellungen der Anbieter.
b) Maßnahmen des Bundeskartellamts, z.B.:
   - Missbrauchsaufsicht marktbeherrschender Unternehmen
   - Kartellverbot
   - Fusionskontrolle

7. Aufgabe

Voraussetzungen eines funktionsfähigen Wettbewerbs, z.B.:
- Es finden keine Absprachen statt.

- Einzelne Marktteilnehmer erreichen keine zu große Marktmacht.
- Technischer Fortschritt muss durch finanzielle Förderung die Möglichkeit haben, sich auf dem Markt durchzusetzen.
- Unwirtschaftlich arbeitende Unternehmen können sich auf dem Markt nicht lange halten.

8. Aufgabe

- Beschaffung: Bei gemeinsamen Bestellungen ergibt sich eine bessere Verhandlungsposition.
- Absatz: Durch gemeinsame Werbung wird es für den einzelnen Betrieb durch die Aufteilung der Kosten günstiger (z.B. Finanzierung von Werbeprospekten).
- Finanzierung: Durch gemeinsames Auftreten bei Banken können günstigere Bedingungen ausgehandelt werden.

9. Aufgabe

Gründe für eine anorganische Kooperation:
- Erschließung neuer Geschäftsfelder, um Gewinn zu erwirtschaften
- Schaffung mehrerer Standbeine zur Existenzsicherung
- Vermeidung der Abhängigkeit von einem Geschäftsfeld

10. Aufgabe

Der Bundesminister für Wirtschaft kann nach § 42 GWB eine vom Kartellamt nicht genehmigte Fusion bzw. ein untersagtes Kartell genehmigen.

§ 42 Ministererlaubnis

(1) Der Bundesminister für Wirtschaft und Technologie erteilt auf Antrag die Erlaubnis zu einem vom Bundeskartellamt untersagten Zusammenschluss, wenn im Einzelfall die Wettbewerbsbeschränkung von gesamtwirtschaftlichen Vorteilen des Zusammenschlusses aufgewogen wird oder der Zusammenschluss durch ein überragendes Interesse der Allgemeinheit gerechtfertigt ist ...

1.5   Musterklausur

1. Aufgabe

Das Einkommen wird auf die Produktionsfaktoren in unterschiedlicher Höhe verteilt. Teilweise treten sehr große Unterschiede auf, sodass von staatlicher Seite eine Umverteilung vorgenommen wird.

a) Erläutern Sie die funktionelle und die personelle Einkommensverteilung. (**8 Punkte**)

b) Beschreiben Sie, wie sich eine Tariflohnerhöhung und damit ein höheres verfügbares Einkommen der Haushalte auf die Konjunktur auswirken kann. (**4 Punkte**)

2. Aufgabe

Beim Einkaufen beispielsweise in verschiedenen Lebensmittelgeschäften der gleichen Stadt kann man feststellen, dass gleiche Güter zu unterschiedlichen Preisen angeboten werden. Viele Nachfrager stehen vielen Anbietern mit kleinen Marktanteilen gegenüber. Güter werden jedoch nicht zum gleichen Preis angeboten wie im Fall der vollkommenen Konkurrenz.

a) Nennen Sie vier Beispiele unterschiedlicher Preise bei gleichartigen Gütern, die nicht dem Lebensmittelbereich zuzuordnen sind. (**4 Punkte**)

b) Finden Sie zwei Gründe, warum Kunden ein Gut zu einem höheren Preis kaufen, obwohl sie es nur ein paar Straßen weiter bei der Konkurrenz günstiger bekämen. (**6 Punkte**)

c) Beschreiben Sie, auf welchen Märkten diese Wettbewerbssituation vorliegt. (**4 Punkte**)

3. Aufgabe

Ein Unternehmen, das Lagerhaltung betreibt, überlegt, auf „just in time" umzustellen. Erläutern Sie drei Vorteile und drei Nachteile, die sich daraus ergeben können. (**12 Punkte**)

4. Aufgabe

Ein Unternehmen der Konsumgüterindustrie möchte seinen Vertrieb ausbauen und neben dem direkten auch den indirekten Absatz nutzen. Beschreiben Sie je drei Vorteile und Nachteile sowohl des indirekten als auch des direkten Absatzes. (**24 Punkte**)

5. Aufgabe

Formulieren Sie sechs Überlegungen, die ein Unternehmer zur Wahl des Standortes anstellen könnte. (**12 Punkte**)

6. Aufgabe

Unternehmenszusammenschlüsse treten beispielsweise in Form von Kooperationen, Fusionen (vereinigte Unternehmen) oder auch Kartellen auf.

a) Erläutern Sie fünf Ziele, die mit Zusammenschlüssen angestrebt werden. (**10 Punkte**)

b) Beschreiben Sie vier Vorteile und vier Nachteile, die durch Zusammenschlüsse gewünscht sind bzw. entstehen können. Beantworten Sie diese Frage nicht nur aus Sicht der Unternehmen, sondern wenden Sie auch eine volkswirtschaftliche Betrachtungsweise an. (**16 Punkte**)

Lösungshinweise

1. Aufgabe

a)
- Die Entlohnung der Produktionsfaktoren wird als funktionelle Verteilung des Einkommens bezeichnet. Der Produktionsfaktor Arbeit erhält Lohneinkommen, das Kapital Zinseinkommen, der Boden Pachteinkommen und die Unternehmer erzielen durch ihre Tätigkeit Gewinne.
- Die personelle Einkommensverteilung gibt an, wie hoch der Anteil des Volkseinkommens der einzelnen Haushalte nach Erfassung des zugeflossenen Einkommens aus verschiedenen Quellen ist.

b) Erhalten die Haushalte mehr Lohn, verfügen sie über eine höhere Kaufkraft. Sie können diese in steigende Nachfrage umsetzen, was wiederum die Produktion ankurbelt. Dies führt zu mehr Beschäftigung, was erneut die Kaufkraft steigen lässt. Daraus folgt, dass sich eine Tariflohnerhöhung positiv auf konjunkturelles Wachstum und Wohlstand auswirken kann.

2. Aufgabe

a)
- Eine bestimmte Kaffeemaschine kostet bei einem Anbieter 89 € und in einem anderen Geschäft 99 €.
- Für eine DVD mit einem aktuellen Film werden in einem Elektrofachmarkt 12,95 € verlangt. In einem Discounter wird sie für 11,95 € angeboten.
- In einem Schreibwarengeschäft sind zehn Bleistifte mit Radiergummi für 2,95 € ausgezeichnet. In einem Billigmarkt bekommt man die Bleistifte einen Euro günstiger.
- Der Schnellkochtopf „Garibaldi" kann in einem Möbelgeschäft für 149 € erworben werden. In einem Fachgeschäft müssen dafür 169 € bezahlt werden.

b)
- Die Kunden sehen das Gut zufällig und freuen sich, dass sie es gleich mitnehmen können. Der Preis spielt in diesem Moment nur eine untergeordnete Rolle.
- Die Kunden sind zu bequem, um Preise zu vergleichen. Sie haben es eilig und kaufen bei der ersten sich bietenden Gelegenheit.
- Die Kunden präferieren bestimmte Anbieter, zum Beispiel aufgrund guter Parkplatzmöglichkeiten oder Serviceleistungen, sodass sie höhere Preise dafür in Kauf nehmen.

c) Da die Voraussetzungen des vollkommenen Marktes nicht gegeben sind, liegt ein unvollkommener Markt vor. Auf diesem Markt befinden sich viele Anbieter und viele Nachfrager. Diese Situation wird als polypolistische (auch monopolistische oder heterogene oder atomistische) Konkurrenz bezeichnet.

3. Aufgabe

Vorteile:
- Die Lagerhaltung wird aufgegeben und damit auch die damit zusammenhängenden Kosten.

- Die Lagerung von Gütern entfällt. Es wird dadurch kein Kapital mehr gebunden. Die Liquidität steigt.
- Ändern sich die Wünsche der Kunden, kann schneller darauf reagiert werden.
- Die Risiken der Lagerung, des Transports und des Lieferverzuges liegen beim Lieferanten.

Nachteile:
- Das Unternehmen ist von den Lieferanten abhängig.
- Kann der Lieferant nicht rechtzeitig liefern, steht die Produktion still.
- Die Planung und Abstimmung mit den Lieferanten erfordert großen Aufwand.
- Kommt es zu Schwierigkeiten bei der Auslieferung der Produkte, drohen Kundenverluste.

4. Aufgabe

Indirekter Absatz

Vorteile:
- Es können Vertriebsnetze der Geschäftspartner genutzt werden, sodass keine eigenen Kontakte aufgebaut werden müssen.
- Die Geschäftspartner vervielfachen die Kundenkontakte an ihren jeweiligen Standorten und tragen so zu höherem Absatz bei.
- Die Aufgaben des Vertriebs werden an die Geschäftspartner übertragen. Entsprechend müssen auch diese Kosten nicht selbst getragen werden.

Nachteile:
- Es besteht kein direkter Kundenkontakt des Unternehmens. Spezielle Fragen der Kunden können eventuell vom Geschäftspartner nicht beantwortet werden.
- Der Gewinn pro abgesetzte Einheit sinkt, da der Geschäftspartner einen Anteil für seine Bemühungen und Aufwendungen erhält.
- Das Unternehmen kann praktisch keinen Einfluss auf die Warenpräsentation nehmen und muss sich in dieser Beziehung auf seinen Partner verlassen.

Direkter Absatz

Vorteile:
- Das Unternehmen hält direkten Kontakt zu seinen Kunden und kann persönliche Ansprechpartner mit Fachwissen im Verkauf zur Verfügung stellen.
- Marketingmaßnahmen können individuell auf Zielgruppen abgestimmt werden, um den Absatz zu steigern.
- Der erzielte Gewinn bleibt in voller Höhe im Unternehmen, da keine Provision an Geschäftspartner zu zahlen ist.

Nachteile:
- Die Standortsuche für den Aufbau von Vertriebsstätten erfordert Zeit und ist kostenaufwendig, wenn Marketinganalysen angefertigt werden.
- Da in jeder Niederlassung des Vertriebsnetzes geschultes Personal benötigt wird, fallen hier relativ hohe Kosten an.
- Da das Unternehmen den gesamten Vertrieb organisiert, müssen dafür alle benötigten Ressourcen in ausreichender Menge bereitgestellt werden (Kosten!).

5. Aufgabe

- Wie viele Konkurrenten haben sich in der näheren und weiteren Umgebung niedergelassen?
- Stehen genügend Arbeitskräfte mit den erforderlichen Qualifikationen zur Verfügung?
- Wie groß ist das Einzugsgebiet bzw. wie viele Kunden bietet der Markt?
- Liegen günstige Verkehrsanbindungen vor (Schienennetz, Autobahn)?
- Steht genügend Platz für Baumaßnahmen und eventuelle Erweiterungen zur Verfügung?
- Welche gesetzlichen Vorschriften bezüglich des Umweltschutzes sind zu beachten?
- Welchen Hebesatz verlangt die Gemeinde bei der Gewerbesteuer?

6. Aufgabe

a) Ziele, zum Beispiel:
  - Es soll weniger oder kein Wettbewerb mehr stattfinden.
  - Die Kapazitäten sollen durch die Verteilung der Aufträge gleichmäßig ausgelastet werden.
  - Durch Zusammenarbeit bzw. Zusammenlegung der Entwicklungs- und Forschungsabteilungen sollen die technische Entwicklung aktuell gehalten und der technische Wirkungsgrad so hoch wie möglich angesetzt werden.
  - Angestrebt wird eine höhere Wirtschaftlichkeit durch Arbeitsteilung, die durch die Rationalisierung der Fertigungsverfahren erreicht werden kann.
  - Ein weiteres Ziel ist die Erhaltung der Konkurrenzfähigkeit gegenüber ausländischen Wettbewerbern.
  - Durch Zusammenlegung von Abteilungen sollen Kosten gesenkt werden.

b) Vorteile, zum Beispiel:
  - Die Preise können durch die erreichten Kosteneinsparungen gesenkt werden.
  - Das Wirtschaftswachstum wird gesichert und damit auch die Einnahmen der öffentlichen Hand.
  - Erreichen die Unternehmen durch Rationalisierung eine höhere Qualität und können mehr Güter produzieren, resultiert daraus eine bessere Versorgung der Konsumenten.
  - Die internationale Wettbewerbsfähigkeit wird gestärkt und ausgebaut.
  - Unternehmen, die sich in Schwierigkeiten befinden, werden von anderen übernommen, sodass Arbeitsplätze erhalten bleiben.

Nachteile, zum Beispiel:
  - Herrscht weniger Wettbewerb, können die Preise höher sein, da der Konkurrenzdruck wegfällt.
  - Durch Zusammenschlüsse wird die Vielfalt des Güterangebots eingeschränkt, um kostengünstiger produzieren zu können.
  - Durch die Übernahme nicht mehr leistungsfähiger Unternehmen, wird die Bereinigung des Marktes verhindert.
  - Durch Zusammenlegung von Abteilungen wie zum Beispiel Marketing oder Verwaltung fallen Arbeitsplätze weg und die Arbeitslosigkeit steigt.
  - Bei weniger Wettbewerb sinkt der Druck zur Entwicklung bzw. Anwendung neuer Technologien.

2 Rechnungswesen

Die Führung eines Unternehmens ist mit unterschiedlichsten Aufgaben betraut. Zu diesen Aufgaben gehören z.B. das Beschaffen von Ressourcen aller Art, die Produktion von Waren und Dienstleistungen, logistische Aufgaben in und außerhalb der Unternehmung. Alle diese Vorgänge, auch als Geschäftsprozesse gekennzeichnet, sind mit Informationen verbunden, die es der Geschäftsleitung einer Unternehmung ermöglichen, wissenschaftlich begründete Entscheidungen zu treffen. Diese Entscheidungen führen wiederum dazu, das Unternehmen am Markt erfolgreich zu platzieren. Erfolg in der Betriebswirtschaftslehre bedeutet, dass ein positives bilanzielles Ergebnis entstanden ist.

An dieser Stelle setzt auch das Rechnungswesen einer Unternehmung an.

> **!** Das Ziel des Rechnungswesens einer Unternehmung besteht insofern in der Erfassung und Auswertung aller quantitativen Vorgänge (Werte und Mengenströme), um den Leistungsprozess im Unternehmen transparent, steuerbar, rentabel und zahlungsfähig (liquide) zu gestalten.

2.1 Grundlegende Aspekte des Rechnungswesens

Aus der oben genannten Zielstellung ergeben sich wesentliche Aufgaben des Rechnungswesens.

Es sind Aufgaben zur:
* **Dokumentation**, also Aufzeichnung aller Geschäftsvorfälle anhand von Belegen
* **Rechenschaftslegung** und Information aufgrund gesetzlicher Vorschriften
* **Kontrolle und Überwachung** der Wirtschaftlichkeit im Unternehmen
* **Bereitstellung von Informationen** in Form aufbereiteten Zahlenmaterials als Grundlage für Planungen und Entscheidungen im Unternehmen

In der **Dokumentation** werden Vermögenswerte, Eigen- und Fremdkapital sowie der Jahreserfolg der Unternehmung dargestellt.

Die **Rechenschaftslegung** erfolgt in Form des Jahresabschlusses. Im Jahresabschluss sind Informationen für die Unternehmenseigner, die Finanzorgane und auch für Gläubiger über Vermögens- und Erfolgslage der Unternehmung enthalten.

Für die permanente Überwachung der Wirtschaftlichkeit (**Kontrolle und Überwachung**) sämtlicher Prozesse und der Zahlungsfähigkeit im Unternehmen stellt das Rechnungswesen aktuelle Informationen bereit und dient somit einer wirtschaftlichen Entscheidungsfindung.

Planungen für eine weitere oder zukünftige Planungsperiode, also in den operativen, taktischen und strategischen Planungszeiträumen, können effektiv nur auf Erkenntnissen vom Markt und von der Unternehmung selbst getroffen werden. Die durch das Rechnungswesen **bereitgestellten Informationen** liefern dementsprechend eine wesentliche Grundlage und ermöglichen damit **dispositive Entschei-dungen**.

Aus diesen Aufgaben lassen sich unschwer die Bereiche des Rechnungswesens ableiten:

Abb. 2.1: Bereiche des Rechnungswesens

* Die **Buchführung**, auch bezeichnet als Finanzbuchhaltung (FIBU) bzw. Geschäftsbuchhaltung, erfüllt die Funktionen der Erfassung aller Geschäftsvorfälle, die Erstellung der Bilanz (Vermögens- und Kapitalbestandsrechnung) sowie die Gewinn- und Verlustrechnung (GuV) in Form der Perioden- und Erfolgsrechnung. Die Buchführung ist vergangenheitsbezogen.
* Die **Kosten- und Leistungsrechnung** (KLR), auch Betriebsbuchführung, beinhaltet in der Reihenfolge die Kostenartenrechnung, die Kostenstellenrechnung, Kostenträgerrechnung und die kurzfristige Erfolgsrechnung. Auch die KLR ist vergangenheitsbezogen.
* Die **Statistik** und Vergleichsrechnung beschäftigt sich mit der Auswertung betriebswirtschaftlicher Vorgänge, führt innerbetriebliche Vergleichsrechnungen durch und stellt Vergleiche mit anderen Unternehmen auf, z.B. als Benchmarking (Benchmarking [engl. Benchmark = „Maßstab"] bezeichnet in der Betriebswirtschaft eine Managementmethode, mit der zielgerichtete Vergleiche unter mehreren Unternehmen das jeweils beste Unternehmen als Maßstab ermitteln). Die Statistik ist ebenfalls vergangenheitsorientiert.
* Die **Planung** oder auch Planungsrechnung ist, im Gegensatz zu den vorgenannten Teilbereichen, zukunftsorientiert. Hier erfolgt eine Vorschaurechnung (Prognoserechnung) und/oder Vorgaberechnung (Budgetrechnung, Jahresplanung).

Diese vier Bereiche des Rechnungswesens werden weiterhin in das **externe** und **interne** Rechnungswesen unterschieden:

Zum **externen Rechnungswesen** gehört die Geschäftsbuchführung/FIBU. Hier gelten gesetzliche Vorschriften.

Die anderen Bereiche des Rechnungswesens, also die KLR, Statistik und Planungsrechnung, gehören zum **internen Rechnungswesen**. Hier gelten keine gesetzlichen Vorschriften, sondern diese Bereiche richten sich in ihrem Aufbau nach betrieblichen Besonderheiten, z.B. nach der Produktionsweise, der Aufbau- und Ablauforganisation, den Unternehmenszielen und der Ressourcenbeschaffung.

155

2.1.1 Abgrenzung von Finanzbuchhaltung, Kosten- und Leistungsrechnung, Auswertungen und Planungsrechnung

Eine klare Abgrenzung der Bereiche des Rechnungswesens ist in der Praxis nicht möglich, da zwischen diesen Bereichen Zusammenhänge und auch Abhängigkeiten bestehen. Dennoch ist es zur fachlichen Betrachtung sinnvoll, eine klare Differenzierung vorzunehmen. Folgende Tabelle soll dies verdeutlichen:

	Finanzbuchhaltung/ Geschäftsbuchführung	Kosten- und Leistungsrechnung	Statistik	Planungsrechnung
Zuordnung des Bereiches	Extern	Intern	Intern	Intern
Zeitbezug	Vergangenheit	Vergangenheit	Vergangenheit	Zukunft
Grundlagen	Belege, Verträge	FIBU, innerbetriebliche Berechnungen	Innerbetriebliche Aufzeichnungen, Informationen vom Markt	Innerbetriebliche Berechnungen, Informationen vom Markt
Welche Informationen werden geliefert	Laufende Erfassung quantitativer Werte, BWA → betriebswirtschaftliche Analysen, Monats-, Quartals- und/oder Jahresabschluss	Welche Kosten sind entstanden (Kostenart)? Wo sind die Kosten entstanden (Kostenstelle)? Für welche Leistung sind Kosten entstanden (Kostenträger)?	Verdichtetes Datenmaterial der FIBU und der KLR, eigene Erhebungen, Kennzahlen, Tabellen und grafische Darstellungen	Liefert Lösungen für konkrete betriebliche Entscheidungsaufgaben, Soll-Ist-Vergleich, Vorschaurechnungen u.Ä.
Vorschriften, Grundlagen	Handelsrecht, Steuerrecht, US-GAAP (US Generally Accepted Accounting Principles), IAS (International Accounting Standards), IFRS (International Financial Reporting Standards) u.Ä.	Keine gesetzlichen Vorschriften, betriebsintern, spezifische Anforderungen im Betrieb	Keine gesetzlichen Vorschriften, betriebsintern, spezifische Anforderungen im Betrieb	Keine gesetzlichen Vorschriften, betriebsintern, spezifische Anforderungen im Betrieb
Bedeutung	Steueroptimierung, Darstellung nach außen, realistische Einschätzung der betrieblichen Lage, zur internationalen Rechnungslegung	Realistische Einschätzung der betrieblichen Lage, Steuerung der Wirtschaftlichkeit, Kontrolle von Geschäftsprozessen	Realistische Einschätzung der betrieblichen Lage, Steuerung der Wirtschaftlichkeit, Kontrolle von Geschäftsprozessen	Erkenntnisgewinnung zur Entwicklung der Unternehmung, Möglichkeiten am Markt erkennen, Kapazitätsberechnungen Soll-Ist-Vergleiche
Information für wen?	Finanzorgane, Kapitalgeber, Öffentlichkeit	Nur (!) intern, Vorstände, Geschäftsführungen, Abteilungsleiter	Nur (!) intern, Vorstände, Geschäftsführungen, Abteilungsleiter, z.T. Meister, Mitarbeiter	Nur (!) intern, Vorstände, Geschäftsführungen, Abteilungsleiter

2.1.2 Grundsätze ordnungsgemäßer Buchführung GoB

Die Grundsätze ordnungsmäßiger Buchführung (GoB) oder auch Grundsätze ordnungsgemäßer Buchführung und Bilanzierung (BoBuB), der letztere Begriff wird eher seltener verwendet, ergeben sich aus unterschiedlichen Quellen. Diese Quellen sind einerseits Vorschriften aus dem Handels- und Steuerrecht und andererseits zum Teil Erfahrungen, die sich aus der täglichen Praxis ergeben, aus Erkenntnissen der Wissenschaft stammen, durch Rechtsprechung entstanden sind sowie aus der Empfehlung von Wirtschaftsverbänden herrühren.

Die Aufgabe der GoB ist es, Interessierte, das sind die Finanzorgane, Unternehmenseigner und Gläubiger, mit korrekten Daten zu versorgen. In Ergänzung bzw. Erweiterung der GoB wurden von der deutschen Finanzverwaltung mit Schreiben vom 28. Juli 1995 des Bundesfinanzministeriums die Grundsätze ordnungsmäßiger DV-gestützter Buchführungssysteme (GoBS) herausgegeben. Seit dem Jahr 2005 werden die GoBS durch die Projektgruppe „Überarbeitung der GoBS" bei der AWV (Erläuterung Begriff AWV: Arbeitsgemeinschaft für wirtschaftliche Verwaltung e.V.) überarbeitet.

Die GoBS erläutern die ordnungsmäßige Behandlung elektronischer Dokumente, also auch der Dokumente der Buchführung. Sie haben nur Bedeutung für die steuerliche Buchführung unter Einsatz von Informationstechnologien. Da die elektronische Behandlung von steuerlich relevanten Dokumenten sehr schnell voranschreitet und von einer Vielzahl von Kaufleuten genutzt wird, werden diese Regeln zum Handelsbrauch und somit zu handelsrechtlichen Grundsätzen.

Es gelten folgende Grundsätze (in den GoB):
- Grundsatz der Richtigkeit und Willkürfreiheit
- Klarheit und Übersichtlichkeit
- Grundsatz der Einzelbewertung
- Grundsatz der Vollständigkeit
- Wertaufhellung
- Grundsatz der Vorsicht
- Grundsatz der Kontinuität
- Grundsatz der Abgrenzung nach der Sache und nach der Zeit

2.1.3 Buchführungspflichten nach Handels- und Steuerrecht

Buchführungspflichten sind in unterschiedlichen gesetzlichen Vorschriften definiert. Dazu gehören das Handelsrecht in Form des Handelsgesetzbuches (HGB) und Vorschriften des Steuerrechts in Form der Abgabenordnung (AO).

Während das HGB in erster Linie die Geschäftspartner des Kaufmanns schützen soll, ist die AO dazu bestimmt, die Vorschriften für die Führung von Büchern (im Sinne der Buchführung) zu definieren. Mit der AO ist eine Reihe von Einzelgesetzen betroffen.

Abb. 2.2:   Buchführungspflicht

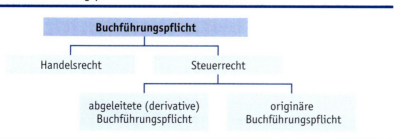

2.1.3.1 Handelsrecht

Im dritten Buch des HGB werden Rechnungslegungsvorschriften behandelt.

Das dritte Buch ist in folgende Abschnitte aufgeteilt:

Erster Abschnitt:	Vorschriften für alle Kaufleute (§ 238 bis § 263)
Zweiter Abschnitt:	Ergänzende Vorschriften für Kapitalgesellschaften (AG, KGaA, GmbH) sowie bestimmte Personenhandelsgesellschaften (§ 264 bis § 335 b)
Dritter Abschnitt:	Ergänzende Vorschriften für eingetragene Genossenschaften
Vierter Abschnitt:	Ergänzende Vorschriften für Unternehmen bestimmter Wirtschaftszweige

2.1.3.2 Steuerrecht

Im Steuerrecht ist die Abgabenordnung (AO) maßgebend. Die AO enthält als Rahmen- und Verfahrensrecht alle die Vorschriften, die mehrere nachgeordnete Einzelgesetze betreffen. Der § 140 AO (Buchführungs- und Aufzeichnungspflichten nach anderen Gesetzen) stellt fest: „Wer nach anderen Gesetzen als den Steuergesetzen Bücher und Aufzeichnungen zu führen hat, die für die Besteuerung von Bedeutung sind, hat die Verpflichtungen, die ihm nach den anderen Gesetzen obliegen, auch für die Besteuerung zu erfüllen."

Die abgeleitete oder derivative Buchführungspflicht finden wir im HGB.

Andere Gewerbetreibende, die nicht der abgeleiteten Buchführungspflicht unterliegen, richten sich nach dem § 141 AO (Buchführungspflicht bestimmter Steuerpflichtiger).

Abgeleitete Buchführungspflicht	Originäre Buchführungspflicht
Nach § 140 AO → Pflicht zur Buchführung, abgeleitet aus anderen Gesetzen (HGB)	§ 141 AO → bei Überschreitung folgender Grenzen im Kalenderjahr: Umsätze > 500.000,00 € oder Gewinn > 50.000,00 € oder Wirtschaftswert von 25.000 € bei einer selbstbewirtschafteten Fläche (Land- und Forstwirte)

2.1.4 Bilanzierungs- und Bewertungsgrundsätze

2.1.4.1 Bilanzierungsgrundsätze

In einer Bilanz ist es erforderlich, das Vermögen und das Kapital gegenüberzustellen. Was ist aber eine Bilanz? Der Begriff kommt aus dem Lateinischen und bedeutet so viel wie „Balkenwaage" oder „Doppelwaage". Die Bilanz ist unter diesem Gesichtspunkt eine Aufstellung der Herkunft und der Verwendung des Kapitals. Da beide Teile sich gegenüberstehen und gleich sind, ist das Abbild einer Waage durchaus berechtigt.

Die „Verwendung" wird in der Bilanz zum **Vermögen** und die „Herkunft" zum **Kapital**. Das Kapital wiederum setzt sich aus dem **Eigenkapital** und **Schulden** zusammen.

An dieser Stelle werden zwei weitere Begriffe eingeführt:

Aktiva: Hier wird die Frage nach der „Mittelverwendung" beantwortet. Es ist die linke Seite der Bilanz.

Passiva: Auf der rechten Seite der Bilanz wird die Frage nach der „Mittelherkunft" beantwortet.

Was ist nun aber die Aufgabe einer Bilanz? Um diese Frage zu beantworten, ist von der Finanzbuchhaltung auszugehen. Hier werden sämtliche Veränderungen innerhalb eines Geschäftsjahres aufgezeichnet. Aber ist die Finanzbuchhaltung in der Lage, am Ende eines Geschäftsjahres alle notwendigen Informationen zur Lage der Unternehmung zu liefern? Nein, das ist so nicht möglich. Es ist aber möglich, auf der Basis einer Finanzbuchhaltung eine (Ab-)Schlussbilanz für das Geschäftsjahr zu erstellen. Und das erfolgt zu einem konkreten Zeitpunkt. Dieser Zeitpunkt, auch „Stichtag" genannt, ist der letzte Tag des Geschäftsjahres. Stimmt das Geschäftsjahr mit dem Kalenderjahr überein, dann ist es der 31.12. eines jeden Jahres.

Die Schlussbilanz ist zugleich auch die Eröffnungsbilanz für das folgende Geschäftsjahr.

Interessierte, das sind interne und externe Adressaten, werden mit der Schlussbilanz und dem Jahresabschluss (Jahresabschluss und Bilanz sind nicht dasselbe, denn die Bilanz ist nur ein Teil, zwar der größte Teil, des Jahresabschlusses) über folgende Sachverhalte informiert:

- **Vermögenslage**: Auflistung aller Vermögensgegenstände
- **Finanzlage (Kapitallage)**: Darstellung, wie sich das Unternehmen finanziert, wie z.B. das Verhältnis zwischen Eigen- und Fremdkapital ist
- **Erfolgslage**: Der Gewinn oder Verlust der Unternehmung wird hier nachgewiesen.
- **Liquiditätslage**: Die Frage über die Möglichkeit der Zahlungsfähigkeit wird hier beantwortet, also ob das Unternehmen seine Verbindlichkeiten begleichen kann.

Für die Aufstellung einer Bilanz sind folgende Grundsätze zu beachten:
- Grundsatz der Vollständigkeit (§ 246 Abs. 1 HGB)
- Grundsatz der Klarheit und Übersichtlichkeit (§ 243 Abs. 2 HGB)
- Grundsatz der Unternehmensfortführung (§ 252 Abs. 1 Nr. 2 HGB)
- Grundsatz der Bilanzkontinuität mit seinen Untergrundsätzen:
  - Grundsatz der Bilanzidentität (§ 252 Abs. 1 Nr. 1 HGB):
  - Grundsatz der formellen Bilanzkontinuität
  - Grundsatz der Darstellungsstetigkeit (§ 252 Abs. 1 Nr. 6 HGB)
  - Grundsatz der Periodenabgrenzung (§ 252 Abs. 1 Nr. 5 HGB)
  - Grundsatz des „true and fair view" (§ 264 Abs. 2 HGB)
  - Grundsatz der Wesentlichkeit / „materiality principle" (z.B. §§ 285, 265, 268, 267 HGB)

2.1.4.2 Handelsrechtliche Bilanzierungspflichten, -wahlrechte und -verbote

Neben den Grundsätzen ist es auch von Interesse, sich mit handelsrechtlichen Bilanzierungspflichten, -wahlrechten und -verboten auseinanderzusetzen.

Grundsätzlich sind alle Posten fähig, in die Bilanz aufgenommen zu werden. Schaut man aber genauer hin, ergeben sich hier doch einige Differenzierungen. So sind Posten festzustellen, die bilanzfähig sind. Das sind alle Aktiv- und Passivposten. Des Weiteren können Posten hinzukommen, für die ein Wahlrecht existiert, in die Bilanz aufgenommen zu werden, und als dritte und letzte Bemerkung gibt es laut Gesetz Bilanzierungsverbote, also Posten, die nicht angesetzt werden dürfen.

Bilanzierungspflichten

Für alle Vermögensgegenstände besteht ein Aktivierungsgebot sowie für Schulden eine Passivierungspflicht.

Grundstücke, Forderungen und Schulden, liquide Mittel und sonstige Vermögensgegenstände unterliegen einer Aktivierungspflicht (s. § 240 Abs. 1 HGB).

Schulden sind passivierungspflichtig, wenn Gläubiger (Kreditoren) berechtigte Forderungen an den Kaufmann haben. Diese berechtigten Forderungen müssen erzwingbar sein.

Auch das Eigenkapital ist in die Bilanz mitaufzunehmen. Das ergibt sich schon alleine aus dem Bilanzgleichgewicht (Aktiva = Passiva).

Auch Rechnungsabgrenzungsposten gehören in die Bilanz, die eine periodengerechte Zuordnung erfolgswirksamer Vorgänge ermöglichen.

Bilanzierungswahlrechte

Unternehmungen wird es überlassen, ob sie für Vermögensgegenstände oder Schulden Aktiva oder Passiva in der Bilanz ansetzen (s. HGB 284 Abs. 1). Hierzu nennt das HGB eine Reihe von Wahlrechten. So kann z.B. der derivative Firmenwert (Geschäftswert) lt. HGB (§ 255 Abs. 4 HGB) aktiviert werden. Nach Steuerrecht ist er aber zu aktivieren.

Ebenso können Aufwandsrückstellungen gemäß § 249 Abs. 2 HGB passiviert werden. Steuerrechtlich besteht allerdings Passivierungsverbot.

Mit den Bilanzierungswahlrechten überlässt man dem Unternehmer die Entscheidung, ob er für ein Wirtschaftsgut ein Aktivum oder ein Passivum in der Bilanz ansetzen will oder nicht. Insofern beeinflussen erlaubte Bilanzierungswahlrechte somit die Höhe des ausgewiesenen Vermögens, der Schulden und des Erfolgs und können folglich als Instrument der Bilanzpolitik eingesetzt werden.

Bilanzierungsverbote

Gemäß § 248 HGB gelten für die Bilanz zwei Bilanzierungsverbote:

1. Aufwendungen für die Gründung der Unternehmung und für die Beschaffung des Eigenkapitals dürfen nicht aktiviert werden.
2. Immaterielle Vermögensgegenstände des Anlagevermögens, die nicht entgeltlich erworben worden sind, dürfen nicht aktiviert werden. Ihnen kommt nicht die Eigenschaft von bilanzierungsfähigen Vermögensgegenständen zu.

Gemäß § 249 HGB – Rückstellungen – gilt folgendes Bilanzierungsverbot:

Absatz (1)

„Rückstellungen sind für ungewisse Verbindlichkeiten und für drohende Verluste aus schwebenden Geschäften zu bilden. Ferner sind Rückstellungen zu bilden für

1. im Geschäftsjahr unterlassene Aufwendungen für Instandhaltung, die im folgenden Geschäftsjahr innerhalb von drei Monaten, oder für Abraumbeseitigung, die im folgenden Geschäftsjahr nachgeholt werden,
2. Gewährleistungen, die ohne rechtliche Verpflichtung erbracht werden.“

Absatz (2)

„Für andere als die in Absatz 1 bezeichneten Zwecke **dürfen Rückstellungen nicht gebildet werden**. Rückstellungen dürfen nur aufgelöst werden, soweit der Grund hierfür entfallen ist.“

2.1.4.3   Bewertungsgrundsätze

Im Jahresabschluss sind ausgewiesene Vermögensgegenstände und Schulden zu bewerten. Mit den Verfahren zur Bewertung wird entschieden, welche Wirtschaftsgüter mit welchem Wertansatz in die Schlussbilanz aufgenommen werden. Dazu sind im § 252 HGB Bewertungsgrundsätze definiert. Ebenso werden Bewertungsgrundsätze weiterhin in Dokumenten wie IFRS (International Financial Reporting Standards) oder auch US-GAAP (United States Generally Accepted Accounting Principles) festgeschrieben.

Bewertungsgrundsätze sind im § 252 HGB beschrieben.

Im **Steuerrecht** steht im Vordergrund die Ermittlung des Gewinns innerhalb einer zeitlich abgegrenzten Periode. Diese periodenmäßige Abgrenzung der Gewinnermittlung dient vor allem der gleichmäßigen Besteuerung von Unternehmen und somit der Sicherung von Steuereinnahmen durch den Staat. Auch soll damit verhindert werden, dass der Gewinn einer Unternehmung zu gering ermittelt wird (s.a. § 6 ff EStG).

2.1.4.3.1   Bewertung des abnutzbaren Anlagevermögens

Das Anlagevermögen (längerfristig eingesetzte Wirtschaftsgüter in einem Betrieb sind das Anlagevermögen eines Betriebs) einer Unternehmung steht für einen langen Zeitraum für deren geschäftliche Tätigkeit zur Verfügung. Solche Wirtschaftsgüter unterliegen naturgemäß aufgrund einer zeitlich langen Nutzung einer Wertminderung. Dieser Wertminderung wird in der Buchhaltung durch Abschreibung (Abschreibung → steuerlich: Absetzung für Abnutzung (AfA) kann z.B. unter www.bundesfinanzministerium.de heruntergeladen werden) berücksichtigt und ist gesetzlich geregelt.

In der Kostenrechnung wird dagegen die betriebsgewöhnliche Nutzungsdauer angesetzt, die keiner gesetzlichen Grundlage unterliegt. Der Grund: Die Kostenrechnung ist eine innerbetriebliche Betrachtung zur Ermittlung des Betriebsergebnisses.

Basis der Abschreibung sind Anschaffungskosten bzw. Herstellkosten für die Wirtschaftsgüter, die sich im Anlagevermögen wiederfinden.

Wie werden Anschaffungskosten bzw. Herstellkosten ermittelt:

> **Anschaffungskosten =**
> Anschaffungspreis (netto, also ohne Umsatzsteuer)
> + Anschaffungsnebenkosten (z.B. Transportkosten, Zulassungskosten)
> – Anschaffungsminderungskosten (z.B. Rabatte, Skonti)
>
> **Herstellkosten =**
> Materialkosten (Materialeinzel- und Materialgemeinkosten)
> + Fertigungskosten (Fertigungseinzel- und Fertigungsgemeinkosten,
>   ggf. auch Sondereinzelkosten der Fertigung) (s.a. Kosten- und Leistungsrechnung Kapitel 2.3.3)

Ursachen einer Abschreibung können verschieden sein. So kann unterschieden werden in eine:
- zeitlich bedingte Abschreibung, z.B. nach Jahren (auf den Monat gerundet),
- verbrauchsbedingte Abschreibung aus technischer Sicht sowie
- wirtschaftlich bedingte Abschreibung.

Unter „verbrauchsbedingter Abschreibung aus technischer Sicht" ist eine Wertminderung durch den Gebrauch aus der Sicht des Produktionsprozesses zu verstehen und unter „wirtschaftlich bedingter Abschreibung" ist die Wertminderung z.B. durch technischen Fortschritt zum betroffenen Wirtschaftsgut, z.B. die rasante Entwicklung von Geräten zur Informationsverarbeitung, zu verstehen.

Die Abschreibung nach der Zeit wird in den sog. AfA-Tabellen geregelt. Zum Beispiel wird ein Personal Computer laut der dazugehörigen Tabelle (Anlagevermögen) mit einer Nutzungsdauer von drei Jahren angegeben.

Abschreibungsverfahren

Die Wirtschaftsgüter, die in einem Unternehmen das Anlagevermögen bilden, werden in der Anlagenbuchhaltung erfasst und somit auch bewertet.

In der Praxis werden folgende Abschreibungsverfahren angewendet:
a) Lineare Abschreibung
b) Degressive Abschreibung
c) Leistungsbezogene Abschreibung
d) Außerplanmäßige Abschreibung
e) Geringwertige Wirtschaftsgüter

Lineare Abschreibung

Hier werden die Anschaffungskosten bzw. Herstellkosten gleichmäßig auf die Jahre der Nutzung verteilt. Dabei wird auf den Monat gerundet.

Beispiel: Ein Pkw wird am 12.04.2010 von einem Unternehmen angeschafft und aktiviert.

Anschaffungskosten: 50.000,00 €

Abschreibungszeitraum: 6 Jahre

Geschäftsjahr = Kalenderjahr

Abb. 2.3: Lineare Abschreibung

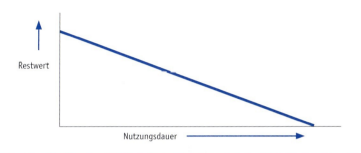

Abschreibungsplan lineare Abschreibung (Werte gerundet)

Anschaffungskosten	**50.000,00 €**
Abschreibung 1. Jahr (April bis Dezember)	6.250,00 €
Restwert 2010	43.750,00 €
Abschreibung 2. Jahr	8.333,33 €
Restwert 2011	35.416,67 €
Abschreibung 3. Jahr	8.333,33 €
Restwert 2012	27.083,34 €
Abschreibung 4. Jahr	8.333,33 €
Restwert 2013	18.750,01 €
Abschreibung 5. Jahr	8.333,33 €
Restwert 2014	10.416,68 €
Abschreibung 6. Jahr	8.333,33 €
Restwert 2015	2.083,35 €
Abschreibung 7. Jahr (Januar bis März)	2.083,35 €
Restwert	0,00 €
Erinnerungswert	1,00 €

Da mit der Abschreibung bis zu einem Restwert von 0,00 € eine Weiterführung im Buchwerk nicht möglich ist, wird der Wert eines abgeschriebenen Anlagegutes mit einem Erinnerungswert von 1,00 € bewertet. Bei einer Herausnahme des Wirtschaftsgutes wird auch der Erinnerungswert auf 0,00 € gesetzt.

Der Abschreibungssatz im Beispiel beträgt: 100 / 6 Jahre = 16,67 % (gerundet)

Degressive Abschreibung

Auch die degressive Abschreibung arbeitet mit einem festen Wert. Allerdings wird nicht von den Anschaffungskosten ausgegangen, sondern vom Restbuchwert des Vorjahres. Damit ändert sich der tatsächliche Abschreibungsbetrag. In den ersten Jahren wird mit relativ hohen Werten abgeschrieben. Damit ist es möglich, den ermittelten Gewinn geringer zu bewerten als im Vergleich mit einer linearen Abschreibung. In den letzten Abschreibungsjahren ist die Abschreibung allerdings geringer, sodass hier die lineare Abschreibung, ebenfalls im Vergleich, höher ist. Hier lässt es der Gesetzgeber zu, von der degressiven auf die lineare Abschreibung zu wechseln.

Die Regeln der degressiven Abschreibung werden vom Gesetzgeber vorgegeben und können sich von Jahr zu Jahr ändern.

Leistungsbezogene Abschreibung

Die leistungsbezogene Abschreibung (auch genannt: Abschreibung nach Leistungseinheiten oder Abschreibung nach Maßgabe der Leistung) wird angewendet, wenn es sich um starke Leistungsschwankungen bei Anlagegütern handelt.

Beispiel: Die Anschaffungskosten eines Lkws betragen 195.000,00 €. Es wird unterstellt, dass dieses Fahrzeug insgesamt eine Gesamtleistung von 300.000 km erreicht. Nach leistungsgerechter Betrachtung ist jeder gefahrene Kilometer mit 0,65 € zu bewerten (195.000 € / 300.000 km = 0,65 €/km).
Nach dieser Betrachtungsweise wird die tatsächliche Nutzung des Lkws zur Berechnung des Abschreibungsbetrages herangezogen. Voraussetzung ist aber, dass hier ein korrekter Nachweis der erbrachten Leistung erfolgt. In diesem Beispiel ist das Führen eines Fahrtenbuches erforderlich.
Wird also in einem Jahr eine Leistung von 60.000 km erbracht, wird diese Leistung mit 39.000,00 € buchhalterisch abgeschrieben. Wenn im nächsten Jahr dagegen eine Kilometerleistung von 35.000 km erreicht wird, dann wird ein Betrag von 22.750,00 € für dieses Jahr abgeschrieben.
Zu beachten ist, dass eine solche Abschreibung **genehmigungspflichtig** ist.

Außerplanmäßige Abschreibung

In der Praxis ist es durchaus denkbar, dass Anlagegüter außergewöhnlich belastet werden können, damit also eine höhere Wertminderung erfahren. Das können z.B. Brandschäden sein oder auch Ausfälle an Maschinen und Einrichtungen, die durch eine normale Reparatur nicht mehr herstellbar sind. Hier setzt die **außerplanmäßige Abschreibung** an. Das Anlagegut wird aus dem Bestand herausgenommen.

Geringwertige Wirtschaftsgüter

Wirtschaftsgüter zählen zu den „geringwertigen Wirtschaftsgütern" (GWG) im Sinne des deutschen Einkommenssteuergesetzes (s.a. § 6 Abs. 2 EStG), wenn:

- sie zum Anlagevermögen gehören,
- Anschaffungskosten oder Herstellungskosten einen Einlagewert haben, der 1.000 € nicht übersteigt,
- sie beweglich und abnutzbar sind sowie
- selbstständig nutzbar sind.

Eine Sofortabschreibung ist möglich, wenn die Nettoanschaffungs- oder -herstellungskosten (ohne Vorsteuer) 150 bis 410 € betragen. Wirtschaftsgüter unter 150,00 € können ohne Aktivierung sofort als Aufwand gebucht werden.

Liegen Anschaffungs- bzw. Herstellkosten zwischen 410,01 € und 1.000,00 € (netto) vor, ist ein Sammelposten zu bilden. Dieser ist in den nächsten Jahren mit 20 % linear abzuschreiben, also über fünf Jahre. Scheidet ein GWG aus, so mindert das nicht den Sammelposten.

2.1.4.3.2 Bewertung des nicht abnutzbaren Anlagevermögens

Was ist unter dem Begriff „nicht abnutzbares Anlagevermögen" zu verstehen?

Als nicht abnutzbare Wirtschaftsgüter kommen insbesondere in Betracht: *Gebäude aber schon*
- Grund und Boden,
- Beteiligungen und andere Finanzanlagen wie
  - Anteile an Kapitalgesellschaften,
  - Anteile an Personengesellschaften,
  - Geldforderungen,
  - Wertpapiere,
  - Bargeld,
- bestimmte immaterielle Wirtschaftsgüter, z.B. Rechte, Patente.

Diese Wirtschaftsgüter sind zeitlich unbegrenzt nutzbar. Dementsprechend ist keine Abschreibung vornehmbar, da kein planmäßiger Werteverlust zu erkennen ist. Für den Fall, dass der Wert des Wirtschaftsgutes dauerhaft unter die Anschaffungskosten sinkt, ist in der Bilanzbewertung der niedrigste Tageswert anzusetzen und es ist eine außerplanmäßige Abschreibung vorzunehmen. Hier gilt das sog. **Niederstwertprinzip**. Es besagt, dass stets der niedrige von zwei möglichen Wertansätzen anzuwenden ist.

Grund und Boden

Grund und Boden bilden keine Einheit mit einem Gebäude. Hier ergibt sich eine Besonderheit bei der Bewertung von bebauten Grundstücken, die wiederum eine Einheit darstellen. Gebäude sind hiernach getrennt vom Grund und Boden zu bewerten.

Weiterhin können z.B. folgende Wirtschaftsgüter (WG) als eigenständige WG von Grund und Boden betrachtet werden:
- das Feldinventar sowie die stehende Ernte,
- Hofbefestigungen,

- Außenanlagen,
- Straßenzufahrten und Umzäunungen bei Betriebsgrundstücken, die keine Gebäude oder Gebäudeteile sind.

Beteiligungen und andere Finanzanlagen

Beteiligungen sind Anteile an anderen Unternehmen, die bestimmt sind, dem eigenen Geschäftsbetrieb durch Herstellung einer dauernden Verbindung zu eben diesen Unternehmen zu dienen (§ 271 Abs. 1 HGB).

2.1.4.3.3 Bewertung des Umlaufvermögens

Umlaufvermögen sind Vermögenswerte, die während des Betriebsprozesses (Produktion/Fertigung) umgesetzt werden. Der Bestand ändert sich relativ häufig durch Zu- und Abgänge. Da sich das Umlaufvermögen nur für kurze Zeit im Unternehmen befindet, dient es nicht, wie das Anlagevermögen, dauerhaft dem Geschäftsbetrieb.

Zum Umlaufvermögen gehören:
- Vorräte,
- Forderungen und sonstige Vermögensgegenstände,
- Zahlungsmittelbestände.

Für die Bewertung des Umlaufvermögens ist in der Handelsbilanz streng das Niederstwertprinzip anzusetzen:
- Anschaffungs- oder Herstellkosten bilden die Bewertungsobergrenze,
- in Inventar und Schlussbilanzen muss ein niedriger Tageswert angesetzt werden (§ 253 Abs. 3 HGB),
- ist in nächster Zukunft eine zusätzliche Abschreibung zu erwarten, ist diese aus handelsrechtlicher Sicht zulässig (§ 253 Abs. 3 HGB).

Bewertung der Vorräte

Zu den Vorräten gehören:
- Roh-, Hilfs- und Betriebsstoffe,
- unfertige Erzeugnisse,
- fertige Erzeugnisse,
- Handelswaren und fremdbezogene Erzeugnisse.

Alle Gegenstände des Vorratsvermögens sind durch Inventur körperlich zu erfassen und zu bewerten. Es gilt das Prinzip der Einzelbewertung.

Um eine Bewertung zu vereinfachen, gestattet das Handelsrecht eine Sammel- oder Gruppenbewertung. Das Ziel dieser Sammel- und Gruppenbewertung ist die Erleichterung der Bewertung von Roh-, Hilfs- und Betriebsstoffen sowie von Handelswaren,
- die zu unterschiedlichen Zeiten,
- zu unterschiedlichen Preisen erworben wurden,
- wobei nicht festgestellt werden kann, aus welcher Lieferung sie stammen.

Vorräte können zu Gruppen zusammengefasst werden, wenn sie gleichartig sind. Hier erfolgt dann eine **Durchschnittsbewertung** oder eine **Verbrauchsbewertung** (nur beim Vorratsvermögen statthaft). Diese Bewertung stellt die Anschaffungskosten- oder Herstellungskosten für den Lagerendbestand dar. Ein Vergleich mit dem Tageswert am Stichtag schließt den Vorgang ab. Hier gilt das strenge Niederstwertprinzip.

Durchschnittsbewertung

Die Durchführung der Durchschnittsbewertung kann auf zwei Arten erfolgen:
- als jährliche Durchschnittswertermittlung,
- als permanente Durchschnittswertermittlung.

Jährliche Durchschnittswertermittlung

Die Berechnung erfolgt ausschließlich auf der Basis des Anfangsbestandes und der erfolgten Zukäufe in der Periode. Die Bewertung der Zukäufe erfolgt über ihre jeweiligen Einkaufspreise. Die Ergebnisse werden dann addiert und es wird der Quotient aus dem Gesamtwert durch die Gesamtmenge gebildet.

 Beispiel:

Ein Händler für Kfz-Zubehörteile (Autoteile Fröhlich & Traurig GmbH) vertreibt auch Zubehörteile für Bremssysteme von Pkws. Aufgrund von Preisschwankungen bei Bremsbacken für einen bestimmten Pkw-Typ treten unterschiedliche Einkaufspreise auf.

Am 01.01.2012 betrug der Anfangsbestand 550 Sätze dieser Bremsbacken zu je 15,00 €. Im Laufe des Jahres 2012 wurden folgende Zu- und Abgänge erfasst:

Datum	Abgang/Zugang	Anzahl Sätze	Einkaufspreis pro Satz
15.02.2012	Abgang	300	
25.02.2012	Abgang	150	
01.03.2012	Zugang	650	17,00 €
21.03.2012	Abgang	430	
01.04.2012	Zugang	750	17,00 €
29.04.2012	Abgang	450	
11.05.2012	Zugang	650	15,00 €
03.06.2012	Zugang	900	18,00 €
11.07.2012	Abgang	500	
04.08.2012	Zugang	850	18,50 €
12.10.2012	Abgang	100	
12.12.2012	Zugang	350	18,80 €

Am 31.12.2012 betragen die Beschaffungskosten pro Satz 15,00 €.

Daraus ergibt sich die jährliche Durchschnittsermittlung:

Datum	Anfangsbestand Zugang in Sätzen	Einkaufspreis pro Satz	Gesamtpreis
01.01.2012	550	15,00 €	8.250,00 €
01.03.2012	500	17,00 €	8.500,00 €
01.04.2012	320	17,00 €	5.440,00 €
11.05.2012	200	15,00 €	3.000,00 €
03.06.2012	250	18,00 €	4.500,00 €
04.08.2012	350	18,50 €	6.475,00 €
12.12.2012	250	18,80 €	4.700,00 €
	2.420		40.865,00 €

Berechnung **Durchschnittswert**: 40.865,00 € / 2.420 Sätze = **16,8864 €**

Für den rechnerischen und auch Inventurbestand von 350 Sätzen ergeben sich somit Anschaffungskosten in Höhe von 350 Sätzen · 16,8864 € = 5.910,23 € (auf zwei Stellen gerundet).

Da für das Umlaufvermögen das Niederstwertprinzip anzuwenden ist, darf in der Bilanz das Umlaufvermögen jedoch nur mit 350 Sätzen · 15,00 € = 5.250,00 € bewertet werden.

Permanente Durchschnittswertermittlung

Die permanente Durchschnittswertermittlung wird mit dem gleichen Ziel durchgeführt wie die jährliche Durchschnittswertermittlung, der Bewertung des Umlaufvermögens.

Im Gegensatz zur jährlichen Durchschnittswertermittlung werden hier die Zu- und Abgänge erfasst. Die Bewertung der Zugänge erfolgt zu den jeweiligen Einkaufspreisen und die der Abgänge zu den Lagerbestandsdurchschnittswerten im Zeitpunkt des Abgangs.

 Beispiel:

Datum	Abgang/Zugang	Anzahl Sätze	Einkaufspreis pro Satz	Gesamtwert
01.01.2012	Anfangsbestand	550	15,00 €	8.250,00 €
15.02.2012	Abgang	250	15,00 €	3.750,00 €
	Bestand	300	15,00 €	4.500,00 €
25.02.2012	Abgang	150	15,00 €	2.250,00 €
	Bestand	150	15,00 €	2.250,00 €

01.03.2012	Zugang	500	17,00 €	8.500,00 €
	Bestand	650	16,54 €	10.750,00 €
21.03.2012	Abgang	220	16,54 €	3.638,46 €
	Bestand	430	16,54 €	7.111,54 €
01.04.2012	Zugang	320	17,00 €	5.440,00 €
	Bestand	750	16,74 €	12.551,54 €
29.04.2012	Abgang	300	16,74 €	5.020,62 €
	Bestand	450	16,74 €	7.530,92 €
11.05.2012	Zugang	200	15,00 €	3.000,00 €
	Bestand	650	16,20 €	10.530,92 €
03.06.2012	Zugang	250	18,00 €	4.500,00 €
	Bestand	900	16,70 €	15.030,92 €
11.07.2012	Abgang	400	16,70 €	6.680,41 €
	Bestand	500	16,70 €	8.350,51 €
04.08.2012	Zugang	350	18,50 €	6.475,00 €
	Bestand	850	17,44 €	14.825,51 €
12.10.2012	Abgang	750	17,44 €	13.081,33 €
	Bestand	100	17,44 €	1.744,18 €
12.12.2012	Zugang	250	18,80 €	4.700,00 €
31.12.2012	Endbestand	350	18,41 €	6.444,18 €

Über diese Methode werden Anschaffungskosten in Höhe von 6.444,18 € beim Endbestand ermittelt.

Für die Bilanz sind auch hier nur 350 Sätze · 15,00 € = 5.250,00 € anzusetzen.

Verbrauchsfolgeverfahren

Das Verbrauchsfolgeverfahren ist ein Verfahren zur Ermittlung der Anschaffungs- und Herstellungskosten gleichartiger Gegenstände des Umlaufvermögens. Es ist ein vereinfachtes buchhalterisches Verfahren.

Lifo-Verfahren, steht für „last in – first out"

Mit diesem Verfahren wird beschrieben, dass Verbrauchsgüter, die als Letztes gekauft und eingelagert wurden, als Erstes wieder verbraucht, also dem Lager entnommen werden. Zum Teil ist das technisch bedingt, zum Teil auch so gewünscht. Technisch bedingt wird es u.a. durch die Lagertechnik. Als Beispiel sei hier genannt die Einlagerung von Schüttgut (z.B. Kies) auf einer freien Lagerfläche. Es kann hier folglich immer nur das zuletzt gelagerte Schüttgut entnommen werden.

Beispiel: Ein Baustoffhof vertreibt u.a. Rheinkies mit einer Körnung von 2–8 mm. Dieser Kies wird auf einer Freifläche gelagert. Hier wird aufgrund des Lagers immer der zuletzt eingelagerte Kies verkauft, also auch dem Lagerplatz entnommen.

Lifo-Verfahren			
	Menge	Einkaufspreis pro Mengeneinheit	Gesamtpreis
Anfangsbestand	10 t	200,00 €	2.000,00 €
1. Zugang	20 t	190,00 €	3.800,00 €
1. Abgang	15 t		
2. Zugang	10 t	195,00 €	1.950,00 €
2. Abgang	15 t		
3. Zugang	20 t	205,00 €	4.100,00 €
3. Abgang	20 t		
Verbrauch	50 t		9.875,00 €
davon:	20 t	205,00 €	4.100,00 €
	15 t	195,00 €	2.925,00 €
	15 t	190,00 €	2.850,00 €
Bestand	10 t	200,00 €	2.000,00 €

Zu erkennen ist hier, dass nach diesem Verfahren auch die Bewertung der Bestände, also des Umlaufvermögens, erfolgt. So werden die ersten entnommenen 20 t Kies zu 205,00 €/t bewertet, da mit diesem Einkaufspreis der Zugang erfolgte.

Der verbleibende Bestand von 10 t Kies wird demnach mit dem Wert des Anfangsbestandes bewertet, also mit 200,00 € je Tonne Kies.

Ein zweites Beispiel: Bei einer Serienfertigung werden Kleinteile nach dem Kanban-Prinzip (eine Methode der Produktionsablaufsteuerung) für die Montage von Baugruppen bereitgestellt. Hier wäre auch die Fifo-Methode („first in – first out") möglich, allerdings ist letzteres Verfahren aus steuerrechtlichen Gründen nicht zulässig.

Fifo-Verfahren, steht für „first in – first out"
Dieses Verfahren beschreibt die Bewertung der Bestände nach dem Einlagerungs- und Entnahmeverfahren. Somit werden Verbrauchsgüter, die als Erstes gekauft worden sind, als Erstes auch wieder verbraucht. Dieses Verfahren wird vor allem bei leicht verderblichen Gütern angewendet.

Beispiel: Es werden verderbliche Waren (Obst dient hier als Beispiel zur Erläuterung des Verfahrens) von einem Händler eingekauft und eingelagert. In unregelmäßigen Abständen erfolgen weitere Einlagerungen. Aufgrund der Haltbarkeit dieser Güter wird das zuerst eingelagerte Obst auch als Erstes wieder verkauft. Die Bewertung ist in der nachfolgenden Tabelle ersichtlich:

Fifo-Verfahren			
	Menge	Einkaufspreis pro Menge	Gesamtpreis
Anfangsbestand	200 kg	3,00 €	600,00 €
1. Zugang	100 kg	3,10 €	310,00 €
1. Abgang	150 kg		
2. Zugang	100 kg	3,15 €	315,00 €
2. Abgang	250 kg		
3. Zugang	150 kg	3,10 €	465,00 €
3. Abgang	120 kg		
Verbrauch	520 kg		1.597,00 €
davon:	200 kg	3,00 €	600,00 €
	100 kg	3,10 €	310,00 €
	100 kg	3,15 €	315,00 €
	120 kg	3,10 €	372,00 €
Bestand	30 kg	3,10 €	93,00 €

Hifo-Verfahren, steht für „highest in – first out"

Güter mit dem höchsten Beschaffungspreis werden bei diesem Verfahren als Erstes verbraucht. Am Jahresende bleiben dann die Güter mit den niedrigsten Beschaffungspreisen übrig. Nach dem Niederstwertprinzip werden diese Vorräte in der Bilanz dann sehr niedrig bewertet. Mit der Anpassung durch das BilMoG (Bilanzrechtsmodernisierungsgesetz) kann bzw. darf dieses Verfahren nicht (mehr) angewendet werden.

Lofo-Verfahren, steht für „lowest in – first out"

Im Gegensatz zu Hifo werden in diesem Verfahren Güter mit dem niedrigsten Beschaffungspreis als Erstes aus dem Lager entnommen. Zum Jahresende bleiben dann Bestände mit dem höchsten Beschaffungspreis übrig. Bei dieser Methode werden Bestände sehr großzügig bewertet. Aber auch hier spielt die Anpassung durch das BilMoG eine große Rolle, denn dieses Verfahren kann bzw. darf nicht (mehr) angewendet werden.

Festwert

Mit der Bildung eines Festwertes besteht die Möglichkeit, Wirtschaftsgüter mit einem gleich bleibenden Wert in der Bilanz anzusetzen. Diese Anwendung beschränkt sich nicht nur auf das Umlaufvermögen. So können auch Vermögensgegenstände des Sachanlagevermögens und Roh-, Hilfs- und Betriebsstoffe relativ schnell bewertet werden (s.a. § 240 Abs. 3 HGB).

Folgende Voraussetzungen müssen erfüllt sein:
• Die Wirtschaftsgüter müssen regelmäßig ersetzt werden,
• sie müssen für das Unternehmen wertmäßig von nachrangiger Bedeutung sein,
• sie dürfen ihren Bestand in seiner Größe, seinem Wert sowie in seiner Zusammensetzung nur gering verändern.

Des Weiteren ist an jedem dritten, spätestens aber an jedem fünften Bilanzstichtag eine Bestandsaufnahme für solche bewerteten Wirtschaftsgüter vorzunehmen.

Für den Fall, dass an einem Bilanzstichtag der ermittelte Wert den bisherigen Festwert um mehr als 10 % übersteigt, wird der neue Festwert maßgebend.

Dazu sagt die R 5.4. Abs. 3 EStR aus: „Übersteigt der für diesen Bilanzstichtag ermittelte Wert den bisherigen Festwert um mehr als 10 %, ist der ermittelte Wert als neuer Festwert maßgebend. Der bisherige Festwert ist so lange um die Anschaffungs- und Herstellungskosten der im Festwert erfassten und nach dem Bilanzstichtag des vorangegangenen Wirtschaftsjahres angeschafften oder hergestellten Wirtschaftsgüter aufzustocken, bis der neue Festwert erreicht ist. Ist der ermittelte Wert niedriger als der bisherige Festwert, kann der Stpfl. den ermittelten Wert als neuen Festwert ansetzen. Übersteigt der ermittelte Wert den bisherigen Festwert um nicht mehr als 10 %, kann der bisherige Festwert beibehalten werden."

Bewertung der Forderungen

Im Handels- und Steuerrecht wird unter Forderung der Anspruch eines Unternehmens an eine andere Person/Firma auf eine konkrete Leistung verstanden. Dieser Leistungsanspruch stellt sich in der Regel als Geldleistung dar.

Arten von Forderungen

a) Forderungen aus Lieferungen und Leistungen
b) Forderungen gegen verbundene Unternehmen
c) Forderungen gegen Beteiligungsunternehmen
d) Sonstige Vermögensgegenstände

Grundsätzliches zur Bewertung von Forderungen

Forderungen werden bei den Abschlüssen, also beim Monats-, Quartals- und bzw. oder spätestens beim Jahresabschluss bewertet.

In der Bilanz werden Forderungen grundsätzlich mit den Anschaffungskosten oder auch mit dem niedrigeren Teilwert angesetzt. In der Regel ist das der Rechnungsbetrag, der in den Rechnungen an den Kunden enthalten ist.

Der Erwerb von Forderungen wird dagegen mit dem Kaufpreis für diese Forderungen bewertet. Dieser Kaufpreis entspricht dann den Anschaffungskosten.

Forderungen können nicht planmäßig abgeschrieben werden, da sie zum nicht abnutzbaren Anlagevermögen gehören.

Wertaufhellung

Da der Jahresabschluss zeitlich nach Beendigung des Geschäftsjahres erstellt wird, ist es bis zur Erstellung des Jahresabschlusses durchaus möglich, dass Tatsachen bekannt werden, die in der Erstellung des Jahresabschlusses zu berücksichtigen sind. Begründet ist das im § 252 Abs. 1 Nr. 4 HGB. Dementsprechend sind alle vorhersehbaren Risiken und Verluste, die bis zum Bilanzstichtag entstanden sind, zu berücksichtigen. Wertbegründende Tatsachen, die nach dem Bilanzstichtag entstanden sind, aber vor der Erstellung des Jahresabschlusses bekannt werden, sind im folgenden Geschäftsjahr zu berücksichtigen.

Einzelbewertung von Forderungen

Grundsätzlich sind Vermögensbestandteile einzeln zu bewerten. Das gilt auch für die Bewertung von Forderungen. Forderungen werden insofern auf ihre Werthaltigkeit geprüft.

Es kann davon ausgegangen werden, dass das Ergebnis dieser Prüfung sehr unterschiedlich sein kann. So werden im Ergebnis einer Bewertung drei Arten von Forderungen unterschieden:

a) Einwandfreie Forderungen
b) Zweifelhafte Forderungen
c) Uneinbringliche Forderungen

Pauschalwertberichtigungen

Mit Pauschalwertberichtigungen wird bei Unternehmen den latenten Forderungs- und Kreditrisiken Rechnung getragen. Nach dem Vorsichtsprinzip sind alle vorhersehbaren Risiken zu berücksichtigen. Die Pauschalwertberichtigung selbst ist eine Unterform der Wertberichtigung.

Bei Unternehmen mit einem großen Massegeschäft, z.B. ein Buchhandel im Internet, ist es nicht möglich, alle Einzelforderungen aus praktischen Gründen zu untersuchen. Im Zuge einer Pauschalbewertung werden alle Forderungsausfälle der letzten zwei bis fünf Jahre prozentual für die Wertberichtigung zugrunde gelegt.

Bewertung von Zahlungsmittelbeständen

Zahlungsmittelbestände, wie Schecks, Guthaben auf Konten, Briefmarken und Freistempelguthaben sowie Barbestände, sind mit dem Nominalwert zu bewerten. Fremdwährungen sind zum Sorten-Geldkurs am Stichtag für den Jahresabschluss anzusetzen.

2.1.4.3.4 Bewertung von Verbindlichkeiten

Verbindlichkeiten sind wie Vermögensgegenstände der Aktivseite in der Bilanz zu bewerten. Dem Grunde nach sind es die Anschaffungskosten, hier die Rückzahlungsbeträge, die zu bewerten sind.

Zu den Verbindlichkeiten gehören:
- Anleihen,
- Verbindlichkeiten gegenüber Kreditinstituten,
- erhaltene Anzahlungen auf Bestellungen,
- Verbindlichkeiten aus Lieferungen und Leistungen,
- Verbindlichkeiten aus der Annahme von Wechseln sowie der Ausstellung eigener Wechsel,
- Verbindlichkeiten gegenüber verbundenen Unternehmen,
- Verbindlichkeiten gegenüber Unternehmen, mit denen ein Beteiligungsverhältnis besteht,
- sonstige Verbindlichkeiten:
  - davon aus Steuern,
  - davon im Rahmen der sozialen Sicherheit.

2.1.5 Zusammenfassung

- Wesentliche Aufgaben des Rechnungswesens sind:
  - Dokumentation, also Aufzeichnung aller Geschäftsvorfälle anhand von Belegen
  - Rechenschaftslegung und Information aufgrund gesetzlicher Vorschriften
  - Kontrolle und Überwachung der Wirtschaftlichkeit im Unternehmen
  - Bereitstellung von Informationen in Form aufbereiteten Zahlenmaterials als Grundlage für Planungen und Entscheidungen im Unternehmen
- Eine klare Abgrenzung der Bereiche des Rechnungswesens ist in der Praxis nicht möglich, da zwischen diesen Bereichen Zusammenhänge und auch Abhängigkeiten bestehen. Dennoch ist es zur fachlichen Betrachtung sinnvoll, eine klare Differenzierung vorzunehmen.
- Die GoB regeln eine korrekte Buchführung. Diese Grundsätze sind zu befolgen, damit die Bücher förmlich und inhaltlich in Ordnung sind.
- Der Grundsatz verlangt, dass die Angaben, die in den Büchern gemacht werden, wahr sind. Buchungen müssen übersichtlich und nachprüfbar sein.
- Buchführungspflichten sind in unterschiedlichen gesetzlichen Vorschriften definiert. Dazu gehören das Handelsrecht in Form des Handelsgesetzbuches (HGB) und Vorschriften des Steuerrechts in Form der Abgabenordnung (AO).
- Die Bilanz ist eine Aufstellung der Herkunft und der Verwendung des Kapitals. Beide Teile einer Bilanz, also Aktiva und Passiva, stehen sich gegenüber und sind wertmäßig gleich. Damit bildet eine Bilanz auch eine sog. Bilanzwaage.
- Im Jahresabschluss sind ausgewiesene Vermögensgegenstände und Schulden zu bewerten. Mit den Verfahren zur Bewertung wird entschieden, welche Wirtschaftsgüter mit welchem Wertansatz in die Schlussbilanz aufgenommen werden.

2.1.6 Aufgaben und Lösungshinweise

1. Aufgabe

Welche grundlegenden Aufgaben hat das Rechnungswesen zu erfüllen? Erläutern Sie an Beispielen diese einzelnen Aufgaben.

2. Aufgabe

Nennen Sie die Bereiche des Rechnungswesens.

3. Aufgabe

Welche Unterschiede bestehen zwischen dem internen und externen Rechnungswesen?

4. Aufgabe

Was ist unter den „Grundsätzen ordnungsgemäßer Buchführung" zu verstehen? Erläutern Sie im Detail diese Grundsätze.

5. Aufgabe

Aus welchen Grundlagen leiten sich die Buchführungspflichten ab?

6. Aufgabe

Welche Rechnungslegungsvorschriften behandelt das HGB?

7. Aufgabe

Welche Vorschriften gelten im Steuerrecht?

8. Aufgabe

Nennen Sie Grundsätze der Bilanzierung.

Lösungshinweise

1. Aufgabe

Das Rechnungswesen hat folgende grundlegenden Aufgaben zu erfüllen:

- Dokumentation, also Aufzeichnung aller Geschäftsvorfälle anhand von Belegen
- Rechenschaftslegung und Information aufgrund gesetzlicher Vorschriften
- Kontrolle und Überwachung der Wirtschaftlichkeit im Unternehmen
- Bereitstellung von Informationen in Form aufbereiteten Zahlenmaterials als Grundlage für Planungen und Entscheidungen im Unternehmen

2. Aufgabe

Die Bereiche des Rechnungswesens sind:

- Buchführung
- Kosten- und Leistungsrechnung
- Statistik
- Planung

3. Aufgabe

Die Unterschiede zwischen dem internen und externen Rechnungswesen bestehen im Wesentlichen darin, dass das externe Rechnungswesen für externe Berichtsempfänger wichtige Informationen liefert. Das sind z.B. das Finanzamt und Gläubiger. Dagegen liefert das interne Rechnungswesen nur für das Unternehmen selbst wichtige Informationen. Das externe Rechnungswesen umfasst demnach hauptsächlich die Buchhaltung, und das interne Rechnungswesen bezieht sich auf die Kostenrechnung, also Kalkulation der Preise, aber auch auf die Ist-Auswertungen der Kostenträger usw.

4. Aufgabe

Folgende Grundsätze gelten in den GoB:
- Grundsatz der Richtigkeit und Willkürfreiheit:
  - Rechtsgrundlage: § 239 Abs. 2 HGB
  - Der Jahresabschluss ist nach den gültigen Regeln zu erstellen.
  - Buchführung auf der Grundlage von Belegen, zeitgerecht, vollständig, richtig.
  - Wenn nicht vermeidbar, ist nach eigenem Ermessen zu schätzen, möglichst willkürfrei und vertretbar nach festgelegten Verfahren.
- Klarheit und Übersichtlichkeit:
  - Rechtsgrundlage: § 238 Abs. 1 S. 2 HGB, § 243 Abs. 2 HGB
  - Klare Gestaltung der Buchführung, sodass Interessierte die Buchführung nachvollziehen können.
  - Saldierungsverbot (keine Verrechnung von Schulden und Vermögen).
  - Keine Streichungen oder Radierungen im Buchwerk.
- Grundsatz der Einzelbewertung:
  - Rechtsgrundlage: § 252 Abs. 1 Nr. 3 HGB, § 201 Abs. 2 Z. 3 UGB (UGB → Unternehmensgesetzbuch)
  - Vermögensgegenstände und Schulden sind einzeln und unabhängig voneinander zu bewerten.
- Grundsatz der Vollständigkeit:
  - Rechtsgrundlage: § 239 Abs. 2 HGB, § 246 Abs. 1 HGB
  - Sämtliche buchungspflichtigen Geschäftsvorfälle sind im Jahresabschluss zu erfassen.
  - Veränderungen wie z.B. Schwund und Verderb sind zu erfassen.
  - Berücksichtigung von Rückstellungen.
  - Jährliche Erfassung der tatsächlichen Bestände durch Inventur.
- Wertaufhellung:
  - Rechtsgrundlage: § 252 Abs. 1 Nr. 4 HGB
  - Wertaufhellungen müssen im Jahresabschluss berücksichtigt werden.
- Grundsatz der Vorsicht:
  - Rechtsgrundlage: § 252 Abs. 1 Nr. 4 HGB, § 201 Abs. 2 Z. 4 UGB
  - Im Zweifel ist das Vermögen zu niedrigem Wert anzusetzen.
  - Schulden sind dagegen zu höheren Werten im Zweifel zu schätzen.
- Grundsatz der Kontinuität:
  - Rechtsgrundlage: § 252 Abs. 1 Nr. 1 HGB, § 201 Abs. 2 Z. 6 UGB
  - Bewertungsmethoden dürfen nicht verändert werden.
- Grundsatz der Abgrenzung nach der Sache und nach der Zeit:
  - Rechtsgrundlage zur zeitlichen Abgrenzung: § 252 Abs. 1 Nr. 5 HGB, § 201 Abs. 2 Z. 5 UGB

Geschäftsvorfälle sind der Sache und der Zeit zuzuordnen, zu der sie auch gehören.

5. Aufgabe

Die Buchführungspflichten leiten sich aus dem Handels- und dem Steuerrecht ab. Im Steuerrecht leiten sich die Pflichten aus der derivativen und originären Buchführungspflicht ab, das heißt: „Wer nach anderen Gesetzen als den Steuergesetzen Bücher und Aufzeichnungen zu führen hat, die für die Besteuerung von Bedeutung sind, hat die Verpflichtungen, die ihm nach den anderen Gesetzen obliegen, auch für die Besteuerung zu erfüllen." (§ 140 AO)

6. Aufgabe

Rechnungslegungsvorschriften nach HGB sind im dritten Buch des HGB festgelegt. Das dritte Buch ist in folgende Abschnitte aufgeteilt:

Erster Abschnitt: Vorschriften für alle Kaufleute (§ 238 bis § 263)
Zweiter Abschnitt: Ergänzende Vorschriften für Kapitalgesellschaften (AG, KGaA, GmbH) sowie bestimmte Personenhandelsgesellschaften (§ 264 bis § 335 b)
Dritter Abschnitt: Ergänzende Vorschriften für eingetragene Genossenschaften
Vierter Abschnitt: Ergänzende Vorschriften für Unternehmen bestimmter Wirtschaftszweige

7. Aufgabe

Vorschriften im Steuerrecht leiten sich aus § 140 und § 141 AO ab.

8. Aufgabe

Grundsätze der Bilanzierung sind:
- Grundsatz der Vollständigkeit (§ 246 Abs. 1 HGB)
- Grundsatz der Klarheit und Übersichtlichkeit (§ 243 Abs. 2 HGB)
- Grundsatz der Unternehmensfortführung (§ 252 Abs. 1 Nr. 2 HGB)
- Grundsatz der Bilanzkontinuität mit seinen Untergrundsätzen:
  - Grundsatz der Bilanzidentität (§ 252 Abs. 1 Nr. 1 HGB)
  - Grundsatz der formellen Bilanzkontinuität
  - Grundsatz der Darstellungsstetigkeit (§ 252 Abs. 1 Nr. 6 HGB)
  - Grundsatz der Periodenabgrenzung (§ 252 Abs. 1 Nr. 5 HGB)
  - Grundsatz des „true and fair view" (§ 264 Abs. 2 HGB)
  - Grundsatz der Wesentlichkeit (z.B. §§ 285, 265, 268, 267 HGB)

2.2 Finanzbuchhaltung

Die Finanzbuchhaltung (FIBU), als Teil des betrieblichen Rechnungswesens, erfasst alle unternehmensbezogenen Vorgänge nach den Grundsätzen der ordnungsgemäßen Buchführung (GoB) (s.a. Kapitel 2.1.2).

Am Ende einer Rechnungsperiode (Monat, Quartal, Jahr) werden die Konten abgeschlossen und eine Bilanz sowie eine Gewinn- und Verlustrechnung (GuV) erstellt, welche den Gewinn oder Verlust des Unternehmens gegenüber internen und externen Stellen nachweist.

Ziel der FIBU: Die Finanzbuchhaltung ermittelt das Gesamtergebnis der Unternehmung.

2.2.1 Grundlagen

Die Bedeutung der Finanzbuchhaltung ist bereits im Kapitel 2.1 erläutert worden. Zusammengefasst erfüllt die Buchhaltung wichtige Funktionen in der täglichen Praxis einer Unternehmung, wie z.B. die kontinuierliche Erfassung aller Geschäftsprozesse für die Führung eines Unternehmens, und ist somit auch eine der Grundlagen für die Gewährleistung des Unternehmenserfolgs am Markt.

Da die FIBU auf der Basis von Rechtsvorschriften erfolgt, hier eine geschlossene Nennung dieser Vorschriften:
- GmbH-Gesetz
- Aktiengesetz
- Publikationsgesetz
- Einkommenssteuergesetz
- Abgabenordnung
- Grundsätze ordnungsgemäßer Buchführung (GoB)
- Umsatzsteuergesetz + Durchführungsverordnung

2.2.1.1 Adressaten der Finanzbuchhaltung

Es ist unumstritten, dass die Buchhaltung das wichtigste Informationsmittel jeder Unternehmung ist. Die Adressaten der Buchführung sind aber nicht stets dieselben Personen. In erster Linie teilen sich Adressaten in zwei Gruppen auf:

a) **Interne Adressaten:** Geschäftsleitung, Verwaltungsrat
Diese Adressaten können **uneingeschränkt** Einsicht in die Geschäftsbücher nehmen. Der Geschäftsleitung dient das Rechnungswesen **vorwiegend als Führungsinstrument**. Insofern ist es erforderlich, dass in der Buchführung alle notwendigen Angaben exakt und zeitnah erfasst werden und auch uneingeschränkt vorliegen.

b) **Externe Adressaten:** Aktionäre, Gläubiger, Arbeitnehmer, Kunden, Öffentlichkeit
Dagegen verfügen externe Adressaten nur über ein beschränktes Einsichtsrecht. Begründet wird das mit den Pflichten der Geschäftsführung. Sie hat eine Treuepflicht gegenüber dem Unternehmen. Externe Adressaten haben dagegen **nicht**

diese **Treuepflicht**. Somit besitzen externe Adressaten nur ein **beschränktes Informationsrecht** (Hinweise: siehe Aktionärsrechte).

Es besteht für **Aktionäre** ein Recht auf Einsicht des Geschäftsberichts.

Gläubiger haben hingegen grundsätzlich kein Einsichtsrecht, außer sie können ein schutzwürdiges Interesse nachweisen.

Die **Steuerbehörden** stellen einen **Spezialfall** dar, weil sie eigentlich als Außenstehende gelten, aber dennoch über ein **weiter gehendes Informationsrecht** verfügen.

Diese Zweiteilung schlägt sich in der internen und externen Abschlussrechnung nieder:

Die **externe Bilanz** basiert auf den Bewertungsvorschriften der handels- und steuerrechtlichen Bilanzierungsvorschriften. Im Wesentlichen wird die Unternehmensleitung als Bilanzersteller bestrebt sein, die externe Bilanz im Rahmen der gesetzlichen Vorschriften und Ermessensspielräume so zu gestalten, dass ein mit den eigenen Interessen konformes Verhalten der externen Bilanzinteressenten erreicht wird. Aus dieser Sicht sind externe Bilanzen immer weniger aussagefähig als interne Bilanzen.

Interne Bilanzen sind Außenstehenden meistens nicht zugänglich und dienen in der Regel lediglich der **Information der Geschäftsführung**. Das Ziel einer internen Bilanz: Das Unternehmen will sich selbst über die eigene Lage informieren und damit **Informationen als Grundlage künftiger Entscheidungen** erhalten. Hier ist die Anwendung gesetzlicher Bewertungsvorschriften nicht notwendig, vielleicht sogar sinnlos. Interne Bilanzen sind insofern umfassender als externe Bilanzen und geben für die Geschäftsführung keinen bilanzpolitischen Spielraum.

2.2.1.2 Bereiche der Finanzbuchhaltung

Da jeder Kaufmann zur Buchführung verpflichtet ist und seine Handelsgeschäfte ersichtlich zu machen hat, ist jeder Kaufman angehalten, Bücher zu führen (s.a. § 238 Abs. 1 HGB). Wie diese Bücher zu führen sind, ist nicht vorgegeben. Es gibt an dieser Stelle nur allgemeine Grundsätze (s.a. GoB). Insofern ist kein bestimmtes Buchführungssystem vorgeschrieben.

2.2.1.2.1 Bücher in der Buchführung

Für die Umsetzung der Buchführung werden verschiedene Bücher eingesetzt.

Das Journal (Grundbuch)

Alle Geschäftsvorfälle werden in diesem Journal zeitlich geordnet mit einer laufenden Nummer, dem Datum, dem Betrag sowie mit einem Verweis auf den Beleg mit Erläuterung und Kontierung erfasst. Das Journal ist weiterhin die Buchungsanweisung für die Übertragung der Buchungen aus dem Grundbuch in das Hauptbuch.

Abb. 2.4:   Möglicher Aufbau eines Journals

Grundbuch				
Datum	Beleg	Buchungssatz	Soll	Haben
17.12.2004	ER 407	Rohstoffe an Verbindlichkeiten a.LL.	37.500,00	37.500,00
...	...	...	...	...

Das Journal ist auch bekannt als Memorial (Gedächtnisbuch) und Primanota (Buch der ersten Eintragung).

Die Zahl der Grundbücher richtet sich nach den Gegebenheiten des Betriebs. So z.B.:
- Kassenbücher → täglich abschließen
- Wareneingangs- und -ausgangsbuch
- Bankbuch
- Postscheckbuch
- ...

Alle Eintragungen sind vollständig, richtig, zeitgerecht und geordnet vorzunehmen. Eine periodenmäßige Aufzeichnung ist gerechtfertigt.

Das Hauptbuch

Das Hauptbuch ist das Kontenwerk und enthält alle Konten der Buchführung. Im Hauptbuch werden alle Buchungen des Grundbuches in die genannten Konten übertragen. Am Ende des Geschäftsjahres werden die Konten mit dem Schlussbilanzkonto (SBK) abgeschlossen.

Für das Buchen gilt die grundlegende Regel: Zuerst die Eintragung im Grundbuch, dann die Eintragung auf die Konten im Hauptbuch.

Abb. 2.5: Konto Betriebs- und Geschäftsausstattung (BGA) im Hauptbuch

Soll	BGA	Haben

Nebenbücher

Nebenbücher sind Hilfsbücher und sie dienen der weiteren Aufgliederung/Ergänzung der Sachkonten. Diese Bücher werden außerhalb des Kontensystems geführt und stellen somit eine eigenständige Nebenbuchhaltung dar.

An Nebenbüchern kennen wir z.B.:
- Lohnbücher (für die Lohnbuchhaltung)
- Anlagenbücher (auch Anlagenspiegel für die Erfassung aller im Unternehmen befindlichen Anlagen)
- Kontokorrentbücher (auch Geschäftsfreundebuchhaltung): Ein Kontokorrent ist die traditionell übliche Form der gegenseitigen Leistungsabwicklung zwischen Gläubiger und Schuldner. Hier wird die gegenseitige Verrechnung von Forderungen und Verbindlichkeiten durch Feststellung eines Saldos bestimmt.

Abb. 2.6:   Kontokorrentbuch eines Kunden

Kunde „Freie Kfz-Werkstatt K. Müller"					
Monat	Tag	Bel.-Nr.	Vorgang	S	H
02	01	1234	AB	12.760	
02	09	1235	Warenlieferung	12.920	
03	01	1236	Überweisung		21.400
			Saldo		4.280

2.2.1.2.2 Systeme der Buchführung

In der Praxis werden verschiedene Buchführungssysteme angewendet:
- Kaufmännische Buchführung:
  - Einfache Buchführung
  - Doppelte Buchführung
- Kameralistische Buchführung:
  - Einfache Buchführung
  - Gehobene Buchführung

Für die weiteren Betrachtungen wird von der doppelten Buchführung ausgegangen. Die Nennung der anderen Systeme dient hier rein der Information über Buchführungssysteme.

2.2.1.3 Aufgaben der Finanzbuchhaltung

Die Finanzbuchhaltung als Teil des betrieblichen Rechnungswesens hat zusammengefasst folgende Aufgaben zu erfüllen:
- Feststellung von Vermögen und Schulden,
- Dokumentierung aller Veränderungen von Vermögen und Schulden,
- Ermittlung der betrieblichen Erfolge (Betriebserfolg und Unternehmenserfolg),
- Bereitstellung von Zahlen für dispositive Zwecke,
- Ermöglichung der innerbetrieblichen Kontrolle.

Im Gegensatz zur Betriebsbuchhaltung (auch Kosten- und Leistungsrechnung) handelt es sich bei der Finanzbuchhaltung **in erster Linie** um die Rechnungslegung nach außen, die sich in den Geschäftsbeziehungen zur Umwelt (Kunden, Lieferanten, Schuldnern, Gläubigern) äußert. Diese Geschäftsbeziehungen werden durch Buchungsvorgänge festgehalten.

2.2.2 Jahresabschluss

Am Ende eines Geschäftsjahres ist der rechnerische Erfolg einer Unternehmung festzustellen. Dieser Abschluss wird auf der Basis der Finanzbuchhaltung erstellt. Insofern stellt der Jahresabschluss den rechnerischen Abschluss eines kaufmännischen Geschäftsjahres dar.

Aus dieser Zieldefinition leiten sich folgende **Aufgaben** des Jahresabschlusses ab:
- Rechenschaftslegung und Information:
  Informationen über die Vermögens-, Finanz- und Ertragslage zum Bilanzstichtag stellen eine wichtige Grundlage für Planungen und künftige Entscheidungen aller Beteiligten und Interessierten (Adressaten) dar.
- Grundlage der Gewinnverteilung:
  Mit dieser Grundlage wird gemäß den bestehenden Gesellschafterverträgen und gesetzlichen Vorschriften die Gewinnverteilung vorgenommen.
- Steuerermittlung:
  Der Jahresabschluss ist Grundlage für die Besteuerung des Unternehmens.

Aus den Aufgaben leitet sich der **Aufbau** des Jahresabschlusses ab:
- Für Einzelunternehmen und Personengesellschaften besteht der Jahresabschluss aus der Bilanz und der Gewinn- und Verlustrechnung (GuV).
- Kapitalgesellschaften haben den Jahresabschluss um einen Anhang zu erweitern, der mit der Bilanz und der GuV eine Einheit bildet.

Der Jahresabschluss beinhaltet damit folgende Elemente:
- Bilanz:
  - Vermögens- und Finanzlage
  - Am Ende des Geschäftsjahres erstellt
- Gewinn- und Verlustrechnung (GuV)
  - Aufwendungen und Erträge
  - Zeitraumbetrachtung auf das gesamte Geschäftsjahr
- Anhang:
  - Erläuterung von Einzelposten der Bilanz und der GuV
  - Darstellung der Bewertungs- und Abschreibungsmethoden, der Beteiligungsverhältnisse usw.
- Lagebericht:
  - Zusätzliche Informationen über den Geschäftsverlauf und die Geschäftslage im Abschlussjahr
  - Voraussichtliche Entwicklung des Unternehmens

2.2.2.1 Aufbau der Bilanz

In einem Unternehmen sind bei der Gründung, am Anfang und am Ende eines Geschäftsjahres Bestandserfassungen über das Vermögen und über die Schulden in Form einer Stichtagsinventur durchzuführen. Das Ergebnis dieser Inventur wird wertmäßig in einem Inventarverzeichnis dargestellt.

Ein Inventarverzeichnis hat folgenden Aufbau:

A. Vermögensgegenstände: werden in Anlagevermögen und Umlaufvermögen unterteilt,
- **Anlagevermögen**: sind dauerhaft im Betrieb eingesetzte Güter,
- **Umlaufvermögen**: sind nur vorübergehend eingesetzte oder gebundene Güter.

B. Schulden: sind das Fremdkapital beziehungsweise die Verbindlichkeiten des Unternehmens.

C. Reinvermögen (Eigenkapital): wird als Differenz von Vermögensgegenständen und Schulden ermittelt.

Eine konkrete Gliederung eines Inventars ist von der Struktur des Unternehmens abhängig.

Die Aufstellung des Inventars ist nun als nächster Schritt die Grundlage zum Aufbau einer Bilanz. Mit Beginn eines Geschäftsjahres bzw. mit der Gründung eines Unternehmens ist es die Eröffnungsbilanz.

Am Ende eines Geschäftsjahres ist es die Schlussbilanz. Die Inventur am Ende eines Geschäftsjahres und die damit zu erstellende Inventarliste stellt mit der Schlussbilanz eine Kontrollmöglichkeit dar. Differenzen, die sich aus dem Vergleich der Dokumente ergeben, sind buchtechnisch zu korrigieren.

Da die Aufgaben der Bilanz bereits im Kapitel 2.1.4.1 beschrieben wurden, geht es jetzt um den Aufbau einer Bilanz.

Der Aufbau einer Bilanz leitet sich aus dem Inventarverzeichnis ab. Damit ergeben sich auch gleich Gemeinsamkeiten und Unterschiede:
- Das Inventarverzeichnis
  - ist ausführlich, besitzt umfassende Anlagen,
  - ist als Liste aufgebaut,
  - stellt eine wichtige Beweisgrundlage für die Bilanz dar.

- Die Bilanz
  - ist übersichtlich und kurz,
  - Kontoform (zweiseitig),
  - wird vom Inhaber unterschrieben,
  - ist Bestandteil des Jahresabschlusses, wichtige Übersicht.

Eine Bilanz ist nach folgendem Schema aufgebaut:

Abb. 2.7:   Grundlegender Aufbau einer Bilanz

Aktiva	Bilanz zum 31.12.20xx	Passiva
I. Anlagevermögen		I. Eigenkapital
II. Umlaufvermögen		II. Fremdkapital (Schulden)
Gesamtvermögen (Mittelverwendung)		**Gesamtkapital (Mittelherkunft)**

Beispiel einer Bilanz:

Aktiva		Bilanz zum 31.12.20xx		Passiva
I. Anlagevermögen		I. Eigenkapital		1.698.705,00 €
Grundstücke und Bauten	1.600.000,00 €	II. Fremdkapital		
Maschinen	120.000,00 €	Hypothekendarlehen Sparkasse Westmünsterland		400.000,00 €
Fuhrpark	345.000,00 €	Darlehen Deutsche Bank Essen		230.000,00 €
Betriebs- und Geschäftsausstattung	195.000,00 €	Verbindlichkeiten a.LL.		431.450,00 €
II. Umlaufvermögen				
Roh-, Hilfs- und Betriebsstoffe	7.500,00 €			
Fremdbauteile	76.450,00 €			
unfertige Erzeugnisse	25.450,00 €			
fertige Erzeugnisse	56.755,00 €			
Handelswaren	34.678,00 €			
Forderungen a.LL.	145.356,00 €			
Kassenbestand	2.511,00 €			
Bankguthaben	151.455,00 €			
	2.760.155,00 €			2.760.155,00 €

Dülmen, den 05.01.20xx (Unterschrift Inhaber)

Der genaue Aufbau einer Bilanz ist im § 266 HGB geregelt (siehe dort).

Erleidet die Unternehmung einen so hohen Verlust, dass das Eigenkapital rechnerisch negativ wird, so wird der „Negativbetrag" als „Nicht durch Eigenkapital gedeckter Fehlbetrag" auf Aktiv- und Passivseite ausgewiesen.

Für Kredit- und Finanzdienstleistungsinstitute, Versicherungen und Pensionsfonds bestehen eigenständige Bilanzgliederungsschemata nach HGB.

2.2.2.2 Bestandskonten und Erfolgskonten

Mit Erstellen einer Eröffnungsbilanz ist die Grundlage zum Erfassen fortlaufender Geschäftsvorfälle, dem sog. Buchen, geschaffen.

Da ein Buchen in der Bilanz aufgrund des Aufbaus nicht möglich ist, werden die einzelnen Positionen der Bilanz in Bestandskonten aufgelöst. Auf diese Bestandskonten kann dann gemäß der GoB fortlaufend gebucht werden. Hier kommt der Begriff der „doppelten Buchführung" ins Gespräch. Unter doppelter Buchführung wird das Buchen auf zwei buchhalterischen Konten verstanden. Es findet also eine Veränderung auf zwei Konten statt und wird somit zeitgleich doppelt erfasst. Ein Konto ist in die Seiten Soll und Haben gegliedert. Eine Buchung erfolgt nach dem Grundsatz Soll an Haben.

Ein einfaches Beispiel: Von der Bank wird Bargeld für die Kasse abgeholt. So wird das Bankkonto weniger und das Konto Kasse erhöht sich im Bestand. Beide Konten sind sog. Aktivkonten. Der Buchungssatz lautet „Kasse" an „Bank". Auf Aktivkonten wird im Soll der Bestand erhöht und im Haben wird der Bestand vermindert. (Das Buchen über ein Transferkonto wurde hier ausgeschlossen.)

Soll		Bank	Haben		Soll		Kasse	Haben
Bestand	2.000,00	Entnahme	600,00		Bestand	500,00	Saldo	1.100,00
		Saldo	1.400,00		Zufluss	600,00		
	2.000,00		2.000,00			1.100,00		1.100,00

Buchung: Kasse (600,00 €) an Bank (600,00 €)

2.2.2.2.1 Auflösung der Eröffnungsbilanz

Wie erfolgt nun die Auflösung der Bilanz in die Bestandskonten?
1. Die Bilanz wird in ein „Eröffnungsbilanzkonto" gebucht.
2. Das Eröffnungsbilanzkonto wird in der Folge auf die Bestandskonten gebucht.

Folgende Bilanz ist gegeben:

Aktiva		Bilanz zum 31.12.20xx		Passiva
I. Anlagevermögen			I. Eigenkapital	147.000,00 €
Grundstücke und Bauten	250.000,00 €	II.	Fremdkapital	
Betriebs- und Geschäftsausstattung	50.000,00 €		Darlehen	200.000,00 €
II. Umlaufvermögen			Verbindlichkeiten a.LL.	13.000,00 €
Handelswaren	30.000,00 €			
Forderungen a.LL.	15.000,00 €			
Kasse	2.000,00 €			
Bank	13.000,00 €			
	360.000,00 €			**360.000,00 €**

Diese Eröffnungsbilanz wird in ein Eröffnungsbilanzkonto (EBK) gebucht:

Soll		EBK	Haben
Eigenkapital	147.000,00	Gebäude	250.000,00
Darlehen	200.000,00	Büro- und Geschäftsausst.	50.000,00
Verbindlichkeiten a.LL.	13.000,00	Handelswaren	30.000,00
		Forderungen a.LL.	15.000,00
		Kasse	2.000,00
		Bank	13.000,00

Die Eröffnungsbuchungssätze lauten:

Aktivkonten	an	Eröffnungsbilanzkonto (EBK)
Eröffnungsbilanzkonto (EBK)	an	Passivkonten

Dieses Eröffnungskonto wird dann auf die einzelnen Bestandskonten gebucht:

Soll		EBK			Haben
1	Eigenkapital	147.000,00	4	Gebäude	250.000,00
2	Darlehen	200.000,00	5	BGA	50.000,00
3	Verbindlichkeiten a.LL.	13.000,00	6	Handelswaren	30.000,00
			7	Forderungen a.LL.	15.000,00
			8	Kasse	2.000,00
			9	Bank	13.000,00

Auflösung auf Aktiv- und Passivkonten

Aktivkonten

Passivkonten

4
S+	Gebäude	–H
EBK	250.000,00	

S–	Eigenkapital	+H
	EBK	147.000,00
1

5
S+	BGA	–H
EBK	50.000,00	

S–	Darlehen	+H
	EBK	200.000,00
2

6
S+	Handelswaren	–H
EBK	30.000,00	

S–	Verbindlichkeiten a.LL.	+H
	EBK	13.000,00
3

7
S+	Forderungen a.LL.	–H
EBK	15.000,00	

8
S+	Kasse	–H
EBK	2.000,00	

9
S+	Bank	–H
EBK	13.000,00	

! • **Bemerkung:**
Jeder Buchungssatz ist mit einer Zahl gekennzeichnet.
So. z.B. Vorgang 1:
Eigenkapital aus dem EBK (Soll) an Eigenkapitalkonto (Haben) 147.000,00

Mit der Unterscheidung in Aktiv- und Passivkonten leiten sich auch Regeln für die Anfangsbestände, Zugänge und Schlussbestände ab.

Folgende Grafik soll dies verdeutlichen:

Abb. 2.8:   Aktiv- und Passivkonten

Aktivkonten

Passivkonten

S+	Gebäude	–H
Anfangsbestand	Abgänge	
Zugänge	Schlussbestand	

S–	Eigenkapital	+H
Abgänge	Anfangsbestand	
Schlussbestand	Zugänge	

2.2.2.2.2 Buchen auf Bestandskonten

Die doppelte Buchführung ist, ausgehend von den bekannten und oben beschriebenen Buchführungssystemen, die bekannteste und am meisten angewendete Buchführung. Was bedeutet nun doppelte Buchführung?

Mit der doppelten Buchführung wird jeder Geschäftsvorgang in zweifacher Weise, also doppelt, erfasst. Jede Buchung wird dabei grundsätzlich nach dem Prinzip „**Soll an Haben**" gebucht. Damit wird jeder Geschäftsvorfall auf zwei Konten, also doppelt, erfasst.

Mit diesem Prinzip wird der Bestand der Konten verändert. Diese Veränderung kann wiederum Einfluss auf das Schlussbilanzkonto und insofern auf die Schlussbilanz haben.

 An folgenden Beispielen soll das verdeutlicht werden:

1. In einem Ladengeschäft werden die Tageseinnahmen über die Kasse abgerechnet. Der Kassenbestand wird nach Kassenabschluss zur Bank gebracht und dort eingezahlt auf dem Bankkonto verbucht. Kurz gesagt: Die Kasse vermindert sich und die Bank erhöht sich im Bestand.
   Der Buchungssatz lautet, da es zwei Aktivkonten sind: **Bank (Soll) an Kasse (Haben)**. Da es zwei **Aktivkonten** sind, erfolgt ein Tausch nur auf der **Aktivseite**. Somit ist es ein sog. **Aktivtausch**. Die Bilanzsumme ändert sich nicht.

2. Das gleiche Geschäft hat Verbindlichkeiten gegenüber seinen Lieferanten. Der Geschäftsinhaber will diese Verbindlichkeiten a.LL. mit einem aufzunehmenden Darlehen begleichen. Es wird hier vorausgesetzt, dass die Bank das Darlehen gewährt und die Verbindlichkeiten a.LL. damit beglichen werden. Da es in diesem Fall zwei **Passivkonten** sind, erfolgt hier ein Tausch zwischen dem Darlehen und den Verbindlichkeiten. Das Darlehen erhöht sich und die Verbindlichkeiten a.LL. vermindern sich. Damit lautet der Buchungssatz hier **Verbindlichkeiten a.LL. (Soll) an Darlehen (Haben)**. Dieser Vorgang ist ein sog. **Passivtausch**. Die Bilanzsumme ändert sich auch hier nicht.

3. Der Geschäftsinhaber kauft weitere Rohstoffe auf Ziel (auf Rechnung) ein. Da diese Rohstoffe nicht sofort beglichen werden, erhöhen sich die Schulden einerseits und andererseits der Rohstoffbestand. Der Buchungssatz lautet hier: **Rohstoffe (Soll) an Verbindlichkeiten a.LL. (Haben)**. Es handelt sich um einen sog. **Aktiv-Passiv-Tausch**, genauer gesagt um eine **Aktiv-Passiv-Mehrung**. Die Bilanzsumme erhöht sich (auch **Bilanzverlängerung**).

4. Ein letztes Beispiel: Weitere Verbindlichkeiten will der Geschäftsinhaber mittels Überweisung von seiner Bank ablösen. Hier wird zum einen ein Aktivkonto, die Bank, und zum anderen ein Passivkonto, die Verbindlichkeiten a.LL., angesprochen. In diesem Fall lautet der Buchungssatz: **Verbindlichkeiten a.LL. (Soll) an Bank (Haben)**. Auf beiden Konten wird der Bestand vermindert. Da hier Konten auf der Aktiv- und Passivseite angesprochen werden, ist es in diesem Fall wieder ein **Aktiv-Passiv-Tausch** oder hier auch eine **Aktiv-Passiv-Minderung**. Die Bilanzsumme minimiert sich (auch **Bilanzverkürzung**).

Abb. 2.9: Tauschaktionen

Ausgangswerte		Aktiva			Ausgangswerte		Passiva		
		Fall 1	Fall 3	Fall 4			Fall 2	Fall 3	Fall 4
Betriebs- und Geschäftsausst.	250.000	+15.000			Eigenkapital	200.000			
Rohstoffe	70.000		+30.000		Darlehen	120.000	+30.000		
Forderungen a.LL.	90.000				Verb. a.LL.	150.000	−30.000	+30.000	−22.000
Bank	60.000	−15.000		−22.000					
Bilanzsumme	470.000	470.000	500.000	478.000	Bilanzsumme	470.000	470.000	500.000	478.000

Legende:

Fall 1	Aktivtausch	Fall 3	Aktiv-Passiv-Mehrung
Fall 2	Passivtausch	Fall 4	Aktiv-Passiv-Minderung

Die Tauschaktionen beim Buchen auf Bestandskonten sind oben dargestellt. Um das Buchen abzurunden, ein Beispiel, um die Veränderungen in den Konten darzustellen:

Im Grundbuch wird der Geschäftsvorfall zeitgerecht erfasst.

Grundbuch				
Datum	**Beleg**	**Buchungssatz**	**Soll**	**Haben**
01.02.2013	Kassenbeleg 2/13	Kasse an Bank	250,00	250,00

Im Hauptbuch erfolgt jetzt die Buchung auf den Sachkonten.

Abb. 2.10: Kontenbewegungen

S	Kasse		H	S	Bank		H
AB	250,00			AB	25.000,00	Abgang 01.02.2013	200,00
Zugang 01.02.2013	200,00	Schlussbestand 28.02.2013	450,00			Schlussbestand 28.02.2013	24.800,00
	450,00		**450,00**		**25.000,00**		**25.000,00**

Dieser Buchungsvorgang wird als **„einfacher Buchungssatz"** bezeichnet.

Ein **zusammengesetzter Buchungssatz** spricht mehr als zwei Konten an. Bei diesem Buchungsvorgang müssen die Sollbuchungen in der Summe der Summe der Habenbuchungen entsprechen.

Beispiel 1: Es ist eine Rechnung eines Lieferanten zu begleichen. Dazu wird ein Teil des Betrages von der Sparkasse und ein zweiter Teil von der Postbank an den Lieferanten überwiesen.

Im Grundbuch wird Folgendes erfasst:

Grundbuch				
Datum	Beleg	Buchungssatz	Soll	Haben
05.02.2013	Eingangsrechnung 5/13	Verbindlichkeiten a.LL.	1.000,00	
	Bankauszug 2/13	an Bank (Sparkasse)		750,00
	Postbankauszug 2/13	an Postbank		250,00

Buchung im Hauptbuch auf den Sachkonten:

Verbindlichkeiten a.LL.   an   Bank, Postbank

Abb. 2.11:   Zusammengesetzter Buchungssatz

S	Verbindlichkeiten a.LL.			H
		Anfangsbestand		5.000,00
Bank/Postbank	1.000,00			

S	Sparkasse			H
Anfangsbestand	10.000,00	Verbindlichkeiten a.LL.	750,00	

S	Postbank			H
Anfangsbestand	3.500,00	Verbindlichkeiten a.LL.	250,00	

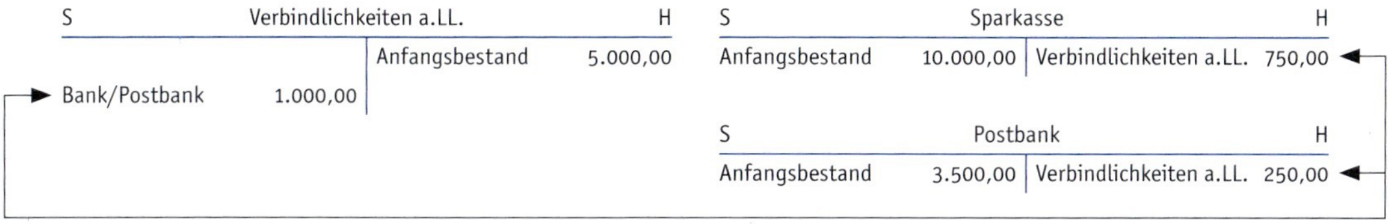

Beispiel 2: Ein Kunde begleicht eine Rechnung, indem er einen Teil in bar und einen weiteren Teil per Überweisung von seiner Bank bezahlt.

Im Grundbuch wird Folgendes erfasst:

Grundbuch				
Datum	Beleg	Buchungssatz	Soll	Haben
05.03.2013	BA 5/13	Bank (Sparkasse)	600,00	
	KB 2/13	Kasse	250,00	
	Ausgangsrechnung 2/13	an Forderungen a.LL.		850,00

Buchungssatz im Hauptbuch:

Bank, Kasse   an   Forderungen a.LL.

Abb. 2.12:   Zusammengesetzter Buchungssatz

S	Sparkasse			H
Anfangsbestand	10.000,00			
Forderungen a.LL.	600,00			

S	Forderungen a.LL.			H
Anfangsbestand	10.000,00	Spark./Kasse	850,00	

S	Kasse			H
Anfangsbestand	3.500,00			
Forderungen a.LL.	250,00			

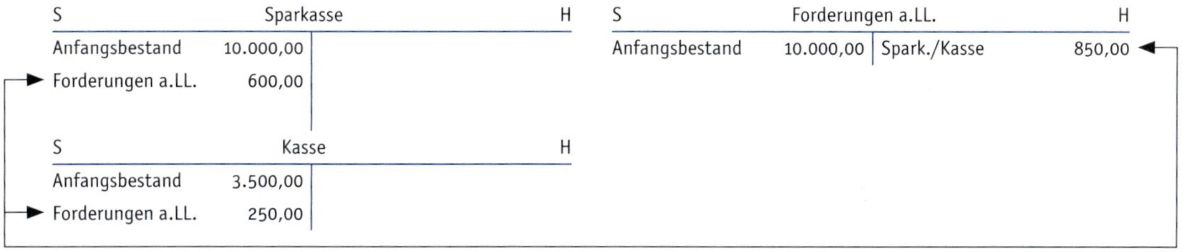

Am Ende des Geschäftsjahres werden die Bestandskonten in einem Schlussbilanzkonto wieder zusammengefasst (siehe auch dazu Kapitel 2.2.2.4).

Die Abschlussbuchungssätze lauten:

> **!**
> **•**
> Schlussbilanzkonto (SBK)   an   Aktivkonten
> Passivkonten   an   Schlussbilanzkonto (SBK)

Das Schlussbilanzkonto (SBK) enthält die Schlussbestände der Bestandskonten. Zu beachten ist aber, dass das SBK vorher mit den Inventurwerten bzw. mit der aus der Inventur erstellten Schlussbilanz abzustimmen ist.

 Um den Vorgang bildhaft darzustellen, folgendes Beispiel:

Soll		EBK		Haben
1	Eigenkapital	147.000,00	4 Gebäude	250.000,00
2	Darlehen	200.000,00	5 BGA	50.000,00
3	Verbindlichkeiten a.LL.	13.000,00	6 Handelswaren	30.000,00
			7 Forderungen a.LL.	15.000,00
			8 Kasse	2.000,00
			9 Bank	13.000,00
		360.000,00		360.000,00

Auflösung auf Aktiv- und Passivkonten:

Aktivkonten   **Passivkonten**

S+	Gebäude		–H		S–	Eigenkapital		+H
4 EBK	250.000,00	SBK	250.000,00 S4		S1 SBK	147.000,00	EBK	147.000,00 1
	250.000,00		250.000,00			147.000,00		147.000,00

S+	BGA		–H		S–	Darlehen		+H
5 EBK	50.000,00	SBK	50.000,00 S5		S2 SBK	200.000,00	EBK	200.000,00 2
	50.000,00		50.000,00			200.000,00		200.000,00

S+	Handelswaren		–H		S–	Verbindlichkeiten a.LL.		+H
6 EBK	30.000,00	SBK	40.000,00 S6		B Bank	10.000,00	EBK	13.000,00 3
A Einkauf	10.000,00				S3 SBK	13.000,00	Einkauf	10.000,00 A

S+	Forderungen a.LL.		–H
7 EBK	15.000,00	SBK	15.000,00 S7
	15.000,00		15.000,00

S+	Kasse		–H
8 EBK	2.000,00	SBK	2.000,00 S8
	2.000,00		2.000,00

S+		Bank		–H	
9 EBK	13.000,00	Verb. a.LL.	10.000,00 **B**		
		SBK	3.000,00 **S9**		
	13.000,00		13.000,00		

Soll		SBK		Haben
S4 Gebäude	250.000,00	S1 Eigenkapital		147.000,00
S5 BGA	50.000,00	S2 Darlehen		200.000,00
S6 Handelswaren	40.000,00	S3 Verbindlichkeiten a.LL.		13.000,00
S7 Forderungen a.LL.	15.000,00			
S8 Kasse	2.000,00			
S9 Bank	3.000,00			
	360.000,00			360.000,00

Ausgehend von der Eröffnungsbilanz wurde bis in die Bestandskonten aufgelöst (Vorgänge 1 bis 9). Im Verlauf des Geschäftsjahres wurden die Konten Bank, Handelswaren und Verbindlichkeiten a.LL. gebucht (Vorgänge A und B). Die Konten wurden abgeschlossen (SBK in den Bestandskonten).

! Schlussbestand = Anfangsbestand + Zugänge – Abgänge

Der Schlussbestand der Bestandskonten wurde auf das Schlussbilanzkonto (SBK) gebucht. Das SBK wird mit der Inventur abgestimmt dann zur Schlussbilanz.

Aktiva		Schlussbilanz		Passiva
Gebäude	250.000,00	Eigenkapital		147.000,00
BGA	50.000,00	Darlehen		200.000,00
Handelswaren	40.000,00	Verbindlichkeiten a.LL.		13.000,00
Forderungen a.LL.	15.000,00			
Kasse	2.000,00			
Bank	3.000,00			
	360.000,00			360.000,00

2.2.2.2.3 Buchen auf Erfolgskonten

Das Buchen auf Bestandskonten ist dadurch gekennzeichnet, dass bei der Buchung und auch bei der Gegenbuchung eine eindeutige Veränderung der Bestände gegeben ist. Es gibt aber auch Geschäftsvorfälle, die zwar eindeutig zur Veränderung des Bestandes auf einem Konto führen, ohne dass die korrespondierende Bestandsveränderung gegeben ist.

Beispiel 1: Es werden Werkzeuge vermietet. Diese Vermietung führt zu Einnahmen, die den Bankbestand erhöhen. Doch wo hat die Gegenbuchung zu erfolgen? Das ist hier nicht sofort ersichtlich.

Beispiel 2: Für die Reinigung Ihrer Geschäftsräume beschäftigen Sie Servicekräfte in Ihrem Unternehmen. Die Entlohnung führt zur Bestandsverminderung auf dem Bankkonto. Auch hier ist nicht ersichtlich, welches Gegenkonto zu verwenden ist.

Diese Vorgänge werden als **Erträge** (Beispiel 1) und **Aufwendungen** (Beispiel 2) bezeichnet. Da es **erfolgswirksame Geschäftsvorfälle** sind, bleibt als Gegenkonto eigentlich nur das Eigenkapitalkonto übrig. Insofern führen diese Vorgänge zur Veränderung des Eigenkapitals.

! Aufwendungen vermindern, Erträge erhöhen das Eigenkapital.

In der Praxis wäre es einerseits sehr aufwendig, diese Vorgänge auf das Eigenkapitalkonto zu buchen, und andererseits wäre die Übersichtlichkeit für diese Vorgänge nicht mehr gegeben. Für die Buchungen werden **Aufwands- und Ertragskonten** verwendet. Diese Konten werden als **Erfolgskonten** bezeichnet.

Da Erträge und Aufwendungen das Eigenkapital verändern, sind diese Vorgänge auf derselben Seite der Erfolgskonten zu buchen, wie sie im Eigenkapitalkonto zu buchen wären. Daraus ergibt sich folgende Regel:

! Aufwendungen sind im Soll, Erträge sind im Haben zu buchen.

Der Abschluss der Erfolgskonten erfolgt wiederum nicht direkt über das Eigenkapitalkonto, sondern über ein Erfolgssammelkonto, das **Gewinn- und Verlustkonto (GuV-Konto).** Der Saldo dieses Kontos wird dann an das Eigenkapitalkonto gebucht. Insofern hat sich der Buchungskreis wieder geschlossen.

Abb. 2.13: Zusammenhang Erfolgskonten, GuV-Konto und Eigenkapitalkonten

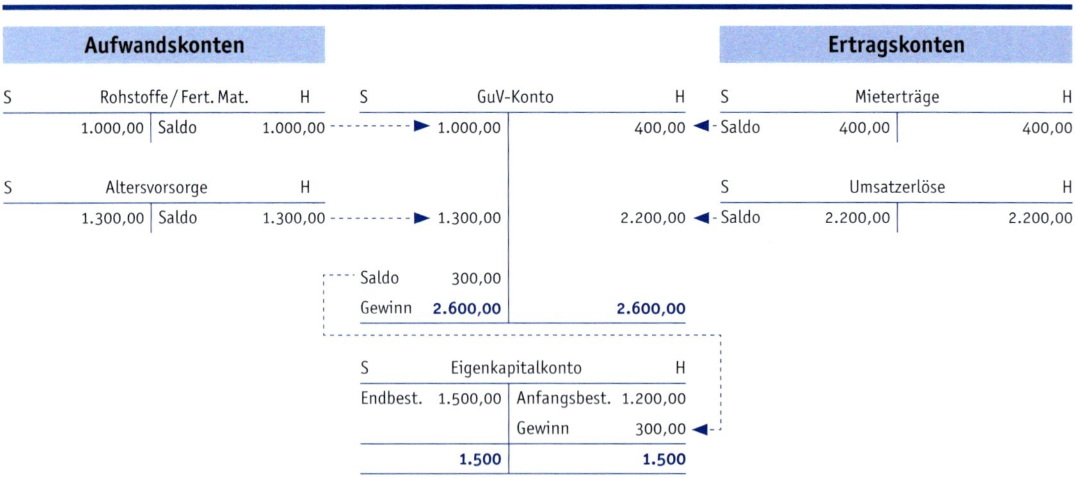

> **!**
>
> **Aufwendungen**, sie werden in den Aufwandskonten gebucht, stehen für den gesamten Werteverzehr, wie Abgaben, Dienste und Güter. Ausgehend von einem Industriebetrieb können das Aufwendungen für Material (Rohstoffe, Hilfsstoffe sowie Betriebsstoffe), Vorprodukte bzw. Fremdbauteile, Handelswaren, Personal, Wertminderungen sowie Miete, Zinsen, Büromaterial u.a. sein.
>
> **Erträge**, sie werden auf den Ertragskonten gebucht, stehen für alle Wertzuflüsse und führen zur Erhöhung des Eigenkapitals. Haupttrag sind die Erlöse aus dem Verkauf von Waren bzw. von eigenen Erzeugnissen. Daneben fallen auch Erträge aus Vermietungen, Beteiligungen sowie Provisionserträge an.

Der Abschluss des Eigenkapitalkontos bildet dann auch eine Voraussetzung, um das Schlussbilanzkonto zu erstellen.

Abb. 2.14:   Abschluss Eigenkapitalkonto – Schlussbilanzkonto

S	Eigenkapitalkonto		H
Endbest.	1.500,00	Anfangsbest.	1.200,00
		Gewinn	300,00
	1.500		**1.500**

S	Schlussbilanzkonto		H
Gebäude	xxx	Eigenkapital	1.500,00
BGA	xxx	Darlehen	xxx
Handelswaren	xxx	Verbindlichkeiten a.LL.	xxx
Forderungen a.LL.	xxx		xxx
Kasse	xxx		xxx
Bank	xxx		xxx
	xxx		xxx

Zum Wesen der Umsatzsteuer

Jeglicher Leistungstausch, der über das Buchen auf Erfolgskonten erfolgt, wird aufgrund gesetzlicher Regelungen (Umsatzsteuergesetz – UStG) mit einer Umsatzsteuer belastet. Wirtschaftlich gesehen trägt aber nur der private Endverbraucher („Steuerdestinatar" – ist die Person, die nach Willen des Gesetzgebers die spezifische Steuerlast zu tragen hat) diese Steuerlast.

Zur Vereinfachung im Umgang mit der Umsatzsteuer wurde ein nachvollziehbares System der Abrechnung durch den Fiskus eingeführt:

- Der Unternehmer, der eine Leistung für einen Kunden erbringt, stellt die Umsatzsteuer diesem Abnehmer in Rechnung. Diese Umsatzsteuer schuldet dann der Unternehmer dem Staat, vertreten durch das Finanzamt.
- Der Unternehmer, der eine Leistung als Kunde empfängt, wird durch seinen Lieferanten mit einer Umsatzsteuer (der Vorsteuer) belastet. Darüber hat dieser Unternehmer einen Erstattungsanspruch gegenüber dem Finanzamt.

Die Erfüllung dieser Zahlungsansprüche und die Geltendmachung einzelner Erstattungsansprüche wird mittels einer Umsatzsteuervoranmeldung miteinander verrechnet und regelmäßig, das kann monatlich, vierteljährlich oder auch jährlich geschehen, den Finanzbehörden mitgeteilt und beglichen.

Für das Buchen bedeutet das, dass mehrere Konten in einem Buchungsvorgang anzusprechen sind.

2.2.2.2.4 Kontenrahmen und Kontenplan

Mit der Auflösung der Eröffnungsbilanz in Bestandskonten sowie dem Aufstellen von Erfolgskonten ist es erforderlich, diese Konten in einem Verzeichnis, dem **Kontenrahmen**, zu erfassen. Aufgrund der vielfältigen Aufgaben in der Buchführung stellt der Kontenrahmen eine Richtlinie bzw. eine Empfehlung für die Organisation der Buchführung in einer Unternehmung dar. Für typische Wirtschaftszweige, wie z.B. für das Hotel- und Gastgewerbe, das Kfz-Gewerbe sowie die Land- und Forstwirtschaft, sind Standardkontenrahmen entwickelt worden.

> **!**
> •
> Ein **Standardkontenrahmen** ist ein Verzeichnis aller Konten für die Buchführung. Somit dient er als Richtlinie für die Aufstellung eines Kontenplans in einer Unternehmung. Einheitliche Buchungen von gleichen Geschäftsvorfällen werden damit erreicht und zwischenbetriebliche Vergleiche ermöglicht.

Gängige Standardkontenrahmen (SKR) sind der SKR 03 und SKR 04 für publizitätspflichtige Firmen, SKR 14 für die Land- und Forstwirtschaft, SKR 30 für Einzelhandelsunternehmen, SKR 49 für Vereine sowie SKR 70 für das Hotel- und Gaststättengewerbe.

Aufbau und Aufgaben eines Standardkontenrahmens

Alle Kontenrahmen haben zehn Kontenklassen, die mit der Ziffer 0 beginnen. Jede Kontenklasse steht für einheitliche Inhalte.

Auch der Aufbau einer Kontennummer folgt einem Schema (Bsp.-Konto 1200 – Bank):

Kontenklasse	1	Finanzkonten
Kontengruppe	12	Bankkonto
Kontenart	121	Sparkasse
	122	Deutsche Bank
Kontenunterart	1210	Sparkassenkonto xxxxxxxxxx

Aus dem Aufbau eines Kontenrahmens leiten sich folgende Aufgaben ab:
- klare und übersichtliche Anordnung aller Konten,
- einheitliche Bezeichnung aller Konten und damit die Voraussetzung für Zeit- und Betriebsvergleiche,
- Voraussetzung zur genauen Erfassung der Geschäftsvorfälle,
- Vereinfachung von Buchungen über Kontennummern.

Kontenplan

Aus einem Standardkontenrahmen leitet sich der konkrete Kontenplan für ein Unternehmen ab.

Beispiel: Im SKR 03 existiert das Konto 4910 Porto. Dieses Konto reicht aus, wenn das Unternehmen „nur" Portoleistungen der Post verbucht, die umsatzsteuerfrei sind. Werden aber auch Leistungen privater Dienstleister im Postgewerbe in Anspruch genommen, empfiehlt es sich, ein weiteres Portokonto anzulegen, da hier die Umsatzsteuer zu berücksichtigen ist. Da in einem Standardkontenrahmen nicht alle möglichen Kontennummern belegt sind, können eigene Konten generiert werden. So könnte ein Konto 4911 Porto – Schnelle Post (Fantasiename) gebildet werden, da diese Kontonummer im SKR 03 nicht belegt ist.

Über dieses Verfahren baut jedes Unternehmen einen eigenen Kontenplan auf, der sich aber an einem Standardkontenrahmen orientiert.

2.2.2.3 Gewinn- und Verlustrechnung

Die Bilanz ermöglicht den Einblick in die Vermögenslage. Die Gewinn- und Verlustrechnung ermöglicht dagegen den Einblick in die Ertragslage eines Unternehmens. In der Gewinn- und Verlustrechnung wird durch Gegenüberstellung der Ertrags- und Aufwandskonten der jeweiligen Periode das Ergebnis der Geschäftstätigkeit ausgewiesen.

Gemäß § 275 HGB kann das Ergebnis nach dem **Gesamtkostenverfahren** oder nach dem **Umsatzkostenverfahren** erfolgen.

2.2.2.3.1 Gesamtkostenverfahren

In diesem Verfahren wird der gesamte Aufwand dem gesamten Umsatz (Erlöse bzw. Erträge) einer Periode gegenübergestellt. Dazu gehören auch die Erträge aus Bestandserhöhungen an Halb- und Fertigfabrikaten und den selbst erstellten Anlagen. Damit ergibt sich eine Bruttodarstellung der Ergebnisquellen, nach Aufwands- und Ertragsarten gegliedert.

Die Berechnung nach dem Gesamtkostenverfahren erfolgt nach folgendem Schema:

	Bruttoerlös
–	Erlösschmälerung
=	**Nettoerlös**
+	Bestandserhöhung (wertmäßig)
–	Bestandsverminderung (wertmäßig)
–	Herstellkosten erzeugter Produkte
–	Vertriebskosten verkaufter Produkte
=	**Betriebsergebnis**

Bei Kapitalgesellschaften ist die Gewinn- und Verlustrechnung nach § 275 Abs. 1 HGB in Staffelform durchzuführen. Bei diesem Verfahren (dem Gesamtkostenverfahren) werden sämtliche angefallenen Erträge sämtlichen Aufwendungen der

Periode gegenübergestellt. Die entstandenen Aufwendungen werden im Einzelnen ausgewiesen. Diese Aufwendungen werden aus der Buchführung entnommen. Die Erhöhung (Verminderung) des Bestandes an fertigen und unfertigen Erzeugnissen und Eigenleistungen wird mit den Herstellungskosten bei den Umsatzerlösen hinzugerechnet (abgesetzt). Nach § 275 Abs. 2 HGB sind im Einzelnen auszuweisen:

1. Umsatzerlöse
2. Erhöhung oder Verminderung des Bestandes an fertigen und unfertigen Erzeugnissen
3. Andere aktivierte Eigenleistungen
4. Sonstige betriebliche Erträge
5. Materialaufwand:
   (a) Aufwendungen für Roh-, Hilfs- und Betriebsstoffe und für bezogene Waren
   (b) Aufwendungen für bezogene Leistungen

= Rohergebnis

6. Personalaufwand:
   (a) Löhne und Gehälter
   (b) Soziale Abgaben und Aufwendungen für Altersversorgung und für Unterstützung, davon für Altersversorgung
7. Abschreibungen:
   (a) Auf immaterielle Vermögensgegenstände des Anlagevermögens und Sachanlagen sowie auf aktivierte Aufwendungen für die Ingangsetzung und Erweiterung des Geschäftsbetriebs
   (b) Auf Vermögensgegenstände des Umlaufvermögens, soweit diese die in der Kapitalgesellschaft üblichen Abschreibungen überschreiten
8. Sonstige betriebliche Aufwendungen

= Betriebsergebnis

9. Erträge aus Beteiligungen, davon aus verbundenen Unternehmen
10. Erträge aus anderen Wertpapieren und Ausleihungen des Finanzanlagevermögens, davon aus verbundenen Unternehmen
11. Sonstige Zinsen und ähnliche Erträge, davon aus verbundenen Unternehmen
12. Abschreibungen auf Finanzanlagen und auf Wertpapiere des Umlaufvermögens
13. Zinsen und ähnliche Aufwendungen, davon aus verbundenen Unternehmen

= Finanzergebnis

14. Ergebnis der gewöhnlichen Geschäftstätigkeit
15. Außerordentliche Erträge
16. Außerordentliche Aufwendungen
17. Außerordentliches Ergebnis
18. Steuern vom Einkommen und vom Ertrag
19. Sonstige Steuern
20. Jahresüberschuss/Jahresfehlbetrag

Kleine und mittelgroße Kapitalgesellschaften können nach § 276 HGB bei der Gliederung der Gewinn- und Verlustrechnung nach dem Gesamtkostenverfahren die Posten 1 bis 5 zu einem Posten unter der Bezeichnung „Rohergebnis" zusammenfassen.

Das Gesamtkostenverfahren ist somit eine Form der kurzfristigen Erfolgsrechnung.

2.2.2.3.2 Umsatzkostenverfahren

Das Umsatzkostenverfahren ist eine Erfolgsrechnung, bei der die Kosten bzw. Aufwendungen der zur Erzielung der Umsatzerlöse erbrachten Leistungen (Umsatzkosten) den Umsatzerlösen gegenübergestellt werden. Ausgeschlossen werden hier allerdings die einzelnen Kosten- bzw. Aufwandsarten, die für die Herstellung der Bestandsmehrungen an Halb- und Fertigfabrikaten sowie selbst erstellten Anlagen verwendet worden sind.

Zweck: Das Verfahren dient der Ermittlung des Betriebsergebnisses unter Ausschaltung eines evtl. betriebsfremden oder neutralen Ergebnisses.

Die Berechnung nach dem Umsatzkostenverfahren erfolgt nach folgendem Schema:

	Bruttoerlös
−	Erlösschmälerung
=	**Nettoerlös**
−	Selbstkosten der abgesetzten Erzeugnisse
=	**Betriebsergebnis**

Kapitalgesellschaften können das Umsatzkostenverfahren ebenso anwenden wie das Gesamtkostenverfahren. Im betriebswirtschaftlichen Sinn bietet dieses Verfahren keine klare Erfolgsspaltung, weil weder eine Trennung nach betrieblichen und betriebsfremden, einmaligen und regelmäßigen, periodeneigenen und periodenfremden Aufwendungen und Erträgen noch nach Produktarten möglich ist.

Nach § 275 Abs. 2 HGB sind im Einzelnen auszuweisen:

1. Umsatzerlöse
2. Herstellungskosten der zur Erzielung der Umsatzerlöse erbrachten Leistungen
3. Bruttoergebnis vom Umsatz
4. Vertriebskosten
5. Allgemeine Verwaltungskosten
6. Sonstige betriebliche Erträge
7. Sonstige betriebliche Aufwendungen (nur Aufwendungen, die nicht den Herstellungs-, Verwaltungs- oder Vertriebskosten zugeordnet werden können)
= Betriebsergebnis
8. Erträge aus Beteiligungen (nur laufende Erträge)
9. Erträge aus anderen Wertpapieren und Ausleihungen des Finanzanlagevermögens
10. Sonstige Zinsen und ähnliche Erträge
11. Abschreibungen auf Finanzanlagen und Abschreibungen auf alle Wertpapiere des Umlaufvermögens
12. Zinsen und ähnliche Aufwendungen
= Finanzergebnis
13. Ergebnis der gewöhnlichen Geschäftätigkeit (Betriebs- und Finanzergebnis)
14. Außerordentliche Erträge
15. Außerordentliche Aufwendungen
16. Außerordentliches Ergebnis
17. Steuern vom Einkommen und vom Ertrag
18. Sonstige Steuern (alle anderen erfolgswirksamen Steuern)
19. Jahresüberschuss/Jahresfehlbetrag (letzter Posten der GuV)

2.2.2.4 Schlussbilanz

Nach vollständiger Buchung und Abgrenzung aller Geschäftsvorfälle, die die abzuschließende Periode (das Geschäftsjahr) nicht betreffen, wird die Schlussbilanz aufgestellt. Grundlage der Schlussbilanz ist das Schlussbilanzkonto, in dem die Abschlüsse sämtlicher Bestandskonten sowie die Salden des Gewinn- und Verlustkontos, des Eigenkapitalkontos und des Privatkontos enthalten sind.

Schlussbilanz und Schlussbilanzkonto sind jedoch nicht zwingend identisch. Während die Schlussbilanz gesetzlichen Form- und Gliederungsvorschriften entsprechen muss, kann das Schlussbilanzkonto im Wesentlichen formfrei nach betrieblichen und abrechnungstechnischen Gesichtspunkten aufgebaut sein.

Weiterhin ist die Schlussbilanz Bestandteil des Jahresabschlusses und bildet die Grundlage für die Eröffnungsbilanz der nachfolgenden Rechnungsperiode. Hier kommt auch der Grundsatz der Bilanzidentität zum Tragen.

2.2.3   Aufgaben und Lösungshinweise

1. Aufgabe
Die Finanzbuchhaltung hat vielfältige Aufgaben zu erfüllen. Nennen Sie fünf dieser Aufgaben.

2. Aufgabe
Durch welche Merkmale sind die Bilanz und die Gewinn- und Verlustrechnung geprägt (GuV)?

3. Aufgabe
Erläutern Sie den Aufbau und den Unterschied zwischen Aktiv- und Passivkonten.

4. Aufgabe
Neben den Bestandskonten werden in der Finanzbuchhaltung auch Erfolgskonten bebucht. Wo werden Aufwendungen und Erträge gebucht?

5. Aufgabe
Folgende Geschäftsvorfälle sind dahin gehend zu beurteilen, welche Bilanzänderungen sich durch die Buchung dieser Geschäftsvorfälle ergeben.

1.	Verkauf eines Lkws auf Ziel, 80.000 €
2.	Kunde bezahlt Rechnung per Überweisung
3.	Einkauf von Waren auf Ziel 15.000 €
4.	Darlehen wird per Banküberweisung getilgt
5.	Barabhebung vom Bankkonto
6.	Kauf eines Büroschrankes auf Ziel
7.	Einkauf von Rohstoffen auf Ziel
8.	Umwandlung einer Verbindlichkeit in eine Hypothekenschuld
9.	Barverkauf von Waren

6. Aufgabe

Aus den folgenden Angaben einer Unternehmung ist eine Bilanz nach den gesetzlichen Gliederungsvorschriften zu erstellen. Beschreiben Sie die Vorgehensweise.

Fuhrpark		120.000 €
Lagerhalle		250.000 €
Betriebsgelände		340.000 €
Waren		210.000 €
Forderungen aus Lieferungen und Leistungen		55.000 €
Verbindlichkeiten aus Lieferungen und Leistungen		250.000 €
Bank		76.000 €
Langfristige Verbindlichkeiten gegenüber Kreditinstituten		310.000 €
Kasse		5.000 €
Kurzfristige Verbindlichkeiten gegenüber Kreditinstituten		90.000 €
Betriebs- und Geschäftsausstattung (BGA)		135.000 €

7. Aufgabe

Geschäftsvorfälle können erfolgsneutral oder erfolgswirksam sein. Beurteilen Sie die folgenden Geschäftsvorfälle nach diesen Kriterien:

- Lohnzahlung bar
- Überweisung Einkommenssteuer vom Bankkonto an das Finanzamt
- Zieleinkauf von Verbrauchsmaterialien
- Privateinlage des Unternehmers
- Mieteinnahmen von einer vermieteten Lagerhalle

Lösungshinweise

1. Aufgabe

Die Finanzbuchhaltung hat u.a. folgende Aufgaben zu erfüllen:

a) einen Überblick über die Vermögenslage der Unternehmung geben,
b) Feststellung der Ergebnisse unternehmerischen Handelns,
c) alle Veränderungen der Vermögenslage zahlenmäßig erfassen und festhalten,
d) stellt die Grundlage für die Steuerberechnung,
e) bildet u.a. die Grundlage für das interne Rechnungswesen,
f) dient als Nachweis- und Beweismittel für Adressaten der Finanzbuchhaltung.

2. Aufgabe

Merkmale der Bilanz:

a) Bestandskontenabschluss
b) Gegenüberstellung der Mittelverwendung (Aktiva) und Mittelherkunft (Passiva)

Merkmale der GuV:

c) Gegenüberstellung von Aufwendungen und Erträgen

d) Abschluss der Erfolgskonten

3. Aufgabe

Aktiv- und Passivkonten sind Bestandskonten und weisen folgende Merkmale auf:

a) Es werden auf beiden Konten Positionen fortgeschrieben bis zum Kontenabschluss.

b) Unterschiede:
- Auf Aktivkonten werden Zugänge auf der Sollseite (links) und Abgänge auf der Habenseite (rechts) verbucht.
- Auf Passivkonten ist es genau umgekehrt.

c) Beide Konten sind nach dem gleichen Prinzip aufgebaut:

Aktivkonto		Passivkonto	
S Gebäude	**H**	**S** Eigenkapital	**H**
Anfangsbestand	Abgänge	Abgänge	Anfangsbestand
Zugänge	Schlussbestand	Schlussbestand	Zugänge

4. Aufgabe

Aufwendungen werden im Soll der Aufwandskonten und Erträge im Haben der Ertragskonten gebucht.

5. Aufgabe

Bilanzänderungen:

	Geschäftsvorfälle	Aktiv-tausch	Passiv-tausch	Aktiv-Passiv-Mehrung	Aktiv-Passiv-Minderung
1.	Verkauf eines Lkws auf Ziel, 80.000 €	X			
2.	Kunde bezahlt Rechnung per Überweisung	X			
3.	Einkauf von Waren auf Ziel 15.000 €			X	
4.	Darlehen wird per Banküberweisung getilgt				X
5.	Barabhebung vom Bankkonto	X			
6.	Kauf eines Büroschrankes auf Ziel			X	
7.	Einkauf von Rohstoffen auf Ziel			X	
8.	Umwandlung einer Verbindlichkeit in eine Hypothekenschuld		X		
9.	Barverkauf von Waren	X			

6. Aufgabe

Aktiva	Bilanz		Passiva	
A. Anlagevermögen			A. Eigenkapital	541.000 €
Betriebsgelände	340.000 €		B. Verbindlichkeiten	
Lagerhalle	250.000 €		Langfristige Verbindlichkeiten	
BGA	135.000 €		gegenüber Kreditinstituten	310.000 €
Fuhrpark	120.000 €		Kurzfristige Verbindlichkeiten	
B. Umlaufvermögen			gegenüber Kreditinstituten	90.000 €
Waren	210.000 €		Verbindlichkeiten aus	
Ford. a.LL.	55.000 €		Lieferungen und Leistungen	250.000 €
Bank	76.000 €			
Kasse	5.000 €			
	1.191.000 €			1.191.000 €

Vorgehensweise:

a) Die Angaben der Unternehmung sind der Bilanz nach Aktiva und Passiva sowie nach der Flüssigkeit zuzuordnen (Aktiva: Anlagevermögen, dann das Umlaufvermögen; Passiva: Eigenkapital und Verbindlichkeiten).

b) Es ist die Summe der Aktivseite zu bilden.

c) Das Eigenkapital ist aus der Bilanzsumme minus der Summe der Verbindlichkeiten als Saldo zu bilden.

7. Aufgabe

Beurteilung von Geschäftsvorfällen:

Lohnzahlung bar	erfolgswirksam (Betriebsausgabe)
Überweisung Einkommensteuer vom Bankkonto an das Finanzamt	erfolgsneutral (private Steuer)
Zieleinkauf von Verbrauchsmaterialien	erfolgswirksam (Betriebsausgabe)
Privateinlage des Unternehmers	erfolgsneutral (Privateinlage)
Mieteinnahmen von einer vermieteten Lagerhalle	erfolgswirksam (neutraler Ertrag)

2.3 Kosten- und Leistungsrechnung

Die Kosten- und Leistungsrechnung, als zweiter Bereich des Rechnungswesens, erfüllt Aufgaben und liefert Informationen, die das externe Rechnungswesen, also die Finanzbuchhaltung, so nicht liefern kann. In der Literatur wird die Kosten- und Leistungsrechnung auch als Kosten- und Erlösrechnung, als Kostenrechnung oder auch als Betriebsergebnisrechnung bezeichnet.

Des Weiteren hat die Kosten- und Leistungsrechnung vor allem für die Geschäftsführung eine große Bedeutung, schon deshalb weil Adressaten der Finanzbuchhaltung keinen Zugriff auf die Kosten- und Leistungsrechnung erhalten ggf. auch nicht erhalten sollten.

Im Gegensatz zur Finanzbuchhaltung unterliegt die Kosten- und Leistungsrechnung keinen gesetzlichen Vorschriften. Der Aufbau der Kosten- und Leistungsrechnung richtet sich hauptsächlich nach der Struktur der Unternehmung, auch nach den Prozessabläufen im Unternehmen selbst.

2.3.1 Einführung in die Kosten- und Leistungsrechnung

Eine wichtige Aufgabe der Kosten- und Leistungsrechnung ist die Bereitstellung von Informationen für die operative Planung von Kosten und Erlösen, aber auch für die Kontrolle von Plan-, Soll- und Istdaten. Mit diesen Informationen ist eine Übersicht bzw. Kontrolle der Wirtschaftlichkeit für die Unternehmung möglich. Auch das Controlling bedient sich der Ergebnisse der Kosten- und Leistungsrechnung.

2.3.1.1 Ausrichtung der Kosten- und Leistungsrechnung

Die Daten für die Kosten- und Leistungsrechnung (KLR) kommen aus der Finanzbuchhaltung, aus externen Quellen, aus der Betriebsstatistik sowie aus eigenen Daten aus der Produktion, wie zum Beispiel die kalkulatorischen Kosten.

In Unternehmen, in denen ERP-Systeme (Enterprise-Resource-Planning bzw. Unternehmensressourcenplanung) eingesetzt werden, können viele Quelldaten aus diesem System für die Weiterbearbeitung herangezogen werden. Solche Daten stammen z.B. aus der technischen Dokumentation, wie aus Arbeitsplänen und Stücklisten.

Die Aufbereitung und Verarbeitung dieser Quelldaten erfolgt dann nach festzulegenden Kriterien der Kostenentstehung und der Kostenverteilung.

Die KLR ist vor allem vergangenheitsorientiert und betrachtet Zeiträume bzw. zeitliche Perioden. Diese Perioden sind im Unternehmen eindeutig zu definieren. In diesem Zusammenhang sei aber auch erwähnt, dass Teile der KLR zukunftsorientiert eingesetzt werden, wie es mit der Plankostenrechnung geschieht.

2.3.1.2 Bereiche der Kosten- und Leistungsrechnung

Die Bereiche der KLR leiten sich aus der Erfassung der Kosten und der weiteren Betrachtungsweise der Kostenberechnung ab.

Als **erster Bereich** in der logischen Reihenfolge steht die **Kostenartenrechnung**:

In diesem Bereich werden alle notwendigen Kosten für die nachfolgenden Bereiche erfasst und für die weitere Betrachtung der Kosten aufbereitet.

Es wird hier die Frage beantwortet: Welche Kosten sind entstanden und wie werden die angefallenen Kosten gegliedert?

Zu diesen Kosten gehören z.B.:
- Abschreibungen (aus der Anlagenbuchhaltung entnommen)
- Materialverbrauch (aus der Lagerbuchhaltung entnommen)
- Personalkosten (aus der Lohn- und Gehaltsbuchhaltung abgeleitet)
- Sonstige Kosten (aus der Finanzbuchhaltung entnommen bzw. abgeleitet)

Auch die Frage nach den erbrachten Leistungen wird in der Kostenartenrechnung beantwortet. Hierzu gehören die Außenleistung und Innenleistung einer Unternehmung (Außen- und Innenleistung ergeben die Gesamtleistung der Unternehmung).

Als **zweiter Bereich** folgt die **Kostenstellenrechnung**:

Hier wird die Frage beantwortet: Wo sind die entstandenen Kosten angefallen? Mit dieser Fragestellung ist auch zu erkennen, dass die Kostenartenrechnung zur Beantwortung die notwendige Grundlage darstellt.

Die entstandenen Kosten werden in diesem Bereich auf Kostenstellen verteilt. Der Verteilerschlüssel ist durch das Unternehmen eindeutig zu definieren und darf zwischen den zeitlichen Perioden auch nicht verändert werden. Das schon deshalb, um eine objektive Wirtschaftlichkeitsbetrachtung über die zu analysierenden Perioden zu ermöglichen.

Aufgaben der Kostenstellenrechnung sind:
- Verteilung der erfassten Gemeinkosten auf Kostenstellen
- Innerbetriebliche Leistungsverrechnung zwischen Kosten- und Hilfskostenstellen
- Berechnung von Zuschlagssätzen (Näheres in der Kostenstellenrechnung, Kapitel 2.3.3)
- Überwachung der Kostenentwicklung in einzelnen Bereichen bzw. Abteilungen einer Unternehmung, also Wirtschaftlichkeitsüberwachungen
- Verteilung der erfassten Kosten auf Einzel- und Gemeinkosten

Als **dritter Bereich** folgt die **Kostenträgerrechnung**:

Sie steht somit am Ende der Kostenrechnung und beantwortet die Frage: Wofür sind Kosten entstanden?

Aufgaben der Kostenträgerrechnung sind dementsprechend:
- Ermittlung der Herstell- und Selbstkosten der Kostenträger, stück- und zeitbezogen
- Ermittlung des Erfolgs der Kostenträger, stück- und zeitbezogen
- Bereitstellung von Informationen für die Programmpolitik

- Bereitstellung von Informationen für die Beschaffungspolitik, um Preisober-grenzen feststellen und über Eigenfertigung oder Fremdbezug entscheiden zu können
- Bereitstellung von Informationen für die Preispolitik zum Zwecke der Feststel-lung von Angebotspreisen und Preisuntergrenzen
- Bereitstellung von Informationen für die Bestandsbewertung der unfertigen und fertigen Erzeugnisse

Die Kostenträgerrechnung gliedert sich somit zur Erfüllung ihrer Aufgaben in zwei Unterbereiche:
- die Kostenträgerzeit- und
- die Kostenträgerstückrechnung.

2.3.1.3 Aufgaben und Ziele der Kosten- und Leistungsrechnung

Neben den im vorstehenden Kapitel erläuterten Aufgaben und Zielen lassen sich die wichtigsten **Aufgaben** wie folgt zusammenfassen:

1. **Selbstkostenermittlung als Grundlage zur Preisgestaltung**:
   In der KLR werden Selbstkosten von einem Gut ermittelt. Diese ermittelten Selbstkosten dienen als Basis für die Gestaltung des Verkaufspreises.
2. **Controlling (Kontrolle der Wirtschaftlichkeit)**:
   Das Controlling überwacht Kosten und Leistungen im Unternehmen. Wirt-schaftliches Handeln erfordert von Unternehmungen, dass Kosten permanent gesenkt, Leistungen erhöht und somit dem Wettbewerb anzupassen sind.
3. **Deckungsbeitragsrechnung**:
   Hier wird berechnet, inwieweit ein produziertes Gut zur Deckung der fixen Kos-ten im Unternehmen beiträgt. Damit ist auch eine kurzfristige Erfolgsrechnung verbunden.
4. **Entscheidungsgrundlage**:
   Die Ergebnisse und Erkenntnisse, die aus der KLR abgeleitet werden, bilden eine wesentliche Grundlage für die Führung einer Unternehmung.

Neben diesen Aufgaben lassen sich auch wesentliche **Ziele** der Kosten- und Leis-tungsrechnung ableiten:

1. **Wirtschaftlichkeitskontrolle**
2. **Kostenkalkulation** und **Nachkalkulation**
3. **Gewinnung von Informationen** als Basis für Entscheidungsrechnungen
4. Ermöglichung der Umsetzung einer **kurzfristigen Erfolgsrechnung**
5. **Bewertung der Warenvorräte** in der Jahresbilanz

2.3.1.4 Abgrenzungsrechnung von der Finanzbuchhaltung zur Kosten- und Leistungsrechnung

Die Kosten- und Leistungsrechnung erfolgt auf der Basis der Grundkosten, die aus der Finanzbuchhaltung abgeleitet werden, sowie auf der Basis der kalkulatorischen Kosten. Aufgrund dessen ist eine klare Abgrenzung zwischen den Ergebnissen der Finanzbuchhaltung und der Kosten- und Leistungsrechnung vorzunehmen.

Zuvor sind hier für die nachfolgenden wirtschaftlichen Betrachtungen einige Begriffe zu definieren:

Aufwand:

Unter Aufwand, auch Aufwendungen, ist der gesamte Werteverzehr in einer Unternehmung zu verstehen, der in einer Abrechnungsperiode entsteht. Dazu gehören Güter, Dienstleistungen und Abgaben.

Neutraler Aufwand:

Aufwendungen können einerseits betriebsbedingt, d.h. durch betriebliche Aufgaben zur Erfüllung von Unternehmenszielen entstehen, andererseits können sie durch betriebsfremde Vorgänge, wie z.B. Verluste bei Wertpapiergeschäften, auftreten. Da letztere Vorgänge nicht betriebsbedingt sind, werden diese Aufwendungen als neutraler Aufwand bzw. als neutrale Aufwendungen bezeichnet.

Zweckaufwand:

Der Zweckaufwand ist eine weitere Spezifizierung des betrieblichen Aufwandes und bezeichnet in der Kosten- und Leistungsrechnung den Teil eines Aufwandes, der sich direkt auf eine Kostenart richtet, beispielsweise Löhne oder kalkulatorische Zinsen. Der zeitliche Bezug ist auch hier die Abrechnungsperiode.
Untergliedern lässt sich der Zweckaufwand in Grundkosten (z.B. Löhne) und Anderskosten (z.B. kalkulatorische Zinsen). Zweckaufwand und Zusatzkosten bilden die Kosten.

Grundkosten:

Grundkosten sind Kosten, die wertmäßig exakt dem Aufwand der Finanzbuchhaltung entsprechen. Sie haben ihre Wirksamkeit auf die Gewinn- und Verlustrechnung, wenn sie betriebsbedingt, geplant bzw. gewöhnlich und periodengerecht sind.

Anderskosten:

Anderskosten sind Kosten, die zwar im Aufwand der Finanzbuchhaltung zu finden sind, aber aufgrund anderer Rechnungsziele anders bewertet werden.

Beispiel: Abschreibungen werden in der Finanzbuchhaltung nach gesetzlichen Festlegungen vorgenommen. In der Kostenrechnung besteht aber die Möglichkeit, diese Abschreibung verursachungsgerecht vorzunehmen. Damit ergeben sich andere Werte in den Abschreibungen zwischen der Finanzbuchhaltung und der KLR. Sie werden also **anders** berechnet.

Zusatzkosten:

Um ein realistisches Bild der Kostenstruktur zu erhalten, sind in der Kosten- und Leistungsrechnung auch Kosten zu berücksichtigen, die nicht in der Finanzbuchhaltung erfasst werden, also Zusatzkosten. So ist z.B. der kalkulatorische Unternehmerlohn in Personengesellschaften, der in der Finanzbuchhaltung nicht berücksichtigt wird, in der Betriebsergebnisrechnung zu berücksichtigen. Zusatzkosten dürfen somit auch nicht in die Bilanz einbezogen werden.

Kosten:

Der Begriff Kosten steht für den Verbrauch von betrieblich notwendigen Ressourcen, ausgedrückt in Geldeinheiten. Sie grenzen sich somit vom neutralen Aufwand ab. Ein Beispiel sind Lohnkosten in der Produktion.

Ertrag:

Ertrag ist das Ergebnis der wirtschaftlichen Leistung und bezeichnet den Wertezuwachs eines Unternehmens, nach dem Prinzip der Erfolgswirksamkeit einer bestimmten Periode.

Neutraler Ertrag:

Neutraler Ertrag ist der Ertrag, der **nicht aus dem ordentlichen (= regelmäßigen) betrieblichen Leistungsprozess** stammt, also keinen Leistungscharakter hat.

Folgende Untergliederung ist gegeben:
- betriebsfremder Ertrag (Ertrag aus Finanzanlagen),
- außerordentlicher Ertrag (Gewinn bei Maschinenverkauf über Buchwert),
- periodenfremder Ertrag (Steuerrückzahlung).

Zweckertrag:

Zweckertrag ist der Teil des Ertrags, der sich mit der Abgrenzung von Ertrag und Leistung nach Abzug des neutralen Ertrags ergibt. Der Zweckertrag resultiert aus dem betrieblichen Leistungsprozess.

Zweckertrag = Ertrag – neutraler Ertrag

Leistung:

Leistung ist das Ergebnis eines zielgerichteten und produktiven Einsatzes von personalen, materiellen und/oder immateriellen Produktionsfaktoren und/oder Faktorkombinationen.

Im betrieblichen Rechnungswesen wird unter Leistung ausschließlich das erfasste und bewertete Produktionsergebnis eines Unternehmens verstanden. Dazu gehören auch immaterielle Güter.

Die Leistung bildet ein Begriffspaar mit den Kosten und gehört zu den Grundbegriffen des Rechnungswesens.

Grundleistung:

Erträge, die durch die betriebliche Tätigkeit erreicht werden, sind als Grundleistung zu bezeichnen. Wertmäßig steht die Grundleistung den Grundkosten gegenüber.

Andersleistung:

Andersleistungen sind kalkulatorische Leistungen. Insofern stehen diesen Leistungen Erträgen in anderer Höhe gegenüber und sind somit abzugrenzen.

Zusatzleistung:

Leistungen, denen kein Ertrag gegenübersteht, werden als zusätzliche Leistungen definiert. Sie sind in der Kosten- und Leistungsrechnung zu berücksichtigen, aber nicht in der Geschäftsbuchhaltung. Zusatzleistungen können z.B. unentgeltlich abgegebene Produkte sein.

2.3.1.4.1 Abgrenzung Aufwand und Kosten

Abb. 2.15:   Abgrenzung Aufwand und Kosten

Gesamter Aufwand			
Neutraler Aufwand	Zweckaufwand		
	Als Kosten verrechneter Zweckaufwand	Nicht als Kosten verrechneter Zweckaufwand	
	Grundaufwand	Anderskosten*	Zusatzkosten
		Kalkulatorische Kosten	
	Gesamtkosten		

* Anderskosten können größer oder kleiner als der nicht als Kosten verrechnete Zweckaufwand sein.

Folgende Situationen können bei der Abgrenzung von Aufwand und Kosten unterschieden werden:

1. Dem Aufwand stehen Kosten gegenüber, die sich jedoch in der Höhe vom Aufwand unterscheiden. Es sind dann **Anderskosten**, wie z.B. kalkulatorische Abschreibungen.
2. Dem Aufwand stehen keine Kosten gegenüber. Es ist somit ein **neutraler Aufwand**, wie z.B. ein Brandschaden oder auch der Verlust aus Beteiligungen.
3. Den Kosten steht kein Aufwand gegenüber. Es handelt sich hier um **Zusatzkosten**. Als Beispiele können hier der kalkulatorische Unternehmerlohn, die kalkulatorischen Zinsen für das Eigenkapital sowie kalkulatorische Miete für Eigenräume angeführt werden.
4. Dem Aufwand stehen in gleicher Höhe Kosten gegenüber. Es handelt sich hier um einen **Zweckaufwand**. Beispiele sind Material- oder auch Personalkosten.

Der **neutrale Aufwand** kann weiterhin in drei Arten gegliedert werden:

1. Betriebsfremder Aufwand: Dieser Aufwand hat nichts mit dem Betriebszweck zu tun. In der KLR wird er nicht berücksichtigt. Als Beispiel ist hier eine Spende für einen guten Zweck zu nennen.
2. Betrieblich außerordentlicher Aufwand: Ein außerordentlicher Aufwand liegt vor, wenn ein außergewöhnliches Ereignis vorliegt, aber die Kosten und Leistungen permanent nicht beeinflusst. Das wäre z.B. der Fall, wenn ein komplexes Maschinensystem ausfällt, dadurch erhebliche Reparaturkosten anfallen, die aber wiederum nicht regelmäßig entstehen.

3. Periodenfremder Aufwand: Periodenfremde Aufwendungen weisen einen betrieblichen Bezug auf, sind aber in einer früheren zeitlichen Periode entstanden und werden nicht in der aktuellen Periode erfasst. Eine Steuernachzahlung wäre so ein beispielhafter Fall, da diese Nachzahlung auf die betriebliche Tätigkeit in einer früheren Periode zurückzuführen ist.

2.3.1.4.2 Abgrenzung Ertrag und Leistungen

Abb. 2.16: Abgrenzung Ertrag und Leistungen

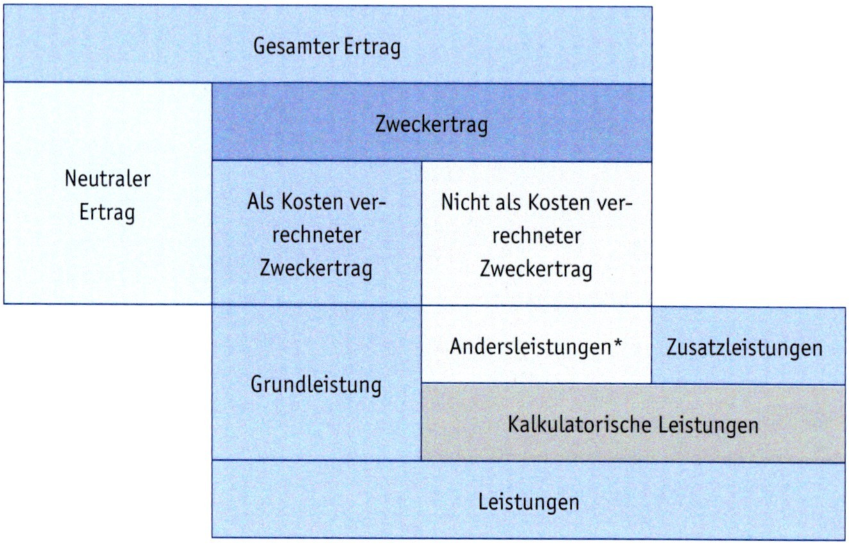

* Andersleistungen können größer oder kleiner als der nicht als Leistung verrechnete Zweckertrag sein.

Auch hier (Abgrenzung von Ertrag und Leistungen) können vier Situationen unterschieden werden:

1. Erträge und Leistungen unterscheiden sich in ihrer Höhe und bilden somit die **Andersleistungen**. Das wäre z.B. bei der kalkulatorischen Bewertung von Beständen und Fertigerzeugnissen der Fall.
2. Den Leistungen stehen keine Erträge gegenüber. Es sind in diesem Fall **Zusatzleistungen**, die z.B. bei sog. Gratisproben für Kunden entstehen.
3. Den Erträgen stehen keine Leistungen gegenüber. Das ist dann der Fall, wenn z.B. eine Anlage über den Buchwert verkauft wird. In dieser Situation wird von einem **neutralen Ertrag** gesprochen.
4. Erträge stellen die gesamte Höhe der Leistungen dar. In dieser Situation ist der Betriebsertrag gleich der **Grundleistung**. Die Grundleistung ist somit eine vermarktete Leistung. Umsatzerlöse der Produkte einer Unternehmung sind hier als Beispiel anzuführen.

Auch der **neutrale Ertrag** kann des Weiteren in drei Arten gegliedert werden:

1. Betriebsfremder Ertrag: Diese Ertragsart geht ins Betriebsergebnis ein, es erfolgt keine Berücksichtigung in der KLR.

2. Betrieblich außerordentlicher Ertrag: Ein betrieblich außerordentlicher Ertrag fällt zufällig, einmalig bzw. in außerordentlicher Höhe an und ist deshalb auch nicht in der KLR zu berücksichtigen.

3. Periodenfremder Ertrag: Der periodenfremde Ertrag ist zwar betrieblich bedingt, fällt aber in eine andere Abrechnungsperiode und ist deshalb ebenfalls in der KLR nicht zu berücksichtigen. Ein klassisches Beispiel ist hier die Steuerrückerstattung auf der Basis der Steuerberechnung einer in der Vergangenheit liegenden Abrechnungsperiode.

2.3.1.4.3 Gesamtergebnis und Betriebsergebnis

Eine wesentliche Aufgabe der Abgrenzungsrechnung ist die Trennung der Ergebnisse der Gewinn- und Verlustrechnung in ein neutrales Ergebnis und in ein betriebsbedingtes Ergebnis. Die Ermittlung des betriebsbedingten Ergebnisses ermöglicht es der Unternehmensleitung, Informationen für betriebliche Entscheidungen abzuleiten.

Das Prinzip der Abgrenzungsrechnung besteht darin, dass aus der Gewinn- und Verlustrechnung der Finanzbuchhaltung, auch bezeichnet als Rechnungskreis I, neutrale Aufwendungen und neutrale Erträge abgegrenzt werden. Das Ergebnis findet sich dann im Betriebsergebnis wieder, d.h. in der Kosten- und Leistungsrechnung, die wiederum als Rechnungskreis II bezeichnet wird.

Das folgende Schema soll das Prinzip verdeutlichen:

Abb. 2.17: Abgrenzungsrechnung

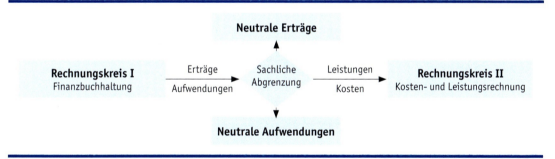

Die praktische Abgrenzungsrechnung erfolgt in Form einer Ergebnistabelle:

Prinzipiell besteht folgender Zusammenhang, der auch mit der Ergebnistabelle abgebildet wird:

> **!** Gesamtergebnis = neutrales Ergebnis + Betriebsergebnis
> bzw.
> Betriebsergebnis = Gesamtergebnis – neutrales Ergebnis

Beispielrechnung:

Aus dem GuV-Konto einer Mustermann KG ist eine Ergebnistabelle zur Feststellung des Gesamt-, neutralen und Betriebsergebnisses zu erstellen. Zunächst sollen nur die neutralen Aufwendungen und Erträge von den betrieblichen Aufwendungen (Kosten) und den betrieblichen Erträgen (Leistungen) abgegrenzt werden.

Folgende Positionen des GuV-Kontos sollen daraufhin untersucht werden, ob sie für die KLR geeignet sind:

1. Die Mieterträge werden für ein vermietetes Lagergebäude erzielt.
2. Die bilanziellen Abschreibungen (Konto: 6520) belaufen sich auf 700.000 €. Dagegen betragen die kalkulatorischen Abschreibungen 800.000 € (Anderskosten).
3. In der GuV-Position „Betriebliche Steuern" sind Grundsteuern enthalten; 10.000 € Grundsteuern entfallen auf das vermietete Lagergebäude.

Soll			Gewinn- und Verlustrechnung			Haben
6000	Aufwendungen für Rohstoffe	3.000.000	5000	Umsatzerlöse für eig. Erzeugn.		11.000.000
6020	Aufwendungen für Hilfsstoffe	750.000	5202	Mehrbestand an fertigen Erzeugn.		250.000
6030	Aufwendungen für Betriebsstoffe	40.000	5400	Mieterträge		150.000
6200	Löhne	2.500.000	5480	Erträge a.d. Herabsetzung von Rückstellungen		60.000
6300	Gehälter	500.000	5710	Zinserträge		80.000
6400	Soziale Abgaben	500.000				
6520	Abschreibungen auf Sachanlagen	700.000				
6800	Büromaterial	50.000				
6870	Werbung	210.000				
6960	Verluste aus Verm.-Abgang	100.000				
7077	Betriebliche Steuern	200.000				
7460	Verluste aus Wertpapierverkauf	50.000				
7510	Zinsaufwendungen	550.000				
7600	Außerordentliche Aufwendungen	210.000				
	Jahresüberschuss	2.180.000				
		11.540.000				11.540.000

Ergebnisrechnung:

Rechnungskreis I				Rechnungskreis II					
Finanzbuchhaltung				Abgrenzungsbereich				Kosten- und Leistungsrechnung	
				Unternehmensbezogene Abgrenzungen		Kostenrechnerische Korrekturen			
Konto		Aufwendungen	Ertrag	Neutrale Aufwendungen	Neutraler Ertrag	Verrechnete Aufwendungen	Verrechnete Kosten	Kosten	Leistungen
5000	Umsatzerlöse für eig. Erzeugn.		11.000.000						11.000.000
5202	Mehrbestand an fertigen Erzeugn.		250.000						250.000
5400	Mieterträge		150.000		150.000				
5480	Erträge a.d. Herabsetzung von Rückstellungen		60.000		60.000				
5710	Zinserträge		80.000		80.000				
6000	Aufwendungen für Rohstoffe	3.000.000						3.000.000	
6020	Aufwendungen für Hilfsstoffe	750.000						750.000	
6030	Aufwendungen für Betriebsstoffe	40.000						40.000	
6200	Löhne	2.500.000						2.500.000	

Kto.	Bezeichnung								
6300	Gehälter	500.000						500.000	
6400	Soziale Abgaben	500.000						500.000	
6520	Abschreibungen auf Sachanlagen	700.000				700.000	800.000	800.000	
6800	Büromaterial	50.000						50.000	
6870	Werbung	210.000						210.000	
6960	Verluste aus Verm.-Abgang	100.000		100.000					
7077	Betriebliche Steuern	200.000		10.000				190.000	
7460	Verluste aus Wertpapierverkauf	50.000		50.000					
7510	Zinsaufwendungen	550.000						550.000	
7600	Außerordentliche Aufwendungen	210.000		210.000					
		9.360.000	11.540.000	370.000	290.000	700.000	800.000	9.090.000	11.250.000
		2.180.000			80.000	100.000		2.160.000	
		11.540.000	11.540.000	370.000	370.000	800.000	800.000	11.250.000	11.250.000

Gesamtergebnis	Neutrales Ergebnis	Betriebsergebnis
2.180.000	20.000	2.160.000

Erläuterung zur Ergebnistabelle:

1. Die Werte aus dem GuV-Konto werden in die Ergebnistabelle in den Rechnungs-kreis I übertragen.

2. Für die Betriebsergebnisrechnung werden die Salden aus dem Rechnungskreis I in die Kosten- und Leistungsrechnung übertragen. Dabei ist zu beachten, dass Erträge in voller Höhe übertragen werden, die auch Leistungen darstellen. Aufwendungen, die Kosten darstellen, werden ebenfalls als Kosten in den Bereich der Kosten- und Leistungsrechnung übertragen.

Beispiel:
a) Kto. 5000 Umsatzerlöse für eigene Erzeugnisse (11.000.000 €) werden vollständig in die Spalte „Leistungen" übertragen.
b) Kto. 6000 Aufwendungen für Rohstoffe (3.000.000 €) werden vollständig in die Spalte „Kosten" übertragen.

3. Für die Abgrenzungsrechnung werden Beträge vollständig in den Bereich „Unternehmensbezogene Abgrenzungen" übertragen, wenn sie neutrale Erträge bzw. neutrale Aufwendungen sind.

Beispiel: Kto. 5710 Zinserträge (80.000 €), ein neutraler Ertrag, wird vollständig in die Spalte „Neutraler Ertrag" übernommen.

4. Besondere Beachtung ist auf das Konto 6520 Abschreibungen auf Sachanlagen zu legen.
Die bilanzielle Abschreibung beläuft sich auf 700.000 €. Dagegen wurde für die kalkulatorische Abschreibung (Spalte „Kosten" im Bereich Kosten- und Leis-tungsrechnung) ein Wert von 800.000 € ermittelt.
Damit das Gesamtergebnis der Ergebnistabelle nach der Berechnung mit dem Ergebnis des GuV-Kontos übereinstimmt, erfolgt hier im Bereich „Kostenrechne-

rische Korrekturen" eine Gegenrechnung. Die Differenz von 100.000 € wird am Schluss der Berechnung bei der Bildung des neutralen Ergebnisses berücksichtigt.

5. Beim Kto. 7077 Betriebliche Steuern (200.000 €) ist in der Ausgangssituation definiert, dass 10.000 € Grundsteuern auf das vermietete Lagergebäude entfallen. Damit sind diese 10.000 € ein neutraler Aufwand. Die verbleibenden 190.000 € sind als Kosten in die Spalte „Kosten" im Bereich Kosten- und Leistungsrechnung zu übernehmen.

6. Sind alle Kosten des Rechnungskreises I auf den Rechnungskreis II verteilt, werden die Spaltensummen gebildet. Ähnlich wie in einem Konto wird hier ein Saldo ausgewiesen. Diese Salden stellen dann das Gesamtergebnis, das neutrale und das Betriebsergebnis dar.

In unserem Beispiel:

a) Das Gesamtergebnis   2.180.000 €
   (entspricht auch dem Jahresüberschuss im GuV-Konto)

b) Das neutrale Ergebnis   20.000 €
   (Differenz zwischen „Verrechnete Aufwendungen" und „Neutraler Ertrag")

c) Das Betriebsergebnis   2.160.000 €

7. Die Ergebnistabelle verdeutlicht, dass das Produktionsergebnis in der Abrechnungsperiode sich aus dem Absatz (11.000.000 €) und der Lagerleistung (250.000 €) zusammensetzt. Das Ergebnis der Leistungen in Höhe von 11.250.000 € wurde unter dem Einsatz von Kosten in Höhe von 9.090.000 € erzielt.
Setzt man diese Zahlen ins Verhältnis,

$$\text{Wirtschaftlichkeit} = \frac{\text{Leistungen}}{\text{Kosten}} = \frac{11.250.000 \text{ €}}{9.090.000 \text{ €}} \approx 1,24$$

erhält man eine Wirtschaftlichkeit von gerundet 1,24. Das bedeutet, dass mit dem Einsatz von 1,00 € Umsatzerlöse von 1,24 € zurückgeflossen sind. Das Unternehmen war also in der Abrechnungsperiode erfolgreich!

- Die Abgrenzungsrechnung ist ein Bindeglied zwischen der Finanzbuchhaltung und der KLR.

- Die Abgrenzungsrechnung ermöglicht es dem Unternehmer zu bestimmen, inwieweit sein Unternehmen erfolgreich ist, sodass ggf. dargestellte Verluste im GuV-Konto auf das neutrale Ergebnis oder auf das Betriebsergebnis zurückzuführen sind. Die sich daraus ergebenden Schlussfolgerungen können die Unternehmensführung dann dabei unterstützen, zu begründeten Entscheidungen zu gelangen.

- Aus dem Verhältnis „Leistungen" zu „Kosten" ist die Wirtschaftlichkeit ableitbar, die den Erfolg einer Unternehmung als Kennzahl darstellt.

2.3.1.4.4 Kostenrechnerische Korrekturen

Werte aus der Finanzbuchhaltung bilden eine Grundlage für die Kosten- und Leistungsrechnung. Es existieren aber Kostenarten, die aufgrund der Berechnungsmethoden in der Kosten- und Leistungsrechnung nicht eins zu eins übernommen werden können. Als Beispiel werden hier Anschaffungskosten für Werkstoffe angeführt. Diese Werkstoffe werden aufgrund von z.B. veränderten Marktpreisen bei der Entnahme aus dem Lager für eine Weiterverarbeitung anders bewertet, als die Anschaffungskosten zum Zeitpunkt der Beschaffung waren.

In der Betriebsergebnisrechnung sind aber die verursachungsgerechten Kosten als kalkulatorische Kosten anzusetzen. Die Umrechnung erfolgt in der Ergebnistabelle im Bereich der „Kostenrechnerischen Korrekturen".

Folgende Aufwendungen sind in der Kosten- und Leistungsrechnung korrekturbedürftig:

Korrekturbedürftige Aufwendungen in der Finanzbuchhaltung	Kalkulatorische Kosten in der KLR
Bilanzielle Abschreibungen	Kalkulatorische Abschreibungen
Fremdkapitalzinsen	Kalkulatorische Zinsen
Eingetretene Einzelwagnisse	Kalkulatorische Wagnisse
Anschaffungskosten Werkstoffe	Verrechnungspreise
(kein Bezug in der Finanzbuchhaltung zur KLR vorhanden)	Kalkulatorischer Unternehmerlohn
	Kalkulatorische Zinsen auf das Eigenkapital

Arten von kalkulatorischen Kosten

Es werden folgende Arten von Kosten unterschieden:

Aufwandsgleiche Kosten   =   Grundkosten
Aufwandsverschiedene Kosten =   Anderskosten (z.B. kalkulatorische Abschreibungen) oder
         Zusatzkosten (z.B. kalkulatorischer Unternehmerlohn)

Grundkosten:
Diese Kosten werden unverändert in die Betriebsergebnisrechnung übernommen.

Kalkulatorische Kosten:
Diese Kosten werden unterteilt in **Anderskosten** und **Zusatzkosten**.

Anderskosten:
Anderskosten, wie der Name es sagt, werden „anders" in der Betriebsergebnisrechnung betrachtet. Typische Beispiele sind hier die kalkulatorischen Wagnisse und kalkulatorischen Abschreibungen. Damit sind diese Kosten, wie auch die Zusatzkosten, aufwandsungleiche Kosten.

Zusatzkosten:

Hier gibt es absolut keinen Bezug zur Finanzbuchhaltung. Es liegen also bei dieser Kostenart keine Werte aus der Finanzbuchhaltung zugrunde. Warum? Diese Kostenart stellt einen leistungsbezogenen Werteverzehr dar. Allerdings wird dieser Werteverzehr nicht in der Finanzbuchhaltung nachgewiesen, da hier keine Geldausgaben zugrunde liegen.

Ein typisches Beispiel ist der kalkulatorische Unternehmerlohn, der nur in Personengesellschaften anzusetzen ist. Im Gegensatz zu einer Kapitalgesellschaft stellt sich der Inhaber einer Personengesellschaft nicht selbst an. Seine persönlichen Einnahmen entnimmt er nach Bedarf aus dem Firmenkapital. Diese Entnahme wird aber nicht als Gehaltszahlung gebucht. Allerdings sind es Kosten, die in der Betriebsergebnisrechnung zu berücksichtigen sind, um ein realistisches Bild des Betriebsergebnisses zu erhalten. Damit ist der kalkulatorische Unternehmerlohn eine Zusatzkostenart.

Kalkulatorische Abschreibungen

Kalkulatorische Abschreibungen haben die Aufgabe, den tatsächlichen Werteverzehr von Gütern des Anlagevermögens zu erfassen bzw. zu ermitteln. Diese Abschreibung ist durch verschiedene Faktoren begründet.

Abschreibungsursachen können einerseits technischer Natur sein, aber auch wirtschaftliche Gründe haben.

Technische Gründe wären der Gebrauch des Gutes, der Einfluss durch die Umwelt, wie z.B. Verwitterung, sowie außergewöhnliche Ereignisse, wie z.B. Unfälle mit technischen Gütern, sowie verändertes technisches Know-how durch Nachfolgeprodukte.

Wirtschaftliche Gründe können sich aus veränderten Marktbedingungen, technologischem Fortschritt bei der Produktion von Gütern, Veränderungen am Markt (Angebot und Nachfrage), aber auch durch gesetzliche Veränderungen (z.B. Veränderung der AfA-Bedingungen lt. Gesetz) ergeben.

Wertansätze zur Abschreibung

Die **bilanzielle Abschreibung** orientiert sich an gesetzlichen Vorgaben. Dazu gehören das AktG, das HGB, aber auch das EStG. Grundlage für die Berechnung der bilanziellen Abschreibung sind die Anschaffungs- oder auch Herstellkosten. Maßgeblich für die bilanzielle Abschreibung sind die sog. AfA-Tabellen.

Dagegen ist die **kalkulatorische Abschreibung** ausschließlich nur für die Kosten- und Leistungsrechnung geeignet, schon deshalb, da hier keine gesetzlichen Vorschriften zu beachten sind. Bei dieser Art der Abschreibung wird ein verursachungsgerechter Werteverzehr unterstellt. Die Basis für die Berechnung der kalkulatorischen Abschreibung ist der Wiederbeschaffungs- oder auch Tageswert.

Nutzungsdauer und/oder Werteverzehr müssen demnach nach anderen als gesetzlich vorgegebenen Methoden ermittelt werden.

Im folgenden Schema sind diese Methoden dargestellt:

Abb. 2.18: Abschreibungsmethoden

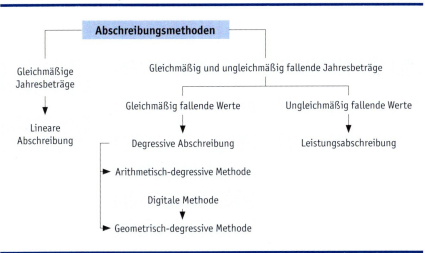

Beispiel für einen Abschreibungsvergleich:

Folgende Daten sind für den Vergleich der bilanziellen und kalkulatorischen Abschreibung gegeben.

Diese Anlagegüter sind linear abzuschreiben:

Angaben zur bilanziellen Abschreibung:

Anlagegut	Anschaffungskosten	Betriebsgewöhnliche Nutzungsdauer lt. AfA
Pkw	50.000,00 €	6 Jahre
Notebook	1.200,00 €	3 Jahre
Büromöbel	25.000,00 €	13 Jahre

Angaben zur kalkulatorischen Abschreibung:

Anlagegut	Wiederbeschaffungswert	Geschätzte Nutzungsdauer
Pkw	60.000,00 €	8 Jahre
Notebook	900,00 €	2 Jahre
Büromöbel	27.000,00 €	8 Jahre

Die lineare Abschreibung wird im Verhältnis zwischen den Basisdaten und der Nutzungsdauer berechnet:

$$\text{Abschreibungsbetrag} = \frac{\text{Basiswert}}{\text{Nutzungsdauer}}$$

Gemäß diesen Angaben ergeben sich die Abschreibungsdaten für diese drei Anlagegüter:

Für den Pkw (Werte gerundet):

Jahre	Jährliche Abschr. 8.333,33 €		Jährliche Abschr. 7.500,00 €	
	Lineare bilanzielle Abschreibung	Buchwert	Lineare kalkulatorische Abschreibung	Buchwert
0		50.000,00 €		60.000,00 €
1	8.333,33 €	41.666,67 €	7.500,00 €	52.500,00 €
2	8.333,33 €	33.333,33 €	7.500,00 €	45.000,00 €
3	8.333,33 €	25.000,00 €	7.500,00 €	37.500,00 €
4	8.333,33 €	16.666,67 €	7.500,00 €	30.000,00 €
5	8.333,33 €	8.333,33 €	7.500,00 €	22.500,00 €
6	8.333,33 €	0,00 €	7.500,00 €	15.000,00 €
7			7.500,00 €	7.500,00 €
8			7.500,00 €	0,00 €

Aufgrund der längeren Nutzung des Pkws sind die Kosten in der Kosten- und Leistungsrechnung nicht so hoch wie die bilanzielle Abschreibung. Damit kann sich die Wirtschaftlichkeit im Betriebsergebnis durchaus erhöhen.

Für das Notebook:

Jahre	Jährliche Abschr. 400,00 €		Jährliche Abschr. 450,00 €	
	Lineare bilanzielle Abschreibung	Buchwert	Lineare kalkulatorische Abschreibung	Buchwert
0		1.200,00 €		900,00 €
1	400,00 €	800,00 €	450,00 €	450,00 €
2	400,00 €	400,00 €	450,00 €	0,00 €
3	400,00 €	0,00 €		

Das genutzte Notebook wird statt nach drei Jahren, wie gesetzlich vorgeschrieben, tatsächlich kalkulatorisch nach zwei Jahren aus dem Betrieb genommen. Damit werden die Kosten im Betriebsergebnis erhöht ausgewiesen und die Wirtschaftlichkeit kann also auch sinken. Der Grund der vorzeitigen Herausnahme aus dem Betrieb kann durchaus einen technologischen Hintergrund besitzen. Bei dieser Betrachtungsweise wird aber vernachlässigt, dass auch in der Finanzbuchhaltung der AfA-Zeitraum außergewöhnlich verkürzt werden kann.

Für die Büromöbel:

Hier wird aus methodischen Gründen die **digitale Abschreibung** (arithmetisch-degressive Methode) erläutert. Basis sind hier stets die Anschaffungs- oder Herstell-kosten zum Wiederbeschaffungszeitpunkt. Am Ende dieser Methode ergibt sich wie bei der linearen AfA ein Restwert von null. Die jährlichen Abschreibungsbe-träge fallen stets um den gleichen Betrag.

Reihenfolge der Berechnung:

1. Es wird die Summe der arithmetischen Reihe 1 + 2 + ... + n der Nutzungsjahre gebildet. Das Ergebnis ist der Nenner eines Quotienten, der zum Zähler die Anschaffungs- oder Herstellkosten hat.
2. Wird das Resultat dieses Quotienten (= Degressionsbetrag) dann jeweils mit den Jahresziffern der Restnutzungsdauer in fallender Reihe multipliziert, so ergeben sich die Abschreibungen vom ersten bis n-ten Jahr.

Formel für dieses Beispiel:

1.

$$\text{Degressionsbetrag} = \frac{27.000\ \text{€}}{(1 + 2 + 3 + 4 + 5 + 6 + 7 + 8)} = 750,00\ \text{€}$$

2.

750,00 · 8 = 6000,00 = AfA-Betrag im 1. Jahr
750,00 · 7 = 5250,00 = AfA-Betrag im 2. Jahr
750,00 · 6 = 4500,00 = AfA-Betrag im 3. Jahr
750,00 · 5 = 3750,00 = AfA-Betrag im 4. Jahr
750,00 · 4 = 3000,00 = AfA-Betrag im 5. Jahr
750,00 · 3 = 2250,00 = AfA-Betrag im 6. Jahr
750,00 · 2 = 1500,00 = AfA-Betrag im 7. Jahr
750,00 · 1 = 750,00 = AfA-Betrag im 8. Jahr

für die Abschreibung gelten dann folgende Werte:

Jahre	Lineare kalkulatorische Abschreibung	Buchwert	Digitale kalkulatorische Abschreibung	Buchwert
0		27.000,00 €		27.000,00 €
1	3.375,00 €	23.625,00 €	6.000,00 €	21.000,00 €
2	3.375,00 €	20.250,00 €	5.250,00 €	15.750,00 €
3	3.375,00 €	16.875,00 €	4.500,00 €	11.250,00 €
4	3.375,00 €	13.500,00 €	3.750,00 €	7.500,00 €
5	3.375,00 €	10.125,00 €	3.000,00 €	4.500,00 €
6	3.375,00 €	6.750,00 €	2.250,00 €	2.250,00 €
7	3.375,00 €	3.375,00 €	1.500,00 €	750,00 €
8	3.375,00 €	0,00 €	750,00 €	0,00 €

Leistungsabschreibungen

Bei beweglichen Wirtschaftsgütern des Anlagevermögens, bei denen die Leistungs-
abgabe exakt bestimmt werden kann, ist es möglich, die Leistungsabschreibung zu
wählen. Eine Leistungsabschreibung ist auch aus bilanzieller Sicht interessant.

Wichtig für die Leistungsabschreibung ist der Grad der Beanspruchung unabhängig vom Zeitablauf. Diese Methode kommt dem tatsächlichen Werteverzehr am
nächsten und ist damit aus betriebswirtschaftlicher Sicht das geeignete Verfahren
für eine kalkulatorische Abschreibung.

Berechnet wird der Abschreibungsbetrag nach folgender Formel:

$$\text{Abschreibungsbetrag} = \frac{\text{Basiswert} \cdot \text{Jahresleistung}}{\text{geschätzte Gesamtleistungsabgabe}}$$

 Beispiel:

Die Anschaffungskosten eines Pkws betragen 50.000 €; es wird durch den Fahrer korrekt
ein Fahrtenbuch mit allen notwendigen Angaben geführt.

Die Nutzungsdauer des Pkws beträgt sechs Jahre. Aus dem Fahrtenbuch werden für diese
sechs Jahre die notwendigen Leistungsdaten, hier die gefahrenen Kilometer, entnommen. Somit ergibt sich folgendes Leistungsbild:

Jahre	1	2	3	4	5	6
Leistung in km	40.000	35.000	20.000	22.000	17.000	30.000

Damit ergibt sich folgende Abschreibung:

Jahr	Leistung im Jahr	Leistungs-abschreibung	Restwert
0			50.000,00 €
1	40.000 km	12.195,12 €	37.804,88 €
2	35.000 km	10.670,73 €	27.134,15 €
3	20.000 km	6.097,56 €	21.036,59 €
4	22.000 km	6.707,32 €	14.329,27 €
5	17.000 km	5.182,93 €	9.146,34 €
6	30.000 km	9.146,34 €	0,00 €

Kalkulatorische Wagnisse

In jeder unternehmerischen Tätigkeit gibt es Risiken, die durchaus zu Verlusten,
die auch erheblich sein können, führen. Auch sind der Zeitpunkt und die genaue
Höhe nicht voraussehbar. Bei den kalkulatorischen Wagnissen wird unterschieden
in:
- das allgemeine Unternehmerrisiko
  und
- spezielle Einzelwagnisse.

Das **allgemeine Unternehmerrisiko** (oder auch allgemeines Unternehmerwag-
nis) gehört nicht zu den kalkulatorischen Wagnissen, da es durch den Gewinn

abgedeckt ist. Insofern wird es bei der Betriebsergebnisrechnung nicht berücksichtigt.

Spezielle Einzelwagnisse dagegen sind in der Betriebsergebnisrechnung zu betrachten, da sie zufällig, unregelmäßig und in unterschiedlicher Höhe auftreten können. Zu den speziellen Einzelwagnissen gehören:

- Verluste an Anlagegütern durch besondere Schadensfälle
- Verluste an Vorräten durch Schwund, Diebstahl und/oder Verderb
- Mehrkosten aufgrund von Material-, Arbeits- und Konstruktionsfehlern
- Preisnachlässe wegen z.B. Mängelrügen
- Verluste durch Kursschwankungen
- Forderungsausfälle

Sind diese speziellen Einzelwagnisse extern versichert, können die Versicherungsprämien ebenfalls in die Kostenrechnung einbezogen werden. Hier gilt dann, dass der Aufwand den Kosten entspricht.

Kalkulatorische Zinsen

Zinsen sind die in der Kostenrechnung erfassten und verrechneten Beträge für die Überlassung von Fremdkapital und Eigenkapital. Zinsen sind also der Preis für Geld.

Stellt nun ein Unternehmer Eigenkapital für sein Unternehmen zur Verfügung, hat er dem Grunde nach Anspruch auf Zinsen. Mit diesem Anspruch werden in der Kostenrechnung (hier in der Betriebsergebnisrechnung) die somit entstandenen Kosten als kalkulatorische Zinsen erfasst. In der Finanzbuchhaltung erscheinen sie aber nicht.

Die Berechnung erfolgt nach folgender Formel:

Kalkulatorische Zinsen = betriebsnotwendiges Kapital · Zinssatz

Was ist nun unter betriebsnotwendigem Kapital zu verstehen? Es ist das Kapital, das zur Erreichung des Betriebszwecks notwendig ist. Hier sind aber einige Probleme zu nennen: Aus der bilanziellen Passivposition ist nicht zu erkennen, welches Kapital als betriebsnotwendig einzustufen ist. Um hier zum Ergebnis zu kommen, geht man von der Aktivseite aus und ermittelt zunächst das betriebsnotwendige Vermögen. Ist auch hier, also auf der Aktivseite, nicht sofort abzuleiten, was zu den betriebsnotwendigen Vermögensteilen gehört, sind diese herauszurechnen. Da die kostenrechnerische Bewertung nicht mit den für die Bilanz maßgeblichen handels- und steuerrechtlichen Vorschriften übereinstimmen muss, ist die Bewertung gegebenenfalls zu korrigieren.

Nach folgender Aufstellung wird das betriebsnotwendige Kapital berechnet:

	Betriebsnotwendiges Anlagevermögen
+	betriebsnotwendiges Umlaufvermögen
=	betriebsnotwendiges Vermögen
–	Abzugskapital
=	betriebsnotwendiges Kapital

Eine weitere Position ist zu definieren, das **Abzugskapital**: Dieses Abzugskapital ist der Unternehmung **zinslos zur Verfügung gestelltes Kapital**, wie Anzahlungen oder Vorauszahlungen.

Kalkulatorischer Unternehmerlohn

Der kalkulatorische Unternehmerlohn gehört zu den kalkulatorischen Zusatzkosten. Im Gegensatz zum angestellten Geschäftsführer einer GmbH oder Vorstandsmitglied einer AG erhalten die Eigentümer-Unternehmer in Personengesellschaften kein Gehalt. Für die Vergleichbarkeit der Kostenrechnungen ist es erforderlich, auch in Personengesellschaften ein kalkulatorisches Entgelt für die dispositive Arbeit anzusetzen.

Die Festlegung der Höhe kann im Einzelfall schwierig und problematisch sein. Einen Anhaltspunkt gibt das Gehalt eines leitenden Angestellten. Der kalkulatorische Unternehmerlohn kann dann in gleicher Höhe angesetzt werden.

Kalkulatorische Miete

Auch die kalkulatorische Miete gehört zu den kalkulatorischen Kosten. Allerdings kann sie sowohl als Zusatz- als auch als Anderskosten betrachtet werden. Berechnet wird sie für solche Räume, die betrieblich genutzt werden, aber für die keine Mietzahlungen anfallen. Diese kalkulatorische Miete ist in der Kostenrechnung zu erfassen. Das ist schon aus dem Grund der Vergleichbarkeit mit anderen Unternehmen notwendig. Die kalkulatorische Miete ist grundsätzlich nach Maßgabe der ortsüblichen Miete anzusetzen.

Abb. 2.19:   Kalkulatorische Kosten

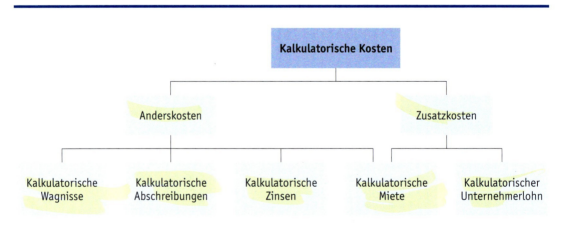

Abgrenzungsrechnung mit Zusatzkosten:

	Konto	Aufwendungen	Ertrag	Neutrale Aufwendungen	Neutraler Ertrag	Verrechnete Aufwendungen	Verrechnete Kosten	Kosten	Leistungen
		Rechnungskreis I		**Rechnungskreis II**					
		Finanzbuchhaltung		Abgrenzungsbereich				Kosten- und Leistungsrechnung	
				Unternehmensbezogene Abgrenzungen		Kostenrechnerische Korrekturen			
5000	Umsatzerlöse für eig. Erzeugn.		11.000.000						11.000.000
5202	Mehrbestand an fertigen Erzeugn.		250.000						250.000
5400	Mieterträge		150.000		150.000				
5480	Erträge a.d. Herabsetzung von Rückstellungen		60.000		60.000				
5710	Zinserträge		80.000		80.000				
6000	Aufwendungen für Rohstoffe	3.000.000						3.000.000	
6020	Aufwendungen für Hilfsstoffe	750.000						750.000	
6030	Aufwendungen für Betriebsstoffe	40.000						40.000	
6200	Löhne	2.500.000						2.500.000	
6300	Gehälter	500.000						500.000	
6400	Soziale Abgaben	500.000						500.000	
6520	Abschreibungen auf Sachanlagen	700.000				700.000	800.000	800.000	
6800	Büromaterial	50.000						50.000	
6870	Werbung	210.000						210.000	
6960	Verluste aus Verm.-Abgang	100.000		100.000					
7077	Betriebliche Steuern	200.000		10.000				190.000	
7460	Verluste aus Wertpapierverkauf	50.000		50.000					
7510	Zinsaufwendungen	550.000						550.000	
7600	Außerordentliche Aufwendungen	210.000		210.000					
	Kalkulatorischer Unternehmerlohn						36.000	36.000	
	Kalkulatorische Wagnisse						12.000	12.000	
		9.360.000	11.540.000	370.000	290.000	700.000	848.000	9.138.000	11.250.000
		2.180.000			80.000	148.000		2.112.000	
		11.540.000	11.540.000	370.000	370.000	848.000	848.000	11.250.000	11.250.000

Gesamtergebnis	Neutrales Ergebnis	Betriebsergebnis
2.180.000	**68.000**	**2.112.000**

2.3.2 Kostenartenrechnung

Die Kostenartenrechnung ist der erste Bereich der Kosten- und Leistungsrechnung, in dem die entstandenen Kosten erfasst werden. Unterstützend werden hier Anlagen-, Lager- sowie die Lohn- und Gehaltsbuchhaltung genutzt.

Folgende Aufgaben werden hier erfüllt:
• Erfassung aller Kosten:
  • vollständig
  • periodengerecht
  • geordnet
• Zuordnung auf die entsprechende Kostenart
• Beträge aller Kostenarten werden ermittelt
• Zusammensetzungen aller Kosten sind darzustellen

2.3.2.1 Erfassung der Kosten

Im Wesentlichen werden folgende Kosten erfasst:

- Personalkosten
- Materialkosten
- Dienstleistungskosten
- Leistungsabschreibung und weitere Anlagekosten (kalkulatorische Kosten)

2.3.2.1.1 Erfassung von Personalkosten

Ein wichtiger Faktor in der Kostenartenrechnung ist die Erfassung und Bewertung der Personalkosten. Sie unterstehen sowohl einer kritischen Betrachtung durch den Arbeitgeber als auch durch den Arbeitnehmer und seiner Vertreter. Personalkosten haben einen wesentlichen Einfluss auf die Kalkulation von Angeboten, auf die innerbetriebliche Preisbildung sowie auf Personalentscheidungen im Unternehmen. Insofern ist eine nähere Betrachtung von Personalkosten von Bedeutung. Mit der Untersuchung von Personalkosten werden einerseits die reinen Personalkosten, aber auch die Nebenkosten, z.B. Sozialkosten, analysiert.

Abb. 2.20: Reine Personalkosten

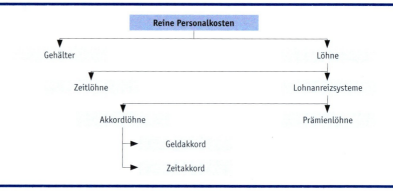

Abb. 2.21: Personalnebenkosten

Gehälter

Gehalt bezeichnet ein Entgelt für Arbeitnehmer, das durch den Arbeitgeber gezahlt wird. Berechnet wird die Höhe des Arbeitsentgelts nach dem geschlossenen Arbeitsvertrag zwischen Arbeitgeber und -nehmer. Neben dem Grundgehalt kann der Arbeitgeber dem Arbeitnehmer weitere Leistungen wie Weihnachts- und Urlaubsgeld zahlen.

Das Gehalt ist vom Lohn abzugrenzen, da beim Gehalt ein fester Betrag gezahlt wird, der im Arbeitsvertrag geregelt wird. Beim Lohn wird kein feststehender Geldbetrag gezahlt, sondern es wird nach der erbrachten Leistung entlohnt.

Löhne

Zeitlöhne

Tätigkeiten, die nicht direkt leistungsmäßig erfasst werden können, werden nach der Arbeitszeit bewertet. Zu diesen Tätigkeiten gehören Arbeiten, die mit einer erheblichen Unfallgefahr verbunden sind oder aber die einem sehr hohen Qualitätsanspruch genügen müssen, wie z.B. Lagerfachkräfte oder Uhrmacher.

Zeitlohn = Anzahl der Zeiteinheiten · Lohnsatz je Zeiteinheit

Beispiel: Der Stundenlohn eines Arbeitnehmers beträgt 14,00 €. Seine Arbeitszeit pro Woche beträgt 30 Stunden laut Arbeitsvertrag. Tatsächlich hat er in einer Arbeitswoche 28 Stunden laut Zeiterfassung geleistet. Damit bekommt er einen Wochenlohn von 392,00 €.

Beim Zeitlohn ist es für den Arbeitnehmer unbedeutend, welche Leistung von ihm erbracht wird. Entscheidend ist der Nachweis seiner Arbeitszeit.

Abb. 2.22: Zeitlohn

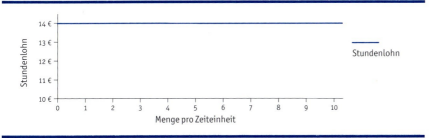

Aus Unternehmersicht ergibt sich aber ein anderes Bild. Lohnkosten verhalten sich antiproportional, das heißt, dass das Produkt aus Lohn und Zeit immer gleich ist. Ändert sich die Zeit, so ändert sich der Lohn in umgekehrter Richtung.

Beispiel: Ein Mitarbeiter erhält einen Zeitlohn von 14,00 €. Sein Arbeitsauftrag besteht darin, qualitativ hochwertige Präzisionsmessgeräte in Handarbeit zu montieren. Zu Beginn seiner Arbeitsaufgabe hat er in acht Arbeitsstunden fünf Präzisionsmessgeräte montiert. Nach einem halben Jahr hat sich seine Produktivität auf zehn Präzisionsmessgeräte in der gleichen Arbeitszeit erhöht.

Betrugen die Lohnkosten für ein Präzisionsmessgerät am Beginn seiner Tätigkeit 22,40 €, so haben sich die Lohnkosten nach einem halben Jahr auf 11,20 € pro Präzisionsmessgerät verändert.

Lohnkostenentwicklung beim Zeitlohn				
Arbeitszeit	Lohn pro Stunde	Lohnkosten	montierte Stück	Kosten pro Stück
8 Stunden	14,00 €	112,00 €	5	22,40 €
8 Stunden	14,00 €	112,00 €	6	18,67 €
8 Stunden	14,00 €	112,00 €	7	16,00 €
8 Stunden	14,00 €	112,00 €	8	14,00 €
8 Stunden	14,00 €	112,00 €	9	12,44 €
8 Stunden	14,00 €	112,00 €	10	11,20 €

Abb. 2.23: Kostenentwicklung aus Unternehmersicht

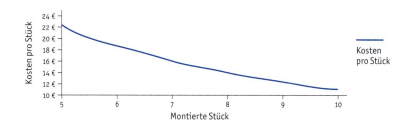

Akkordlöhne

Arbeitnehmer haben bei der Entwicklung ihrer Löhne einen mehr oder weniger großen Einfluss. Insofern ist es begründet, dass Löhne einen Lohnanreiz ausüben. Nach REFA (Verband für Arbeitsgestaltung, Betriebsorganisation und Unternehmensentwicklung) wird in Lohnanreizsystemen der Begriff **Normalleistung** definiert.

„Unter REFA-Normalleistung wird eine Bewegungsausführung verstanden, die dem Beobachter hinsichtlich der Einzelbewegungen, der Bewegungsfolge und ihrer Koordinierung besonders harmonisch, natürlich und ausgeglichen erscheint. Sie kann erfahrungsgemäß von jedem in erforderlichem Maße geeigneten, geübten und voll eingearbeiteten Arbeiter auf die Dauer und im Mittel der Schichtzeit erbracht werden, sofern er die für persönliche Bedürfnisse und gegebenenfalls auch für Erholung vorgegebenen Zeiten einhält und die freie Entfaltung seiner Fähigkeiten nicht behindert wird." (REFA Verband für Arbeitsstudien e.V. (Hrsg.): Methodenlehre des Arbeitsstudiums. Teil 2: Datenermittlung. München: Carl Hanser 1978)

Aufgrund einer Zeitstudie werden hier einerseits die gemessene Istzeit und andererseits die individuelle Leistung des beobachteten Arbeitnehmers berücksichtigt. Aufgrund des damit erfassten Ergebnisses wird dann der Leistungsgrad geschätzt. Der Leistungsgrad kann nicht gemessen bzw. berechnet werden.

Schätzung:

$$\text{Leistungsgrad} = \frac{\text{beobachtete (effektive) Leistung}}{\text{Normalleistung}}$$

Reiner Akkord

Bei dieser Art des Akkordlohnes wird absolut auf die erbrachte Leistung abgestellt. Lohnkomponenten, wie ein Sockelbetrag, sind hier nicht vorhanden.

Abb. 2.24:   Reine Akkordentlohnung

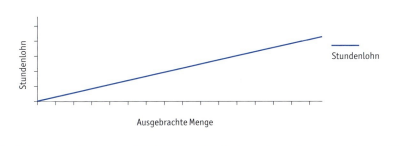

Abb. 2.25:   Entwicklung Lohnkosten bei steigender Produktionsmenge

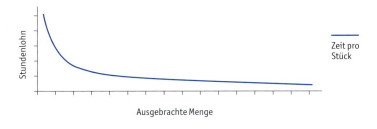

Aus der Sicht des Arbeitnehmers wird hier ein absoluter Lohnanreiz geschaffen, allerdings mit der Gefahr, dass bei Nichtbeschäftigung auch kein Lohn gezahlt werden kann.

Aus der Sicht des Arbeitgebers werden bei steigender Leistung die Lohnkosten pro Menge nach der Funktion der degressiven Proportionalität gesenkt.

Gemischter Akkord

Beim gemischten Akkord wird dem Arbeitnehmer ein Mindestlohn garantiert. Er wird als Sockelbetrag bezeichnet und wird auch dann gezahlt, wenn keine Leistung erbracht wurde. In diesem Fall wird also die Normalleistung nicht erreicht.

Abb. 2.26: Gemischte Akkordentlohnung

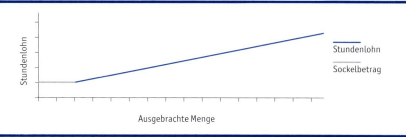

Geldakkord

Hier wird jedes produzierte Stück mit einem Geldwert, dem Stücklohn, berechnet.

Berechnung:

Geldakkordstundenlohn = Geldakkordsatz je Stück · Stückzahl

Beispiel: Für die Montage von kleinen Elektromotoren wird ein Stücklohn von 4,50 € angesetzt. In zwei Stunden werden 15 Elektromotore montiert. Wir hoch ist der Geldakkordstundenlohn?

Lösung:

Geldakkordstundenlohn = 4,50 € pro Elektromotor · $\dfrac{15 \text{ Elektromotore}}{2 \text{ Stunden}}$ = 33,75 €

Treten Tarifänderungen oder andere Bedingungen für die Fertigung ein, so sind alle Einzelakkorde neu zu berechnen und auch vorzugeben.

Zeitakkord

Hier wird dem Mitarbeiter eine Stückzahl in der Fertigung pro Zeiteinheit vorgegeben. Diese Festlegung ist die Grundlage für die Vergütung. Wird in der Zeiteinheit mehr produziert, erhöht sich der Lohn des Mitarbeiters für die Zeiteinheit. Im umgekehrten Fall verringert sich die Vergütung.

Berechnung:

Grundlohn = tariflicher Mindestlohn + Akkordzuschlag

Minutenfaktor = $\dfrac{\text{Grundlohn}}{60 \text{ Minuten}}$

Zeitakkordstundenlohn = Zeitakkordsatz je Stück · Stückzahl · Minutenfaktor

Für den Zeitakkord müssen die Vorgänge Akkordfähigkeit besitzen. Dazu ist eine gerechte Vorgabe in der Zeit notwendig. Außerdem sind geeignete Bedingungen für die Arbeitsvorbereitung und für ständige Qualitätskontrollen zu schaffen.

Beispiel:

Für eine Stelle in einer Fertigungsstrecke ist ein Mindestlohn von 10,50 € festgelegt. Außerdem ist ein Akkordzuschlag von 30 % definiert. Für die Montage von Baugruppen für Maschinen werden pro Baugruppe zehn Minuten angesetzt. In einer Stunde wurden acht Baugruppen montiert.

Es ist der Zeitakkordstundenlohn zu berechnen!
a) Grundlohn = 10,50 € · 1,30 = 13,65 €
b) Minutenfaktor = 13,65 € : 60 Min. = 0,2275 €/Min.
c) Zeitakkordstundenlohn = 10 Min./Baugruppe · 8 Baugruppen · 0,2275 €/Min.
   = 18,20 €

Der berechnete Grundlohn entspricht dem Akkordrichtsatz. Da im Grundlohn zum einen der Mindestlohn und zum anderen der Akkordzuschlag enthalten ist, handelt es sich beim Zeitakkord um einen gemischten Akkord.

Geld- und Zeitakkord sind im Ergebnis gleich. Im Zeitakkord besteht aber der Vorteil, dass bei Änderungen des Tariflohnes die Vorgabezeiten konstant bleiben und noch mit dem neuen Geldfaktor multipliziert werden. Beim Geldakkord muss alles neu berechnet werden.

Prämienlöhne

Der Prämienlohn besteht aus zwei Komponenten, dem Grundlohn und der Prämie. Dabei unterliegt die Prämie nicht Tarifen. Der Prämienteil hat seine Bedeutung als Anreiz für die Steigerung der Arbeitsproduktivität.

Prämienlohn = Grundlohn + Prämie

Grundlohn:
Der Grundlohn wird durch Tarife bestimmt und muss diesen Regelungen entsprechen. Er ist hier das Zeitlohnelement.

Prämie:
Wie der Begriff es sagt, wird hier für den Arbeitnehmer eine Prämie gezahlt, die an entsprechende und somit zu definierende Leistungen gebunden ist. Solche Leistungen können sein:
- Steigerung der Ausbringungsmenge pro Zeiteinheit (Mengenprämie),
- Erreichung einer hohen Kapazitätsauslastung (Nutzungsprämie),
- Verbesserung der Produktqualität (Qualitätsprämie).

Beispiel:

Ein Mitarbeiter der Produktion bekommt einen Wochenlohn von 450,00 €. Vereinbart wurde, dass bei einer zusätzlichen Leistung über der Normalleistung Prämien gezahlt werden, die je nach zusätzlicher Leistung auch gestaffelt sind:

Bei 5 % bis 9 % Mehrleistung = 5 % Prämie auf den Grundlohn

Bei 10 % bis 14 % Mehrleistung = 10 % Prämie auf den Grundlohn

Ab 15 % Mehrleistung = 15 % Prämie auf den Grundlohn

Die Mehrleistung betrug 12 %.

Prämienlohn = 450,00 € · 1,1 = 495,00 €

Abb. 2.27: Prämienentlohnung

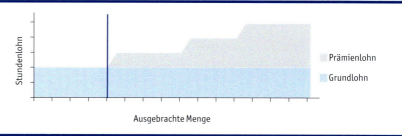

2.3.2.1.2 Erfassung der Materialkosten

Materialkosten stellen den Verbrauch von Stoffen und Energie dar. Dieser Verbrauch ist kostenrechnerisch zu erfassen und/oder zu bewerten. Dabei sind zu unterscheiden:

- Kosten für Rohstoffe, Baugruppen, Handelswaren usw.,
- Kosten für Hilfsstoffe und
- Kosten für Betriebsstoffe.

Eine Erfassung der Materialkosten kann auf zwei Wegen erfolgen:

1. direkt über Materialentnahmescheine,
2. indirekt durch Inventur und/oder Rückrechnung der Basis von z.B. Stücklisten oder die Bewertung der Materialkosten durch die Erfassung der Verbrauchsmengen.

Abb. 2.28: Materialkostenerfassung

Verbrauchsmengenermittlung

Skontrationsmethode

Die Skontrationsmethode (Fortschreibungsmethode) ist die genaueste Methode zur Verbrauchsmengenermittlung.

Berechnung:

Endbestand = Anfangsbestand + Zugang – Abgang

Voraussetzung für diese Methode ist eine korrekte Lagerbuchführung. Der wichtigste Vorteil besteht in der Bereitstellung exakter Daten und somit auch einer genauen Zuordnung auf die Kostenstellen- und Kostenträgerrechnung.

Beispielrechnung:

	Anfangsbestand	250.000,00
+	Zugänge	50.000,00
–	Gutschriften Lieferanten	10.000,00
		290.000,00
–	Endbestand nach Inventur	75.000,00
=	Materialverbrauch gesamt	215.000,00
–	Materialverbrauch lt. Entnahmescheinen	200.000,00
=	nicht zweckgerichteter Verbrauch	15.000,00

Inventurmethode

Die Inventurmethode wird zeitlich am Ende einer Abrechnungsperiode durchgeführt. Insofern findet keine ständige Erfassung der Verbrauchsmengen statt. Es ist also nur ein Vergleich zwischen den Inventurstichtagen möglich.

Berechnung:

Verbrauch = Anfangsbestand + Zugang – Endbestand

Beispielrechnung:

	Anfangsbestand	250.000,00
+	Zugänge lt. Lieferscheinen	50.000,00
–	Gutschriften Lieferanten	10.000,00
		290.000,00
–	Endbestand nach Inventur	75.000,00
=	Materialverbrauch gesamt	215.000,00

Der Nachteil dieser Methode ist, dass bei Verwendung eines Rohstoffes für mehrere Produkte die Inventurmethode keine konkreten Ergebnisse liefert, somit eine Zuordnung auf Kostenstellen und Kostenträger nicht möglich ist. Schwund und Diebstahl sind nicht feststellbar. Diese Methode ist für die Kostenrechnung ungeeignet.

Retrograde Methode

Diese Methode basiert auf der Rückrechnung der Gesamtmenge auf den Verbrauch von Einzelmengen eines Produktes. Anwendung findet diese Methode, wenn Rohstoffe durch den Produktionsprozess in der Art verändert werden.

Berechnung:

Verbrauch = hergestellte Stückzahl · Stoffmengenverbrauch pro Stück

 Beispielrechnung:

Es werden 150 Personal Computer produziert. In jedem dieser PCs werden zwei Festplatten eingebaut. Der Verbrauch an Festplatten ist zu errechnen.
Verbrauch = 150 PCs · 2 Festplatten/PC = 300 Festplatten

Sicherlich ist dies ein simples Beispiel, dennoch sei darauf verwiesen, dass bei komplexen Produkten sehr komplexe Berechnungen notwendig sind. Die Ergebnisse können in der Kostenstellen- und Kostenträgerrechnung verwendet werden. Bestandsminderungen, die außerhalb des Produktionsprozesses begründet sind, wie produktionsbedingte Abfälle, sind ohne zusätzliche Kontrollen nicht erfassbar.

Verbrauchsmengenbewertung

Neben der Mengenerfassung sind diese Mengen auch zu bewerten. Der Grund: Am Markt schwanken Preise, sodass Anschaffungskosten und aktuelle Kosten abweichen. Für die Verwendung von durchschnittlichen Materialressourcen können Durchschnittsbewertungen in Ansatz gebracht werden. Bei hochwertigen Gütern ist es dagegen durchaus sinnvoll, eine Einzelbewertung durchzuführen, um für einen Auftrag die korrekten Kosten zu ermitteln.

Einzelbewertung

Grundlagen für eine Einzelbewertung können sein:
- Anschaffungskosten,
- Wiederbeschaffungskosten oder
- Tageskosten.

Berechnung:
Materialkosten = Verbrauchsmenge · Kostenwert

 Beispiel:

Bewertung eines hochwertigen Rohstoffes X in Höhe von 20 kg:

Anschaffungspreis	25,00 €/kg
Tageswert	30,00 €/kg
Wiederbeschaffungswert	33,00 €/kg

Bei der **Beschaffung** des Gutes wird der Anschaffungspreis für die Bewertung herangezogen:
Anschaffungspreis = 20 kg · 25,00 €/kg = 500,00 €

Der **Tagespreis** wird vorzugsweise bei einer Lagerentnahme verwendet:
Tagespreis = 20 kg · 30,00 €/kg = 600,00 €

Wenn dieser Rohstoff in der Zukunft beschafft werden soll, der Zeitpunkt aber nur vage bekannt ist, wird der **Wiederbeschaffungswert** verwendet. Allerdings ist diese Berechnung nur eine grobe Schätzung, da der genaue Preis zum Zeitpunkt der Beschaffung nicht ermittelt werden kann. Insofern sollte diese Methode nur für Überschlagsrechnungen benutzt werden.
Wiederbeschaffungswert = 20 kg · 33,00 €/kg = 660 €

Durchschnittspreise

Für die Vereinfachung der kostengerechten Bewertung von Vorräten, die in der Anschaffung Preisschwankungen unterliegen, ist eine Bewertung nach Durchschnittspreisen eine sinnvolle Methode. Es werden damit Verrechnungspreise und durchschnittliche Anschaffungskosten ermittelt, die wiederum zu einer relativ schnellen Bewertung von Materialkosten führen können.

Verrechnungspreise werden nach unternehmensspezifischen Aspekten gebildet und werden für die innerbetriebliche Leistungsverrechnung angesetzt. Verrechnungspreise sind vergangenheitsorientiert und werden für einen längeren Zeitraum fixiert.

Berechnung:

$$\text{Durchschn. Anschaffungspreis} = \frac{\text{Ausgangsbestand in € + Summe der Zugänge in €}}{\text{Ausgangsbestand in Stück + Summe der Zugänge in Stück}}$$

Beispiel:
Bewertung nach durchschnittlichen Anschaffungspreisen:

Vorgang	Menge	Einzel-preis	Gesamtpreis
Bestand	1.500 Stück	15,00 €	22.500,00 €
Zugang	750 Stück	14,30 €	10.725,00 €
Bestand	2.250 Stück	14,45 €	32.512,50 €
Zugang	250 Stück	15,30 €	3.825,00 €
Bestand	2.500 Stück	14,90 €	37.250,00 €
Abgang	1.000 Stück	15,10 €	15.100,00 €
Bestand	1.500 Stück	15,00 €	22.500,00 €
Abgang	270 Stück	15,15 €	4.090,50 €
Bestand	1.230 Stück	15,10 €	18.573,00 €
Summe der Zugänge + Ausgangsbestand	2.500 Stück		37.050,00 €
Durchschnittlicher Anschaffungspreis			14,82 €

Nachteil: Preisschwankungen werden nicht berücksichtigt und führen zu einem Substanzverlust.

Sammelbewertung

Für gleichartige Güter, wie z.B. Hilfs- und Betriebsstoffe, wird die Sammelbewertung in Ansatz gebracht. Unter einer Sammelbewertung werden verschiedene Vereinfachungsverfahren für die Bewertung von gleichartigen Gütern des Vorratsvermögens verstanden.

Zu den Vereinfachungsverfahren der Sammelbewertung gehören:
- Fifo-Methode (fifo = „first in, first out"),
- Hifo-Methode (hifo = „highest in, first out"),
- Lifo-Methode (lifo = „last in, first out"),
- Lofo-Methode (lofo = „lowest in, first out").

Fifo-Methode

Mit dieser Methode erfolgt eine Faktorverbrauchsbewertung bei schwankenden Beschaffungspreisen. Es wird unterstellt, dass zuerst gekaufte und eingelagerte Güter auch als Erstes verbraucht werden. Dementsprechend wird auch die Bewertung realisiert, das heißt, es wird nach den Preisen der ersten Eingänge des jeweiligen Gutes bewertet.

 Beispiel: Kauf von 10 Einheiten eines Gutes zu je 15,00 € = 150,00 €

Diese Methode wird vor allem bei sinkenden Preisen angewendet; bei steigenden Preisen verstößt dieses Verfahren gegen das Niederstwertprinzip in der Bilanzrechnung. Auch wird diese Methode bei verderblichen Gütern in Ansatz gebracht.

Hifo-Methode

Die Hifo-Methode geht von der Unterstellung aus, dass zuerst die am teuersten eingekauften Waren oder Bestände verbraucht werden. Der Endbestand wird demnach mit den niedrigsten Einkaufspreisen bewertet.

Diese Methode wird aus Vorsicht immer dann angewendet, wenn Preise innerhalb einer Periode starken Schwankungen unterworfen sind.

Lifo-Methode

Hier wird unterstellt, dass die zuletzt erworbenen oder hergestellten materiellen Güter zuerst verbraucht oder veräußert werden. Diese fiktive Verbrauchsfolge fingiert, dass sich die zuerst erworbenen oder hergestellten Gegenstände auf Lager befinden. Diese Methode ist bei steigenden Preisen geeignet.

Lofo-Methode

Die Lofo-Methode erlaubt es, dass die zu den niedrigsten Preisen erworbenen oder hergestellten Vermögensgegenstände zuerst verbraucht oder veräußert werden. Diese Fiktion des Verbrauchs unterstellt, dass sich materielle Güter mit den höchsten Preisen auf Lager befinden. Es ist zweifelhaft, ob hier von einer Verbrauchsfolge gesprochen werden kann.

2.3.2.1.3 Dienstleistungskosten

Die bisherige Erfassung von Kosten beschäftigte sich vor allem mit materiellen Gütern des Vorratsvermögens. Kosten für immaterielle Güter, die bei der Produktion und beim Verbrauch anfallen, werden als Dienstleistungskosten bezeichnet und als solche auch erfasst. **Wichtig**: Dienstleistungen sind nicht übertragbar, nicht lagerfähig, nicht transportierbar.

Beispiele:
- Reise-, Transportkosten,
- Entwicklungskosten durch Dritte,
- Beratungskosten (z.B. Unternehmensberatungs- und Rechtsberatungskosten),
- Mieten, Pachten und Leasing,
- Reparatur- und Instandhaltungsleistungen durch Dritte.

2.3.2.1.4 Leistungsabschreibung und weitere Anlagekosten (kalkulatorische Kosten)

Vergleiche zu diesem Thema auch Kapitel 2.3.1.4.4 „Kostenrechnerische Korrekturen".

Leistungsabschreibungen erfolgen nach der Inanspruchnahme oder Substanzverringerung des Betriebsmittels. Sie gehören im Gegensatz zur zeitlichen Abschreibung zu den variablen Kosten. Sie sind dann die Methode der Wahl, wenn der Gebrauchsverschleiß als Abschreibungsursache dominiert.

Beispiel:
Bei einer Maschine mit einer Laufzeit von 20.000 Laufstunden und Anschaffungskosten von 550.000 € können sich in Abhängigkeit von der jeweiligen Jahresleistung folgende Abschreibungsbeträge ergeben:

Jahr	Leistung	Abschreibung
1. Jahr	1.800 Stunden	49.500,00 €
2. Jahr	5.000 Stunden	137.500,00 €
3. Jahr	7.600 Stunden	209.000,00 €
4. Jahr	4.100 Stunden	112.750,00 €
5. Jahr	1.500 Stunden	41.250,00 €
gesamt	20.000 Stunden	550.000,00 €

Abschreibung pro Laufstunde = 550.000 € : 20.000 Laufstunden = 27,50 €/Laufstunde
Abschreibung pro Jahr = Leistung pro Jahr · Abschreibung pro Laufstunde

2.3.2.2 Gliederung der Kosten

Die Aufgabe der Kostenartenrechnung ist es, Kosten, die in einer Unternehmung entstanden sind, zu erfassen und nach bestimmbaren Kriterien zu strukturieren.

Strukturierung auch deshalb, weil dies die Grundlage für die nächsten Stufen der Kostenrechnung darstellt. Um dies zu ermöglichen, sind diese Kosten zu gliedern.

Kostengliederung – Kostenunterteilung

Die Kostengliederung kann nach verschiedenen Kriterien erfolgen. Die Gliederung ist ein Bestandteil der Kostenartenrechnung. In der Literatur werden unterschiedliche Gliederungen beschrieben. An dieser Stelle werden die folgenden Kostengliederungen vorgestellt.

a) **Nach der Verbrauchsart:**
   - Werkstoffkosten (Rohstoffe, Hilfsstoffe, Betriebsstoffe)
   - Zwangsabgaben (Steuern, Gebühren)
   - Personalkosten (Löhne, Gehälter)

b) **Nach der Verrechnung:**
   - Einzelkosten (Fertigungslöhne, Rohstoffverbrauch)
   - Gemeinkosten (Miete, Energie, Steuern)

c) **Nach der Höhe des Beschäftigungsgrades:**
   - Variable Kosten (Rohstoffe)
   - Fixe Kosten (Miete, Gehälter)
   - Mischkosten (Telefonkosten)

Zu a):

In dieser Gliederungsstufe wird beschrieben, wie Verbräuche an Kosten entstehen. Diese Verbräuche werden vor allem durch die Erfassung von Kosten beschrieben (siehe auch Kapitel 2.3.2.1 „Erfassung der Kosten").

Abb. 2.29: Verteilung von Produktionsfaktoren

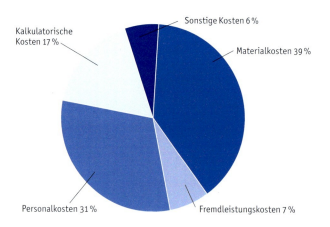

Zu b):

Für die Kostenstellenrechnung ist es notwendig, Kosten nach Einzel- und Gemeinkosten zu gliedern.

Einzelkosten:

Kosten, die einem Kostenträger direkt zurechenbar sind, z.B. Materialkosten für ein bestimmbares Produkt. Einzelkosten werden im Herstellungsprozess vollständig verbraucht und werden somit Bestandteil des erzeugten Kostenträgers.

Gemeinkosten:

Kosten, die einem Kostenträger nicht direkt zugerechnet werden können, z.B. das Gehalt eines Meisters, der für mehrere Kostenstellen zuständig ist.

Einzel- und Gemeinkosten ergeben die Gesamtkosten eines Produktes und sind Begriffe aus der Vollkostenrechnung.

Abb. 2.30: Verteilung nach Verrechenbarkeit

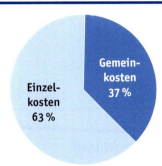

Vollkostenrechnung:

Sie verrechnet sämtliche Kosten, die auf den Kostenträger anfallen. Im Gegensatz dazu steht die Teilkostenrechnung. Sie hat das Ziel, die entstandenen Kosten eines Kostenträgers festzustellen. Des Weiteren kann die Wirtschaftlichkeit in den Abrechnungsperioden kontrolliert und eine Erfolgsrechnung ermöglicht werden.

Teilkostenrechnung:

Sie bezeichnet in der betriebswirtschaftlichen Kostenrechnung Systeme, die nur einen Teil der angefallenen Kosten auf den Kostenträger verrechnen. Je nach System werden dem Kostenträger lediglich die variablen Kosten oder die Einzelkosten zugeordnet, um so eine Verrechnung von fixen Kosten bzw. Gemeinkosten zu vermeiden. Ausgangspunkt aller Teilkostenrechnungssysteme und damit Grundvoraussetzung ihrer Anwendung ist die Spaltung der Kosten in fixe und variable Bestandteile.

Zu c):

Je nach Beschäftigung werden zwei Kategorien von Kosten unterschieden:

* Variable Kosten:
  Sie sind auf eine Beschäftigung bezogen, wie z.B. die Materialkosten für eine produzierte Anzahl von Produkten.
* Fixe Kosten:
  Sie sind auf keine Beschäftigung bezogen, wie z.B. Miete für eine Produktionsstätte und Gehälter.

Darüber hinaus werden Mischkosten definiert. Diese setzen sich sowohl aus fixen als auch aus variablen Kosten zusammen. Typische Beispiele sind Telefonkosten, Energiekosten sowie Kosten für die öffentliche Wasserversorgung. Die Anteile von fixen und variablen Kosten werden in den zugrundeliegenden Verträgen geregelt.

Abb. 2.31: Verteilung nach Beschäftigung

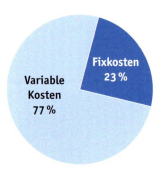

2.3.3   Kostenstellenrechnung

In der Kostenstellenrechnung werden Gemeinkosten auf Kostenstellen verteilt. Die Verteilung erfolgt nach zu definierenden Verteilerschlüsseln. Mit dieser groben Beschreibung wird die Frage „Wo entstehen die Kosten?" beantwortet. Damit ist die Basis für die Ermittlung von Kostensätzen, Zuschlags- und Verrechnungssätzen für die Kalkulation gegeben. Auch dient die Kostenstellenrechnung der Wirtschaftlichkeitskontrolle über mehrere Abrechnungsperioden und als eine Entscheidungsgrundlage für die Unternehmensführung.

Kostenstellen

Kosten, die in einer Unternehmung entstehen, sind an Abteilungen und Stellen gebunden. Sie stellen somit den Ort der Kostenentstehung dar. Dieser Ort wird als Kostenstelle definiert. Demnach ist eine Kostenstelle

* einem Kostenstellenbereich untergeordnet oder mit ihm identisch,
* eine Einheit für die Kostenerfassung,
* die Einheit für die Leistungserfassung und
* ermöglicht die Zuordnung der Kosten zu den Leistungen.

Häufig werden Kostenstellen nach Funktionsbereichen gebildet:

* Materialkostenstellen,
* Fertigungskostenstellen,
* Fertigungshilfskostenstellen,
* Verwaltungskostenstellen,
* Vertriebskostenstellen,
* allgemeine Kostenstellen.

Zum Vergleich können in Speditionen folgende Kostenstellen gebildet werden:

- Luftfrachtkostenstellen,
- Kraftwagenkostenstellen,
- Bahnspeditionskostenstellen.

Im Groß- und Außenhandel wären das als Beispiel:
- Einkaufskostenstellen,
- Lagerkostenstellen,
- Verwaltungskostenstellen,
- Vertriebskostenstellen.

Des Weiteren können Kostenstellen nach ihrer Abrechnungsart geordnet werden:
- Hilfskostenstellen (sie geben ihre Leistungen an andere Kostenstellen ab) und
- Hauptkostenstellen (ihre Leistungen werden nicht auf andere Kostenstellen, sondern auf die Kostenträger verrechnet).

Für die Kostenstellenrechnung ist ein Kostenstellenplan zu erarbeiten. Dieser Kostenstellenplan ist absolut betriebsspezifisch. Somit hat jeder Betrieb seinen eigenen Kostenstellenplan.

Beispiel: Für einen Industriebetrieb kann der vom Bundesverband der Deutschen Industrie e.V. (BDI) empfohlene Kostenstellenplan als Anhaltspunkt genutzt werden (an dieser Stelle wird nicht weiter auf diesen Kostenstellenplan eingegangen).

2.3.3.1 Kostenzurechnung auf die Kostenstellen im Betriebsabrechnungsbogen

Die Kostenzurechnung bzw. Kostenverteilung wird üblicherweise mithilfe eines Betriebsabrechnungsbogens (**BAB**) durchgeführt. Der Aufbau eines BAB wird in Form einer Matrix realisiert. Für die Durchführung der Berechnungen wird eine relativ große Menge von Zahlen verarbeitet. Dabei ist es von Vorteil, eine EDV-technische Anwendung in Form einer Tabellenkalkulation einzusetzen.

Ausgehend davon, dass in der Grundform der Kostenstellenrechnung vier Hauptkostenstellen betrachtet werden, hat der BAB folgenden Aufbau:

Abb. 2.32: Aufbau eines einstufigen BAB

			Verteilerschlüssel			
		Verteiler A				
		Verteiler B				
		Verteiler C				
Kostenstellen / Kostenarten	Betrag	Verteilungsgrundlage	Material	Fertigung	Verwaltung	Vertrieb

Im BAB werden alle Gemeinkosten im Unternehmen erfasst und gemäß den Verteilergrundlagen auf die Kostenstellen verteilt. Einzelkosten werden zunächst nicht erfasst. Aber für die Ermittlung der Zuschlagssätze für eine spätere Zuschlagskalkulation oder auch zum Vergleich zwischen Normal- und Istkosten sind dann doch Einzelkosten notwendig.

2.3.3.1.1 Verteilungsgrundlagen

Alle Gemeinkosten sind im BAB auf die Kostenstellen zu verteilen. Dabei ist einerseits die richtige Verteilergrundlage und andererseits der dazu passende Verteilerschlüssel zu finden.

Unproblematisch sind dabei **Kostenstelleneinzelkosten**. Die Kosten werden aus Belegen abgeleitet und können somit den Kostenstellen direkt zugeordnet werden. Zu diesen Kostenstelleneinzelkosten gehören z.B. Gehälter, Hilfs- und Betriebsstoffe, Hilfslöhne sowie kalkulatorische Kosten.

Dagegen müssen für **Kostenstellengemeinkosten** bestimmte Verteilungsschlüssel gefunden werden. Kostenstellengemeinkosten sind Kosten, die einer Kostenstelle nicht direkt zugeordnet werden können. Es fehlen also konkrete Belege dazu. Mit der Definition von Verteilungsschlüsseln wird unterstellt, in welcher Kostenstelle die Kosten entstanden sind. Dass dadurch keine genaue Berechnung innerhalb der Kostenstellen möglich ist, liegt auf der Hand. Es sind dem Grunde nach Schätzungen. Umso mehr ist es notwendig, am Beginn einer Kostenstellenrechnung eindeutige Verteilungsgrundlagen und Verteilerschlüssel festzulegen.

Die Möglichkeit, Kostenstellengemeinkosten als Kostenstelleneinzelkosten zu verrechnen, besteht. Dabei muss aber vorausgesetzt werden, dass an allen Verbrauchsstellen Zählgeräte vorhanden sind, um den Charakter einer Kausalität zu gewährleisten. Allerdings steht der Aufwand einer solchen Installation nicht im Verhältnis zum erreichbaren Nutzen bzw. zur Erhöhung des Nutzens eines BAB. Stelleneinzelkosten werden damit oft als Stellengemeinkosten geschlüsselt.

Gemeinkosten	Verteilungsgrundlage
Hilfslöhne	Lohnlisten
Gehälter	Gehaltslisten
Abschreibungen	Anlagenkartei
Hilfs- und Betriebsstoffverbrauch	Entnahmescheine
Energiekosten	Verbrauchsmessungen
Sonstige Kosten	Verteilungsschlüssel

2.3.3.1.2 Verteilungsschlüssel

Folgende Bezugsgrößen bieten sich für die Schlüsselung von Kostenstellengemeinkosten an:
- Bewegungs- und Leistungsschlüssel:
  - Mengenschlüssel (z.B. Verbrauch von Hilfsstoffen),
  - Zeitschlüssel (z.B. Maschinenzeiten),
  - Wertschlüssel (z.B. Selbstkosten).
- Bestands- und Ausstattungsschlüssel:

- Vermögensschlüssel (z.B. Bestandsmengen an Zwischenprodukten),
- Kapitalschlüssel (z.B. betriebsnotwendiges Kapital),
- Arbeitsschlüssel (z.B. Zahl der Arbeiter oder Angestellten).

Beispiel: Es ist ein einstufiger BAB mit vier Hauptkostenstellen mit einer entsprechenden Verteilergrundlage zu erstellen.

Gemeinkostenarten	Kostenstellen			
	Material	**Fertigung**	**Verwaltung**	**Vertrieb**

Stellengemeinkosten

Gemeinkostenarten	Material	Fertigung	Verwaltung	Vertrieb
Energieversorgung (Strom)	nach kWh			
	3.500	55.000	2.500	2.000
Miete	nach Grundfläche			
	200 m²	750 m²	200 m²	120 m²
Versicherung	nach investierten Werten			
	25.000	400.000	85.000	20.000
Reparaturen	im Verhältnis			
	2	7	1	1
Sonstige Kosten	nach Anteilen			
	30 %	40 %	20 %	10 %

Stelleneinzelkosten

Gemeinkostenarten	Gesamt	Material	Fertigung	Verwaltung	Vertrieb
Gehälter		nach Gehaltslisten			
	126.000,00	15.000,00	36.000,00	55.000,00	20.000,00
Hilfslöhne		nach Lohnlisten			
	49.500,00	4.500,00	45.000,00	0,00	0,00
Abschreibungen		nach Anlagenkartei			
	41.500,00	3.500,00	25.000,00	11.000,00	2.000,00

Der einstufige BAB, als erster Ausblick auf die Kostenstellenrechnung, sieht mit den konkreten Zahlen dann wie folgt aus:

Gemeinkostenarten	Gesamt (Zahlen aus der Ergebnis-rechnung)	Kostenstellen			
		Material in €	Fertigung in €	Verwaltung in €	Vertrieb in €
Hilfslöhne	49.500,00	4.500,00	45.000,00	0,00	0,00
Energieversorgung (Strom)	18.000,00	1.000,00	15.714,29	714,29	571,42
Gehälter	126.000,00	15.000,00	36.000,00	55.000,00	20.000,00
Abschreibungen	41.500,00	3.500,00	25.000,00	11.000,00	2.000,00
Miete	45.000,00	7.086,61	26.574,80	7.086,62	4.251,97
Versicherung	4.000,00	188,68	3.018,87	641,51	150,94
Reparaturen	12.500,00	2.272,73	7.954,55	1.136,36	1.136,36
Sonstige Kosten	5.000,00	1.500,00	2.000,00	1.000,00	500,00
Primäre Gesamtkosten	301.500,00	35.048,02	161.262,51	76.578,78	28.610,69

(Primäre Gesamtkosten = Form der anteiligen Verteilung von Gesamtkosten auf Kostenstellen)

2.3.3.1.3 Innerbetriebliche Leistungsverrechnung

In Unternehmen laufen komplexe Fertigungsprozesse ab, die eine detaillierte Kostenrechnung verlangen. Der Detaillierungsgrad des einfachen BAB reicht da nicht aus, weil seine Grundstruktur nur Hauptkostenstellen enthält. Insofern ist eine weitere Aufspaltung erforderlich. Es sind Hilfskostenstellen mit in die Berechnung aufzunehmen.

Die Regel lautet, dass Hauptkostenstellen unmittelbar in die Kostenträger übernommen werden. Damit werden sie als Endkostenstelle nicht auf andere Kostenstellen umgelegt. Anders ist das mit den Hilfskostenstellen. Hilfskostenstellen sind so genannte Vorkostenstellen. Diese Werte müssen auf andere Hilfs- oder Hauptkostenstellen umgelegt werden.

Die allgemeine Kostenstelle wird auf den gesamten Betrieb umgelegt. Dazu zählen als Beispiel Fuhrpark, Betriebskantine, Werkschutz usw. In den einzelnen Kostenstellen können ebenfalls Hilfsstellen gebildet werden. Diese werden innerhalb der Kostenstelle umgelegt. Als Beispiel sind hier zu nennen die Arbeitsvorbereitung und Instandhaltung in der Hauptkostenstelle Fertigung. Diese sekundären Kosten, die sich mit Umlage der Hilfskosten ergeben, bilden dann die Grundlage für weitere Kostenberechnungen.

Unter einer innerbetrieblichen Leistungsverrechnung sind Leistungen zu verstehen, die für den Produktionsprozess benötigt werden und in die spätere Kalkulation von Kosten miteinfließen müssen. Solche innerbetrieblichen Leistungen (Eigenleistungen) sind z.B. selbst erstellte Betriebsmittel, Forschung und Entwicklung und Instandhaltungsarbeiten, die vom Betrieb selbst ausgeführt werden.

Eine innerbetriebliche Leistungsverrechnung kann grundsätzlich einseitig oder gegenseitig erfolgen. Folgende Verfahren sind zu unterscheiden:

- Einseitig:
  - Kostenartenverfahren
  - Kostenstellenausgleichsverfahren
  - Kostenstellenumlageverfahren

- Gegenseitig:
  - Verrechnungspreisverfahren
  - Mathematisches Verfahren

In der Folge wird nur auf das Kostenstellenumlageverfahren eingegangen. Die bekanntesten Methoden sind das Blockumlageverfahren und Treppenumlageverfahren (Stufenleiterverfahren). Beim Blockumlageverfahren werden Hilfskostenstellen, die ausschließlich Leistungen für Endkostenstellen erbringen, als Block auf die jeweilige Endkostenstelle verrechnet. Bei der Treppenumlage werden auch Hilfskostenstellen auf andere Hilfskostenstellen und Endkostenstellen übertragen, bis alle Hilfskostenstellen aufgelöst sind. Damit ist begründet, dass es sich bei diesen beiden Methoden um einseitige Leistungsströme handelt, es finden also keine Rückflüsse statt.

Beispiel: Treppenverfahren – Umlage von Hilfskostenstellen auf Endkostenstellen in einem mehrstufigen BAB (zwecks Übersichtlichkeit wurde hier auf die Verteilungsgrundlagen verzichtet)

| Kostenarten | Gesamt (Zahlen aus der Ergebnisrechnung) | Allgemeine Kostenstelle: Sozialeinrichtungen | Material-stelle | Fertigungsstelle | | | | | | Verwaltung und Vertrieb |
| | | | | Fertigungshilfsstellen | | Fertigungshauptstellen | | | |
				Arbeitsvor-bereitung (AV)	Wekzeug-macherei (WM)	Schmiede	Entgratung	Montage	
Summe der primären Gemeinkosten	310.000,00	7.500,00	22.450,00	8.600,00	9.500,00	65.500,00	45.000,00	76.450,00	75.000,00
Umlage der allgemeinen Kostenstelle			1.350,00	690,00	1.100,00	1.250,00	1.100,00	1.460,00	550,00
Zwischensumme			**23.800,00**	**9.290,00**	**10.600,00**	**66.750,00**	**46.100,00**	**77.910,00**	**75.550,00**
Umlage der Fertigungshilfsstelle AV					1.350,00	2.550,00	2.340,00	3.050,00	
Zwischensumme					**11.950,00**	**69.300,00**	**48.440,00**	**80.960,00**	
Umlage der Fertigungshilfsstelle WM						5.500,00	4.600,00	1.850,00	
Summe der sekundären Gemeinkosten	**310.000,00**		**23.800,00**			**74.800,00**	**53.040,00**	**82.810,00**	**75.550,00**

Mit diesem Verfahren sind die Beträge der allgemeinen Kostenstelle und Hilfskostenstellen auf die Endkostenstellen verteilt worden. Damit sind die Voraussetzungen für die dann folgenden Kostenberechnungen geschaffen.

2.3.3.2 Ermittlung der Zuschlagssätze

Für weiterführende Berechnungen, wie z.B. für die Zuschlagskalkulation, werden sowohl direkt zuordenbare Kosten (Einzelkosten) als auch Gemeinkosten benötigt. In der Zuschlagskalkulation für die Berechnung von Selbstkosten werden Einzelkosten z.B. aus Stücklisten für die Produktion eines Gutes eindeutig ermittelt. Was ist aber mit den dazugehörigen Gemeinkosten? Da diese nicht eindeutig ermittelt werden können, wird der Anteil der Gemeinkosten über das Verhältnis zwischen den gesamten Einzelkosten und den gesamten Gemeinkosten je Endkostenstelle ermittelt. Bei den Endkostenstellen Verwaltung und Vertrieb ist das nicht möglich, da hier keine Einzelkosten zugeordnet werden können. Als Vergleichswert werden sog. Herstellkosten ermittelt.

Das Verfahren der Ermittlung der Zuschlagssätze wird im Folgenden an einem Beispiel demonstriert:

Beispiel: Auszug aus einem einfachen BAB:

		Material in €	Fertigung in €	Verwaltung in €	Vertrieb in €
Primäre Gesamtkosten	301.500,00	**35.048,02**	**161.262,51**	**76.578,78**	**28.610,69**
Materialeinzelkosten		53.913,10			
Fertigungseinzelkosten			73.301,65		
Herstellkosten der Fertigung				323.525,28	
Zuschlagssätze		**65,01 %**	**220,00 %**	**23,67 %**	**8,84 %**

- Für die Berechnung der Zuschlagssätze Material und Fertigung werden als Erstes die gesamten Einzelkosten diesen Endkostenstellen zugeordnet.
- Als Nächstes wird der Quotient zwischen den Gemeinkosten und Einzelkosten dieser Endkostenstellen gebildet. Die Bezeichnungen dieser Quotienten lauten beim Material Materialgemeinkostenzuschlagsatz (MGKZS) und in der Fertigung Fertigungsgemeinkostenzuschlagsatz (FGKZS).

$$\text{MGKZS} = \frac{\text{Materialgemeinkosten}}{\text{Materialeinzelkosten}} \cdot 100 = \frac{35.048,02}{53.913,10} \cdot 100 = 65,01\,\%$$

$$\text{FGKZS} = \frac{\text{Fertigungsgemeinkosten}}{\text{Fertigungseinzelkosten}} \cdot 100 = \frac{161.262,51}{73.301,65} \cdot 100 = 220,00\,\%$$

- Für die Ermittlung der Zuschlagssätze der Kostenstellen Verwaltung und Vertrieb sind als Erstes die Herstellkosten, hier die Herstellkosten der Produktion (HkdP), zu ermitteln. Dazu wird die Summe aus den Gemeinkosten der Kostenstellen Material und Fertigung sowie den dazugehörigen Einzelkosten gebildet:
  HkdP = Gemeinkosten Material + Gemeinkosten Fertigung + Materialeinzelkosten + Fertigungseinzelkosten
  HkdP = 35.048,02 + 161.262,51 + 53.913,10 + 73.301,65 = 323.525,28
- Als Nächstes sind die Zuschlagssätze für Verwaltung (VwGKZS) und Vertrieb (VtGKZS) zu ermitteln. Hier wird ein Quotient aus Verwaltungsgemeinkosten und HkdP sowie Vertriebsgemeinkosten und HkdP gebildet.

$$\text{VwGKZS} = \frac{\text{Verwaltungsgemeinkosten}}{\text{HkdP}} \cdot 100 = \frac{76.578,78}{323.525,28} \cdot 100 = 23,67\,\%$$

$$\text{VtGKZS} = \frac{\text{Vertriebsgemeinkosten}}{\text{HkdP}} \cdot 100 = \frac{28.610,69}{323.525,28} \cdot 100 = 8,84\,\%$$

Für den Fall, dass bei Halb- und Fertigprodukten Bestandsveränderungen auftreten, sind diese bei der Ermittlung der Herstellkosten zu berücksichtigen. In dieser Situation sind bei der Ermittlung der Herstellkosten Korrekturen vorzunehmen. Die Regel ist dabei, dass bewertete Mehrungen des Lagerbestandes subtrahiert und bewertete Minderungen des Lagerbestandes zur Ermittlung der Selbstkosten addiert werden müssen. Das Ergebnis sind die Herstellkosten des Umsatzes (HkdU) und sie bilden im Allgemeinen die Zuschlagsbasis für die Ermittlung der Verwaltungs- und Vertriebskosten.

Abb. 2.33: Ermittlung der Herstellkosten des Umsatzes

Materialeinzelkosten (MEK)

+ Materialgemeinkosten (MGK)

Materialkosten (MK)

Fertigungseinzelkosten (FEK)

+ Fertigungsgemeinkosten (FGK)

+ Fertigungskosten (FK)

= Herstellkosten der Produktion (HkdP)

+ Bestandsminderungen

– Bestandsmehrungen

= Herstellkosten des Umsatzes (HkdU)

+ Verwaltungsgemeinkosten (VwGK)

+ Vertriebsgemeinkosten (VtGK)

= Selbstkosten

2.3.4 Kostenträgerzeit- und Kostenträgerstückrechnung

Die Kostenträgerrechnung ist die nächste Stufe in der Folge der Kosten- und Leistungsrechnung. In diesem Zusammenhang baut die Kostenträgerrechnung direkt auf der Kostenarten- und Kostenstellenrechnung auf.

Kostenträger stellen eine Leistung dar, die in einem Betrieb erzeugt werden. Dabei kann es sich sowohl um die Produktion eines materiellen als auch immateriellen Gutes handeln. Ein Beispiel für die Produktion materieller Güter ist die Herstellung von Küchengeräten aller Art. Immaterielle Güter sind z.B. die Leistungen eines Unternehmensberaters oder Wirtschaftsprüfers.

Aufgrund dieser unterschiedlichen Güter leiten sich die unterschiedlichen Verfahren in der Kostenträgerrechnung ab. Es wird unterteilt in die Kostenträgerzeit- und Kostenträgerstückrechnung.

Die **Kostenträgerzeitrechnung** erfasst für eine Abrechnungsperiode Einzel- und Gemeinkosten unter Einbeziehung von erreichten Erlösen mit dem Ziel einer Ergebnisrechnung.

Dagegen ermittelt die **Kostenträgerstückrechnung** Kosten und Preise je Kostenträger. Zu diesem Verfahren gehören die Zuschlagskalkulation, Zuschlagskalkulation mit Maschinenstundensätzen, Divisionskalkulation, Äquivalenzziffernkalkulation sowie die Kuppelkalkulation. Im Bereich des Handels zählt auch die Handelswarenkalkulation zur Kostenträgerrechnung.

2.3.4.1 Kostenträgerzeitrechnung

Die Kostenträgerrechnung kann mit zwei verschiedenen Verfahren durchgeführt werden. Zum einen ist es das Gesamtkostenverfahren und zum anderen das Umsatzkostenverfahren. Im Gesamtkostenverfahren werden alle Kosten herangezogen bei einer zeitlichen Betrachtung, also innerhalb von Abrechnungsperioden. Dagegen wird beim Umsatzkostenverfahren auf die Berücksichtigung von Bestandsveränderungen verzichtet. Grund: In der Rechnung wird von verkauften Einheiten ausgegangen.

2.3.4.1.1 Gesamtkostenverfahren

Das Gesamtkostenverfahren basiert auf dem formalen Aufbau einer differenzierten Zuschlagskalkulation und wird mithilfe eines Kostenträgerzeitblattes bis zum Betriebsergebnis geführt. Hierbei werden Istkosten und Normalkosten miteinander verglichen. **Istkosten** sind die tatsächlich angefallenen Kosten der vergangenen Abrechnungsperiode. **Normalkosten** ergeben sich aus den Istkosten mehrerer vorangegangener Abrechnungsperioden. Sie sind Durchschnittswerte, denen der normale, durchschnittliche Verbrauch an Gütern zugrunde gelegt wird. Die Aussagekraft der Normalkosten kann gesteigert werden, wenn die Entwicklung von Kosten, wie z.B. die Veränderung von Preisen am Markt, miteinbezogen wird. Der Vergleich dieser Kosten gibt Auskunft über Kostenunter- und -überdeckungen aller Kostenarten in der Abrechnungsperiode. Damit wird die Abweichung zwischen dem Umsatz- und dem Betriebsergebnis dargestellt.

I. Einfaches Kostenträgerzeitblatt

Für dieses Kostenträgerzeitblatt werden neben den Istgemeinkosten auch die Normalgemeinkosten benötigt. Normalgemeinkosten werden ähnlich wie Istgemeinkosten ermittelt.

Normalmaterialgemeinkosten	=	Istfertigungsmaterial · Normalzuschlag
Normalfertigungsgemeinkosten	=	Istfertigungslöhne · Normalzuschlag
Normalverwaltungsgemeinkosten	=	Normalherstellkosten · Normalzuschlag
Normalvertriebsgemeinkosten	=	Normalherstellkosten · Normalzuschlag

Normalzuschlagssätze sind Werte, die sich erfahrungsgemäß entwickeln. Oft sind es Durchschnittswerte, die aus Vergangenheitswerten mehrerer Abrechnungsperioden auf der Basis von Istgemeinkostensätzen gebildet werden. Sie haben die Aufgabe, Kostensätze über einen langen Zeitraum beizubehalten. Dabei werden normabweichende Einflüsse, wie unrealistisch hohe bzw. niedrige Gemeinkosten, ausgeschlossen.

Berechnung Normalherstellkosten:

```
    Istfertigungsmaterial
+   Normalmaterialgemeinkosten
+   Istfertigungslöhne (Fertigungseinzelkosten)
+   Normalfertigungsgemeinkosten
=   Normalherstellkosten der Produktion
+   Minderbestand an fertigen/unfertigen Erzeugnissen
−   Mehrbestand an fertigen/unfertigen Erzeugnissen
=   Normalherstellkosten des Umsatzes
```

Mit diesem Berechnungsschema ist erkennbar, dass sich die Normalherstellkosten von den Istherstellkosten unterscheiden.

Beispiel: Der BAB einer Unternehmung XYZ weist folgende Ergebnisse aus. Es stellt sich die Frage: Wie sind die Ergebnisse zu bewerten?

BAB des Untenehmes XYZ	Ist-zuschlag	Istkosten	Normal-zuschlag	Normalkosten	Kosten-deckung
Fertigungsmaterial		150.000,00		150.000,00	
+ Materialgemeinkosten	13,50 %	20.250,00	11,00 %	16.500,00	−3.750,00
= Materialkosten		170.250,00		166.500,00	
Fertigungseinzelkosten		220.000,00		220.000,00	
+ Fertigungsgemeinkosten	205,00 %	451.000,00	230,00 %	506.000,00	55.000,00
= Fertigungskosten		671.000,00		726.000,00	
Herstellkosten der Produktion		841.250,00		892.500,00	
+ Minderbestand an unfertigen und fertigen Erzeugnissen		3.500,00		3.500,00	
− Mehrbestand an unfertigen und fertigen Erzeugnissen		4.500,00		4.500,00	
= Herstellkosten des Umsatzes		840.250,00		891.500,00	
+ Verwaltungsgemeinkosten	9,50 %	79.823,75	11,50 %	102.522,50	22.698,75
+ Vertriebsgemeinkosten	5,30 %	44.533,25	5,00 %	44.575,00	41,75
= Selbstkosten des Umsatzes		964.607,00		1.038.597,50	
Nettoverkaufserlöse		1.250.000,00		1.250.000,00	
− Selbstkosten des Umsatzes		964.607,00		1.038.597,50	
= **Umsatzergebnis**		**285.393,00**		**211.402,50**	**73.990,50**
+ Überdeckung				73.990,50	◄──┘
− Unterdeckung				0,00	
= **Betriebsergebnis**		**285.393,00**		**285.393,00**	

Interpretation der Berechnung:

Die Istzuschlagssätze bei den Materialkosten und Vertriebsgemeinkosten liegen höher als die Normalzuschlagssätze. Durch die Berechnungsmethode ergibt sich damit, dass außer bei der Materialstelle eine Kostenüberdeckung zu verzeichnen ist. Beim (Ist-)Umsatzergebnis ist somit festzustellen, dass es höher ausfällt als das (Normal-)Umsatzergebnis. Das Unternehmen hat in der letzten Abrechnungsperiode erfolgreicher gewirtschaftet als im Durchschnitt der Abrechnungsperioden. Für die Unternehmensleitung leitet sich hier die Aufgabe ab zu untersuchen, welche Umstände zu diesem Ergebnis geführt haben. Diese Erkenntnisse sind ggf. für die weitere Entwicklung der Unternehmung von Bedeutung.

II. Erweitertes Kostenträgerzeitblatt

Das einfache Kostenträgerzeitblatt vergleicht Werte aus dem BAB. Um genauere Daten zu erhalten, ist die Kostenträgerzeitrechnung in kurzen Zeitabständen, möglichst monatlich, durchzuführen. Ebenso wäre ein Differenzierung nach Produkten wiederum eine Verbesserung der Genauigkeit der Daten. Das Problem dabei,

Erzeugnisse werden meist nicht in den Abrechnungsperioden verkauft, in denen sie hergestellt wurden.

Mit der Form des differenzierten Gesamtkostenverfahrens gliedert die Kostenträgerzeitrechnung die Gesamtkosten in Kosten, die von einzelnen Erzeugnissen bzw. Erzeugnisgruppen verursacht wurden.

Beispiel: Für einzelne Erzeugnisse einer Unternehmung XYZ sind folgende Daten, bezogen auf eine Abrechnungsperiode, bekannt:

	Erzeugnisgruppe	
	1	2
Produktionsmenge	4.500,00 Stück	6.300,00 Stück
Absatzmenge	3.850,00 Stück	5.450,00 Stück
Verkaufspreis (netto) pro Mengeneinheit (ME)	300,00 €	858,50 €
Fertigungsmaterial je ME	55,00 €	100,00 €
Fertigungslöhne je ME	40,00 €	160,00 €

	Gesamtkostenverfahren	Istzuschlagssätze	Erzeugnisgruppe 1	Erzeugnisgruppe 2	Gesamtkosten
	Fertigungsmaterial		247.500,00 €	630.000,00 €	877.500,00 €
+	Materialgemeinkosten	85 %	210.375,00 €	535.500,00 €	745.875,00 €
=	**Materialkosten**		**457.875,00 €**	**1.165.500,00 €**	**1.623.375,00 €**
	Fertigungslöhne		180.000,00 €	1.008.000,00 €	1.188.000,00 €
+	Fertigungsgemeinkosten	150 %	270.000,00 €	1.512.000,00 €	1.782.000,00 €
=	**Fertigungskosten**		**450.000,00 €**	**2.520.000,00 €**	**2.970.000,00 €**
=	**Herstellkosten der Produktion**		**907.875,00 €**	**3.685.500,00 €**	**4.593.375,00 €**
–	Mehrbestand unf./fert. Erzeugnisse		131.137,50 €	497.250,00 €	628.387,50 €
+	Minderbestand unf./fert. Erzeugnisse		0,00 €	0,00 €	0,00 €
=	**Herstellkosten des Umsatzes**		**776.737,50 €**	**3.188.250,00 €**	**3.964.987,50 €**
+	Verwaltungsgemeinkosten	12,50 %	97.092,19 €	398.531,25 €	495.623,44 €
+	Vertriebsgemeinkosten	8,30 %	64.469,21 €	264.624,75 €	329.093,96 €
=	**Selbstkosten des Umsatzes**		**938.298,90 €**	**3.851.406,00 €**	**4.789.704,90 €**
	Verkaufserlöse (netto)		1.155.000,00 €	4.678.825,00 €	5.833.825,00 €
–	Selbstkosten des Umsatzes		938.298,90 €	3.851.406,00 €	4.789.704,90 €
=	**Umsatzergebnis**		**216.701,10 €**	**827.419,00 €**	**1.044.120,10 €**
+	Überdeckung				
–	Unterdeckung				
=	**Betriebsergebnis**		**216.701,10 €**	**827.419,00 €**	**1.044.120,10 €**

Interpretation:

- In der Abrechnungsperiode ergaben sich Bestandsmehrungen, die sich auf die Herstellkosten des Umsatzes auswirkten.
- Durch die Differenzierung nach Erzeugnisgruppen kann eine differenzierte Beurteilung dieser Erzeugnisgruppen erfolgen. Das Gleiche gilt für die Beurteilung einzelner Erzeugnisse.

- Da eine Gegenüberstellung mit Normalkosten der beiden Erzeugnisgruppen nicht erfolgte, ist eine Darstellung der Über- bzw. Unterdeckung nicht möglich. In diesem Fall ist das Umsatzergebnis gleich dem Betriebsergebnis.

2.3.4.1.2 Umsatzkostenverfahren

Beim Umsatzkostenverfahren werden Bestandsveränderungen der fertigen und unfertigen Erzeugnisse nicht berücksichtigt. Begründet wird das dadurch, dass bei der Berechnung des Betriebsergebnisses direkt von den verkauften Einheiten ausgegangen wird. Inhaltlich unterscheidet sich damit das Umsatzkostenverfahren von dem Gesamtkostenverfahren.

Beispiel: Ausgehend vom vorherigen Beispiel stellt sich nun die Kostenträgerzeitrechnung wie folgt dar:

Umsatzkostenverfahren	Istzuschlags- sätze	Erzeugnisgruppe		Gesamt- kosten
		1	2	
Fertigungsmaterial		211.750,00 €	545.000,00 €	756.750,00 €
+ Materialgemeinkosten	85 %	179.987,50 €	463.250,00 €	643.237,50 €
= Materialk. verk. Erzeugnisse		**391.737,50 €**	**1.008.250,00 €**	**1.399.987,50 €**
Fertigungslöhne		154.000,00 €	872.000,00 €	1.026.000,00 €
+ Fertigungsgemeinkosten	150 %	231.000,00 €	1.308.000,00 €	1.539.000,00 €
= Fertigungsk. verk. Erzeugnisse		**385.000,00 €**	**2.180.000,00 €**	**2.565.000,00 €**
= Herstell. verk. Erzeugnisse		**776.737,50 €**	**3.188.250,00 €**	**3.964.987,50 €**
+ Verwaltungsgemeinkosten	12,50 %	97.092,19 €	398.531,25 €	495.623,44 €
+ Vertriebsgemeinkosten	8,30 %	64.469,21 €	264.624,75 €	329.093,96 €
= Selbstkosten des Umsatzes		938.298,90 €	3.851.406,00 €	4.789.704,90 €
Verkaufserlöse (netto)		1.155.000,00 €	4.678.825,00 €	5.833.825,00 €
– Selbstkosten des Umsatzes		**938.298,90 €**	**3.851.406,00 €**	**4.789.704,90 €**
= Betriebsergebnis		**216.701,10 €**	**827.419,00 €**	**1.044.120,10 €**

Die Kostenträgerzeitrechnung ist dem Grunde nach beendet, wenn die Selbstkosten des Umsatzes für jede einzelne Erzeugnisgruppe ermittelt wurden. Mit dem Vergleich der entsprechenden Nettoverkaufserlöse mit den Selbstkosten des Umsatzes wird diese Rechnung zur differenzierten Ergebnisrechnung.

2.3.4.2 Zuschlagskalkulation

Bei der Zuschlagskalkulation werden den Einzelkosten direkt die anteiligen Gemeinkosten zugeordnet. Ziel ist es, die Selbstkosten eines Kostenträgers, welche eine wichtige Grundlage für die Angebotskalkulation sind, möglichst exakt zu ermitteln. Selbstkosten sind die Kosten, die bei der Herstellung eines Produktes entstehen. Auch wird dieses Kalkulationsverfahren als Selbstkostenkalkulation bezeichnet. Wie bereits in den vorherigen Kapiteln ausgeführt, ist der BAB die Grundlage, aus der die benötigten Gemeinkosten bzw. die Gemeinkostenzuschlagssätze entnommen werden. Angewendet wird dieses Verfahren in der Sortenfertigung, Serienfertigung sowie Einzelfertigung.

Formen der Zuschlagskalkulation sind:

2.3.4.2.1 Summarische Zuschlagskalkulation

Zur Kalkulation eines Auftrages wird (nur) ein Zuschlagssatz auf der Basis der gesamten Einzelkosten und gesamten Gemeinkosten ermittelt. Diese Methode ist für Betriebe geeignet, die über keine Kostenstellenrechnung verfügen oder deren Gemeinkosten in geringer Höhe anfallen, sodass eine gesamte Zuordnung die Kalkulation von Angeboten nur unwesentlich beeinflusst. Es wird hier unterstellt, dass die Gemeinkosten stets im gleichen Verhältnis angesetzt werden können. Insofern handelt es sich um ein grobes Schätzverfahren.
Berechnung:

$$\text{Zuschlagssatz} = \frac{\text{gesamte Gemeinkosten}}{\text{gesamte Einzelkosten}} \cdot 100$$

 Beispiel:

In einem kleinen Unternehmen sind folgende Kosten angefallen:

Fertigungsmaterial:	60.000,00 €
Fertigungslöhne	40.000,00 €
Gemeinkosten	150.000,00 €

Zuschlagssatz = gesamte Gemeinkosten / gesamte Einzelkosten · 100
= 150.000,00 € / (60.000,00 € + 40.000,00 €) · 100
= 150,00 %

Für einen Auftrag fallen an:

	Einzelkosten (Fertigungslohn und -material)	1.200,00 €
+	Gemeinkosten (150 %)	1.800,00 €
=	Selbstkosten	3.000,00 €

2.3.4.2.2 Differenzierte Zuschlagskalkulation

Grundlage der differenzierten Zuschlagskalkulation ist die Kostenstellenrechnung mit der Ermittlung der entsprechenden Zuschlagssätze. Angewendet wird dieses Verfahren in mittleren und größeren Betrieben. Es ist ein relativ genaues Verfahren für die Ermittlung der Selbstkosten und bildet die Grundlage für weitere Berechnungen, z.B. für die Ermittlung von Preisen.

Berechnungsschema:

Position		
Fertigungsmaterial (FEK) bzw. Materialeinzelkosten (MEK)		1.000,00
+ Materialgemeinkosten (MGK)	80 %	800,00
= Materialkosten (MK)		**1.800,00**
Fertigungseinzelkosten (FEK) bzw. Fertigungslöhne (FL)		1.500,00
+ Fertigungsgemeinkosten (FGK)	250 %	3.750,00
+ Sondereinzelkosten der Fertigung (SEKF)		500,00
= Fertigungskosten (FK)		**5.750,00**
= Herstellkosten der Produktion (HkdP) bzw. der Erzeugung (HkdE)		**7.550,00**
+ Verwaltungsgemeinkosten (VwGK)	10 %	755,00
+ Vertriebsgemeinkosten (VtGK)	8 %	604,00
+ Sondereinzelkosten des Vertriebs (SEKV)		500,00
= Selbstkosten (SK)		**9.409,00**

Die Ermittlung der **Fertigungsmaterialkosten (FEK)** bzw. der **Materialeinzelkosten (MEK)** erfolgt über Stücklisten bzw. die Materialentnahme nach bewerteten Verfahren (s. in Kapitel 2.1.4.3.3 zur „Bewertung des Umlaufvermögens"). Für die Ermittlung des **Fertigungslohnes** bzw. der **Fertigungseinzelkosten** ist der Arbeitsplan eine wesentliche Grundlage. Auch andere Grundlagen, wie eine Multimomenthäufigkeitsstudie (MMH – Aussage über eine zeitliche Struktur beliebiger Vorgänge), kommen infrage. Mit dem Hinzurechnen der jeweiligen Zuschlagssätze und möglichen **Sondereinzelkosten der Fertigung** ergeben sich die Herstellkosten der Produktion bzw. der Erzeugung. Zu den Sondereinzelkosten gehören z.B. Kosten für Spezialwerkzeuge, Konstruktionspläne, Modelle/Schablonen, Patente sowie Lizenzen, Analysen/Proben eines Fertigungsschritts. Die Herstellkosten der Produktion, die Summe aus Material- und Fertigungskosten, bilden letztlich die Grundlage für die Zurechnung der Verwaltungs- und Vertriebskosten. Im Ergebnis entstehen die Selbstkosten. Hier sind bzw. sollten alle entstandenen Kosten eines Produktes bzw. Erzeugnisses enthalten sein.

Beispiel:

Für die Kalkulation eines Produktes wurden 150,00 € Materialeinzelkosten ermittelt. Weiterhin sind vier Fertigungsschritte notwendig. An Fertigungslöhnen wurden für Fertigungsschritt 1 110,00 €, für Fertigungsschritt 2 90,00 €, für Fertigungsschritt 3 120,00 € und für Fertigungsschritt 4 135,00 € kalkuliert.

Aus dem BAB der Unternehmung sind folgende Gemeinkostensätze bekannt:

MGK	83,06 %
FGK 1	225,16 %
FGK 2	238,16 %
FGK 3	157,44 %
FGK 4	192,94 %
VwGK	6,20 %
VtGK	5,52 %

Aus diesen Werten sind die Selbstkosten zu ermitteln! (Werte unten gerundet.)

MEK		150,00		
MGK	83,06 %	124,59		
MK			274,59	
FL 1		110,00		
FGK 1	225,16 %	247,68		
FK 1			357,68	
FL 2		90,00		
FGK 2	238,16 %	214,34		
FK 2			304,34	
FL 3		120,00		
FGK 3	157,44 %	188,93		
FK 3			308,93	
FL 4		135,00		
FGK 4	192,94 %	260,47		
FK 4			395,47	
HkdP				1.641,01
VwGK	6,20 %			101,74
VtGK	5,52 %			90,58
SK				1.833,33

2.3.4.3 Zuschlagskalkulation mit Maschinenstundensätzen

2.3.4.3.1 Gründe für die Maschinenstundensatzrechnung

Für die Zuschlagskalkulation wurden im Bereich der Fertigung bisher ausschließlich Fertigungslöhne herangezogen. Das unterstellt, dass eine Kausalität zwischen Fertigungslöhnen und Fertigungsgemeinkosten besteht, und bedeutet bei steigenden Fertigungslöhnen auch steigende Fertigungsgemeinkosten. Da in der Praxis der industriellen Produktion durch den weiteren Ausbau der maschinellen Produktion der Anteil der Fertigungslöhne an den Gemeinkosten sinkt, ergibt sich auch eine Steigerung der Gemeinkostensätze. Am folgenden Beispiel soll das begründet werden:

Beispiel:

	ohne Maschineneinsatz	mit anteiligem Maschineneinsatz	vorrangig Maschineneinsatz
Fertigungsgemeinkosten	10.000,00	10.000,00	10.000,00
Fertigungslöhne	5.000,00	3.000,00	500,00
Fertigungsgemeinkostensatz	200,00 %	333,33 %	2.000,00 %

Abb. 2.34: Steigerung der Fertigungsgemeinkostensätze

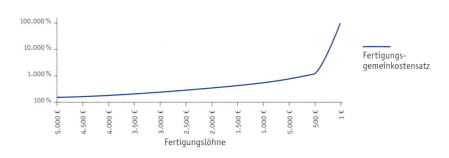

Anhand des Diagramms ist ersichtlich, dass bei steigender Automatisierung eine exorbitante Steigerung der Fertigungsgemeinkosten entsteht. Dieser Umstand zwingt dazu, die reine Zuschlagskalkulation im Bereich der Fertigungskosten zu verändern, da es ansonsten zu unrealistischen Ergebnissen der Selbstkosten kommt. Eine Aufteilung der Fertigungskosten in Maschinenkosten und die verbleibenden Fertigungsgemeinkosten, die Restgemeinkosten, ist erforderlich.

2.3.4.3.2 Maschinenstundensatzrechnung

Ausgehend vom BAB ist zu untersuchen, welche Anteile der Fertigungsgemeinkosten für Maschinen und Personal anfallen. Folgende Tabelle soll dies verdeutlichen:

Kostenart	Fertigungsstelle		
	Gesamt	Anteil für Maschinen	Restgemein-kosten
Betriebsstoffe	400,00	250,00	150,00
Energie	3.200,00	2.500,00	700,00
Hilfslöhne	2.000,00	0,00	2.000,00
Gehälter	15.000,00	0,00	15.000,00
Gesetzliche Sozialabgaben	2.400,00	0,00	2.400,00
Freiwillige Sozialabgaben	6.300,00	0,00	6.300,00
Instandhaltung	5.500,00	4.800,00	700,00
Kalkulatorische Abschreibung	42.000,00	39.500,00	2.500,00
Kalkulatorische Zinsen	9.250,00	8.750,00	500,00
Raumkosten	1.950,00	850,00	1.100,00
Summe	**88.000,00**	**56.650,00**	**31.350,00**

Wie die Fertigungsgemeinkosten werden auch die anteiligen Kosten für Maschinen (und Anlagen) auf die Abrechnungsperiode des BAB betrachtet.

Für die Ermittlung des Zuschlagssatzes ergibt sich, dass für die Restgemeinkosten, wie bisher bei den Fertigungsgemeinkosten praktiziert, durch die Bildung eines Quotienten (Restgemeinkosten / Fertigungslöhne) der Zuschlagssatz für die Restgemeinkosten errechnet wird. Für Maschinenkosten ist dies so nicht möglich, da hier keine Einzelkosten herangezogen werden können. Es bietet sich aber die Maschinenlaufzeit in der Abrechnungsperiode an. Die Maschinenlaufzeit ist zunächst zu ermitteln:

Berechnung:
Maschinenlaufzeit = gesamte Maschinenlaufzeit – Stillstandszeit – Instandhaltungszeit

Stillstands- und Instandhaltungszeiten können aus Erfahrungen auch als Prozentwerte angerechnet werden. Zur Ermittlung der Laufzeiten können auch Systeme der Maschinendatenerfassung (MDE) bzw. der Betriebsdatenerfassung (BDE) eingesetzt werden.

Kalkulation bei vollautomatischer Fertigung

Bei vollautomatischer Fertigung wird unterstellt, dass keine Restgemeinkosten anfallen. Damit kann der Maschinenstundensatz direkt auf der Basis der Fertigungsgemeinkosten berechnet werden.

Berechnung:

$$\text{Maschinenstundensatz} = \frac{\text{Fertigungsgemeinkosten}}{\text{Maschinenlaufzeit}}$$

Beispiel: Aus dem BAB eines Genussmittelherstellers, der eine vollautomatische Linie zur Herstellung von Waren des Bäckereigewerbes betreibt, sind in der letzten Abrechnungsperiode Fertigungsgemeinkosten für diese Linie in Höhe von 129.965,00 € ablesbar. In dieser Abrechnungsperiode wurde für die Anlagen dieser Linie eine Maschinenlaufzeit von 1.529 Stunden erfasst. Aus diesen Angaben ist der Maschinenstundensatz abzuleiten.

Lösung:
Maschinenstundensatz = 129.965,00 € / 1.529 Std. = 85,00 €/Std.

Bei der Berechnung der Fertigungsgemeinkosten für einzelne Produkte ist der Maschinenstundensatz so nicht anwendbar, da die Produktionszeiten sich in der Regel im Minutenbereich befinden. Damit ist es notwendig, aus dem Maschinenstundensatz einen **Minutensatz** abzuleiten. (Dabei ist zu beachten, dass eine Stunde nun mal 60 Minuten hat!)

Berechnung:

$$\text{Minutensatz} = \frac{\text{Maschinenstundensatz}}{60}$$

Lösung:
Minutensatz = 85 € / 60 Min. = 1,416667 ≈ **1,42 €/Min.**

Beispiel: Für Produkte aus obiger Produktionslinie werden unterschiedliche Durchlaufzeiten erfasst. Produkt A = 10, Produkt B = 8 und Produkt C = 15 Minuten. Wie hoch sind die Fertigungsgemeinkosten dieser Produkte?

Produkt	Durchlaufzeit	Fertigungsgemeinkosten
A	10 Min.	14,20 €
B	8 Min.	11,36 €
C	15 Min.	21,30 €

Minutensatz	1,42 €/Min.

Da die Fertigungsgemeinkosten bei einer vollautomatischen Produktion die gesamten Fertigungskosten ausmachen, fehlen Einzelkosten in diesem Bereich, üblicherweise sind die Materialkosten sowie die Verwaltungs- und Vertriebskosten hinzuzurechnen, um die Selbstkosten für diese Produkte zu erhalten.

Kalkulation bei teilautomatischer Fertigung

Bei teilautomatischer Fertigung ist eine Aufteilung der Fertigungsgemeinkosten in maschinenabhängige und lohnabhängige Kosten notwendig.

Lohnabhängige Fertigungsgemeinkosten:
- Gehälter
- Sozialkosten
- Hilfslöhne

Maschinenabhängige Fertigungsgemeinkosten:

- Kalkulatorische Abschreibungen
- Kalkulatorische Zinsen
- Wartungskosten
- Reparaturkosten
- Betriebsstoffkosten (Energie, Kühlmittel, Schmiermittel, …)
- Raumkosten
- Werkzeugkosten

Beispiel: In einem Unternehmen XYZ wurden Betriebsmittel mit einer Zeit von 2.000 Stunden in einem Produktionsbereich A genutzt. In der Kostenstelle der Fertigung fielen Fertigungslöhne von 100.000,00 € an. Gemeinkosten sind wie folgt (Tabelle) angefallen:

Kostenart	Fertigung A	davon maschinenabhängig	davon lohnabhängig
Energiekosten	13.000,00 €	13.000,00 €	0,00 €
Sonstige Betriebsstoffe	20.300,00 €	20.300,00 €	0,00 €
Gehälter	15.000,00 €	0,00 €	15.000,00 €
Hilfslöhne	10.000,00 €	0,00 €	10.000,00 €
Sozialkosten	5.300,00 €	0,00 €	5.300,00 €
Abschreibungen	32.000,00 €	32.000,00 €	0,00 €
Zinsen	11.400,00 €	11.400,00 €	0,00 €
Reparaturkosten	2.500,00 €	2.500,00 €	0,00 €
Wartungskosten	3.100,00 €	3.100,00 €	0,00 €
Raumkosten	15.400,00 €	15.400,00 €	0,00 €
Summe FGK	**128.000,00 €**	**97.700,00 €**	**30.300,00 €**

Zu berechnen sind auf dieser Basis der Maschinenstundensatz, der Minutensatz und der Restfertigungsgemeinkostensatz.

a) Maschinenstundensatz = maschinenabhängige FGK / Maschinenlaufzeit
= 97.700,00 € / 2.000 Std. = 48,85 €/Std.

b) Minutensatz = Maschinenstundensatz / 60 Min./Std.
= 48,85 € / 60 Min. = 0,814166 €/Min. ≈ 0,81 €/Min.

c) Rest-FGK-Zuschlagssatz = lohnabhängige FGK / Fertigungslöhne
= 30.300,00 € / 100.000,00 € · 100 = 30,30 %

Für das folgende Beispiel werden diese Werte in der Zuschlagskalkulation verwendet:

Beispiel: In einer Vorkalkulation für zwei Produkte (P1 und P2) sind die Selbstkosten zu ermitteln. Die Fertigung dieser Produkte erfolgt teilautomatisiert. Folgende Daten sind bekannt:

	P1	P2
Materialeinzelkosten (MEK)	3,00 €	2,50 €
MGK-Zuschlagssatz	80,00 %	85,00 %
Minutensatz Fertigung A	0,81 €/Min.	0,81 €/Min.
Durchlaufzeit A	11 Min.	9 Min.
Fertigungseinzelkosten (FEK) A	2,50 €	1,80 €
Rest-FGK-Zuschlagssatz A	30,30 %	30,30 %
Minutensatz Fertigung B	1,10 €/Min.	1,10 €/Min.
Durchlaufzeit B	8 Min.	6 Min.
Fertigungseinzelkosten (FEK) B	3,10 €	2,80 €
Rest-FGK-Zuschlagssatz B	35,30 %	35,30 %
Verwaltungsgemeinkostenzuschlagssatz	14,30 %	13,80 %
Vertriebsgemeinkostenzuschlagssatz	9,60 %	8,90 %

Darauf aufbauend erfolgt die Zuschlagskalkulation:

Kalkulation	P1		P2	
Materialeinzelkosten		3,00		2,50
Materialgemeinkosten	80,00 %	2,40	85,00 %	2,13
Materialkosten		**5,40**		**4,63**
Fertigungseinzelkosten A		2,50		1,80
Rest-FGK-Zuschlagssatz A	30,30 %	0,76	30,30 %	0,55
Maschinenabhängige Gemeinkosten A	11 Min · 0,81 €/Min	8,91	9 Min · 0,81 €/Min	7,29
Fertigungskosten A		**12,17**		**9,64**
Fertigungseinzelkosten B		3,10		2,80
Rest-FGK-Zuschlagssatz B	35,30 %	1,09	35,30 %	0,99
Maschinenabhängige Gemeinkosten B	8 Min · 1,10 €/Min	8,80	6 Min · 1,10 €/Min	6,60
Fertigungskosten B		**12,99**		**10,39**
Herstellkosten der Produktion		**30,56**		**24,66**
Verwaltungsgemeinkosten	14,30 %	4,37	13,80 %	3,40
Vertriebsgemeinkosten	9,60 %	2,93	8,90 %	2,19
Selbstkosten		**37,86**		**30,25**

2.3.4.3.3 Differenzierte Rechnung

Bei der bisherigen Maschinenstundensatzrechnung wurden pauschal alle maschinenabhängigen Gemeinkosten auf der Basis der Laufzeit ermittelt. Die differenzierte Rechnung berechnet dagegen jede Position der Gemeinkostenart getrennt nach anteiligen Sätzen. Zu diesen Gemeinkostenarten gehören:

- Kalkulatorische Abschreibungen
- Kalkulatorische Zinsen
- Instandhaltungskosten
- Raumkosten
- Energiekosten
- Werkzeugkosten

Beispiel: Der Maschinenstundensatz für ein Bearbeitungszentrum (Zweischicht-betrieb) ist für eine Laufzeit von 4.000 Stunden zu berechnen. Folgende Daten sind erfasst worden: Wiederbeschaffungswert 150.000,00 €, geschätzte Nutzungsdauer 12 Jahre, Zinssatz 9 % p.a., erwartete Instandhaltungskosten 20.000,00 €, Raumkosten für 30 m² zu 25,00 €/m², Energieverbrauch 12 kWh zu 0,15 €/kWh sowie Werkzeugkosten 1.000,00 €.

Berechnung:

1. Ermittlung der kalkulatorischen Abschreibung:

$$\text{Kalkulatorische Abschreibung pro Maschinenstunde} = \frac{\text{Wiederbeschaffungswert}}{\text{Nutzungsdauer} \cdot \text{Maschinenlaufzeit}}$$

Kalkulatorische Abschreibung pro Maschinenstunde
= 150.000,00 € / (12 Jahre · 4.000 Std./Jahr)
= 3,125 €/Std.
≈ 3,13 €/Std.

2. Berechnung der kalkulatorischen Zinsen:

Hier wird eine Durchschnittsverzinsung unterstellt, d.h., das Kapital wird hälftig während der gesamten Laufzeit gebunden.

$$\text{Kalkulatorische Zinsen pro Maschinenstunde} = \frac{0,5 \cdot \text{Wiederbeschaffungswert} \cdot \text{Zinssatz}}{100 \cdot \text{Maschinenlaufzeit}}$$

$$\text{Kalkulatorische Zinsen pro Maschinenstunde} = \frac{0,5 \cdot 150.000,00 \text{ €} \cdot 9}{100 \cdot 4.000 \text{ Std./Jahr}} = \begin{matrix} 1,6875 \text{ €/Std.} \\ \approx 1,69 \text{ €/Std.} \end{matrix}$$

3. Berechnung der Instandhaltungskosten:

Instandhaltungskosten beziehen sich auf die gesamte Maschinenlaufzeit während der Nutzungsdauer und müssen für eine Abrechnungsperiode in ihrer Höhe geschätzt werden. Diese Schätzung beruht auf Erfahrungswerten und Prognosen.

$$\text{Instandhaltungskosten pro Maschinenstunde} = \frac{\text{gesamte Instandhaltungskosten}}{\text{Nutzungsdauer} \cdot \text{Maschinenlaufzeit}}$$

$$\text{Instandhaltungskosten pro Maschinenstunde} = \frac{20.000,00 \text{ €}}{12 \text{ Jahre} \cdot 4.000 \text{ Std./Jahr}} = \begin{matrix} 0,4167 \text{ €/Std.} \\ \approx 0,42 \text{ €/Std.} \end{matrix}$$

4. Berechnung der Raumkosten:

Hierzu gehören neben der Miete alle Nebenkosten, bzw. man setzt die kalkulatorische Miete an sowie Beleuchtungs- und Reinigungskosten.

$$\text{Raumkosten pro Maschinenstunde} = \frac{\text{Raumbedarf} \cdot \text{m}^2\text{-Satz}}{\text{Maschinenlaufzeit}}$$

$$\text{Raumkosten pro Maschinenstunde} = \frac{30 \text{ m}^2/\text{Jahr} \cdot 25,00 \text{ €/m}^2}{4.000 \text{ Std./Jahr}} = \begin{matrix} 0,1875 \text{ €/Std.} \\ \approx 0,19 \text{ €/Std.} \end{matrix}$$

5. Berechnung der Energiekosten:

Zu den Energiekosten zählen die Verbrauchskosten für Strom, Wasser und fossile Brennstoffe.

Energiekosten pro Maschinenstunde = Energiebedarf · Kosten je Energieeinheit
Energiekosten pro Maschinenstunde = 12 kWh · 0,15 €/kWh = 1,80 €/Std.

6. Berechnung der Werkzeugkosten:

Für das Bearbeitungszentrum werden je Abrechnungsperiode die Werkzeugkosten gesondert berechnet.

$$\text{Werkzeugkosten pro Maschinenstunde} = \frac{\text{Werkzeugkosten}}{\text{Maschinenlaufzeit}}$$

$$\text{Werkzeugkosten pro Maschinenstunde} = \frac{1.000,00\ €}{4.000\ \text{Std./Jahr}} = 0,25\ €/\text{Std.}$$

7. Berechnung des Maschinenstundensatzes:

Als letzte Aufgabe zur Ermittlung des Maschinenstundensatzes steht die Addition der Einzelwerte an. Damit wird ein gültiger Maschinenstundensatz berechnet, der ebenfalls in der differenzierten Zuschlagskalkulation eingesetzt werden kann.

	Kostenart	Betrag
	kalkulatorische Abschreibung pro Maschinenstunde	3,13 €/Std.
+	kalkulatorische Zinsen pro Maschinenstunde	1,69 €/Std.
+	Instandhaltungskosten pro Maschinenstunde	0,42 €/Std.
+	Raumkosten pro Maschinenstunde	0,19 €/Std.
+	Energiekosten pro Maschinenstunde	1,80 €/Std.
+	Werkzeugkosten pro Maschinenstunde	0,25 €/Std.
=	**Maschinenstundensatz**	**7,48 €/Std.**

Diese differenzierte Maschinenstundenberechnung hat Vorteile für die Zuschlagskalkulation. Da einzelne Elemente separat beurteilt werden können, liefert sie auch mögliche Informationen zur Kostenkontrolle.

2.3.4.4 Divisionskalkulation

Sie ist die einfachste Methode zur Ermittlung von Stückkosten. Dabei werden die Gesamtkosten einer Abrechnungsperiode durch die Zahl der Leistungsträger dividiert, mit dem Ergebnis der Kosten pro Stück, also den Stückkosten.

Folgende Verfahren der Divisionskalkulation sind bekannt:
1. Einstufige Divisionskalkulation
2. Mehrstufige Divisionskalkulation

2.3.4.4.1 Einstufige Divisionskalkulation

In Betrieben, die ein Massenprodukt ohne Lagerbestände herstellen, kann diese Berechnungsmethode angewendet werden. Bestandsveränderungen sind nicht gegeben und werden hier auch nicht berücksichtigt.

Die Kosten pro Stück ergeben sich aus der Summe der Gesamtkosten dividiert durch die Anzahl der Leistungsträger, also der Menge. Dieses Verfahren wird auch als summarische Divisionskalkulation bezeichnet.

Beispiel: In einem Unternehmen der Lebensmittelindustrie werden in einem Jahr 25 Millionen Becher mit einem neuartigen Joghurt hergestellt. Die Gesamtkosten wurden in Höhe von 6.500.000,00 € erfasst. Davon fallen 50 % Material- und 20 % Personalkosten an. Es existiert kein Lagerbestand. Die Kosten pro Becher sind zu ermitteln.

$$\text{Selbstkosten pro Stück} = \frac{\text{Gesamtkosten}}{\text{Produktionsmenge}} = \frac{6.500.000,00\ \text{€}}{25.000.000\ \text{Becher}} = 0,26\ \text{€/Becher}$$

Anders als bei der summarischen Divisionskalkulation werden bei der differenzierenden Divisionskalkulation die Stückkosten aufgeteilt in einzelne Kostengruppen. Kostengruppen können Material-, Fertigungs-, Verwaltungs-, Vertriebs- sowie sonstige Kosten sein. Das Ergebnis ist das gleiche wie bei der summarischen Divisionskalkulation. Der Vorteil besteht aber darin, dass die differenzierende Divisionskalkulation sowohl für Kalkulationszwecke, als auch für Kontrollzwecke genutzt werden kann.

Für das obige Beispiel ergibt sich nunmehr folgende Betrachtung:
An Kostengruppen werden hier die Gruppen Material-, Personal- und sonstige Kosten gebildet.

$$\text{Materialkosten pro Stück} = \frac{\text{Materialkosten}}{\text{Produktionsmenge}} = \frac{3.250.000,00\ \text{€}}{25.000.000\ \text{Becher}} = 0,13\ \text{€/Becher}$$

$$\text{Personalkosten pro Stück} = \frac{\text{Personalkosten}}{\text{Produktionsmenge}} = \frac{1.300.000,00\ \text{€}}{25.000.000\ \text{Becher}} = 0,052\ \text{€/Becher}$$

$$\text{Sonstige Kosten pro Stück} = \frac{\text{sonstige Kosten}}{\text{Produktionsmenge}} = \frac{1.950.000,00\ \text{€}}{25.000.000\ \text{Becher}} = 0,078\ \text{€/Becher}$$

Selbstkosten pro Stück = 0,26 €/Becher

2.3.4.4.2 Mehrstufige Divisionskalkulation

Die einstufige Divisionskalkulation setzt voraus, dass keine Bestandsveränderung vorliegt. Ist aber eine Bestandsveränderung mitzuberücksichtigen, kann die einstufige Variante der Divisionskalkulation nicht genutzt werden.

Der Unterschied zur einfachen Divisionskalkulation besteht darin, dass für den Bereich der Produktion die Produktionsmenge und für den Bereich des Vertriebs die Absatzmenge als Grundlage (Divisor) der Kalkulation herangezogen wird. Dadurch wird einer Bestandsveränderung Rechnung getragen. Zu berücksichtigen ist dabei, dass auch die Verwaltung einer Unternehmung teilweise für den Vertrieb zuständig sein kann. In solchen Fällen sind diese Verwaltungskosten mit im Bereich des Absatzes anzusetzen.

Zur weiteren Erläuterung folgendes Beispiel:

Das Unternehmen XYZ stellt Fahrräder her. Es werden klassische Fahrräder und Fahrräder mit Elektroantrieb hergestellt. Für die Produktion der Fahrräder mit Elektroantrieb in einer Abrechnungsperiode sind die Selbstkosten mithilfe der mehrstufigen Divisionskalkulation zu ermitteln. Folgende Werte wurden dazu ermittelt:

Produktionsmenge: 35.000 Stück
Absatzmenge: 28.000 Stück
Herstellkosten: 10.500.000 €
Verwaltungskosten: 1.900.000 €   davon sind 40 % den Vertriebskosten zuzuordnen
Vertriebskosten: 650.000 €

Berechnung:
Selbstkosten pro Stück

$$= \frac{\text{Herstellkosten}}{\text{Produktionsmenge}} + \frac{\text{Vertriebskosten}}{\text{Absatzmenge}} + \frac{\text{Verwaltungskosten (60\%)}}{\text{Produktionsmenge}} + \frac{\text{Verwaltungskosten (40\%)}}{\text{Absatzmenge}}$$

$$= \frac{10.500.000\ €}{35.000\ \text{Stück}} + \frac{650.000\ €}{28.000\ \text{Stück}} + \frac{1.140.000\ €}{35.000\ \text{Stück}} + \frac{760.000\ €}{28.000\ \text{Stück}} = 382{,}92\ €/\text{Stück Selbstkosten}$$

Die einzelnen Ergebnisse sehen wie folgt aus (Werte auf zwei Stellen gerundet):

Position	Kosten pro Stück
Herstellkosten pro Stück	300,00 €/Stück
Vertriebskosten pro Stück	23,21 €/Stück
Verwaltungskosten (60 %) pro Stück	32,57 €/Stück
Verwaltungskosten (40 %) pro Stück	27,14 €/Stück
Summe = Selbstkosten pro Stück	**382,92 €/Stück**

2.3.4.5 Äquivalenzziffernkalkulation

Begriffserklärung:

Die Äquivalenzziffernkalkulation, beruhend auf der Divisionskalkulation, stellt eine Gewichtung dar. Die Gewichtung, als Zahl ausgedrückt, ermöglicht es, Produkte, die aus gleichen Ressourcen hergestellt werden, aber als Produkt unterschiedliche Qualitäten besitzen, im Verhältnis zueinander zu vergleichen bzw. differenziert die Selbstkosten zu berechnen. (Zu bemerken ist auch, dass es semantisch richtig „Äquivalenzzahl" heißt.)

Anwendung:

Anwendung findet diese Methode bei der Sortenfertigung, da hier gleichartige Ausgangsmaterialien für die Produktion eingesetzt werden. Sie kann als einstufiges und mehrstufiges Verfahren zur Kalkulation von Selbstkosten angewendet werden. Sind diese Bedingungen nicht erfüllt, ist die Zuschlagskalkulation das geeignete Verfahren.

2.3.4.5.1 Einstufige Äquivalenzziffernkalkulation

Um die Äquivalenzziffernkalkulation anwenden zu können, sind zuvor die Äquivalenzziffern zu ermitteln. Da Äquivalenzziffern als Verhältniszahl gewertet werden, ist eine Errechnung aus vergleichbaren Werten durchaus möglich.

Beispiel:

In einer Glashütte werden für die Lebensmittelindustrie unterschiedliche Glasflaschen hergestellt:

Glasflaschentyp A Höhe 18,9 cm, Bearbeitungszeit 24 Min.

Glasflaschentyp B Höhe 17,5 cm, Bearbeitungszeit 22 Min.

Glasflaschentyp C Höhe 19,5 cm, Bearbeitungszeit 28 Min.

Glasflaschentyp D Höhe 20,0 cm, Bearbeitungszeit 30 Min.

Aus diesen Werten sind als 1. geeignete Äquivalenzziffern für die Verteilung der Materialkosten zu ermitteln. Als 2. sind Äquivalenzziffern für die Verteilung der Fertigungskosten zu finden.

Lösung:

Es ist sinnvoll, einem Glasflaschentyp die Äquivalenzziffer 1 zu geben und dementsprechend die anderen Äquivalenzziffern zu ermitteln.

Zu 1.

Typ	Höhe	Äquivalenzziffern
Glasflaschentyp A	18,90 cm	1,00
Glasflaschentyp B	17,50 cm	0,93
Glasflaschentyp C	19,50 cm	1,03
Glasflaschentyp D	20,00 cm	1,06

Zu 2.

Typ	Bearbeitungszeit	Äquivalenzziffern
Glasflaschentyp A	24 Min.	0,86
Glasflaschentyp B	22 Min.	0,79
Glasflaschentyp C	28 Min.	1,00
Glasflaschentyp D	30 Min.	1,07

Für die Berechnung der Herstellkosten je Flaschentyp (= Sorte) wurde entschieden, dass die Äquivalenzziffern der Materialverteilung heranzuziehen sind. An Herstellkosten für alle Typen von Glasflaschen wurden 66.316,25 € ermittelt. Die Produktion betrug beim Typ A 8.000, Typ B 6.500, Typ C 5.000 und Typ D 5.500 Flaschen. Zu ermitteln sind die Herstellkosten je Flaschentyp (je Sorte).

Lösung:

Erzeugnis	Mengen-einheit	Aquivalenz-ziffer	Rechen-einheit	Sortenkosten	je Flasche
Typ A	8.000,00	1,00	8.000,00	21.200,00 €	2,65 €
Typ B	6.500,00	0,93	6.045,00	16.019,25 €	2,46 €
Typ C	5.000,00	1,03	5.150,00	13.647,50 €	2,73 €
Typ D	5.500,00	1,06	5.830,00	15.449,50 €	2,81 €
Summen			**25.025,00**	**66.316,25 €**	

Herstellkosten	66.316,25 €
Summe Recheneinheit	25.025,00
Stückkosten je Recheneinheit	2,65 €/RE

2.3.4.5.2 Mehrstufige Äquivalenzziffernkalkulation

Die mehrstufige Äquivalenzziffernkalkulation ist notwendig, wenn die jeweiligen Fertigungsmaterialien als Einzelkosten direkt auf die entsprechenden Sorten verrechnet werden oder auch Lagerbestandsveränderungen an fertigen und unfertigen Sorten zu berücksichtigen sind. Sollte auch die einstufige Äquivalenzziffernkalkulation nicht das gewünschte Ergebnis bringen, ist ebenfalls die mehrstufige Äquivalenzziffernkalkulation anzuwenden.

 Beispiel: Für die Herstellung eines materiellen Gutes sind folgende Äquivalenzziffern festgestellt worden:

Sorte	ÄZ	Materialstückkosten
A	1,00	0,65 €/Stück
B	0,75	0,40 €/Stück
C	1,40	0,83 €/Stück

Des Weiteren fallen für die Herstellung von 145.000 Mengeneinheiten (Stück) sonstige Kosten in Höhe von 85.000,00 € an. Diese sind auf die drei Sorten zu verteilen.
Danach betragen die sonstigen Stückkosten = 85.000,00 € / 145.000 Stück
= 0,58620 €/Stück ≈ 0,59 €/Stück

Damit ergibt sich folgende Betrachtung:

Sorte	ÄZ	Materialstückkosten	sonstige Stückkosten	Stückkosten
A	1,00	0,65 €/Stück	0,59 €/Stück	1,24 €/Stück
B	0,75	0,40 €/Stück	0,59 €/Stück	0,99 €/Stück
C	1,40	0,83 €/Stück	0,59 €/Stück	1,42 €/Stück

Äquivalenzziffernreihen

Die mehrstufige Äquivalenzziffernkalkulation kann weiterhin auch aus mehreren Reihen von Äquivalenzziffern bestehen.

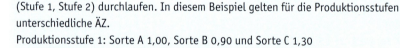 **Beispiel:** Für die Produktion von Sorten (A, B, C) werden zwei Produktionsstufen (Stufe 1, Stufe 2) durchlaufen. In diesem Beispiel gelten für die Produktionsstufen unterschiedliche ÄZ.
Produktionsstufe 1: Sorte A 1,00, Sorte B 0,90 und Sorte C 1,30
Produktionsstufe 2: Sorte A 1,20, Sorte B 0,74 und Sorte C 1,00
Diese unterschiedlichen Werte führen dazu, dass je Produktionsstufe die Stückkosten je Sorte separat zu berechnen sind. Aus diesen Teilergebnissen ergeben sich dann die gesamten Fertigungskosten.

Berechnung der Fertigungskosten je Stück je Produktionsstufe:

Sorte	Produktionsstufe 1		Produktionsstufe 2	
	ÄZ	Fertigungsstückkosten	ÄZ	Fertigungsstückkosten
A	1,00	0,90 €/Stück	1,20	1,74 €/Stück
B	0,90	0,81 €/Stück	0,74	1,07 €/Stück
C	1,30	1,17 €/Stück	1,00	1,45 €/Stück

Berechnung der Fertigungskosten insgesamt:

Sorte	Produktionsstufe 1 Fertigungsstückkosten	Produktionsstufe 2 Fertigungsstückkosten	Gesamte Fertigungsstückkosten
A	0,90 €/Stück	1,74 €/Stück	2,64 €/Stück
B	0,81 €/Stück	1,07 €/Stück	1,88 €/Stück
C	1,17 €/Stück	1,45 €/Stück	2,62 €/Stück

2.3.4.6 Handelswarenkalkulation

Handelsunternehmen sind typische Mehr-Produkt-Unternehmen. Unter diesen Bedingungen ist die Zuschlagskalkulation das typische Kalkulationsverfahren. Im Blickpunkt steht dabei, ob es sich vornehmlich um einen Beschaffungs- oder Absatzmarkt handelt. Insofern sind die Kalkulationsverfahren auszurichten. Beim Beschaffungsmarkt ist hauptsächlich die Bezugskalkulation und beim Absatzmarkt eben die Absatzkalkulation anzuwenden. Dabei wird die Absatzkalkulation weiter in die

- Vorwärtskalkulation,
- retrograde Kalkulation sowie
- Differenzkalkulation

unterteilt.

2.3.4.6.1 Bezugskalkulation

Ziel und Zweck der Bezugskalkulation ist die Feststellung des Bezugspreises (des Einstandspreises) für Waren und Dienstleistungen. Dieser Bezugspreis wiederum bildet die Basis zu einem echten Angebotsvergleich für den Händler.

> **!**
> **Einstandspreis** (auch Beschaffungspreis oder Bezugspreis) ist ein kaufmännischer Fachbegriff. Abzugrenzen ist er vom **Einkaufspreis (EKP)**. Grund dafür ist die ungenaue Definition des Einkaufspreises. Er bezeichnet in der Regel nur die angefallenen Kosten beim Einkauf des Händlers, die Beschaffungskosten werden teilweise nicht berücksichtigt.

1) Korrekturen bei der Ermittlung des Einstandspreises

Für die Ermittlung des Bezugspreises sind kaufmännische Bezugsbedingungen zu prüfen und zu beachten. Dazu gehört einerseits die Erfassung von Skonti und Rabatten, aber auch Boni, die von Fall zu Fall von Lieferanten gewährt werden, sind mit in die Berechnung aufzunehmen. Boni, die Vergütungen darstellen, werden wie Rabatte in der Bezugskalkulation berücksichtigt.

2) Bezugskosten

Das sind Kosten, die beim Bezug einer Ware anfallen. Zu ihnen werden vor allem Transportkosten (Fracht und Rollgeld), Versicherungsprämien, Maut (Wegzoll) sowie andere Auslagen, die beim etwaigen Import anfallen, gezählt. Bezugskosten sind im Einstandspreis immer enthalten.

3) Vorsteuer

Vorsteuer wird, wie in der gesamten Kostenrechnung, auch hier in der Bezugskalkulation **nicht berücksichtigt**. Aufgrund ihres Charakters bleibt sie ein durchlaufender Posten.

4) Angebotsvergleich

Der Einstandspreis ist nach folgendem Schema zu berechnen:

	Listeneinkaufspreis
–	Lieferrabatt
=	**Zieleinkaufspreis**
–	Lieferskonto
=	**Bareinkaufspreis**
+	Bezugskosten
=	**Einstandspreis**

Die errechneten Einstandspreise unterschiedlicher Angebote sind zu vergleichen und bilden eine Entscheidungsgrundlage für den Händler, welches Angebot für ihn relevant ist.

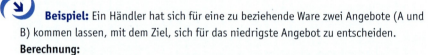

Beispiel: Ein Händler hat sich für eine zu beziehende Ware zwei Angebote (A und B) kommen lassen, mit dem Ziel, sich für das niedrigste Angebot zu entscheiden.

Berechnung:

		Angebot A		Angebot B	
	Listeneinkaufspreis		120,00 €		110,00 €
–	Lieferrabatt	15,00 %	18,00 €	12,00 %	13,20 €
=	**Zieleinkaufspreis**		**102,00 €**		**96,80 €**
–	Lieferskonto	3,00 %	3,06 €	2,00 %	1,94 €
=	**Bareinkaufspreis**		**98,94 €**		**94,86 €**
+	Bezugskosten		0,00 €		5,00 €
=	**Einstandspreis**		**98,94 €**		**99,86 €**

An dieser Kalkulation ist zu erkennen, dass schon allein durch die Gewährung eines höheren Skontos beim Angebot A und dem Wegfall der Bezugskosten der Einstandspreis niedriger ist als beim Angebot B, obwohl der Listenverkaufspreis beim Angebot B niedriger liegt als beim Angebot A.

Ein Skonto wird von beiden Lieferanten gewährt und sollte, wenn die Möglichkeit besteht, generell in Anspruch genommen werden.

2.3.4.6.2 Vorwärtskalkulation

Die Ermittlung des Einstandspreises bildet in der Folge den Ausgangswert für die Berechnung der Selbstkosten des Erzeugnisses. Zur Vorwärtskalkulation gehören:
- die Handlungskosten,
- der Handlungskostensatz,
- der Kalkulationszuschlag.

Handlungskosten

Handlungskosten für ein Erzeugnis sind die anteiligen Gemeinkosten für dieses Erzeugnis. Wie in der Kostenstellenrechnung beschrieben, gehören u.a. Personal-, Raum-, Verwaltungs-, Versorgungskosten (Energie u.a.) sowie Abschreibungen, Zinsen und Versicherungen dazu.

	Einstandspreis
+	Handlungskosten
=	Selbstkosten

Handlungskostensatz

Eine oft genutzte Methode ist der Handlungskostensatz, mit dem Handlungskosten ermittelt werden. Hier ist der Quotient aus den gesamten Handlungsgemeinkosten und dem Umsatz nach Einstandspreisen, z.B. aus der vergangenen Abrechnungsperiode (auch das letzte Geschäftsjahr ist denkbar), gebildet. Um das Ergebnis in Prozent auszudrücken, ist das Ergebnis mit 100 zu multiplizieren.

$$\text{Handlungskostensatz} = \frac{\text{Handlungsgemeinkosten}}{\text{Umsatz nach Einstandspreisen}} \cdot 100$$

Handlungskosten werden dann nach folgender Formel berechnet:

$$\text{Handlungskosten} = \text{Handlungskostensatz} \cdot \text{Einstandspreis}$$

Beispiel: Für zwei Erzeugnisse sind folgende Werte bekannt. Es sind daraus die Bruttoverkaufspreise zu ermitteln.

	Erzeugnis 1	Erzeugnis 2
Einstandspreis	90,50 €	86,30 €
Gewinnzuschlag	20,00 %	20,00 %
Kundenskonto	2,00 %	2,00 %
Kundenrabatt	12,00 %	12,00 %
Umsatzsteuer	19,00 %	19,00 %
Handlungsgemeinkosten	49.161,00 €	
Umsatz nach Einstandspreisen	223.459,00 €	

1. Berechnung des Handlungskostensatzes:

$$\text{Handlungskostensatz} = \frac{49.161,00 \ €}{225.459,00 \ €} \cdot 100 = 22,00 \ \%$$

2. Angebotskalkulation bis zum Bruttoverkaufspreis

		Zu-schlag	Erzeugnis 1	Erzeugnis 2	Bemerkung
	Einstandspreis		90,50 €	86,30 €	
+	Handlungskosten	22,00 %	19,91 €	18,99 €	vom Hundert
=	Selbstkosten		110,41 €	105,29 €	
+	Gewinn	20,00 %	22,08 €	21,06 €	vom Hundert
=	Barverkaufspreis		132,49 €	126,34 €	
+	Kundenskonto	2,00 %	2,70 €	2,58 €	im Hundert
=	Zielverkaufspreis		135,19 €	128,92 €	
+	Kundenrabatt	12,00 %	18,44 €	17,58 €	im Hundert
=	Listenverkaufspreis (Nettoverkaufspreis)		153,63 €	146,50 €	
+	Umsatzsteuer	19,00 %	29,19 €	27,84 €	vom Hundert
=	**Bruttoverkaufspreis**		**182,82 €**	**174,34 €**	

In dieser Kalkulation wurde bis zum Bruttoverkaufspreis kalkuliert, obwohl die Umsatzsteuer nicht zur Kostenrechnung gehört. Da die Umsatzsteuer ein durchlaufender Posten ist und als Zahllast (buchhalterische Korrekturen bitte beachten) an den Fiskus abzuführen ist, bietet es sich hier an, diese mit zu berechnen. Auch werden diese Preise meist nicht so in den Auslagen ausgezeichnet. Hier werden andere Regeln, wie der Schwellenpreis (z.B. 182,90 € statt 182,82 €), angewendet.

Kalkulationszuschlag

Der Kalkulationszuschlag ermöglicht es dem Händler, als Beispiel, relativ schnell Listenverkaufspreise zu berechnen, um ggf. Rückschlüsse über die maximale Höhe eines Einstandspreises für eine Handelsware zu finden. Voraussetzung ist aber, dass sich Skonto, Rabatt und Gewinnzuschlag in ihren Werten nicht verändern.

$$\text{Kalkulationszuschlagssatz} = \frac{\text{Listenverkaufspreis} - \text{Einstandspreis}}{\text{Einstandspreis}} \cdot 100$$

$$\text{Kalkulationszuschlagssatz} = \frac{153,63\ € - 90,50\ €}{90,50\ €} \cdot 100 = 69,76\ \% \text{ (gerundet)}$$

Dieser Zuschlagssatz hat Gültigkeit für alle Erzeugnisse des Händlers.

		Zuschlag	Erzeugnis 1	Erzeugnis 2
	Einstandspreis		90,50 €	86,30 €
+	Kalkulationszuschlag	69,76 %	63,13 €	60,20 €
=	**Listenverkaufspreis (Nettoverkaufspreis)**		**153,63 €**	**146,50 €**

2.3.4.6.3 Retrograde Kalkulation

Bei der Vorwärtskalkulation wurde der Listenverkaufspreis errechnet. Bei der retrograden Kalkulation (auch Zielkostenrechnung, engl.: Target Costing oder Target Pricing) wird von einem bekannten Preis (Marktpreis, erzielbarer Preis) ausgegangen, um den dazugehörenden Einstandspreis bzw. Listeneinkaufspreis zu ermitteln. Der Einstands- oder der Listeneinkaufspreis kann in Verhandlungen eine wesentliche Rolle spielen.

Beispiel:

Ein Erzeugnis kann bis zu einem Preis von 24,99 €, inklusive der Umsatzsteuer von 19 %, erfolgreich verkauft werden. Der Hersteller des Erzeugnisses gewährt dem Händler einen Rabatt von 20 %. Auch kann der Händler unter Einhaltung der Zahlungsbedingungen ein Skonto von 3 % abziehen. An Bezugskosten fallen 2,50 € an. Der Händler selbst will seinen Kunden keinen Rabatt und auch kein Skonto einräumen, da er mit einem knappen Handlungskostensatz von 15 % und Gewinnzuschlag von 10 % kalkulieren muss. Mit welchem Listeneinkaufspreis kann er maximal rechnen?

Berechnung:

Die umfassende retrograde Kalkulation hat folgendes Aussehen:

	Verkaufspreis (brutto)	119 %		24,99 €
–	Umsatzsteuer	19 %		3,99 €
=	Nettoverkaufspreis	100 %		21,00 €
	Listenverkaufspreis			
–	Kundenrabatt	0 %		0,00 €
=	Zielverkaufspreis			21,00 €
–	Kundenskonto	0 %		0,00 €
=	Barverkaufspreis	110 %		21,00 €
–	Gewinn	10 %		1,91 €
=	Selbstkosten	100 %	115 %	19,09 €
–	Handlungskosten		15 %	2,49 €
=	Einstandspreis		100 %	16,60 €
–	Bezugskosten			2,50 €
=	Bareinkaufspreis	97 %		14,10 €
+	Lieferskonto	3 %		0,44 €
=	Zieleinkaufspreis	100 %	80 %	14,54 €
+	Lieferrabatt		20 %	3,64 €
=	**Listeneinkaufspreis**		**100 %**	**18,18 €**

Der Händler darf höchstens zu einem Listeneinkaufspreis von 18,18 € einkaufen, um den Verkaufspreis (brutto) von 24,99 € zu halten.

1) Berechnung der Handelsspanne

Die Handelsspanne ist, ähnlich wie der Kalkulationszuschlag, eine Methode, sofort einen Abschlag vom Listenverkaufspreis vorzunehmen. Damit wird relativ schnell der Einstandspreis ermittelt.

$$\text{Handelsspanne} = \frac{\text{Listenverkaufspreis} - \text{Einstandspreis}}{\text{Listenverkaufspreis}} \cdot 100$$

$$\text{Handelsspanne} = \frac{21,00\ \text{€} - 16,60\ \text{€}}{21,00\ \text{€}} \cdot 100 = 20,95\ \%$$

		Zuschlag	Produkt
	Listenverkaufspreis		21,00 €
−	Handelsspanne	20,95 %	4,40 €
=	Einstandspreis		16,60 €

2) Vergleich Handelsspanne und Kalkulationszuschlag

Handelsspanne und Kalkulationszuschlag unterscheiden sich durch ihre Bezugsgrundlage. Dadurch ist auch begründet, wann entweder die Handelsspanne oder der Kalkulationszuschlag benötigt wird. So ist der Kalkulationszuschlag zu verwenden, wenn vom Einstandspreis aus betrachtet der Listenverkaufspreis zu ermitteln ist. Umgekehrt ist mit der Handelsspanne der Einstandspreis auf der Basis des Listenverkaufspreises ermittelbar.

Vorwärtskalkulation		Retrograde Kalkulation	
	Einstandspreis (100 %)		Listenverkaufspreis (100 %)
+	Kalkulationzuschlag	−	Handelsspanne
=	Listenverkaufspreis	=	Einstandspreis

Im Beispiel		Im Beispiel	
	16,60 €		21,00 €
+ 26,50 %	4,40 €	− 20,95 %	4,40 €
=	**21,00 €**	=	**16,60 €**

2.3.4.6.4 Differenzkalkulation

Sie ist die dritte Art der Handelswarenkalkulation. Bei den vorgenannten Arten war entweder der Einstandspreis oder der Listenverkaufspreis bekannt. Für die Situation, dass beide Preise eines Produktes gegeben sind, ist es eine Aufgabe des Händlers, den möglichen Gewinn aus diesen Eckdaten zu ermitteln. Einerseits kommt die Vorwärtskalkulation bis zum Ermitteln der Selbstkosten und andererseits die retrograde Kalkulation bis zur Berechnung des Barverkaufspreises in Ansatz. Die Differenz ist dann der erreichte Gewinn.

Beispiel: Mit dem Verkauf eines Produktes A durch einen Händler X ist ein Gewinn von mindestens 25,00 % anzustreben. Der Lieferant gewährt einen Rabatt von 30,00 % und ein Skonto (Zahlungsziel: 14 Tage) von 2,50 %. An Bezugskosten fallen pro Produkt 0,50 € an. Der Händler selbst erwägt es, seinen Kunden einen Rabatt von 3,00 % und ein Skonto (Zahlungsziel 10 Tage) von 1,50 % einzuräumen. Vorgesehen ist ein Listenverkaufspreis von 22,95 € bei einem Listeneinkaufspreis von 20,00 €. An Handlungskosten fallen 30,00 % an.

Bemerkung:

	Listeneinkaufspreis	100%		20,00 €	
−	Lieferrabatt	30%		6,00 €	
=	Zieleinkaufspreis	70%	100%	14,00 €	100% für den Händler
−	Lieferskonto		2,5%	0,35 €	
=	Bareinkaufspreis		97,5%	13,65 €	
+	Bezugskosten			0,50 €	
=	Einstandspreis	100%		14,15 €	100% für den Händler
+	Handlungskosten	30%		4,25 €	30% des Händlers vom Einstandspreis
=	Selbstkosten	130%		18,40 €	
+	**Gewinn**			**3,53 €**	
=	Bareinkaufspreis	98,5%		21,93 €	98,5% aus Sicht des Händlers
+	Kundenskonto	1,5%		0,33 €	1,5% aus Sicht des Kunden
=	Zieleinkaufspreis	100%	97%	22,26 €	100% a.S.d. Kunden, 97% a.S.d. Händlers
+	Kundenrabatt		3%	0,69 €	3% aus Sicht des Kunden
=	Listenverkaufspreis		100%	22,95 €	100% aus Sicht des Kunden

* Werte sind gerundet

1) Gewinnzuschlag

Als Nächstes ist der Gewinnzuschlag zu errechnen. Er ist das Verhältnis zwischen Gewinn und Selbstkosten:

$$\text{Gewinnzuschlag} = \frac{\text{Gewinn}}{\text{Selbstkosten}} \cdot 100$$

$$\text{Gewinnzuschlag} = \frac{3,53\ €}{18,40\ €} \cdot 100 = 19,18478261\% \approx 19,18\%$$

Der erwartete Gewinnzuschlag in Höhe von 25% wurde um 5,82% unterschritten.

2) Handelsspannenvergleich

Als Alternative zur Differenzkalkulation kann auch ein Vergleich zwischen den Handelsspannen zum gleichen Ergebnis führen und als Entscheidungsgrundlage verwendet werden. Zunächst ist die tatsächliche Handelsspanne zu berechnen. Des Weiteren wird die benötigte Handelsspanne ermittelt. Als letzte Aktion bildet die Differenzbildung beider Werte die tatsächliche Abweichung vom erwarteten Gewinnzuschlag.

1. $\text{Tatsächliche Handelsspanne} = \dfrac{\text{Listenverkaufspreis} - \text{Einstandspreis}}{\text{Listenverkaufspreis}} \cdot 100$

$$= \frac{22,95\ € - 14,15\ €}{22,95\ €} \cdot 100 = 38,34\%$$

2. Um die benötigte Handelsspanne berechnen zu können, ist der kalkulierte Listenverkaufspreis zu ermitteln.

				Bemerkung:
	Selbstkosten		100,00 %	18,40 €	100 % a.S.d. Händlers
+	kalkulierter Gewinn		25,00 %	4,60 €	25 % a.S.d. Händlers
=	Barverkaufspreis	98,50 %	125,00 %	23,00 €	98,5 % a.S.d. Händlers
+	Kundenskonto	1,50 %		0,35 €	1,5 % a.S.d. Kunden
=	Zielverkaufspreis	100,00 %	97,00 %	23,35 €	100 % a.S.d. Kunden / 97 % a.S.d. Händlers
+	Kundenrabatt		3,00 %	0,72 €	3 % a.S.d. Kunden
=	**kalkulierter Listenverkaufspreis**		**100,00 %**	**24,07 €**	100 % a.S.d. Kunden

$$\text{Benötigte Handelsspanne} = \frac{\text{kalk. Listenverkaufspreis} - \text{Einstandspreis}}{\text{kalk. Listenverkaufspreis}} \cdot 100$$

$$\text{Benötigte Handelsspanne} = \frac{24,07\ € - 14,15\ €}{24,07\ €} \cdot 100 = 41,21\ \%$$

Die tatsächliche Handelsspanne ist mit 38,34 % niedriger als die benötigte Handelsspanne mit 41,21 %. Die Differenz beträgt 2,87 %. Der Vergleich zwischen tatsächlichem Gewinnzuschlag von 19,18 % und dem erwarteten Gewinnzuschlag von 25,00 % ergibt eine Differenz von 5,82 %. Da sowohl bei der Handelsspanne als auch in den Handlungskosten der Gewinn bereits miteinkalkuliert ist, kann hier ein Zahlenvergleich nicht erfolgen, es ist aber zu erkennen, dass der Gewinn geringer ausfällt als erwartet.

2.3.5 Vergleich von Vollkosten- und Teilkostenrechnung

Das Ziel der Vollkostenrechnung besteht darin, alle entstandenen Kosten auf Produkte, also Kostenträger, zu verteilen. Da es sich um **alle** Kosten handelt, wird somit unterstellt, dass sich diese Kosten proportional verhalten. Im Umkehrschluss könnte die Aussage getroffen werden, dass bei Nullproduktion keine Kosten anfallen dürften. Diese Aussage ist aber sehr unrealistisch. Werden die Kosten grob analysiert, ist festzustellen, dass es Kosten gibt, die durchaus von der Produktion abhängig sind, z.B. Materialkosten, und es andererseits Kostenträger gibt, die von der Produktion unabhängig entstehen, z.B. Versicherungsprämien. Hier ist die Kritik an der Vollkostenrechnung darin zu erkennen, dass eine Proportionalisierung von sämtlichen Kosten auf Kostenträger nicht möglich ist. Einzelkosten, so auch Stelleneinzelkosten, können in der Vollkostenrechnung aber ohne Schwierigkeiten auf Kostenträger zugeordnet werden.

Gemeinkosten werden nach einer Schlüsselung auf Kostenträger verteilt. Hier ist das Problem, dass nicht genau definiert ist, woraus sich die Gemeinkosten genau zusammensetzen. Sind es Kosten, die beschäftigungsabhängig oder beschäftigungsunabhängig sind, und wie verhalten sie sich bei Beschäftigungsänderung? Dieses Problem kann mit Vollkostenrechnung nicht gelöst werden. Die Lösung ist in der Teilung der Kosten zu finden. Insofern sind Kosten in **beschäftigungsabhängige Kosten = variable Kosten** und **beschäftigungsunabhängige Kosten = Fixkosten** aufzuspalten.

2.3.5.1 Begründung der Teilkostenrechnung

Die Teilkostenrechnung ist ein System, das nur einen Teil der entstandenen Kosten auf Kostenträger zuordnet. In Abhängigkeit des Systems werden dem Kostenträger lediglich die variablen Kosten oder die Einzelkosten zugeordnet, um so eine Verrechnung von fixen Kosten oder Gemeinkosten zu vermeiden. Bekannte Teilkostenrechnungssysteme sind z.B. das Direct Costing und die Grenzplankosten- und Fixkostendeckungsbeitragsrechnung (auch Deckungsbeitragsrechnung).

Die Vorteile der Teilkostenrechnung gegenüber der Vollkostenrechnung bestehen darin, dass direkte Kosten unmittelbar über die Kostenstellenrechnung auf die Kostenträger kalkuliert werden. Fixkosten werden, wenn es keine sprungfixen Kosten sind, als konstante Größe der Berechnung zugeordnet. Bei der Behandlung der Fixkosten wird in einstufige und mehrstufige Verrechnungssysteme differenziert.

Hat unter dieser Betrachtung die Vollkostenrechnung noch eine Bedeutung? Diese Frage ist mit „Ja" zu beantworten. Die Gründe liegen in der Bewertung von Halb- und Fertigprodukten mit den Herstellkosten in der Steuerbilanz. Hier sind Gemeinkosten miteinzubeziehen. Auch bei der Veränderung von Lagerbeständen spielt die Vollkostenrechnung eine wesentliche Rolle. Bei Unternehmen mit langfristigen Produktionen ist die Vollkostenrechnung ebenfalls anzuwenden, um das Betriebsergebnis nicht zu verfälschen.

Abb. 2.35: Aufspaltung in die Voll- und Teilkostenrechnung

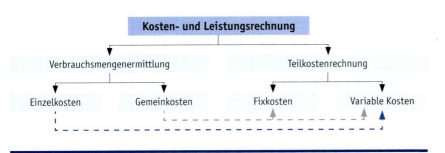

2.3.5.1.1 Fixkosten

Fixkosten, oder auch fixe Kosten, sind beschäftigungsunabhängig und somit konstant. Zu beachten ist, dass ein bestimmter Zeitraum mit zu unterstellen ist. Bei Veränderungen der Berechnungsbasis für die Kalkulation der Fixkosten kommt es durchaus zu Veränderungen im Wert der Fixkosten. Es entstehen sog. sprungfixe Kosten. Veränderungen von Tarifen z.B. in der Energieversorgung können dafür als Beispiel herangezogen werden. Sprungfixe Kosten stellen einen Sonderfall dar.

Beispiele für Fixkosten: Miete für Geschäftsgebäude, Steuern oder Energiekosten.

Abb. 2.36: Gesamte Fixkosten

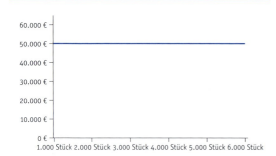

Abb. 2.37: Sprungfixe Kosten

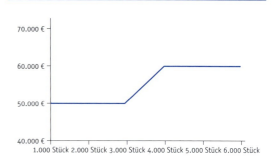

Abb. 2.38: Fixkosten pro Stück

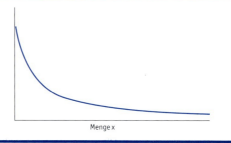

Fixkosten pro Stück entwickeln sich nach dem Prinzip der Fixkostendegression. Die Fixkostendegression, auch Beschäftigungsdegression genannt, kennzeichnet das Sinken der fixen Kosten pro Stück mit zunehmender Beschäftigung. Je größer die Beschäftigung ist, desto niedriger sind die fixen Kosten pro Stück.

2.3.5.1.2 Variable Kosten

Variable Kosten sind beschäftigungsabhängig und ändern sich mit jeder Änderung der Produktions- bzw. Absatzmenge (Ausbringungsmenge). Die Kostenänderung kann in Abhängigkeit zur Ausbringungsmenge wie folgt aussehen:

Abb. 2.39: Variable Kosten

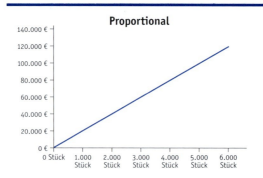

Proportional: Die variablen Kosten erhöhen sich im gleichen Verhältnis mit dem Anstieg der Menge (Stückkosten bleiben gleich).

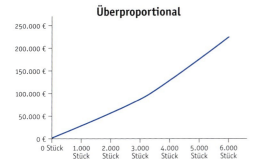

Überproportional: Variable Kosten pro Stück erhöhen sich mit jedem Stück mehr (hier: 10 % pro 1.000 Stück).

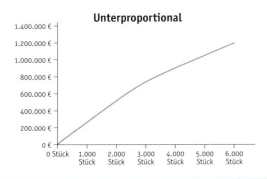

Unterproportional: Erhöht sich die Menge, vermindern sich die variablen Kosten pro Stück (hier: 10 % pro 1.000 Stück).

2.3.5.1.3 Mischkosten

Mischkosten setzen sich aus fixen und variablen Kosten zusammen und sind in der Summe abhängig von der Beschäftigungsmenge. Auch werden sie als semivariable Kosten geführt.

Abkürzungen:

K = Gesamtkosten
x = Beschäftigungsmenge
K_f = Fixkosten
k_v = variable Stückkosten
K_v = variable Gesamtkosten
i = Art des eingesetzten Produktionsfaktors
r_i = Einsatzmenge des Produktionsfaktors i
p_i = Preis je Einheit des Produktionsfaktors i

Kostenfunktionen:

$$K = \sum_{i=1}^{n} r_i \cdot q_i$$

$$K_x = K_f + K_v$$
$$K_v = k_v \cdot x$$
$$K_x = K_f + k_v \cdot x$$

Abb. 2.40: Mischkosten

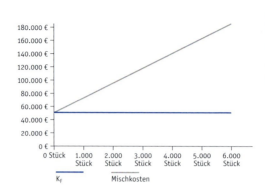

Mischkosten sind die Summe der Fixkosten (K_f) und der variablen Kosten (K_v) in Abhängigkeit der Menge (x). Es wird hier von proportionalen variablen Kosten ausgegangen.

2.3.5.1.4 Kritische Menge

Das Verfahren zur Ermittlung der „kritischen Menge" wird beim Vergleich von zwei verschiedenen Produktionsverfahren mit unterschiedlichen Kosten eingesetzt. Diese „kritische Menge" gibt an, bei welcher Menge die Kosten gleich sind und bei welcher Menge welches Produktionsverfahren am kostengünstigsten ist.

Beispiel: In einem Unternehmen stehen zwei Produktionsanlagen für die Produktion eines Erzeugnisses zur Verfügung. Es ist zu ermitteln, bis zu welcher Menge bzw. ab welcher Menge eine der Produktionsanlagen verwendet werden sollte. Folgende Kostenfunktionen sind bekannt:

$K1 = 450 \cdot x + 50.000$

$K2 = 200 \cdot x + 100.000$

Das erste Verfahren liefert Fixkosten in Höhe von 50.000,00 € und variable Stückkosten von 450,00 € und das zweite Verfahren Fixkosten in Höhe von 100.000,00 € und variable Stückkosten von 200,00 €.

Die Frage, welches Verfahren ab bzw. bis zu welcher Menge einzusetzen wäre, lässt sich beantworten, indem man den Punkt ermittelt, ab dem die Kosten gleich sind ($K1 = K2$).

$K1 = K2$

$450 \cdot x + 50.000 = 200 \cdot x + 100.000$

$x = \dfrac{100.000 - 50.000}{450 - 200}$

$x = 200$

Bei einer Menge von 200 Stück sind die Kosten beider Produktionsanlagen gleich.

$K1 = 450 \: € \cdot 200 \: Stk. + 50.000 \: € = 140.000 \: €$

$K2 = 200 \: € \cdot 200 \: Stk. + 100.000 \: € = 140.000 \: €$

Abb. 2.41: Ermittlung der kritischen Menge

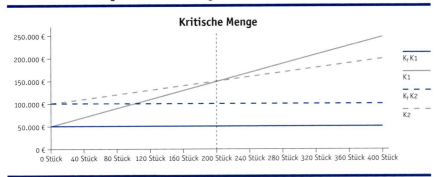

Bei einer Menge unter 200 Stück ist das Verfahren K1 günstiger als K2. Ab einer Menge über 200 Stück ist das andere Verfahren günstiger in den Kosten.

2.3.5.1.5 Break-even-Point (Gewinnschwelle)

Ein Gewinn tritt nur dann ein, wenn der Erlös größer ist als die dazugehörigen Kosten der Produktion. Der Zustand, in dem die Kosten gleich den Erlösen sind, wird als Gewinnschwelle bzw. als Break-even-Punkt bezeichnet. Dieser Punkt kann sowohl mengenmäßig als auch monetär ermittelt werden. Bei der Gewinnschwelle ist der Deckungsbeitrag aller abgesetzten Produkte identisch mit den Fixkosten. Ein Überschreiten der Gewinnschwelle führt zum Gewinn, ein Unterschreiten folglich zum Verlust.

Bei der Betrachtung der Gewinnschwellenanalyse sind die folgenden Fragen zu beantworten:

- Wie viele Produkte müssen produziert und abgesetzt werden, um die Fixkosten zu decken (Ein-Produkt-Betrachtung)?
- Wie viel Umsatz muss durch die betrachteten Produkte erwirtschaftet werden, um die Fixkosten zu decken (Mehr-Produkt-Betrachtung)?

Mit der Beantwortung dieser Fragen ist zu erkennen, dass es sich beim BEP (Break-even-Punkt) um ein wichtiges Führungsinstrument im Unternehmen handelt.

Zusammenhang Kosten und Erlöse

Ausgehend davon, dass Fixkosten beschäftigungsunabhängig, variable Kosten beschäftigungsabhängig sind und die variablen Kosten sich proportional verhalten, ergibt sich in der Gegenüberstellung mit Erlösen folgendes Bild, das an einem Beispiel erläutert wird:

Beispiel: Für das in einem Unternehmen zu produzierende Erzeugnis A ist zu bewerten, ab welcher verkauften Menge ein Gewinn zu erwarten ist. Die dazugehörigen Fixkosten belaufen sich auf 120.000,00 € und die variablen Kosten pro Stück betragen 20,00 €. Als Verkaufserlös pro Erzeugnis werden 60,00 € erwartet. Die Kapazitätsgrenze liegt bei 6.000 Stück. Zur Ermittlung der Gewinnschwelle ist durch das Controlling folgende Tabelle erstellt worden:

Produzierte Menge x	Fixkosten	variable Kosten	Mischkosten $(K_f + K_v \cdot x)$	Erlöse	Gewinn/ Verlust
0 Stück	120.000,00 €	0,00 €	120.000,00 €	0,00 €	−120.000,00 €
1.000 Stück	120.000,00 €	20.000,00 €	140.000,00 €	60.000,00 €	−80.000,00 €
2.000 Stück	120.000,00 €	40.000,00 €	160.000,00 €	120.000,00 €	−40.000,00 €
3.000 Stück	120.000,00 €	60.000,00 €	180.000,00 €	180.000,00 €	0,00 €
4.000 Stück	120.000,00 €	80.000,00 €	200.000,00 €	240.000,00 €	40.000,00 €
5.000 Stück	120.000,00 €	100.000,00 €	220.000,00 €	300.000,00 €	80.000,00 €
6.000 Stück	120.000,00 €	120.000,00 €	240.000,00 €	360.000,00 €	120.000,00 €

Aus dieser Tabelle ist abzuleiten, dass bei einer Menge x von 3.000 Stück eine Kostendeckung durch die zu erwartenden Erlöse gegeben ist. Ab dieser Menge x ist ein Gewinn zu erwarten.

Um das optisch zu verdeutlichen, werden diese Werte als Diagramm aufbereitet:

Abb. 2.42:   Gewinnschwellenanalyse (BEP)

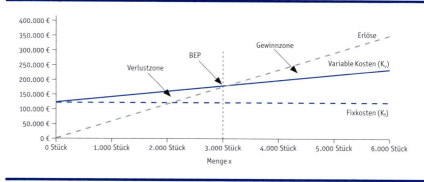

Berechnung des BEP

Ausgehend von der Erkenntnis, dass der Gewinn (G) die Differenz zwischen Erlösen (E) und Kosten (K) darstellt, lässt sich folgende Gleichung aufstellen:

$G = K - E$

Ist der Gewinn gleich null, so ist der BEP erreicht. Dagegen wird das Maximum des Gewinns dort erreicht, wo die Erlös- und Kostenfunktion am weitesten voneinander entfernt sind. Dieser Punkt wird in diesem Fall von der Kapazitätsgrenze bestimmt.

Für die Berechnung des BEP (nach der Menge x) gilt Folgendes:

$G = E - K$
$G = p \cdot x - k_v \cdot x - K_f$
$G = (p - k_v) \cdot x - K_f$

Für die Berechnung der Gewinnschwelle (Menge x) wird das Prinzip der kritischen Menge angesetzt:

$$G = 0 = (p - k_v) \cdot x - K_f$$

Die Gleichung ist nach x aufzulösen. Der Wert x ist dann der BEP (mengenmäßig):

$$x = \frac{K_f}{p - k_v}$$

Beispiel: Eine Unternehmung, die nur ein Produkt herstellt, will herausfinden, welche Menge mindestens produziert werden muss, um einen Gewinn zu erzielen. Folgende Werte wurden dazu ermittelt:

p = 11,50 €
k_v = 5,50 €
K_f = 84.000,00 €

Die Differenz zwischen dem Einzelpreis und den variablen Stückkosten beträgt:
$p - k_v$ = 11,50 € − 5,50 € = 6,00 €

Der BEP (Menge x) = 84.000,00 € / 6,00 € = 14.000 Stück

Es müssen, nach dieser Betrachtung, mindestens 14.000 Stück zum Preis von 11,50 € abgesetzt werden, um die Gewinnschwelle zu erreichen. Multipliziert man die BEP-Menge mit dem Preis, ergibt sich der Mindestumsatz von 161.000,00 € (14.000 Stück · 11,50 € = 161.000,00 €).

2.3.5.2 Absolute einstufige Deckungsbeitragsrechnung

Die Deckungsbeitragsrechnung beruht auf verschiedenen Arten von Bruttoerfolgsrechnungen, die eben auf der Trennung zwischen Fixkosten und variablen Kosten, siehe vorheriges Kapitel, beruhen. Auch ein Bezug auf den Beschäftigungsgrad, ein Quotient aus Istbeschäftigung und einer Vergleichsbeschäftigung (z.B. Planbeschäftigung, Kapazität), ist zu beachten.

Unterschieden wird in die einstufige Deckungsbeitragsrechnung (Direct Costing) und die mehrstufige Deckungsbeitragsrechnung (Fixkostendeckungsrechnung). (An dieser Stelle wird (nur) auf die einstufige Deckungsbeitragsrechnung eingegangen.)

Reihenfolge der einstufigen Deckungsbeitragsrechnung:
1. Zunächst werden die aufsummierten Deckungsbeiträge ermittelt.
2. Im Anschluss sind diese Summen von den gesamten Fixkosten abzuziehen.

In folgendem Rechnungsschema wird das deutlich:

	Umsatzerlöse (E)	100.000,00 €
−	variable Kosten (K_v)	60.000,00 €
=	Deckungsbeitrag (D)	40.000,00 €
−	Fixkosten (K_f)	35.000,00 €
=	**Betriebsergebnis (BE)**	**5.000,00 €**

Beispiel: Eine Unternehmung produziert drei verschiedene Produkte. Bekannt sind folgende Angaben:

	Produkt I	Produkt II	Produkt III	Unternehmen
Umsatzerlöse	250.000,00 €	350.000,00 €	200.000,00 €	
Variable Kosten	112.500,00 €	178.500,00 €	84.000,00 €	
Fixkosten				**148.750,00 €**

Zu ermitteln ist nun das Betriebsergebnis:

	Produkt I	Produkt II	Produkt III	Unternehmen
Umsatzerlöse	250.000,00 €	350.000,00 €	200.000,00 €	
Variable Kosten	112.500,00 €	178.500,00 €	84.000,00 €	
Deckungsbeiträge	137.500,00 €	171.500,00 €	116.000,00 €	**425.000,00 €**
Fixkosten				148.750,00 €
Betriebsergebnis				**276.250,00 €**

Nachdem die Deckungsbeiträge durch Differenzbildung ermittelt wurden, ist die Summe dieser Deckungsbeiträge zu bilden. Da in der einstufigen Deckungsbeitragsrechnung die Fixkosten als ein Wert angesehen werden, ist die Summenbildung aller drei Produkte begründet. Das Betriebsergebnis bildet sich dann aus der Summe der Deckungsbeiträge minus der Fixkosten. In diesem Fall wurde ein positives Betriebsergebnis ermittelt.

Mittels der Deckungsbeitragsrechnung kann auch der **BEP** berechnet werden. Für die Erläuterung der Berechnung des BEP mithilfe der Deckungsbeitragsrechnung sind folgende Begriffe zu erklären:

Deckungsspanne (d) oder Deckungsbeitrag pro Stück (d)

= Preis (p) – variable Kosten pro Stück (k_v)

$d = p - k_v$

Die Deckungsspanne (d) sollte sich im positiven Bereich bewegen. Der Betrag d sagt aus, welcher Mindestpreis für dieses Produkt zu erzielen ist, damit die enthaltenen variablen Kosten gedeckt sind.

Deckungsbeitrag (D)

= Deckungsspanne (d) · Menge (x) bzw. Erlöse (E) – variable Kosten (K_v)

$D = d \cdot x$

oder

$D = E - K_v$

Der BEP wird mittels der Bildung eines Quotienten aus den Fixkosten (K_f) und der Deckungsspanne (d) gebildet:

$$\text{BEP (mengenmäßig)} = x = \frac{K_f}{d}$$

Beispiel:

Ein Unternehmen, das in diesem Beispiel als Ein-Produkt-Unternehmen betrachtet wird, hat folgende Kostenfunktion ermittelt: K = 7 · x + 96.000. Der Verkaufspreis des Produktes liegt bei 15,00 €. Es ist festzustellen, bei welcher Produktions- und Absatzmenge die Gewinnschwelle liegt.

Der Deckungsbeitrag pro Stück bzw. die Deckungsspanne (d) beträgt:

$d = p - k_v = 15{,}00\ € - 7{,}00\ € = \mathbf{8{,}00\ €}$

Auch hier wird unterstellt, dass der Gewinn für die BEP-Ermittlung auf null gesetzt wird. Damit werden die Fixkosten (K_f) durch die Deckungsspanne (d) geteilt:

$$\text{BEP (mengenmäßig)} = x = \frac{K_f}{d} = \frac{96.000\ €}{8{,}00\ €} = 12.000\ \text{Stück}$$

Abb. 2.43: BEP mit Deckungsbeitrag

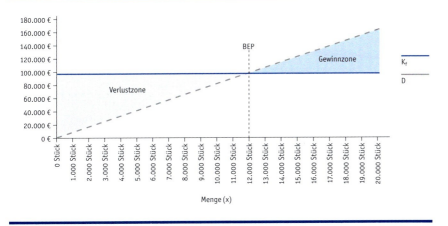

Da sich der Deckungsbeitrag (D) aus der Summe aller Deckungsspannen (d) zusammensetzt, können bezüglich des Betriebsergebnisses folgende Aussagen getroffen werden: Der Deckungsbeitrag ist für die Abdeckung der Fixkosten notwendig und ermöglicht eine kurzfristige Erfolgsrechnung. Insofern kann folgender Zusammenhang aufgestellt werden:

$D > K_f$ = Gewinn

$D = K_f$ = weder Gewinn noch Verlust

$D < K_f$ = Verlust

Auch ein weiterer Zusammenhang ist zu erwähnen: Je höher der Deckungsbeitrag ist, desto früher wird die Gewinnschwelle erreicht.

In Mehr-Produkt-Unternehmen wird ähnlich kalkuliert. Das soll an folgendem Beispiel erläutert werden:

Beispiel: Ein Unternehmen stellt verschiedene Produkte her:

	Produkte					
	Produkt 1	Produkt 2	Produkt 3	Produkt 4	Produkt 5	Produkt 6
Erlös/Stück	14,90 €	55,00 €	23,00 €	60,90 €	43,50 €	80,00 €
Stückzahl	2.400	300	1.700	3.400	4.000	3.900
Var. Kosten/Stück	10,00 €	35,00 €	25,50 €	30,50 €	60,40 €	42,50 €

Die Fixkosten des Unternehmens betragen 160.000,00 €.

Aus diesen Angaben kann die Ergebnisrechnung aufgebaut werden:

	Produkte					
	Produkt 1	Produkt 2	Produkt 3	Produkt 4	Produkt 5	Produkt 6
Erlös/Stück	14,90 €	55,00 €	23,00 €	60,90 €	43,50 €	80,00 €
Stückzahl	2.400	300	1.700	3.400	4.000	3.900
Var. Kosten/Stück	10,00 €	35,00 €	25,50 €	30,50 €	60,40 €	42,50 €
Umsatz	35.760,00 €	16.500,00 €	39.100,00 €	207.060,00 €	174.000,00 €	312.000,00 €
Var. Kosten	24.000,00 €	10.500,00 €	43.350,00 €	103.700,00 €	241.600,00 €	165.750,00 €
Deckungsbeitrag (D)	11.760,00 €	6.000,00 €	–4.250,00 €	103.360,00 €	–67.600,00 €	146.250,00 €
D gesamt						195.520,00 €
Fixkosten						160.000,00 €
Betriebsergebnis						**35.520,00 €**

Obwohl bei den Produkten 3 und 5 ein negativer Deckungsbeitrag vorhanden ist, bleibt das Betriebsergebnis in der Gewinnzone, da der gesamte Deckungsbeitrag über den Fixkosten liegt.

Zusatzaufträge

Bei den bisherigen Betrachtungen wurde der Beschäftigungsgrad vernachlässigt. Es ist davon auszugehen, dass Unternehmungen bestrebt sind, ihren Beschäftigungsgrad zu 100 % auszunutzen. Allerdings wird diese Beschäftigung so nicht unbedingt zu erreichen sein. Eine Möglichkeit, den Beschäftigungsgrad zu erhöhen, ist die Annahme von Zusatzaufträgen. Die Überlegung, die dabei angestellt werden muss, ist, ob der Zusatzauftrag zu günstigeren Bedingungen angeboten werden kann als die Hauptprodukte. Das soll an einem Beispiel demonstriert werden:

Beispiel:

Ein Hersteller hat sich auf die Produktion von Taschen für Tablet-PCs spezialisiert. Das Modell A ist sein Hauptprodukt. Dieses Produkt bringt auch den Hauptumsatz. Die Selbstkosten je Tasche belaufen sich auf 7,50 €, davon sind 30 % variable Stückkosten. Der Barverkaufspreis (netto) beträgt pro Tasche 12,00 €. Der Stückgewinn beträgt dementsprechend 4,50 €. Die Fixkosten belaufen sich auf 13.125,00 €.

Derzeit werden 2.500 Taschen produziert und abgesetzt. Mehr ist aufgrund der aktuellen Marktlage nicht möglich. Bei einer Produktionskapazität von 4.000 Taschen pro Abrechnungsperiode ist das ein Beschäftigungsgrad von 62,50 %.

Die Situation ändert sich, als ein Großhändler einen zusätzlichen Auftrag von 1.000 Taschen zu einem Verkaufspreis (netto) von 5,00 € in Aussicht stellt. Kann der Unternehmer den Auftrag annehmen, auch wenn der Verkaufspreis (netto) unter den Selbstkosten liegt?

Situationsanalyse:

Die Annahme des Auftrages würde bei Selbstkosten von 7,50 € und einem Verkaufspreis (netto) von 5,00 € einen Verlust pro Tasche von 2,50 € bedeuten. Allerdings steigt die Kapazität von 62,50 % auf 87,50 %. Bei einer Auslastung von 62,50 % betragen die Gesamtkosten 13.125,00 € + 2.500,00 Taschen · 2,25 € = 18.750 €. Da Fixkosten sich nicht verändern, sich aber bei einer erhöhten Beschäftigung auf alle Produkte verteilen, senken sich die Stückkosten von 7,50 € auf 6,00 €. Unter diesen Bedingungen ergibt sich beim Verkauf ein Stückverlust von 1,00 €. Damit schmälert sich der Gewinn um 1.000,00 €. Danach wäre der Zusatzauftrag nicht anzunehmen.

Beschäfti-gungs-grad	Produ-zierte Menge	Fixkosten		Variable Kosten		Selbstkosten		Erlöse	Gewinn/ Verlust
		gesamt	je Einheit	gesamt	je Einheit	gesamt	je Einheit	12,00 €	
50,00	2.000	13.125,00	6,56 €	4.500,00 €	2,25 €	17.625,00 €	8,81 €	24.000,00 €	6.375,00 €
52,50	2.100	13.125,00	6,25 €	4.725,00 €	2,25 €	17.850,00 €	8,50 €	25.200,00 €	7.350,00 €
55,00	2.200	13.125,00	5,97 €	4.950,00 €	2,25 €	18.075,00 €	8,22 €	26.400,00 €	8.325,00 €
57,50	2.300	13.125,00	5,71 €	5.175,00 €	2,25 €	18.300,00 €	7,96 €	27.600,00 €	9.300,00 €
60,00	2.400	13.125,00	5,47 €	5.400,00 €	2,25 €	18.525,00 €	7,72 €	28.800,00 €	10.275,00 €
62,50	**2.500**	**13.125,00**	**5,25 €**	**5.625,00 €**	**2,25 €**	**18.750,00 €**	**7,50 €**	**30.000,00 €**	**11.250,00 €**
65,00	2.600	13.125,00	5,05 €	5.850,00 €	2,25 €	18.975,00 €	7,30 €		
67,50	2.700	13.125,00	4,86 €	6.075,00 €	2,25 €	19.200,00 €	7,11 €		
70,00	2.800	13.125,00	4,69 €	6.300,00 €	2,25 €	19.425,00 €	6,94 €		
72,50	2.900	13.125,00	4,53 €	6.525,00 €	2,25 €	19.650,00 €	6,78 €		
75,00	3.000	13.125,00	4,38 €	6.750,00 €	2,25 €	19.875,00 €	6,63 €		
77,50	3.100	13.125,00	4,23 €	6.975,00 €	2,25 €	20.100,00 €	6,48 €		
80,00	3.200	13.125,00	4,10 €	7.200,00 €	2,25 €	20.325,00 €	6,35 €		
82,50	3.300	13.125,00	3,98 €	7.425,00 €	2,25 €	20.550,00 €	6,23 €		
85,00	3.400	13.125,00	3,86 €	7.650,00 €	2,25 €	20.775,00 €	6,11 €		
87,50	3.500	13.125,00	3,75 €	7.875,00 €	2,25 €	21.000,00 €	6,00 €		

Diese Betrachtung basiert auf der Vollkostenrechnung. Unter Anwendung der Deckungsbeitragsrechnung stellt sich der Sachverhalt anders dar. Da die Fixkosten bereits bei einem Beschäftigungsgrad von 62,50 % gedeckt sind, fallen nur noch die variablen Stückkosten ins Gewicht. Bei zusätzlich 1.000 Taschen steigen die variablen Kosten von 5.625,00 € auf 7.875,00 €. Die Erlöse steigen um (1.000 Taschen · 5,00 € =) 5.000,00 €. Die variablen Kosten erhöhen sich um (1.000 Taschen · 2,25 € =) 2.250,00 €. Damit erhöht sich der Erfolg um (5.000,00 € – 2.250,00 € =) 2.750,00 €.

Durch die Erkenntnisse der Deckungsbeitragsrechnung leitet sich rechnerisch folgender Zusammenhang ab:

Rechnung	ohne Zusatzauftrag	mit Zusatzauftrag
Nettoverkaufspreis je Stück	12,00 €	5,00 €
− variable Kosten je Stück	2,25 €	2,25 €
= Differenz je Stück	9,75 €	2,75 €
Absatzmenge:	2.500 Stück	1.000 Stück
Differenz gesamt	24.375,00 €	2.750,00 €
− Fixkosten	13.125,00 €	0,00 €
= **Gewinn**	**11.250,00 €**	**2.750,00 €**
= **Gewinn gesamt**	**14.000,00 €**	

Damit kann der Auftrag angenommen werden.

Abb. 2.44: Zusatzauftrag – grafische Begründung

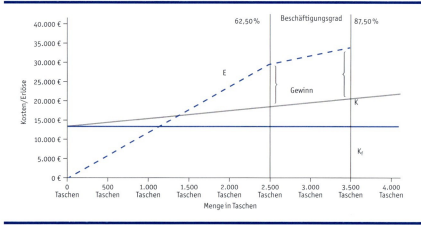

Mit der grafischen Darstellung wird die Überlegung der Deckungsbeitragsrechnung ebenfalls bestätigt.

Preisuntergrenze

Für den Verkauf von Waren ist es von Bedeutung, Preisuntergrenzen zu beachten, schon damit Unternehmen am Markt bestehen können. Unterschieden wird in die **kurzfristige** und **langfristige** Preisuntergrenze.

Kurzfristige Preisuntergrenze

Die kurzfristige Preisuntergrenze, auch als absolute Preisuntergrenze bezeichnet, legt den Preis fest, der mit den variablen Kosten des Erzeugnisses gleich ist. Da hier die Fixkosten nicht miteinbezogen werden, entsteht dadurch ein Betriebsverlust. Berechnet wird die kurzfristige Preisuntergrenze nach folgender Formel:

$$\text{Kurzfristige Preisuntergrenze} = \frac{\text{variable Kosten}}{\text{Absatzmenge}}$$

Zu beachten ist, dass die kurzfristige Preisuntergrenze zu Liquiditätsschwierigkeiten führen kann. Insofern können Fixkosten, die zu Ausgaben führen, zusätzlich berücksichtigt werden. Die Formel lautet dann:

$$\text{Kurzfristige Preisuntergrenze} = \frac{\text{variable Kosten} + \text{ausgabewirksame Fixkosten}}{\text{Absatzmenge}}$$

Eine kurzfristige Preisuntergrenze sollte tatsächlich auch nur kurzfristig in Ansatz gebracht werden.

Langfristige Preisuntergrenze

Hier werden Preise festgelegt, die kostendeckend sind. Die erzielten Erlöse haben damit die Aufgabe, die Produktion über einen längeren Zeitraum aufrechtzuerhalten. Über diese Erlöse sind alle Kosten, nach dem Vollkostenprinzip, zu decken, da es abgesehen von Subventionen keine anderen Einkommensmöglichkeiten gibt. Sinnvoll ist aber nur die Gesamtheit der verkauften Leistungen für die Betrachtung der Wirtschaftlichkeit. Über die Betrachtung der Teilkostenrechnung sind alle variablen Kosten und auch die gesamten Fixkosten zu decken. Insofern ist die langfristige Preisuntergrenze, bei der Beschäftigungsmenge gegeben, bei der der Preis gerade die gesamten Stückkosten deckt. Diese Beschäftigung wird auch als kritische Menge bezeichnet.

2.3.6 Aufgaben und Lösungshinweise

1. Aufgabe
Warum bezeichnet man die Buchführung als Voraussetzung für die Kosten- und Leistungsrechnung?

2. Aufgabe
Nennen Sie die Bereiche der Kosten- und Leistungsrechnung.

3. Aufgabe
Was sind Kosten und was sind Leistungen?

4. Aufgabe
Nennen Sie Kosten, die zu den kalkulatorischen Kosten gehören.

5. Aufgabe
In einem Unternehmen ist aufgrund von Schwund, Diebstahl und anderen Ursachen bei Lagervorräten ein Ausfall von 40.000,00 € in einer Abrechnungsperiode entstanden. Der Wareneinsatz in dieser Periode betrug 3 Mio. €.
a) Berechnen Sie den Wagniskosten-Zuschlag.
b) Welche Konsequenzen ergeben sich für die Kalkulation?

6. Aufgabe
Aus folgenden Angaben sind die Nettoeinstandspreise zu berechnen:

Artikel	A1	A2	A3
Listenpreis je Einheit (€)	600,00	1.500,00	950,00
Rabatt	15,00 %	10,00 %	8,00 %
Skonto	2,50 %	1,50 %	1,50 %
Bezugskosten (€)	25,00	80,00	90,00

7. Aufgabe

Aus den folgenden Angaben ist der maximale Listenpreis für den Einkauf von Waren zu berechnen:

Artikel	A1	A2	A3
Maximaler Einstandspreis (€)	1.600,00	2.350,00	550,00
Bezugskosten (€)	60,00	30,00	25,00
Skonto	2,50 %	2,50 %	2,80 %
Rabatt	20,00 %	33,33 %	3,00 %

8. Aufgabe

Ein Vertriebsaußendienst einer Unternehmung nutzt für seine Aufgaben einen Fuhrpark von zehn Pkw (Anschaffungswert je Fahrzeug 50.000 €). Die Laufleistung wird auf je 250.000 km pro Jahr geschätzt. Mit welchen Leistungsabschreibungen ist im Monat Mai zu rechnen, wenn alle Handlungsreisenden in diesem Monat 25.540 km laut Fahrtenbuch gefahren sind.

9. Aufgabe

Aus dem Betriebsabrechnungsbogen eines Unternehmens sind folgende Werte bekannt:

Materialgemeinkosten	18.500,00 €
Fertigungsgemeinkosten	130.500,00 €
Verwaltungsgemeinkosten	55.350,00 €
Vertriebsgemeinkosten	29.350,00 €
Materialeinzelkosten	93.000,00 €
Fertigungslöhne	68.000,00 €

Teilaufgaben:

a) Ermitteln Sie die Zuschlagssätze.

b) Kalkulieren Sie ein Produkt, für das laut Arbeitsvorbereitung folgende Einzelkosten anfallen:

Fertigungsmaterial	2.100,00 €
Fertigungslohn	1.900,00 €

10. Aufgabe

Ein Großhändler ist gezwungen, den Verkaufspreis für einen Artikel zu senken. Die Senkung beläuft sich auf 20 %. Sie erhalten folgende Angaben:

Verkaufspreis (alt)	10,00 €
Absatz (x)	900.000 Stück
Fixe Kosten (k_f)	400.000,00 €
Variable Stückkosten (k_v)	6,60 €
Beschäftigungsgrad	75,00 %

a) Zu ermitteln sind der Deckungsbeitrag und der Gewinn vor und nach der Preissenkung bei gleichem Absatz.

b) Berechnen Sie den Deckungsbeitragssatz vor und nach der Preissenkung.

c) Ermitteln Sie den Absatz, Umsatz und Beschäftigungsgrad im Break-even-Point sowie vor und nach der Preissenkung.

11. Aufgabe

Für ein Handelsunternehmen sind die Handelsspannen folgender Artikel zu berechnen:

	Artikel			
	A	B	C	D
Einstandspreis	0,80 €	10,50 €	82,60 €	240,00 €
Verkaufspreis	1,25 €	15,70 €	110,00 €	330,00 €

12. Aufgabe

Wie sind Kalkulationszuschlag und Handelsspanne in der Handelskalkulation auf Vollkostenbasis definiert?

13. Aufgabe

Wie hoch sind die Selbstkosten, wenn ein Handlungskostensatz von 30 %, Bareinkaufspreis von 25,00 € sowie Bezugskosten von 5,00 € gegeben sind?

14. Aufgabe

Mit welchem Kalkulationsfaktor wurde gearbeitet, wenn einem Einstandspreis von 125,00 € ein Listenverkaufspreis von 250,00 € gegenübersteht?

15. Aufgabe

Welcher Kalkulationszuschlag liegt einem Listenverkaufspreis von 105,11 € zugrunde, wenn ein Einstandspreis von 45,70 € gezahlt wurde?

16. Aufgabe

Wann ist eine Maschinenstundensatzrechnung erforderlich?

17. Aufgabe

Zu errechnen ist der Maschinenstundensatz eines Bearbeitungszentrums, das im Einschichtbetrieb betrieben wird. Folgende Einzelangaben sind bekannt:

Nettoanschaffungspreis der Maschine	291.652,00 €
Nachrüstkosten am Montageort	8.761,00 €
Montagekosten	19.867,00 €
Wiederbeschaffungswert um 10,00 % höher als der Anschaffungswert	
Energie- und Betriebsstoffkosten p.a.	1.500,00 €
Instandhaltungskosten p.a.	4.000,00 €
Raumbedarf der Maschine	25,00 m²
Raumkosten je m²/Monat	6,00 €
Gesamtnutzungsdauer	10 Jahre
Kalkulatorischer Zinssatz	6,00 %
Nettomaschinenlaufstunden p.a.	1.800,00 Std.

18. Aufgabe

Mithilfe eines Bearbeitungszentrums wird ein Werkstück bearbeitet. Die Bearbeitungszeit beträgt 75 Minuten. Das Fertigungsmaterial wird mit einem Wert von 50,00 € bestimmt. Der anteilige Fertigungslohn für die Einrichtung der Bearbeitungsmaschine beträgt 8,50 € und für die Nachbearbeitung des Werkstücks 9,00 €. Es ist weiterhin mit Materialgemeinkosten von 25,00 %, Fertigungsgemeinkosten (Restgemeinkosten, bezogen auf die Fertigungslöhne) von 250,00 % und einem

Maschinenstundensatz von 85,00 € zu rechnen. Aus diesen Angaben sind die Herstellkosten zu ermitteln.

19. Aufgabe

Auf der Basis der einstufigen Divisionskalkulation und den folgenden Daten ist der Gewinn zu berechnen!

Ein Unternehmen der Holzindustrie stellt Schalbretter her. Es wurden Baumstämme im Wert von 50.000,00 € (netto) bezogen. Bei einer Zahlung innerhalb von 14 Tagen wird 2,00 % Skonto durch den Lieferanten gewährt. Die Frachtkosten belaufen sich auf 1,75 € / 100 kg. Die Lieferung hatte ein Gewicht von 530 t. Aus dem Rohholz wurden 12.500 m^2 Schalbretter gefertigt. Dafür fielen Fertigungs-, Verwaltungs- und Vertriebskosten in Höhe von 160.125,00 € an. Für den Abfall an Sägespänen und Sägemehl wurden 1.550,00 € erlöst.

Ein Kunde erteilt einen Auftrag über 500 m^2 Schalbretter. Der Gewinn soll 2,00 € je m^2 betragen. Tatsächlich wurde ein Preis von 10.000,00 € erzielt. Wie hoch war der tatsächliche Gewinn des Auftrages?

20. Aufgabe

Eine Unternehmung stellt Getränke her. Im Monat Mai eines Jahres wurden 4.840 hl erzeugt. Davon wurden im gleichen Monat 3.860 hl verkauft. Folgende Kosten sind bekannt:

Ausgangsstoffe	118.900,00 €
Fertigungslöhne	72.600,00 €
Abschreibungen	17.500,00 €
Sonstige Fertigungskosten	8.800,00 €
Verwaltungskosten	15.400,00 €
Vertriebskosten	21.270,00 €

Zu ermitteln sind a) die Herstell- und Selbstkosten, b) der Anteil der Verwaltungs- und Vertriebskosten am Selbstkostenwert sowie c) die Selbstkosten pro verkaufter 1-Liter-Packung.

21. Aufgabe

Eine Unternehmung, die Ziegelsteine herstellt, hat vier unterschiedliche Ziegelsteinprodukte (Typ A bis Typ D) im Programm, die alle aus den gleichen Ausgangsprodukten gefertigt werden. Der Produktionsausstoß betrug in der letzten Abrechnungsperiode beim Typ A: 80.000, Typ B: 65.000, Typ C: 45.000 und Typ D: 25.000 Steine. Die Kostenverhältnisse wurden mit 1 : 0,9 : 1,1 : 1,2 (Typ A bis Typ D) angegeben. Die Selbstkosten betrugen 65.400,00 €. Ermitteln Sie die Kosten je Typ sowie je Mengeneinheit!

Lösungshinweise

1. Aufgabe

Weil die Sicherung und Erhaltung der Wettbewerbsfähigkeit eine genaue Erfassung und Kontrolle der Kosten und Leistungen erfordert. Diese Kontrolle ist nur mit Werten aus der Buchführung möglich.

2. Aufgabe

Erfassung der Kosten und Leistungen (Kostenartenrechnung), Verrechnung der Kosten (Kostenstellenrechnung) und Auswertung der Kosten- und Leistungsrechnung (Kostenträgerzeit- und Kostenträgerstückrechnung).

3. Aufgabe

Kosten sind Werte des betrieblichen Verbrauchs an Gütern und Diensten für betriebliche Leistungen.

Leistungen sind in Geld bewertete Mengen an Gütern und/oder Dienstleistungen, die eine Unternehmung in Erfüllung des betrieblichen Zieles erstellt.

4. Aufgabe

Kalkulatorische Abschreibungen, kalkulatorische Zinsen, kalkulatorischer Unternehmerlohn, kalkulatorische Wagnisse, kalkulatorische Miete.

5. Aufgabe

a)

$$\frac{\text{Verlust} \cdot 100}{\text{Wareneinsatz}} = \frac{4.000.000\ \text{€}}{3.000.000\ \text{€}} = 1{,}33\,\%$$

b) Es ist mit einem Wagniszuschlag von 1,33 % in der Kalkulation zu rechnen.

6. Aufgabe

Artikel		A1		A2		A3
Listenpreis je Einheit		600,00		1.500,00		950,00
− Rabatt	15,00 %	90,00	10,00 %	150,00	8,00 %	76,00
= Zieleinkaufspreis		510,00		1.350,00		874,00
− Skonto	2,50 %	12,75	1,50 %	20,25	1,50 %	13,11
= Bareinkaufspreis		497,25		1.329,75		860,89
+ Bezugskosten		25,00		80,00		90,00
= **Einstandspreis (€)**		**522,25**		**1.409,75**		**950,89**

7. Aufgabe

Artikel		A1		A2		A3	
Maximaler Einstandspreis		1.600,00		2.350,00		550,00	
− Bezugskosten		60,00		30,00		25,00	
= Bareinkaufspreis		1.540,00		2.320,00		525,00	
+ Skonto	2,50 %	39,49	2,50 %	59,49	2,80 %	15,12	i.H.
= Zieleinkaufspreis		1.579,49		2.379,49		540,12	
+ Rabatt	20,00 %	394,87	33,33 %	1.189,75	3,00 %	16,70	i.H.
= **maximaler Listenpreis**		**1.974,36**		**3.569,24**		**556,82**	

8. Aufgabe

Kosten pro km = 50.000 € / 250.000 km = 0,20 €/km

Gefahrene Strecke = 25.540 km · 0,20 €/km = 5.108,00 €

9. Aufgabe

a) Ermittlung der Zuschlagssätze:

Materialeinzelkosten	93.000,00 €	
Materialgemeinkosten	18.500,00 €	19,89 %
Fertigungslöhne	68.000,00 €	
Fertigungsgemeinkosten	130.500,00 €	191,91 %
Herstellkosten	**310.000,00 €**	
Verwaltungsgemeinkosten	55.350,00 €	17,85 %
Vertriebsgemeinkosten	29.350,00 €	9,47 %
Selbstkosten	**394.700,00 €**	

b) Kalkulation:

MEK	2.100,00 €
MGK	417,74 €
FL	1.900,00 €
FGK	3.646,32 €
Herstellkosten	**8.064,06 €**
VwGK	1.439,83 €
VtGK	763,48 €
Selbstkosten	**10.267,37 €**

10. Aufgabe

a)

	Verkaufspreis (alt)	Verkaufspreis (neu)
	10,00 €	8,00 €
Absatz (x)	900.000 Stück	900.000 Stück
Fixe Kosten (K_f)	400.000,00 €	400.000,00 €
Variable Stückkosten (k_v)	6,60 €	6,60 €
Variable Kosten gesamt	5.940.000,00 €	5.940.000,00 €
Beschäftigungsgrad	75,00 %	75,00 %
Umsatz	9.000.000,00 €	7.200.000,00 €
Deckungsbeitrag (DB)	**3.060.000,00 €**	**1.260.000,00 €**
Gewinn	**2.660.000,00 €**	**860.000,00 €**

DB = Umsatz – variable Kosten gesamt
Gewinn = DB – K_f

b)

	vor Preissenkung	nach Preissenkung
Verkaufspreis	10,00 €	8,00 €
– k_v	6,60 €	6,60 €
= **DB/Stück**	**3,40 €**	**1,40 €**
= **DB-Satz**	**34,00 %**	**17,50 %**

c) U = Umsatz; x = Absatzmenge; p = Verkaufspreis; BEP = Break-even-Point; k_v = variable Stückkosten; db = Deckungsbeitrag pro Mengeneinheit (Stk.) → auch Deckungsspanne

$$BEP\ (x) = \frac{K_f}{p - k_v}$$

K_f	db vor Preissenkung	db nach Preissenkung	BEP vor Preissenkung	BEP nach Preissenkung
400.000,00 €	3,40 €	1,40 €	117.648 Stück	285.715 Stück

BEP-Umsatz = BEP (x) · p

Preis vor Preis- senkung	Preis nach Preis- senkung	BEP-Menge vor Preissenkung	BEP-Menge nach Preissenkung	BEP-Preis vor Preissenkung	BEP-Preis nach Preissenkung
10,00 €	8,00 €	117.648 Stück	285.715 Stück	1.176.480,00 €	2.285.720,00 €

	Beschäftigungsgrad
Absatz: 900.000 Stück	75 %
BEP-Menge vor Preissenkung: 117.648 Stück	9,80 %
BEP-Menge nach Preissenkung: 285.715 Stück	23,81 %

11. Aufgabe

	Artikel			
	A	B	C	D
Einstandspreis	0,80 €	10,50 €	82,60 €	240,00 €
Verkaufspreis	1,25 €	15,70 €	110,00 €	330,00 €
Handelsspanne	36,00 %	33,12 %	24,91 %	27,27 %

12. Aufgabe

Der **Kalkulationszuschlag** ist ein prozentualer Zuschlag auf den Einstandspreis, um den Listenverkaufspreis zu errechnen.

Die **Handelsspanne** ist ein prozentualer Abschlag vom Listenverkaufspreis, um den Einstandspreis zu ermitteln.

13. Aufgabe

	Bareinkaufspreis		25,00 €
+	Handlungskosten	30 %	7,50 €
+	Bezugskosten		5,00 €
=	Selbstkosten		37,50 €

14. Aufgabe

$$\text{Kalkulationsfaktor} = \frac{\text{Listenverkaufspreis}}{\text{Einstandspreis}} = \frac{250,00\ €}{125,00\ €} = 2,0$$

15. Aufgabe

$$\text{Kalkulationszuschlag} = \frac{\text{Listenverkaufspreis} - \text{Einstandspreis}}{\text{Einstandspreis}} \cdot 100 = \frac{105{,}11\ \text{€} - 45{,}70\ \text{€}}{45{,}70\ \text{€}} \cdot 100 = 130\ \%$$

16. Aufgabe

Eine Maschinenstundensatzrechnung ist notwendig, wenn die Fertigungslöhne nicht als Zuschlagsbasis vorhanden sind. Das ist immer dann der Fall, wenn ein vollautomatisches Fertigungsverfahren vorliegt.

17. Aufgabe

Nettoanschaffungspreis der Maschine	291.652,00 €	
Nachrüstkosten am Montageort	8.761,00 €	
Montagekosten	19.867,00 €	
Anschaffungswert		320.280,00 €
Wiederbeschaffungswert höher als Anschaffungswert, um:	10,00 %	352.308,00 €
Energie- und Betriebsstoffkosten p.a.		1.500,00 €
Instandhaltungskosten p.a.		4.000,00 €
Raumbedarf der Maschine	25,00 m²	
Raumkosten je m²/Monat	6,00 €	
Raumkosten		1.800,00 €
Gesamtnutzungsdauer	10 Jahre	
Kalkulatorische Abschreibung		35.230,80 €
Kalkulatorischer Zinssatz	6,00 %	10.569,24 €
Maschinenkosten gesamt p.a.		**53.100,04 €**
Nettomaschinenlaufstunden p.a.	1.800 Std.	
Maschinenstundensatz		**29,50 €/Std.**

18. Aufgabe

Gegeben:

Fertigungsmaterial	50,00 €
Fertigungslohn	8,50 €
Nachbearbeitung	9,00 €
Materialgemeinkosten	25,00 %
Fertigungsgemeinkosten	250,00 %
Maschinenstundensatz	85,00 €/Std.
Bearbeitungszeit	75 Min.

Gesucht: Herstellkosten

Lösung

Fertigungsmaterial		50,00 €	
Materialgemeinkosten	25,00 %	12,50 €	
Materialkosten			62,50 €
Fertigungslohn		8,50 €	
Nachbearbeitung		9,00 €	
Fertigungsgemeinkosten	250,00 %	43,75 €	
Fertigungskosten			61,25 €
Bearbeitungszeit	75 Min.		
Maschinenstundensatz		85,00 €/Std.	106,25 €
Herstellkosten			**230,00 €**

19. Aufgabe

	Rechnungspreis	530 t	50.000,00 €
–	Skonto	2,00 %	1.000,00 €
=	Bareinkaufspreis		49.000,00 €
+	Bezugskosten	= 5.300 · 1,75 €	9.275,00 €
=	**Bezugspreis**		**58.275,00 €**
+	Fertigungskosten, Vw. + Vt.		160.125,00 €
=	**Selbstkosten**		**218.400,00 €**
–	Abfall an Sägespänen und Sägemehl		1.550,00 €
=	**Selbstkosten (korrigiert)**		**216.850,00 €**
/	gefertigte Menge	12.500 m²	**17,35 €/m²**
	Auftrag	500 m²	
·	Preis pro m²	19,35 €/m²	
	Angebotpreis		**9.675,00 €**
	Erlös		10.000,00 €
–	Selbstkosten	= 500 m² · 17,35 €/m²	8.675,00 €
=	**Gewinn**		**1.325,00 €**
=	**Gewinn pro m²**		**2,65 €**

20. Aufgabe

a)

	Ausgangsstoffe	118.900,00 €
+	Personalkosten (Fertigung)	72.600,00 €
+	sonst. Fertigungskosten	8.800,00 €
+	Abschreibungen	17.500,00 €
=	**Herstellkosten**	**217.800,00 €**
+	Verwaltungskosten	15.400,00 €
+	Vertriebskosten	21.270,00 €
=	**Selbstkosten**	**254.470,00 €**

b)

	Verwaltungskosten	15.400,00 €
+	Vertriebskosten	21.270,00 €
=	**Summe**	**36.670,00 €**
/	Selbstkosten	254.470,00 €
=	**Verhältnis**	**14,41 %**

c)

	Herstellkosten	217.800,00 €
/	hergestellte Liter	484.000,00 l
=	**Kosten pro hergestelltem Liter**	**0,450 €/l**

	Kosten Verw. u. Vertrieb	36.670,00 €
/	verkaufte Liter	386.000,00 l
=	**Kosten pro verkauftem Liter**	**0,095 €/l**
=	**Selbstkosten pro verkauftem Liter**	**0,545 €/l**

21. Aufgabe

Erzeugnisse	Produktions-menge	ÄZ	Recheneinheit (RE)	Kosten pro Typ	Kosten pro Mengeneinheit
Typ A	80.000	1,00	80.000	24.000,00 €	0,30 €
Typ B	65.000	0,90	58.500	17.550,00 €	0,27 €
Typ C	45.000	1,10	49.500	14.850,00 €	0,33 €
Typ D	25.000	1,20	30.000	9.000,00 €	0,36 €
Gesamt			**218.000**	**65.400,00 €**	
je Recheneinheit			0,30 €		

2.4 Auswertung der betriebswirtschaftlichen Zahlen

Für die Beurteilung von Unternehmen ist es notwendig, aussagekräftige Wirtschaftswerte zu bekommen und auszuwerten. Obwohl solche Werte immer aus der Vergangenheit herangezogen werden, können sie einen konkreten Verlauf nachweisen, auf dessen Basis sich Zukunftserwartungen ableiten lassen. Dazu gehören der Jahresabschluss sowie Kennzahlen aus der Bilanz und der Gewinn- und Verlustrechnung. Die Ergebnisse der Auswertung können vielfältig verwendet werden. So z.B. für die Beurteilung des aktuellen Marktes, für die Produktentwicklung und auch die Begründung der Kreditwürdigkeit einer Unternehmung.

2.4.1 Aufbereitung und Auswertung der Zahlen

Zur Aufbereitung und Auswertung von Zahlen gehört vor allem die Auswertung des Jahresabschlusses. Dieser kann hervorragende Erkenntnisse über eine Unternehmung liefern:

- Durch den Vergleich von Werten aus der Bilanz und der GuV-Rechnung können Informationen zur Finanzlage bestimmt werden. Des Weiteren können Erkenntnisse über die Vermögensstruktur und den Erfolg zum Bilanzstichtag abgeleitet werden. Ebenso ist ein Periodenvergleich gegeben mit der Ableitung von Zielvorgaben für zukünftige Perioden.
- Ein Vergleich aktueller Bilanzwerte mit Werten aus der Vergangenheit kann Schlussfolgerungen für die Entwicklung zum aktuellen Zeitpunkt liefern.
- Der Betriebsvergleich, also der Vergleich mit Abschlüssen anderer Betriebe der gleichen Branche, ist für eine realistische Einschätzung der eigenen Leistungsfähigkeit von Nutzen.

Kennzahlen sind wichtige Werte, die vom Controlling ausgewertet werden, die wichtige und schnelle Informationen zum Stand und Zustand einer Unternehmung liefern können.

2.4.1.1 Adressaten der Auswertungen

Ziel der Aufbereitung von Zahlen aus dem Rechnungswesen ist es, Gläubigern (Banken, Lieferanten, aber auch Arbeitnehmer als Gläubiger von Lohnansprüchen) Erkenntnisse über die finanzielle Stabilität der Unternehmung zu vermitteln und zu verdeutlichen, dass die Unternehmung in der Lage ist, fällige Zahlungsanforderungen jederzeit zu erfüllen. Die Voraussetzung dafür ist, dass zum Fälligkeitszeitpunkt von Verbindlichkeiten ausreichende liquide Mittel zur Verfügung stehen. Diesem Auskunftsverlangen wird mit Kennzahlen aus der Bilanzanalyse sowie mit der Darstellung von zu erwartenden Ein- und Auszahlungen zum jeweiligen Zeitpunkt (dynamische Finanzplanung) nachgekommen.

2.4.1.1.1 Externe Adressaten

Das externe Rechnungswesen richtet sich, im Gegensatz zum internen Rechnungswesen, an eine relativ umfassende Interessengemeinschaft und zielt hauptsächlich auf Daten zur finanztechnischen Beurteilung der Unternehmung durch diese Adressaten ab. Diese Interessengruppe (Stakeholder) interessiert sich für die Unternehmung, um eigene Ziele umzusetzen. Damit haben die Daten der Unternehmung für sie immense Bedeutung.

Eine weitere Erschwernis besteht darin, dass externe Adressaten keine zeitlich fortlaufenden Informationen von der Unternehmung bekommen. Erst zum Bilanzstichtag kann eine Einsichtnahme in den Jahresabschluss mit seinen Anhängen realisiert werden.

2.4.1.1.2 Interne Adressaten

Interner Adressat ist der Unternehmer selbst. Mit dem internen Rechnungswesen stehen ihm mehr Informationen zur Verfügung als externen Adressaten. Nur mit fundierten Informationen ist der Unternehmer / die Unternehmungsleitung in der Lage, begründete Entscheidungen zu treffen. Neben der Buchführung stehen der Unternehmensleitung weitere Informationsquellen zur Verfügung, wie die Instrumente des Controllings sowie die Kosten- und Leistungsrechnung.

Neben der Unternehmensleitung gehören zum internen Adressatenkreis beteiligte Kapitalgeber, die aufgrund der Unternehmensform ständig oder periodisch aussagekräftige und überprüfbare Informationen über den Stand im Unternehmen bekommen.

Auch Arbeitnehmer und deren Vertretungen haben Anspruch auf interne Informationen.

2.4.1.1.3 Aufbau des internen Berichtswesens

Neben Bilanzkennzahlen sind ebenso von Interesse Umsatzzahlen von Produkten bzw. Produktgruppen aus der laufenden Abrechnungsperiode, nach Verkaufsgebieten, Filialen oder Kunden. Diese Auswertung wird in der Regel in kurzen Zeitabständen bis zur Tagesauswertung realisiert. Auch die Auswertung des Auftragsbestandes, des Auftragseinganges, der Auftragserwartung sind miteinzubeziehen. Da es keine Formvorschrift für das interne Berichtswesen gibt, ist folgender Inhalt eine mögliche Orientierung:

Berichtsempfänger:	Für wen ist der Bericht bestimmt?
Berichtersteller:	Wer berichtet?
Berichtsinhalt:	Was ist zu berichten?
Berichtstermine:	Wann ist zu berichten?

Berichte werden von der untersten Hierarchieebene bis zur Geschäftsleitung verfasst und verdichten sich bis dorthin. An Berichten kann man den Standardbericht, den Abweichungsbericht und/oder den Bedarfsbericht unterscheiden. Die Berichtsform ist in der Regel schriftlich (bzw. elektronisch erfasst), aber auch mündliche Berichte oder Vorinformationen ergänzen die schriftliche/elektronische Form.

2.4.1.2   Betriebs- und Zeitvergleiche

Vergleiche über die wirtschaftliche Entwicklung sind eine permanente Aufgabe in der Betriebswirtschaft. Dies wird in der Regel über Vergleichszahlen, die sog. Kennzahlen bzw. Kennzahlensysteme, realisiert. Berechnet werden diese Kennzahlen über Zahlen, die aus den Zahlenquellen einer Unternehmung stammen. Hauptsächlich werden Verhältniszahlen ermittelt, die eine schnelle, aber erkenntnisreiche Information geben, wie z.B. die Liquidität dritten Grades. Sie gibt das Verhältnis des Umlaufvermögens zu den kurzfristigen Verbindlichkeiten eines Unternehmens an. Ist das Verhältnis kleiner 1, dann wird ein Teil der kurzfristigen Verbindlichkeiten nicht durch das Umlaufvermögen gedeckt. Das hat zur Folge, dass unter Umständen Anlagevermögen veräußert werden muss, um die Verbindlichkeiten zu decken.

Ein Unternehmen kann mit Kennzahlen, z.B. mit Branchenkennzahlen, leichter bewertet werden. Auch alle anderen Kennzahlen dienen einer leichteren Bewertung von Vorgängen im Unternehmen. Wichtig dabei ist, dass die Methoden zur Ermittlung der Kennzahlen beibehalten werden, da sonst ein zukünftiger Vergleich zu Fehleinschätzungen der Lage führen kann.

Vor- und Nachteile von Kennzahlen

1) Vorteile:
- Durch das ständige Erfassen von Kennzahlen können Abweichungen und Schwachstellen sofort erkannt werden.
- Mit der Definition kritischer Kennzahlenwerte als Zielgröße für Teilbereiche, können Schwerpunkte sofort ermittelt werden.
- Steuerungsprozesse im Unternehmen können vereinfacht werden.
- Es können Erkenntnisse für weitere Planungsaufgaben abgeleitet werden.

2) Nachteile:
- Es können beliebige Kennzahlen zum Vergleich ausgewählt werden und auch die Interpretation unterliegt dem subjektiven Erkennen des Anwenders.
- Ein Unternehmen nur nach Kennzahlen zu führen, hat zur Folge, dass strategische Aufgaben der Unternehmensleitung vernachlässigt werden.
- Kritische Kennzahlenwerte, die fachlich falsch beurteilt werden, können zu unproduktiven Entscheidungen führen.
- Kennzahlen geben allein nie ein umfassendes Bild ab und können zu einer einseitigen Sichtweise führen.

Einige Beispiele zu Kennzahlen (-kategorien)
- Erfolgs- und Bilanzkennzahlen
- Liquiditätskennzahlen
- Kennzahlen der Personalwirtschaft
- Kennzahlen von Produktion und Logistik
- Kennzahlen von Marketing und Vertrieb
- Kennzahlen des IT-Controllings
- Finanzierungsregeln

- Kennzahlen für den Einkauf und das Bestellwesen
- Kennzahlen im Bereich Forschung und Entwicklung

Beim **Zeitvergleich** werden Größen (Kennziffern) über mehrere Abrechnungsperioden erfasst und zueinander ins Verhältnis gesetzt. Damit ist eine zeitliche Analyse, das Erkennen von Trends in der Entwicklung der Unternehmung, gegeben. Als Beispiel sei hier die Entwicklung des Umsatzes eines konkreten Produktes genannt:

Abb. 2.45: Zeitvergleiche

Zeitraum	Umsatzent-wicklung	Veränderung zum Vormonat
1. Monat	1.000,00 €	
2. Monat	2.500,00 €	2,50-Fache
3. Monat	4.750,00 €	1,90-Fache
4. Monat	5.500,00 €	1,16-Fache
5. Monat	6.000,00 €	1,09-Fache
6. Monat	4.500,00 €	0,75-Fache
7. Monat	4.500,00 €	1,00-Fache
8. Monat	3.500,00 €	0,78-Fache
9. Monat	3.000,00 €	0,86-Fache
10. Monat	2.000,00 €	0,67-Fache

Umsatzentwicklung

Im Rahmen einer **Bilanzanalyse** wird ein Zeitvergleich ermöglicht, indem jeweils auch die Vorjahreswerte nachrichtlich aufgeführt werden.

Bei einem **Betriebsvergleich** wird dieselbe Kennzahl innerhalb einer Periode in verschiedenen Betrieben miteinander verglichen (zwischenbetrieblicher Vergleich). Verglichen werden z.B. Umsatzzahlen oder Umsatzrenditen großer Unternehmen einer vergleichbaren Branche. Allerdings ist ein solcher zwischenbetrieblicher Vergleich relativ schwer möglich, da die Daten eines anderen Unternehmens nur bedingt zugänglich sind. Es sind solche Daten, die aus veröffentlichten Jahresabschlüssen stammen. Auch können sich Unternehmen verständigen, Daten auszutauschen. Das Benchmarking und auch eine Schwachstellenanalyse sind gängige Ansätze für den zwischenbetrieblichen Vergleich. Ziel eines solchen Vergleichs ist es, die eigene Lage zu bestimmen und zu verbessern.

Eine weitere Möglichkeit stellt der Betriebsvergleich zwischen verschiedenen Betrieben des eigenen Unternehmens dar. Es können verschiedene Produktionsstandorte eines Industrieunternehmens oder verschiedene Filialen eines Handelsunternehmens miteinander verglichen werden.

2.4.2 Rentabilitätsrechnungen

Die Rentabilitätsrechnung, ein statisches Verfahren der Investitionsrechnung, ergänzt die Gewinnvergleichsrechnung um das eingesetzte Kapital. **Ziel der Berechnung** ist es festzustellen, welcher Erfolg mit dem eingesetzten Kapital erzielt worden ist. Als Bezugsgröße kann der Kapitaleinsatz zu Beginn der Investition genommen werden. Besser ist es aber, mithilfe des durchschnittlich eingesetzten Kapitals, einschließlich der Abschreibungen, die Berechnung durchzuführen. Bezeichnet wird die Rentabilitätsrechnung auch als Rentabilitätsvergleich, Renditemethode oder Return on Investment (ROI). Üblicherweise wird im Rahmen der Jahresabschlüsse die Eigenkapital-, Gesamtkapital- und Umsatzrentabilität überprüft.

2.4.2.1 Eigenkapitalrentabilität

Die Eigenkapitalrentabilität ist eine betriebswirtschaftliche Kennzahl und Steuerungsgröße. Sie zeigt an, wie hoch sich das vom Kapitalgeber investierte Kapital innerhalb einer Rechnungsperiode verzinst hat. Im Unterschied zur Umsatzrendite kann die Eigenkapitalrendite leicht zweistellig und sogar dreistellig sein.

Berechnung:

$$\text{Eigenkapitalrentabilität} = \frac{\text{Gewinn}}{\text{Eigenkapital}} \cdot 100$$

oder

$$\text{Eigenkapitalrentabilität} = \frac{\text{EBIT}}{\text{Eigenkapital}} \cdot 100$$

> **!** Der EBIT (engl.: „earnings before interest and taxes"; also „Gewinn vor Zinsen und Steuern") ist eine betriebswirtschaftliche Kennzahl und sagt etwas über den betrieblichen Gewinn eines Unternehmens in einem bestimmten Zeitraum aus.

Wie kann diese Kennziffer interpretiert werden? Diese Kennziffer gibt an, um wie viel Prozent sich das eingesetzte Eigenkapital verzinst hat (und zwar in Relation zum Gewinn). Für den Kapitaleigner stellt sich die Frage, entweder mit seinem Eigenkapital ein Unternehmen zu gründen oder sein Eigenkapital langfristig bei einer Bank anzulegen und dafür einen bestimmten Zinssatz zu erhalten. Daher ist es der Wunsch, dass die errechnete Eigenkapitalrentabilität über dem Zinssatz einer langfristigen Kapitalanlage liegen sollte.

Beispiel: Aus der Bilanz einer Unternehmung sind folgende Zahlen entnommen:

Eigenkapital	1.400.000,00 €
Fremdkapital	4.000.000,00 €
Anlagevermögen	2.000.000,00 €
Gewinn	310.000,00 €
Fremdkapitalzinsen	500.000,00 €
Umsatz	4.200.000,00 €

Aus diesen Werten ist die Eigenkapitalrentabilität zu ermitteln.

Lösung:

Eigenkapitalrentabilität = Gewinn / Eigenkapital · 100

= 310.000,00 € / 1.400.000,00 € · 100 = **22,14 %**

Das Ergebnis zeigt, dass das eingesetzte Eigenkapital mit 22,14 % verzinst wurde und zu einem Gewinn von 310.000,00 € beigetragen hat.

2.4.2.2 Gesamtkapitalrentabilität

Die Gesamtkapitalrentabilität ist ein Maß für die Verzinsung des gesamten im Unternehmen eingesetzten Kapitals. Die Gesamtkapitalrentabilität kann als Ausdruck für die Leistungsfähigkeit des im Unternehmen arbeitenden Kapitals interpretiert werden und wird wie folgt berechnet:

$$\text{Gesamtkapitalrentabilität} = \frac{\text{Reingewinn + Fremdkapitalzinsen}}{\text{Gesamtkapital}} \cdot 100$$

$$\text{Gesamtkapitalrentabilität} = \frac{\text{Reingewinn + Fremdkapitalzinsen}}{\text{Eigenkapital + Fremdkapital}} \cdot 100$$

Das Gesamtkapital besteht aus Eigenkapital und Fremdkapital. Der Reingewinn, auch als Jahresüberschuss bezeichnet, wird durch den Abschluss der Gewinn- und Verlustrechnung (GuV) ermittelt. Die Fremdkapitalzinsen sind Kosten des Unternehmens und verringern damit seinen Reingewinn. In der Gewinn- und Verlustrechnung der Gläubiger (also der Fremdkapitalgeber, z.B. einer Bank) sind die Fremdkapitalzinsen Erträge. Zur Beurteilung der Leistungsfähigkeit des Unternehmens ist diese Kennzahl besser geeignet als die Eigenkapitalrendite, da sie von der Finanzierungsstruktur unabhängig ist.

Beispiel: Es ist die Gesamtkapitalrentabilität auf der Grundlage der obigen Beispielaufgabe (Eigenkapitalrentabilität) zu ermitteln.

Lösung:

$$\text{Gesamtkapitalrentabilität} = \frac{310.000,00\ € + 500.000,00\ €}{1.400.000,00\ € + 4.000.000,00\ €} \cdot 100$$

$$= \frac{810.000,00\ €}{5.400.000,00\ €} \cdot 100$$

$$= \mathbf{15,00\,\%}$$

Das Ergebnis von 15,00 % ist realistischer als die Eigenkapitalrentabilität, da die Finanzierungsstruktur nicht mitberücksichtigt wurde.

Zusammenhang Eigenkapital- und Gesamtkapitalrentabilität

Eigenkapital- (EKR) und Gesamtkapitalrentabilität (GKR) sind voneinander abhängig. Folgende Regel gilt: Eine Finanzierung mit Fremdkapital bewirkt eine Steigerung der Eigenkapitalrentabilität, sofern der Zinssatz für Fremdkapital niedriger ist als die Gesamtkapitalrentabilität des Unternehmens.

Diese Regel soll anhand von zwei Beispielen erläutert werden:

Rechenbeispiel 1: Zinssatz für Fremdkapital 11,50 %

	Fall 1	Fall 2	Fall 3
Eigenkapital	150.000,00 €	100.000,00 €	50.000,00 €
Fremdkapital	0,00 €	50.000,00 €	100.000,00 €
Gesamtkapital	150.000,00 €	150.000,00 €	150.000,00 €
Gewinn vor Abzug von FK-Zinsen	20.000,00 €	20.000,00 €	20.000,00 €
Zinsen für Fremdkapital: 11,50 %	0,00 €	5.750,00 €	11.500,00 €
Reingewinn	20.000,00 €	14.250,00 €	8.500,00 €
Eigenkapitalrentabilität	**13,33 %**	**14,25 %**	**17,00 %**
Gesamtkapitalrentabilität	**13,33 %**	**13,33 %**	**13,33 %**

Das Beispiel zeigt, dass die Eigenkapitalrentabilität umso höher ist, je geringer der Eigenkapitalanteil ist. Allerdings muss darauf hingewiesen werden, dass der absolute Reingewinn sinkt. Damit ist die Frage zu klären, was der Eigenkapitalgeber mit dem Rest seines Eigenkapitals macht, d.h., welche alternativen Geldanlagemöglichkeiten bzw. Investitionsprojekte ihm zur Verfügung stehen. Liegt deren interne Verzinsung unter 11,50 %, wäre eine Erhöhung des Eigenkapitalanteils trotz der oben gezeigten Rechnung sinnvoll, da vollständige Alternativen verglichen werden müssen.

Rechenbeispiel 2: Finanzierung wie oben in Fall 2 gezeigt; es soll ein zusätzliches Projekt finanziert werden, das einen Kapitalbedarf von 80.000 € hat und darauf eine Verzinsung von 13 % erwirtschaftet.

	Fall 2	Finanzierung EK	Finanzierung FK
Eigenkapital	100.000,00 €	180.000,00 €	100.000,00 €
Fremdkapital	50.000,00 €	50.000,00 €	130.000,00 €
Gesamtkapital	150.000,00 €	230.000,00 €	230.000,00 €
Gewinn vor Abzug von FK-Zinsen	20.000,00 €	30.000,00 €	30.000,00 €
Zinsen für Fremdkapital: 11,50 %	5.750,00 €	5.750,00 €	14.950,00 €
Reingewinn	14.250,00 €	24.250,00 €	15.050,00 €
Eigenkapitalrentabilität	**14,25 %**	**13,47 %**	**15,05 %**
Gesamtkapitalrentabilität	**13,33 %**	**13,04 %**	**13,04 %**

Die Projektfinanzierung mit Eigenkapital zeigt, dass die Eigenkapitalrentabilität geringer ausfällt. Bei einer Fremdfinanzierung erhöht sich die EKR. Allerdings müssen auch hier die Alternativen des Investors für seine liquiden Mittel geklärt werden. Die Beispiele weisen auf den sog. Leverage-Effekt hin, eine Hebelwirkung auf die Eigenkapitalrentabilität bei wachsendem Verschuldungsgrad. Falsch wäre jedoch, einen hohen Verschuldungsgrad anzustreben, da dieser evtl. mit höheren Zinskosten, geringerer Liquidität und Sicherheit verbunden ist. Wichtig ist, einen optimalen Verschuldungsgrad für das Unternehmen zu finden.

2.4.2.3 Umsatzrentabilität

Die Umsatzrentabilität (auch: Umsatzrendite) ist eine betriebswirtschaftliche Kennzahl und bezeichnet das Verhältnis von Gewinn zu Umsatz innerhalb einer Abrechnungsperiode:

$$\text{Umsatzrentabilität} = \frac{\text{Gewinn}}{\text{Umsatz}} \cdot 100$$

Bei der Kalkulation wird der Prozentsatz des Umsatzes eines Unternehmens im betrachteten Zeitraum am Gewinn ermittelt.

Beispiel: Eine Umsatzrendite von 15 % entspricht einem Gewinn von 15 Cent je 1,00 € Umsatz.

> **!** Bei Konzernen ist als Gewinn nicht der Konzernjahresüberschuss, sondern der Jahresüberschuss vor Abzug des Anteils Konzernfremder einzusetzen.
>
> Bei einem Freiberufler ist der Gewinn abzüglich eines eigenen, fiktiven Gehalts (des so genannten kalkulatorischen Unternehmerlohnes) einzusetzen.

Bedeutung in der Finanzanalyse:

Die Umsatzrendite liefert Hinweise auf die Marktstellung eines Unternehmens. Je ausgeprägter die Marktstellung ist, desto größer ist die erzielbare Umsatzrendite. Eine schwache Umsatzrendite – im unteren einstelligen Prozentbereich – deutet in der Regel auf einen hart umkämpften, wettbewerbsintensiven Markt hin. Der Gewinn von Unternehmen mit hoher Umsatzrendite ist weniger anfällig für Schwankungen von Wechselkursen, Zinssätzen, Rohstoffpreisen und sonstigen Aufwandspositionen.

2.4.3 Aufgaben und Lösungshinweise

1. Aufgabe
Was sind in der Betriebswirtschaft Kennzahlen und welche Aufgabe haben sie zu erfüllen?

2. Aufgabe
Erläutern Sie die a) Eigenkapital-, b) Gesamtkapital- und c) Umsatzrentabilität.

3. Aufgabe
Betriebswirtschaftliche Kennzahlen sind für die Führung einer Unternehmung von hervorzuhebender Bedeutung und Bestandteil der Bewertung von Unternehmungen. Erläutern Sie, wer die Adressaten betriebswirtschaftlicher Auswertungen sind.

4. Aufgabe

Von einem Unternehmen sind folgende Daten bekannt:

Gewinn	160.000,00 €
Eigenkapital	600.000,00 €
Fremdkapital	320.000,00 €
Fremdkapitalzinsen	28.000,00 €
Umsatz	1.520.000,00 €

Ermitteln Sie die Eigenkapital-, die Gesamtkapital- und die Umsatzrentabilität.

Lösungshinweise

1. Aufgabe

In der Betriebswirtschaftslehre werden betriebswirtschaftliche Kennzahlen zur Beurteilung von Unternehmen sowie der Festlegung von Unternehmenszielen und der Messung ihrer Erreichung verwendet. Kennzahlen werden unter anderem eingesetzt, um Geschäftsprozesse messbar (und damit verbesserungsfähig) zu machen.

2. Aufgabe

a) Die **Eigenkapitalrentabilität** ist eine betriebswirtschaftliche Kennzahl und Steuerungsgröße. Sie dokumentiert, wie hoch sich das vom Kapitalgeber investierte Kapital innerhalb einer Rechnungsperiode verzinst hat.

$$\text{Eigenkapitalrentabilität} = \frac{\text{Gewinn}}{\text{Eigenkapital}} \cdot 100$$

oder

$$\text{Eigenkapitalrentabilität} = \frac{\text{EBIT}}{\text{Eigenkapital}} \cdot 100$$

b) Die **Gesamtkapitalrentabilität** gibt an, wie effizient der Kapitaleinsatz eines Investitionsvorhabens innerhalb einer Abrechnungsperiode war. Durch den Einsatz dieser Kennzahl lassen sich die Nachteile der Eigenkapitalrentabilität, und somit die des Leverage-Effektes, umgehen.

$$\text{Gesamtkapitalrentabilität} = \frac{\text{Reingewinn + Fremdkapitalzinsen}}{\text{Gesamtkapital}} \cdot 100$$

$$\text{Gesamtkapitalrentabilität} = \frac{\text{Reingewinn + Fremdkapitalzinsen}}{\text{Eigenkapital + Fremdkapital}} \cdot 100$$

c) Die **Umsatzrendite** ist eine betriebswirtschaftliche Kennzahl und bezeichnet das Verhältnis von Gewinn zu Umsatz innerhalb einer Rechnungsperiode. Der Betrachter erkennt daraus, wie viel Prozent des Umsatzes einem Unternehmen im betrachteten Zeitraum an Gewinn verblieben sind.

$$\text{Umsatzrentabilität} = \frac{\text{Gewinn}}{\text{Umsatz}} \cdot 100$$

3. Aufgabe

Externe Adressaten:

Interessengruppen (Stakeholder), die an einer Unternehmung Interessen haben, die zur Umsetzung eigener Ziele dienen. Damit erhalten die Daten der Unternehmung für sie immense Bedeutung. Hauptinformationsquelle ist der Jahresabschluss (Bilanz, GuV, Anhang). Mithilfe von Analysen werden unterschiedliche Kennzahlen abgeleitet, die Auskunft geben über Finanz-, Vermögens- und Erfolgssituation der Unternehmung.

Interne Adressaten:

Interner Adressat ist der Unternehmer selbst. Mit dem internen Rechnungswesen stehen ihm mehr Informationen zur Verfügung als externen Adressaten. Nur mit fundierten Informationen ist der Unternehmer / die Unternehmungsleitung in der Lage, begründete Entscheidungen zu treffen.

4. Aufgabe

Gegeben:

Gewinn	160.000,00 €
Eigenkapital	600.000,00 €
Fremdkapital	320.000,00 €
Fremdkapitalzinsen	28.000,00 €
Umsatz (netto)	1.520.000,00 €

Gesucht:

	Gewinn	160.000,00 €
/	Eigenkapital	600.000,00 €
=	**Eigenkapitalrentabilität**	**26,67 %**
	Fremdkapitalzinsen	28.000,00 €
+	Gewinn	160.000,00 €
=	Summe	188.000,00 €
/	Gesamtkapital	920.000,00 €
=	**Gesamtkapitalrentabilität**	**20,43 %**
	Gewinn	160.000,00 €
/	Umsatz (netto)	1.520.000,00 €
=	**Umsatzrentabilität**	**10,53 %**

2.5 Planungsrechnung

Aufgabe der Planungsrechnung ist es, betriebliche Entscheidungen quantitativ vorzubereiten. Damit werden Ziele für zukünftige Perioden gesetzt. Die Notwendigkeit einer Planungsrechnung ergibt sich aus dem Bedürfnis, Visionen umzusetzen, Marktpositionen zu erhalten bzw. auszubauen und damit betriebliche Entscheidungen abzuleiten. Für die Planungsrechnung sind Grundlagen zu finden. Diese Grundlagen kommen hauptsächlich:

- aus der Finanzbuchhaltung,
- aus Daten der Kosten- und Leistungsrechnung,
- aus Daten der Statistik,
- von Strukturentwicklungen in der Wirtschaft,
- von Konjunkturdaten und Entwicklungen der Konkurrenz.

Die aus vielen Teilplänen bestehende Planungsrechnung (Umsatzplan, Produktionsplan, Personalplan, Investitionsplan, Beschaffungsplan, Finanzplan, Kreditplan usw.) wird im Budget zusammengefasst. Neben den vielen Plänen im Unternehmen, sind folgende Planungen zentrale Aufgaben:

- Erstellen der Eröffnungsbilanz,
- Planungen zur Gewinn- und Verlustrechnung,
- Erstellen der Planbilanz,
- des Finanzplans sowie
- die Planung des Cashflows (er definiert sich als positiver, periodisierter Zahlungsmittelüberschuss der wirtschaftlichen Tätigkeit).

Je nach Komplexität der Entscheidungssituation werden dabei verschiedene mathematische Methoden eingesetzt.

2.5.1 Inhalt der Planungsrechnung

Unternehmensziele sind mit Planungsaufgaben vorzubereiten und umzusetzen. Verantwortlich sind alle Führungsebenen in einer Unternehmung. Die Ergebnisse einer Planung stellen zugleich sowohl ein Führungs- als auch ein Kontrollinstrumentarium dar. Der Grad einer Planung gibt den Organisierungsgrad einer Unternehmung wieder. Unter Planung versteht man eine zielgerichtete, systematische und rationale Auseinandersetzung mit der Zukunft, die gedankliche Vorwegnahme zukünftigen Handelns. Planung gibt es in allen gesellschaftlichen Bereichen.

Das System der Unternehmensplanung besteht aus mehreren Ebenen. Generell werden folgende Ebenen angesprochen:

- Oberste Ebene → Unternehmenskonzeption, generelle Zielplanung
- Mittlere Ebene → strategische Planung
- Unterste Ebene → operative Planung

Im Rahmen der Unternehmenskonzeption geht es um die Vision des Unternehmens, seine Mission und Kultur sowie ein Unternehmensleitbild. Die generelle Zielplanung beinhaltet Aussagen im Zusammenhang mit den wichtigsten Anspruchsgruppen, d.h. Aktionäre, Mitarbeiter, Kunden, Fremdkapitalgeber, Staat und Gesellschaft. Im Rahmen dieser „strategischen Planung" sind alle wesentlichen Ziele und

Aufgaben für den Erfolg einer Unternehmung enthalten. Dazu werden Gesamtunternehmens- und Geschäftsfeldstrategien entwickelt, gleichzeitig findet eine strategische Ausleuchtung von Märkten, Kunden und Konkurrenten sowie der eigenen Produkte statt. Zusätzlich werden Strategien der Funktionsbereiche (Beschaffung, Produktion, Logistik, Forschung und Entwicklung, Personal usw.) entwickelt. Strategische Planungen, die in der Regel auf Prognosen beruhen, bilden die Grundlage weiterer Planungsaufgaben, für die taktische und operative Planung.

Alle Ebenen der Planung weisen folgende Komponenten auf:
- Aktionsplanung bzw. Maßnahmenplanung,
- Werteplanung/Budgetierung.

Ein typischer Anwendungsfall für die Planungsrechnung im Unternehmen ist die Ergebnisplanung.

2.5.2 Zeitliche Ausgestaltung

Der Planungszyklus unterliegt einem zeitlichem Ablauf, der von der jeweiligen Branche abhängig ist. Die zeitliche Betrachtung gestaltet sich wie folgt (Beispiele):
- Strategische Planung ≥ 5 Jahre
- Operative Ergebnisplanung ≥ 3 Jahre
- Operative Budgetplanung ≥ 1 Jahr

Auf der Basis der Planung folgt die Umsetzung der Vorhaben. Da Bedingungen, die während der Planung realistisch waren, sich aber zum Zeitpunkt der Umsetzung verändert haben können, ist die Planung zwar eine wichtige Grundlage, muss aber zum aktuellen Zeitraum geprüft und angepasst werden.

Sinnvollerweise erfolgt die Positionsbestimmung nicht erst am Ende der Planungsperiode, sondern schon vorher zu bestimmten Zeitpunkten. Im Hinblick auf das budgetierte Betriebsergebnis dient die kurzfristige Erfolgsrechnung als monatliche Berichterstattung diesem Zweck, im Hinblick auf die Kostenstellenbudgets der monatliche Kostenbericht (Budgetbericht). Der Zusammenhang zwischen Planung, Kontrolle und Steuerung wird häufig auch als Regelkreis aufgefasst. Sobald eine Abweichung eintritt, gibt es eine Rückinformation, sodass entsprechend gegengesteuert werden kann bzw. muss.

Das mehrmalige Durchlaufen des Regelkreises stellt einen Lernprozess dar, zeigt sich doch in den Folgeperioden, ob die Gegensteuerungsmaßnahmen fruchten bzw. die Ursachenanalyse richtig war. Handelt es sich um gravierende Abweichungen, schließt sich die Suche nach den Ursachen an.

Kostenabweichungen lassen sich folgendermaßen systematisieren:

Preisabweichungen:
Höhere Faktorpreise, z.B. Materialpreise, Dienstleistungskosten, Lohnsätze.

Verbrauchsabweichung:
Höhere Mengenverbräuche, z.B. längere Fertigungszeiten, geringere Materialausbeute, höherer Ausschuss, nicht optimale Anlagenintensität, nicht optimale Losgrößen.

Beschäftigungsabweichung:
Fixkostenfehlverrechnung, d.h. durch rückläufige Beschäftigung entstehende Leerkapazitäten und Leerkosten.

2.5.3 Aufgaben und Lösungshinweise

1. Aufgabe
Aufgabe der Planungsrechnung ist es, betriebliche Entscheidungen quantitativ vorzubereiten. Dazu werden entsprechende Daten benötigt. Nennen Sie vier Quellen, aus denen die notwendigen Daten entnommen werden können.

2. Aufgabe
Das System der Unternehmensplanung besteht aus mehreren Ebenen. Nennen Sie die generellen Ebenen sowie den allgemeinen Planungsinhalt.

3. Aufgabe
Welche Zeiträume werden bei der strategischen und operativen Ergebnisplanung sowie operativen Budgetplanung betrachtet?

Lösungshinweise

1. Aufgabe
- Aus der Finanzbuchhaltung,
- aus Daten der Kosten- und Leistungsrechnung,
- aus Daten der Statistik,
- von Strukturentwicklungen in der Wirtschaft,
- von Konjunkturdaten und Entwicklungen der Konkurrenz.

2. Aufgabe
- Oberste Ebene → Unternehmenskonzeption, generelle Zielplanung
- Mittlere Ebene → strategische Planung
- Unterste Ebene → operative Planung.

3. Aufgabe
- Strategische Planung ≥ 5 Jahre
- Operative Ergebnisplanung ≥ 3 Jahre
- Operative Budgetplanung ≥ 1 Jahr

2.6   Musterklausur

1. Aufgabe

Das Unternehmen, in dem Sie arbeiten, hat im Rechnungswesen folgende Struktur:
- die Geschäftsbuchhaltung,
- die Betriebsbuchhaltung.

Grenzen Sie anhand von drei Kriterien die Aufgabenbereiche ab. (**9 Punkte**)

2. Aufgabe

a) Erstellen Sie aus den nachfolgenden Angaben einer GmbH, die im Rahmen einer Inventur erfasst wurden, die Eröffnungsbilanz. (**12 Punkte**)

Fuhrpark	55.000,00 €
Lagerhalle	30.000,00 €
Darlehen	50.000,00 €
Handelswaren	180.000,00 €
Verwaltungsgebäude	80.000,00 €
Bank	130.500,00 €
Verbindlichkeiten a.LL.	25.000,00 €
Forderungen a.LL.	45.000,00 €
Betriebs- und Geschäftsausstattung	28.400,00 €
Kasse	3.000,00 €
Hypothekenschuld	120.000,00 €

b) Erläutern Sie folgende Begriffe: (**8 Punkte**)
- Anlagevermögen
- Umlaufvermögen
- Rücklage
- Rückstellung

c) Nennen Sie drei Bilanzarten. (**3 Punkte**)

3. Aufgabe

Ordnen Sie den Geschäftsvorfällen die entsprechenden Tauschverfahren zu:

Geschäftsvorfall	Tauschverfahren
Barverkauf von Erzeugnissen	
Tilgung von Darlehen	
Einkauf von Rohstoffen auf Ziel	
Einzahlung von Barmitteln in die Bank	
Kauf einer Maschine auf Ziel	
Kauf von Briefmarken	
Kauf eines Personal Computers in bar	
Bezahlung einer Verbindlichkeit per Banküberweisung	

(**8 Punkte**)

4. Aufgabe

Ein Getränkehersteller stellt vier verschiedene Getränke in Sortenfertigung her. Folgende Daten liegen vor:

Sorte	hergestellte Menge	Äquivalenzziffer
G 1	5.000 Liter	1,0
G 2	7.300 Liter	1,7
G 3	5.350 Liter	0,9
G 4	3.500 Liter	2,2

Die Selbstkosten aller Getränke betragen 80.650 €.
Berechnen Sie die Kosten je Sorte und je Liter.
(Hinweis: Es ist auf zwei Kommastellen zu runden.) (**14 Punkte**)

5. Aufgabe

Eine Unternehmung produziert in großen Stückzahlen ein Bauteil für die Automobilindustrie. Der Kapazitätsbestand beträgt 6.500 Bauteile pro Monat. Der Einzelpreis beträgt 145,00 €. Dieser Preis wird am Markt auch erzielt.

Im November lagen die Gesamtkosten bei einer Auslastung von 70 % bei 667.550 €. Im Dezember stieg die Auslastung auf 80 %, die entsprechenden Gesamtkosten betrugen in diesem Monat 722.800 €.

a) Berechnen Sie die Fixkosten pro Monat sowie die variablen Stückkosten und stellen Sie die entsprechende Kostenfunktion auf. (**8 Punkte**)

b) Führen Sie eine BEP-Analyse durch und ermitteln Sie rechnerisch die Gewinnschwellenmenge und den Beschäftigungsgrad bei der Gewinnschwelle. (**5 Punkte**)

c) Im Januar wird eine Auslastung von 90 % erwartet. Ermitteln Sie den Gesamtdeckungsbeitrag sowie das Betriebsergebnis. (**4 Punkte**)

6. Aufgabe

Die Unternehmung Klaus Knöpke (Einzelhändler) kauft einen Artikel zum Listeneinkaufspreis von 150 € netto. Die Unternehmung erhält vom Lieferanten 12,5 % Wiederverkäuferrabatt sowie ein Skonto von 3 % für ein Zahlungsziel von 20 Tagen. Bezugskosten fallen in Höhe von 2,70 € an.

Der Einzelhändler kalkuliert mit 30 % Handlungskosten und bietet den Artikel zu einem Bruttoverkaufspreis von 226,10 € (inklusive 19 % Umsatzsteuer) an.

a) Berechnen Sie den Gewinnzuschlag der Unternehmung Klaus Knöpke in € und in Prozent. (**10 Punkte**)

b) Ermitteln Sie die Handelsspanne der Unternehmung Klaus Knöpke. (**5 Punkte**)

7. Aufgabe

Die Entwicklung der Handels OHG ist in den letzten Jahren rückläufig. Zur Analyse der Lage wurden Ihnen folgende Daten vorgelegt:

Jahr	2010	2011	2012
Absatz in Stück	312.500	250.000	200.000
Umsatz	1.500.000 €	1.200.000 €	960.000 €
Jahresüberschuss	100.000 €	75.000 €	25.000 €

Die Eigenkapitalquote lag in den drei Jahren unverändert bei 30 %. Das Gesamtvermögen lag im gleichen Zeitraum bei jährlich 1.250.000 €. Auf das Fremdkapital waren in den Jahren 2010 bis 2012 im Durchschnitt 6 % Zinsen zu zahlen.

Ermitteln Sie jeweils für die drei Jahre:

a) die Umsatzrentabilität   **(4 Punkte)**

b) die Eigenkapitalrentabilität   **(5 Punkte)**

c) die Gesamtrentabilität   **(5 Punkte)**

Lösungshinweise

1. Aufgabe

Kriterien	Geschäftsbuchhaltung (Finanzbuchhaltung)	Betriebsbuchhaltung (Kosten- und Leistungsrechnung)
Aufgabengebiete	• Erfassung aller finanziellen Zu- und Abgänge im Geschäftsjahr • Erstellen des Jahresabschlusses, der Gewinn- und Verlustrechnung sowie der Bilanz	• Kostenerfassung • Kostenauswertung • Vorbereitung von kaufmännischen Entscheidungen
Rechenschaftslegung	• gegenüber externen Interessenten • gegenüber dem Staat (Finanzbehörden)	• gegenüber internen Interessenten • für die Geschäftsführung erforderlich
Pflichten	• gemäß gesetzlichen und handelsrechtlichen Bestimmungen/Grundlagen	• keine Durchführungspflicht somit keine gesetzliche Verpflichtung

2. Aufgabe

a)

Aktiva		Bilanz zum		Passiva
A. Anlagevermögen			A. Eigenkapital	356.900,00 €
I. Sachanlagen			B. Verbindlichkeiten	
1. Gebäude	110.000,00 €		1. gegenüber Kreditinst.	170.000,00 €
2. BGA	28.400,00 €		2. a.LL.	25.000,00 €
3. Fuhrpark	55.000,00 €			
B. Umlaufvermögen				
I. Vorräte				
1. Handelswaren	180.000,00 €			
II. Forderungen				
1. Ford. a.LL.	45.000,00 €			
III. Flüssige Mittel				
1. Kasse	3.000,00 €			
2. Bank	130.500,00 €			
	551.900,00 €			**551.900,00 €**

b)

Anlagevermögen:

Teile des Vermögens einer Unternehmung, die nicht zur Veräußerung bestimmt sind und dem Unternehmen dauernd zur Verfügung stehen.

Umlaufvermögen:

Sammelbezeichnung für Vermögensgegenstände, die nicht dazu bestimmt sind, dauernd dem Geschäftsbetrieb zu dienen, und nicht Posten der Rechnungsabgrenzung sind. Zum Umlaufvermögen gehören: Vorräte, Forderungen und sonstige Vermögensgegenstände, Wertpapiere, Schecks, Kassenbestände, Bundesbankguthaben, Guthaben bei Kreditinstituten.

Rücklage:

Rücklagen sind bei Unternehmen oder sonstigen Personenvereinigungen im Rechnungswesen Bestandteile des Eigenkapitals, die weder als gezeichnetes Kapital, Gewinnvortrag noch als Jahresüberschuss ausgewiesen und entweder auf gesonderten Rücklagenkonten bilanziert werden (offene Rücklagen) oder in der Jahresbilanz nicht erkennbar sind (stille Rücklagen).

Rückstellung:

Im Rechnungswesen sind Rückstellungen Passivpositionen in der Bilanz, die hinsichtlich ihres Bestehens oder der Höhe ungewiss sind, aber mit hinreichend großer Wahrscheinlichkeit erwartet werden.

c)

- Laufende Bilanzen
- Sonderbilanzen
- Handelsbilanz
- Einzelbilanz
- Eröffnungsbilanz

3. Aufgabe

Geschäftsvorfall	Tauschverfahren
Barverkauf von Erzeugnissen	Aktivtausch
Tilgung von Darlehen per Banküberweisung	Aktiv-Passiv-Minderung
Einkauf von Rohstoffen auf Ziel	Aktiv-Passiv-Mehrung
Einzahlung von Barmitteln in die Bank	Aktivtausch
Kauf einer Maschine auf Ziel	Aktiv-Passiv-Mehrung
Kauf von Briefmarken	Aktivtausch
Kauf eines Personal Computers in bar	Aktivtausch
Bezahlung einer Verbindlichkeit per Banküberweisung	Aktiv-Passiv-Minderung

4. Aufgabe

Sorte	hergestellte Menge	Äquivalenzziffer	Recheneinheiten	Kosten je Sorte	Kosten je Liter
G 1	5.000 Liter	1,0	5.000	13.475,36 €	2,70 €
G 2	7.300 Liter	1,7	12.410	33.445,83 €	4,58 €
G 3	5.350 Liter	0,9	4.815	12.976,77 €	2,43 €
G 4	3.500 Liter	2,2	7.700	20.752,05 €	5,93 €
			29.925	80.650,00 €	

Selbstkosten: 80.650,00 €

Kosten je RE: 2,70 €

5. Aufgabe

a)

$$k_v = \frac{\Delta K}{\Delta x} = \frac{722.800\ € - 667.550\ €}{5.200\ \text{Bauteile} - 4550\ \text{Bauteile}} = \frac{55.250\ €}{650\ \text{Bauteile}} = 85\ €/\text{Bauteile}$$

$K_f = K - k_v \cdot x = 667.550\ € - 85\ € \cdot 4.550\ \text{Bauteile} = 280.800\ €/\text{Monat}$

Die Kostenfunktion lautet $K = 280.800 + 85 \cdot x$

b)

$$\text{BEP (x)} = \frac{K_f}{p - k_v} = \frac{280.800\ €}{145\ € - 85\ €} = 4.680\ \text{Bauteile/Monat}$$

$$\text{Beschäftigungsgrad} = \frac{4.680}{6.500} \cdot 100 = 72\ \%$$

c)

Beschäftigungsgrad bei 90 % = 5.850 Bauteile/Monat

Deckungsbeitrag = db $\cdot$ x = 60 $\cdot$ 5.850 = 351.000 €/Monat

Betriebsergebnis = DB $-$ K_f = 351.000 € $-$ 280.800 € = 70.200 €/Monat

6. Aufgabe

a)

	Listeneinkaufspreis		150,00 €
−	Rabatt	12,50 %	18,75 €
=	Zieleinkaufspreis		131,25 €
−	Skonto	3 %	3,94 €
=	Bareinkaufspreis		127,31 €
+	Bezugskosten		2,70 €
=	Einstandspreis		130,01 €
+	Handlungskosten	30 %	39,00 €
=	Selbstkosten		169,01 €
+	**Gewinn**	**12,42 %**	**20,99 €**
=	Barverkaufspreis		190,00 €
+	Skonto		0,00 €
=	Zielverkaufspreis		190,00 €
+	Rabatt		0,00 €
=	Listenverkaufspreis (netto)		190,00 €
+	Umsatzsteuer	19 %	36,10 €
=	Bruttoverkaufspreis		226,10 €

Der Gewinnzuschlag beträgt 12,42 % = 20,99 €.

b)

$$\text{Handelsspanne} = \frac{\text{Rohertrag} \cdot 100}{\text{Listenverkaufspreis}} = \frac{190\ € - 130,01\ €}{190\ €} \cdot 100 = 31,57\ \%$$

7. Aufgabe

a)

$$\text{Umsatzrentabilität} = \frac{\text{Jahresüberschuss} \cdot 100}{\text{Umsatz}}$$

Jahr	2010	2011	2012
Jahresüberschuss	100.000 €	75.000 €	25.000 €
Umsatz	1.500.000 €	1.200.000 €	960.000 €
Umsatzrentabilität	6,67 %	6,25 %	2,60 %

b)

Eigenkapital = 30 % vom Gesamtkapital = 30 % von 1.250.000 € = 375.000 €

$$\text{Eigenkapitalrentabilität} = \frac{\text{Jahresüberschuss} \cdot 100}{\text{Eigenkapital}}$$

Jahr	2010	2011	2012
Jahresüberschuss	100.000 €	75.000 €	25.000 €
Eigenkapital	375.000 €	375.000 €	375.000 €
Eigenkapitalrentabilität	26,67 %	20,00 %	6,67 %

c)

Fremdkapitalzins (FK-Zins) = 6 % von (70 % von 1.250.000 €) = 52.500 €

$$\text{Gesamtkapitalrentabilität} = \frac{(\text{Jahresüberschuss} + \text{FK-Zins}) \cdot 100}{\text{Gesamtkapital}}$$

Jahr	2010	2011	2012
Jahresüberschuss + Fremdkapitalzins	152.500 €	127.500 €	77.500 €
Gesamtkapital	1.250.000 €	1.250.000 €	1.250.000 €
Gesamtkapitalrentabilität	12,20 %	10,20 %	6,20 %

3 Recht und Steuern

3.1 Rechtliche Zusammenhänge

In diesem Kapitel sollen rechtliche Kenntnisse aus verschiedenen Bereichen vermittelt werden, um den Prüfling gezielt auf die Prüfung vorzubereiten. Es soll auch darüber hinausgehendes fundiertes Wissen erworben werden, um es in der beruflichen Praxis rechtssicher einzusetzen. Der Schwerpunkt der rechtlichen Ausbildung zum Fachwirt liegt auf dem Rechtsgebiet des Zivilrechts und so werden umfänglich Regelungen aus dem Bürgerlichen Gesetzbuch behandelt. Zum Zivilrecht zählen aber auch die Gerichtsbarkeit und das Insolvenzrecht. Der Fachwirt benötigt jedoch auch Grundlagenkenntnisse auf dem Gebiet des Handelsgesetzbuches und des Arbeitsrechts. Zu dem letztgenannten Gebiet werden auch Grundzüge zu arbeitsschutzrechtlichen Schutzbestimmungen behandelt. Abschließend werden Kenntnisse auf dem Gebiet des Wettbewerbsrechts, des Gewerberechts und der Gewerbeordnung vermittelt.

3.1.1 BGB Allgemeiner Teil

Das Bürgerliche Gesetzbuch (BGB) ist dem so genannten „Privatrecht" zuzuordnen. Dieses Recht regelt die Rechtsbeziehungen der **Menschen** untereinander. Konkret legen hier Normen fest, welche Rechte, Freiheiten und auch Pflichten und Risiken die Menschen im Verhältnis zueinander haben. Hiervon ist das „öffentliche Recht" zu unterscheiden, das Normen beinhaltet, die die staatliche Organisation und das staatliche Handeln regeln.

Das hier relevante Bürgerliche Gesetzbuch ist in fünf Bücher aufgeteilt: 1. der Allgemeine Teil, 2. das Recht der Schuldverhältnisse, 3. Das Sachenrecht, 4. Das Familienrecht, 5. Das Erbrecht.

Für die Prüfung und das Berufsleben der Fachwirte sind nur die ersten drei Bücher von Belang. In dem in diesem Kapitel zu behandelnden Allgemeinen Teil des BGB finden sich vorrangig Vorschriften und Definitionen von grundsätzlicher Bedeutung, denn sie gelten für alle Schuldverhältnisse, also auch für alle Verträge, wie Kauf- oder Mietverträge etc., und auch für alle anderen Bücher des BGB.

Beispiel: Die Definitionen der Begriffe „Verbraucher" und „Unternehmer" finden sich in den §§ 13 und 14 BGB.
- „Verbraucher ist jede natürliche Person, die ein Rechtsgeschäft zu einem Zweck abschließt, der weder ihrer gewerblichen noch ihrer selbstständigen beruflichen Tätigkeit zugeordnet werden kann", § 13 BGB.
- „Unternehmer ist eine natürliche oder juristische Person oder eine rechtsfähige Personengesellschaft, die bei Abschluss eines Rechtsgeschäftes in Ausübung ihrer gewerblichen oder selbstständigen beruflichen Tätigkeit handelt", § 14 BGB.

Bei jeder Norm im BGB, in der der Begriff „Verbraucher" oder „Unternehmer" vorkommt, ist diese Definition des Allgemeinen Teils zugrunde zu legen.

3.1.1.1 Rechtssubjekte und Sachen

Der Allgemeine Teil des BGB enthält schwerpunktmäßig Regelungen zu Rechtssubjekten und Sachen. Die Rechtssubjekte lassen sich in natürliche Personen und juristische Personen einteilen.

3.1.1.1.1 Natürliche Personen

Natürliche Personen sind Menschen. Ihre **Rechtsfähigkeit** beginnt gemäß § 1 BGB mit der Vollendung der Geburt.

 Mit Vollendung der Geburt können natürliche Personen Träger von Rechten und Pflichten sein.

Die Rechtsfähigkeit besteht ohne Rücksicht auf die Herkunft, das Geschlecht oder die Staatsangehörigkeit. Sie kann auch nicht aberkannt werden und endet mit dem Tod. Die Volljährigkeit tritt mit der Vollendung des 18. Lebensjahres ein, siehe § 2 BGB.

3.1.1.1.2 Juristische Personen

Zu den juristischen Personen zählen neben den Vereinen und Stiftungen, die im Allgemeinen Teil des BGB behandelt sind, auch Personen- und Kapitalgesellschaften, zu denen sich Regelungen im Handelsgesetzbuch oder im GmbH- und Aktiengesetz finden. Bei der juristischen Person handelt es sich um einen Zusammenschluss von Personen, Sachen oder Vermögensmassen zu einer Organisation, der die Rechtsordnung Rechtsfähigkeit verliehen hat und die Träger von Rechten und Pflichten sein kann. Unterschieden werden juristische Personen des Privatrechts und des öffentlichen Rechts.

Die bereits genannten juristischen Personen sind alle dem Privatrecht zuzuordnen. Zum öffentlichen Recht gehören hingegen der Bund, die Länder und Gemeinden, die als Gebietskörperschaften bezeichnet werden. Auch Ärzte- oder Rechtsanwaltskammern oder die IHKs sind Körperschaften des öffentlichen Rechts und damit juristische Personen.

3.1.1.1.3 Sachen, Bestandteile und Zubehör

Der zweite Abschnitt im Allgemeinen Teil des BGB ist mit „Sachen und Tiere" betitelt. Es werden neben den Sachen und Tieren auch Begriffe wie „Bestandteile", „Zubehör", „Früchte" definiert. Hier sind besonders die Sachen, Bestandteile und das Zubehör von Bedeutung.

Sachen werden in § 90 BGB folgendermaßen definiert: „Sachen im Sinne des Gesetzes sind nur körperliche Gegenstände." Es handelt sich um Rechtsobjekte, im Gegensatz zu den oben behandelten Rechtssubjekten.

Sachen lassen sich in **bewegliche und unbewegliche Sachen** unterscheiden, wobei man unter unbeweglichen Sachen Grundstücke, also abgegrenzte Teile der

Erdoberfläche, versteht. Zu den unbeweglichen Sachen zählen zudem Grundstücksbestandteile. Regelungen in Bezug auf die unbeweglichen Sachen finden sich vorrangig im „Sachenrecht", dem dritten Buch des BGB, zu dem unter Punkt 3.1.3 ausführliche Erläuterungen folgen.

Sachen lassen sich zudem gemäß §§ 91 und 92 BGB in **vertretbare und verbrauchbare** Sachen unterscheiden. Vertretbare Sachen sind bewegliche Sachen, die im Verkehr im Allgemeinen nach Zahl, Maß oder Gewicht bestimmt werden. Zu dieser gattungsmäßigen Bestimmung zählt beispielsweise auch Geld. Verbrauchbare Sachen sind hingegen bewegliche Sachen, deren bestimmungsmäßiger Gebrauch im Verbrauch oder in der Veräußerung besteht, also etwa Lebensmittel.

In § 93 BGB werden zudem **wesentliche Bestandteile** definiert. Danach sind Bestandteile einer Sache dann wesentlich, wenn sie nicht voneinander getrennt werden können, ohne dass der eine oder der andere zerstört oder in seinem Wesen verändert wird.

Im Gesetz sind nur die wesentlichen Bestandteile definiert, sodass unter die unwesentlichen Bestandteile die Bestandteile fallen, die nicht unter die Definition des § 93 BGB zu fassen sind.

 Beispiele:
- Wesentliche Bestandteile: Karosserie eines Kfz, Fertiggaragen, Einbauküche nach Maß
- Unwesentliche Bestandteile: Motor eines Kfz, wenn er serienmäßig hergestellt ist; Einbaumöbel, wenn sie an anderer Stelle wieder aufgestellt werden können

Von Bedeutung ist im zweiten Abschnitt weiter die Definition von Zubehör. **Zubehör** sind bewegliche Sachen, die nicht Bestandteil der Hauptsache sind, aber dem wirtschaftlichen Zweck der Hauptsache dienen.

 Beispiele: Alarmanlage, Autotelefon, Baumaterial auf einem Grundstück

3.1.1.2 Rechts- und Geschäftsfähigkeit

Unter dem Punkt 3.1.1.1.1 wurde die Rechtsfähigkeit des Menschen gemäß § 1 BGB bereits erörtert. Hiervon ist die **Geschäftsfähigkeit** deutlich zu unterscheiden.

 Die Geschäftsfähigkeit ist eine Form der Handlungsfähigkeit und beinhaltet die Fähigkeit, rechtlich bedeutsame Handlungen vornehmen zu können.

Grundsätzlich sind alle Menschen geschäftsfähig, wobei das Gesetz in den §§ 104 bis 113 Ausnahmen von diesem Grundsatz behandelt, siehe Kapitel 3.1.1.2.3.

3.1.1.2.1 Rechtsgeschäfte

Im bürgerlichen Recht besteht der Grundsatz, dass jeder seine privaten Lebensver-
hältnisse durch die Vornahme von Rechtsgeschäften eigenverantwortlich im Rahmen der Rechtsordnung gestalten kann. Ein Rechtsgeschäft besteht dabei aus einer
oder auch mehreren Willenserklärungen, durch die eine bestimmte, gewollte
Rechtsfolge herbeigeführt wird. Hier sind zudem einseitige, zweiseitige oder auch
mehrseitige Rechtsgeschäfte zu unterscheiden.

Bei einem **einseitigen Rechtsgeschäft** wird eine Rechtsfolge nur durch die Abgabe
einer Willenserklärung herbeigeführt.

Beispiel: Die zulässige, fristgerechte Kündigung einer Mietwohnung, die der Vermieter auch erhält, führt zur Beendigung des Mietverhältnisses. Hier ist nur die Rechts-
handlung des Mieters erheblich; einer Bestätigung oder einer Zustimmung des Vermieters bedarf es hingegen nicht.

Zweiseitige Rechtsgeschäfte entstehen durch die Abgabe von zwei Willenserklärungen. Hierzu gehören alle Verträge. Ein Kaufvertrag über ein Fahrrad entsteht
durch die Abgabe eines Angebots: „Das Fahrrad kostet 250 Euro", und die Annahme
des Angebots: „Das Fahrrad nehme ich."

Mehrseitige Rechtsgeschäfte gibt es hingegen bei Gesellschafterbeschlüssen in
einer Kapital- oder Personengesellschaft etwa zur Erhöhung des Stammkapitals.
Durch den Beschluss werden alle Gesellschafter verpflichtet.

3.1.1.2.2 Willenserklärungen

Die in unserem privaten Rechtssystem so bedeutsamen Rechtsgeschäfte kommen
durch die Abgabe von Willenserklärungen zustande. Willenserklärungen zeichnen sich dadurch aus, dass der dahinterstehende Wille geäußert wird und sie auf
die Herbeiführung einer bestimmten Rechtsfolge gerichtet sind.

Oftmals wird ein Wille durch eine ausdrückliche Erklärung geäußert, so durch
eine mündliche oder schriftliche Erklärung in einem persönlichen Gespräch, in
einem schriftlichen Vertrag oder in einer E-Mail. Der Wille kann aber auch durch
bestimmte Handlungen wie ein Kopfnicken oder das Heben der Hand bei einer
Versteigerung zum Ausdruck gebracht werden. Derjenige, der in einen Bus steigt,
signalisiert auf diese Weise, dass er die Beförderungsbedingungen akzeptiert und
das Beförderungsentgelt bezahlen möchte.

Alle Handlungen müssen von dem Willen getragen sein, eine bestimmte Rechtsfolge herbeizuführen. Bei einer Person, die bewusstlos ist und reflexartig eine Bewegung ausführt, ist dies beispielsweise nicht der Fall.

! Schweigen ist im Zivilrecht grundsätzlich keine Willenserklärung. Unter Kaufleuten
kann es in bestimmten Fällen jedoch Zustimmung bedeuten.

Die Begründung liegt darin, dass durch das Schweigen oftmals keine eindeutige Willensäußerung kundgetan wird. Schweigen kann Zustimmung ebenso wie Ablehnung bedeuten oder jemand hat eine Information gar nicht erhalten und reagiert deshalb nicht darauf.

3.1.1.2.3 Geschäftsfähigkeit/Geschäftsunfähigkeit

Zur Vornahme von Rechtsgeschäften ist die Geschäftsfähigkeit Voraussetzung; diese besteht grundsätzlich mit Vollendung des 18. Lebensjahres uneingeschränkt.

Es gibt im BGB zudem die Begriffe der Geschäftsunfähigkeit bzw. der beschränkten Geschäftsfähigkeit. Gemäß § 104 BGB ist **geschäftsunfähig**, wer nicht das siebente Lebensjahr vollendet hat oder wer seinen Willen infolge einer krankhaften Störung nicht mehr frei bestimmen kann. Dieser Zustand darf nicht nur vorübergehend sein. Die Willenserklärung eines Geschäftsunfähigen ist nichtig und entfaltet keinerlei rechtliche Wirkung. Ausnahme ist die Vornahme von Geschäften des täglichen Lebens, die mit geringen Mitteln bewirkt werden und keine erhebliche Gefahr für die Person und das Vermögen des Geschäftsunfähigen darstellen.

3.1.1.2.4 Beschränkte Geschäftsfähigkeit

Gemäß § 106 BGB ist ein Minderjähriger, der das siebente Lebensjahr vollendet hat, aber noch nicht das 18. Lebensjahr, in der Geschäftsfähigkeit beschränkt. Der Minderjährige bedarf grundsätzlich zur Vornahme von Rechtsgeschäften der Zustimmung seiner gesetzlichen Vertreter, also seiner Eltern oder des Elternteils, der das Sorgerecht hat.

Von diesem Grundsatz gibt es zwei wichtige Ausnahmen. Der Minderjährige kann auch ohne Zustimmung seiner gesetzlichen Vertreter eine Willenserklärung abgeben, wenn er dadurch einen **lediglich rechtlichen Vorteil** erlangt. So ist es vorstellbar, dass ein Minderjähriger durch eine Schenkung keinerlei Verpflichtung eingeht, also nur Vorteile erlangt und diese aus dem Grunde zustimmungsfrei ist.

Eine weitere Möglichkeit bietet der so genannte „**Taschengeldparagraf**" des § 110 BGB, wenn ein Minderjähriger einen Vertrag schließt und die vertragsgemäßen Leistungen aus eigenen Mitteln bewirkt, die ihm von seinen gesetzlichen Vertretern zu diesem Zweck überlassen worden sind.

> **Beispiel:** Ein Minderjähriger hat 150 Euro Taschengeld im Monat und ihm ist die Nutzung freigestellt. Erwirbt er mit dem Geld ein Handy, so ist dies von § 110 BGB gedeckt.

Dies gilt auch, wenn er Geld von den Großeltern bekommt und die gesetzlichen Vertreter mit der Nutzung einverstanden sind.

In den genannten Fällen kann der Jugendliche wirksam Verträge schließen; in allen anderen Fällen hat die Abgabe der Willenserklärung zur Folge, dass der Vertrag schwebend unwirksam ist und die Wirksamkeit des Vertrages von der Zustimmung der gesetzlichen Vertreter abhängig ist.

3.1.1.3   Aufgaben und Lösungshinweise

1. Wann beginnt die Rechtsfähigkeit eines Menschen?

2. Definieren Sie die Begriffe „Verbraucher" und „Unternehmer" unter Angabe der gesetzlichen Vorschrift.

3. Erläutern Sie den Begriff „Sache" und nennen Sie zwei Unterscheidungsformen mit je einem Beispiel. Welche Arten von „Bestandteilen" gibt es?

4. Nennen Sie je ein Beispiel für ein einseitiges, für ein zweiseitiges und für ein mehrseitiges Rechtsgeschäft und erläutert Sie dies.

5. Definieren Sie den Begriff „beschränkte Geschäftsfähigkeit" und nennen Sie die gesetzliche Vorschrift.

6. Nennen Sie zwei Beispiele, wie ein beschränkt Geschäftsfähiger Verträge ohne die Zustimmung seiner gesetzlichen Vertreter schließen kann?

Lösungshinweise

1. Rechtsfähigkeit ist die Fähigkeit, Träger von Rechten und Pflichten zu sein. Sie beginnt mit Vollendung der Geburt, § 1 BGB.

2. Verbraucher ist jede natürliche Person, die ein Rechtsgeschäft zu einem Zweck abschließt, der weder ihrer gewerblichen noch ihrer selbstständigen beruflichen Tätigkeit zugeordnet werden kann, § 13 BGB. Unternehmer ist eine natürliche oder juristische Person oder eine rechtsfähige Personengesellschaft, die bei Abschluss eines Rechtsgeschäftes in Ausübung ihrer gewerblichen oder selbstständigen beruflichen Tätigkeit handelt, § 14 BGB.

3. Sachen sind körperliche Gegenstände, § 90 BGB. Man kann z.B. bewegliche (Auto oder Tasche) und unbewegliche Sachen (Grundstück) unterscheiden.

4. Die Kündigung entfaltet als einseitige empfangsbedürftige Willenserklärung Wirkung, ohne dass es einer weiteren Handlung bedarf. Ein Kaufvertrag kommt durch zwei übereinstimmende Willenserklärungen zustande. Die Vereinsmitglieder beschließen einen Mitgliedsbeitrag. Durch dieses mehrseitige Rechtsgeschäft werden alle Mitglieder verpflichtet.

5. § 106 BGB: Ein Minderjähriger, der das siebente Lebensjahr vollendet hat, ist in der Geschäftsfähigkeit beschränkt.

6. Bei Vorliegen eines lediglich rechtlichen Vorteils oder bei Vorliegen des „Taschengeldparagrafen".

3.1.2   BGB Schuldrecht

Im zweiten Buch (§§ 241 bis 853 BGB) ist das Recht der Schuldverhältnisse geregelt. Hauptaufgabe des Schuldrechts ist es, den rechtsgeschäftlichen Verkehr zu regeln, also die Entstehung, die Durchführung und die Beendigung von Schuldverhältnissen.

3.1.2.1 Grundlagen

Das Recht der Schuldverhältnisse ist geprägt von verschiedenen Regelungen und Grundsätzen, die wieder für alle Schuldverhältnisse, also alle Verträge, gelten.

In den §§ 241 bis 304 BGB werden inhaltliche Anforderungen an das Schuldverhältnis und die Verpflichtung zur Leistung konkretisiert. Hier finden sich etwa Regelungen zur Verzinsung oder zur möglichen Zahlungsart. Weiter sind die Grundregeln aufgestellt, dass die Vertragsparteien Rücksicht auf die Rechtsgüter der anderen Partei nehmen und nach „Treu und Glauben" handeln sollen. Sofern diese Grundsätze verletzt werden, finden sich Regelungen zur Schadensersatzpflicht, zum Schmerzensgeld und auch zum Mitverschulden.

3.1.2.1.1 Schuldverhältnisse

Schuldverhältnisse sind in die großen Gruppen der **vertraglichen** und **gesetzlichen Schuldverhältnisse** einzuteilen. In diesem Kapitel werden ausschließlich vertragliche und vorvertragliche Schuldverhältnisse behandelt, während zu den gesetzlichen Schuldverhältnissen auf Kapitel 3.1.2.5.4. verwiesen wird.

Zustandekommen

Alle Schuldverhältnisse kommen durch übereinstimmende Willenserklärungen zustande und begründen dadurch Rechte und Pflichten für die Vertragsparteien, die sehr unterschiedliche Ausmaße haben können. Sie heißen im Schuldrecht Angebot und Annahme.

Grundsätzlich werden Verträge geschlossen, um sie zu erfüllen, sodass jede Person an die Abgabe eines Angebots gebunden ist, § 145 BGB. Ein Angebot unter Anwesenden kann nur sofort angenommen werden, um Klarheit in Bezug auf den Vertrag zu schaffen, siehe § 147 Abs. 1 BGB. Unter Abwesenden kann das Angebot nur bis zu dem Zeitpunkt angenommen werden, in welchem der Antragende den Eingang der Antwort unter regelmäßigen Umständen erwarten darf, § 147 Abs. 2 BGB.

Vorvertragliche Schuldverhältnisse

In § 311 BGB ist festgelegt, dass durch Vertragsverhandlungen, die Anbahnung eines Vertrages oder ähnliche geschäftliche Kontakte bereits ein Schuldverhältnis mit Pflichten entsteht. Bereits im Vorfeld von Verträgen wird durch vorbereitende Schritte Vertrauen in Anspruch genommen, aufgrund dessen der Vertragspartner ggf. haften soll.

Beispiel: Sobald eine Person ein Geschäft betritt, um dort etwas zu kaufen, also mit dem Willen, einen Kaufvertrag zu schließen, ist darin eine Vertragsanbahnung zu sehen. Rutscht diese Person dann auf einer Bananenschale aus, die ein Mitarbeiter eigentlich schon längst hätte wegräumen sollen, so wird in dem Moment eine Haftung für den Geschäftsinhaber begründet. Diese Haftung ist gesetzlich verankert, obwohl ein Kaufvertrag noch nicht abgeschlossen worden war.

Nichtigkeit

Der Begriff der Nichtigkeit ist bereits bei den Ausführungen zur Geschäftsunfähigkeit genannt worden. Die Nichtigkeit gehört auch in den Zusammenhang des Zustandekommens von Schuldverhältnissen, weil nichtige Willenserklärungen gar keine Rechtswirksamkeit entfalten; Verträge werden dementsprechend so behandelt, als seien sie nie zustande gekommen. Verträge können aufgrund inhaltlicher oder formeller schwerer Mängel keine Rechtswirksamkeit entfalten.

Beispiele: Grundstücksverträge müssen zwingend notariell beurkundet werden. Ist dies nicht der Fall, ist auch dieses Rechtsgeschäft gemäß § 125 BGB nichtig. Rechtsgeschäfte, die gemäß § 134 BGB gegen ein gesetzliches Verbot verstoßen, sind ebenfalls nichtig, so etwa die Absprache zu einem Versicherungsbetrug.

Anfechtung

Auch nach der Abgabe einer wirksamen Willenserklärung kann diese bei Vorliegen bestimmter Gründe angefochten werden. Im Wesentlichen sieht das Gesetz die folgenden Anfechtungsgründe vor:

- den Erklärungsirrtum,
- den Inhaltsirrtum
- sowie die arglistige Täuschung
- und die widerrechtliche Drohung.

Ein **Erklärungsirrtum**, also ein Irrtum in der Erklärungshandlung, liegt vor, wenn sich eine Person verspricht oder verschreibt.

Ein **Inhaltsirrtum** ist dann gegeben, wenn es sich um einen Irrtum über den Erklärungsinhalt handelt.

Beispiel: A möchte den Malermeister Z beauftragen, ruft aber versehentlich den Malermeister X an.

In § 123 BGB sind die Anfechtungsgründe der arglistigen Täuschung und der widerrechtlichen Drohung normiert. Hier handelt es sich um Anfechtungsgründe, weil die Willensbildung des Anfechtenden vom Vertragspartner beeinflusst wurde.

Voraussetzung für die **arglistige Täuschung** ist zunächst die Täuschung selbst, also die Aufrechterhaltung eines Irrtums beim Anfechtenden sowie die Arglist. Diese kann nur bejaht werden, wenn der Vertragspartner den Irrtum kannte.

Beispiel: A verkauft dem B ein Fahrzeug als unfallfrei, obwohl ihm die Tatsache des Unfalls bekannt war.

Bei der **widerrechtlichen Drohung** muss durch die Drohung ein zukünftiges Übel in Aussicht gestellt werden und muss den Anfechtenden in eine Zwangslage versetzen.

Beispiel: Der Autohändler droht einem Kunden Gewalt an, wenn er den Vertrag nicht unterschreibt.

Die Wirkung der Anfechtung ist gemäß § 142 BGB die Nichtigkeit des angefochtenen Rechtsgeschäftes. Wie bei allen anderen Nichtigkeitsgründen wird der angefochtene Vertrag so behandelt, als sei er nie zustande gekommen.

3.1.2.1.2 Vertragsfreiheiten

Im Kapitel 3.1.1.2.1 wurden bereits Ausführungen dazu gemacht, dass jeder Mensch seine Rechtsgeschäfte frei gestalten kann.

! Es bestehen die Vertragsfreiheiten der Form-, Inhalts- und Abschlussfreiheit.

Formfreiheit bedeutet, dass die Art des Vertragsschlusses frei wählbar ist. Verträge können mündlich, schriftlich, elektronisch oder auch durch ein Kopfnicken geschlossen werden, siehe hierzu die Ausführungen unter 3.1.1.2.2 zu den Willenserklärungen.

Von diesem Grundsatz gibt es jedoch Ausnahmen. In einigen Fällen ist die **Schriftform** als Wirksamkeitsvoraussetzung zwingend.

 Beispiel: Die Kündigung im Arbeitsrecht muss zu ihrer Wirksamkeit schriftlich verfasst werden. Die elektronische Form ist ausgeschlossen.

Das Testament muss handschriftlich verfasst und unterschrieben werden oder notariell beurkundet werden. Die notarielle Form bei Grundstückskäufen ist ebenfalls eine Ausnahme von der Formfreiheit.

Die **Inhaltsfreiheit** besagt, dass die Parteien den Vertrag inhaltlich frei bestimmen können. Dies gilt dann nicht, wenn der Vertrag gegen ein gesetzliches Verbot, § 134 BGB, oder gegen die guten Sitten verstößt, § 138 BGB.

 Beispiel: Ein Kreditvertrag, der Wucherzinsen enthält.

Die **Abschlussfreiheit** wird dann durchbrochen, wenn eine Person auf die Leistung des anderen Vertragspartners angewiesen ist, wie etwa bei Versorgungsunternehmen.

3.1.2.1.3 Allgemeine Geschäftsbedingungen

! Allgemeine Geschäftsbedingungen sind alle für eine Vielzahl von Verträgen vorformulierten Vertragsbedingungen, die eine Vertragspartei (Verwender) der anderen Vertragspartei bei Abschluss eines Vertrages stellt.

Allgemeine Geschäftsbedingungen (AGB) finden sich bei vielen Verträgen, so bei vielen Vertragsarten des BGB, im Kauf-, Miet- und Darlehensbereich, aber auch im Arbeitsrecht bei Arbeitsverträgen.

An die Verwendung von allgemeinen Geschäftsbedingungen (AGB) werden sehr hohe Anforderungen gestellt, weil der Verwender meistens ein Geschäftsmann ist, der sich im Rechtsverkehr sehr viel besser auskennt als der andere Vertragsteil, der häufig ein Verbraucher ist. Die Regeln, die für die AGB gelten, dienen dem Verbraucherschutz und sie stellen letztlich eine Einschränkung der Inhaltsfreiheit bei Verträgen dar.

Die AGB werden dann Vertragsinhalt, wenn der Verwender deutlich auf sie hinweist und der anderen Vertragspartei die Möglichkeit gibt, in zumutbarer Weise Kenntnis zu erlangen.

Die **AGB müssen nicht vom Verwender erstellt worden sein**! Oft benutzen Verwender vorgefertigte AGB, so bei Mietverträgen, aber auch bei Arbeitsverträgen.

Wenn AGB gegen Gesetze verstoßen oder durch sie gesetzliche Rechte umgangen werden sollen, führt dies zur **Unwirksamkeit von AGB-Klauseln**. Sie werden dann nicht Vertragsbestandteil. Hier sollen exemplarisch einige Beispiele für unwirksame Klauseln dargestellt werden.

- § 305 c BGB: Überraschende oder mehrdeutige Klauseln werden nicht Vertragsbestandteil

Beispiel: In einer AGB ist bestimmt, dass der Vertrag eine Laufzeit von 20 Jahren ohne Kündigungsmöglichkeit hat.

- § 306 a BGB: Durch Klauseln dürfen keine Verbraucherrechte umgangen werden

Beispiel: Ein Händler darf in den AGB seine gesetzliche Gewährleistungspflicht nicht generell ausschließen.

- In den §§ 308 und 309 BGB sind Einzelbeispiele für AGB-Klauselverbote genannt.
  - § 308 Nr. 1 BGB: Unwirksam ist eine Klausel, in der sich der Verwender eine unangemessen lange oder nicht hinreichend bestimmte Frist für die Annahme oder Ablehnung eines Angebots oder die Erbringung einer Leistung vorbehält. Dies gilt für Verträge aller Art.

Beispiel: Wenn für die Lieferung von Möbeln eine Frist von drei Monaten vorbehalten wird, so ist dies zu lang.

  - § 309 Nr. 1 BGB: Unwirksam ist auch eine Klausel, in der die Erhöhung des Entgelts für Waren oder Dienstleistungen vorgesehen ist, die innerhalb von vier Monaten nach Vertragsschluss oder Lieferung erbracht werden sollen. Vor solch unzulässigen, kurzfristigen Preiserhöhungen soll der Verbraucher geschützt werden.

3.1.2.1.4 Treu und Glauben

Der Grundsatz von Treu und Glauben ist einer der prägendsten Grundsätze im Rechtsleben und hat gemäß § 242 BGB folgenden Inhalt:

> **!** „Der Schuldner hat die Leistung so zu bewirken, wie Treu und Glauben mit Rücksicht auf die Verkehrssitte es erfordern."

Der Grundsatz verpflichtet beide Vertragsparteien, auf die Belange und Interessen des anderen Vertragsteils Rücksicht zu nehmen und ihn nicht zu schädigen, auch wenn in der gesetzlichen Norm nur vom Schuldner die Rede ist.

Dieser Grundsatz findet heute im Allgemeinen in anderen rechtlich konkretisierten Normen seine Ausprägung. Im Laufe der Zeit wurde das BGB, das in seinem Ursprung 1900 geschrieben wurde, sehr häufig verändert und spezialisiert. Die Vorschrift des § 242 BGB findet nur noch in Ausnahmefällen Anwendung, wenn eine andere speziellere Norm nicht greift.

3.1.2.1.5 Verjährung

Das Recht der Verjährung ist in den §§ 194 bis 218 BGB geregelt und besagt, dass man ein Tun oder Unterlassen von einem anderen nur in einer bestimmten Zeitspanne fordern kann. Ist diese Spanne verstrichen, so kann der andere Teil einwenden, dass die Forderung verjährt sei.

Gemäß § 195 BGB beträgt die **regelmäßige Verjährungsfrist** drei Jahre. Oftmals findet sich im Gesetz eine **spezielle Regelung** zur Verjährung, etwa bei Ansprüchen aus Kaufvertrag, Miet- oder Darlehensvertrag. Wenn sich im Gesetz jedoch keine Regelungen finden, so gilt diese regelmäßige Frist. Die längste Verjährungsfrist beträgt 30 Jahre, so etwa bei Ansprüchen, die in einem Urteil festgestellt worden sind. Hier soll der Gläubiger einer Geldforderung so lange Zeit haben, seine Forderung tatsächlich durchzusetzen und die Vermögensverhältnisse des Schuldners zu kontrollieren.

Die regelmäßige Verjährungsfrist beginnt mit dem Schluss des Jahres, in dem der Anspruch entstanden ist oder der Gläubiger Kenntnis von Umständen und Tatsachen erlangt, die einen Anspruch begründen. In allen anderen Fällen beginnen die Verjährungsfristen von einem im Gesetz festgelegten Zeitpunkt an.

> **Beispiel:** A erfährt, dass B ihm ein Fahrzeug verkauft hat, das entgegen der Zusicherung nicht unfallfrei ist. Gemäß § 124 BGB muss die Anfechtung wegen arglistiger Täuschung binnen Jahresfrist erfolgen und die Frist beginnt zu laufen, sobald A Kenntnis von dem Anfechtungsgrund hat.

Im Zusammenhang mit der Verjährung sind die Begriffe „Hemmung" und „Neubeginn" der Verjährung von Bedeutung. Gemäß §§ 203, 204 BGB wird die Verjährung gehemmt, wenn die Parteien über den Anspruch verhandeln oder wenn der Anspruch vom Gläubiger anderweitig, durch Klageerhebung oder Beantragung eines Mahnbescheides oder anderes, verfolgt wird. Die **Hemmung** hat zur Folge, dass der Zeitraum in die Verjährungsfrist nicht eingerechnet wird.

> **Beispiel:** A macht gegen B einen Zahlungsanspruch geltend, wobei die Verjährungsfrist am 31.12.2011 begonnen hat. Bei einer dreijährigen Verjährungsfrist endet die Frist am 31.12.2014. In der Zeit vom 1.6. bis zum 31.8.2012 verhandeln die Parteien. Diese drei Monate werden an die Frist angehängt, sodass die Verjährungsfrist erst am 31.3.2015 endet.

In bestimmten Fällen ist sogar ein **Neubeginn** der Verjährungsfrist möglich, etwa wenn der Schuldner eine Teilzahlung leistet oder in einer anderen Art und Weise mindestens einen Teil der Forderung anerkennt. Dann beginnt die Frist ganz neu zu laufen.

3.1.2.1.6 Gerichtsbarkeit und Gerichtsstand

In Deutschland gibt es verschiedene Arten von Gerichtsbarkeiten. Die Anrufung des richtigen Gerichts ist abhängig von dem Rechtsgebiet, in dem gerichtliche Hilfe in Anspruch genommen werden soll. Bedeutsam ist hier vorrangig die **ordentliche Gerichtsbarkeit**, worunter Zivil-, Straf und **Registergerichte** zu fassen sind.

Bei den **Zivilgerichten** werden Streitigkeiten zwischen Privatpersonen verhandelt und bei den Strafsachen vor den **Strafgerichten** verfolgt der Staat strafrechtlich relevante Handlungen gegenüber Personen. Vor den **Verwaltungsgerichten** werden öffentlich-rechtliche Streitigkeiten behandelt, an denen der Staat und der Bürger, aber auch Behörden untereinander beteiligt sind, so beispielsweise Streitigkeiten über die Zahlung von Arbeitslosengeld. Die **Arbeitsgerichte** befassen sich mit allen Streitigkeiten aus arbeitsrechtlichen Verhältnissen, zwischen Arbeitgeber und Arbeitnehmer oder auch zwischen Arbeitgeber und Betriebsrat.

Die **Sozialgerichte** sind für Streitigkeiten zwischen Bürgern und Sozialversicherungsträgern zuständig. Die Zuständigkeit ist auch für Streitigkeiten von Sozialversicherungsträgern untereinander begründet, wenn etwa ein Versicherungsträger in Vorleistung gegangen ist und von einem anderen Träger eine Leistung zurückfordert. Abschließend sind noch die **Finanzgerichte** aufzuführen, die Angelegenheiten des Steuer- und Abgaberechts entscheiden.

Der Gerichtsstand begründet die **Zuständigkeit** eines Gerichts, bei dem geklagt werden muss. Regelungen hierzu finden sich für die Zivilgerichte in der **Zivilprozessordnung** (ZPO). Wenn nichts anderes vereinbart ist, ist örtlich das Gericht zuständig, an dem der Schuldner seinen Wohnsitz hat oder eine Firma die geschäftliche Niederlassung. Grundsätzlich können die Parteien den Gerichtsstand frei wählen. Hierzu finden sich oft Regelungen z.B. in allgemeinen Geschäftsbedingungen.

Neben dieser örtlichen Zuständigkeit gibt es bei den deutschen Gerichten auch sachliche Zuständigkeiten. Die Zuständigkeit von Gerichten in der ersten Instanz wird grundsätzlich nach dem **Streitwert** zugewiesen; alle Streitigkeiten mit einem

Streitwert über 5.000 Euro werden vor den **Landgerichten** verhandelt. Streitigkeiten mit einem geringeren Streitwert sind den **Amtsgerichten** zugewiesen.

Auch hier gibt es Ausnahmen: So sind alle mietrechtlichen Streitigkeiten vor dem Amtsgericht zu verhandeln, unabhängig von dem Wert der Forderung. Selbst wenn ein Vermieter seinen Mieter auf einen Mietrückstand in Höhe von 6.500 Euro verklagt, ist das Amtsgericht zuständig. Auch die örtliche Zuständigkeit ist hier gesetzlich, in § 29 a Zivilprozessordnung (ZPO), festgelegt. Hier ist das Amtsgericht zuständig, in dessen Bezirk sich die Mietwohnung befindet. Man spricht in dem Fall von einem ausschließlichen Gerichtsstand.

3.1.2.2 Produkthaftung

Das Recht der Produkthaftung ist in einem eigenen Gesetz geregelt, das 1989 in Kraft getreten ist und dem Verbraucher, der durch ein fehlerhaftes Produkt einen Schaden erleidet, recht umfangreiche Ansprüche gewährt.

3.1.2.2.1 Grundlagen

Der Schutzzweck des Gesetzes ist in § 1 Produkthaftungsgesetz (ProdHaftG) normiert: „Wird durch den Fehler eines Produktes jemand getötet oder seine Gesundheit verletzt oder eine Sache beschädigt, so ist der Hersteller verpflichtet, dem Geschädigten den daraus entstandenen Schaden zu ersetzen."

Folgende Voraussetzungen müssen vorliegen, um einen Anspruch aus einer Produkthaftung durchsetzen zu können. Es muss sich um ein **fehlerhaftes Produkt** handeln, wobei Produkt im Sinne dieses Gesetzes jede bewegliche Sache ist, auch wenn sie nur einen Teil einer anderen beweglichen oder unbeweglichen Sache bildet (beispielsweise brennt der Motor eines Autos), § 2 ProdHaftG. Das Produkt ist fehlerhaft, wenn es nicht den Sicherheitserwartungen entspricht, die es der Darbietung nach haben müsste oder die nach dem Gebrauch billigerweise erwartet werden können, § 3 ProdHaftG.

Der Anspruch richtet sich gegen den **Hersteller**. Hersteller im Sinne dieses Gesetzes ist gemäß § 4 ProdHaftG derjenige, der das Endprodukt, einen Grundstoff oder ein Teilprodukt hergestellt hat. Als Hersteller gilt auch derjenige, der das Produkt zum Zwecke des Verkaufs oder in einer anderen Form des Vertriebs mit wirtschaftlichem Zweck in den Geltungsbereich der EU bringt. Abschließend muss ein Schaden in Form einer Verletzung, einer Tötung oder einer Sachbeschädigung vorliegen.

3.1.2.2.2 Besonderheiten der Produkthaftung

Bei der Produkthaftung handelt es sich um eine reine **Gefährdungshaftung**, die **verschuldensunabhängig** ist. Selbst wenn den Hersteller kein Verschulden trifft, kann seine Haftung aus der Produkthaftung gegeben sein. Hier besteht einer der wesentlichsten Unterschiede zur Deliktshaftung. Hier ist ein Verschulden als Voraussetzung zur Haftung erforderlich. Siehe hierzu unten Kapitel 3.1.2.5.4 zur „unerlaubten Handlung".

Im ProdHaftG gibt es aber auch Haftungsausschlüsse. Der Hersteller haftet dann nicht, wenn er das Produkt nicht in den Verkehr gebracht hat, weil es ihm beispielsweise entwendet wurde. Es besteht zudem keine Haftung für Produkte, die gar nicht für den Handel bestimmt sind, die zum Beispiel nur Forschungszwecken dienen. Die Ersatzpflicht im Falle eines Personenschadens ist auf 85 Millionen Euro begrenzt. Bei der Sachbeschädigung hat der Geschädigte eine Selbstbeteiligung von 500 Euro zu tragen.

3.1.2.3 Kaufvertrag

Das Rechtsgebiet des Kaufvertrages ist das „Kernstück" der Ausbildung zum Fachwirt. Dieses Rechtsgebiet soll der Fachwirt nach dem Rahmenlehrplan für die Ausbildung beherrschen.

3.1.2.3.1 Hauptpflichten der Vertragsparteien

Die vertragstypischen Pflichten dieses gegenseitigen Vertrages sind für die Parteien in § 433 BGB aufgeführt. Die Vorschrift lautet: „Durch den Kaufvertrag wird der Verkäufer einer Sache verpflichtet, dem Käufer die Sache zu übergeben und das Eigentum an der Sache zu verschaffen. Der Verkäufer hat dem Käufer die Sache frei von Sach- und Rechtsmängeln zu verschaffen. Der Käufer ist verpflichtet, dem Verkäufer den vereinbarten Kaufpreis zu zahlen und die gekaufte Sache abzunehmen."

Der Verkäufer hat die Sache **mangelfrei** zu übergeben und dem Käufer das **Eigentum** daran zu **verschaffen**. Diesbezüglich ist er der Schuldner dieser Leistung und der Käufer der Gläubiger. Der Verkäufer hat gleichzeitig Anspruch auf **Kaufpreiszahlung** und ist hier der Gläubiger dieser Leistung, während der Käufer in Bezug auf die Zahlung Schuldner ist. Hier zeigt sich deutlich die Gegenseitigkeit des Vertrages und die Abhängigkeit der Leistungen voneinander. Diese Unterscheidung wird im Kapitel „Leistungsstörungen" unter 3.1.2.5.2 noch erheblich.

Kaufverträge können **grundsätzlich formfrei** geschlossen werden. Als Ausnahme ist hier der Grundstückskauf zu nennen, der zu seiner Wirksamkeit der notariellen Beglaubigung gemäß § 128 BGB bedarf.

3.1.2.3.2 Abstraktions-/Trennungsprinzip

Der Kaufvertrag ist, wie alle Verträge des Schuldrechts, ein **Verpflichtungsgeschäft**, denn die Parteien verpflichten sich damit, bestimmte Leistungen zu erbringen.

Damit sind die vertraglichen Pflichten im Sinne des § 433 BGB aber noch nicht erfüllt, da die tatsächliche Übergabe noch nicht vollzogen ist. Es bedarf zusätzlich eines so genannten sachenrechtlichen **Verfügungsgeschäftes**. Die Übergabe und die Verschaffung des Eigentums an einer Sache wird rechtlich als Verfügung bezeichnet. Beim Kaufvertrag liegen also Verpflichtungs- und Verfügungsgeschäfte vor, die unabhängig voneinander Bestand haben können und deshalb ggf. getrennt zu betrachten sind.

3.1.2.3.3 Sachmangelhaftung

Die Hauptpflicht des Verkäufers liegt darin, dem Käufer die Sache rechts- und sach-mangelfrei zu übergeben und ihm das Eigentum zu verschaffen. Ein Rechtsmangel liegt beispielsweise dann vor, wenn ein Dritter ein Recht an der Sache, etwa ein Urheberrecht, ein Patent oder eine Nutzungslizenz hat. Von großer praktischer Bedeutung ist hier jedoch die Sachmangelhaftung.

Voraussetzungen

Der Begriff des Sachmangels ist in § 434 I BGB definiert:

> **!** „Die Sache ist frei von Sachmängeln, wenn sie bei Gefahrübergang die vereinbarte Beschaffenheit hat."

Die Vorschrift ist eine Ausprägung der Vertragsfreiheit, denn entscheidend ist der vereinbarte Vertragsinhalt.

 Beispiel: Wenn der Käufer beim Verkäufer ein grünes Fahrrad bestellt und ein blaues erhält, so ist dies ein Mangel, weil etwas anderes vereinbart war; dies gilt bei solch einer konkreten Absprache auch dann, wenn das Fahrrad ansonsten voll funktionstauglich ist.

Der Verkäufer ist nur verpflichtet, die **Sachmangelfreiheit zum Zeitpunkt des Gefahrübergangs** zu gewährleisten!

Zur Thematik des Gefahrübergangs siehe unten Kapitel 3.1.2.5.2 „Leistungsstörungen". In vielen Fällen ist die Beschaffenheit der Sache im Vertrag nicht näher konkretisiert. Für diese Fälle ist nach § 434 BGB eine Sache mangelhaft, wenn …

1. … sie sich für die nach dem Gesetz vorausgesetzte Verwendung nicht eignet.

Beispiel: Ein Auto hat einen Motorschaden und ist deshalb nicht fahrbereit.

2. … sie sich nicht für die gewöhnliche Verwendung eignet und keine Beschaffenheit aufweist, die bei Sachen der gleichen Art üblich ist und die der Käufer nach der Art der Sache zu erwarten hat.

Beispiel: Ein als Küchentisch bestellter Tisch lässt sich nur als Couchtisch verwenden.

3. … die vereinbarte Montage durch den Verkäufer oder dessen Erfüllungsgehilfen unsachgemäß durchgeführt worden ist.

Beispiel: Der in einem Möbelhaus gekaufte Schrank wird auch von diesem aufgebaut und dabei beschädigt.

4. ... die Montageanleitung mangelhaft ist; es sei denn, die Sache ist fehlerfrei montiert worden.

Beispiel: Die Montageanleitung ist unverständlich, der Käufer eines Schrankes hat aber so viel technischen Sachverstand, dass er den Schrank dennoch montieren kann.

5. ... eine andere Sache oder eine zu geringe Menge geliefert wird

Beispiel: Statt sieben Kisten mit Büchern werden nur sechs Kisten geliefert.

Rechtsfolgen

Bei einem Sachmangel hat der Käufer zunächst das Recht auf **Nacherfüllung**, wobei er gemäß § 439 BGB nach seiner Wahl die Beseitigung des Mangels oder die Lieferung einer mangelfreien Sache verlangen kann.

! Der Käufer hat das Wahlrecht in Bezug auf die Art der Nacherfüllung.

Der Verkäufer kann die vom Käufer gewählte Form der Nacherfüllung jedoch verweigern, wenn sie für ihn mit unverhältnismäßig hohen Kosten verbunden ist.

Beispiel: Das gekaufte Fahrrad hat eine defekte Kette. Der Käufer wünscht die Reparatur, die 500 Euro kostet. Der Verkäufer kann den Käufer hier auf die Lieferung eines neuen Fahrrades verweisen.

Der Verkäufer hat die zum Zwecke der Nacherfüllung erforderlichen Aufwendungen, insbesondere Transport-, Wege-, Arbeits- und Materialkosten zu tragen. Grundsätzlich muss der Käufer immer **zuerst** die **Nacherfüllung** geltend machen, um dem Verkäufer die Möglichkeit zu geben, die vertraglichen Pflichten in Bezug auf eine mangelfreie Sache zu erfüllen. Dazu ist dem Verkäufer eine **angemessene Frist** zu setzen.

Die Fristsetzung ist nur ausnahmsweise entbehrlich, wenn der Verkäufer die Nacherfüllung ablehnt oder die dem Käufer zustehende Art der Nacherfüllung fehlgeschlagen oder unzumutbar ist, wobei der Verkäufer die Nacherfüllung zweimal versuchen kann, § 440 BGB. Wenn der Verkäufer beispielsweise einen Mangel bestreitet und nicht nachbessern will, ist eine Fristsetzung durch den Käufer überflüssig.

! Grundsätzlich ist die Fristsetzung im Recht der Sachmangelhaftung unabdingbar, um weitergehende Rechte geltend zu machen.

Wenn die Nacherfüllung gescheitert ist, kann der Käufer den Kaufpreis mindern oder vom Vertrag zurücktreten, siehe §§ 437, 440, 323 und 326 Abs. 5 BGB.

Ein **Rücktritt** als letztes Mittel kann nur dann ausgesprochen werden, wenn es sich um einen schwer wiegenden Mangel handelt, denn im Falle eines Rücktritts wird der eigentlich geschlossene Kaufvertrag beendet. Die gegenseitigen Leistungsverpflichtungen erlöschen und es entsteht ein so genanntes **Rückgewährschuldverhältnis**, denn die empfangenen Leistungen (Geld und Ware) müssen wieder zurückgetauscht werden. Wenn der Rücktritt durchgeführt wird, kann auch kein Recht auf Minderung mehr geltend gemacht werden.

! Der Käufer kann entweder Rücktritt oder Minderung des Kaufpreises verlangen.

Bei dem Rücktritt handelt es sich um ein gesetzlich zugesichertes Rücktrittsrecht für den Fall der Sachmangelhaftung. Die Wirkungen sind in § 346 BGB beschrieben, wobei entscheidend ist, dass unter bestimmten Umständen der Käufer nicht den gesamten Kaufpreis erstattet bekommt, sondern ein Wertersatz in Ansatz zu bringen ist.

Beispiel: Wenn der Käufer des Fahrrades ein Recht auf Rücktritt hat, weil etwa die Gangschaltung einen schweren Fehler hat, so muss er das Fahrrad gegen das gezahlte Geld herausgeben. Wenn er es über das „normale" Maß gebraucht hat, ist ggf. ein Wertersatz für diese Nutzung in Ansatz zu bringen.

Der **bestimmungsgemäße Gebrauch** führt nicht zu einer Verringerung der Ansprüche des Käufers. Statt des Rücktritts kann der Käufer auch gemäß § 441 BGB mindern. Hier berechtigt bereits ein unerheblicher Mangel zur Kaufpreisminderung. Dabei richtet sich die Minderung nach dem Verhältnis der Sache zum Zeitpunkt des Vertragsschlusses mit und ohne Mangel.

Beispiel: Das mangelhafte Fahrrad hat 250 Euro gekostet. Es ist aufgrund des Mangels (fehlende Gangschaltung) jedoch nur 150 Euro wert. Die Minderung kann dementsprechend 100 Euro betragen.

Oftmals kann der Mangel natürlich nicht so exakt eingeschätzt werden, sodass dann gemäß § 441 Abs. 3 Satz 2 BGB eine Schätzung vorgenommen werden muss.

Schadensersatz

Neben den genannten Rechten kann der Käufer gemäß § 437 BGB ggf. auch einen Schadensersatzanspruch nach den §§ 280, 281 oder 283 BGB haben. Auch ein

Anspruch auf Ersatz vergeblicher Aufwendungen nach § 284 BGB kommt in Betracht.

Der Schadensersatz wegen **vertraglicher Pflichtverletzung** setzt gemäß § 280 BGB ein Vertretenmüssen bzw. ein Verschulden voraus. Hier kommen Fahrlässigkeit und Vorsatz in Betracht. (Dies wird detailliert unter 3.1.2.5.3 behandelt.)

Beispiel für einen Schadensersatzanspruch: Der Käufer des Fahrrades stürzt mit dem Rad, weil die Kette defekt ist. Dabei entsteht in der Hose ein großer Riss. Der Verkäufer ist ein Händler und hätte die Kette prüfen müssen, was er unterließ. Es liegt eine schuldhafte Pflichtverletzung durch den Verkäufer in Form eines Unterlassens vor. Der Käufer kann neben den Rechten auf Nacherfüllung (Reparatur der Kette) auch einen Schadensersatz für die kaputte Hose geltend machen.
Beispiel für vergebliche Aufwendungen: Der Käufer hatte für ein spezielles Fahrrad, das er aber dann wegen eines schweren Mangels zurückgegeben hat, bereits einen nur dazu passenden Fahrradständer gekauft.

Ausschluss der Sachmangelhaftung

In Einzelfällen können die Ansprüche aus der Sachmangelhaftung ausgeschlossen sein. Folgende **Ausschlussgründe** kommen in Betracht:

1. Der Käufer kannte den Mangel bei Vertragsschluss, § 442 Abs. 1 Satz 1 BGB.

Beispiel: Der Verkäufer verkauft ein Fahrrad mit einem Zwölfganggetriebe; das Fahrrad hat aber sichtbar nur sechs Gänge, was der Käufer auch wahrgenommen hat.

2. Der Käufer kannte den Mangel infolge grober Fahrlässigkeit nicht. In diesem Fall kann der Käufer eine Sachmangelhaftung nur geltend machen, wenn der Verkäufer ihm den Mangel arglistig verschwiegen hat oder eine Beschaffenheitsgarantie übernommen hat.

Beispiel: Der Käufer kauft ein Auto und sieht, dass es Beschädigungen gibt, prüft diese aber nicht nach. Später stellt sich ein massiver Unfallschaden heraus, den der Käufer hätte kennen können.

Nur wenn ein arglistiges Verschweigen bejaht werden kann, ist ein Gewährleistungsanspruch gegen den Verkäufer möglich.

Verjährung der Sachmangelansprüche

Die Ansprüche verjähren im Allgemeinen in zwei Jahren. Hier gibt es also eine Abweichung von der regelmäßigen Verjährungsfrist von drei Jahren gemäß § 195 BGB. Bei Mängeln an Bauwerken gibt es eine Verjährungsfrist von fünf Jahren.

3.1.2.3.4 Verbrauchsgüterkauf

Für den Verbrauchsgüterkauf sieht das BGB in den §§ 474 bis 479 ganz besondere Regelungen vor.

> **!** Ein Verbrauchsgüterkauf liegt begrifflich nur dann vor, wenn eine Vertragspartei Verbraucher und die andere Partei Unternehmer ist.

Sind zwei Privatpersonen oder zwei Unternehmer beteiligt, so liegt ein „normaler" Kaufvertrag vor; die Sonderregelungen des Verbrauchsgüterkaufs kommen nicht zum Tragen.

Vertragsparteien: Verbraucher und Unternehmer

Die Begriffe „Verbraucher" und „Unternehmer" wurden bereits im Kapitel 3.1.1 erwähnt und definiert. Der Verbrauchsgüterkauf zeichnet sich durch einige Besonderheiten aus, wobei die **Beweislastumkehr** besonders hervorzuheben ist. In § 476 BGB heißt es: „Zeigt sich innerhalb von sechs Monaten seit Gefahrübergang ein Sachmangel, so wird vermutet, dass die Sache bereits bei Gefahrübergang mangelhaft war, es sei denn, diese Vermutung ist mit der Art der Sache oder des Mangels unvereinbar."

> **Beispiel:** Geht an dem Fahrrad nach vier Monaten ein Reifen kaputt, so wird grundsätzlich vermutet, dass er auch schon zum Zeitpunkt des Kaufs beschädigt war, die Beschädigung zumindest angelegt war.

Der Zeitpunkt des Gefahrübergangs ist der für die Gewährleistung maßgebliche Zeitpunkt. Kann der Verkäufer jedoch beweisen, dass die Beschädigung durch einen unsachgemäßen Gebrauch entstanden ist, so kann er die genannte Vermutung widerlegen.

Rückgriff des Unternehmers

Für den Fall, dass der Unternehmer die verkaufte neu hergestellte Sache als Folge der Mangelhaftigkeit zurücknehmen muss oder der Käufer den Kaufpreis mindert, kann der Unternehmer bei seinem Lieferanten Rückgriff nehmen. Der Unternehmer hat hier die gleichen Rechte wie ein Verbraucher, denn der Einzelhandel soll nicht das volle Risiko des Verbrauchsgüterkaufs tragen.

Der Unternehmer braucht dem Lieferanten jedoch keine Frist zu setzen; dadurch soll ihm die Durchsetzung von Ansprüchen gegen den Lieferanten erleichtert werden.

3.1.2.3.5 Garantie

In § 443 BGB ist eine Beschaffenheits- und Haltbarkeitsgarantie normiert. „Übernimmt der Verkäufer oder ein Dritter eine Garantie für die Beschaffenheit der Sache oder dafür, dass die Sache für eine bestimmte Dauer eine bestimmte Beschaffenheit behält (Haltbarkeitsgarantie), so stehen dem Käufer im Garantiefall unbeschadet der gesetzlichen Ansprüche die Rechte aus der Garantie zu den in der Garantieerklärung und der einschlägigen Werbung angegebenen Bedingungen gegenüber demjenigen zu, der die Garantie eingeräumt hat.

Soweit eine Haltbarkeitsgarantie übernommen worden ist, wird vermutet, dass ein während ihrer Geltungsdauer auftretender Sachmangel die Rechte aus der Garantie begründet."

 Die Garantie ist von der Sachmangelhaftung (also der Gewährleistung) zu unterscheiden. Garantie und Sachmangelansprüche können nebeneinander bestehen.

3.1.2.3.6 Vorkaufsrecht

In den §§ 463 bis 473 BGB ist das Vorkaufsrecht geregelt. Inhaltlich stellt dieses Recht die Befugnis dar, einen Gegenstand durch einen Kauf zu erwerben, wenn der so genannte „Vorkaufsverpflichtete", der Verkäufer, den Gegenstand an einen Dritten veräußert.

Voraussetzung zur Ausübung des Rechts ist also ein wirksamer Kaufvertrag. Gemäß § 464 BGB kann dann der Vorkaufsberechtigte das Vorkaufsrecht gegenüber dem Verkäufer ausüben und tritt in den Kaufvertrag ein und es kommt nun zwischen ihm, dem Berechtigten, und dem Verkäufer der Vertrag unter den gleichen Bestimmungen zustande, wie er zwischen dem Verkäufer und dem Dritten vereinbart war.

3.1.2.4 Weitere Vertragsarten

Neben dem Kaufvertrag sind im BGB weitere Vertragsarten geregelt. In dem nun folgenden Kapitel sollen der Miet- und Pachtvertrag, der Darlehensvertrag, der Dienstvertrag, der Werkvertrag, der Ratenkauf und der Leasingvertrag in ihren Grundzügen behandelt werden. Neben den jeweiligen vertraglichen Hauptpflichten werden praxisrelevante Details und Besonderheiten hervorgehoben.

3.1.2.4.1 Miet- und Pachtvertrag

Miet- und Pachtverträge ähneln sich in ihren Grundzügen so stark, dass sie gemeinsam behandelt werden können. Es handelt sich in beiden Fällen um die **entgeltliche Gebrauchsüberlassung, die auf eine längere Zeit ausgerichtet ist**.

Der Mietvertrag ist ein **Dauerschuldverhältnis** und kann grundsätzlich formlos geschlossen werden, bedarf also zur Wirksamkeit nicht der Schriftform. Hier gibt es jedoch eine Besonderheit, die anzusprechen ist. In § 550 BGB ist vorgesehen, dass ein Mietvertrag, der für längere Zeit als ein Jahr nicht in schriftlicher Form geschlossen ist, für unbestimmte Zeit gilt. Das bedeutet also nicht, dass ein mündlicher Vertrag unwirksam ist.

Der Inhalt und die **Hauptleistungspflichten des Mietvertrages** sind in § 535 BGB geregelt und besagen, dass der Vermieter dem Mieter den Gebrauch der Mietsache in einem zum vertragsgemäßen Gebrauch geeigneten Zustand während der Mietzeit zu überlassen hat und der Mieter die vereinbarte Miete zu entrichten hat. Den Vermieter trifft also eine Pflicht zur **Gebrauchsgewährung** und zur **Instandhaltung**.

Gemäß § 536 BGB hat der Mieter ein Recht auf **Mietminderung**, wenn die Mietsache zur Zeit der Überlassung einen Mangel hat, der die vertragsgemäße Nutzung beeinträchtigt, oder ein solcher Mangel während der Mietzeit auftritt. Hier findet sich also ein speziell geregeltes Recht für den Mieter im Falle der Sach- und Rechtsmangelhaftung des Vermieters.

Der Mieter muss dem Vermieter den Mangel unverzüglich anzeigen und ihm eine Frist zur Abhilfe setzen, § 536 c BGB. Genauso wie im Kaufrecht muss der Vermieter schnellstmöglich Kenntnis von dem Mangel bekommen, der schließlich auch sein Eigentum beeinträchtigen und verschlechtern kann, und er muss die Möglichkeit erhalten, seine vertraglichen Pflichten zu erfüllen. Wenn der Mieter den Mangel nicht unverzüglich, also ohne schuldhafte Verzögerung anzeigt, macht er sich dem Vermieter gegenüber sogar ggf. schadensersatzpflichtig und verliert ggf. sogar seinen Anspruch auf Mietminderung.

Der **Mieter** ist zur **Zahlung der vereinbarten Miete** verpflichtet. Die Miete ist am Ende der Mietzeit oder zu den vereinbarten wiederkehrenden Zeitabständen zu entrichten. Wenn der Mieter mit der Zahlung an zwei aufeinanderfolgenden Terminen in Verzug kommt, kann dem Vermieter ein Recht auf außerordentliche Kündigung nach § 543 BGB zustehen.

Zur Sicherung seiner Forderungen aus dem Mietverhältnis hat der Vermieter gemäß § 562 BGB an den eingebrachten Sachen des Mieters ein **Vermieterpfandrecht**. Hier handelt es sich um ein Sicherungsrecht des Vermieters an Sachen, die im Eigentum des Mieters stehen. Wenn der Mieter auszieht, kann der Vermieter diese Dinge in Besitz nehmen, sie ggf. verkaufen und aus dem Erlös seine offenen Forderungen befriedigen. Als weitere Mietsicherheit ist hier die **Mietkaution** zu nennen, die gemäß § 551 BGB das Dreifache der Miete nicht übersteigen darf und, wenn sie in Geld geleistet ist, vom Vermieter getrennt von seinem Vermögen bei einem Kreditinstitut zum üblichen Zinssatz anzulegen ist.

Die Beendigung des Mietverhältnisses verpflichtet den Mieter zur Rückgabe der Mietsache. Er muss sie in dem vertragsgemäßen Zustand übergeben.

! Die Kündigung des Mietverhältnisses bedarf zu ihrer Wirksamkeit der schriftlichen Form, § 568 BGB.

Die Kündigung durch den Vermieter ist gesetzlich nur dann vorgesehen, wenn er ein berechtigtes Interesse an der Beendigung hat, § 573 BGB.

Beispiel: Der Vermieter kündigt, weil er die Räume für seinen Sohn benötigt, der tatsächlich in die Wohnung einzieht.

Eine Kündigung aus außerordentlichem Grund ist für jede Partei jederzeit möglich und zulässig, wenn sich eine Partei so vertragswidrig verhält, dass eine Fortsetzung des Mietverhältnisses nicht zumutbar ist, § 543 BGB.

Beim **Pachtvertrag** bestehen für die Vertragsparteien (Pächter und Verpächter) gemäß §§ 581 ff BGB die gleichen Pflichten wie auch beim Mietvertrag. Die vertragstypischen Pflichten des Verpächters sind jedoch weitreichender, denn er muss dem Pächter auch den Genuss der Früchte, soweit sie nach den Regeln einer ordnungsgemäßen Wirtschaft als Ertrag anzusehen sind, für die Dauer der Pachtzeit überlassen. Ein Hauptanwendungsgebiet des Pachtvertrages ist beispielsweise die Landwirtschaft. Dem Pächter ist gestattet, Früchte von Feldern oder Obstbäumen etc. zu ernten.

3.1.2.4.2 Darlehensvertrag

Die Darlehensverträge sind im BGB in zwei Kapitel unterteilt; in den §§ 488 bis 490 BGB finden sich Regelungen zum allgemeinen Darlehensvertragsrecht und in den §§ 491 bis 505 findet sich das Verbraucherdarlehen. Diese Aufteilung erinnert sehr an die Aufteilung im Kaufrecht, wo es auch allgemeine Regelungen zum Kaufrecht gibt und Besonderheiten zum Verbrauchsgüterkauf. Zudem zeigt sich, dass Verbraucherschutzvorschriften auch in das Darlehensrecht aufgenommen worden sind.

Beim Darlehen handelt sich um einen **gegenseitigen Vertrag**, bei dem der Darlehensgeber dem Darlehensnehmer einen Geldbetrag zur Verfügung stellt und der Darlehensnehmer dafür Zins und Rückerstattung schuldet, siehe § 488 BGB. Genauso wie bei der Miete handelt es sich um ein **Dauerschuldverhältnis**. Die ordentlichen **Kündigungsmöglichkeiten** des Darlehensnehmers hängen davon ab, ob eine Zinsbindung oder ein variabler Zinssatz vereinbart ist.

Gemäß § 489 BGB ist eine **Kündigung** unter den nachfolgenden Bedingungen möglich:

- Wenn der Darlehensvertrag einen gebundenen Sollzins hat, ist die Kündigung mit einer Frist von einem Monat möglich, wenn diese Zinsbindungsfrist ausläuft und keine neue Vereinbarung über den Sollzinssatz getroffen ist, § 489 Abs. 1 Nr. 1 BGB.
- Sofern im Darlehensvertrag ein variabler Zinssatz vereinbart ist, kann der Darlehensnehmer jederzeit mit einer Frist von drei Monaten kündigen.

Das Recht der **außerordentlichen Kündigung** durch den Darlehensnehmer und auch durch den Darlehensgeber ist in § 490 BGB geregelt, wonach der **Darlehensgeber** nur außerordentlich kündigen darf, wenn

- sich die Vermögensverhältnisse des Darlehensgebers tatsächlich verschlechtern oder die Verschlechterung droht oder
- wenn die für das Darlehen gestellte Sicherheit sich verschlechtert oder hier eine Verschlechterung droht.

Der **Darlehensnehmer** kann außerordentlich kündigen, wenn der Sollzins gebunden ist und das Darlehen durch ein Grundpfandrecht gesichert ist und sein berechtigtes Interesse dies gebietet. Unter einem Grundpfandrecht ist dabei beispielsweise eine Hypothek oder eine Grundschuld zu verstehen. Ein berechtigtes Interesse liegt vor, wenn der Darlehensnehmer ein Interesse an der vorzeitigen Verwertung des Grundstückes hat, etwa aus Gründen der Scheidung, der Arbeitslosigkeit etc. In dem letztgenannten Fall hat der Darlehensnehmer dem Darlehensgeber den Schaden in Form der Vorfälligkeitsentschädigung zu ersetzen, der ihm durch die vorzeitige Kündigung des Darlehens entsteht.

Besonderheiten bestehen in Bezug auf den **Verbraucherdarlehensvertrag**, § 491 BGB. Begrifflich liegt er vor, wenn ein Unternehmer (Darlehensgeber) einem Verbraucher (Darlehensnehmer) ein entgeltliches Darlehen gewährt. Die Definitionen der Begriffe Verbraucher und Unternehmer entsprechen abermals den §§ 13, 14 BGB. Der Darlehensgeber hat beim Verbraucherdarlehen umfassende Informationspflichten zu erfüllen.

Bereits vor Vertragsschluss müssen dem Darlehensnehmer alle erforderlichen Informationen über das Unternehmen in Textform zur Verfügung gestellt werden, § 491 a BGB. Der Verbraucher soll über seinen Vertragspartner im Hinblick auf den Unternehmensnamen, Rechtsform, Anschrift, Vertretungsbefugnis etc. umfassend informiert sein.

! Verbraucherdarlehensverträge sind zu ihrer Wirksamkeit grundsätzlich schriftlich abzuschließen.

Zu den Besonderheiten des Verbraucherdarlehens gehört weiter, dass dem Darlehensnehmer gemäß § 495 BGB ein **gesetzlich festgelegtes Widerrufsrecht** zusteht. Dieses Recht gibt es für eine Vielzahl von Verbraucherverträgen und detaillierte Regelungen zur Ausübung und Wirkung des Widerrufsrechts finden sich in § 355 BGB. Es besagt, dass eine auf einen Vertragsschluss gerichtete Willenserklärung ohne Angaben von Gründen innerhalb von einer Frist von 14 Tagen widerrufen werden kann. Durch dieses Schutzrecht soll der Verbraucher die Möglichkeit erhalten, in bestimmten, gesetzlich vorgesehenen Fällen, seine Entscheidung zum Vertragsschluss zu überdenken.

Das Widerrufsrecht spielt bei den „Fernabsatzgeschäften" eine besondere Rolle und wird unter Kapitel 3.1.2.4.6 noch einmal besonders thematisiert.

3.1.2.4.3 Dienstvertrag

Der Dienstvertrag ist in § 611 BGB geregelt. Hauptpflichten der Vertragsparteien sind die folgenden: „Durch den Dienstvertrag wird derjenige, welcher Dienste zusagt, zur Leistung der versprochenen Dienste, der andere Teil zur Gewährung der vereinbarten Vergütung verpflichtet."
Der Dienstvertrag wird eingehender im Kapitel „Arbeitsvertragsrecht" unter Kapitel 3.1.5.1 erläutert, denn der Arbeitsvertrag ist eine Form des Dienstvertrages.

3.1.2.4.4 Werkvertrag

Der Werkvertrag ist ein entgeltlicher, gegenseitiger Vertrag, bei dem die Vertragsparteien **Unternehmer** und **Besteller** heißen. Die vertragstypischen Pflichten sind in § 631 BGB definiert und lauten wie folgt: „Durch den Werkvertrag wird der Unternehmer zur Herstellung des versprochenen Werkes, der Besteller zur Entrichtung der vereinbarten Vergütung verpflichtet."

Der Unternehmer verpflichtet sich also zur Herstellung eines individuellen Werkes und damit zu einem bestimmten Arbeitserfolg.

Beispiel: A beauftragt den Schreiner B, ihm einen Schrank zu bauen.

Oftmals sind andere Vertragsarten dem Werkvertrag recht nahe, wie auch in dem Beispiel mit dem Schrank deutlich wird, weil darin auch ein Kaufvertrag enthalten ist. Der Kaufvertrag ist aber auf die Übereignung des fertigen Gegenstandes gerichtet und nicht schwerpunktmäßig auf die Fertigstellung eines Werkes. Bei diesen Werklieferungsverträgen verweist die Vorschrift des § 651 BGB auf das Kaufrecht, das hier Anwendung findet. Der Unternehmer hat dem Besteller das Werk frei von Sach- und Rechtsmängeln zu verschaffen, § 633 BGB. Das Werk ist gemäß § 633 Abs. 2 BGB frei von Sachmängeln,

1. wenn es sich für die nach dem Vertrag vorausgesetzte, sonst
2. für die gewöhnliche Verwendung eignet und eine Beschaffenheit aufweist, die bei Werken der gleichen Art üblich ist und die der Besteller nach der Art des Werkes erwarten kann.

Einem Sachmangel steht es gleich, wenn der Unternehmer ein anderes als das bestellte Werk oder das Werk in zu geringer Menge herstellt.

Diese Definitionen sind denen des Mangels beim Kaufrecht recht ähnlich und auch die **Rechte des Bestellers** bei Mängeln sind denen im Kaufrecht angenähert. In § 634 BGB ist auch hier in Abstufung zunächst

1. die Nacherfüllung,
2. die Selbstvornahme,
3. der Rücktritt oder die Minderung,
4. Schadensersatz

vorgesehen.

Ein deutlicher Unterschied zum Kaufrecht besteht jedoch in der **Selbstvornahme**, wonach der Besteller nach erfolgloser Fristsetzung zur Mangelbeseitigung den Mangel durch einen Dritten auf Kosten des Unternehmers beseitigen lassen kann. Diese Möglichkeit gibt es im Kaufrecht nicht. Hier zeigt sich jedoch das gleiche Prinzip wie grundsätzlich auch im Kaufrecht und in allen anderen Vertragsarten: Erst soll mithilfe einer Fristsetzung und der Nacherfüllung die Möglichkeit bestehen, dass die vertraglichen Pflichten erfüllt werden.

> **!** Im Werkvertragsrecht hat der Besteller im Falle eines Mangels die Möglichkeit der Selbstvornahme.

Hauptpflicht des Bestellers ist es, den vereinbarten **Werklohn** zu bezahlen. In § 632 BGB ist festgelegt, dass eine Vergütung als stillschweigend vereinbart gilt, wenn die Herstellung des Werkes den Umständen nach nur gegen eine Vergütung zu erwarten ist. Im Geschäftsleben gibt es oft Unklarheiten über die Vergütung bzw. ihre Höhe, wenn der Vertrag, wie so häufig, nicht schriftlich geschlossen ist. Die Vorschrift soll die Abgrenzung zu einem so genannten Gefälligkeitsverhältnis erleichtern.

Wenn der Werkvertrag wirksam geschlossen wurde, kann der Unternehmer seinen Anspruch auf Vergütung geltend machen; der Besteller kann dann nicht mehr argumentieren, er sei von einer unentgeltlichen Leistung ausgegangen. In § 632 Abs. 3 BGB gibt es zudem eine Regelung zum Kostenvoranschlag, wonach dieser im Zweifel nicht zu vergüten ist. Hier besteht der Grundsatz, dass der Unternehmer eine Vergütung für den Kostenvoranschlag nur verlangen kann, wenn er nachweisen kann, dass diese Vergütung vereinbart war, wobei eine branchenübliche Entgeltlichkeit eine Rolle spielen kann. Von einer Vergütung ist auch dann auszugehen, wenn gerade in einem Entwurf die entscheidende kreative Leistung zu sehen ist, wie bei Architekten oder Designern.

Der Besteller ist zur **Abnahme des vertragsgemäßen Werkes** verpflichtet, § 640 BGB, und es wird die **Vergütung** fällig, § 641 BGB. Das Gesetz gesteht dem Unternehmer auch beim Werkvertrag ein **Werkunternehmerpfandrecht** zu, § 647 BGB: „Der Unternehmer hat für seine Forderungen aus dem Vertrag ein Pfandrecht an den von ihm hergestellten oder ausgebesserten beweglichen Sachen des Bestsellers, wenn sie bei der Herstellung oder zum Zweck der Ausbesserung in seinen Besitz gelangt sind."

Hier wird dem Unternehmer ein Ausgleich dafür zugestanden, dass er im Werkvertrag vorleistungspflichtig ist, etwa in Bezug auf Materialien und Werklohn für Mitarbeiter.

Beispiel: A lässt sein Fahrrad in der Werkstatt des B reparieren. Bis zur vollständigen Bezahlung der Reparaturkosten kann B das Fahrrad behalten. Sollte A nicht bezahlen, könnte B das Fahrrad verkaufen und aus dem Erlös die Kosten für die Reparatur decken.

Entscheidend ist, dass das Werkunternehmerpfandrecht nur für bewegliche Sachen besteht. Für unbewegliche Sachen, wie Bauwerke oder Teile eines Bauwerkes, sehen die §§ 648 und 648 a BGB noch eine Sicherungshypothek bzw. eine Bauhandwerkersicherung vor.

3.1.2.4.5 Ratenkauf und Leasing

Den Begriff Ratenkauf kennt das Gesetz nicht Es finden sich jedoch Regelungen, die sich mit **Finanzierungshilfen zwischen einem Verbraucher und einem Unternehmer** befassen. In § 506 BGB geht es um den **Zahlungsaufschub** und sonstige **Finanzierungshilfe** und in § 507 BGB um **Teilzahlungsgeschäfte**. Als Vertragsparteien müssen abermals auf der Seite des Kreditgebers ein **Unternehmer** und auf der Seite des Kreditnehmers ein **Verbraucher** beteiligt sein.

Das gilt für alle hier anzusprechenden Vertragsarten, wobei die Vorschriften auf die Regelungen des Verbraucherdarlehens verweisen, die hier Anwendung finden. Es sind noch einmal die geltenden Besonderheiten aufzuführen. Die Verträge sind schriftlich zu verfassen und dem Verbraucher steht ein gesetzlich eingeräumtes Widerrufsrecht von 14 Tagen nach Vertragsschluss zu.

Ähnlich wie ein Darlehen funktioniert der **Ratenlieferungsvertrag** gemäß § 510 BGB, der hier auch im Zusammenhang mit dem Ratenkauf zu nennen ist. Er liegt vor, wenn zwischen **Verbraucher** und **Unternehmer** vereinbart wurde, dass mehrere zusammengehörend verkaufte Sachen in Teilleistungen geliefert werden oder Sachen gleicher Art regelmäßig geliefert werden oder die Verpflichtung besteht, Sachen wiederkehrend zu beziehen oder zu erwerben. Über den Verweis in § 510 BGB auf den Verbraucherdarlehnsvertrag stehen dem Verbraucher auch hier die gleichen Rechte zu. Auch der **Leasingvertrag** ist eine Form der Finanzierung unter Beteiligung von drei Parteien, dem Leasinggeber, dem Leasingnehmer und dem Lieferanten des Leasinggutes, der oft auch Hersteller ist.

Das Rechtsverhältnis zwischen Leasinggeber und Leasingnehmer ist rechtlich betrachtet eigentlich ein Mietvertrag. Der Leasinggeber verpflichtet sich, dem Leasingnehmer das Leasinggut in einem vertragsgemäßen Zustand zu überlassen, und der Leasingnehmer ist verpflichtet, Leasingraten (und auch Sonderzahlungen) zu leisten und die Sache vertragsgemäß zu nutzen.

3.1.2.4.6   Besondere Vertriebsformen

Zu den so genannten „besonderen Vertriebsformen" gehören das **Haustürgeschäft** und der **Fernabsatzvertrag**. Diese Verträge zeichnen sich dadurch aus, dass sie unter besonderen Umständen zustande kommen und wieder **Verbraucher** und **Unternehmer** beteiligt sind. Auch bei den „besonderen Vertriebsformen" ist der Verbraucher besonders schutzwürdig.

Haustürgeschäft

Das Haustürgeschäft im Sinne des § 312 BGB liegt bei folgenden Voraussetzungen vor: „bei einem Vertrag zwischen einem Unternehmer und einem Verbraucher, der eine entgeltliche Leistung zum Gegenstand hat und zu dessen Abschluss der Verbraucher

1. durch mündliche Verhandlungen an seinem Arbeitsplatz oder im Bereich einer Privatwohnung,
2. anlässlich einer vom Unternehmer oder von einem Dritten zumindest auch im Interesse des Unternehmens durchgeführten Freizeitveranstaltungen oder
3. im Anschluss an ein überraschendes Ansprechen in Verkehrsmitteln oder im Bereich öffentlich zugänglicher Verkehrsflächen

bestimmt worden ist (Haustürgeschäft)."

> **Beispiel zu § 312 Abs. 1 Nr. 1 BGB:** Ein Unternehmer mit einem Partyservice meldet sich bei einem Verbraucher und vereinbart einen Termin in der Privatwohnung des Verbrauchers, um diesen für eine Party zu beraten, und es kommt dann zum Vertragsschluss.
>
> **Beispiel zu § 312 Abs. 1 Nr. 2 BGB:** Ein Verbraucher kauft auf einer „Kaffeefahrt" eine Heizdecke.
>
> **Beispiel zu § 312 Abs. 1 Nr. 3 BGB:** Der Verbraucher wird auf der Straße überraschend angesprochen und es wird ihm ein Zeitungsabonnement verkauft.

In allen Fällen steht dem Verbraucher auch hier ein Widerrufs- bzw. Rückgaberecht nach § 355 BGB innerhalb von 14 Tagen zu. Dem Verbraucher kann anstelle des Widerrufsrechts ein Rückgaberecht nach § 356 BGB eingeräumt werden, wenn er schon eine Ware erhalten hat. Dahinter steht die Überlegung, dass der Verbraucher die Verträge oftmals recht schnell und manchmal auch mit einem gewissen Druck seitens des Unternehmers abschließt. Aus diesem Grund räumt der Gesetzgeber dem Verbraucher bei einem Haustürgeschäft diese Rechte ein.

Das Widerrufs- bzw. Rückgaberecht ist in den folgenden Fällen jedoch ausgeschlossen:
- bei Versicherungsverträgen,
- wenn Vertragsverhandlungen auf Initiative des Verbrauchers erfolgt sind,
- wenn sofort bezahlt wird und ein Wert von 40 Euro nicht überstiegen wird,
- wenn die Willenserklärung des Verbrauchers von einem Notar beurkundet wurde.

Hier verneint das Gesetz das Schutzbedürfnis, weil der Verbraucher seine Entscheidung zum Vertragsschluss eindeutig überdenken konnte. Dies gilt besonders im Falle der Hinzuziehung eines Notars, der objektive Aufklärungspflichten hat.

Fernabsatzverträge – Online-Abschluss

Fernabsatzverträge sind gemäß § 312 b BGB Verträge zwischen einem Verbraucher und einem Unternehmer über die Erbringung von Dienstleistungen (auch Finanzdienstleistungen) oder die Lieferung von Waren, die unter ausschließlicher Verwendung von Fernkommunikationsmitteln zustande kommen. Dazu gehören Briefe, Kataloge, Telefonanrufe, Telekopien, E-Mails sowie Rundfunk und Tele- und Mediendienste. Diese Art des Vertragsschlusses zeichnet sich dadurch aus, dass die Vertragsparteien nicht mehr beide gleichzeitig körperlich anwesend sind. Auch dieser Umstand führt bei dem Fernabsatzvertrag dazu, dass dem Verbraucher ein Widerrufs- bzw. Rückgaberecht zugesprochen ist. Auch dieses ist in bestimmten Fällen ausgeschlossen, weil das besondere Schutzbedürfnis des Verbrauchers fehlt (Beispiele: bei Fernunterricht, bei Versicherungsverträgen, bei Lieferungen von Lebensmitteln oder Gegenständen des täglichen Bedarfs).

Die Regelungen des Fernabsatzvertrages sehen in § 312 c BGB zudem eine Unterrichtspflicht des Unternehmers gegenüber dem Verbraucher nach Artikel 246 §§ 1 und 2 des Einführungsgesetzes des BGB (EGBGB) vor. Dort gibt es folgende Informationspflichten: Der Unternehmer muss über seine Identität informieren, über die Preise und über das Widerrufsrecht.

Verträge im elektronischen Geschäftsverkehr

Sofern Fernabsatzverträge mithilfe von elektronischen Kommunikationsmitteln, mithilfe so genannter Tele- und Mediendiensten abgeschlossen werden, gelten für den Unternehmer noch weiter gehende Informationspflichten.

Beispiele für den elektronischen Geschäftsverkehr: Teleshopping und Tele-banking.

In § 312 g Abs. 1 BGB heißt es: „Bedient sich ein Unternehmer zum Zwecke des Abschlusses eines Vertrages über die Lieferung von Waren oder über die Erbringung von Dienstleistungen eines Tele- oder Mediendienstes (Vertrag im elektronischen Geschäftsverkehr), hat er dem Kunden

1. angemessene, wirksame und zugängliche technische Mittel zur Verfügung zu stellen, mit deren Hilfe der Kunde Eingabefehler vor Abgabe seiner Bestellung erkennen und berichtigen kann (der Kunde soll durch den gesamten Bestellvorgang „geführt" werden und alles soll so übersichtlich sein, dass jeder technische Schritt verstanden werden kann),
2. die in Artikel 246 § 3 des Einführungsgesetzes zum Bürgerlichen Gesetzbuch bestimmten Informationen rechtzeitig vor Abgabe von dessen Bestellung klar und verständlich mitzuteilen,
3. den Zugang von dessen Bestellung unverzüglich auf elektronischem Wege zu bestätigen und
4. die Möglichkeit zu verschaffen, die Vertragsbestimmungen einschließlich der Allgemeinen Geschäftsbedingungen bei Vertragsschluss abzurufen und in wiedergabefähiger Form zu speichern."

Die Pflichten im elektronischen Geschäftsverkehr gelten gegenüber jedem Kunden; es ist gleichgültig, ob dieser Verbraucher oder Unternehmer ist.

3.1.2.5 Leistungsstörungen und Haftung

In jedem Schuldverhältnis können Hindernisse auftreten, die dazu führen, dass die Leistung nicht wie vertraglich vereinbart erbracht wird bzw. nicht erbracht werden kann. Dies ist bei Begründung eines Schuldverhältnisses und auch bei der Abwicklung denkbar. Leistungsstörungen sind in Form des Verzugs der Nichtleistung, der Unmöglichkeit oder der Schlechtleistung denkbar. Zunächst ist zu beurteilen, welche Art von Leistungsstörung vorliegt. Die Frage, wer diese zu vertreten hat, hat dann maßgeblichen Einfluss auf die Rechtsfolge der Haftung in Form beispielsweise eines Schadensersatzanspruches.

3.1.2.5.1 Vertraglicher und gesetzlicher Erfüllungsort der Leistung

Die Frage, ob eine Leistung nicht oder nicht wie geschuldet erbracht worden ist, ist abhängig von dem Vertragsinhalt und der Festlegung zwischen den Parteien, unter welchen Bedingungen sie den Vertrag als erfüllt ansehen. Ein ganz entscheidender Begriff ist in diesem Zusammenhang der **Leistungsort.** Es handelt sich um den Ort, an dem der Schuldner seine Leistung zu erbringen hat. Hierzu ist in § 269 Abs. 1 BGB folgender Grundsatz gesetzlich verankert: „Ist ein Ort für die Leistung weder bestimmt noch aus den Umständen, insbesondere aus der Natur des Schuldverhältnisses, zu entnehmen, so hat die Leistung an dem Orte zu erfolgen, an welchem der Schuldner zur Zeit der Entstehung des Schuldverhältnisses seinen Wohnsitz hatte." Es handelt sich bei der gesetzlichen Regelung um eine **Holschuld.** Zur weiteren Erläuterung wird anhand eines Beispiels erklärt, wer denn Schuldner der Leistung ist.

 Beispiel: A kauft bei B ein Fahrrad. Es ist vereinbart, dass A es bei B abholt.

B ist der Verkäufer und damit **Schuldner der Leistung.** Die Vertragspflicht des B soll dieser an seinem Wohnort erfüllen. Vereinbart ist dementsprechend eine **Holschuld.** A ist als Käufer der **Schuldner der so genannten Gegenleistung**, der Bezahlung des Fahrrades. Es ist aber durchaus möglich, dass die Parteien eine **Bringschuld** vereinbart haben.
Dann ist der Ort der Leistung beim Gläubiger.

 **Beispiel:** A kauft bei B ein Fahrrad und es wird vereinbart, dass B das Fahrrad auch zu A bringt.

Hier soll B seine Leistung erst am Wohnsitz des A erbringen. Als weitere Variante können die Parteien auch eine **Schickschuld** vereinbaren.

 Beispiel: A und B vereinbaren, dass B das Fahrrad an A versendet.

Die Schickschuld zeichnet sich dadurch aus, dass der Schuldner an seinem Wohnort leistet, der Leistungserfolg, also die eigentliche Vertragserfüllung findet aber erst am Wohnort des Gläubigers, hier A, statt. Die vertragsgemäße Leistung des B ist erst dann erfüllt, wenn das Fahrrad bei A angekommen ist.

3.1.2.5.2 Leistungsstörungen

Bezüglich der genannten Leistungsstörungen sollen in den folgenden Abschnitten der Verzug, die Unmöglichkeit und die Nichtleistung thematisiert werden.

Verzug

Verzug ist gegeben, wenn der Schuldner die (noch mögliche) Leistung pflichtwidrig verzögert. Die Leistung ist aber noch nachholbar. In der Vorschrift zum Verzug gemäß § 286 Abs. 1 BGB heißt es: „Leistet der Schuldner auf eine Mahnung des Gläubigers nicht, die nach dem Eintritt der Fälligkeit erfolgt, so kommt er durch die Mahnung in Verzug. Der Mahnung stehen die Erhebung der Klage auf die Leistung sowie die Zustellung eines Mahnbescheides im Mahnverfahren gleich."

Folgende **Voraussetzungen** müssen vorliegen, damit ein **Verzug** vorliegt:

1. **Fälligkeit**

Beispiel: A hat dem B bis zum 31.10. ein Buch geliehen. Er kann es dann nicht schon am 15.10. herausverlangen.

2. **Mahnung oder ein anderer Tatbestand, der den Verzug auslöst**

Nach dem Eintritt der Fälligkeit und der Nichtleistung des Schuldners muss diesem eine Mahnung zugestellt werden. Diese muss bestimmt und eindeutig sein und dem Schuldner verdeutlichen, dass der Gläubiger die Leistung jetzt erwartet.

! Erst durch die Mahnung wird der Verzug ausgelöst.

Die Mahnung ist in einigen Fällen gemäß § 286 Abs. 2 BGB entbehrlich, wenn beispielsweise für die Leistung eine Zeit nach dem Kalender bestimmt ist oder aber der Schuldner die Leistung ernsthaft und endgültig verweigert.

Beispiel: In einem Mietvertrag ist festgelegt, dass die Miete zum dritten jeden Monats auf dem Konto des Vermieters eingegangen sein muss. Hier ist eine Mahnung entbehrlich. Der Mieter erklärt, dass er keine Miete zahlen werde, weil die Wohnung grobe Mängel aufweist, die ihn zur Verweigerung berechtigen. Bei einer **endgültigen und ernsthaften Verweigerung** macht eine Mahnung keinen Sinn. An die Endgültigkeit und die Ernsthaftigkeit sind sehr hohe Anforderungen zu stellen. Es muss deutlich sein, dass der Schuldner diese Meinung nicht mehr ändern wird.

Der Schuldner kommt gemäß § 286 Abs. 3 BGB bei einer Geldleistung spätestens dann in Verzug, wenn er nicht innerhalb von 30 Tagen nach Fälligkeit und Zugang einer Rechnung oder einer adäquaten Zahlungsaufforderung geleistet hat. Dies gilt bei Verbrauchern jedoch nur, wenn dieser in der Rechnung oder in der Zahlungsaufstellung besonders darauf hingewiesen wurde. Der Schuldner muss den **Verzug zu vertreten** haben. Dies ist zum Beispiel dann nicht der Fall, wenn eine vorübergehende schwere Erkrankung des Schuldners vorliegt und dieser deshalb nicht leisten kann. Als **Rechtsfolge des Verzugs** hat der Schuldner dem Gläubiger den Schaden zu ersetzen, der während der Zeit des Verzugs entstanden ist. Dazu gehören zum Beispiel auch die Kosten der Rechtsverfolgung durch einen Anwalt. Des Weiteren kann der Gläubiger vom Schuldner Verzugszinsen gemäß § 288 BGB fordern.

Unmöglichkeit

Bei der **Unmöglichkeit** handelt es sich um eine Form der Leistungsstörung durch eine Nichtleistung. Wenn die Leistung für den Schuldner oder für jedermann unmöglich ist, kann der Gläubiger die Leistung vom Schuldner nicht mehr fordern. Dieser Grundsatz ist in § 275 Abs. 1 BGB normiert. Es wäre unsinnig, dem Gläubiger gegen den Schuldner einen Anspruch einzuräumen, den dieser nicht erfüllen kann.

Beispiel: A hat bei B ein Bild gekauft. In der Nacht, bevor A das Bild abholen will, verbrennt das Bild in einem Lagerraum. B kann dem A das Bild nicht mehr übergeben.

In Bezug auf die Leistungspflicht ist es zunächst unerheblich, ob die Unmöglichkeit bereits bei Vertragsschluss oder später eingetreten ist und auch ob der Schuldner die Unmöglichkeit zu vertreten hat oder nicht. Es ist jedoch darauf hinzuweisen, dass die anfängliche Unmöglichkeit, die schon bei Vertragsschluss vorliegt, nicht dazu führt, dass der Vertrag von Beginn an als nichtig zu betrachten ist, was denkbar wäre. Hier sieht das Gesetz in § 311 a BGB vor, dass es der Wirksamkeit eines Vertrages nicht entgegensteht, wenn das Leistungshindernis schon zum Zeitpunkt des Vertragsschlusses vorhanden war.

Beispiel: A und B schließen am 12.3. einen Vertrag über den Verkauf eines Bildes, das nicht in der Galerie des A steht, sondern in einer auswärtigen Lagerhalle des B. Das Bild war schon in der Nacht vom 11. auf den 12.3. verbrannt, was beide Parteien aber nicht wussten. Obwohl Unmöglichkeit schon vorlag, soll der **Vertrag** dennoch gültig sein.

Die **Rechte des Gläubigers** im Falle der Unmöglichkeit, also auch der anfänglichen, bestimmen sich dann nach den Schadensersatzvorschriften der §§ 280, 283 BGB. Dies ergibt sich aus einem Verweis in § 275 Abs. 4 BGB. Danach kann der Gläubiger vom Schuldner Schadensersatz oder Ersatz vergeblicher Aufwendungen verlangen, wenn der Schuldner die Unmöglichkeit zu vertreten hat. Der Gläubiger hat auch das Recht vom Vertrag zurückzutreten, siehe § 326 Abs. 5 BGB. Mit dem Rücktritt geht einher, dass der Gläubiger auch von seiner Verpflichtung frei wird, die Gegenleistung, etwa die Geldzahlung, zu erbringen.

Nichtleistung

Neben dem Verzug und der Unmöglichkeit ist es denkbar, dass der Schuldner einfach nicht leistet. Auch dies ist eine Leistungsstörung und gleichzeitig eine vertragliche Pflichtverletzung. Die Folgen sind in den §§ 280 ff BGB geregelt und räumen dem Gläubiger einen Schadensersatzanspruch ein, dessen Voraussetzungen im nächsten Kapitel behandelt werden.

3.1.2.5.3 Schadensersatz wegen vertraglicher Pflichtverletzung

In den vorangegangenen Kapiteln zu den Leistungsstörungen, also dem Verzug, der Unmöglichkeit und der Nichtleistung, wurde der Schadensersatz wegen vertraglicher Pflichtverletzung als Rechtsfolge bereits mehrfach angesprochen. Die Norm des § 280 BGB ist bezüglich der Schadensersatzpflicht das Kernstück des Leistungsstörungsrechts, weil bei allen Arten von Leistungsstörungen auf sie verwiesen wird. Die Schadensersatzpflicht ist davon abhängig, dass eine vertragliche Pflichtverletzung begangen wird und aufgrund der Pflichtverletzung ein Schaden eintritt. Hier muss ein unmittelbarer Zusammenhang bestehen. Darüber hinaus muss der Schuldner die Pflichtverletzung zu vertreten haben. Der Schuldner hat gemäß § 276 BGB grundsätzlich Vorsatz und Fahrlässigkeit zu vertreten, wenn sich aus dem Schuldverhältnis selbst nicht eine strengere oder mildere Haftung ergibt.

> **!** Fahrlässig handelt, wer die im Verkehr erforderliche Sorgfalt außer Acht lässt. Vorsatz ist das Wissen und Wollen eines pflichtwidrigen Erfolges.

Eine strengere Haftung kann sich beispielsweise dann ergeben, wenn A dem B zusichert, dass das verkaufte Fahrzeug unfallfrei ist. Selbst wenn A nachweislich keine Kenntnis von einem Unfall hatte und auch nicht haben konnte, so hat er durch die Zusicherung selbst eine Haftungsverschärfung erzeugt, für die er einstehen muss. Eine Haftungsmilderung kann dann gegeben sein, wenn A dem B verdeutlicht, dass er die Blumen des B nur als Gefälligkeit in dessen Urlaub gießen wird. Selbst wenn er fahrlässig das Gießen vergisst, kann er wegen der vereinbarten Haftungsmilderung ggf. nicht in Anspruch genommen werden.

3.1.2.5.4 Unerlaubte Handlung

Neben der Schadensersatzpflicht aus der Verletzung einer vertraglichen Pflicht gibt es im BGB die Schadensersatzpflicht aus „unerlaubter Handlung" gemäß § 823 BGB. Sie wird auch Deliktshaftung genannt.

> **!** Bei der Haftung aus unerlaubter Handlung ist ein vertragliches Schuldverhältnis nicht erforderlich. Es handelt sich um eine gesetzlich begründete Haftung.

Die Vorschrift des § 823 Abs. 1 BGB lautet folgendermaßen: „Wer vorsätzlich oder fahrlässig das Leben, den Körper, die Gesundheit, die Freiheit, das Eigentum oder ein sonstiges Recht eines anderen widerrechtlich verletzt, ist dem anderen zum Ersatz des daraus resultierenden Schadens verpflichtet."

Voraussetzungen der Haftung aus unerlaubter Handlung sind die folgenden: Zunächst muss ein in § 823 Abs. 1 BGB genanntes Rechtsgut verletzt sein und der daraus resultierende Schaden muss vom Schädiger verschuldet worden sein. Die Verletzungshandlung muss entweder vorsätzlich oder fahrlässig begangen worden sein.

Beispiel: A fährt bei Rot über eine Ampel und verursacht in einem Kreuzungsbereich einen Unfall. Das Fahrzeug von B wird infolge des Unfalls beschädigt. Das Überfahren einer roten Ampel ist eine grob fahrlässige Handlung. Dadurch ist das Eigentum des B beschädigt worden. Die erforderlichen Tatbestandsmerkmale der Vorschrift sind also erfüllt.

Durch die Handlung wird zwischen A und B ein **gesetzliches Schuldverhältnis** begründet, das nichts mit einem vertraglichen Schuldverhältnis zu tun hat.

(Anmerkung: Die Begriffe „Rücktritt" und „Widerrufsrecht", die im Rahmenlehrplan beim Kapitel Leistungsstörung und Haftung genannt sind, wurden bereits beim Darlehen, beim Haustürgeschäft und beim Fernabsatz behandelt.)

3.1.2.6 Aufgaben und Lösungshinweise

1. Welche Anfechtungsgründe kennen Sie?

2. Nennen Sie die drei Vertragsfreiheiten und nennen Sie je ein Beispiel für eine Ausnahme.

3. a) Definieren Sie den Begriff „allgemeine Geschäftsbedingungen".
    b) Nennen Sie zwei Rechtsbereiche, wo sie verwendet werden.

4. Welches ist die allgemeine Verjährungsfrist?

5. Welche Form des Verschuldens ist für die Produkthaftung erforderlich?

6. Welches sind die Hauptpflichten der Parteien beim Kaufvertrag?

7. Definieren Sie das Abstraktions-/Trennungsprinzip.

8. Definieren Sie den Begriff „Mangel" und nennen Sie ein Beispiel für einen Mangel.

9. Welche Rechte hat der Käufer im Falle der Sachmangelhaftung? Nennen Sie die gesetzliche Vorschrift.

10. Wann liegt ein Ausschluss der Sachmangelhaftung vor?

11. Welche Besonderheiten bestehen beim Verbrauchsgüterkauf?

12. Grenzen Sie die Garantie von der Sachmangelhaftung (Gewährleistung) ab.

13. Welche Sicherungsrechte gibt es für den Vermieter beim Mietvertrag bzw. für den Unternehmer beim Werkvertrag?

14. Welche Verträge fallen unter die „besonderen Vertriebsformen"?

15. a) Nennen Sie neben dem Verzug zwei Arten von Leistungsstörungen.
    b) Welche Voraussetzungen müssen beim Verzug vorliegen?

16. Nennen Sie die Normen, aus denen sich ein vertraglicher bzw. ein gesetzlicher Anspruch auf Schadensersatz ergibt.

Lösungshinweise

1. Erklärungsirrtum, Inhaltsirrtum sowie die arglistige Täuschung und die widerrechtliche Drohung.

2. Inhalts-, Form- und Abschlussfreiheit. Ausnahme zur Inhaltsfreiheit: Verstoß gegen ein Gesetz. Ausnahme zur Formfreiheit: schriftliche Form der Kündigung im Arbeitsrecht. Ausnahme zur Abschlussfreiheit: Energieversorger.

3. a) „Allgemeine Geschäftsbedingungen sind alle für eine Vielzahl von Verträgen vorformulierte Vertragsbedingungen, die eine Vertragspartei (Verwender) der anderen Vertragspartei bei Abschluss eines Vertrages stellt", § 305 BGB.
   b) Arbeitsrecht und Mietrecht

4. „Die regelmäßige Verjährungsfrist beträgt drei Jahre", § 195 BGB.

5. Die Produkthaftung ist verschuldensunabhängig.

6. „Durch den Kaufvertrag wird der Verkäufer einer Sache verpflichtet, dem Käufer die Sache zu übergeben und das Eigentum an der Sache zu verschaffen. Der Verkäufer hat dem Käufer die Sache frei von Sach- und Rechtsmängeln zu verschaffen. Der Käufer ist verpflichtet, dem Verkäufer den vereinbarten Kaufpreis zu zahlen und die gekaufte Sache abzunehmen", § 433 BGB.

7. Durch den Kaufvertrag verpflichten sich die Parteien, bestimmte Leistungen zu erbringen. Der Vertrag ist das Verpflichtungsgeschäft. Dazu kommt die tatsächliche Übergabe, die noch nicht vollzogen ist. Es bedarf zusätzlich eines so genannten sachenrechtlichen Verfügungsgeschäftes. Die Übergabe und die Verschaffung des Eigentums an einer Sache wird rechtlich als Verfügung bezeichnet. Beim Kaufvertrag liegen also Verpflichtungs- und Verfügungsgeschäfte vor.

8. Eine Sache hat einen Mangel, wenn sie bei Gefahrübergang nicht die zwischen den Parteien vereinbarte Beschaffenheit hat. Beispiel: Statt fünf Kisten Obst werden nur vier geliefert.

9. Gemäß § 437 muss der Käufer zunächst die Nacherfüllung verlangen. Dann ist eine Minderung des Kaufpreises oder ein Rücktritt vom Vertrag möglich. Neben diesen Rechten besteht ggf. ein Schadensersatzanspruch, § 437 BGB.

10. Ein Ausschluss kann gegeben sein, wenn der Käufer den Mangel kannte oder infolge grober Fahrlässigkeit nicht kannte.

11. Der Verbrauchsgüterkauf liegt begrifflich nur vor, wenn Verbraucher und Unternehmer beteiligt sind, und er hat als eine Besonderheit die Beweislastumkehr gemäß § 476 BGB. In den ersten sechs Monaten seit Gefahrübergang wird vermutet, dass ein Sachmangel bei Gefahrübergang vorlag, es sei denn der Verkäufer kann die Vermutung entkräften.

12. Die Garantie ist ein freiwilliges Versprechen des Herstellers oder eines Dritten, die neben der gesetzlichen Gewährleistung steht.

13. Vermieter- bzw. Werkunternehmerpfandrecht

14. Fernabsatzvertrag und Haustürgeschäft

15. a) Unmöglichkeit und Schlechtleistung (oder Nichtleistung)
    b) Die Forderung muss fällig sein. Der Schuldner muss eine Mahnung erhalten haben oder es muss ein sonstiges verzugsauslösendes Element hinzukommen. Der Schuldner muss den Verzug zu vertreten haben.

16. In § 280 BGB ist der Schadensersatzanspruch wegen vertraglicher Pflichtverletzung und in § 823 BGB der gesetzliche Schadensersatzanspruch geregelt.

3.1.3 BGB Sachenrecht

Das Sachenrecht regelt die Schuldverhältnisse der körperlichen Gegenstände, der Sachen. Hier findet sich wiederum eine Anknüpfung an den Allgemeinen Teil des BGB, denn in den §§ 90 ff BGB sind Sachen als körperliche Gegenstände definiert.

Gegenstand des Sachenrechts sind zudem die Rechte von Personen an beweglichen und unbeweglichen Sachen. Die zentralen Begriffe des Sachenrechts sind der Besitz und das Eigentum. Im Gesetz wird zwischen dem Besitz einer Sache und dem Recht an einer Sache, dem Eigentum, unterschieden.

3.1.3.1 Eigentum und Besitz

Unter **Besitz** versteht man die **tatsächliche Herrschaft über eine Sache,** siehe § 854 Abs. 1 BGB. Wer die Sachherrschaft hat, ist also Besitzer, wie beispielsweise der Mieter. Sogar ein Dieb kann Besitzer sein, obwohl der Eigentümer der Sache ihm das Eigentum gar nicht übertragen wollte. Die Erlangung des Besitzes ist daher ein „Realakt" und stellt keine rechtsgeschäftliche Handlung dar. Auf den Willen des Eigentümers kommt es für die Besitzerlangung nicht an. Derjenige, der die unmittelbare Sachherrschaft hat und auch ausübt, ist der **unmittelbare Besitzer.** Wird eine Sache berechtigterweise „auf Zeit" überlassen, so sieht § 868 BGB vor, dass z.B. ein Vermieter im Verhältnis zu seinem Mieter **mittelbarer Besitzer** bleibt. Diese Erläuterung ist wichtig, da dem mittelbaren Besitzer alle Rechte zukommen, die für einen Besitzer gelten. Abschließend ist an dieser Stelle noch der **Besitzdiener** zu nennen, siehe § 855 BGB. Wenn eine Person die tatsächliche Gewalt über eine Sache für einen anderen etwa im Haushalt oder in einem ähnlichen Verhältnis ausübt und weisungsgebunden ist, so ist er Besitzdiener und der andere ist Besitzer. Hier besitzt eine Person für einen anderen und soll daraus keine Recht herleiten können.

Das **Eigentum** an einer Sache zeichnet sich durch die Alleinherrschaft aus. Es ist ein so genanntes **„absolutes" Recht**. In § 903 BGB sind die Befugnisse des Eigentümers wie folgt definiert: „Der Eigentümer einer Sache kann, soweit nicht das Gesetz oder Rechte Dritter entgegenstehen, mit der Sache nach Belieben verfahren und andere von jeder Einwirkung ausschließen. Der Eigentümer eines Tieres hat bei Ausübung seiner Befugnisse die besonderen Vorschriften zum Schutz der Tiere zu beachten." Der Eigentümer hat also das Recht, nach Belieben mit der Sache umzugehen und über sie zu verfügen. Dieses Recht beinhaltet auch den Ausschluss Dritter, die keine Einwirkungsmöglichkeit haben sollen. Beschränkungen des Eigentumsrechts finden sich aber in verschiedenen rechtlichen Normen. Sogar im

Grundgesetz besagt Artikel 14, dass Eigentum auch verpflichtet und sein Gebrauch auch dem Wohl der Allgemeinheit dienen soll.

3.1.3.1.1 Übertragung des Eigentums an beweglichen und unbeweglichen Sachen

Die Übertragung von Eigentum an einer **beweglichen Sache** erfolgt durch eine **Übereignung** gemäß § 929 BGB. Der Wortlaut ist der folgende: „Zur Übertragung des Eigentums an einer beweglichen Sache ist erforderlich, dass der Eigentümer die Sache dem Erwerber übergibt und beide darüber einig sind, dass das Eigentum übergehen soll. Ist der Erwerber im Besitz der Sache, so genügt die Einigung über den Übergang des Eigentums."

Die Übereignung zeichnet sich also durch **Einigung** und die **Übergabe** aus. Die Einigung ist ein Vertrag, in dem sich beide Parteien einig sind, dass das Eigentum übertragen werden soll. Die Übergabe ist dann die tatsächliche Übertragung der Sachherrschaft auf den Erwerber, wodurch dieser auch Besitzer wird. Bei einer Übereignung gibt der Veräußerer alle Rechte aus der Hand. Sofern der Erwerber bereits im Besitz der Sache ist, reicht die Einigung über den Übergang des Eigentums.

Beispiel: A hat B ein Buch geliehen, dass dieser immer noch in Besitz hat. A schenkt es B. Hier ist die tatsächliche Besitzverschaffung bereits vollzogen. Die immer noch erforderliche Einigung ist in der Schenkung zu sehen.

Die Übertragung von beweglichen Sachen kann auch in Form eines so genannten „Besitzkonstitutes" gemäß § 930 BGB erfolgen. Das Besitzkonstitut wird in Kapitel 3.1.3.2.3 eingehend besprochen, da es bei der Sicherungsübereignung eine besondere rechtliche Relevanz hat.

Die Übertragung von **unbeweglichen Sachen**, von Grundstücken oder Gebäuden, ist gemäß § 873 BGB durch **Einigung** und **Eintragung** zu vollziehen. Die Einigung wird rechtlich als „Auflassung" bezeichnet (§ 925 BGB) und die mit der Einigung einhergehende Rechtsänderung der Eigentumsübertragung ist im Grundbuch einzutragen, das bei den Amtsgerichten geführt wird. Erst wenn beide Schritte vollzogen sind, ist die Eigentumsübertragung wirksam vorgenommen.

! Die Auflassung muss vor einem Notar, in einem gerichtlichen Vergleich oder in einem rechtskräftig festgestellten Insolvenzplan erklärt werden.

Sofern eine notarielle Beurkundung gewählt wird, ist auf die Ausnahme von der Formfreiheit hinzuweisen, denn die notarielle Form ist Voraussetzung für die Wirksamkeit des Rechtsgeschäftes. Ein Verstoß hiergegen hätte die Nichtigkeit des Rechtsgeschäftes zur Folge, siehe § 125 BGB.

3.1.3.1.2 Gutgläubiger Erwerb

Grundsätzlich steht nur dem Eigentümer das Recht zu, über seine Sachen zu verfügen. Im Gesetz muss es jedoch auch Regelungen für die Fälle geben, in denen ein „Nichtberechtigter" eine Sache veräußert.

 Beispiel: A hat von B ein Buch geliehen und veräußert es ohne Erlaubnis von A an C, der glaubt, B sei Eigentümer.

Hier stehen zwei widerstreitende Interessen gegenüber, denn der A möchte nicht, dass ohne seinen Willen über sein Eigentum verfügt wird, und C möchte das Buch behalten, da er nicht wusste, dass B zu dem Verkauf nicht berechtigt war. Hierzu gibt es die Vorschrift zum gutgläubigen Erwerb in § 932 BGB. Danach kann C auch von dem nicht berechtigten B erwerben und damit Eigentümer werden, wenn er zum Zeitpunkt der Veräußerung in „gutem Glauben" war. Gutgläubigkeit ist dann gegeben, wenn C nicht wusste, dass die Sache B nicht gehörte und es auch nicht wissen konnte. Wenn C Anhaltspunkte bekannt waren, dass A dem B das Buch nur geliehen hat und es zurückhaben wollte, so ist die Gutgläubigkeit nicht zu bejahen. Das Gesetz schützt die Interessen des gutgläubigen Erwerbers in diesem Fall also stärker.

Wenn die Voraussetzungen vorliegen, verliert A sein Eigentum.

Es gibt jedoch zwei bedeutende Ausnahmen, in denen ein Erwerb selbst bei Gutgläubigkeit nicht möglich ist und damit der eigentliche Eigentümer das Eigentum behält. Gemäß § 935 BGB ist ein gutgläubiger Erwerb nicht bei abhandengekommenen Sachen möglich.

Beispiel: A hat dem B das Buch gestohlen und verkauft es an den C.

Obwohl C gutgläubig ist, wird hier das Recht des Eigentümers stärker geschützt, weil die Sache gegen seinen Willen aus seinem Besitz gelangt ist. C wird hier nicht Eigentümer und A kann von ihm die Herausgabe aus einem Eigentumsrecht gemäß § 985 BGB verlangen. Auch der gutgläubige Erwerb an Geld ist grundsätzlich gemäß § 935 Abs. 2 BGB nicht möglich.

3.1.3.1.3. Eigentumsvorbehalt

Der Eigentumsvorbehalt hat thematisch sowohl im Sachenrecht, aber auch im Kaufrecht Relevanz, denn es ist ein Sicherungsrecht für den Verkäufer und bewirkt, dass nicht sofort Eigentum übergeht. Die Vorschrift zum Eigentumsvorbehalt findet sich in § 449 Abs. 1 BGB und ist somit im Kaufrecht verankert. In § 449 Abs. 1 BGB heißt es: „Hat sich der Verkäufer einer beweglichen Sache das Eigentum bis zur Zahlung des Kaufpreises vorbehalten, so ist im Zweifel anzunehmen, dass das Eigentum unter der aufschiebenden Bedingung vollständiger Zahlung des Kaufpreises übertragen wird (Eigentumsvorbehalt)."

Bei diesem „**einfachen Eigentumsvorbehalt**" wird der Käufer erst mit vollständiger Bezahlung des Kaufpreises Eigentümer der Waren. Besonders Versandhäuser liefern Ware, wenn sie nicht vorab bezahlt ist, nur mit Vereinbarung eines Eigentumsvorbehaltes und bleiben vorerst Eigentümer. Das eröffnet die Möglichkeit, im Falle der Nichtzahlung einen Herausgabeanspruch durchzusetzen. Neben dem einfachen gibt es noch weitere Formen des Eigentumsvorbehaltes, wobei hier nur der „verlängerte" Eigentumsvorbehalt behandelt wird.

Von „**verlängertem**" Eigentumsvorbehalt spricht man, wenn Verkäufer und Käufer die Vereinbarung treffen, dass anstelle des Eigentumsvorbehaltes ein neues Arbeitsprodukt oder die neu entstehende Forderung des Käufers gegenüber einem Dritten tritt. Dem Käufer ist es also gestattet, Sachen weiterzuveräußern, zu verarbeiten oder zu verbinden. Durch die Veräußerung bzw. Verarbeitung erlischt grundsätzlich der Eigentumsvorbehalt, weil entweder ein Dritter Eigentum erwirbt oder durch die Verarbeitung der Käufer Eigentum an der neu entstandenen Sache erwirbt, siehe § 950 BGB. Um den Eigentumsvorbehalt nicht ins Leere laufen zu lassen, wird der Eigentumsvorbehalt auf die Forderung des Käufers gegen einen Dritten oder auf das neu entstandene Produkt „verlängert". Diese Konstellation findet sich oft im Handwerk und soll dem Käufer ermöglichen, weiter mit einer Ware zu arbeiten, und gleichzeitig wird der Verkäufer geschützt.

> **Beispiel:** Der Schreiner A kauft bei dem Großhändler B mehrere Regalböden, um sie an den Kunden C weiterzuveräußern. Wenn hier ein verlängerter Eigentumsvorbehalt vereinbart wird, kann B die Böden an C verkaufen und an die Stelle des Eigentumsvorbehaltes tritt seine Forderung zur Bezahlung an C.
> Der Schreiner A kauft beim Großhändler B die Regalböden, um sie zu einem Schrank zu verarbeiten. Nach dem Gesetz würde A durch die Verarbeitung Eigentümer des Schrankes. Im Falle des verlängerten Eigentumsvorbehaltes würde B nach Verarbeitung der Böden Eigentümer des Schrankes bis zur Bezahlung des vollständigen Kaufpreises.

3.1.3.2 Finanzierungssicherheiten

Im wirtschaftlichen Zahlungsverkehr sind Finanzierungssicherheiten zur Sicherung der Forderung des Gläubigers, aber auch zur Erhaltung der Zahlungsfähigkeit des Schuldners von entscheidender Bedeutung. Nachfolgend werden die Bürgschaft, das Pfandrecht, die Sicherungsübereignung und die Sicherungsabtretung beschrieben. Die Finanzierungssicherheiten lassen sich in die großen Gruppen von Sach- bzw. Personensicherheiten einteilen.

3.1.3.2.1 Bürgschaft

Die grundlegenden Vorschriften zur Bürgschaft sind in den §§ 765 bis 778 BGB geregelt. Die vertragstypische Pflicht des Bürgen lautet gemäß § 765 Abs. 1 BGB wie folgt: „Durch den Bürgschaftsvertrag verpflichtet sich der Bürge gegenüber dem Gläubiger eines Dritten, für die Erfüllung der Verbindlichkeit des Dritten einzustehen."

> **!** Nur der Bürge übernimmt eine Verpflichtung. Es ist ein einseitiger Vertrag, der zu seiner Gültigkeit zwingend der Schriftform des § 766 BGB bedarf.

Dies ist die Regelung im Zivilrecht. Wenn zwei Kaufleute beteiligt sind, ist nach den Vorschriften des HGB auch eine formfreie Bürgschaftserklärung möglich. Bei der Bürgschaft handelt es sich um eine **Personensicherheit**, die vom **Bestehen der Hauptforderung abhängig** ist. Man spricht hier von **Akzessorietät**. Wenn also der Schuldner an den Gläubiger leistet, wird auch der Bürge von seiner Leistungspflicht frei. Der Gläubiger kann nicht allein aus der Tatsache der Bürgschaftserklärung eine Leistung vom Bürgen verlangen. Der Bürge kann von dem Gläubiger auch erst in Anspruch genommen werden, wenn dieser erfolglos versucht hat, gegen den Hauptschuldner zu vollstrecken. Dies wird im Gesetz in § 771 BGB als **Einrede der Vorausklage** bezeichnet. Auf diese Einrede muss sich der Bürge ausdrücklich berufen. Wenn der Bürge den Anspruch des Gläubigers erfüllt, geht die Forderung des Gläubigers gegen den Hauptschuldner auf ihn über, § 774 BGB.

3.1.3.2.2 Pfandrecht an beweglichen Sachen

Das Pfandrecht an beweglichen Sachen ist gemäß § 1204 Abs. 1 BGB folgendermaßen definiert: „Eine bewegliche Sache kann zur Sicherung einer Forderung in der Weise belastet werden, dass der Gläubiger berechtigt ist, Befriedigung aus der Sache zu suchen (Pfandrecht)."

> **Beispiel:** A geht ins Theater und wirft Geld in einen Garderobenschrank und kann dann den Schlüssel an sich nehmen. Das eingeworfene Geld ist das Pfand für den Schlüssel. Sollte der Schlüssel nicht zurückgegeben werden, behält der Eigentümer das Geld.

Der Pfandnehmer darf das Pfand also verwerten. Auch das Pfandrecht ist **akzessorisch**, denn genauso wie bei der Bürgschaft hängt das Verwertungsrecht vom Bestand der Hauptforderung ab. Beim Pfandrecht handelt es sich um eine **Sachsicherheit**.

3.1.3.2.3 Sicherungsübereignung

Die Sicherungsübereignung soll eine Forderung absichern und wird häufig im Zusammenhang mit Krediten gewählt. Für diese besondere Sicherungsart gibt es keine eigene rechtliche Regelung, sondern es werden die Regeln des § 930 BGB (Besitzkonstitut) zugrunde gelegt. Zunächst muss zwischen Sicherungsgeber (Kreditnehmer) und Sicherungsnehmer (Kreditgeber) eine Einigung über den Übergang des Eigentums gemäß § 929 BGB zustande kommen, denn es handelt sich um eine tatsächliche Übereignung. Der Sicherungsgeber bleibt aber unmittelbarer Besitzer und verschafft dem Sicherungsnehmer, also dem Kreditgeber, den mittelbaren Besitz. Auf diese Weise wird die ebenfalls für die Übereignung erforderliche Übergabe vollzogen. Daneben schließen die Beteiligten den so genannten „Sicherungsvertrag", der der Sicherungsübereignung zugrunde liegt. In diesem ist **schuldrechtlich** festgelegt, dass der Eigentümer (der Kreditgeber) das Eigentum nur verwerten darf, wenn der Kreditnehmer gegen den Sicherungsvertrag verstößt und beispielsweise die vereinbarten Raten nicht bezahlt. Diese Regelung wird als „**Treuhandeigentum**" bezeichnet, denn eigentlich hat der Sicherungsnehmer als Eigentümer ein uneingeschränktes, absolutes Recht an dem Eigentum.

Beispiel: A kauft ein Auto und finanziert dieses über die B-Bank. Zur Sicherung des Kredites, den die B-Bank dem A gewährt, überträgt dieser das Eigentum an dem Fahrzeug an die B-Bank. Er selbst behält den unmittelbaren Besitz, während die B-Bank entsprechend § 930 BGB den mittelbaren Besitz erhält. Der Sicherungsnehmer darf das Auto, das in seinem Eigentum steht und worüber er uneingeschränkt verfügen darf, nur dann verwerten, wenn ein Verstoß des Sicherungsgebers gegen den schuldrechtlichen Vertrag vorliegt.

! Bei der Sicherungsübereignung besteht **keine Akzessorietät zur Hauptforderung**.

3.1.3.2.4 Sicherungsabtretung

Bei der Sicherungsabtretung wird eine Forderung, die der Gläubiger gegen den Schuldner hat, auf einen Dritten übertragen. Im Sinne des § 398 BGB tritt der neue Gläubiger mit Abschluss dieses Vertrages an die Stelle des bisherigen Gläubigers. Die Forderungsabtretung ist ein sehr praxisrelevantes Sicherungsmittel und wird im Geschäftsleben oft durchgeführt.

Beispiel: A möchte sich von seinem Freund B Geld leihen. Er hat noch eine Forderung an C. Diese Forderung tritt er zur Sicherung des Kredites an B ab. Dieser tritt als neuer Gläubiger gegenüber C in die Stellung des A.

3.1.3.2.5 Grundpfandrechte

Zur Sicherung von Krediten bzw. Forderungen werden auch oft Grundstücke belastet. Es existieren zwei Grundpfandrechte, die Hypothek und die Grundschuld.

Die **Hypothek** ist in den §§ 1113 ff BGB geregelt und sie hat gemäß § 1113 Abs. 1 BGB folgenden gesetzlichen Inhalt: „Ein Grundstück kann in der Weise belastet werden, dass an denjenigen, zu dessen Gunsten die Belastung erfolgt, eine bestimmte Geldsumme zur Befriedigung wegen einer ihm zustehenden Forderung aus dem Grundstück zu zahlen ist (Hypothek)." Das Grundpfandrecht entsteht durch **Einigung** über seine Entstehung und durch **Eintragung** im Grundbuch.

Beispiel: Zur Absicherung eines Baukredites, den A bei der B-Bank aufgenommen hat, wird für das Grundstück des A im Grundbuch eine Hypothek eingetragen. Wenn A die Kreditraten nicht zahlt, kann die B-Bank das Grundstück verwerten. Dies erfolgt im Wege der Zwangsvollstreckung durch eine Zwangsversteigerung.

Die Hypothek ist **akzessorisch** und hat deshalb nicht mehr so eine große praktische Relevanz. Eine Verwertung des Grundstückes aus der Hypothek ist also nur möglich, wenn nachgewiesen wird, dass die Hauptforderung, der Kredit, noch besteht. Hier zeigt sich auch schon der wesentliche Unterschied zur **Grundschuld**. Auch diese sichert gemäß § 1191 BGB im Allgemeinen eine Kreditforderung. Dieses Grundpfandrecht entsteht, wie die Hypothek, durch **Einigung** und **Eintragung** im Grundbuch.

> **!** Die Grundschuld ist jedoch **nicht akzessorisch**. Sie besteht unabhängig von der Forderung.

Aus ihr kann unmittelbar vollstreckt werden, ohne Nachweis einer zugrunde liegenden Forderung. Die Tatsache, dass die Grundschuld nicht akzessorisch ist, ergibt sich deutlich aus dem Wortlaut des § 1191 Abs. 1 BGB, da hier nicht, anders als bei der Hypothek, auf die zu sichernde Forderung verwiesen wird. Sollte die Bank dennoch ein Grundstück ohne Berechtigung verwerten, so kann der Kreditnehmer hiergegen rechtliche Maßnahmen ergreifen und die unzulässige Verwertung auch beenden.

3.1.3.3 Grundlagen des Insolvenzrechts

Insolvenz bedeutet, dass der Schuldner seinen Zahlungsverpflichtungen gegenüber seinen Gläubigern nicht mehr nachkommen kann. Gründe für diese Situation können in der drohenden Zahlungsunfähigkeit, in der Zahlungsunfähigkeit oder der Überschuldung liegen. Das zugrunde liegende Gesetz ist die Insolvenzordnung, in der hauptsächlich der genaue Gang des Insolvenzverfahrens und die Funktion des Insolvenzverwalters geregelt sind. Grundlegend werden hauptsächlich zwei Verfahren, die Regelinsolvenz und die Verbraucher- bzw. Privatinsolvenz, unterschieden. Bei der Insolvenz handelt es sich um eine **Gesamtvollstreckung** in das Vermögen des Schuldners. Das bedeutet, dass das gesamte Vermögen verwertet wird und auf die Gläubiger nach bestimmten Kriterien aufgeteilt wird. Dieses zu verwertende, gesamte Vermögen stellt die **Insolvenzmasse** dar. Ist das Insolvenzverfahren erst einmal eröffnet, darf ein einzelner Gläubiger keine Vollstreckungsmaßnahmen in das Vermögen bewirken, denn das Ziel des Insolvenzverfahrens nach § 1 InsO ist die gemeinschaftliche Befriedigung der Gläubiger. Die Bevorzugung einzelner Gläubiger ist gerade nicht gewünscht.

3.1.3.3.1 Eröffnungsgründe

Das Insolvenzverfahren wird nur eröffnet, wenn ein Eröffnungsgrund vorliegt, wobei gemäß §§ 17 bis 19 InsO die Zahlungsunfähigkeit, die drohende Zahlungsunfähigkeit und die Überschuldung in Betracht kommen.

Zahlungsunfähigkeit liegt vor, wenn der Schuldner nicht in der Lage ist, die fälligen Zahlungspflichten zu erfüllen. **Drohende Zahlungsunfähigkeit** ist dann gegeben, wenn der Schuldner voraussichtlich nicht in der Lage sein wird, die bestehenden Zahlungspflichten zum Zeitpunkt ihrer Fälligkeit zu erfüllen. **Überschuldung ist nur bei einer juristischen Person möglich** und ist dann gegeben, wenn das Vermögen des Schuldners die bestehenden Verbindlichkeiten nicht mehr deckt. In allen diesen Fällen kann der Schuldner oder auch ein Gläubiger das Verfahren auf Insolvenzeröffnung beim zuständigen Gericht beantragen. Insolvenzgerichte sind die Amtsgerichte, die ausschließlich zuständig sind, siehe § 2 InsO. Zu der **drohenden Zahlungsunfähigkeit** ist auszuführen, dass aus diesem Grund **nur der Schuldner** die Eröffnung des Verfahrens beantragen kann. Es ist nachvollziehbar, dass ein Gläubiger im Allgemeinen nicht beurteilen kann, ob eine Zahlungsunfähigkeit droht. Sobald der Antrag auf Insolvenzeröffnung gestellt ist, so gibt es zwei Möglichkeiten des weiteren Vorgehens. Das Gericht weist den Antrag auf Eröffnung ab, wenn das Vermögen des Schuldners noch nicht einmal ausreicht, um die Kosten des Verfahrens zu decken. Zu den Verfahrenskosten gehören die Kosten des Gerichts, des Insolvenzverwalters und der Verwertung. Dann erfolgt die **Abweisung mangels Masse** gemäß § 26 InsO. In den anderen Fällen erlässt das Gericht einen **Eröffnungsbeschluss** und ernennt einen Insolvenzverwalter, der das Verfahren dann durchführt und unter der Aufsicht des Insolvenzgerichts steht. Dem Schuldner wird zudem verboten, über das Vermögen zu verfügen, um dieses für die Verteilung an die Gläubiger zu sichern.

3.1.3.3.2 Aussonderung und Absonderung

Wie unter 3.1.3.3 ausgeführt, stellt das Vermögen des Schuldners die Insolvenzmasse dar, die auf die Gläubiger verteilt wird. Aus der Insolvenzmasse sind zum einen die Kosten für das Verfahren und „**sonstige Masseverbindlichkeiten**" vorab zu befriedigen.

Zu den letztgenannten Verbindlichkeiten gehören zum Beispiel Kosten, die durch eine Handlung des Insolvenzverwalters entstehen. Darüber hinaus gibt es auch noch weitere Rechte, die zu einer bevorzugten Berücksichtigung einzelner Gläubiger führen.

Beispiel: Ein Gläubiger kann beweisen, dass er dem Insolvenzschuldner eine Maschine nur geliehen hat, diese Maschine also in seinem Eigentum steht.

Hier besteht aus dem Eigentum ein Recht auf **Aussonderung**. In § 47 InsO ist dazu festgelegt, dass dieser Gläubiger gar kein Insolvenzgläubiger ist, da, wie in dem Beispiel, die Maschine gar nicht zur Insolvenzmasse gehört. Daneben gibt es auch ein Recht auf **Absonderung**. Dieses Recht besteht dann, wenn ein Gläubiger ein Pfandrecht, ein Zurückbehaltungsrecht oder ein sonstiges Sicherungsrecht an einer Sache hat. Dann wird diese Sache auch außerhalb der Insolvenzmasse für sich verwertet und der Gläubiger erhält, nach Abzug der Kosten, den Erlös.

3.1.3.3.3 Insolvenzquote

Das Insolvenzvermögen wird verwertet und an die Gläubiger, die Ansprüche an den Insolvenzverwalter gestellt haben, ausgeschüttet. Sofern keine bevorrechtigten Forderungen bestehen, erhält jeder Gläubiger zum Abschluss des Verfahrens eine Quote. Die **Insolvenzquote** ist der prozentuale Anteil, den jeder Gläubiger entsprechend der Höhe seiner Forderung nach Abschluss des Verfahrens aus der Insolvenzmasse erhält.

> **Beispiel:** Die Insolvenzmasse beträgt 40.000 Euro. Die Gläubiger machen insgesamt 160.000 Euro geltend. Die Quote beträgt dann ein Viertel, also 25 %. Wenn A eine Forderung in Höhe von 5.000 Euro geltend macht, erhält er 25 %, also 1.250 Euro.

3.1.3.3.4 Verbraucherinsolvenz

Die Verbraucherinsolvenz ist in den §§ 304 ff InsO geregelt. Es handelt sich um ein vereinfachtes Verfahren, das für **natürliche Personen** vorgesehen ist, die keine selbstständige Tätigkeit ausüben, § 304 InsO. Ausnahmsweise kann auch ein selbstständiger Schuldner eine Verbraucherinsolvenz durchführen, wenn er weniger als 20 Gläubiger hat.

Die Verbraucherinsolvenz läuft vom Verfahren ähnlich ab wie die „Regelinsolvenz"; es gibt jedoch eine andere Schwerpunktsetzung in Bezug auf den „außergerichtlichen Einigungsversuch" und die hier mögliche „Restschuldbefreiung".

Die Privatinsolvenz läuft in den folgenden Phasen ab:
Zu Beginn steht der **außergerichtliche Einigungsversuch (§ 305 a InsO)**. Der Schuldner stellt einen Plan auf, wie er seine Schulden tilgen möchte. Unter Offenlegung der Einkommens- und Vermögensverhältnisse muss er ernsthaft versuchen, sich mit den Gläubigern zu einigen. Zwingende Voraussetzung für den Eröffnungsantrag ist die Bescheinigung etwa einer Verbraucherberatungsstelle, dass eine Einigung versucht wurde und diese gescheitert ist. Nach dem Scheitern des außergerichtlichen Einigungsversuchs erfolgt die **Antragstellung auf Eröffnung** des Insolvenzverfahrens beim zuständigen Amtsgericht. Der Antrag muss neben der Bescheinigung einer sachkundigen Stelle über den gescheiterten Einigungsversuch ein Einkommens- und Vermögensverzeichnis enthalten. Auch ein Plan zur angemessenen Bereinigung der Schulden und damit eine Aufstellung der Schulden und der Gläubiger ist beizufügen. Dem Antrag soll auch der Antrag auf Restschuldbefreiung beigefügt werden, § 287 InsO.

Das **Gericht** kann einen **erneuten Einigungsversuch** unternehmen, wenn dies Erfolg versprechend erscheint. Wenn dieser scheitert oder wenn das Gericht ihn nicht für Erfolg versprechend hält, wird über den Eröffnungsantrag entschieden. Das Verfahren wird eröffnet, wenn Zahlungsunfähigkeit des Schuldners vorliegt und die Kosten des Verfahrens von der Masse gedeckt sind (Gerichtskosten und Insolvenzbetreuer). Die Aufgaben eines Insolvenzverwalters werden hier von einem Treuhänder wahrgenommen, § 292 InsO. Nach der Eröffnung darf auch hier der Schuldner nicht mehr an die Gläubiger leisten.

Als Besonderheit der Verbraucherinsolvenz ist eine Restschuldbefreiung vorgesehen, die sich nach den §§ 286 ff InsO richtet und im Grundsatz besagt, dass der Schuldner, wenn er eine natürliche Person ist, von den im Insolvenzverfahren nicht erfüllten Verbindlichkeiten gegenüber den Insolvenzgläubigern befreit wird. Der Schuldner ist verpflichtet, sechs Jahre nach Eröffnung des Verfahrens den pfändbaren Teil seines Einkommens an den Treuhänder abzutreten und die Hälfte des Vermögens abzuführen, welches er durch Erbschaft erhält. Er muss jede zumutbare Arbeit annehmen und darf keine Zahlungen an einzelne Gläubiger leisten. Nach Ablauf dieser „Wohlverhaltensperiode" entscheidet das Gericht über die Restschuldbefreiung. Die Restschuldbefreiung kann zum Beispiel versagt werden, wenn eine Insolvenzstraftat vorliegt oder der Schuldner seinen Auskunfts- und Mitwirkungspflichten während des Insolvenzverfahrens nicht nachgekommen ist, § 290 InsO.

3.1.3.4 Aufgaben und Lösungshinweise

1. Definieren Sie die Begriffe „Eigentum" und „Besitz".

2. Wie erfolgt die Eigentumsübertragung von beweglichen und unbeweglichen Sachen?

3. Unter welchen Voraussetzungen ist der gutgläubige Erwerb von Sachen möglich?

4. Erläutern Sie die Begriffe „einfacher" und „verlängerter" Eigentumsvorbehalt.

5. Erläutern Sie die Grundzüge der Bürgschaft.

6. Erläutern Sie den Begriff „Sicherungsübereignung" und gehen Sie dabei auch auf das Besitzkonstitut gemäß § 930 BGB ein.

7. Nennen Sie die Eröffnungsgründe für eine Insolvenz.

8. Was besagt der Begriff „Restschuldbefreiung" bei der Verbraucherinsolvenz?

Lösungshinweise

1. Der Eigentümer hat ein absolutes Recht an der Sache, die ihm gehört. Der Besitzer hat die tatsächliche Sachherrschaft.

2. Bewegliche Sachen werden durch Einigung und Übergabe übertragen und unbewegliche durch Einigung und Eintragung.

3. Es muss Gutgläubigkeit vorliegen und die Sache darf dem Eigentümer nicht etwa abhandengekommen sein.

4. Bei dem „einfachen Eigentumsvorbehalt" wird der Käufer erst mit vollständiger Bezahlung des Kaufpreises Eigentümer der Waren. Beim verlängerten Eigentumsvorbehalt treffen Verkäufer und Käufer die Vereinbarung, dass anstelle des Eigentumsvorbehaltes ein neues Arbeitsprodukt oder die neu entstehende Forderung des Käufers gegenüber einem Dritten tritt.

5. „Durch den Bürgschaftsvertrag verpflichtet sich der Bürge gegenüber dem Gläubiger eines Dritten, für die Erfüllung der Verbindlichkeit des Dritten einzustehen", § 765 BGB. Die Bürgschaft ist ein einseitiger Vertrag, der schriftlich zu verfassen ist.

6. Für die Sicherungsübereignung gibt es keine eigene rechtliche Regelung, aber es werden die Regeln des § 930 BGB (Besitzkonstitut) zugrunde gelegt. Zwischen

Sicherungsgeber (Kreditnehmer) und Sicherungsnehmer (Kreditgeber) muss eine Einigung über den Übergang des Eigentums gemäß § 929 BGB zustande kommen, denn es handelt sich um eine tatsächliche Übereignung. Der Sicherungsgeber bleibt aber unmittelbarer Besitzer und verschafft dem Sicherungsnehmer, also dem Kreditgeber, den mittelbaren Besitz. Auf diese Weise wird die ebenfalls für die Übereignung erforderliche Übergabe vollzogen.

7. Eröffnungsgründe sind die Zahlungsunfähigkeit, die drohende Zahlungsunfähigkeit und die Überschuldung.

8. Nach der so genannten „Wohlverhaltensperiode" kann eine Privatperson von den während der Insolvenzphase nicht getilgten Schulden gegenüber den Gläubigern befreit werden.

3.1.4 *Handelsgesetzbuch*

Das Handelsrecht wird begrifflich als das „Sonderprivatrecht der Kaufleute" definiert. Die wichtigste Rechtsquelle des Handelsrechts ist das Handelsgesetzbuch, kurz HGB. Es enthält Vorschriften, die nur dann gelten, wenn die beteiligten Personen Kaufleute im Sinne des HGB sind. Die Geschäfte des Kaufmanns werden im HGB als Handelsgeschäfte definiert. Für die Handelsgeschäfte kommen die Vorschriften des HGB schon dann zur Anwendung, wenn nur eine Partei Kaufmann ist, siehe § 345 HGB. Wenn das HGB Anwendung findet, gehen diese Vorschriften dem BGB vor. Es handelt sich insofern um die Ausprägung des so genannten „Subsidiaritätsprinzipes". Das Handelsrecht zeichnet sich vielfach noch durch die Geltung von Handelsbräuchen aus, die nicht als „geschriebenes Gesetz" niedergelegt sind.

Beispiel: Schweigen kann unter Kaufleuten Zustimmung zu einem Angebot bedeuten. Im Zivilrecht ist Schweigen hingegen keine Willenserklärung, und auf diese Weise können im Zivilrecht keine Angebote angenommen werden.

3.1.4.1 Begriff des Kaufmanns

In § 1 HGB findet sich die Definition des Begriffes „Ist-Kaufmann": „Kaufmann im Sinnes dieses Gesetzbuches ist, wer ein Handelsgewerbe betreibt. Handelsgewerbe ist jeder Gewerbebetrieb, es sei denn, dass das Unternehmen nach Art oder Umfang einen in kaufmännischer Weise eingerichteten Geschäftsbetrieb nicht erfordert." Für die Beurteilung der Kaufmannseigenschaft ist wesentlich, was unter einem **„Gewerbebetrieb"** zu verstehen ist. Dieser Begriff ist selbst in der Gewerbeordnung gesetzlich nicht normiert, obwohl dort eine Definition erwartet werden könnte. Der Begriff des Gewerbebetriebes ist im Laufe der Zeit jedoch durch die Rechtsprechung ausgestaltet worden. Er lautet:

! Gewerbe ist eine auf Dauer angelegte, selbstständige Tätigkeit mit Gewinnerzielungsabsicht.

In der Gewerbeordnung ist hingegen gesetzlich festgelegt, dass die so genannten „freien Berufe" kein Gewerbe betreiben. Hierzu gehören beispielsweise Ärzte, Apotheker, Architekten, Rechtsanwälte u.a. Der Kaufmann zeichnet sich neben der Gewerbeführung dadurch aus, dass in seinem Betrieb **kaufmännische Einrichtungen** erforderlich sind. Hierzu gehören etwa die Buchführung, Bilanzierung, Führen einer Firma etc. Hier liegt die Abgrenzung zum „**Kleingewerbetreibenden**", der auch ein Gewerbe unterhalten kann, aber keinen in kaufmännischer Weise eingerichteten Betrieb führt.

Beispiel: Der Kioskbesitzer ist selbstständig tätig, sein Betrieb ist auf die Dauer angelegt und er hat natürlich auch eine Gewinnerzielungsabsicht. Sein Geschäft ist aber oft so klein, dass eine handelsrechtliche Buchführung nicht erforderlich ist und er auch keine Bilanz aufstellen muss. Diese Merkmale zeichnen einen Kaufmann in jedem Fall klar aus. Der Kioskbesitzer ist deshalb zunächst kein Kaufmann, sondern ein **Kleingewerbetreibender**.

Die Grenze, wann ein in kaufmännischer Weise eingerichteter Geschäftsbetrieb erforderlich ist und wann es nicht der Fall ist, ist oft nicht klar zu ziehen. Hier müssen die Art der Geschäftstätigkeit und ihr Umfang bewertet werden. Wenn ein Gewerbetreibender viele Erzeugnisse oder Leistungen anbietet, intensiv am Geschäftsverkehr teilnimmt und auch noch eine große Lagerhalle hat, so spricht viel dafür, dass kaufmännische Einrichtungen erforderlich sind und es sich um einen Kaufmann handelt. Auch ein hoher Umsatz, viele Beschäftigte und mehrere Geschäftsstellen lassen in Bezug auf den Umfang seiner Tätigkeit auf einen Kaufmann schließen. Die Abgrenzung Kaufmann/Kleingewerbetreibender ist für die Praxis und die rechtliche Beurteilung von großem Belang. Der Kaufmann unterliegt den Vorschriften des HGB und den damit verbundenen Rechten und Pflichten.

! Die Beurteilung der Kaufmannseigenschaft hängt nur von den tatsächlichen Umständen in Bezug auf Art und Umfang der Geschäftstätigkeit ab. Wenn die Kaufmannseigenschaft vorliegt, ist eine **Eintragung im Handelsregister erforderlich**.

Ausführungen zum Handelsregister, siehe unten Kapitel 3.1.4.2

3.1.4.1.1 Kaufmannseigenschaft

Neben dem „Ist-Kaufmann" gibt es im HGB noch weitere Kaufmannsformen. Es sollen hier der „Kann-Kaufmann", der „Kaufmann kraft Eintragung", der „Kaufmann kraft Rechtsform" und der „Scheinkaufmann" angesprochen werden.

Der „**Kann-Kaufmann**" ist gemäß § 2 HGB dadurch gekennzeichnet, dass er nicht schon „Ist-Kaufmann" im Sinne des § 1 HGB ist. Für diesen Fall besteht die **Berechtigung**, sich in das Handelsregister eintragen zu lassen.

Beispiel: Der Kioskbesitzer, der Kleingewerbetreibender ist, kann sich ins Handelsregister eintragen lassen.

> **!** Bei Kann-Kaufleuten besteht **keine Verpflichtung**, sondern nur eine Berechtigung zur Eintragung ins Handelsregister.

Wenn der Kioskbesitzer sich ins Handelsregister eintragen lässt, so gelten die handelsrechtlichen Vorschriften auch für ihn, vorher jedoch nicht.

> **!** Durch die Eintragung erlangt der Kleingewerbetreibende Kaufmannseingenschaft.

Die Regelungen für den „Kann-Kaufmann" gelten auch für Betriebe der Land- und Forstwirtschaft, § 3 HGB. Die Inhaber dieser Betriebe sind keine „Ist-Kaufleute" im Sinne des § 1 HGB, sie sind jedoch „Kann-Kaufleute" und **können** sich eintragen lassen.

Zum „**Kaufmann kraft Eintragung**" ist in § 5 HGB Folgendes geregelt: „Ist eine Firma im Handelsregister eingetragen, so kann gegenüber demjenigen, welcher sich auf die Eintragung beruft, nicht geltend gemacht werden, dass das unter der Firma betriebene Gewerbe kein Handelsgewerbe sei."

Wenn die Eintragung vollzogen ist, kann nicht mehr geltend gemacht werden, dass das Gewerbe kein Handelsgewerbe sei. In § 6 HGB ist geregelt, dass die Vorschriften, die für die Kaufleute gelten, auch auf die Handelsgesellschaften Anwendung finden. Zu den Handelsgesellschaften gehören die Kapital- (AGs, GmbHs) und die Personengesellschaften (KGs und OHGs). Diese Gesellschaften bezeichnet man als „**Formkaufleute**" oder „**Kaufleute kraft Rechtsform**".

> **!** Alle Handelsgesellschaften sind kraft ihrer Rechtsform Kaufleute.

Anmerkung: Die Handelsgesellschaften werden hier nicht vertieft, da ein Überblick über die „Rechtsformen" bereits in Punkt 1.3.3 enthalten ist.

Abschließend soll hier die Thematik der „**Scheinkaufleute**" behandelt werden. Es handelt sich um nicht im Handelsregister eingetragene Kaufleute, die jedoch durch ihr Geschäftsverhalten den Eindruck erwecken, als seien sie Kaufleute. Dieser Begriff des „Scheinkaufmanns" ist gesetzlich nicht geregelt. Die Rechtsprechung hat jedoch im Laufe der Zeit entwickelt, dass der Scheinkaufmann einem gutgläubigen Dritten gegenüber genauso haftet wie ein Vollkaufmann. Die handelsrechtlichen Regelungen des HGB wirken also zu seinen Lasten.

3.1.4.1.2 Prokurist, Handlungsbevollmächtigter und Ladenangestellter

Der Kaufmann kann im Geschäftsverkehr verständlicherweise nicht alle Handlungen selbst vornehmen und benötigt „Hilfspersonen", die ihm bei der Abwicklung zur Seite stehen und ihn mit unterschiedlichsten Befugnissen bei verschiedenen Rechtshandlungen vertreten.

Es lassen dich zwei große Gruppen, die selbstständigen und die unselbstständigen Hilfspersonen, unterscheiden:

Der Prokurist, der Handlungsbevollmächtigte und der Ladenangestellte sind „unselbstständige Hilfspersonen", da sie in einem arbeitsrechtlichen Verhältnis zum Kaufmann stehen. Die „selbstständigen Hilfspersonen" sind dem „Vermittlergewerbe" zuzuordnen und werden unter Kapitel 3.1.4.3 behandelt. Der **Prokurist** verfügt gemäß §§ 48 ff HGB über die umfassendste handelsrechtliche Vertretungsmacht. Sie ermächtigt zu allen Arten von gerichtlichen und außergerichtlichen Geschäften, die der Betrieb des Handelsgewerbes, in dem er tätig ist, mit sich bringt. Zur Veräußerung und Belastung von Grundstücken ist der Prokurist jedoch nur ermächtigt, wenn ihm diese Befugnis besonders erteilt worden ist, § 49 HGB.

> **!** Die Prokura kann nur vom Inhaber des Handelsgeschäftes, nicht von einem anderen Prokuristen oder einem Geschäftsführer erteilt werden. Sie muss ins Handelsregister eingetragen werden.

Die Prokura wird im **Außenverhältnis**, also gegenüber Dritten, bereits wirksam, wenn sie erteilt ist. Der maßgebliche Zeitpunkt für eine wirksame Handlung des Prokuristen ist also nicht erst die Eintragung im Handelsregister. Im Außenverhältnis ist die Prokura nicht beschränkbar. Sobald Prokura erteilt ist, kann der Prokurist Dritten gegenüber alle Handlungen, die ihm das Gesetz einräumt, wirksam vornehmen. Im **Innenverhältnis**, zwischen Geschäftsinhaber und Prokurist, kann es durchaus eine einschränkende Regelung geben, die jedoch nach außen keine Wirkung entfaltet. Der Prokurist hat gemäß § 51 HGB so zu zeichnen, dass die Prokura deutlich wird, etwa durch „ppa.". Die Prokura ist nicht übertragbar und kann jederzeit widerrufen werden. Sie endet mit dem Tod des Prokuristen, mit der Firmenauflösung oder mit der Beendigung des Anstellungsverhältnisses.

Die **Handlungsvollmacht** ist in § 54 HGB geregelt. Handlungsvollmacht kann sich, ohne dass Prokura erteilt ist, auf die Vornahme aller Geschäftshandlungen oder nur auf bestimmte Handlungen erstrecken, die der entsprechende Betrieb mit sich bringt.

 Beispiel: Der Leiter der Marketingabteilung erhält die Befugnis, bis zur Höhe von 5.000 Euro Druckaufträge an externe Druckereien zu vergeben. Er hat Handlungsvollmacht in Bezug auf diese Geschäfte.

Wenn sich die Handlungsvollmacht auf eine Art von Geschäften bezieht, spricht man von **Arthandlungsvollmacht**, und wenn sie sich nur auf die Vornahme einzelner Geschäfte bezieht, von **Spezialhandlungsvollmacht**. In dem genannten Beispiel liegt dementsprechend eine Arthandlungsvollmacht vor. Die Handlungsvollmacht kann vom Inhaber des Geschäftes, aber auch vom Prokuristen erteilt und jederzeit widerrufen werden.

> **!** Die Handlungsvollmacht wird nicht ins Handelsregister eingetragen.

Der Handlungsbevollmächtigte hat wie der Prokurist in einer Weise zu unterzeichnen, die seine Vertretungsbefugnis erkennen lässt, etwa durch: „i.A.". Auch der **Ladenangestellte** ist eine unselbstständige Hilfsperson des Kaufmanns. In § 56 HGB heißt es hierzu: „Wer in einem Laden oder in einem offenen Warenlager angestellt ist, gilt als ermächtigt zu Verkäufen und Empfangnahmen, die in einem derartigen Laden oder Warenlager gewöhnlich geschehen."

3.1.4.1.3 Die Firma des Kaufmanns

Als **Firma** des Kaufmanns wird der Name bezeichnet, unter dem er seine Geschäfte betreibt und die Unterschrift abgibt. Unter der Firma kann der Kaufmann klagen und verklagt werden, § 17 HGB. Die Firma gehört zu den wichtigsten eintragspflichtigen Tatsachen.

> **!** Nur Kaufleute dürfen eine Firma führen.

Hier zeigt sich erneut die klare Abgrenzung zum Kleingewerbetreibenden, der keine Firma führen darf. Der Kleingewerbetreibende muss im Rechtsverkehr mit seinem ausgeschriebenen Vor- und Zunamen auftreten und darf noch eine Geschäftsbezeichnung zufügen. Die Firma hat hingegen Namensfunktion und die Aufgabe, die Unternehmen voneinander zu unterscheiden und zu individualisieren, siehe § 18 HGB. Man spricht hier von **Firmenausschließlichkeit**.

In § 19 HGB sind Vorschriften zur Firmierung bei einem Einzelkaufmann, einer OHG und einer KG enthalten. Diese müssen ihrer Firmierung den entsprechenden Zusatz hinzufügen, die den Einzelkaufmann oder die entsprechende Gesellschaftsform kennzeichnet.

> **Beispiel:** Der Kioskbesitzer Anton Meier entschließt sich, sich als Kann-Kaufmann ins Handelsregister eintragen zu lassen. Er könnte nun als „Anton Meier Kiosk e.K." firmieren. Der Zusatz „e.K." für „eingetragener Kaufmann" ist dabei zwingend.

Darüber hinaus kann er jede Namens-, Sach- oder auch Fantasiebezeichnung wählen, die ihn von anderen Unternehmen unterscheidet.

Die Firma darf zudem keine Angaben enthalten, die geeignet sind, über geschäftliche Verhältnisse irrezuführen.

> **Beispiel:** Der Anton Meier ist eingetragener Kaufmann und betreibt eine kleine Autowerkstatt. Er firmiert als „Meisterbetrieb Anton Meier e.K.". Dies ist nur zulässig, wenn A tatsächlich einen Meister hat oder ein Meister in seinen Diensten tätig ist. Dies ist der Grundsatz der Firmenwahrheit, § 18 Abs. 2 HGB.

3.1.4.2 Handelsregister

Das **Handelsregister** ist ein öffentliches Register, das über bestimmte Tatsachen und Rechtsverhältnisse Auskunft gibt und bei den Amtsgerichten geführt wird. Regelungen zum Handelsregister finden sich in den §§ 8 bis 16 HGB. Ein Kaufmann ist verpflichtet, wesentliche Tatsachen über sein Unternehmen beim Handelsregister anzumelden. Dort werden sie geprüft, eingetragen und bekannt gegeben. Entscheidend ist der öffentliche Charakter des Registers, denn jeder Interessierte soll die Möglichkeit haben, sich über ein Unternehmen zu informieren. Anders als etwa beim Grundbuchamt, wo ein berechtigtes Interesse zur Einsichtnahme nachgewiesen werden muss, kann das Handelsregister jeder einsehen.

3.1.4.2.1 Funktion des Handelsregisters

Das Handelsregister besteht aus zwei Abteilungen A und B. Abteilung A ist für die Einzelkaufleute, OHGs und KGs und Abteilung B ist für Kapitalgesellschaften (AGs und GmbHs) vorgesehen.

Dem Handelsregister sind im Wesentlichen drei Funktionen zuzuweisen. Durch die Veröffentlichung der eintragungspflichtigen Tatsachen werden die Rechtsverhältnisse eines Unternehmens offengelegt und publik gemacht. Hier zeigt sich die **Publizitätsfunktion** des Handelsregisters. Daneben gibt es noch die **Beweisfunktion**. Wenn eine eintragungspflichtige Tatsache eingetragen ist, so kann man sich darauf berufen, genauso darauf, dass eine Tatsache nicht im Handelsregister eingetragen ist. Hierzu werden noch detaillierte Ausführungen im nächsten Kapitel gemacht. Abschließend gibt es noch die **Kontrollfunktion**. Durch die Anmeldepflicht hat auch das Registergericht die Möglichkeit, Tatsachen zu prüfen.

Beispiele für eintragungspflichtige Tatsachen sind folgende: Firma des Kaufmanns, Prokura, Zweigniederlassungen, Insolvenzverfahren, Geschäftsführer einer GmbH.

3.1.4.2.2 Positive und negative Publizität des Handelsregisters

Die Publizität des Handelsregisters ist im Sinne des § 15 HGB in eine negative und in eine positive Publizität zu unterteilen. Zur **negativen Publizität** ist in § 15 Abs. 1 HGB Folgendes festgelegt: „Solange eine in das Handelsregister einzutragende Tatsache nicht eingetragen und bekanntgemacht ist, kann sie von demjenigen, in dessen Angelegenheiten sie einzutragen war, einem Dritten nicht entgegengesetzt werden, es sei denn, dass sie diesem bekannt war."

Beispiel: Der Gesellschafter einer GmbH hat seinem Geschäftsführer die Vertretungsbefugnis entzogen, im Handelsregister jedoch noch nicht die Löschung veranlasst. Der Geschäftsführer tätigt für die Gesellschaft noch Geschäfte, die der Gesellschafter nicht gegen sich gelten lassen möchte. Hier kann er einem Dritten nicht entgegenhalten, dass die Geschäftsführungsbefugnis entzogen wurde. Dies war noch nicht eingetragen und ein Dritter kann sich auf die Angaben im Handelsregister verlassen. Dies gilt jedoch immer nur dann, wenn der Dritte gutgläubig ist.

Ist ihm die Tatsache bekannt, dass der Geschäftsführer keine Befugnis mehr hat, darf er sich darauf nicht berufen, dieses Verhalten wäre rechtsmissbräuchlich und widerspricht dem Grundsatz von Treu und Glauben, der sich durch das gesamte Rechtssystem zieht. Selbst wenn die Löschung nicht eingetragen ist, kann ein Dritter sich bei Kenntnis nicht darauf berufen. Die **positive Publizität** besagt, dass man sich auf die Eintragungen im Handelsregister verlassen darf, selbst wenn sie unrichtig sein sollten. In § 15 Abs. 2 und 3 HGB gibt es insoweit folgende Regelungen: „Ist die Tatsache eingetragen und bekanntgemacht worden, so muss ein Dritter sie gegen sich gelten lassen. Dies gilt nicht bei Rechtshandlungen, die innerhalb von fünfzehn Tagen nach der Bekanntmachung vorgenommen werden, sofern der Dritte beweist, dass er die Tatsache weder kannte noch kennen musste.

(3) Ist eine einzutragende Tatsache unrichtig bekanntgemacht, so kann sich ein Dritter demjenigen gegenüber, in dessen Angelegenheiten die Tatsache einzutragen war, auf die bekanntgemachte Tatsache berufen, es sei denn, dass er die Unrichtigkeit kannte.“

Beispiel: Bei einer Gesellschafterversammlung der A-GmbH wird B zum Geschäftsführer bestellt. Versehentlich wird jedoch C als Geschäftsführer im Handelsregister eingetragen. Schließt nun C einen wirksamen Vertrag mit D, so muss die A-GmbH dies gegen sich gelten lassen. Dies gilt dann wieder nicht, wenn D wusste, dass C fälschlich eingetragen wurde.

3.1.4.3 Vermittlergewerbe

Zum **Vermittlergewerbe** gehören der Handelsvertreter, der Handelsmakler und der Kommissionär. Man bezeichnet sie als „selbstständige Hilfspersonen", da ihre Rechte und Pflichten gegenüber dem Kaufmann nicht durch das Arbeitsrecht geprägt sind. Der **Handelsvertreter** ist in den §§ 84 bis 92 c HGB geregelt. Der Begriff des Handelsvertreters ist in § 84 Abs. 1 HGB folgendermaßen definiert: „Handelsvertreter ist, wer als selbstständiger Gewerbetreibender ständig damit betraut ist, für einen anderen Unternehmer (Unternehmer) Geschäfte zu vermitteln oder in dessen Namen abzuschließen. Selbstständig ist, wer im wesentlichen frei seine Tätigkeit gestalten und seine Arbeitszeit bestimmen kann." Der Handelsvertreter wird entscheidend dadurch charakterisiert, dass er **ständig** damit betraut ist, **Geschäfte in fremdem Namen** in **selbstständiger Tätigkeit** zu vermitteln.

Beispiel: Der Staubsaugervertreter, der in freier Zeiteinteilung nur für eine Marke, also in fremdem Namen und für fremde Rechnung, Geschäfte abschließt.

! Der Vertretereigenschaft liegt ein Vertrag zugrunde, der nicht zwingend schriftlich abgeschlossen werden muss.

§ 85 HGB trifft hierzu die Aussage, dass jeder Vertragspartner **verlangen** kann, dass der Inhalt des Vertrages in eine Urkunde aufgenommen wird und vom anderen Vertragspartner zu unterzeichnen ist. Voraussetzung für die Wirksamkeit des Vertrages ist die Vertragsunterzeichnung jedoch nicht. Der Handelsvertreter hat die Pflicht, sich um den Abschluss von Verträgen für den Unternehmer zu kümmern und dabei das Interesse des Unternehmers zu wahren, § 86 HGB. Der Unternehmer hat dem Handelsvertreter alle erforderlichen Unterlagen für den Geschäftsabschluss zur Verfügung zu stellen und die vereinbarte Provision zu zahlen, wenn diese fällig ist, §§ 86 a bis 87 c HGB. Die Beendigung des Vertrages ist je nach geschlossener Vereinbarung durch Zeitablauf oder durch ordentliche Kündigung möglich. Auch der Tod des Handelsvertreters beendet natürlich den Vertrag. Eine **außerordentliche**, fristlose Kündigung ist immer möglich, wenn ein wichtiger Grund vorliegt, der die Fortsetzung des Vertragsverhältnisses unzumutbar macht. Der **Handelsmakler**, §§ 93 bis 104 HGB, vermittelt gewerbsmäßig für andere Personen den Abschluss von Verträgen, ohne von ihnen aufgrund eines Vertragsverhältnisses ständig damit betraut zu sein. Als Handelsmakler im Sinne des HGB gilt, wer Verträge über Anschaffung oder Veräußerung von Waren oder Wertpapieren, über Versicherungen, Güterbeförderungen, Schiffsmiete oder sonstige Gegenstände des Handelsverkehrs vermittelt, § 93 HGB.

Beispiel: Der Versicherungsmakler, der einer Privatperson Angebote verschiedener Versicherungen unterbreitet. Kommt es aufgrund der Angebote zum Vertragsabschluss zwischen der Privatperson und der Versicherung, so hat der Makler Anspruch auf den Maklerlohn, die Vermittlungsprovision.

Der Handelsmakler hat keine Inkassovollmacht, ist also nicht ermächtigt, Zahlungen oder andere Leistungen entgegenzunehmen, und er hat, wenn nichts anderes vereinbart ist, Anspruch auf Zahlung des Maklerlohns gegen beide Vertragsparteien. Regelungen zum **Kommissionär** finden sich in den §§ 383 bis 406 HGB. In § 383 Abs. 1 ist Folgendes definiert: „Kommissionär ist, wer es gewerbsmäßig übernimmt, Waren oder Wertpapiere für Rechnung eines anderen (des Kommittenten) in eigenem Namen zu kaufen oder zu verkaufen." Der Kaufvertrag kommt zwischen dem Kommissionär und dem Käufer zustande, denn der Kommissionär handelt in eigenem Namen.

Beispiel: Der Betreiber eines Secondhandshops nimmt von einer Person (Kommittent) Ware entgegen und verkauft diese im eigenen Namen, aber für den Kommittenten, also für fremde Rechnung.

Die Ware, die nicht verkauft wird, nimmt die Person wieder zurück. Der Kommissionär hat die Pflicht, das Geschäft mit der Sorgfalt eines ordentlichen Kaufmanns auszuüben, § 384 HBG.

3.1.4.4 Aufgaben und Lösungshinweise

1. Definieren Sie den Begriff „Ist-Kaufmann".

2. Definieren Sie den Begriff „Gewerbe".

3. Nennen Sie drei Merkmale, durch die die Prokura charakterisiert werden kann.

4. Nennen Sie die selbstständigen Hilfspersonen des HGB.

5. Bedarf der Vertrag des Handelsvertreters zu seiner Wirksamkeit der Schriftform?

6. Nennen Sie drei ins Handelsregister einzutragende Tatsachen.

7. Definieren Sie den Begriff der „Firma" und nennen Sie die zugrunde liegende Vorschrift.

Lösungshinweise

1. Kaufmann ist, wer ein Handelsgewerbe betreibt. Ein Handelsgewerbe ist jeder Gewerbebetrieb, es sei denn, dass das Unternehmen nach Art oder Umfang einen in kaufmännischer Weise eingerichteten Geschäftsbetrieb nicht erfordert.

2. Gewerbe ist eine auf Dauer angelegte, selbstständige Tätigkeit mit Gewinnerzielungsabsicht.

3. Der Prokurist hat die umfassendste Vertretungsbefugnis. Nur zur Veräußerung und Belastung von Grundstücken ist er nur in besonderen Fällen ermächtigt. Die Prokura ist eintragungspflichtig.

4. Handelsvertreter, Handelsmakler und Kommissionär

5. Gemäß § 85 HGB kann jede Vertragspartei verlangen, dass der Inhalt des Vertrages in eine schriftliche Urkunde zu fassen ist. Die Schriftform ist aber keine Voraussetzung zur Wirksamkeit des Vertrages.

6. Die Firma eines Kaufmanns, eine Zweigniederlassung, Prokura, der Geschäftsführer einer GmbH

7. Gemäß § 17 HGB ist die Firma der Name des Kaufmanns, unter dem er seine Geschäfte betreibt. Unter der Firma kann er auch klagen und verklagt werden.

3.1.5 Arbeitsrecht

Das deutsche Arbeitsrecht gliedert sich in eine Vielzahl von einzelnen Gesetzen und anderen Vorschriften, wie Verordnungen, in denen sich Vorschriften zum Arbeitsrecht finden. Das Arbeitsrecht lässt sich jedoch in zwei große Gruppen, in das Individual- und das Kollektivarbeitsrecht unterteilen, wobei das Individualarbeitsrecht die Rechtsbeziehungen zwischen den Arbeitsvertragsparteien, also zwischen Arbeitgeber und Arbeitnehmer, regelt und das Kollektivarbeitsrecht die Rechtsbeziehungen der arbeitsrechtlichen Koalitionen (Gewerkschaften und

Arbeitgeberverbände) und der Organe der betrieblichen Mitbestimmung (Betriebs- und Personalräte) untereinander und zu ihren Mitgliedern regelt.

Beispiele für Regelungen des Individualarbeitsrechts: Kündigungsschutzgesetz, Bundesurlaubsgesetz, einzelne Vorschriften des BGB
Beispiele für Regelungen des Kollektivarbeitsrechts: Betriebsverfassungsgesetz und Tarifvertragsgesetz

3.1.5.1 Arbeitsvertragsrecht

Der Arbeitsvertrag ist rechtlich als Dienstvertrag im Sinne des § 611 ff BGB einzuordnen. In § 611 Abs. 1 sind die Hauptpflichten der Vertragsparteien wie folgt definiert: „Durch den Dienstvertrag wird derjenige, welcher Dienste zusagt, zur Leistung der versprochenen Dienste, der andere Teil zur Gewährung der vereinbarten Vergütung verpflichtet."

3.1.5.1.1 Zustandekommen

Der **Arbeitsvertrag** ist die entscheidende Grundlage für die Rechtsbeziehung zwischen Arbeitgeber und Arbeitnehmer, wobei die **Vertragsfreiheit** wieder Berücksichtigung findet.

! Der Arbeitsvertrag kann grundsätzlich formfrei geschlossen werden. Zu seiner Wirksamkeit ist eine schriftliche Vereinbarung nicht erforderlich.

Dies wird dadurch deutlich, dass keine Formvorschriften in den §§ 611 ff BGB vorgesehen sind. Von diesem Grundsatz gibt es Ausnahmen, von denen an dieser Stelle zwei exemplarisch aufgeführt werden. Der Berufsausbildungsvertrag ist nur wirksam, wenn er schriftlich geschlossen wird, und auch der befristete Vertrag ist schriftlich zu verfassen.

Es gibt jedoch das **Nachweisgesetz**, wonach gemäß § 2 Abs. 1 NachwG der Arbeitgeber spätestens einen Monat nach dem vereinbarten Beginn des Arbeitsverhältnisses die wesentlichen Vertragsbedingungen schriftlich niederzulegen hat. Darauf hat der Arbeitnehmer einen Anspruch, der ggf. auch einklagbar wäre. Auf die Wirksamkeit des Vertrages hat die gesetzliche Regelung aber keinen Einfluss. Der Arbeitsvertrag darf zudem nicht gegen gesetzliche Vorschriften verstoßen, andernfalls wäre er gemäß § 134 BGB nichtig.

Beispiel: In einem Arbeitsvertrag wird eine tägliche Arbeitszeit von zehn Stunden vereinbart. Die Regelung verstößt gegen das Arbeitszeitgesetz und ist nichtig.

Der Arbeitsvertrag wird zwischen Arbeitnehmer und Arbeitgeber geschlossen, sodass diese beiden Begriffe an dieser Stelle definiert werden müssen. **Arbeitnehmer** ist, wer durch einen privatrechtlichen Vertrag verpflichtet wird, Dienste in unselbstständiger Arbeit zu erbringen. Hier erfolgt die Abgrenzung zu den „freiberuflichen Mitarbeitern", die ihre Dienstleistungen in selbstständiger Arbeit erbringen. Von unselbstständiger Tätigkeit geht man aus, wenn der Dienstleistende stark weisungsgebunden ist, etwa durch festgelegte Arbeitszeiten und Büroräume beim Auftraggeber. Die Abgrenzung zu einer selbstständigen Tätigkeit ist unter dem Aspekt der „Scheinselbstständigkeit" und damit der Sozialversicherungspflicht von großer rechtlicher Bedeutung.

> **!** Bei der Abgrenzung „selbstständige" und „unselbstständige" Tätigkeit kommt es auf die tatsächlichen Begebenheiten an. Es ist nicht entscheidend, ob jemand als „selbstständig" bezeichnet wird, wenn er stark weisungsabhängig ist und in die Organisation des Auftraggebers eingebunden ist.

Arbeitgeber ist jede natürliche oder juristische Person, die mindestens einen Arbeitnehmer hat und aufgrund eines Arbeitsvertrages Dienstleistungen in Anspruch nimmt. Der Arbeitsvertrag kommt, wie jeder Vertrag, durch Angebot und Annahme, also zwei übereinstimmende Willenserklärungen, zustande.

Im Arbeitsrecht kommen Anfechtungen im Zusammenhang mit Arbeitsverträgen besondere Bedeutung zu.

> **Beispiel:** Der Arbeitnehmer, der als Kassierer in einer Bank angestellt wird, verschweigt eine Verurteilung wegen Unterschlagung. Nach drei Monaten Arbeit erfährt der Arbeitgeber von diesem Umstand. Wegen der besonderen Vertrauensstellung sieht der Arbeitgeber hierin eine arglistige Täuschung und will den Vertrag anfechten.

Die Anfechtung hat nach den Regelungen des Allgemeinen Teils des BGB grundsätzlich zur Folge, dass der Vertrag als nichtig anzusehen ist. Im Arbeitsrecht gibt es hierzu ausnahmsweise eine andere Regelung für den Fall, dass Arbeitsleistungen bereits erbracht wurden. Dann wirkt die Anfechtung nur für die Zukunft, wie eine Kündigung. Das Arbeitsverhältnis endet jedoch sofort mit dem Ausspruch der Anfechtung. Man bezeichnet dies als **„faktisches Arbeitsverhältnis"**, für das dann auch keine Kündigung mehr erforderlich ist.

3.1.5.1.2 Allgemeines Gleichbehandlungsgesetz

Dieses Gesetz ist 2006 in Kraft getreten und hat gemäß § 1 AGG die folgende Zielrichtung: „Ziel des Gesetzes ist, Benachteiligungen aus Gründen der Rasse oder wegen der ethnischen Herkunft, des Geschlechts, der Religion oder Weltanschauung, einer Behinderung, des Alters oder der sexuellen Identität zu verhindern oder zu beseitigen."

Aus dem Anwendungsbereich des Gesetzes wird deutlich, dass der Schutz vor Benachteiligungen aus einem der genannten Gründe bereits mit der Ausschreibung von Stellenanzeigen, den Auswahl- und Einstellungsbedingungen für eine Stelle beginnt und auch noch über die Beendigung eines Arbeitsverhältnisses hinausreicht. Dem Arbeitgeber werden umfangreiche Pflichten auferlegt, den Beschäftigten vor Diskriminierungen zu schützen, wobei auch ggf. vorbeugende Maßnahmen zu treffen sind, siehe § 12 AGG. Der Arbeitgeber muss eine Stelle einrichten, bei der sich die Beschäftigten ggf. beschweren können. Sofern der Arbeitgeber geeignete Maßnahmen zur Unterbindung einer Diskriminierung unterlässt, hat der Beschäftigte ein Leistungsverweigerungsrecht und kann in bestimmten Fällen sogar eine Entschädigung oder einen Schadensersatz verlangen, § 15 AGG. Der Schadensersatz darf bei einer Nichteinstellung eines Bewerbers, die auf einem Verstoß gegen § 1 AGG beruht, drei Monatsgehälter nicht übersteigen.

Beispiel: Ein Bewerber bekommt seine Unterlagen von dem Arbeitgeber zurück und jemand hat darauf vermerkt: „zu alt". Über dieses Indiz, dass er nur wegen des Alters nicht eingestellt wurde, kann er ggf. einen Schadensersatz einfordern.

3.1.5.1.3 Vertragsarten

Neben dem unbefristeten Vollzeitarbeitsverhältnis gibt es weitere Vertragsarten, die im Arbeitsleben von Bedeutung sind. Hervorzuheben ist das **Teilzeitarbeitsverhältnis** und das **befristete Arbeitsverhältnis**, die in diesem Kapitel noch näher beschrieben werden. Zudem gibt es das **Berufsausbildungsverhältnis**, das im Berufsbildungsgesetz (BBiG) geregelt ist und ganz spezielle Regelungen enthält. Das Berufsausbildungsverhältnis unterscheidet sich vom Arbeitsvertrag dadurch, dass der wesentliche Inhalt des Vertrages vom Ausbildenden unverzüglich nach Vertragsschluss, spätestens vor Beginn der Ausbildung schriftlich niedergelegt werden muss. Dabei ist zu beachten, dass bei Minderjährigen die Unterschrift der gesetzlichen Vertreter erforderlich ist.

Im Berufsbildungsgesetz ist zudem eine Probezeit von längstens vier Monaten vorgesehen. Nach Ablauf dieser Frist ist eine ordentliche Kündigung durch den Ausbildungsbetrieb nicht mehr vorgesehen.

Im Wirtschaftsleben werden auch häufig **Arbeitnehmerüberlassungen** praktiziert, wobei der Arbeitgeber, der für dieses Gewerbe eine Erlaubnis benötigt, für eine bestimmte Zeit einen Arbeitnehmer an einen Dritten überlässt. Das **Teilzeitarbeitsverhältnis** sowie das **befristete Arbeitsverhältnis** sind im Teilzeit- und Befristungsgesetz (TzBfG) geregelt. Eines der bekanntesten Teilzeitarbeitsverhältnisse ist der „Mini-Job" auf 450-Euro-Basis. Es zeichnet sich nur durch eine verringerte Arbeitszeit im Vergleich zur Vollbeschäftigung aus.

! Ein Arbeitnehmer in Teilzeit hat die gleichen Rechte wie ein Vollzeitbeschäftigter im Hinblick auf Urlaub, Entgeltfortzahlung im Krankheitsfalle etc.

Bei den befristeten Arbeitsverhältnissen ist besonders die **Zulässigkeit der Befristung** von Bedeutung. Zu unterscheiden ist die Befristung mit sachlichem Grund und die kalendermäßige Befristung gemäß § 14 TzBfG.

! Die Befristung eines Arbeitsvertrages mit sachlichem Grund ist stets zulässig.

Bei Vorliegen eines sachlichen Grundes gibt es keine zeitliche Beschränkung für Befristungen, auch nicht in Bezug auf die Häufigkeit. In § 14 Abs. 1 TzBfG sind hierzu exemplarisch einige Gründe aufgeführt.

> **Beispiele für zulässige Befristungen mit sachlichem Grund:** 1. die Beschäftigung zur Vertretung eines anderen Arbeitnehmers (Elternzeit, Krankheit), 2. die Befristung zur Erprobung

Sofern kein sachlicher Grund vorliegt, ist nur eine kalendermäßige Befristung gemäß § 14 Abs. 2 TzBfG zulässig. Diese ist nur bis zu zwei Jahren zulässig und ist bis zu der Gesamtdauer von zwei Jahren höchstens dreimal verlängerbar.

> **!** Jeder befristete Vertrag ist schriftlich abzuschließen, um wirksam zu werden.

Die entsprechende Regelung findet sich in § 14 Abs. 4 TzBfG. Ist die Befristung unwirksam, so gilt der befristete Arbeitsvertrag gemäß § 16 TzBfG als auf unbestimmte Zeit geschlossen.

3.1.5.1.4 Rechte und Pflichten des Arbeitgebers

Der **Arbeitgeber** hat eine **Beschäftigungspflicht** aus seiner Hauptpflicht aus dem Dienstvertrag, denn der Arbeitnehmer hat **einen Anspruch auf Beschäftigung**. Eine weitere Hauptpflicht besteht darin, die **Arbeitsleistung** zu **vergüten**. Unter Vergütung versteht man jeden geldwerten Vorteil als Gegenleistung für die Arbeitsleistung. Der Lohn ist grundsätzlich in Geld zu zahlen. Die Fälligkeit des Lohns bestimmt sich nach den Regelungen des Arbeitsvertrages. Die Entgeltzahlung ist von dem Grundsatz „Ohne Arbeit keinen Lohn" geprägt, wobei sich jedoch wichtige Ausnahmen entwickelt haben, so etwa die Lohnfortzahlung beim Erholungsurlaub oder bei gesetzlichen Feiertagen. In Bezug auf den Urlaub ist die Lohnfortzahlung von dem **Urlaubsgeld** zu trennen, auf das es keinen gesetzlichen Anspruch gibt, denn hierbei handelt es sich um eine freiwillige Leistung. Weitere wichtige Durchbrechungen finden sich bei der Lohnfortzahlung im Krankheitsfall und bei einem Arbeitsausfall, wenn dies im Risikobereich des Arbeitgebers liegt. Die **Lohnfortzahlung im Krankheitsfall** ist in einem eigenen Gesetz, dem Entgeltfortzahlungsgesetz (EntgeltfortzahlungsG), geregelt. Danach hat der Arbeitnehmer den Anspruch auf Zahlung des Lohnes höchstens für die Dauer von sechs Wochen, wenn er infolge einer Erkrankung arbeitsunfähig wird und ihn kein Verschulden trifft. Entscheidend ist, dass es sich um eine **Krankheit** handelt, wozu auch ein Unfall zählen kann, und der Arbeitnehmer diese **nicht verschuldet** hat. Bei den Unfällen stellt sich u.U. die Problematik des Verschuldens. Wenn bewusst ein sehr hohes Verletzungsrisiko etwa bei einer Extremsportart in Kauf genommen wird, so kann u.U. ein Verschulden vorliegen. Dies müsste durch eine Bewertung des Einzelfalles entschieden werden. Den Arbeitnehmer trifft im Falle der Erkrankung eine **Anzeige- und Nachweispflicht**, die besagt, dass der Arbeitnehmer dem Arbeitgeber die Arbeitsunfähigkeit und deren voraussichtliche Dauer unverzüglich anzuzeigen hat, § 5 Abs. 1 EntgeltfortzahlungsG.

Dauert die Arbeitsunfähigkeit länger als drei Tage, so hat der Arbeitnehmer am vierten Tag eine ärztliche Bescheinigung vorzulegen.

> **!** Die Vorlage einer ärztlichen Bescheinigung kann durch eine entsprechende Regelung im Arbeitsvertrag auch schon vom ersten Tag an verlangt werden.

Kommt der Arbeitnehmer diesen Verpflichtungen nicht nach, kann dies arbeitsrechtliche Konsequenzen in Form einer Abmahnung oder auch Kündigung zur Folge haben.

> **!** Der Anspruch auf Lohnfortzahlung entsteht erst nach einer Wartezeit von vier Wochen.

Der Arbeitgeber hat gegenüber dem Arbeitnehmer grundsätzlich eine **Fürsorgepflicht,** sodass er die Gesundheit, das Leben, das Vermögen und Eigentum und die Persönlichkeitsrechte des Arbeitnehmers durch eine adäquate Gestaltung des Arbeitsbereiches und der Arbeitsbedingungen zu schützen hat.

In Bezug auf die **Rechte** steht dem **Arbeitgeber** in erster Linie das „**Direktionsrecht**" gegenüber dem Arbeitnehmer zur Seite. Danach darf der Arbeitgeber im Rahmen der arbeitsvertraglichen Regelungen bestimmen, wann, wie und wo der Arbeitnehmer seine Arbeit zu verrichten hat.

3.1.5.1.5 Rechte und Pflichten des Arbeitnehmers

Der Arbeitnehmer hat vorrangig die **Arbeitsleistung** zu erbringen. Diese ist eine **persönliche Leistung**, denn der Arbeitnehmer kann sich hierbei nicht vertreten lassen und somit kommt der Arbeitsleistung rechtlich betrachtet „**Fixschuldcharakter**" zu. Erbringt der Arbeitnehmer seine Leistung nicht, so handelt es sich um eine Leistungsstörung, die als Unmöglichkeit einzuordnen ist.

Als Folge wird der Arbeitnehmer von seiner Leistungspflicht frei und grundsätzlich braucht auch der Arbeitgeber den Lohn nicht zu zahlen, da er nach den Regeln der Unmöglichkeit auch von seiner Leistungspflicht frei wird.

> **Beispiel:** Der Arbeitnehmer A hat feste Arbeitszeiten von 8:00 bis 16:00 Uhr. Infolge eines Streikes, der 24 Stunden zuvor bekannt gegeben wurde, kommt A an diesem Tag erst um 10:00 Uhr in den Betrieb. Da die nicht erbrachte Arbeitsleistung rechtlich als Unmöglichkeit angesehen wird, kann und braucht der A die Leistung nicht mehr zu erbringen, der Arbeitgeber wird grundsätzlich aber auch von seiner Leistung frei, braucht also auch keinen Lohn zu zahlen.

Hiervon gibt es eine wesentliche Ausnahme in § 616 BGB für den Fall, dass der Arbeitnehmer vorübergehend für eine kurze Zeit an der Arbeitsleistung verhindert ist und ihn daran kein Verschulden trifft. Wenn also der Arbeitnehmer in dem o.g. Beispiel von dem Streik nicht früh genug erfahren hat und er keine Möglichkeit hatte, den Arbeitsplatz rechtzeitig zu erreichen, er also unverschuldet zu spät kam. Eine weitere Ausnahme besteht dann, wenn der Arbeitsausfall in der Risikosphäre des Arbeitgebers liegt.

> **Beispiel:** Wegen eines Stromausfalls kann nicht gearbeitet werden. Dann ist die Arbeitsleistung für den Arbeitnehmer auch unmöglich, der Arbeitgeber muss aber den Lohn zahlen.

Hier kommt der Grundsatz der „**Betriebsrisikolehre**" zum Tragen.

Treuepflicht

Der Arbeitnehmer hat seine Tätigkeit im Rahmen des Arbeitsverhältnisses so aus-zuüben, dass die Interessen und Rechte des Arbeitgebers möglichst nicht verletzt werden. Es handelt sich hierbei um Nebenpflichten, die sich zum Beispiel in einer Verschwiegenheitspflicht, einer Pflicht zur Gefahrenabwehr oder einem Wettbewerbsverbot während des Arbeitsverhältnisses konkretisieren können.

Haftung des Arbeitnehmers

Verletzt der Arbeitnehmer seine arbeitsvertraglichen Pflichten, so kann er dem Arbeitgeber ggf. auch zum Schadensersatz verpflichtet sein. Der Schadensersatz ist vom Verschulden abhängig, wobei im Arbeitsrecht besondere Formen des Grades des Verschuldens entwickelt worden sind. Folgende Grundsätze kommen zur Anwendung: Im Falle des **Vorsatzes** haftet der Arbeitnehmer unbeschränkt. Dies gilt grundsätzlich auch für die **grobe Fahrlässigkeit**, wobei hier eine Haftungsbegrenzung etwa auf drei Monatsgehälter infrage kommen kann, wenn es ein deutliches Missverhältnis zwischen dem Schaden und dem Verdienst gibt. Im Falle der **mittleren Fahrlässigkeit** kommt es im Allgemeinen zu einer Aufteilung des Schadens zwischen Arbeitgeber und Arbeitnehmer, wobei bestimmte Kriterien wie die Art und Schwierigkeit der Tätigkeit und auch das Mitverschulden des Arbeitgebers eine große Rolle spielen.

> **Beispiel:** Der Fahrer einer Spedition wird von seinem Arbeitgeber unter großen Termindruck gesetzt und verursacht deshalb einen Unfall mit einem Firmenfahrzeug. Hier wird der Termindruck bei der Gesamtbeurteilung eine bedeutende Rolle spielen.

Bei **leichter Fahrlässigkeit** entfällt hingegen die Haftung des Arbeitnehmers.

3.1.5.1.6 Beendigung von Arbeitsverhältnissen

Der Arbeitsvertrag ist ein Dauerschuldverhältnis und kann mit Wirkung für die Zukunft auf unterschiedliche Weise beendet werden. Hier sind die Kündigung, ordentliche und außerordentliche, und der Aufhebungsvertrag zu nennen. Weiter führt auch das Ende einer Befristung bzw. die Zweckerreichung zur Beendigung eines Arbeitsverhältnisses, genauso wie der Tod des Arbeitnehmers. Der Tod des Arbeitgebers oder eine Insolvenz beenden hingegen das Arbeitsverhältnis nicht, weil hier Erben bzw. ein Insolvenzverwalter die Rolle des Arbeitgebers übernehmen können.

Aufhebungsvertrag

Zur Beendigung eines Arbeitsvertrages wird häufig der **Aufhebungsvertrag** gewählt. Dieser kann von beiden Vertragsparteien im Sinne der Vertragsfreiheit jederzeit geschlossen werden und damit das Arbeitsverhältnis beenden.

> **!** Der Aufhebungsvertrag bedarf zu seiner Wirksamkeit jedoch der Schriftform, § 623 BGB.

Ordentliche Kündigung

Um eine ordentliche Kündigung handelt es sich, wenn ein unbefristetes Arbeitsverhältnis mit einer bestimmten Frist gekündigt wird. Sofern kein Kündigungsschutz greift, siehe in diesem Kapitel unten, kann sie ohne Begründung von beiden Vertragsparteien ausgesprochen werden.

> **!** Die Kündigung ist eine einseitig empfangsbedürftige Willenserklärung und bedarf zu ihrer Wirksamkeit der Schriftform.

Oft wird die Kündigung postalisch verschickt und somit gegenüber einem Abwesenden abgegeben, wobei sie gemäß § 130 BGB wirksam wird, wenn sie dem Empfänger zugeht, also in seinen Machtbereich, etwa in den Briefkasten, gelangt.

Sofern nicht im Arbeitsvertrag eine **Kündigungsfrist** vorgesehen ist, bestimmen sich die Fristen für den Arbeitnehmer und für den Arbeitgeber nach den gesetzlichen Bestimmungen des § 622 BGB. Gemäß § 622 Abs. 1 BGB kann der Arbeitnehmer mit einer Frist von vier Wochen zum Fünfzehnten oder zum Monatsende kündigen. Die Kündigungsfrist des Arbeitgebers ist hingegen von der Betriebszugehörigkeit des Arbeitnehmers abhängig, siehe § 622 Abs. 2 BGB.

> **Beispiel:** Besteht das Arbeitsverhältnis mehr als fünf Jahre, aber weniger als acht Jahre, so beträgt die Kündigungsfrist zwei Monate zum Ende eines Kalendermonats. Beträgt das Arbeitsverhältnis acht Jahre, aber weniger als zehn Jahre, so beträgt die Kündigungsfrist drei Monate zum Ende eines Kalendermonats.

Die in § 622 Abs. 2 BGB enthaltene Regelung, dass Zeiten vor Vollendung des 25. Lebensjahres nicht berücksichtigt werden, ist aufgrund der Rechtsprechung des Europäischen Gerichtshofes mittlerweile eindeutig als unwirksam anzusehen, weil hierin ein Verstoß gegen die Altersdiskriminierung und damit gegen das Allgemeine Gleichbehandlungsgesetz zu sehen ist. Die Kündigungsfristen können im Arbeitsvertrag frei ausgehandelt werden, jedoch dürfen die Kündigungsfristen für den Arbeitnehmer nicht länger sein, als die für den Arbeitgeber, § 622 Abs. 6 BGB.

Außerordentliche Kündigung

Bei der außerordentlichen Kündigung kann der Arbeitsvertrag **von jeder Partei** ohne Einhaltung einer Frist gekündigt werden, wenn ein wichtiger Grund vorliegt, aufgrund dessen die Fortsetzung des Arbeitsverhältnisses nicht zumutbar ist. Die außerordentliche Kündigung wird in der Praxis meist ohne eine Frist ausgesprochen; nach der gesetzlichen Vorschrift kann sie jedoch auch mit einer Fristsetzung erfolgen.

Beispiel für einen wichtigen Grund: Der Arbeitgeber wird gegenüber dem Arbeitnehmer tätlich oder umgekehrt. Jede Partei, die das Opfer eines tätlichen Angriffs ist, kann außerordentlich kündigen.

Die Kündigung kann gemäß § 626 Abs. 2 BGB nur innerhalb von zwei Wochen nach Kenntnis der für die Kündigungsberechtigung maßgeblichen Tatsachen erfolgen. Diese kurze Frist ist darin begründet, dass der Kündigende zum Ausdruck bringen soll, dass wirklich ein wichtiger Grund vorliegt, der die Fortführung des Arbeitsvertrages unzumutbar macht.

Kündigungsschutzgesetz

Unter bestimmten Voraussetzungen ist eine Kündigung ohne Begründung durch den Arbeitgeber nicht möglich, sondern die Kündigung muss dann nach dem Kündigungsschutzgesetz (KSchG) sozial gerechtfertigt sein. Das KSchG kommt nur zur Anwendung, wenn der Arbeitnehmer länger als sechs Monate im Betrieb beschäftigt ist und der Betrieb eine Mindestgröße von zehn Mitarbeitern aufweist, § 1 Abs. 1 und § 23 Abs. 1 KSchG. Sofern diese Voraussetzungen erfüllt sind, ist die ordentliche Kündigung nur zulässig, wenn sie sozial gerechtfertigt ist. Soziale Rechtfertigung ist gegeben, wenn ein in der Person oder in dem Verhalten des Arbeitnehmers liegender Grund vorliegt oder dringende betriebliche Belange die Kündigung erfordern.

Beispiele für verhaltensbedingte Gründe: häufiges Zuspätkommen, Trunkenheit am Arbeitsplatz
Beispiele für personenbedingte Gründe: Langzeiterkrankung oder häufige kurze Erkrankungen
Beispiele für betriebsbedingte Gründe: Umsatzrückgang oder Umstrukturierung etwa durch das Schließen von Abteilungen

In Bezug auf die personenbedingte Kündigung ist auszuführen, dass sie aufgrund von Krankheit nur ausgesprochen werden kann, wenn bereits lange Fehlzeiten bestehen und es eine ärztlich bestätigte Prognose gibt, dass der Zustand sich auf unbestimmte oder lange Zeit nicht verbessert. Bei der betriebsbedingten Kündigung muss bedacht werden, ob eine Versetzung oder eine Änderungskündigung in Betracht kommt, denn die Kündigung muss immer das letzte Mittel sein. Bei einer betriebsbedingten Kündigung hat der Arbeitgeber nach festgelegten Kriterien eine Sozialauswahl zu treffen.

Abmahnung

Die Abmahnung spielt im Zusammenhang mit der verhaltensbedingten Kündigung eine besondere Rolle. Mit der Abmahnung rügt der Arbeitgeber ein pflichtwidriges Verhalten und droht für den Wiederholungsfall arbeitsrechtliche Konsequenzen an. Somit kommt ihr eine Rüge- und Warnfunktion zu. Einer verhaltensbedingten Kündigung gehen daher im Allgemeinen eine oder mehrere Abmahnungen voraus. Die Abmahnung muss den Sachverhalt, der zugrunde liegt, bezeichnen und den Pflichtverstoß benennen, den der Arbeitnehmer begangen haben soll.

Abschließend muss deutlich werden, dass ein weiterer Verstoß gegen arbeitsvertragliche Pflichten Konsequenzen etwa in Form einer Kündigung nach sich ziehen wird.

Beispiel: Der Arbeitnehmer kommt wiederholt zehn Minuten zu spät zur Arbeit. Er hat feste Arbeitszeiten, sodass ein Pflichtverstoß vorliegt, und erhält deshalb vom Arbeitgeber eine Abmahnung mit der Androhung, im Wiederholungsfalle die Kündigung auszusprechen. Hätte der Arbeitnehmer flexible Arbeitszeiten würde gar kein Pflichtverstoß vorliegen.

Die Abmahnung wird zu den Personalakten genommen. Sofern der Arbeitnehmer sie für ungerechtfertigt hält, kann er schriftlich widersprechen und auch dieses Schreiben kommt zur Personalakte.

Sofern der Arbeitnehmer die Kündigung für sozial ungerechtfertigt hält, hat er die Möglichkeit, **Kündigungsschutzklage** zu erheben. Diese ist gemäß § 4 KSchG innerhalb von drei Wochen vor dem zuständigen Arbeitsgericht zu erheben.

3.1.5.1.7 Zeugnis

Jeder Arbeitnehmer hat bei Beendigung des Arbeitsverhältnisses Anspruch auf ein schriftliches Zeugnis, das mindestens Angaben zu Art und Dauer der Tätigkeit enthalten muss. Die gesetzliche Grundlage für diesen Anspruch auf ein **einfaches Zeugnis** findet sich in § 109 GewO. Der Arbeitnehmer kann auch ein **qualifiziertes Zeugnis** verlangen, in dem dann noch Angaben zu seiner Leistung und seinem Verhalten enthalten sind.

3.1.5.2 Betriebsverfassungsgesetz und Tarifvertragsgesetz

Das Betriebsverfassungsgesetz (BetrVG) ist eine der wichtigsten Säulen des Kollektivarbeitsrechts und regelt die Aufgaben, Rechte und Pflichten des Betriebsrates als Interessenvertretung der Arbeitnehmer. Auch die Voraussetzungen zur Errichtung und die Zusammenarbeit mit dem Arbeitgeber sind in dem Gesetz geregelt.

3.1.5.2.1 Rechtliche Grundlagen des Betriebsverfassungsgesetzes

Die Errichtung eines Betriebsrates ist von der Betriebsgröße abhängig und in Betrieben mit in der Regel mindestens fünf ständigen wahlberechtigten Arbeitnehmern, von denen drei wählbar sind, möglich. Gemäß § 7 BetrVG sind alle Arbeitnehmer, die das 18. Lebensjahr vollendet haben, **wahlberechtigt**. Leiharbeitnehmer sind auch wahlberechtigt, wenn sie länger als drei Monate im Betrieb sind. Man spricht hier von **aktiver Wahlberechtigung**. Wählbar sind gemäß § 8 BetrVG alle Wahlberechtigten, die dem Betrieb bereits sechs Monate angehören, so genannte **passive Wahlberechtigung**. Die Zahl der Betriebsratsmitglieder ist abhängig von der Anzahl der wahlberechtigten Arbeitnehmer, § 9 BetrVG. Wenn es fünf bis 20 Wahlberechtigte gibt, so besteht der Betriebsrat nur aus einer Person. Betriebsratswahlen finden alle vier Jahre in der Zeit vom 1. März bis zum 31. Mai statt, § 13 BetrVG.

3.1.5.2.2 Aufgaben des Betriebsrates

Die allgemeinen Aufgaben des Betriebsrates sind in § 80 BetrVG definiert. Hierzu zählt z.B.: Maßnahmen, die dem Betrieb und der Belegschaft dienen, beim Arbeitgeber zu beantragen; die Beschäftigung im Betrieb zu fördern und zu sichern; Maßnahmen des Arbeitsschutzes und des betrieblichen Umweltschutzes zu fördern.

3.1.5.2.3 Mitwirkungsrechte des Betriebsrates

Dem Betriebsrat kommen verschiedene Mitwirkungsrechte in sozialen, personellen und wirtschaftlichen Angelegenheiten zu. In sozialen Angelegenheiten, § 87 BetrVG, hat der Betriebsrat das stärkste Recht, nämlich ein **Mitbestimmungsrecht**. Hierzu zählen z.B. Fragen der Ordnung des Betriebes und des Verhaltens der Arbeitnehmer.

In personellen Angelegenheiten, wie etwa der Personalplanung gemäß § 92 BetrVG, hat der Betriebsrat ein **Unterrichtungsrecht** und **vor jeder Kündigung** hat er ein **Anhörungsrecht**, § 102 BetrVG. Diese Rechte sind nicht mehr so stark wie das Mitbestimmungsrecht, weil hier der Arbeitnehmer nicht so stark betroffen ist und die Entscheidungsfreiheit des Arbeitgebers eine größere Rolle spielt. Gerade bei den wirtschaftlichen Angelegenheiten (Rationalisierungen oder Stilllegungen) besteht oft nur ein **Informationsrecht**, denn hier soll der Betriebsrat keine Möglichkeit mehr haben, auf die Entscheidung des Arbeitgebers einzuwirken.

Abschließend ist zu erwähnen, dass Betriebsratsmitglieder einen besonderen Kündigungsschutz im Sinne des § 15 KSchG genießen. Danach ist die Kündigung grundsätzlich unzulässig, es sei denn, sie wird aus wichtigem Grund ausgesprochen.

3.1.5.2.4 Tarifvertragsgesetz

Es regelt Form und Inhalt von Tarifverträgen, die von den Tarifvertragsparteien abgeschlossen werden und schriftlich zu verfassen sind. Tarifvertragsparteien sind Gewerkschaften, einzelne Arbeitgeber sowie Vereinigungen von Arbeitgebern, § 2 Tarifvertragsgesetz (TVG). Grundsätzlich entfalten die im Tarifvertrag enthaltenen

Rechtsnormen nur für die Tarifvertragsparteien Wirkung, die ihn auch unterzeichnet haben. Gemäß § 5 TVG gibt es jedoch die Möglichkeit, dass das Bundesministerium für Arbeit und Soziales Tarifverträge für allgemein verbindlich erklärt mit der Folge, dass der Tarifvertrag, innerhalb seines sachlichen und räumlichen Geltungsbereiches, auch für alle nicht tarifgebundenen Arbeitgeber und Arbeitnehmer gilt.

3.1.5.3 Grundlegende arbeitsrechtliche Schutzbestimmungen

Die gesetzlichen Vorschriften des Arbeitsschutzes dienen dem Schutz und dem Erhalt der menschlichen Arbeitskraft und enthalten auch Präventionsvorschriften, etwa zur Verhütung von Unfällen.

3.1.5.3.1 Arbeitsschutzrecht

Arbeitsschutzrechtliche Bestimmungen finden sich in zahlreichen Gesetzen und Verordnungen, wovon hier das Arbeitssicherheitsgesetz, die Gewerbeordnung und die Arbeitsstättenverordnung zu nennen sind.

Im **Arbeitssicherheitsgesetz** ist geregelt, dass der Arbeitgeber Betriebsärzte und Fachpersonal für Arbeitssicherheit zu bestellen hat, die ihn darin unterstützen, die dem Arbeitsschutz und der Unfallverhütung dienenden Vorschriften umzusetzen. Dieses Fachpersonal prüft Maschinen, Werkzeuge etc. auf eine mögliche Gefährdung der Arbeitnehmer und ergreift entsprechende Maßnahmen. In der **Gewerbeordnung** sind grundlegende Vorschriften zur Unfallverhütung enthalten, die durch die **Arbeitsstättenverordnung** konkretisiert werden. In dieser Verordnung ist die Gestaltung von Arbeitsplätzen etwa im Hinblick auf den Nichtraucherschutz, die Beleuchtung oder die Toiletten geregelt.

3.1.5.3.2 Jugendarbeitsschutz

Das Gesetz, das für alle Beschäftigten unter 18 Jahren gilt, beinhaltet Sonderregelungen etwa hinsichtlich der Arbeitszeiten, der Ruhepausen oder des Besuchs der Berufsschule. Grundsätzlich beträgt die Arbeitszeit von Arbeitnehmern unter 18 Jahren höchstens acht Stunden täglich und höchstens vierzig Stunden wöchentlich. Es ist nur eine Fünftagewoche zulässig. Bei einer Arbeitszeit von mehr als viereinhalb bis sechs Stunden ist eine Pause von 30 Minuten und 60 Minuten bei einer Arbeitszeit von mehr als sechs Stunden zu gewähren.

> **!** Der Arbeitgeber hat den Jugendlichen für die Teilnahme am Berufsschulunterricht freizustellen.

3.1.5.3.3 Mutterschutzgesetz

Im Mutterschutzgesetz werden dem Arbeitgeber für werdende und stillende Mütter besondere Sorgfaltspflichten auferlegt. Werdende Mütter dürfen nicht beschäftigt werden, wenn nach ärztlichem Zeugnis Gefahr für das Leben von Mutter oder Kind bei Fortdauer der Beschäftigung besteht. Ein weiteres gesetzlich geregeltes Beschäftigungsverbot besteht für die Zeit nach der Entbindung. Hier dürfen Mütter bis zum Ablauf von acht Wochen nach der Entbindung und bei Frühgeburten bis zum Ablauf von zwölf Wochen nicht beschäftigt werden.

> **!** Die Kündigung gegenüber einer Frau während der Schwangerschaft und bis zum Ablauf von vier Monaten nach der Entbindung ist unzulässig, wenn dem Arbeitgeber die Schwangerschaft oder Entbindung zur Zeit der Kündigung bekannt war oder innerhalb von zwei Wochen nach Zugang der Kündigung mitgeteilt wird.

Der werdenden Mutter kommt hier die Pflicht zu, dem Arbeitgeber die Schwangerschaft mitzuteilen, sobald ihr der Zustand bekannt ist.

3.1.5.3.4 Schwerbehindertenschutz

Das Recht der behinderten und von Behinderung bedrohten Menschen ist im neunten Buch der Sozialgesetzbücher geregelt. Unter dem Begriff „Rehabilitation und Teilhabe behinderter Menschen" werden an den Arbeitgeber besondere Anforderungen gestellt, um die Integration behinderter Menschen in die Gesellschaft und den Arbeitsmarkt zu ermöglichen. Für private und öffentliche Arbeitgeber, die mehr als 20 Arbeitsplätze haben, besteht die Pflicht, auf wenigstens fünf Prozent der Arbeitsplätze Schwerbehinderte zu beschäftigen. Bei Verstoß gegen diese Vorschrift ist eine Ausgleichsabgabe zu leisten.

> **!** Schwerbehinderte genießen zudem einen besonderen Kündigungsschutz, denn die Kündigung bedarf der vorherigen Zustimmung des Integrationsamtes, welche durch einen Antrag des Arbeitgebers einzuholen ist.

3.1.5.3.5 Arbeitszeitgesetz

Das Arbeitszeitgesetz, das die Sicherheit und den Gesundheitsschutz der Arbeitnehmer bei der Arbeitszeitgestaltung gewährleisten soll, gilt für alle Arbeitnehmer, die älter als 18 Jahre alt sind. Danach ist die tägliche Arbeitszeit grundsätzlich auf acht Stunden begrenzt und die Sonn- und Feiertagsarbeit ist grundsätzlich verboten, wobei weiter reichende Ausnahmen etwa für den Bereich der Gesundheitsversorgung, der Gastronomie etc. vorgesehen sind. Zu den Pausenzeiten ist auszuführen, dass nach sechs bis neun Stunden eine Pause von 30 Minuten und bei einer Arbeitszeit von mehr als neun Stunden eine Pause von 45 Minuten zu gewähren ist.

3.1.5.3.6 Bundesurlaubsgesetz

Im Bundesurlaubsgesetz sind die Mindestanforderungen an den Erholungsurlaub für den Arbeitnehmer geregelt, die nicht zu seinen Lasten verändert werden dürfen. Der Mindestanspruch beträgt gemäß § 3 BurlG 24 Werktage. Zu den Werktagen zählen alle Tage von Montag bis Samstag. Bei einer Fünftagewoche besteht somit ein Anspruch von 20 Arbeitstagen. Der volle Urlaubsanspruch entsteht erstmalig nach sechsmonatigem Bestehen des Arbeitsverhältnisses, § 4 BurlG.

Ansonsten hat der Arbeitnehmer Anspruch auf ein Zwölftel des Jahresurlaubs für jeden vollen Monat des Bestehens des Arbeitsverhältnisses. Der Urlaub ist grundsätzlich im laufenden Kalenderjahr zu nehmen und eine Übertragung auf das nächste Kalenderjahr ist nur statthaft, wenn dringende betriebliche oder in der Person des Arbeitnehmers liegende Gründe dies erfordern. Im Falle der Übertragung ist der Urlaub in den ersten drei Monaten des folgenden Kalenderjahres zu nehmen, § 7 BurlG.

3.1.5.4 Aufgaben und Lösungshinweise

1. Was versteht man unter „Individualarbeitsrecht" und „Kollektivarbeitsrecht"?

2. Definieren Sie die Begriffe „Arbeitgeber" und „Arbeitnehmer".

3. Welche Hauptpflichten haben die Vertragsparteien beim Dienstvertrag zu erfüllen?

4. Nennen Sie zwei Vertragsarten im Arbeitsrecht.

5. Wie häufig und in welchem Zeitraum darf ein Arbeitsverhältnis ohne sachlichen Grund befristet werden?

6. Nennen Sie drei Möglichkeiten, einen Arbeitsvertrag zu beenden.

7. Erläutern Sie die Funktionen der Abmahnung.

8. Nennen Sie zwei Gesetze, in denen sich arbeitsschutzrechtliche Bestimmungen finden.

Lösungshinweise

1. Das Individualarbeitsrecht regelt die Rechtsbeziehungen zwischen den Arbeitsvertragsparteien, also zwischen Arbeitgeber und Arbeitnehmer, und das Kollektivarbeitsrecht regelt die Rechtsbeziehungen der arbeitsrechtlichen Koalitionen (Gewerkschaften und Arbeitgeberverbände) und der Organe der betrieblichen Mitbestimmung (Betriebs- und Personalräte) untereinander und zu ihren Mitgliedern.

2. Arbeitnehmer ist, wer durch einen privatrechtlichen Vertrag verpflichtet wird, Dienste in unselbstständiger Arbeit zu erbringen. Arbeitgeber ist jede natürliche oder juristische Person, die mindestens einen Arbeitnehmer hat und aufgrund eines Arbeitsvertrages Dienstleistungen in Anspruch nimmt.

3. „Durch den Dienstvertrag wird derjenige, welcher Dienste zusagt, zur Leistung der versprochenen Dienste, der andere Teil zur Gewährung der vereinbarten Vergütung verpflichtet", § 611 BGB.

4. Teilzeit-, Vollzeitarbeitsverhältnis, Probearbeitsverhältnis, befristetes Arbeitsverhältnis

5. Die kalendermäßige Befristung ist bis zu einer Dauer von zwei Jahren höchstens mit einer dreimaligen Verlängerung zulässig.

6. Kündigung, ordentlich und außerordentlich, Aufhebungsvertrag, Tod des Arbeitnehmers, Ende der Befristung

7. Die Abmahnung hat eine Rüge- und Warnfunktion. Der Arbeitgeber beanstandet ein Verhalten des Arbeitnehmers und weist durch die Abmahnung auf mögliche arbeitsrechtliche Konsequenzen hin.

8. Jugendarbeitsschutz, Arbeitszeitgesetz

3.1.6 Grundsätze des Wettbewerbsrechts

In Deutschland gibt es zwar grundsätzlich die freie Marktwirtschaft, die jedoch auch Grenzen erfahren muss, etwa im Hinblick auf den Verbraucherschutz, aber auch hinsichtlich des Schutzes aller Teilnehmer am Markt sowohl vor unzulässigen bzw. unlauteren Wettbewerbshandlungen als auch vor Wettbewerbsbeschränkungen. Diesem Schutz dienen insbesondere das Gesetz gegen den unlauteren Wettbewerb (UWG) wie auch das Gesetz gegen Wettbewerbsbeschränkungen (GWB), besser bekannt als Kartellrecht.

3.1.6.1 Gesetz gegen den unlauteren Wettbewerb

Der Schutzzweck dieses Gesetzes ist in § 1 UWG definiert und lautet wie folgt: „Zweck des Gesetzes: Dieses Gesetz dient dem Schutz der Mitbewerber, der Verbraucherinnen und Verbraucher sowie der sonstigen Marktteilnehmer vor unlauteren geschäftlichen Handlungen. Es schützt zugleich das Interesse der Allgemeinheit an einem unverfälschten Wettbewerb."

3.1.6.1.1 Grundlagen

In § 3 UWG, der so genannten Generalklausel, ist Folgendes normiert: „Unlautere geschäftliche Handlungen sind unzulässig, wenn sie geeignet sind, die Interessen von Mitbewerbern, Verbrauchern und sonstigen Marktteilnehmern spürbar zu beeinträchtigen." Aus dieser Formulierung wird deutlich, dass einzelne geschäftliche Handlungen noch dahin gehend bewertet werden müssen, ob sie beispielsweise die Interessen bestimmter Personenkreise tatsächlich **spürbar** beeinträchtigen. Es gibt jedoch Geschäftshandlungen, die sind grundsätzlich unzulässig. In § 3 Abs. 3 findet sich ein Hinweis auf einen Gesetzesanhang. Die 30 geschäftlichen Handlungen, die in der so genannten **„Black List"** aufgeführt sind, sind stets unzulässig.

Beispiel: Ein Händler verkauft ein Fahrzeug mit der Zusicherung „TÜV-geprüft", obwohl dies gar nicht der Fall ist. Dies stellt einen Verstoß gegen die Nummer 2 der Liste dar und ist unzulässig. Die Frage, ob jemand beeinträchtigt ist, braucht nicht geprüft zu werden.

3.1.6.1.2 Überblick über unlautere Wettbewerbshandlungen

In den §§ 4 bis 7 UWG sind einzelne Beispiele unlauterer Wettbewerbshandlungen bzw. Tatbestände der irreführenden, der vergleichenden Werbung oder der unzumutbaren Belästigung ausgeführt.

Beispiele unlauterer geschäftlicher Handlungen

In § 4 UWG sind elf Beispiele unlauterer Werbung aufgeführt. Hier sollen zwei für die Praxis bedeutsame Beispiele aus diesem Katalog dargestellt werden.

Beispiel 1: Der Verbraucher A hat eine Reise gewonnen und erfährt erst auf Nachfrage von dem Veranstalter, dass er zusätzliche Kosten für einen Transfer selbst aufzubringen hat. Hier liegt ein Verstoß gegen § 4 Nr. 5 UWG vor, weil die Teilnahmebedingungen nicht klar und eindeutig angegeben sind.

Beispiel 2: In einem Werbespot behauptet Unternehmer A wahrheitswidrig der Unternehmer B würde seinen Mitarbeitern absolute Niedriglöhne zahlen. Hierin ist ein Verstoß gegen § 4 Nr. 7 UWG zu sehen, da der Mitbewerber B dadurch verunglimpft wird.

Irreführende geschäftliche Handlungen

Eine Irreführung im Sinne des § 5 UWG dieser Vorschrift wird bejaht, wenn eine geschäftliche Handlung unwahre oder sonstige zur Täuschung geeignete Angaben enthält.

Beispiel: Eine Ware ist mit „Made in Germany" gekennzeichnet, obwohl sie in China gefertigt wurde.

Vergleichende Werbung

Unter vergleichender Werbung ist jede Werbung zu verstehen, die unmittelbar oder mittelbar einen Mitbewerber oder die von einem Mitbewerber angebotenen Waren oder Dienstleistungen erkennbar macht, § 6 UWG.

Die Werbung muss also einen Vergleich enthalten, in dem ein oder mehrere Mitbewerber bzw. deren Waren oder Dienstleistungen in Beziehung zu der Person des Werbenden oder dessen Waren oder Dienstleistungen gesetzt wird.

Unlauter handelt dabei, wer vergleichend wirbt und sich dabei nicht auf Waren oder Dienstleistungen für den gleichen Bedarf oder dieselbe Zweckbestimmung bezieht.

Beispiel: Eine Supermarktkette darf damit werben, sie sei günstiger als eine andere Kette mit dem gleichen Sortiment, wenn dies den Tatsachen entspricht.

Unzumutbare Belästigungen

Diese Vorschrift soll Verbraucher und sonstige Marktteilnehmer vor unzumutbarer Belästigung durch ungewollte Werbung schützen. Dies gilt besonders dann, wenn klar erkennbar ist, dass die Werbung nicht gewünscht ist, etwa durch einen Aufkleber auf einem Briefkasten. Speziell der Verbraucher soll auch vor ungewollten Telefonanrufen, Faxen, Mail-Nachrichten etc. geschützt werden. In § 7 Abs. 2 Nr. 2 UWG ist daher festgelegt, dass die Werbung gegenüber einem Verbraucher mittels eines Telefonanrufs der **vorherigen ausdrücklichen** Einwilligung bedarf. Diese Voraussetzung kann nicht durch eine Einwilligung zu Beginn des Anrufs geheilt werden. Es würde sonst der Schutzzweck dieser Vorschrift unterlaufen werden, denn durch den Anruf an sich ist die unzumutbare Belästigung bereits realisiert.

3.1.6.1.3 Rechtsfolgen

Wer eine unzulässige Handlung im Sinne der §§ 3 oder 7 UWG vornimmt, kann auf Beseitigung und bei Wiederholungsgefahr auf Unterlassung in Anspruch genommen werden. Diese Ansprüche stehen gemäß § 8 Abs. 3 UWG jedem Mitbewerber, qualifizierten Einrichtungen, wie etwa die Verbraucherzentrale, und auch den Industrie- und Handelskammern zu. **Verbraucher** haben hingegen keine direkte Möglichkeit, Wettbewerbsverstöße zu verfolgen; sie müssen sich ggf. an eine Verbraucherzentrale wenden.

Weitere wettbewerbsrechtliche Ansprüche sind Schadensersatz nach § 9 UWG bei vorsätzlich oder fahrlässig begangenen unzulässigen Handlungen sowie Gewinnabschöpfung im Sinne des § 10 UWG.

In § 13 UWG ist die sachliche Zuständigkeit, **unabhängig vom Streitwert**, grundsätzlich den Landgerichten zugewiesen und gemäß § 14 ist örtlich das (Land-)Gericht zuständig, in dessen Bezirk der Beklagte seine gewerbliche oder berufliche Niederlassung oder seinen Wohnsitz hat.

3.1.6.2 Gesetz gegen Wettbewerbsbeschränkungen

Das Gesetz dient der Sicherung der Freiheit des Wettbewerbs und soll die Handlungsfreiheit aller Marktteilnehmer und auch der Verbraucher sicherstellen. So sind etwa wettbewerbsbeschränkende Vereinbarungen, der Missbrauch einer marktbeherrschenden Stellung sowie bestimmte Unternehmenszusammenschlüsse oder Unternehmenskonzentrationen nicht erlaubt. In § 1 GWG ist folgendes Verbot wettbewerbsbeschränkender Vereinbarungen normiert: „Vereinbarungen zwischen Unternehmen, Beschlüsse von Unternehmensvereinigungen und aufeinander abgestimmte Verhaltensweisen, die eine Verhinderung, Einschränkung oder Verfälschung des Wettbewerbs bezwecken oder bewirken, sind verboten."

Bei einer **Vereinbarung zwischen Unternehmen** (Kartellvereinbarung) liegt grundsätzlich ein Vertrag vor, der zumindest einen der Partner in rechtlicher oder wirtschaftlicher Weise bindet. Der Vertrag muss nicht schriftlich geschlossen sein, sondern ist auch als mündliche Absprache denkbar, so wie auch unter Kaufleuten häufig noch ein Vertragsschluss per Handschlag durchaus üblich ist. Es muss jedenfalls ein Bindungswille vorhanden sein, um die „Vereinbarung" zu realisieren. **(Kartell-)Beschlüsse von Unternehmensvereinigungen** setzen unabdingbar voraus, dass eine Unternehmensvereinigung besteht, die einen Beschluss zu einem Verhalten fasst. Bei einem **aufeinander abgestimmten Verhalten** handelt es sich um einen so genannten „Auffangtatbestand". Wenn ein Verhalten den Tatbestand einer Vereinbarung unter Umständen nicht erfüllt, kann dennoch ein abgestimmtes Verhalten gegeben sein. Eine Abstimmung durch konkludentes Handeln, durch ein „Gentleman's Agreement" oder durch ein bloßes Dulden eines Verhaltens sind hier denkbar.

Beispiel: Konforme Entwicklungen der Spritpreise innerhalb weniger Stunden bei allen Benzinanbietern.

Es müssen in jedem Fall konkrete Tatsachen vorliegen, die auf eine Verhinderung, Verfälschung oder Einschränkung des Wettbewerbs hindeuten.

In den §§ 19 bis 21 GWB finden sich zudem noch konkrete Verbote von Wettbewerbsbeschränkungen. So sind die missbräuchliche Ausnutzung einer marktbeherrschenden Stellung und die unbillige Behinderung oder Diskriminierung anderer Wettbewerber gemäß §§ 19, 20 GWB verboten.

Beispiel: Ein marktführender Energiekonzern darf kleinere Unternehmen der gleichen Branche nicht durch die Ausnutzung seiner Stellung vom Energiebezug ausschließen.

Abschließend sieht § 21 GWB ein Boykottverbot vor.

Das Gesetz erlaubt den Abschluss von Vereinbarungen und Mittelstandskartellen gemäß § 2 und 3 GWB jedoch unter bestimmten Voraussetzungen. **Freigestellte Vereinbarungen** sind vom Verbot des § 1 GWB ausgenommen, wenn Vereinbarungen zwischen Unternehmen, Beschlüsse von Unternehmensvereinigungen oder aufeinander abgestimmte Verhaltensweisen zum Beispiel zur Förderung des technischen oder wirtschaftlichen Fortschritts beitragen. Zusätzlich muss die Vereinbarung auch dem Verbraucher dienen, um zulässig zu sein. Auch die Mittelstandskartelle gemäß § 3 GWB sind vom Verbot des § 1 GWB ausgenommen, wenn die Vereinbarungen oder Beschlüsse der Rationalisierung wirtschaftlicher Vorgänge dienen.

Beispiel: Einkaufskooperationen von Floristen

Gemäß § 48 GWB sind zuständige Kartellbehörden zur Überwachung und Durchsetzung des GWB das **Bundeskartellamt** mit Sitz in Bonn und das **Bundesministerium für Wirtschaft und Technologie** sowie die nach Landesrecht zuständigen obersten Landesbehörden.

Der Kartellbehörde sind verschiedenste Befugnisse zugewiesen, so übt sie Zusammenschlusskontrolle aus.

(Anmerkung: Dies wird intensiver in Kapitel 8.5.1 behandelt; das UWG ist aber meist Bestandteil der Prüfungen im Recht.)

3.1.6.3   Aufgaben und Lösungshinweise

1. Grenzen Sie den Regelungsinhalt des UWG vom GWB ab.

2. Welche Norm beinhaltet die Generalklausel, § 3 Abs. 1, im UWG?

3. Wann handelt es sich im Sinne des GWB um freigestellte Vereinbarungen?

4. Welche Behörde ist für die Überwachung des Kartellrechts hauptsächlich zuständig?

Lösungshinweise

1. Das UWG schützt Verbraucher, Mitbewerber und die Allgemeinheit vor unlauteren Wettbewerbshandlungen. Das GWB soll die Freiheit des Wettbewerbs sichern. Es ermöglicht den Eingriff spezieller Behörden. Der Wettbewerb soll nicht beschränkt werden. Die Vertragsfreiheit, Vereinigungen etc. zu bilden, wird eingeschränkt.

2. Unlautere Wettbewerbshandlungen, die Mitbewerber oder Verbraucher erheblich beeinträchtigen, sind verboten.

3. § 2 GWB: Vom Verbot des § 1 GWB freigestellt sind Vereinbarungen zwischen Unternehmen, wenn sie der Rationalisierung wirtschaftlicher Vorgänge dienen, den Wettbewerb auf dem relevanten Markt nicht wesentlich beeinträchtigen und die Wettbewerbsfähigkeit kleiner und mittlerer Unternehmen verbessern können.

4. Zuständig ist hauptsächlich das Bundeskartellamt, das in Bonn seinen Sitz hat, §§ 48, 51 GWB.

3.1.7   *Grundsätze des Gewerberechts und der Gewerbeordnung*

In Deutschland besteht grundsätzlich Gewerbefreiheit, sodass man jedes Gewerbe anmelden und betreiben kann, das nicht gegen ein gesetzliches Verbot verstößt. Es ist eine Gewerbemeldung beim Gewerbeamt der Gemeinde oder Stadt vorzunehmen, wo sich der Sitz des Betriebes befindet.

! Für jedes Gewerbe besteht eine Anzeigepflicht.

Das Gewerbe muss nach außen sichtbar gemacht werden, sodass bei einer Verkaufsstelle, einer Gaststätte oder einer offenen Betriebsstätte am Eingang oder an einer Außenwand gut sichtbar der Name mit mindestens einem ausgeschriebenen Vornamen anzubringen oder auch die Firma eines Kaufmanns ist. Das Gewerberegister ist nicht öffentlich und Auskünfte können nur eingeholt werden, wenn ein berechtigtes Interesse an den Daten nachgewiesen wird.

3.1.7.1 Gewerbebegriff nach der Gewerbeordnung

Unter einem Gewerbe versteht man jede erlaubte, auf Gewinnerzielung gerichtete, selbstständige Tätigkeit, die fortgesetzt, also nicht nur gelegentlich, ausgeübt wird. Hierzu gehören nicht die freien Berufe wie etwa Anwälte, Ärzte etc. Es kann hier auf das Kapitel 3.1.4 Handelsrecht verwiesen werden.

3.1.7.2 Gewerbearten

Das „**stehende Gewerbe**", §§ 14 ff GewO ist die Grundform des Gewerbebetriebes. Zum „**Reisegewerbe**" gehören alle Gewerbe mit einer Tätigkeit außerhalb einer gewerblichen Niederlassung oder ohne eine gewerbliche Niederlassung, bei der der Kunde ohne vorherige Bestellung aufgesucht wird. Beim „**Marktgewerbe**" handelt es sich um behördlich genehmigte Veranstaltungen wie etwa Messen, Ausstellungen oder Großmärkte. Weiter unterscheidet die Gewerbeordnung zwischen erlaubnispflichtigem und überwachungsbedürftigem Gewerbe. Bei einem **erlaubnispflichtigen** Gewerbe kann erst begonnen werden, wenn die behördliche Erlaubnis erteilt ist, die etwa von einem Befähigungsnachweis (Beispiel: Versicherungsvermittler) oder dem Besuch bestimmter Kurse (Gaststättenbetreiber) abhängig ist. Ein **überwachungspflichtiges** Gewerbe ist an sich erlaubnisfrei, die zuständige Behörde prüft jedoch die persönliche Zuverlässigkeit des Gewerbetreibenden, der dafür ein Führungszeugnis und eine Auskunft aus dem Gewerbezentralregister vorlegen muss. Beispielhaft sind hier Detekteien und Partnervermittlungen zu nennen.

3.1.7.3 Ladenschlussgesetz

In Deutschland ist die Zuständigkeit zur Regelung der Ladenöffnungszeiten auf die Bundesländer übertragen worden. Es gibt ein Bundesgesetz, aber die Länder haben die Befugnis erhalten, davon abweichende Regelungen zu treffen. So sind beispielsweise in Nordrhein-Westfalen die Ladenöffnungszeiten an den Werktagen freigegeben. Im Bundesgesetz ist die Grundregel für die Ladenöffnungszeiten werktags von 6:00 bis 20:00 Uhr. An den Sonn- und Feiertagen müssen die Verkaufsstellen grundsätzlich überall geschlossen bleiben, hier sind nur Ausnahmen für bestimmte Branchen, wie etwa Bäcker, Tankstellen oder Kioske vorgesehen. Während der Ladenschlusszeiten dürfen keine Waren oder Bestellungen angenommen und keine Kunden beraten werden.

3.1.7.4 Aufgaben und Lösungshinweise

1. Nennen Sie den wesentlichen Grundsatz im Gewerberecht.

2. Nennen Sie je ein Beispiel für ein erlaubnispflichtiges und ein überwachungspflichtiges Gewerbe.

Lösungshinweise

1. Es besteht Gewerbefreiheit.

2. Versicherungsvermittler und Detektei

Aufgaben und Lösungshinweise

Um Ihnen die Zuordnung zu erleichtern, stehen die Aufgaben und Lösungshinweise dieses Kapitels direkt bei dem entsprechenden Unterkapitel, d.h., Sie finden sie jeweils am Ende von Kapitel 3.1.1, 3.1.2 usw.

3.2 Steuerrechtliche Bestimmungen

3.2.1 Grundbegriffe des Steuerrechts

3.2.1.1 Das deutsche Steuerrecht

Das deutsche Steuerrecht gehört zu den weltweit umfangreichsten und komplexesten Werken dieser Art. Gründe dafür sind die Zielsetzungen

- soziale Gerechtigkeit,
- möglichst jeden erfassen,
- Steuerschlupflöcher vermeiden.

In Deutschland besteht das Wirtschaftssystem der sozialen Marktwirtschaft. Dabei soll derjenige, dessen Leistungen im Augenblick mehr gefragt oder besser bezahlt sind und der daher höhere Einnahmen erzielt, für denjenigen mitzahlen, dessen Leistungen im Augenblick weniger gebraucht werden. Es findet eine Einkommensumverteilung statt.

Daher ist der **Einkommensteuersatz progressiv**, d.h., verdient jemand das Doppelte eines anderen, zahlt er mehr als das Doppelte an Steuern. Steigendes Einkommen bedeutet daher einen relativ stärkeren Anstieg des Einkommensteuersatzes. Aber dazu mehr im Kapitel Einkommensteuer. Die Steuern werden zum Nutzen des gesamten Staats verwendet.

Das Steuergesetz unterliegt häufigen Veränderungen. Ein Grund hierfür ist, dass der Standort Deutschland für Unternehmen wirtschaftlich interessant bleiben muss. In den 80ern und Anfang der 90er-Jahre wanderten einige größere Unternehmen ins Ausland ab, da die deutschen Unternehmenssteuern extrem hoch lagen. Deren Steuern gingen für Deutschland gänzlich verloren. Ebenso musste Deutschland viele Arbeitsplätze einbüßen. Folglich wurde die Gewerbekapitalsteuer gestrichen und der Körperschaftsteuersatz von ehemals 56 % auf 15 % abgesenkt.

Als Erstes stellt sich die Frage: Was sind Steuern? Eine Antwort darauf gibt der allgemeine Teil des deutschen Steuerrechts, die **Abgabenordnung**.

> § 3 AO Steuern, steuerliche Nebenleistungen
>
> (1) Steuern sind Geldleistungen, die nicht eine Gegenleistung für eine besondere Leistung darstellen und von einem öffentlich-rechtlichen Gemeinwesen zur Erzielung von Einnahmen allen auferlegt werden, bei denen der Tatbestand zutrifft, an den das Gesetz die Leistungspflicht knüpft; die Erzielung von Einnahmen kann Nebenzweck sein.
>
> (3) Einfuhr- und Ausfuhrabgaben nach Artikel 4 Nr. 10 und 11 des Zollkodexes sind Steuern im Sinne dieses Gesetzes.
>
> (4) Steuerliche Nebenleistungen sind Verzögerungsgelder (§ 146 Abs. 2b), Verspätungszuschläge (§ 152), Zuschläge gemäß § 162 Abs. 4, Zinsen (§§ 233 bis 237), Säumniszuschläge (§ 240), Zwangsgelder (§ 329) und Kosten (§§ 89, 178, 178a und §§ 337 bis 345) sowie Zinsen im Sinne des Zollkodexes und Verspätungsgelder nach § 22a Absatz 5 des Einkommensteuergesetzes.

Steuern sind demnach
- Geldleistungen,
- die keine Gegenleistung für irgendeine Leistung darstellen, d.h., sie werden bezahlt, ohne dass dafür erwartet werden kann, im Gegenzug etwas dafür zu bekommen.

Beispiel: Der Steuerzahler darf nicht erwarten, dass aufgrund seiner Steuerzahlung im Gegenzug beispielsweise die Straße zu seinem Wohnhaus saniert wird.

- Zweck ist, dass der Staat Einnahmen erzielt.
- Die Erzielung von Einnahmen kann auch Nebenzweck sein. Dies bedeutet, es kann ein anderer Zweck primär beabsichtigt sein, beispielsweise werden mit der Umwelt verbundene oder gesundheitliche Ziele verfolgt wie durch die Mineralöl- oder die Tabaksteuer.
- Das Gesetz verpflichtet zur Zahlung.
- Es ist ein gewisser Tatbestand damit verbunden, wie der Steuerpflichtige ist Halter eines Pkws oder der Steuerpflichtige hat im letzten Jahr ein Einkommen in bestimmter Höhe erzielt.

Auch die **Zölle** gehören zu den Steuern. Daneben gibt es staatliche Nebenleistungen wie Verspätungszuschläge usw.

Von den Steuern sind zu unterscheiden die **Gebühren** und die **Beiträge**. Alle drei gehören zu den Abgaben an den Staat. Wie erwähnt, bei Steuern gibt es keine Gegenleistungen.
- Gebühren fallen nur an als Gegenleistungen für bestimmte Leistungen. Wer keine Mülltonne nutzt, zahlt keine Müllabfuhrgebühren.
- Beiträge werden etwa für Sozialversicherungen bezahlt. Dazu zählt die Arbeitslosenversicherung. Diese wird auch für denjenigen fällig, der niemals im Leben arbeitslos wird.

3.2.1.2 Gliederung der Steuern

Steuern können nach verschiedenen Kriterien gegliedert werden.

So wird nach dem **Kriterium der Überwälzbarkeit** zwischen direkten und indirekten Steuern unterschieden:
- **Direkt** bedeutet, wer die Steuer wirtschaftlich tragen soll, zahlt auch die Steuer an das Finanzamt. Dies wird bei der Kfz-Steuer oder der Einkommensteuer praktiziert.
- **Indirekt** sind dagegen die Umsatzsteuer oder Lohnsteuer. Bei der Umsatzsteuer trägt der Endverbraucher die wirtschaftliche Last, das Unternehmen stellt die Umsatzsteuer dem Kunden in Rechnung und führt sie an das Finanzamt ab, z.B. wird die Lohnsteuer vom Arbeitgeber für den Arbeitnehmer an das Finanzamt bezahlt.

Es wird weiter getrennt zwischen **Personen- und Objektsteuern**:

- **Personensteuern** beziehen sich auf die Person des Steuerpflichtigen und bemessen sich nach dessen Leistungsfähigkeit. Typische Personensteuern sind die Einkommen- und die Körperschaftsteuer.
- **Objektsteuern** sind abhängig vom Objekt, das besteuert wird, wie Grundstücke oder Gebäude bei der Grundsteuer, das Auto bei der Kfz-Steuer oder auch der Gewerbebetrieb bei der Gewerbesteuer. Grundsteuer und Gewerbesteuer sind zugleich Realsteuern.

---

§ 3 AO Steuern, steuerliche Nebenleistungen

(2) Realsteuern sind die Grundsteuer und die Gewerbesteuer.

Entsprechend der **Ertragshoheit** erfolgt eine Unterscheidung nach dem Kriterium, welche Gebietskörperschaft die Steuer erhält.

- **Bundessteuern**: die Mineralölsteuer, die Tabaksteuer, die Versicherungsteuer
- **Landessteuern**: die Grunderwerb- und die Erbschaftsteuer
- **Gemeindesteuern**: Gewerbe- und Grundsteuer
- **Gemeinschaftsteuern**, die auf Bund, Länder und Gemeinden aufgeteilt werden: Einkommen-, Körperschaft- (nur Bund und Länder) und Umsatzsteuern

Näheres dazu ist dem Grundgesetz zu entnehmen:

Art 106 GG

(1) Der Ertrag der Finanzmonopole und das Aufkommen der folgenden Steuern stehen dem Bund zu:

1. die Zölle,
2. die Verbrauchsteuern, soweit sie nicht nach Absatz 2 den Ländern, nach Absatz 3 Bund und Ländern gemeinsam oder nach Absatz 6 den Gemeinden zustehen,
3. die Straßengüterverkehrsteuer, die Kraftfahrzeugsteuer und sonstige auf motorisierte Verkehrsmittel bezogene Verkehrsteuern,
4. die Kapitalverkehrsteuern, die Versicherungsteuer und die Wechselsteuer,
5. die einmaligen Vermögensabgaben und die zur Durchführung des Lastenausgleichs erhobenen Ausgleichsabgaben,
6. die Ergänzungsabgabe zur Einkommensteuer und zur Körperschaftsteuer,
7. Abgaben im Rahmen der Europäischen Gemeinschaften.

(2) Das Aufkommen der folgenden Steuern steht den Ländern zu:

1. die Vermögensteuer,
2. die Erbschaftsteuer,
3. die Verkehrsteuern, soweit sie nicht nach Absatz 1 dem Bund oder nach Absatz 3 Bund und Ländern gemeinsam zustehen,
4. die Biersteuer,
5. die Abgabe von Spielbanken.

(3) Das Aufkommen der Einkommensteuer, der Körperschaftsteuer und der Umsatzsteuer steht dem Bund und den Ländern gemeinsam zu (Gemeinschaftsteuern), soweit das Aufkommen der Einkommensteuer nicht nach Absatz 5 und das Aufkommen der Umsatzsteuer nicht nach Absatz 5a den Gemeinden zugewiesen wird. Am Aufkommen der Einkommen-

---

steuer und der Körperschaftsteuer sind der Bund und die Länder je zur Hälfte beteiligt. Die Anteile von Bund und Ländern an der Umsatzsteuer werden durch Bundesgesetz, das der Zustimmung des Bundesrates bedarf, festgesetzt. (…)

(5) Die Gemeinden erhalten einen Anteil an dem Aufkommen der Einkommensteuer, der von den Ländern an ihre Gemeinden auf der Grundlage der Einkommensteuerleistungen ihrer Einwohner weiterzuleiten ist. Das Nähere bestimmt ein Bundesgesetz, das der Zustimmung des Bundesrates bedarf. (…)

(5a) Die Gemeinden erhalten ab dem 1. Januar 1998 einen Anteil an dem Aufkommen der Umsatzsteuer. Er wird von den Ländern auf der Grundlage eines orts- und wirtschaftsbezogenen Schlüssels an ihre Gemeinden weitergeleitet. Das Nähere wird durch Bundesgesetz, das der Zustimmung des Bundesrates bedarf, bestimmt.

(6) Das Aufkommen der Grundsteuer und Gewerbesteuer steht den Gemeinden, das Aufkommen der örtlichen Verbrauch- und Aufwandsteuern steht den Gemeinden oder nach Maßgabe der Landesgesetzgebung den Gemeindeverbänden zu. (…)

Wie bereits ersichtlich, gibt es **Bundessteuergesetze**, die die Zustimmung der Länder, also des Bundesrates benötigen. Sie betreffen die Einkommen-, Körperschaft-, Umsatzsteuer, Gewerbe-, Grund- und Erbschaftsteuer. Hier wird von konkurrierender Gesetzgebung gesprochen.

Abb. 3.1: Mögliche Steuergliederungen

Direkte Steuern	Indirekte Steuern
Einkommensteuer	Umsatzsteuer
Körperschaftsteuer	Lohnsteuer
Kfz-Steuer	Mineralölsteuer
Grundsteuer	Tabaksteuer
Gewerbesteuer	Biersteuer
Hundesteuer	Energiesteuer

Personensteuer	Objektsteuern
Einkommensteuer	Kfz-Steuer
Körperschaftsteuer	Grundsteuer
Erbschaftsteuer	Gewerbesteuer
Solidaritätszuschlag	Hundesteuer

Besitzsteuern	Verbrauchsteuern	Verkehrsteuern
Einkommensteuer	Mineralölsteuer	Umsatzsteuer
Körperschaftsteuer	Tabaksteuer	Grunderwerbsteuer
Grundsteuer	Umsatzsteuer	Rennwett- und Lotteriesteuer
Gewerbesteuer	Biersteuer	Versicherungsteuer

Für andere Steuerarten kann der **Bund allein** entscheiden: Mineralöl- oder Tabaksteuer. Wieder andere werden allein von den **Ländern** geregelt, z.B. Hundesteuer.

Personen- und Realsteuern werden unter dem Begriff **Besitzsteuern** zusammengefasst. Bemessungsgrundlage ist der Ertrag aus Vermögen (Einkommen-, Körperschaft- oder Gewerbesteuer) oder das Vermögen selbst (Grundsteuer).

Unter **Verbrauchsteuern** sind die Mineralölsteuer, die Tabaksteuer oder wiederum die Umsatzsteuer zu verstehen. Diese stehen in Verbindung mit dem Verbrauch von Wirtschaftsgütern.

Verkehrsteuern sind Steuern, die mit dem allgemeinen Wirtschaftsverkehr zu tun haben. Beispiele sind wieder die Umsatzsteuer, aber auch die Grunderwerbsteuer.

3.2.1.3 Bedeutende steuerliche Begriffe

Steuerpflichtiger ist derjenige, der aufgrund von Steuergesetzen bestimmte Verpflichtungen eingegangen ist.

---

§ 33 AO Steuerpflichtiger

(1) Steuerpflichtiger ist, wer eine Steuer schuldet, für eine Steuer haftet, eine Steuer für Rechnung eines Dritten einzubehalten und abzuführen hat, wer eine Steuererklärung abzugeben, Sicherheit zu leisten, Bücher und Aufzeichnungen zu führen oder andere ihm durch die Steuergesetze auferlegte Verpflichtungen zu erfüllen hat.

Der Steuerpflichtige ist unter anderem verpflichtet, die **Steuerformalitäten** zu erfüllen, beispielsweise die **Steuererklärung** abzugeben. Im Falle der Lohnsteuer hat der Arbeitgeber die Pflicht, die Lohnsteueranmeldung vorzunehmen.
Bei der Umsatzsteuer gibt das Unternehmen, das Leistungen oder Produkte verkauft und dem Käufer die Umsatzsteuer in Form der Mehrwertsteuer in Rechnung stellt, monatlich oder vierteljährlich je nach Umsatzhöhe eine Umsatzsteuervoranmeldung und am Jahresende die Umsatzsteuererklärung ab.

Steuerschuldner ist, wer dem Finanzamt die Steuer schuldet. Die Umsatzsteuer wird vom verkaufenden Unternehmen an den Fiskus geschuldet. Das Finanzamt kennt das Unternehmen, das dem Staat die Steuer schuldet. Der Käufer, der wirtschaftlich für die Umsatzsteuer aufkommt, ist dem Finanzamt im Allgemeinen nicht bekannt.

Beispiel: Der Gast eines Restaurants kauft sich eine Tasse Kaffee und zahlt hierfür auch die Mehrwertsteuer. Er ist nicht verpflichtet, für das Finanzamt gewisse Formulare auszufüllen, ist also nicht Steuerpflichtiger. Das Finanzamt kann auch nicht auf ihn zurückgreifen, wenn bestimmte Umsatzsteuerzahlungen von der Gastronomie nicht bezahlt werden. Der Gast ist also kein Steuerschuldner gegenüber dem Finanzamt.
Die Lohnsteuer wird vom Arbeitnehmer geschuldet. Das Finanzamt weiß, von welchem Mitarbeiter eines Unternehmens welche Lohnsteuer abzuführen ist. Der Arbeitnehmer ist Steuerschuldner.

Steuerzahler ist, wer die Steuerzahlung an das Finanzamt zu leisten hat. Das verkaufende oder Leistung erbringende Unternehmen zahlt die Umsatzsteuer. Der Arbeitgeber zahlt die Lohnsteuer.

Steuerträger ist derjenige, der wirtschaftlich für die Steuer aufkommt und belastet wird. Bei der Umsatzsteuer ist dies der Endkunde, wie im Kapitel Umsatzsteuer noch näher erklärt wird. Der Gast des Lokals, der die Tasse Kaffee kauft, wird wirtschaftlich mit der Umsatzsteuer belastet, das Lokal nimmt nur für den Fiskus das Geld ein und gibt es an das Finanzamt weiter.

Die Lohnsteuer zahlt das Unternehmen an das Finanzamt, der Mitarbeiter erhält um diesen Betrag weniger Gehalt ausbezahlt, muss also die wirtschaftliche Last tragen. Der Mitarbeiter ist Steuerträger.

3.2.2 Unternehmensbezogene Steuern

3.2.2.1 Einkommensteuer

3.2.2.1.1 Die Einkommensteuerpflicht

Die deutsche Einkommensteuer belastet natürliche Personen, die in Deutschland ihren Wohnsitz oder gewöhnlichen Aufenthalt haben, unbeschränkt. Diese natürlichen Personen versteuern in Deutschland ihr Welteinkommen, das Einkommen, das sie im Inland oder im Ausland erzielen.

> § 1 EStG Steuerpflicht
>
> (1) Natürliche Personen, die im Inland einen Wohnsitz oder ihren gewöhnlichen Aufenthalt haben, sind unbeschränkt einkommensteuerpflichtig. Zum Inland im Sinne dieses Gesetzes gehört auch der der Bundesrepublik Deutschland zustehende Anteil am Festlandsockel, soweit dort Naturschätze des Meeresgrundes und des Meeresuntergrundes erforscht oder ausgebeutet werden oder dieser der Energieerzeugung unter Nutzung erneuerbarer Energien dient.

Was unter dem **Wohnsitz** oder dem gewöhnlichen Aufenthalt zu verstehen ist, regelt die Abgabenordnung.

> § 8 AO Wohnsitz
>
> Einen Wohnsitz hat jemand dort, wo er eine Wohnung unter Umständen innehat, die darauf schließen lassen, dass er die Wohnung beibehalten und benutzen wird.

Hat eine Person in Deutschland eine Wohnung oder ein Wohnhaus zur freien Verfügung, und eignet sich diese Wohnung oder dieses Wohnhaus zum Wohnen, ist sie in Deutschland mit sämtlichen Einkünften vom In- und Ausland einkommensteuerpflichtig. Ausgenommen sind damit Geschäftsräume, einfache Notunterkünfte oder ein Zimmer bei Verwandten, Familienangehörigen, Freunden oder Bekannten.

Personen, die in Deutschland keinen Wohnsitz haben, können dennoch unbeschränkt steuerpflichtig sein. Dies trifft dann zu, wenn sie in Deutschland ihren gewöhnlichen Aufenthalt haben.

---

§ 9 AO Gewöhnlicher Aufenthalt

Den gewöhnlichen Aufenthalt hat jemand dort, wo er sich unter Umständen aufhält, die erkennen lassen, dass er an diesem Ort oder in diesem Gebiet nicht nur vorübergehend verweilt. Als gewöhnlicher Aufenthalt im Geltungsbereich dieses Gesetzes ist stets und von Beginn an ein zeitlich zusammenhängender Aufenthalt von mehr als sechs Monaten Dauer anzusehen; kurzfristige Unterbrechungen bleiben unberücksichtigt. Satz 2 gilt nicht, wenn der Aufenthalt ausschließlich zu Besuchs-, Erholungs-, Kur- oder ähnlichen privaten Zwecken genommen wird und nicht länger als ein Jahr dauert.

Beim gewöhnlichen Aufenthalt zählt, ob sich die Person mindestens 183 Tage ohne Unterbrechung im Jahr in Deutschland aufhält. Wenn dies erfüllt ist, ist sie unbeschränkt einkommensteuerpflichtig.

Besteht ein **Doppelbesteuerungsabkommen** mit dem betreffenden Ausland, wird dadurch eine doppelte Besteuerung, also eine Besteuerung im In- und im Ausland vermieden. Im Doppelbesteuerungsabkommen, das Deutschland mit vielen anderen Staaten geschlossen hat, wird geregelt, in welchem Staat die Einkünfte zu versteuern sind und wie eine Doppelbesteuerung derselben Einkünfte vermieden wird.

Ohne Doppelbesteuerungsabkommen würde die Steuer im Ausland auf die deutsche Steuer angerechnet und damit eine Doppelbesteuerung vermieden.

---

§ 34c EStG

(1) Bei unbeschränkt Steuerpflichtigen, die mit ausländischen Einkünften in dem Staat, aus dem die Einkünfte stammen, zu einer der deutschen Einkommensteuer entsprechenden Steuer herangezogen werden, ist die festgesetzte und gezahlte und um einen entstandenen Ermäßigungsanspruch gekürzte ausländische Steuer auf die deutsche Einkommensteuer anzurechnen, die auf die Einkünfte aus diesem Staat entfällt; (...) Die ausländischen Steuern sind nur insoweit anzurechnen, als sie auf die im Veranlagungszeitraum bezogenen Einkünfte entfallen.

Hat eine Person in Deutschland weder einen Wohnsitz noch den gewöhnlichen Aufenthalt, ist sie mit ihren Einkünften, die sie innerhalb Deutschlands bezieht, beschränkt steuerpflichtig.

---

§ 1 EStG

(4) Natürliche Personen, die im Inland weder einen Wohnsitz noch ihren gewöhnlichen Aufenthalt haben, sind vorbehaltlich der Absätze 2 und 3 und des § 1a beschränkt einkommensteuerpflichtig, wenn sie inländische Einkünfte im Sinne des § 49 haben.

In § 49 EStG wird die beschränkte Steuerpflicht für sämtliche Einkunftsarten festgelegt. Auf die Vorbehalte in § 1 (4) EStG wird zur einfacheren Betrachtung hier nicht weiter eingegangen.

Wer beschränkt steuerpflichtig ist, versteuert in Deutschland nur die Inlandseinkünfte.

> **!** Die Steuerpflicht beginnt für natürliche Personen mit der Geburt und endet mit dem Tod.

3.2.2.1.2 Arten von Einkünften

Basis zur Ermittlung der Bemessungsgrundlage für die Einkommensteuer sind die sieben Einkunftsarten. Diese werden in § 2 (1) EStG aufgeführt:

---

§ 2 EStG: Umfang der Besteuerung, Begriffsbestimmungen

(1) Der Einkommensteuer unterliegen
1. Einkünfte aus Land- und Forstwirtschaft §§ 13 ff EStG,
2. Einkünfte aus Gewerbebetrieb §§ 15 ff EStG,
3. Einkünfte aus selbstständiger Arbeit §§ 18 EStG,
4. Einkünfte aus nichtselbstständiger Arbeit § 19 EStG,
5. Einkünfte aus Kapitalvermögen § 20 EStG,
6. Einkünfte aus Vermietung und Verpachtung § 21 EStG,
7. sonstige Einkünfte im Sinne des § 22 EStG,

die der Steuerpflichtige während seiner unbeschränkten Einkommensteuerpflicht oder als inländische Einkünfte während seiner beschränkten Einkommensteuerpflicht erzielt. Zu welcher Einkunftsart die Einkünfte im einzelnen Fall gehören, bestimmt sich nach den §§ 13 bis 24.

(2) Einkünfte sind
1. bei Land- und Forstwirtschaft, Gewerbebetrieb und selbstständiger Arbeit der Gewinn (§§ 4 bis 7k und 13a),
2. bei den anderen Einkunftsarten der Überschuss der Einnahmen über die Werbungskosten (§§ 8 bis 9a).

Bei Einkünften aus Kapitalvermögen tritt § 20 Absatz 9 vorbehaltlich der Regelung in § 32d Absatz 2 an die Stelle der §§ 9 und 9a.

Für jede dieser sieben Einkunftsarten ist in der jährlichen Einkommensteuererklärung ein eigenes Formular auszufüllen und beim Finanzamt abzugeben.

Die ersten drei Einkunftsarten betreffen **Unternehmer**, ob als Land- oder Forstwirte, als Gewerbetreibende oder als Freiberufler oder **sonstige Selbstständige**. Bei ihnen ist ein **Gewinn** zu ermitteln. § 13 EStG geht näher auf die Einkünfte aus Land- und Forstwirtschaft ein.

In § 15 werden die **Einkünfte aus Gewerbebetrieb** dargestellt. § 15 (1) Nr. 1 EStG erklärt die Einkünfte aus Gewerbebetrieb als Einkünfte entsprechender Unternehmen. § 15 (1) Nr. 2 EStG beinhaltet als Einkünfte aus Gewerbebetrieb die Einnahmen der Gesellschafter aus Personengesellschaften. Insbesondere wenn diese Gesellschafter im Unternehmen mitarbeiten, dem Unternehmen ein Darlehen geben oder dem Unternehmen Räume oder Vermögensgegenstände vermieten, gehören sie zu den Einkünften aus Gewerbebetrieb.

§ 15 (2) definiert die Einkünfte aus Gewerbebetrieb als

- selbstständige Tätigkeit, d.h., der Unternehmer kann selbst bestimmen, wie die Arbeitszeit aussieht und wie er seine Arbeit organisiert,
- nachhaltig, d.h., die Tätigkeit wird nicht nur einmal, sondern regelmäßig wieder ausgeführt,
- Tätigkeit mit der Absicht, Gewinn zu erzielen,
- Beteiligung am allgemeinen wirtschaftlichen Verkehr; der Unternehmer nimmt am Markt teil, wo ein Wettbewerb herrscht,
- abgegrenzt von Land- und Forstwirtschaft genauso wie von einer selbstständigen Tätigkeit.

Als **Einkünfte aus selbstständiger Tätigkeit** sind nach § 18 EStG zunächst die Freiberuflichkeit entsprechend den Katalogberufen in § 18 (1) zu verstehen. Weitere Einkommensquellen können u.a. die Einkünfte aus einer staatlichen Lotterie oder Aufsichtsratsvergütungen sein, § 18 (1) Nr. 2 und 3 EStG.

Die weiteren vier Einkunftsarten sind die so genannten **Überschusseinkünfte**. Bei ihnen wird die Differenz zwischen Einnahmen und Ausgaben, die so genannten Werbungskosten, gebildet.

Alle sieben Einkunftsarten sind von § 13 bis 22 EStG näher erläutert.

3.2.2.1.3 Die Buchführungspflicht

Unternehmen haben nach steuerlichen Vorschriften ihre Gewinne zu ermitteln. Dabei ist zwischen den nachfolgend dargestellten Möglichkeiten zu unterscheiden.

Nach § 140 AO besteht die steuerliche Buchführungspflicht für all diejenigen, die nach Gesetzen außerhalb des Steuerrechts verpflichtet sind, Bücher zu führen.

> § 140 AO Buchführungs- und Aufzeichnungspflichten nach anderen Gesetzen
>
> Wer nach anderen Gesetzen als den Steuergesetzen Bücher und Aufzeichnungen zu führen hat, die für die Besteuerung von Bedeutung sind, hat die Verpflichtungen, die ihm nach den anderen Gesetzen obliegen, auch für die Besteuerung zu erfüllen.

Dies wird als **derivative oder abgeleitete Buchführungspflicht** bezeichnet. Insbesondere die §§ 238 ff HGB verpflichten Kaufmänner zur Buchführung.

> § 238 HGB Buchführungspflicht
>
> (1) Jeder Kaufmann ist verpflichtet, Bücher zu führen und in diesen seine Handelsgeschäfte und die Lage seines Vermögens nach den Grundsätzen ordnungsmäßiger Buchführung ersichtlich zu machen. Die Buchführung muss so beschaffen sein, dass sie einem

> sachverständigen Dritten innerhalb angemessener Zeit einen Überblick über die Geschäftsvorfälle und über die Lage des Unternehmens vermitteln kann. Die Geschäfts-vorfälle müssen sich in ihrer Entstehung und Abwicklung verfolgen lassen.
>
> (2) Der Kaufmann ist verpflichtet, eine mit der Urschrift übereinstimmende Wiedergabe der abgesandten Handelsbriefe (Kopie, Abdruck, Abschrift oder sonstige Wiedergabe des Wortlauts auf einem Schrift-, Bild- oder anderen Datenträger) zurückzubehalten.

Die §§ 1 bis 6 HGB klären, wer **Kaufmann** ist. Dies ist zunächst der Gewerbebetrieb einer bestimmten Art und Größe. Ebenso sind Gewerbetreibende, deren Betriebe zwar nicht die Größe und Art haben, die sich aber freiwillig ins Handelsregister eintragen lassen. Weiter sind dies Land-und Forstwirte einer bestimmten Größe. Zuletzt müssen Unternehmen, die in der Rechtsform von Handelsgesellschaften (z.B. OHG, KG, GmbH, AG, GmbH & Co. KG oder KGaA) betrieben werden, sich zum einen ins Handelsregister eintragen lassen und zum anderen Bücher führen.

„**Bücher führen**" bedeutet, dass eine Gewinn- und Verlustrechnung, eine Bilanz und eine doppelte Buchhaltung (pro Geschäftsvorgang mindestens eine Buchung im Soll und eine Buchung im Haben) erstellt wird.

Neue Regelungen wurden mit dem **Bilanzrechtsmodernisierungsgesetz** 2009 für kleine Einzelkaufleute in das Handelsgesetzbuch aufgenommen.

> § 241a HGB Befreiung von der Pflicht zur Buchführung und Erstellung eines Inventars
>
> Einzelkaufleute, die an den Abschlussstichtagen von zwei aufeinander folgenden Geschäftsjahren nicht mehr als 500.000 Euro Umsatzerlöse und 50.000 Euro Jahresüber-schuss aufweisen, brauchen die §§ 238 bis 241 nicht anzuwenden. Im Fall der Neugrün-dung treten die Rechtsfolgen schon ein, wenn die Werte des Satzes 1 am ersten Abschluss-stichtag nach der Neugründung nicht überschritten werden.

Als originäre Buchführungspflicht wird die Verpflichtung nach § 141 (1) S. 1 AO bezeichnet. Diese gilt für Gewerbetreibende, die keine Kaufleute sind, sowie für Land- und Forstwirte bestimmter Größenordnungen.

> § 141 AO Buchführungspflicht bestimmter Steuerpflichtiger
>
> (1) Gewerbliche Unternehmer sowie Land- und Forstwirte, die nach den Feststellungen der Finanzbehörde für den einzelnen Betrieb
> 1. Umsätze einschließlich der steuerfreien Umsätze, ausgenommen die Umsätze nach § 4 Nr. 8 bis 10 des Umsatzsteuergesetzes, von mehr als 500.000 Euro im Kalenderjahr oder
> 2. (weggefallen)
> 3. selbstbewirtschaftete land- und forstwirtschaftliche Flächen mit einem Wirtschafts-wert (§ 46 des Bewertungsgesetzes) von mehr als 25.000 Euro oder
> 4. einen Gewinn aus Gewerbebetrieb von mehr als 50.000 Euro im Wirtschaftsjahr oder
> 5. einen Gewinn aus Land- und Forstwirtschaft von mehr als 50.000 Euro im Kalenderjahr

> gehabt haben, sind auch dann verpflichtet, für diesen Betrieb Bücher zu führen und
> auf Grund jährlicher Bestandsaufnahmen Abschlüsse zu machen, wenn sich eine Buch-
> führungspflicht nicht aus § 140 ergibt. Die §§ 238, 240, 241, 242 Abs. 1 und die
> §§ 243 bis 256 des Handelsgesetzbuchs gelten sinngemäß, sofern sich nicht aus den
> Steuergesetzen etwas anderes ergibt. (...)

Hier wird direkt bestimmt, wer die doppelte Buchführung auszuüben hat. Neben originärer und derivativer Verpflichtung zur doppelten Buchführung gibt es Gewerbetreibende und Freiberufler, die freiwillig Bücher führen.

3.2.2.1.4 Die Gewinnermittlung nach § 4 EStG

Gewerbliche Unternehmen, Personengesellschaften und größere Land- und Forstwirtschaftsbetriebe, die buchführungspflichtig sind oder freiwillig eine doppelte Buchführung erstellen, ermitteln ihren Gewinn durch Bilanzvergleich zweier aufeinanderfolgender Jahre gemäß § 4 (1) EStG. Das Betriebsvermögen der beiden Jahre besteht jeweils aus dem Vermögen abzüglich der Schulden. Die Differenz aus Vermögen und Schulden ergibt das Eigenkapital.
Genauer gesagt wird hier von Einlagen und Entnahmen bereinigtes Eigenkapital von zwei aufeinanderfolgenden Jahren verglichen.

> § 4 EStG Gewinnbegriff im Allgemeinen
>
> (1) Gewinn ist der Unterschiedsbetrag zwischen dem Betriebsvermögen am Schluss des
> Wirtschaftsjahres und dem Betriebsvermögen am Schluss des vorangegangenen Wirt-
> schaftsjahres, vermehrt um den Wert der Entnahmen und vermindert um den Wert der
> Einlagen. ...

§ 4 (1) EStG steht eng in Zusammenhang mit § 5 (1) Satz 1 EStG.

Unternehmen, die zur doppelten Buchhaltung verpflichtet sind oder freiwillig Bücher führen, haben ihre steuerliche Buchhaltung auch entsprechend den Vorschriften des Handelsgesetzbuches zu erstellen. Die handelsrechtlichen Vorschriften inklusive der Grundsätze ordnungsmäßiger Buchführung sind einzuhalten. Der handelsrechtliche Ansatz ist in die Steuerbilanz zu übernehmen, wenn nicht zwingende steuerrechtliche Vorschriften etwas anderes vorschreiben. Aktivierungswahlrechte in der Handelsbilanz führen zu Aktivierungsgeboten in der Steuerbilanz, Passivierungswahlrechte in der Handelsbilanz zu Passivierungsverboten in der Steuerbilanz. Es wird vom **Maßgeblichkeitsprinzip** gesprochen.

Die Anschaffungs- und Herstellungskosten sind aus den Werten aus der Handelsbilanz zu ermitteln. Dies ergibt sich aus § 5 (1) EStG.

> § 5 EStG Gewinn bei Kaufleuten und bei bestimmten anderen Gewerbetreibenden
>
> (1) Bei Gewerbetreibenden, die auf Grund gesetzlicher Vorschriften verpflichtet sind,
> Bücher zu führen und regelmäßig Abschlüsse zu machen, oder die ohne eine solche Ver-
> pflichtung Bücher führen und regelmäßig Abschlüsse machen, ist für den Schluss des

Wirtschaftsjahres das Betriebsvermögen anzusetzen (§ 4 Absatz 1 Satz 1), das nach den handelsrechtlichen Grundsätzen ordnungsmäßiger Buchführung auszuweisen ist, es sei denn, im Rahmen der Ausübung eines steuerlichen Wahlrechts wird oder wurde ein anderer Ansatz gewählt. (…)

Das Vermögen wird zu Anschaffungs- oder Herstellungskosten ermittelt (§ 6 (1) EStG). Eine Wertminderung aufgrund von Abnutzung, Verschleiß, technischem Fortschritt, Fallen der Wiederbeschaffungspreise oder außerplanmäßigen Ereignissen ist von den Anschaffungs- oder Herstellungskosten abzuziehen.

§ 6 EStG Bewertung

(1) Für die Bewertung der einzelnen Wirtschaftsgüter, die nach § 4 Absatz 1 oder nach § 5 als Betriebsvermögen anzusetzen sind, gilt das Folgende:

1. Wirtschaftsgüter des Anlagevermögens, die der Abnutzung unterliegen, sind mit den Anschaffungs- oder Herstellungskosten oder dem an deren Stelle tretenden Wert, vermindert um die Absetzungen für Abnutzung, erhöhte Absetzungen, Sonderabschreibungen, Abzüge nach § 6b und ähnliche Abzüge, anzusetzen. Ist der Teilwert auf Grund einer voraussichtlich dauernden Wertminderung niedriger, so kann dieser angesetzt werden. Teilwert ist der Betrag, den ein Erwerber des ganzen Betriebs im Rahmen des Gesamtkaufpreises für das einzelne Wirtschaftsgut ansetzen würde; dabei ist davon auszugehen, dass der Erwerber den Betrieb fortführt. Wirtschaftsgüter, die bereits am Schluss des vorangegangenen Wirtschaftsjahres zum Anlagevermögen des Steuerpflichtigen gehört haben, sind in den folgenden Wirtschaftsjahren gemäß Satz 1 anzusetzen, es sei denn, der Steuerpflichtige weist nach, dass ein niedrigerer Teilwert nach Satz 2 angesetzt werden kann.

1a. Zu den Herstellungskosten eines Gebäudes gehören auch Aufwendungen für Instandsetzungs- und Modernisierungsmaßnahmen, die innerhalb von drei Jahren nach der Anschaffung des Gebäudes durchgeführt werden, wenn die Aufwendungen ohne die Umsatzsteuer 15 Prozent der Anschaffungskosten des Gebäudes übersteigen (anschaffungsnahe Herstellungskosten). Zu diesen Aufwendungen gehören nicht die Aufwendungen für Erweiterungen im Sinne des § 255 Absatz 2 Satz 1 des Handelsgesetzbuchs sowie Aufwendungen für Erhaltungsarbeiten, die jährlich üblicherweise anfallen.

2. Andere als die in Nummer 1 bezeichneten Wirtschaftsgüter des Betriebs (Grund und Boden, Beteiligungen, Umlaufvermögen) sind mit den Anschaffungs- oder Herstellungskosten oder dem an deren Stelle tretenden Wert, vermindert um Abzüge nach § 6b und ähnliche Abzüge, anzusetzen. Ist der Teilwert (Nummer 1 Satz 3) auf Grund einer voraussichtlich dauernden Wertminderung niedriger, so kann dieser angesetzt werden. Nummer 1 Satz 4 gilt entsprechend.

Eine planmäßige Abschreibung ist gemäß § 7 (1) S. 1 und 2 EStG entsprechend der voraussichtlichen Nutzungsdauer vorzunehmen. Nach Satz 3 ist die Abschreibung im Jahr der Anschaffung entsprechend den Monaten, in denen das Wirtschaftsgut dem Unternehmen zur Verfügung steht, durchzuführen.

§ 7 EStG Absetzung für Abnutzung oder Substanzverringerung

(1) Bei Wirtschaftsgütern, deren Verwendung oder Nutzung durch den Steuerpflichtigen zur Erzielung von Einkünften sich erfahrungsgemäß auf einen Zeitraum von mehr als einem Jahr erstreckt, ist jeweils für ein Jahr der Teil der Anschaffungs- oder Herstellungskosten abzusetzen, der bei gleichmäßiger Verteilung dieser Kosten auf die Gesamtdauer der Verwendung oder Nutzung auf ein Jahr entfällt (Absetzung für Abnutzung in gleichen Jahresbeträgen). Die Absetzung bemisst sich hierbei nach der betriebsgewöhnlichen Nutzungsdauer des Wirtschaftsguts. ... Im Jahr der Anschaffung oder Herstellung des Wirtschaftsguts vermindert sich für dieses Jahr der Absetzungsbetrag nach Satz 1 um jeweils ein Zwölftel für jeden vollen Monat, der dem Monat der Anschaffung oder Herstellung vorangeht.

Bei voraussichtlich dauernder Wertminderung kann nach § 7 (1) Nr. 1 EStG bei Anlagevermögen, deren Nutzungsdauer begrenzt ist, und nach Nr. 2 bei Grundstücken oder Umlaufvermögen jeweils der niedrigere Wert, der so genannte Teilwert, angesetzt werden. Dabei handelt es sich um außerplanmäßige Wertminderungen. Dies wäre beispielsweise bei Grundstücken der Fall, wenn in unmittelbarer Nähe eine Mülldeponie errichtet würde.

Abnutzbare bewegliche Wirtschaftsgüter mit Anschaffungs- oder Herstellungskosten unter 150 € können im Jahr der Anschaffung oder Herstellung vollständig als Betriebsausgaben abgesetzt werden und werden folglich nicht als Wirtschaftsgüter in der Steuerbilanz angesetzt, wenn sie selbstständig genutzt werden können.

§ 6 (2a) EStG

Die Anschaffungs- oder Herstellungskosten oder der nach Absatz 1 Nummer 5 bis 6 an deren Stelle tretende Wert von abnutzbaren beweglichen Wirtschaftsgütern des Anlagevermögens, die einer selbstständigen Nutzung fähig sind, können im Wirtschaftsjahr der Anschaffung, Herstellung oder Einlage des Wirtschaftsguts oder der Eröffnung des Betriebs in voller Höhe als Betriebsausgaben abgezogen werden, wenn die Anschaffungs- oder Herstellungskosten, vermindert um einen darin enthaltenen Vorsteuerbetrag (§ 9b Absatz 1), oder der nach Absatz 1 Nummer 5 bis 6 an deren Stelle tretende Wert für das einzelne Wirtschaftsgut 150 Euro nicht übersteigen.

Abnutzbare bewegliche Wirtschaftsgüter mit Anschaffungs- oder Herstellungskosten von 150 bis 410 €, die selbstständig nutzungsfähig sind, können nach § 6 (2) S. 1 und 2 EStG in voller Höhe abgeschrieben werden.

§ 6 (2) EStG

(2) Die Anschaffungs- oder Herstellungskosten oder der nach Absatz 1 Nummer 5 bis 6 an deren Stelle tretende Wert von abnutzbaren beweglichen Wirtschaftsgütern des Anlagevermögens, die einer selbstständigen Nutzung fähig sind, können im Wirtschaftsjahr der Anschaffung, Herstellung oder Einlage des Wirtschaftsguts oder der Eröffnung des Betriebs in voller Höhe als Betriebsausgaben abgezogen werden, wenn die Anschaffungs-

oder Herstellungskosten, vermindert um einen darin enthaltenen Vorsteuerbetrag (§ 9b Absatz 1), oder der nach Absatz 1 Nummer 5 bis 6 an deren Stelle tretende Wert für das einzelne Wirtschaftsgut 410 Euro nicht übersteigen. Ein Wirtschaftsgut ist einer selbstständigen Nutzung nicht fähig, wenn es nach seiner betrieblichen Zweckbestimmung nur zusammen mit anderen Wirtschaftsgütern des Anlagevermögens genutzt werden kann und die in den Nutzungszusammenhang eingefügten Wirtschaftsgüter technisch aufeinander abgestimmt sind.

Alternativ können nach § 6 (2a) S. 1 bis 3 und 5 EStG abnutzbare bewegliche Wirtschaftsgüter in einen Sammelposten aufgenommen werden, wenn ihre Anschaffungs- oder Herstellungskosten zwischen 150 € und 1.000 € liegen. Der Sammelposten wird im Jahr der Anschaffung oder Herstellung und den vier Folgejahren jeweils zu einem Fünftel abgeschrieben, unabhängig von der tatsächlichen Nutzungsdauer und auch, wenn die Wirtschaftsgüter aus dem Unternehmen ausscheiden. Entscheidet sich das Unternehmen für die Sammelpostenabschreibung, muss es dies für alle Wirtschaftsgüter mit Anschaffungs- oder Herstellungskosten in dieser Höhe durchführen.

§ 6 (2a) EStG

Abweichend von Absatz 2 Satz 1 kann für die abnutzbaren beweglichen Wirtschaftsgüter des Anlagevermögens, die einer selbstständigen Nutzung fähig sind, im Wirtschaftsjahr der Anschaffung, Herstellung oder Einlage des Wirtschaftsguts oder der Eröffnung des Betriebs ein Sammelposten gebildet werden, wenn die Anschaffungs- oder Herstellungskosten, vermindert um einen darin enthaltenen Vorsteuerbetrag (§ 9b Absatz 1), oder der nach Absatz 1 Nummer 5 bis 6 an deren Stelle tretende Wert für das einzelne Wirtschaftsgut 150 Euro, aber nicht 1.000 Euro übersteigen. Der Sammelposten ist im Wirtschaftsjahr der Bildung und den folgenden vier Wirtschaftsjahren mit jeweils einem Fünftel gewinnmindernd aufzulösen. Scheidet ein Wirtschaftsgut im Sinne des Satzes 1 aus dem Betriebsvermögen aus, wird der Sammelposten nicht vermindert. (...) Die Sätze 1 bis 3 sind für alle in einem Wirtschaftsjahr angeschafften, hergestellten oder eingelegten Wirtschaftsgüter einheitlich anzuwenden.

Kleinere Gewerbetreibende, kleinere Land- und Forstwirtschaften und Freiberufliche berechnen ihren Gewinn ohne Bilanzerstellung durch Einnahmenüberschussrechnung gemäß § 4 (3) EStG.

§ 4 (3) EStG

(3) Steuerpflichtige, die nicht auf Grund gesetzlicher Vorschriften verpflichtet sind, Bücher zu führen und regelmäßig Abschlüsse zu machen, und die auch keine Bücher führen und keine Abschlüsse machen, können als Gewinn den Überschuss der Betriebseinnahmen über die Betriebsausgaben ansetzen. Hierbei scheiden Betriebseinnahmen und Betriebsausgaben aus, die im Namen und für Rechnung eines anderen vereinnahmt und verausgabt werden (durchlaufende Posten). ...

Satz 2 des § 4 (3) bezieht sich beispielsweise auf Einnahmen der Umsatzsteuer, die das Unternehmen seinen Kunden in Rechnung stellt, einnimmt und an den Fiskus abführt.

3.2.2.1.5 Ermittlung der Einkommensteuer

Zur Ermittlung der Einkommensteuerschuld ist die Bemessungsgrundlage herzuleiten. Dies geschieht entsprechend dem folgenden Ablauf:

Zunächst sind die Einkünfte der sieben Einkunftsarten gemäß § 2 (1) EStG zu bestimmen. Die Einkünfte der drei ersten Einkunftsarten berechnen sich aus der Differenz aus den Betriebseinnahmen und den Betriebsausgaben, § 2 (2) Nr. 1 EStG.

---

§ 2 (2) EStG

(2) Einkünfte sind

1. bei Land- und Forstwirtschaft, Gewerbebetrieb und selbstständiger Arbeit der Gewinn (§§ 4 bis 7k und 13a),
2. bei den anderen Einkunftsarten der Überschuss der Einnahmen über die Werbungskosten (§§ 8 bis 9a).

Bei Einkünften aus Kapitalvermögen tritt § 20 Absatz 9 vorbehaltlich der Regelung in § 32d Absatz 2 an die Stelle der §§ 9 und 9a.

Der Gewinn der Unternehmen nach § 2 (2) Nr. 1 EStG wird nach § 4 (1) EStG oder bei kleinen Gewerbetreibenden oder Freiberuflern nach § 4 (3) EStG ermittelt. Betriebsausgaben sind in § 4 (4) EStG definiert.

Anstelle der möglichen Arten von Betriebsausgaben werden in § 4 (5) EStG alle nicht ansetzbaren Betriebsausgaben aufgeführt, beispielsweise Geschenke zu Anschaffungs- oder Herstellungskosten über 35 €.

Die Überschusseinkünfte nach § 2 (2) Nr. 2 EStG werden als Differenz zwischen Einnahmen gemäß § 8 EStG und den Werbungskosten gemäß § 9 EStG, den Ausgaben der Einkunftsarten 4 bis 7, berechnet.

---

§ 8 EStG (1) und (2) S. 1 Einnahmen

(1) Einnahmen sind alle Güter, die in Geld oder Geldeswert bestehen und dem Steuerpflichtigen im Rahmen einer der Einkunftsarten des § 2 Absatz 1 Satz 1 Nummer 4 bis 7 zufließen.

(2) Einnahmen, die nicht in Geld bestehen (Wohnung, Kost, Waren, Dienstleistungen und sonstige Sachbezüge), sind mit den um übliche Preisnachlässe geminderten üblichen Endpreisen am Abgabeort anzusetzen.

§ 9 EStG Werbungskosten

(1) Werbungskosten sind Aufwendungen zur Erwerbung, Sicherung und Erhaltung der Einnahmen. Sie sind bei der Einkunftsart abzuziehen, bei der sie erwachsen sind. Werbungskosten sind auch

---

1. Schuldzinsen und auf besonderen Verpflichtungsgründen beruhende Renten und dauernde Lasten, soweit sie mit einer Einkunftsart in wirtschaftlichem Zusammenhang stehen. (...)
2. Steuern vom Grundbesitz, sonstige öffentliche Abgaben und Versicherungsbeiträge, soweit solche Ausgaben sich auf Gebäude oder auf Gegenstände beziehen, die dem Steuerpflichtigen zur Einnahmeerzielung dienen;
3. Beiträge zu Berufsständen und sonstigen Berufsverbänden, deren Zweck nicht auf einen wirtschaftlichen Geschäftsbetrieb gerichtet ist;
4. Aufwendungen des Arbeitnehmers für die Wege zwischen Wohnung und regelmäßiger Arbeitsstätte. (...)
5. notwendige Mehraufwendungen, die einem Arbeitnehmer wegen einer aus beruflichem Anlass begründeten doppelten Haushaltsführung entstehen, und zwar unabhängig davon, aus welchen Gründen die doppelte Haushaltsführung beibehalten wird. (...)
6. Aufwendungen für Arbeitsmittel, zum Beispiel für Werkzeuge und typische Berufskleidung. Nummer 7 bleibt unberührt;
7. Absetzungen für Abnutzung und für Substanzverringerung und erhöhte Absetzungen. § 6 Absatz 2 Satz 1 bis 3 ist in Fällen der Anschaffung oder Herstellung von Wirtschaftsgütern entsprechend anzuwenden.

(2) Durch die Entfernungspauschalen sind sämtliche Aufwendungen abgegolten, die durch die Wege zwischen Wohnung und regelmäßiger Arbeitsstätte und durch die Familienheimfahrten veranlasst sind. (...)

§ 8 EStG geht auf die Einnahmen der Überschusseinkunftsarten ein. Es handelt sich sowohl um Geldleistungen wie Gehälter und Löhne, Dividenden oder Zinsen, Mieteinnahmen, ebenso um geldwerte Vorteile wie die Überlassung eines betrieblichen Kraftfahrzeugs zur privaten Nutzung, § 8 (2) EStG.

Werbungskosten sind in § 9 EStG erklärt. Es handelt sich um „**Aufwendungen zur Erwerbung, Sicherung und Erhaltung der Einnahmen**".

Auch **Fortbildungskosten** werden durch § 9 (1) S. 1 EStG erfasst. Die Fortbildung soll dem Kursteilnehmer helfen, im Beruf voranzukommen. Durch die Teilnahme an den Aufstiegsfortbildungen kann eine neue Einnahmequelle in Form einer neuen, höher dotierten Arbeitsstelle erschlossen werden, zumindest sind die Einnahmen aus dem bisherigen Arbeitsplatz sicherer.
Andere **Bildungsmaßnahmen** ermöglichen den Wiedereinstieg in den Beruf und führen damit zum Erwerb von Einnahmen.

Zu den Werbungskosten zählen auch die **Schuldzinsen aus Darlehen oder Zahlungsverpflichtungen** in Form von Rentenzahlungen im Zusammenhang mit der beruflichen Tätigkeit, mit Einnahmen aus Dividenden oder Zinsen oder mit Miet- oder Pachteinnahmen, § 9 (1) Nr. 1 EStG.
Dazu gehören u.a. auch Beiträge zu Berufsständen oder Berufsverbänden, wie die Beiträge an die Gewerkschaft, Nr. 3.

Die **Kilometergelder für Fahrten von der Wohnung zur Arbeitsstätte** machen regelmäßig einen großen Anteil aus an den gesamten Werbungskosten, Nr. 4.

Doppelte Haushaltsführungen sind nach § 9 (1) Nr. 5 zu berücksichtigen.

Benötigt der Arbeitnehmer oder Vermieter im Zusammenhang mit seinen Einkünften **Arbeitsmittel** wie Werkzeug, Literatur oder Notebooks, können auch diese nach § 9 (1) Nr. 6 und 7 abgesetzt werden.

Die Werbungskosten spielen dann eine Rolle für die Besteuerung, wenn sie über die Pauschalen nach § 9a EStG hinausgehen. Nach § 9a Nr. 1a liegt der Arbeitnehmer-Pauschbetrag für Arbeitnehmer derzeit bei 1.000 €.

Die **Werbungskostenpauschale** wird eingerechnet, wenn keine höheren tatsächlichen Werbungskosten vorliegen. Übersteigen die tatsächlichen Werbungskosten aber die Pauschale, so kann die Einkommensteuererklärung des Arbeitnehmers am Jahresende zu einer Steuerrückzahlung vom Finanzamt führen.

Steht der Gewinn bzw. Überschuss für die verschiedenen Einkunftsarten fest, schließt sich folgende weitere Vorgehensweise zur **Ermittlung der Bemessungs-grundlage** an:

Die Einkünfte werden aufaddiert. Ein eventueller **Altersentlastungsbetrag** und ein **Entlastungsbetrag für Alleinerziehende** sind abzuziehen, § 2 (3) EStG.

- Alle Steuerpflichtigen in einem Alter über 64 Jahre können von der Summe der Einkünfte einen Altersentlastungsbetrag gemäß § 24a EStG abziehen. Dieser ist prozentmäßig für das jeweilige Folgejahr des Jahres, in dem der Steuerpflichtige das 64. Lebensjahr vollendet hat, angegeben und darf einen angegebenen Höchstbetrag nicht übersteigen.
- Für Alleinerziehende werden die gesamten Einkünfte nach § 24b EStG gemindert.

> § 24b EStG Entlastungsbetrag für Alleinerziehende
>
> (1) Allein stehende Steuerpflichtige können einen Entlastungsbetrag in Höhe von 1.308 Euro im Kalenderjahr von der Summe der Einkünfte abziehen, wenn zu ihrem Haushalt mindestens ein Kind gehört, für das ihnen ein Freibetrag nach § 32 Absatz 6 oder Kindergeld zusteht. Die Zugehörigkeit zum Haushalt ist anzunehmen, wenn das Kind in der Wohnung des allein stehenden Steuerpflichtigen gemeldet ist. Ist das Kind bei mehreren Steuerpflichtigen gemeldet, steht der Entlastungsbetrag nach Satz 1 demjenigen Alleinstehenden zu, der die Voraussetzungen auf Auszahlung des Kindergeldes nach § 64 Absatz 2 Satz 1 erfüllt oder erfüllen würde in Fällen, in denen nur ein Anspruch auf einen Freibetrag nach § 32 Absatz 6 besteht.

Weiter ist gemäß § 13 Abs. 5 EStG ein **Freibetrag für Land- und Forstwirte** abziehbar.

Als Zwischenergebnis entsteht der „**Gesamtbetrag der Einkünfte**".

> § 2 (3) EStG
>
> (3) Die Summe der Einkünfte, vermindert um den Altersentlastungsbetrag, den Entlastungsbetrag für Alleinerziehende und den Abzug nach § 13 Absatz 3, ist der Gesamtbetrag der Einkünfte.

Vom Gesamtbetrag der Einkünfte können **Sonderausgaben sowie außergewöhnliche Belastungen** abgezogen werden, gemäß § 2 (4) EStG.

> **§ 2 EStG Umfang der Besteuerung, Begriffsbestimmungen**
>
> (4) Der Gesamtbetrag der Einkünfte, vermindert um die Sonderausgaben und die außergewöhnlichen Belastungen, ist das Einkommen.

- Sonderausgaben sind Ausgaben gemäß §§ 10 ff EStG. Darunter fallen Spenden nach § 10b, Unterhaltsleistungen an bisherige Ehepartner (§ 10 (1) Nr. 1 EStG), Beiträge zu Renten-, Pflege- oder Krankenversicherungen, die Kirchensteuer u.a. Spenden dürfen nur bis zu 20 % des Gesamtbetrags der Einkünfte oder 4 Promille der Umsätze berücksichtigt werden.
- Außergewöhnliche Belastungen können abgezogen werden, wenn sie von der Höhe als nicht zumutbar anzusehen sind. Dahinter stehen private Belastungen, die aufgrund besonderer persönlicher Umstände auftreten.

> **§ 33 EStG Außergewöhnliche Belastungen**
>
> (1) Erwachsen einem Steuerpflichtigen zwangsläufig größere Aufwendungen als der überwiegenden Mehrzahl der Steuerpflichtigen gleicher Einkommensverhältnisse, gleicher Vermögensverhältnisse und gleichen Familienstands (außergewöhnliche Belastung), so wird auf Antrag die Einkommensteuer dadurch ermäßigt, dass der Teil der Aufwendungen, der die dem Steuerpflichtigen zumutbare Belastung (Absatz 3) übersteigt, vom Gesamtbetrag der Einkünfte abgezogen wird.
>
> (2) Aufwendungen erwachsen dem Steuerpflichtigen zwangsläufig, wenn er sich ihnen aus rechtlichen, tatsächlichen oder sittlichen Gründen nicht entziehen kann und soweit die Aufwendungen den Umständen nach notwendig sind und einen angemessenen Betrag nicht übersteigen. Aufwendungen, die zu den Betriebsausgaben, Werbungskosten oder Sonderausgaben gehören, bleiben dabei außer Betracht; das gilt für Aufwendungen im Sinne des § 10 Absatz 1 Nummer 7 und 9 nur insoweit, als sie als Sonderausgaben abgezogen werden können. Aufwendungen, die durch Diätverpflegung entstehen, können nicht als außergewöhnliche Belastung berücksichtigt werden.
>
> (3) Die zumutbare Belastung beträgt
>
> | bei einem Gesamtbetrag der Einkünfte | bis 15.340 € | über 15.340 € bis 51.130 € | über 51.130 € |
> |---|---|---|---|
> | 1. bei Steuerpflichtigen, die keine Kinder haben und bei denen die Einkommensteuer a) nach § 32a Absatz 1 | 5 | 6 | 7 |
> | b) nach § 32a Absatz 5 oder 6 (Splitting-Verfahren) zu berechnen ist; | 4 | 5 | 6 |
> | 2. bei Steuerpflichtigen mit a) einem Kind oder zwei Kindern | 2 | 3 | 4 |
> | b) drei oder mehr Kindern | 1 | 1 | 2 |
> | | Prozent des Gesamtbetrags der Einkünfte. | | |

Als Kinder des Steuerpflichtigen zählen die, für die er Anspruch auf einen Freibetrag nach § 32 Absatz 6 oder auf Kindergeld hat.

(4) Die Bundesregierung wird ermächtigt, durch Rechtsverordnung mit Zustimmung des Bundesrates die Einzelheiten des Nachweises von Aufwendungen nach Absatz 1 zu bestimmen.

Zu diesen „Außergewöhnlichen Belastungen" gehören also Ausgaben für private Zwecke, die aus einer besonderen Lage heraus notwendig wurden. Sie entstehen beispielsweise für notwendige Einrichtungen für behinderte Familienangehörige. Nur wenn sie einen bestimmten Anteil am Gesamtbetrag der Einkünfte übersteigen, sind sie steuerlich zu berücksichtigen.

Beispiel: Ein Steuerpflichtiger erzielt einen Gesamtbetrag der Einkünfte in Höhe von 30.000 €. Er ist ledig und hat kein Kind. Für seinen gehbehinderten Vater lässt er in seinem Wohnhaus, in dem auch sein Vater lebt, einen Aufzug bauen. Dieser kostet 20.000 €. Ist der Betrag anzusetzen?

Nach § 33 (3) gilt als zumutbar: 6 % von 30.000 €, ergibt 1.800 €. Die Anschaffungskosten des Aufzugs übersteigen diesen Betrag um 18.200 €. Um diesen Betrag ist der Gesamtbetrag der Einkünfte zu kürzen.

Der Betrag nach Abzug der Sonderausgaben und der außergewöhnlichen Belastungen wird als **Einkommen** bezeichnet. Von diesem sind noch die Kinderfreibeträge abzuziehen und es entsteht das **„zu versteuernde Einkommen"**, § 2 (5) S. 1 EStG.

§ 2 EStG Umfang der Besteuerung, Begriffsbestimmungen (5) S. 1

(5) Das Einkommen, vermindert um die Freibeträge nach § 32 Absatz 6 und um die sonstigen vom Einkommen abzuziehenden Beträge, ist das zu versteuernde Einkommen; dieses bildet die Bemessungsgrundlage für die tarifliche Einkommensteuer.

Die Kinderfreibeträge werden in § 32 (6) EStG definiert:

(6) Bei der Veranlagung zur Einkommensteuer wird für jedes zu berücksichtigende Kind des Steuerpflichtigen ein Freibetrag von 2.184 Euro für das sächliche Existenzminimum des Kindes (Kinderfreibetrag) sowie ein Freibetrag von 1.320 Euro für den Betreuungs- und Erziehungs- oder Ausbildungsbedarf des Kindes vom Einkommen abgezogen. Bei Ehegatten, die nach den §§ 26, 26b zusammen zur Einkommensteuer veranlagt werden, verdoppeln sich die Beträge nach Satz 1, wenn das Kind zu beiden Ehegatten in einem Kindschaftsverhältnis steht.

Insgesamt sind pro Kind der **Freibetrag** von 2.184 € plus ein Freibetrag für den Betreuungs- und Erziehungs- oder Ausbildungsbedarf von 1.320 € (Stand 2012) abzuziehen. Eine Alternative hierzu ist das **Kindergeld** nach § 66 EStG:

> § 66 EStG Höhe des Kindergeldes, Zahlungszeitraum
>
> (1) Das Kindergeld beträgt monatlich für erste und zweite Kinder jeweils 184 Euro, für dritte Kinder 190 Euro und für das vierte und jedes weitere Kind jeweils 215 Euro. Darüber hinaus wird für jedes Kind, für das im Kalenderjahr 2009 mindestens für einen Kalendermonat ein Anspruch auf Kindergeld besteht, für das Kalenderjahr 2009 ein Einmalbetrag in Höhe von 100 Euro gezahlt.
>
> (2) Das Kindergeld wird monatlich vom Beginn des Monats an gezahlt, in dem die Anspruchsvoraussetzungen erfüllt sind, bis zum Ende des Monats, in dem die Anspruchsvoraussetzungen wegfallen.

Die für den Steuerpflichtigen günstigere Alternative zwischen Kinderfreibetrag und Kindergeld wird gewählt. Um die Möglichkeit des Kindergeldes zu bewahren, ist es notwendig, einen Antrag auf Kindergeld zu stellen, § 67 EStG.

Nach § 32 (3) EStG wird ein Kind grundsätzlich berücksichtigt in einem Alter zwischen 0 und 18 Jahren. In bestimmten Fällen, wie die Ausbildung oder bei körperlicher Behinderung, verlängert sich dieser Zeitraum bis zu einem Alter von 25 Jahren, § 32 (4) EStG.

Nach Berücksichtigung des Kinderfreibetrags bzw. des Kindergeldes entsteht das zu versteuernde Einkommen, die Bemessungsgrundlage für die Einkommensteuer. Seine Entstehung ist in den **Einkommensteuerrichtlinien R 3 und 4** dargestellt.
1. Einkünfte aus Land- und Forstwirtschaft § 13 EStG
2. Einkünfte aus Gewerbebetrieb § 15 EStG
3. Einkünfte aus selbstständiger Arbeit § 18 EStG
4. Einkünfte aus nichtselbstständiger Arbeit § 19 EStG
5. Einkünfte aus Kapitalvermögen § 20 EStG
6. Einkünfte aus Vermietung und Verpachtung § 21 EStG
7. Sonstige Einkünfte i.S. des § 22 EStG

Die Einkünfte 1–3 nennt man auch **Gewinneinkunftsarten** (§ 2 (2) Nr. 1 EStG), die Einkünfte 4–7 sind die **Überschusseinkunftsarten** (§ 2 (2) Nr. 2 EStG).

Summe der Einkünfte § 2 (3) EStG
– Altersentlastungsbetrag § 24a EStG
– Entlastungsbetrag für Alleinerziehende § 24b EStG
– Freibetrag für Land- und Forstwirte § 13 (3) EStG

Gesamtbetrag der Einkünfte § 2 (4) EStG
– Sonderausgaben §§ 10 ff EStG
– außergewöhnliche Belastungen §§ 33 ff EStG
– Verlustabzug § 10d EStG

Einkommen § 2 (4) EStG
– Kinderfreibetrag § 32 (6) EStG

Zu versteuerndes Einkommen § 2 (5) EStG

Es ist zu unterscheiden, ob der Steuerpflichtige **allein oder mit Ehepartner** am Jahresende zur Einkommensteuer veranlagt wird. Der Einkommensteuertarif wird in § 32a EStG näher bestimmt.

Seit 2010 liegt der Grundfreibetrag bei 8.004 €. Erst wenn das zu versteuernde Einkommen diesen Betrag übersteigt, entsteht Einkommensteuer. Diese ist nach den Formeln in § 32a EStG zu berechnen bzw. in der Einkommensteuer-Grundtabelle in der Anlage zum Einkommensteuergesetz abzulesen. Ist der Steuerpflichtige verheiratet und möchte sich mit seiner Ehefrau gemeinsam veranlagen lassen, wird von Splitting gesprochen. Dazu ist die **Einkommensteuer-Splittingtabelle** zu verwenden bzw. nach § 32a (5) EStG vorzugehen. Dazu folgendes Fallbeispiel:

Beispiel:

Franz Huber erzielt 2011 mit seiner Schreinerei Einnahmen in Höhe von 70.000 € im Jahr. Die jährlichen Betriebsausgaben betragen 40.000 €. Nebenbei nimmt er als Dozent Aufträge einer Akademie an und erhält eine Vergütung von 10.000 € im Jahr. Er vermietet eine Wohnung für 700 € im Monat, 8.400 € im Jahr. Sein gehbehinderter Vater wohnt bei ihm im Haus. Für ihn lässt er ein behindertengerechtes Bad bauen für ca. 15.000 €. Er spendet an ein Entwicklungshilfe-Institut 1.000 €.

a) Franz ist ledig. Wie viel Einkommensteuer ist zu zahlen?

b) Franz ist verheiratet. Mit seiner Frau hat er ein Kind im Alter von zehn Jahren. Seine Frau arbeitet im Fitnessstudio und erhält jährlich ein Gehalt von 15.000 €. Berechnen Sie die Einkommensteuer.

Zu a) Einzelveranlagung

Einkünfte aus Gewerbebetrieb § 15 EStG – Schreinerei:

Einnahmen	70.000 €
Betriebsausgaben	40.000 €
Gewinn	30.000 €

Einkünfte aus selbstständiger Arbeit § 18 EStG – Die Dozenten-Tätigkeit zählt als unterrichtende Tätigkeit zu den Katalogberufen nach § 18 (1) EStG.

Einnahme	10.000 €
Betriebsausgaben	–
Gewinn	10.000 €

Einkünfte aus Vermietung und Verpachtung § 21 EStG

Einnahmen	8.400 €

Summe der Einkünfte § 2 (3) EStG	48.400 €
Altersentlastungsbetrag	–
Entlastungsbetrag für Alleinerziehende	–
Gesamtbetrag der Einkünfte	48.400 €

Sonderausgaben § 10 ff EStG – dazu gehören Spenden § 10b EStG

> 20 % des Gesamtbetrags der Einkünfte 9.680 €

> Spendenzahlung 1.000 € < 20 % des Gesamtbetrags der Einkünfte,

daher als Sonderausgaben anzusetzen 1.000 €

Außergewöhnliche Belastung § 33 EStG

Behindertengerechtes Bad 15.000 €

Zumutbar als Lediger ohne Kind § 33 (3) 6 % · 48.400 € = 2.904 €.

Dieser Betrag übersteigt die zumutbare Belastung um 12.096 €

Einkommen 35.304 €

Ohne Kind d.h. kein Kinderfreibetrag

Zu versteuerndes Einkommen 35.304 €

Einkommensteuer nach Grundtabelle 7.362 €

In den Einführungszeilen zu den Einkommensteuer-Tabellen wird festgehalten, dass für Werte zwischen den beispielhaft angegebenen zu versteuernden Einkommen die Einkommensteuer geschätzt werden muss. Eine andere genauere Möglichkeit ist die Berechnung nach den Formeln in § 32a EStG.

Bei einem zu versteuernden Einkommen von 35.304 € ist die Formel Nr. 3 zu verwenden:

$z = 1 / 10.000 \cdot (35.304 - 13.469) = 2,1835$

$(228,74 \cdot z + 2.397) \cdot z + 1.038 = (228,74 \cdot 2,1835 + 2.397) \cdot 2,1835 + 1.038 = 7.362,41$

Die Einkommensteuer beträgt 7.362,41 €.

Zu b) Werden beide Ehepartner einzeln veranlagt, verändert sich die Einkommensteuer wie folgt:

Die **außergewöhnlichen Belastungen** sind aufgrund des Kindes höher anzusetzen. Zumutbar sind 3 % des Gesamtbetrags der Einkünfte:

$3 \% \cdot 48.400 € = 1.452 €$

Der Investitionsbetrag liegt bei 15.000 €. Der zumutbare Betrag hat sich auf die Hälfte reduziert. Also erhöhen sich die außergewöhnlichen Belastungen um 1.452 € auf 13.548 €.

Das Einkommen liegt folglich bei 35.304 € abzgl. 1.452 € = 33.852 €.

Davon ist der **Kinderfreibetrag plus Freibetrag für Betreuungs-, Erziehungs- und Ausbildungsbedarf** = 2.184 € + 1.320 € abzuziehen.

Es verbleibt ein **zu versteuerndes Einkommen** von 30.348 €. Die **Einkommensteuer** beträgt nach Grundtabelle ca. 5.732 €.

Die **Ehefrau** hat ihre Einkünfte folgendermaßen zu versteuern:

	15.000 € Einnahmen
–	1.000 € Arbeitnehmer-Pauschbetrag § 9a EStG
=	14.000 € Einkünfte
–	36 € Sonderausgaben Pauschbetrag §10c EStG
=	13.964 € Einkommen
–	2.184 € Kinderfreibetrag
–	1.320 € Freibetrag für Betreuungs-, Erziehungs- und Ausbildungsbedarf
=	10.460 € **zu versteuerndes Einkommen**

Gemäß § 32a (1) Nr. 2 errechnet sich die Einkommensteuer wie folgt:

$y = 1 / 10.000 \cdot (10.460 - 8.004) = 0,2456$

$(912,17 \cdot 0,2456 + 1.400) \cdot 0,2456 = 398,86$

Die **Einkommensteuer der Ehefrau** liegt bei 398,86 €.

Die **gesamte Einkommensteuer** beträgt für beide in Summe 6.130,86 €.

Hierbei wurde angenommen, dass für das Kind die Variante Kinderfreibetrag gewählt wurde. In der Realität wäre vermutlich die Alternative, das Kindergeld, vorgezogen worden.

Beim **Splittingverfahren** haben wir folgende Veränderungen. Die zu versteuernden Einkommen werden zusammengerechnet. Nach § 26b EStG werden die Steuerpflichtigen wie eine Person behandelt und ihre Einkünfte zusammengerechnet.

Einkünfte Franz		48.400 €
Einkünfte Ehefrau	14.000 €	
Gesamt		62.400 €
Sonderausgaben	1.000 €	
Außergewöhnliche Belastungen	13.548 €	
Einkommen		47.852 €
Kinderfreibetrag	4.368 €	
Freibetrag für Betreuungs-, Erziehungs- und Ausbildungsbedarf	2.640 €	
Zu versteuerndes Einkommen		40.844 €

Die Einkommensteuer ist aus der Splittingtabelle abzulesen oder zu berechnen nach § 32a (1) und (5) EStG: Für 20.422 € ergibt sich nach (1) folgende Steuer:

$z = 1 / 10.000 \cdot (20.422 - 13.469) = 0,6953$

$(228,74 \cdot z + 2.397) \cdot z + 1.038 = 2.815,22$

Gemäß (5) $2.815,22 \cdot 2 = 5.630,44$

Die Einkommensteuer beträgt für beide Eheleute zusammen 5.630,44 € bei Splitting gegenüber 6.130,86 € bei getrennter Veranlagung.

Das liegt, wie schon erwähnt, daran, dass der Steuersatz (stufenweise) progressiv ist. Verdient jemand das Doppelte eines anderen, zahlt er mehr als das Doppelte an Einkommensteuer. Eine Einkommenssteigerung wirkt sich überproportional auf die Steuerbelastung aus.

Dies gilt auch für Eheleute bei Zusammenveranlagung. Liegen die Einkommen der beiden weit auseinander, so werden die Einkommen bei Splitting zusammenaddiert und davon jeweils die Hälfte für jeden Partner angesetzt.

! Der angesetzte höhere Verdienst des geringer Verdienenden wirkt sich steuerlich geringer aus als der verringerte Ansatz des besser Verdienenden.

Erzielt eine Personengesellschaft einen Gewinn und schüttet ihn nicht an die Gesellschafter aus, sondern thesauriert diesen, d.h. behält ihn ein für zukünftige Investitionen oder sonstige Zwecke, wird auf Antrag ein besonderer Steuersatz angewendet: Dieser **Thesaurierungssteuersatz** beträgt 28,25 % vom Gewinn abzüglich Einlagen zuzüglich Entnahmen.

> § 34a EStG Begünstigung der nicht entnommenen Gewinne
>
> (1) Sind in dem zu versteuernden Einkommen nicht entnommene Gewinne aus Land- und Forstwirtschaft, Gewerbebetrieb oder selbstständiger Arbeit (§ 2 Absatz 1 Satz 1 Nummer 1 bis 3) im Sinne des Absatzes 2 enthalten, ist die Einkommensteuer für diese Gewinne auf Antrag des Steuerpflichtigen ganz oder teilweise mit einem Steuersatz von 28,25 Prozent zu berechnen; dies gilt nicht, soweit für die Gewinne der Freibetrag nach § 16 Absatz 4 oder die Steuerermäßigung nach § 34 Absatz 3 in Anspruch genommen wird oder es sich um Gewinne im Sinne des § 18 Absatz 1 Nummer 4 handelt. Der Antrag nach Satz 1 ist für jeden Betrieb oder Mitunternehmeranteil für jeden Veranlagungszeitraum gesondert bei dem für die Einkommensbesteuerung zuständigen Finanzamt zu stellen. Bei Mitunternehmeranteilen kann der Steuerpflichtige den Antrag nur stellen, wenn sein Anteil am nach § 4 Absatz 1 Satz 1 oder § 5 ermittelten Gewinn mehr als 10 Prozent beträgt oder 10.000 Euro übersteigt. Der Antrag kann bis zur Unanfechtbarkeit des Einkommensteuerbescheids für den nächsten Veranlagungszeitraum vom Steuerpflichtigen ganz oder teilweise zurückgenommen werden; der Einkommensteuerbescheid ist entsprechend zu ändern. Die Festsetzungsfrist endet insoweit nicht, bevor die Festsetzungsfrist für den nächsten Veranlagungszeitraum abgelaufen ist.
>
> (2) Der nicht entnommene Gewinn des Betriebs oder Mitunternehmeranteils ist der nach § 4 Absatz 1 Satz 1 oder § 5 ermittelte Gewinn vermindert um den positiven Saldo der Entnahmen und Einlagen des Wirtschaftsjahres.

Wird der Gewinn in einem späteren Jahr doch noch ausgeschüttet, wird dieser ausgeschüttete Betrag mit 25 % entsprechend dem Abgeltungssteuersatz versteuert.

 Beispiel:

Gewinn einer OHG	10.000 €
Versteuerung	2.825 €
Rest	7.175 €
Ausschüttung	7.175 €
Nachversteuerung 25 %	1.794 €

Damit liegt die Gesamtsteuerbelastung bei 28,25 % + 25 % · (100 % − 28,25 %), dies ergibt 46,19 %. Der maximal mögliche Einkommensteuersatz liegt dagegen bei 45 %.

3.2.2.2 Körperschaftsteuer

Die Körperschaftsteuer ist die Einkommensteuer der Kapitalgesellschaften, Genossenschaften und Vereine.

Steuerpflichtig sind nach § 1 (1) KStG:
- Nr. 1 Kapitalgesellschaften (AGs, GmbHs, KGaA, Europäische Gesellschaften),
- Nr. 2 Genossenschaften wie Volks- und Raiffeisenbanken, die Einkaufsgenossenschaften der Sportgeschäfte, Intersport oder Sport 2000,
- Nr. 3 Versicherungs- (Unternehmen der Versicherungswirtschaft) und Pensionsfondsvereine (u.a. zuständig für betriebliche Altersvorsorge),

- Nr. 4 sonstige juristische Personen, dazu gehören ins Vereinsregister eingetragene Vereine,
- Nr. 5 nicht eingetragene Vereine usw.,
- Nr. 6 gewerbliche Betriebe von Gemeinden oder sonstigen Gebietskörperschaften.

Unbeschränkt **körperschaftsteuerpflichtig** sind Betriebe, Gesellschaften und andere Körperschaften, die in Deutschland ihre Geschäftsleitung oder ihren Firmensitz haben. Sie versteuern in Deutschland sämtliche Einkünfte (§ 1 KStG). Liegt die Geschäftsleitung oder der Firmensitz außerhalb Deutschlands, versteuern sie in Deutschland nur Einkünfte aus dem Inland.

Nach § 7 (1) KStG stellt das zu versteuernde Einkommen die **Bemessungsgrundlage** der Körperschaftsteuer dar. § 7 (2) KStG verweist zur Ermittlung des Einkommens auf § 8 (1) KStG und über diesen Paragraf auf das Einkommensteuergesetz und auf die besonderen Vorschriften des Körperschaftsteuergesetzes.

Zunächst ist das handelsrechtliche Ergebnis in das steuerrechtliche Ergebnis umzuwandeln durch Berücksichtigung der einkommensteuerrechtlichen und körperschaftsteuerrechtlichen Vorschriften.

Ermittlung des zu versteuernden Einkommens: KStR R 29

    Jahresüberschuss/Jahresfehlbetrag lt. Handelsbilanz
+ steuerliche Korrekturen gem. § 60 (2) EStDV
= Gewinn/Verlust lt. Steuerbilanz
+ verdeckte Gewinnausschüttungen § 8 (3) KStG
+ nicht abziehbare Ausgaben nach § 4 (5) EStG
+ nicht abziehbare Ausgaben nach § 10 KStG
+ Gesellschaftereinlagen § 4 (1) S. 5 EStG
− Zuwendungen nach § 9 (1) Nr. 1 KStG
− Spenden nach § 9 (1) Nr. 2 KStG
+ nicht abziehbare Betriebsausgaben für Zinsaufwendungen (§ 8a KStG, § 4h EStG)
− Bezüge aus Beteiligungen (§ 8b KStG insbesondere (1) und (5))
= zu versteuerndes Einkommen vor Verlustabzug
+ Verlustabzug § 8c KStG, § 10d EStG
= zu versteuerndes Einkommen

Zu den einkommensteuerlichen Besonderheiten zählt die Beschränkung der abzugsfähigen Betriebsausgaben nach § 4 (5) EStG. So sind **Geschenke** nur bis zu einem Preis von 35 € absetzbar.

Körperschaftsteuerlich ist zu beachten, dass im Gegensatz zu Einzelunternehmen und Personengesellschaften die Kapitalgesellschaft **Geschäftsführergehälter von Gesellschaftern als Betriebsausgabe absetzen** kann.

§ 9 KStG bestimmt, dass einige Aufwendungen steuerlich abgezogen werden dürfen. So sind **Spenden** nach § 9 (1) Nr. 2 KStG **als Betriebsausgaben** zu behandeln, während sie nach Einkommensteuerrecht § 10 b EStG als Sonderausgaben anzusetzen sind.

Nach § 10 KStG sind bestimmte Aufwendungen nicht oder nur zum Teil abzugsfähig. So dürfen „Steuern vom Einkommen und sonstige Personensteuern" nicht und die Vergütungen für Aufsichtsratsmitglieder nur zur Hälfte abgezogen werden.

 Beispiel:

Die Huber GmbH hat die **handelsrechtliche GuV** aufgestellt:

Umsatzerlöse	10.000.000 €
Geschenke (davon 40.000 € für Geschenke bis jeweils 35 €)	50.000 €
Bewirtung von Kunden	30.000 €
Geldbuße der EU für Preisabsprachen	20.000 €
Spende für gemeinnützige Zwecke	10.000 €
Gewerbesteuern	1.400.000 €
Sonstige Aufwendungen	7.000.000 €
Handelsrechtlicher Gewinn	**1.490.000 €**

Nun wird die **steuerrechtliche Bemessungsgrundlage** ermittelt:

Handelsrechtlicher Gewinn	1.490.000 €
Geschenke über 35 €, § 4 (5) Nr. 1 EStG	+ 10.000 €
Bewirtung von Kunden, 30 % wird immer als Eigenanteil angenommen, 30 % von 30.000 €, § 4 (5) Nr. 2 EStG	+ 9.000 €
Geldbuße, § 4 (5) Nr. 8 EStG	+ 20.000 €
Spende für gemeinnützige Zwecke, § 10 b EStG	+ 10.000 €
Gewerbesteuern, § 4 (5) Nr. 5b EStG	+ 1.400.000 €
Steuerrechtliche Bemessungsgrundlage, zu versteuerndes Einkommen	2.939.000 €

Körperschaftsteuerliche Korrekturen:

Steuerrechtliche Bemessungsgrundlage, zu versteuerndes Einkommen	2.939.000 €
Spenden § 9 (1) Nr. 2 KStG, abzugsfähig bis 20% des Einkommens	10.000 €
Verdeckte Gewinnausschüttungen (in „Sonstige Aufwendungen" stecken um 200.000 € zu hohe Geschäftsführergehälter)	200.000 €
Hälfte der Aufsichtsratsvergütungen (in „Sonstige Aufwendungen" stecken Vergütungen an Mitglieder des Aufsichtsrates von insgesamt 100.000 €)	50.000 €
Körperschaftsteuerliche Bemessungsgrundlage, zu versteuerndes Einkommen	3.199.000 €

Gemäß § 8 (2) KStG handelt es sich bei allen Einkünften der unbeschränkt Körperschaftsteuerpflichtigen, der Kapitalgesellschaften, der Genossenschaften und der Versicherungs- und Pensionsfondsvereine um **Einkünfte aus Gewerbebetrieb**. Im Gegensatz zur Definition in § 15 (2) EStG brauchen aber die Eigenschaften der Gewinnerzielungsabsicht und der Beteiligung am allgemeinen wirtschaftlichen Verkehr nicht erfüllt zu werden, § 8 (1) S. 2 KStG.

Nach § 8 (3) KStG spielt es keine Rolle für die Besteuerung der Körperschaft, ob die Gewinne ausgeschüttet oder einbehalten werden. In beiden Fällen wird das zu versteuernde Einkommen mit dem Steuersatz von 15 % (§ 23 KStG) versteuert.

Gemäß § 8b (1) und (5) KStG werden bei Gewinnausschüttungen und anderen Bezügen von Kapitalgesellschaften gemäß § 20 (1) EStG nur 5 % dieser Beträge angesetzt.

§ 8b KStG Beteiligung an anderen Körperschaften und Personenvereinigungen

(1) Bezüge im Sinne des § 20 Abs. 1 Nr. 1, 2, 9 und 10 Buchstabe a des Einkommensteuergesetzes bleiben bei der Ermittlung des Einkommens außer Ansatz.

(5) Von den Bezügen im Sinne des Absatzes 1, die bei der Ermittlung des Einkommens außer Ansatz bleiben, gelten 5 Prozent als Ausgaben, die nicht als Betriebsausgaben abgezogen werden dürfen. § 3c Abs. 1 des Einkommensteuergesetzes ist nicht anzuwenden.

Spenden und andere Ausgaben, die nach dem EStG den Sonderausgaben zugeordnet werden, werden also nach § 9 KStG als **Betriebsausgaben** berücksichtigt. Der **Steuersatz** beträgt nach § 23 KStG 15 %.

Verdeckte Gewinnausschüttungen dürfen den Gewinn nach § 8 (3) KStG nicht mindern. Darunter sind Vergütungen zu verstehen, die in dieser Höhe nur bezahlt werden, da die Empfänger Gesellschafter des Unternehmens sind. Sie wurden als Betriebsausgaben bei der Gewinnermittlung abgezogen, müssen aber wieder hinzuaddiert werden, wenn sie als verdeckte Gewinnausschüttungen enttarnt wurden. Beispiele hierfür sind

- überhöhte Mietzahlungen des Unternehmens an die vermietenden Gesellschafter von Räumen, Maschinen oder anderen Wirtschaftsgütern an das Unternehmen,
- überhöhte Gehaltszahlungen an Geschäftsführer, die zugleich Gesellschafter sind,
- unverhältnismäßig gering angesetzte Zinsen für Darlehen der Unternehmen an die Gesellschafter,
- überhöhte Zinsen für Darlehen des Gesellschafters an das Unternehmen.

Beispiel:

Eine GmbH erzielt im letzten Jahr Einnahmen aus dem Verkauf von selbst hergestellten Erzeugnissen in Höhe von 1.000.000 €. Die Sekretärin, die Lebensgefährtin eines Gesellschafters, erhält als Weihnachtsgeschenk der Firma einen Sportwagen im Wert von 100.000 €. Weitere Betriebsausgaben betragen in diesem Jahr 600.000 €. Das Unternehmen versteuert

Einnahmen	1.000.000 €
Betriebsausgaben inkl. Weihnachtsgeschenk	700.000 €
Gewinn	300.000 €

Bei der Betriebsprüfung wurde die verdeckte Gewinnausschüttung aufgedeckt.
Das Betriebsergebnis wird um das zu teuer geratene Weihnachtsgeschenk korrigiert.
Das neue Ergebnis wird versteuert.

Gewinn vor Korrektur	300.000 €
Verdeckte Gewinnausschüttung	100.000 €
Gewinn nach Korrektur	400.000 €
= zu versteuerndes Einkommen · Steuersatz 15 %	
= Körperschaftsteuer	60.000 €

3.2.2.3 Gewerbesteuer

Gewerbesteuerpflichtig sind alle gewerblichen Betriebe, die in Deutschland wirtschaftlich tätig sind. Sie müssen ihren Sitz nicht im Inland haben, allerdings eine Betriebsstätte, § 2 (1) GewStG.

Ebenso sind alle Kapitalgesellschaften gewerbesteuerpflichtig, die im Inland tätig werden. Auch ein Gewerbebetrieb eines Vereins, ob eingetragen (sonstige juristische Person) oder nicht (nichtrechtsfähiger Verein), unterliegt der Gewerbesteuer.

§ 2 GewStG Steuergegenstand

(1) Der Gewerbesteuer unterliegt jeder stehende Gewerbebetrieb, soweit er im Inland betrieben wird. Unter Gewerbebetrieb ist ein gewerbliches Unternehmen im Sinne des Einkommensteuergesetzes zu verstehen. Im Inland betrieben wird ein Gewerbebetrieb, soweit für ihn im Inland oder auf einem in einem inländischen Schiffsregister eingetragenen Kauffahrteischiff eine Betriebsstätte unterhalten wird.

(2) Als Gewerbebetrieb gilt stets und in vollem Umfang die Tätigkeit der Kapitalgesellschaften (insbesondere Europäische Gesellschaften, Aktiengesellschaften, Kommanditgesellschaften auf Aktien, Gesellschaften mit beschränkter Haftung), Genossenschaften einschließlich Europäischer Genossenschaften sowie der Versicherungs- und Pensionsfondsvereine auf Gegenseitigkeit. Ist eine Kapitalgesellschaft Organgesellschaft im Sinne der §§ 14, 17 oder 18 des Körperschaftsteuergesetzes, so gilt sie als Betriebsstätte des Organträgers.

(3) Als Gewerbebetrieb gilt auch die Tätigkeit der sonstigen juristischen Personen des privaten Rechts und der nichtrechtsfähigen Vereine, soweit sie einen wirtschaftlichen Geschäftsbetrieb (ausgenommen Land- und Forstwirtschaft) unterhalten.

Die Gewerbesteuer ist eine **Gemeindesteuer**, § 1 GewStG, und **Realsteuer**. Die Gemeinde, in der sich die Betriebsstätte befindet, erhält die Einnahmen aus dieser Steuer.

Gewerbebetriebe sind im Einkommensteuergesetz § 15 (2) EStG definiert. Als Gewerbebetrieb gelten auch alle Kapitalgesellschaften, Genossenschaften und Versicherungs- und Pensionsvereine.

Verschiedene Unternehmen und Institutionen sind laut § 3 GewStG von der Gewerbesteuer **befreit**. Dazu gehören die Bundeseisenbahn, die Deutsche Bundesbank, die Kreditanstalt für Wiederaufbau, private Schulen und allgemein bildende oder berufsbildende Einrichtungen sowie vom Staat getragene Krankenhäuser und andere.

Bemessungsgrundlage für die Gewerbesteuer ist der Gewerbeertrag, § 6 GewStG. Der Gewerbeertrag ergibt sich nach § 7 GewStG aus dem Gewinn des Gewerbebetriebes, wie er nach Einkommensteuergesetz und Körperschaftsteuergesetz ermittelt wird. Zu diesem Gewinn kommen **Hinzurechnungen** entsprechend § 8 GewStG, abzuziehen sind **Kürzungen** gemäß § 9 GewStG. Hinzurechnungen sind in § 8 Nr. 1 bis 12 GewStG geregelt.

§ 8 Hinzurechnungen

Dem Gewinn aus Gewerbebetrieb (§ 7) werden folgende Beträge wieder hinzugerechnet, soweit sie bei der Ermittlung des Gewinns abgesetzt worden sind:

1. Ein Viertel der Summe aus

a) Entgelten für Schulden. Als Entgelt gelten auch der Aufwand aus nicht dem gewöhnlichen Geschäftsverkehr entsprechenden gewährten Skonti oder wirtschaftlich vergleichbaren Vorteilen im Zusammenhang mit der Erfüllung von Forderungen aus Lieferungen und Leistungen vor Fälligkeit sowie die Diskontbeträge bei der Veräußerung von Wechsel- und anderen Geldforderungen. Soweit Gegenstand der Veräußerung eine Forderung aus einem schwebenden Vertragsverhältnis ist, gilt die Differenz zwischen dem Wert der Forderung aus dem schwebenden Vertragsverhältnis, wie ihn die Vertragsparteien im Zeitpunkt des Vertragsschlusses der Veräußerung zugrunde gelegt haben, und dem vereinbarten Veräußerungserlös als bei der Ermittlung des Gewinns abgesetzt,

b) Renten und dauernden Lasten. Pensionszahlungen auf Grund einer unmittelbar vom Arbeitgeber erteilten Versorgungszusage gelten nicht als dauernde Last im Sinne des Satzes 1,

c) Gewinnanteilen des stillen Gesellschafters,

d) einem Fünftel der Miet- und Pachtzinsen (einschließlich Leasingraten) für die Benutzung von beweglichen Wirtschaftsgütern des Anlagevermögens, die im Eigentum eines anderen stehen,

e) der Hälfte der Miet- und Pachtzinsen (einschließlich Leasingraten) für die Benutzung der unbeweglichen Wirtschaftsgüter des Anlagevermögens, die im Eigentum eines anderen stehen, und

f) einem Viertel der Aufwendungen für die zeitlich befristete Überlassung von Rechten (insbesondere Konzessionen und Lizenzen, mit Ausnahme von Lizenzen, die ausschließlich dazu berechtigen, daraus abgeleitete Rechte Dritten zu überlassen). Eine Hinzurechnung nach Satz 1 ist nicht vorzunehmen auf Aufwendungen, die nach § 25 des Künstlersozialversicherungsgesetzes Bemessungsgrundlage für die Künstlersozialabgabe sind,

soweit die Summe den Betrag von 100.000 Euro übersteigt; ...

Es werden zunächst die Beträge von a bis f ermittelt, die Beträge aufaddiert. Davon wird ein Freibetrag von 100.000 € abgezogen. Verbleibt ein Rest, wird davon ein Viertel berechnet und zu den sonstigen Hinzurechnungen § 8 Nr. 2 bis 12 addiert. Dieser Betrag wird zum Gewinn aus dem Gewerbebetrieb hinzugerechnet. Dazu ein Beispiel:

Beispiel:

Die Franz Huber Schreinerei, ein Einzelunternehmen, erzielte im letzten Jahr einen Gewinn vor Steuern in Höhe von 70.000 €. Dabei wurden folgende Beträge als Betriebsausgaben abgezogen:

- Das Unternehmen hat ein Darlehen aufgenommen und zahlte dafür im letzten Jahr Zinsen von 60.000 €.

- Ein stiller Gesellschafter erhielt eine Gewinnbeteiligung in Höhe von 20.000 €.
- Maschinen wurden gemietet. Die Jahresmiete beträgt 50.000 €. Die jährlichen Leasingraten für die Firmenfahrzeuge liegen bei 40.000 €.
- Die Werkshalle ist gemietet zu einer Jahresmiete von 50.000 €.
- Für die Herstellung exklusiver Schränke erhielt der Designer Lizenzgebühren in Höhe von 120.000 €.

Sämtliche aufgeführten Ausgaben wurden als Betriebsausgaben bei der Gewinnermittlung abgezogen. Der Hebesatz der Gemeinde beträgt 400 %.
Weitere Hinzurechnungen oder Kürzungen brauchen annahmegemäß nicht berücksichtigt zu werden.

Auszugehen ist vom Gewinn von 70.000 €. Es ist anhand § 8 GewStG zu prüfen, ob und in welcher Höhe Hinzurechnungen zu erfolgen haben.

a) Entgelte für Schulden. Damit sind Zinsen gemeint. Darlehenszinsen	60.000 €
b) –	
c) Gewinnanteile an stille Gesellschafter	20.000 €
d) Ein Fünftel der Mieten, Pachten, Leasingbeträge für bewegliche Wirtschaftsgüter $\frac{1}{5} \cdot (50.000 € + 40.000 €) =$	18.000 €
e) Die Hälfte der Mieten für Immobilien $\frac{1}{2} \cdot 50.000 € =$	25.000 €
f) Lizenzen $\frac{1}{4} \cdot 120.000 €$	30.000 €
Die Summe aus diesen Beträgen beläuft sich auf	153.000 €
Diese Summe ist zu berücksichtigen, soweit sie 100.000 € überschreitet, also	53.000 €
Hinzuzurechnen sind davon ein Viertel	13.250 €

Der Gewerbeertrag wird wie folgt errechnet:	Gewinn	70.000 €
	Hinzurechnung	13.250 €
	Gewerbeertrag	83.250 €

Dem Steuerpflichtigen wird gestattet, den Gewerbeertrag um die in § 9 GewStG aufgeführten Beträge zu entlasten. Beispielsweise sind betrieblich genutzte Grundstücke mit 1,2 % des Einheitswerts dieses Grundstücks, gemäß § 121a BewG multipliziert mit 140 %, vom Gewinn abzuziehen.

Weitere Hinzurechnungen nach § 8 GewStG könnten notwendig sein, die der Fiskus gewerbesteuerlich belasten möchte. Gemäß § 9 GewStG wird dem Steuerpflichtigen gestattet, den Gewerbeertrag um die hier aufgeführten Beträge zu entlasten. Im Beispiel entstehen keine weiteren hinzuzurechnenden oder zu kürzenden Beträge.

Die weitere Berechnung der Gewerbesteuer erfolgt nach § 11 GewStG.

§ 11 GewStG Steuermesszahl und Steuermessbetrag

(1) Bei der Berechnung der Gewerbesteuer ist von einem Steuermessbetrag auszugehen. Dieser ist durch Anwendung eines Prozentsatzes (Steuermesszahl) auf den Gewerbeertrag zu ermitteln. Der Gewerbeertrag ist auf volle 100 Euro nach unten abzurunden und

1. bei natürlichen Personen sowie bei Personengesellschaften um einen Freibetrag in Höhe von 24.500 Euro,
2. bei Unternehmen im Sinne des § 2 Abs. 3 und des § 3 Nr. 5, 6, 8, 9, 15, 17, 21, 26, 27, 28 und 29 sowie bei Unternehmen von juristischen Personen des öffentlichen Rechts um einen Freibetrag in Höhe von 5.000 Euro,

höchstens jedoch in Höhe des abgerundeten Gewerbeertrags, zu kürzen.

(2) Die Steuermesszahl für den Gewerbeertrag beträgt 3,5 Prozent.

Der Gewerbeertrag ist zunächst auf volle Hundert nach unten abzurunden. Anschließend ist für Einzelunternehmen und Personengesellschaften ein Freibetrag abzuziehen.

Beispiel:

Nach unten abgerundeter Gewerbeertrag	83.200 €
Freibetrag	– 24.500 €
Gekürzter Gewerbeertrag	58.700 €

Nach § 11 (1) GewStG ist ein Steuermessbetrag zu berechnen.
Dazu wird gemäß (2) der Gewerbeertrag mit 3,5 % multipliziert.
Gekürzter Gew.ertrag 58.700,00 € · Steuermesszahl 3,5 % = Steuermessbetrag 2.054,50 €

Für den Steuermessbetrag erhält der Steuerpflichtige nach Berechnung durch die Gemeinde einen Bescheid vom Finanzamt. Da die Gewerbesteuer eine Gemeindesteuer ist, legt die jeweilige Gemeinde, in der die Betriebsstätte des besteuerten Unternehmens liegt, den **Hebesatz** fest. Der Hebesatz muss gemäß § 16 (4) GewStG mindestens 200 % betragen. Er erreicht eine Höhe bis zu ca. 500 %.

Mit diesem Hebesatz ist der Steuermessbetrag zu multiplizieren. Der Gewerbesteuerbescheid wird von der Gemeinde erstellt.

§ 16 GewStG Hebesatz

(1) Die Steuer wird auf Grund des Steuermessbetrags (§ 14) mit einem Prozentsatz (Hebesatz) festgesetzt und erhoben, der von der hebeberechtigten Gemeinde (§§ 4, 35a) zu bestimmen ist.

(4) Der Hebesatz muss für alle in der Gemeinde vorhandenen Unternehmen der gleiche sein. Er beträgt 200 Prozent, wenn die Gemeinde nicht einen höheren Hebesatz bestimmt hat. (…)

Beispiel:

Im Beispiel beträgt der Hebesatz 400 %. Daraus ergibt sich die Gewerbesteuer wie folgt:
Steuermessbetrag 2.054,50 € · Hebesatz 400 % = 8.218,00 €

Liegen die Betriebsstätten eines Gewerbebetriebs in verschiedenen Gemeinden, wird nach § 4 (1) GewStG in jeder dieser Gemeinden die Gewerbesteuer erhoben. Dabei wird der Messbetrag auf die betreffenden Gemeinden entsprechend der in diesen zu zahlenden Lohnsummen verteilt. Durch Multiplikation mit den Hebesätzen dieser Gemeinden ergeben sich die zu zahlenden Gewerbesteuern.

Die Gewerbesteuer war bis Oktober 2000 bei der steuerlichen Gewinnermittlung lediglich als Betriebsausgabe zu berücksichtigen. Die zu zahlende Gewerbesteuer verminderte somit den Gewinn, der letztlich wieder als Bemessungsgrundlage für die Festsetzung der Gewerbesteuer herangezogen wurde. Damit minderte die Gewerbesteuer ihre eigene Bemessungsgrundlage. Sie ist dabei stets umstritten gewesen, u.a. weil sie Gewerbetreibende belastet, Selbstständige dagegen nicht berührt. Folglich wurde im Jahr 2000 im Rahmen des Steuersenkungsgesetzes die **Gewerbesteueranrechnung** nach § 35 EStG eingeführt.

Nach diesem Gesetz konnte erstmalig die Gewerbesteuer oder ein der Gewerbesteuer in der Höhe ähnlicher Betrag direkt von der Einkommensteuer abgezogen werden. Hierdurch sollte eine **vergleichbare Steuerbelastung für Gewerbetreibende und Selbstständige** sichergestellt werden.

Während der ursprüngliche Anrechnungsbetrag maximal das 1,8-Fache des Gewerbesteuermessbetrags betrug, erhöhte sich der Anrechnungshöchstbetrag gemäß § 35 EStG ab dem 01.01.2008 auf das 3,8-Fache des Gewerbesteuermessbetrags. Hintergrund für diese Erhöhung ist die Einführung des § 4 Abs. 5b EStG gewesen, mit welchem die Gewerbesteuer ab dem Kalenderjahr 2008 nicht mehr als abziehbare Betriebsausgabe zu behandeln gewesen ist. Die Gewerbesteuer stellt seit dem Kalenderjahr 2008 nunmehr in vielen Fällen eine Definitivbelastung für ein Unternehmen dar – insbesondere im Hinblick auf Kapitalgesellschaften, welche keine Anrechnungsmöglichkeit gemäß § 35 EStG haben.

---

§ 35 EStG

(1) Die tarifliche Einkommensteuer (…) ermäßigt sich, soweit sie anteilig auf im zu versteuernden Einkommen enthaltene gewerbliche Einkünfte entfällt (Ermäßigungshöchstbetrag),

1. bei Einkünften aus gewerblichen Unternehmen im Sinne des § 15 Abs. 1 Satz 1 Nr. 1 um das 3,8-fache des jeweils für den dem Veranlagungszeitraum entsprechenden Erhebungszeitraum nach § 14 des Gewerbesteuergesetzes für das Unternehmen festgesetzten Steuermessbetrags (Gewerbesteuer-Messbetrag); Abs. 2 Satz 5 ist entsprechend anzuwenden;

2. bei Einkünften aus Gewerbebetrieb als Mitunternehmer im Sinne des § 15 Abs. 1 Satz 1 Nr. 2 oder als persönlich haftender Gesellschafter einer Kommanditgesellschaft auf Aktien im Sinne des § 15 Abs. 1 Satz 1 Nr. 3 um das 3,8-fache des jeweils für den dem Veranlagungszeitraum entsprechenden Erhebungszeitraum festgesetzten anteiligen Gewerbesteuer-Messbetrags.

(…) Der Abzug des Steuerermäßigungsbetrags ist auf die tatsächlich zu zahlende Gewerbesteuer beschränkt.

In Nummer 1 geht es um Gewinne gewerblicher Unternehmen wie Einzelhandelsunternehmen oder Handwerksunternehmen wie Schreinereien oder Bäckereien oder auch Industrieunternehmen, die keine Kapitalgesellschaften sind. In Nummer 2 sind Gesellschafter von Gewerbebetrieben oder sonstigen Personengesellschaften oder auch Kommanditgesellschaften auf Aktien angesprochen, die aus dem Unternehmen durch Beteiligung, Mitarbeit, Vermietung oder Überlassung eines Darlehens Einkünfte erzielen. Diese Unternehmen oder Privatpersonen haben auf ihre Einkünfte aus Gewerbebetrieb Einkommensteuern zu zahlen. Hierbei darf die Einkommensteuer maximal um den Betrag entlastet werden, welcher durch die gewerblichen Einkünfte selbst entstanden ist (**Ermäßigungshöchstbetrag**).

Hat der Unternehmer ausschließlich positive gewerbliche Einkünfte, ist der folgende Betrag abzuziehen:

- Gewerbesteuermessbetrag · 3,8 im Falle, dass der Hebesatz der Gemeinde bei 380 % oder höher liegt,
- die Gewerbesteuer selbst bei einem Hebesatz unterhalb 380 %.
- Bei einer Beteiligung einer Privatperson an einem Gewerbebetrieb ist auf die Einkommensteuer der Privatperson folgende Anrechnung durchzuführen: prozentualer Anteil der Privatperson am Gewinn des Gewerbebetriebes · Gewerbesteuermessbetrag des Gewerbebetriebes · 3,8.

Beispiel:

Das zu versteuernde Einkommen von Franz Huber betrage 70.000 €. Daraus ergibt sich eine vorläufige Einkommensteuer von ca. 21.228 €.

a) Der Hebesatz beträgt 400 %. Die tatsächliche Gewerbesteuer entstand in Höhe von 8.218 €. Der Steuermessbetrag liegt bei 2.054,50 €. Folglich ist anzurechnen: Steuermessbetrag 2.054,50 € · 3,8 = 7.807,10 €. Die Einkommensteuer beträgt dann 21.228 € − 7.807,10 € = 13.420,90 €.

b) Falls der Hebesatz nur 350 % betragen würde, ist die Gewerbesteuer, wie sie hierfür tatsächlich anfällt, anzurechnen: 350 % · 2.054,50 € = 7.190,75 €. Die Einkommensteuer reduziert sich auf 21.228 € − 7.190,75 € = 14.037,25 €.

c) Franz hat einen Gesellschafter und erhält nur 70 % am Gewinn seiner Schreinerei. Sein zu versteuerndes Einkommen vermindert sich auf 49.000 €. Die vorläufige Einkommensteuer beträgt ca. 12.440 €.
Der Hebesatz beträgt 400 %. Der Steuermessbetrag liegt bei 2.054,50 €. Anzurechnen sind 70 % · 2.054,50 € · 3,8 = 5.464,97 €.
Die Einkommensteuer beträgt dann 12.440 € − 5.464,97 € = 6.975,03 €.

Hat der Unternehmer neben den positiven gewerblichen Einkünften noch andere Einkünfte, ermittelt sich der Ermäßigungshöchstbetrag wie folgt:

$$\frac{\text{Summe der positiven gewerblichen Einkünfte}}{\text{Summe aller positiven Einkünfte}} \cdot \text{geminderte tarifliche Steuer}$$

Beispiel:

Franz Huber hat folgende Einkünfte:
- Einkünfte aus § 15 EStG: 70.000 €
- Einkünfte aus § 18 EStG: 12.000 €
- Einkünfte aus § 21 EStG: – 45.000 €

Das zu versteuernde Einkommen von Franz Huber beträgt 37.000 €. Daraus ergibt sich eine vorläufige Einkommensteuer von ca. 7.944 €.

Der Ermäßigungshöchstbetrag berechnet sich dann wie folgt:

$$\frac{70.000\ €}{82.000\ €} \cdot 7.944\ € = 6.781,46\ €$$

a) Der Hebesatz beträgt 400 %. Die tatsächliche Gewerbesteuer entstand in Höhe von 8.218 €. Der Steuermessbetrag liegt bei 2.054,50 €. Folglich ist anzurechnen: Steuermessbetrag 2.054,50 € · 3,8 = 7.807,10 maximal jedoch 6.781,46 €.
Die Einkommensteuer beträgt dann 7.944 € – 6.781,46 € = 1.162,54 €.

b) Falls der Hebesatz nur 350 % betragen würde, ist die Gewerbesteuer, wie sie hierfür tatsächlich anfällt, anzurechnen: 350 % · 2.054,50 € = 7.190,75 €.
Die Einkommensteuer reduziert sich auf 7.944 € – 7.190,75 € = 753,25 €.

c) Franz hat einen Gesellschafter und erhält nur 70 % am Gewinn seiner Schreinerei. Sein zu versteuerndes Einkommen vermindert sich damit auf 16.000 €. Die vorläufige Einkommensteuer beträgt ca. 1.659,33 €. Der Ermäßigungshöchstbetrag beträgt 1.332,91 €. Der Hebesatz beträgt 400 %. Der Steuermessbetrag liegt bei 2.054,50 €. Anzurechnen sind 70 % · 2.054,50 € · 3,8 = 5.464,97 €.
Die Einkommensteuer beträgt dann 1.659,33 € – 1.332,91 = 326,42 €.

Wie man sehen kann, wird die Steuer nie auf einen Betrag von 0 € herabgesetzt werden, da für die „übrigen" positiven Einkünfte eine Steuer verbleibt.

3.2.2.4 Kapitalertragsteuer

Eine Besonderheit besteht bei Einkünften aus Kapitalvermögen § 20 EStG: Bei Dividenden, Zinsen und anderen Einkünften dieser Art wird bei Privatpersonen eine Abgeltungssteuer erhoben, § 32d (1) EStG. Von der Quelle, im Falle von Dividenden aus der Kapitalgesellschaft, ebenso im Falle von Zinsen von der Bank, werden 25 % Steuern direkt ans Finanzamt abgeführt.

Der Steuerpflichtige kann allerdings einen Freistellungsantrag stellen, § 32d (6) EStG. Falls dies zu niedrigerer Einkommensteuer führt, werden auf Antrag die Einkünfte aus Kapitalvermögen am Jahresende den anderen Einkünften entsprechend § 2 EStG zugerechnet und mit den anderen Einkünften versteuert. Sie werden an der Quelle von der Besteuerung freigestellt.

Einkünfte aus Kapitalvermögen zählen zu den **Überschusseinkünften**. Überschusseinkünfte werden als Differenz zwischen den Einnahmen, in diesem Fall Dividenden oder Zinsen, und den Werbungskosten berechnet. Nach § 20 (9) EStG dürfen nicht die tatsächlichen Werbungskosten, sondern nur der **Sparer-Pausch-**

betrag berücksichtigt werden. Er erhöht sich im Falle der Zusammenveranlagung auf das Doppelte.

Bei Einkünften aus Kapitalvermögen kann unter bestimmten Bedingungen das **Teileinkünfteverfahren** anzuwenden sein. Dabei werden Gewinnausschüttungen einer Kapitalgesellschaft an eine Privatperson bzw. an ein Einzelunternehmen oder an eine Personengesellschaft nur mit 60 % berücksichtigt, ebenso die zugehörigen Ausgaben (§ 3 Nr. 40 und § 3c (2) EStG).

 Beispiel:

(In Anlehnung an Campenhausen/Grawert, Steuerrecht im Überblick, S. 128)

Eine GmbH erzielt einen Gewinn von 100.000 €. Der Hebesatz der Gemeinde, in der sich die Betriebsstätte befindet, liegt bei 400 %. 100 % werden ausgeschüttet. In Zusammenhang mit dieser Dividende entstehen Ausgaben in Höhe von 2.000 €.

a) Eine einzelne Person ist Gesellschafter der GmbH.
b) Ein gewerbliches Einzelunternehmen ist einziger Gesellschafter.
c) Eine weitere GmbH ist Gesellschafter der GmbH.

Gewinn der GmbH	100.000 €
Körperschaftsteuer 15 % · 100.000 €	15.000 €
Solidaritätszuschlag 5,5 %	825 €
Gewerbesteuer 3,5 % · 400 % · 100.000	14.000 €
Zu a) Gewinn nach KSt. und GewSt.	70.175 €
Dividende an eine Privatperson:	70.175 €

Einkünfte aus Kapitalvermögen § 20 EStG; Abzug des Sparer-Pauschbetrags anstelle der Berücksichtigung der tatsächlichen Werbungskosten 801 €, Abgeltungssteuer gemäß § 32d EStG

Einkommensteuer: (70.175 € – 801 €) · 25 % = 17.343 € (abgerundet)

Soli	953 €
Gesamte Steuerbelastung	48.121 €
Verbleibender Gewinn	51.879 €
Zu b) Dividende an ein Einzelunternehmen:	71.000 €

Einkünfte aus Gewerbebetrieb § 15 (1) EStG; Beteiligung im Betriebsvermögen, daher Teileinkünfteverfahren.

§ 3 Nr. 40 S. 1 EStG nur 60 % der Dividende zu versteuern	42.600 €
§ 3c (2) EStG nur 60 % der Betriebsausgaben anzusetzen	1.200 €
Zu versteuernder Gewinn	41.400 €
ESt. gem. § 32a EStG bzw. ESt-Grundtabelle	9.517 €
Soli	523 €
Gesamte Steuerbelastung	39.865 €
Verbleibender Gewinn	60.135 €

Das Teileinkünfteverfahren wie in Fall b) kommt unter folgenden Bedingungen zum Tragen:

- wenn die Beteiligung zum Betriebsvermögen gehört,

- wenn natürliche Personen an der Kapitalgesellschaft mit (§ 32 d (2) Nr. 3 EStG)
  - mindestens 25 % beteiligt sind,
  - mindestens 1 % beteiligt und für diese beruflich tätig sind.

Wenn das Teileinkünfteverfahren Anwendung findet, sind auch bei den Betriebsausgaben nur 60 % anzusetzen (§ 3c (2) EStG).

Als dritte Möglichkeit einer Gewinnausschüttung wird von einer Kapitalgesellschaft **an eine andere Kapitalgesellschaft ausgeschüttet**.
Hierbei bleibt die Dividende zunächst außer Ansatz (§ 8b (1) KStG). Sie wird allerdings zu 5 % zur Versteuerung angesetzt (§ 8b (5) KStG).

 Beispiel:

Zu Fall c) Eine A-GmbH erzielt einen Gewinn in Höhe von 100.000 €. Die Gemeinde des Firmensitzes hat einen Gewerbesteuerhebesatz von 400 %.
Die A-GmbH schüttet zu 100 % an die B-GmbH aus. Der Hebesatz der Gemeinde des Firmensitzes der B-GmbH beträgt 350 %.

Gewinn einer A-GmbH	100.000 €
KSt. 15 %	15.000 €
Soli 5,5 %	825 €
GewSt. 3,5 % · 400 % · 100.000 €	14.000 €
Ausschüttung an die B-GmbH	70.175 €
Ansatz zu 5 % (§ 8b (1) und (5) KStG)	3.509 €
Betriebsausgabe	2.000 €
Zu versteuerndes Einkommen	1.509 €
KSt. 15 %	226 €
Soli 5,5 %	12 €
GewSt. 3,5 % · 350 % · 1.500 €	184 €
Gesamte Steuerbelastung	30.247 €
Verbleibender Gewinn der B-GmbH	69.753 €

3.2.2.5 Umsatzsteuer

Die Umsatzsteuer ist eine Verbrauchsteuer, Verkehrsteuer und indirekte Steuer. **Wirtschaftlich wird der Endabnehmer belastet**. Das leistende Unternehmen führt die Umsatzsteuer an das Finanzamt ab.

Das Unternehmen bezieht zum Zweck der eigenen Leistungserbringung Waren oder Material von seinem Lieferanten. Hierfür wird ihm eine Umsatzsteuer in Rechnung gestellt. Diese Umsatzsteuer stellt für das Unternehmen eine Vorsteuer dar, die es als Vorsteuer von den selbst in Rechnung gestellten Umsatzsteuern abziehen kann. Die Differenz stellt die Zahllast dar, die das Unternehmen an das Finanzamt zu zahlen hat.

 Nur Unternehmen, die sich zur Umsatzsteuer veranlagen lassen, können Vorsteuern abziehen.

§ 15 UStG Vorsteuerabzug

(2) Vom Vorsteuerabzug ausgeschlossen ist die Steuer für die Lieferungen, die Einfuhr und den innergemeinschaftlichen Erwerb von Gegenständen sowie für die sonstigen Leistungen, die der Unternehmer zur Ausführung folgender Umsätze verwendet:

1. steuerfreie Umsätze;
2. Umsätze im Ausland, die steuerfrei wären, wenn sie im Inland ausgeführt würden.

Gegenstände oder sonstige Leistungen, die der Unternehmer zur Ausführung einer Einfuhr oder eines innergemeinschaftlichen Erwerbs verwendet, sind den Umsätzen zuzurechnen, für die der eingeführte oder innergemeinschaftlich erworbene Gegenstand verwendet wird.

Beispiel:

Unternehmen Müller bezieht von seinem Lieferanten Lintl Waren für netto 1.000 € zuzüglich 19 % Mehrwertsteuer 190 €, gesamt brutto 1.190 €.
Müller verkauft die Waren für 1.500 € zuzüglich 19 % Mehrwertsteuer 285 €, brutto 1.785 € an den Endverbraucher Konrad.

Lintl führt 190 € an das Finanzamt ab, erhält diesen Betrag aber in vollem Umfang von seinem Kunden Müller.
Müllers Zahllast beträgt 285 €, die er von Konrad bekommt, abzüglich 190 €, die er bereits an Lintl bezahlt hat. Dies ergibt eine Zahllast von 95 €. Er zahlt also 95 € an das Finanzamt, 190 € an Lintl, insgesamt 285 €. Diesen Betrag holt er sich aber von seinem Kunden Konrad. Seine wirtschaftliche Belastung ist ebenso wie bei Lintl gleich null. Die Umsatzsteuer ist für beide ein durchlaufender Posten.
Konrad zahlt die 285 € an Müller und trägt damit die gesamte Umsatzsteuerlast.

Aufgrund der Zweiteilung der Umsatzsteuer in Vorsteuer gemäß §§ 15 und 15a UStG und Umsatz- bzw. Mehrwertsteuer wird von einer **Zweiphasensteuer** gesprochen.

Abb. 3.2: Umsatzsteuer

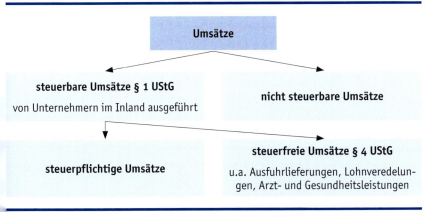

Es wird unterschieden in **steuerbare und nicht steuerbare Umsätze**. Die steuerbaren Umsätze können sowohl steuerpflichtig, als auch steuerfrei sein.

Steuerbare Umsätze setzen voraus, dass sie von Unternehmern in Deutschland durchgeführt werden. Sie können steuerbar, aber umsatzsteuerfrei sein.

Nach § 1 UStG sind steuerbare Umsätze Lieferungen und Leistungen, die von einem Unternehmer im Inland im Rahmen seines Unternehmens gegen Entgelt ausgeführt werden, sowie Lieferungen, die aus anderen EU-Ländern bezogen werden oder die aus einem Drittland, einem Nicht-EU-Land, kommen.

---

§ 1 UStG Steuerbare Umsätze

(1) Der Umsatzsteuer unterliegen die folgenden Umsätze:
1. die Lieferungen und sonstigen Leistungen, die ein Unternehmer im Inland gegen Entgelt im Rahmen seines Unternehmens ausführt. Die Steuerbarkeit entfällt nicht, wenn der Umsatz auf Grund gesetzlicher oder behördlicher Anordnung ausgeführt wird oder nach gesetzlicher Vorschrift als ausgeführt gilt;
2. (weggefallen)
3. (weggefallen)
4. die Einfuhr von Gegenständen im Inland oder in den österreichischen Gebieten Jungholz und Mittelberg (Einfuhrumsatzsteuer);
5. der innergemeinschaftliche Erwerb im Inland gegen Entgelt.

Wer Unternehmer ist, wird in § 2 UStG definiert.

---

§ 2 UStG Unternehmer, Unternehmen

(1) Unternehmer ist, wer eine gewerbliche oder berufliche Tätigkeit selbstständig ausübt. Das Unternehmen umfasst die gesamte gewerbliche oder berufliche Tätigkeit des Unternehmers. Gewerblich oder beruflich ist jede nachhaltige Tätigkeit zur Erzielung von Einnahmen, auch wenn die Absicht, Gewinn zu erzielen, fehlt oder eine Personenvereinigung nur gegenüber ihren Mitgliedern tätig wird.

Ein Unternehmer führt Lieferungen auch dann im Inland aus, wenn er einen Gegenstand von Deutschland in ein anderes Land sendet. Entscheidend ist, ob die Beförderung im Inland beginnt (§ 3 (6) UStG).
Sonstige Leistungen, § 1 (1) Nr. 1 gelten dort als ausgeführt, wo der Empfänger der Leistung sein Unternehmen betreibt (§ 3a (2) UStG).

Gemäß § 3 (9) UStG handelt es sich bei **sonstigen Leistungen** um Leistungen, die keine Lieferungen sind. Dazu gehören geistige Leistungen wie z.B. die Erstellung eines Unternehmenskonzeptes eines Unternehmensberaters, die Konstruktion eines Planes für ein Wohnhaus durch einen Architekten oder die Erstellung einer statischen Berechnung durch einen Bauingenieur. Auch das Unterlassen oder Dulden einer Handlung kann nach § 3 (9) UStG eine sonstige Leistung sein. Dazu gehört die Überlassung einer Erfindung gegen Lizenz.

Lieferungen eines Unternehmens aus einem EU-Land an ein deutsches Unternehmen werden zunächst ohne Umsatzsteuer ausgeführt. In Deutschland wird auf diese innergemeinschaftliche Lieferung eine Erwerbsteuer erhoben. Der Steuersatz entspricht der deutschen Umsatzsteuer. Dies wird über die Umsatzsteuererklärung abgewickelt.

Voraussetzung für die Lieferung ohne Umsatzsteuer ist, dass beide beteiligten Unternehmen eine **Umsatzsteuer-Identifikationsnummer** besitzen. In Deutschland ist diese beim Bundeszentralamt für Steuern in Saarlouis gemäß § 27a UStG zu beantragen. Die Umsatzsteuer-Identifikationsnummern müssen auf den Rechnungen angegeben sein.

Analog läuft die Lieferung von einem deutschen Unternehmen an ein Unternehmen in einem anderen EU-Land. Nach dem Bestimmungslandprinzip wird die Lieferung erst in diesem Land vom Empfänger per Erwerbsteuer nach Steuersätzen dieses Landes besteuert. Die Rechnung des deutschen Lieferanten enthält keine Umsatzsteuer.

In diesen Fällen sind monatlich Meldungen an das Bundeszentralamt für Steuern abzugeben. (§ 18a UStG)

Lieferungen von Unternehmen aus einem Drittland werden unabhängig davon, ob sie an eine Privatperson oder an ein Unternehmen in Deutschland (oder auch in einem anderen EU-Land) gehen, ohne Umsatzsteuer ausgeführt. Im Land des Empfängers (Deutschland) wird die Ware mit der Einfuhrumsatzsteuer (entsprechend der deutschen Umsatzsteuer) von der Zollbehörde belastet.

 Beispiel:

Fall 1: Ein deutscher Lederfabrikant liefert Trachtenlederhosen an einen Privatmann in den USA.
Die Rechnung wird ohne Umsatzsteuer erstellt. In den USA wird eine Einfuhrumsatzsteuer fällig, die der Privatmann zahlen muss.

Fall 2: Ein französischer Winzer verkauft 10 Kisten Bordeaux-Rotwein an einen deutschen Weinhändler.
Die Rechnung wird ohne Umsatzsteuer erstellt, vorausgesetzt beide Geschäftspartner können eine Umsatzsteuer-Identifikationsnummer vorweisen. In der deutschen Umsatzsteuererklärung ist die Erwerbsteuer zum deutschen Umsatzsteuersatz (zurzeit 19 %) als steuerbarer Betrag angesetzt, ebenso ist derselbe Betrag als Vorsteuer anzugeben und gegenzurechnen.

Fall 3: Ein Schweizer Uhrenfabrikant liefert 20 teure Uhren an einen deutschen Uhrenhändler.
Auch hier ist die Rechnung netto, also ohne Umsatzsteuer, auszustellen. In Deutschland ist nach dem Bestimmungslandprinzip eine Einfuhrumsatzsteuer an den deutschen Zoll zum deutschen Steuersatz zu bezahlen. Diese kann in der Umsatzsteuererklärung als Vorsteuer berücksichtigt werden.

§ 4 UStG Steuerbefreiungen bei Lieferungen und sonstigen Leistungen

Von den unter § 1 Abs. 1 Nr. 1 fallenden Umsätzen sind steuerfrei:

1. a) die Ausfuhrlieferungen (§ 6) und die Lohnveredelungen an Gegenständen der Ausfuhr (§ 7),

   b) die innergemeinschaftlichen Lieferungen (§ 6a);

8. a) die Gewährung und die Vermittlung von Krediten,

9. a) die Umsätze, die unter das Grunderwerbsteuergesetz fallen,

14. a) Heilbehandlungen im Bereich der Humanmedizin, die im Rahmen der Ausübung der Tätigkeit als Arzt, Zahnarzt, Heilpraktiker, Physiotherapeut, Hebamme oder einer ähnlichen heilberuflichen Tätigkeit durchgeführt werden. Satz 1 gilt nicht für die Lieferung oder Wiederherstellung von (…) und kieferorthopädischen Apparaten (…), soweit sie der Unternehmer in seinem Unternehmen hergestellt oder wiederhergestellt hat;

21. a) die unmittelbar dem Schul- und Bildungszweck dienenden Leistungen privater Schulen und anderer allgemeinbildender oder berufsbildender Einrichtungen,

22. a) die Vorträge, Kurse und anderen Veranstaltungen wissenschaftlicher oder belehrender Art, die von juristischen Personen des öffentlichen Rechts, von Verwaltungs- und Wirtschaftsakademien, von Volkshochschulen oder von Einrichtungen, die gemeinnützigen Zwecken oder dem Zweck eines Berufsverbandes dienen, durchgeführt werden, wenn die Einnahmen überwiegend zur Deckung der Kosten verwendet werden,

   b) andere kulturelle und sportliche Veranstaltungen, die von den in Buchstabe a genannten Unternehmern durchgeführt werden, soweit das Entgelt in Teilnehmergebühren besteht (…).

Steuerfrei sind Lieferungen in Drittländer oder innergemeinschaftliche Lieferungen (bei Vorliegen der USt.-Identifikationsnummern).

Steuerfrei sind gemäß § 4 Nr. 1 UStG demnach Ausfuhrlieferungen an Drittländer zum Zweck der Lohnveredelung. Unter **Lohnveredelung** wird verstanden, dass ein inländisches Unternehmen ein Erzeugnis bis zu einem bestimmten Reifegrad fertigt, dann in ein anderes Land (meist ein Billiglohnland) sendet, wo es weiter bearbeitet wird, um anschließend ins Inland zurückgeschickt zu werden, hier eventuell noch weiter bearbeitet wird, zumindest aber kontrolliert wird und in den Verkauf kommt.

§ 6a UStG Innergemeinschaftliche Lieferung

(1) Eine innergemeinschaftliche Lieferung (§ 4 Nr. 1 Buchstabe b) liegt vor, wenn bei einer Lieferung die folgenden Voraussetzungen erfüllt sind:

1. Der Unternehmer oder der Abnehmer hat den Gegenstand der Lieferung in das übrige Gemeinschaftsgebiet befördert oder versendet;

(…)

Steuerbefreit sind u.a. auch Leistungen selbstständiger Ärzte und Physiotherapeuten, Umsätze von Volkshochschulen oder Bildungsakademien privater Personen oder von juristischen Personen des öffentlichen Rechts (§ 4 Nr. 14, 21 und 22 UStG).

Auch Umsätze, die mit der Grunderwerbsteuer belastet sind (Grundstückskäufe und dergleichen), sind von der Umsatzsteuer befreit, um Doppelbesteuerung gleicher Sachverhalte zu vermeiden (§ 4 Nr. 9a UStG).

Die deutschen Umsatzsteuersätze betragen nach § 12 UStG regulär 19 % und ermäßigt 7 % für Lebensmittel (nicht Restaurants oder Getränke), Literatur und alle sonst in der Anlage 2 zum Umsatzsteuergesetz aufgeführten Gegenstände. Land- und Forstwirtschaftsbetriebe haben eigene Steuersätze in Höhe von 5,5 % bzw. 10,7 % gemäß § 24 UStG.

Damit liegt der deutsche Normal-Umsatzsteuersatz etwas unter denen der meisten anderen EU-Länder.
- Österreich 20 %
- Frankreich 19,6 %
- Tschechien 20 %
- Italien 20 %
- Dänemark 25 %
- Spanien 18 %
- Polen 23 %
- Holland 19 %
- Großbritannien 20 %

Kleinere Unternehmen können wählen, ob für sie eine Umsatzsteuer erhoben wird. Nach § 19 (1) UStG sind Unternehmen grundsätzlich **befreit**, wenn der Bruttoumsatz im vorangegangenen Kalenderjahr 17.500 € nicht überstiegen hat und im laufenden Kalenderjahr voraussichtlich maximal 50.000 € erreichen wird. Gemäß § 19 (2) UStG können die Unternehmen auf die Befreiung nach (1) verzichten. Die Entscheidung ist für fünf Jahre bindend.

Unternehmen können nach § 20 UStG bei einer bestimmten Umsatzhöhe oder als Freiberuflicher wählen, ob sie ihre Umsätze nach Vereinnahmung, d.h. Bezahlung, oder nach Ausführung der steuerpflichtigen Leistung, spätestens bei Rechnungstellung, versteuern, § 16 (1) UStG und § 13 EStG. Erstere sind die so genannten **Ist-Versteuerer**, letztere die **Soll-Versteuerer**.

Besondere Regelungen gelten für die **Besteuerung der Landwirte**: Die Vorsteuer wird generell unabhängig von den tatsächlichen Betriebsausgaben in Höhe der mit den reduzierten Steuersätzen multiplizierten land- oder forstwirtschaftlichen Umsätzen angesetzt. Damit beträgt die Zahllast nach § 24 (1) UStG null. Der Landwirt kann sich aber entscheiden, seine Umsätze nach den allgemeinen Vorschriften des Umsatzsteuergesetzes zu versteuern. Diese Entscheidung ist aber gemäß § 24 (4) UStG fünf Jahre bindend. Der Kunde erhält eine Rechnung mit 10,7 % Umsatz- oder Mehrwertsteuer und kann diese, falls er Unternehmer ist, als Vorsteuer geltend machen.

Beispiel:

Ein Landwirt verkauft seine Ernte an verschiedene Genossenschaften und erzielt dabei Erträge von netto 80.000 €. Die darauf zu berechnende Umsatzsteuer von 10,7 % kommt auf 8.560 €. Er kauft Futter und Dünger ein für 20.000 €. Die Vorsteuer bemisst sich unbeachtet der Betriebsausgaben von 20.000 € entsprechend der entstehenden Umsatzsteuer auf 8.560 €. Die Zahllast beträgt folglich 0 €.

Investiert der Landwirt in neue Maschinen oder Sonstiges, können ihm, wenn er sich für die Mehrwertsteuervergünstigung entschieden hat, vom Finanzamt auch keine bezahlten Vorsteuern auf seine Investitionen zurückerstattet werden.

Gemäß § 23 UStG sowie § 69 und § 70 UStDV dürfen Unternehmen, die nicht buchführungspflichtig sind und **bestimmten Berufsgruppen** angehören, ohne das Führen von Büchern und ohne Nachweis bestimmte Prozentsätze vom Umsatz als Vorsteuer ansetzen.

Der Steuerpflichtige hat beim Finanzamt Umsatzsteuervoranmeldungen einzureichen. Der Abgabetermin hängt von der Umsatzsteuerzahllast des vorangegangenen Geschäftsjahres ab:

- Bei einer Umsatzsteuer des letzten Jahres von unter 7.500 € ist vierteljährlich eine Voranmeldung abzugeben.
- Bei einer Steuer über 7.500 € ist die Voranmeldung monatlich vorzunehmen.
- Unter 1.000 € Umsatzsteuer im Vorjahr kann das Finanzamt auf eine monatliche Voranmeldung verzichten und sich mit der jährlichen Steuererklärung begnügen.

3.2.2.6 Grundsteuer

Wie die Gewerbesteuer ist auch die Grundsteuer eine Real- und Gemeindesteuer (§ 3 (2) GrStG).

Steuerschuldner ist nach § 10 GrStG derjenige, dem der Grundbesitz bei der Festsetzung des Einheitswerts zuzurechnen ist. Zum Grundbesitz sind nach § 2 GrStG die Betriebe der Land- und Forstwirtschaft sowie die Grundstücke zu rechnen.

Als **Bemessungsgrundlage** der Grundsteuer gilt der Einheitswert (§ 13 (1) GrStG). Dieser sollte gemäß § 21 BewG alle sechs Jahre festgestellt werden. Tatsächlich wurde er 1964 für die alten Bundesländer ermittelt. Dieser Wert wird heute noch allgemein verwendet.

Dieser Einheitswert wird mit der Steuermesszahl nach §§ 13 ff GrStG multipliziert und der Steuermessbetrag ermittelt. In den alten Bundesländern gelten die folgenden Sätze: Nach § 14 GrStG wird für Land- und Forstwirtschaft als Steuermesszahl 6 vom Tausend, für sonstige Grundstücke 3,5 vom Tausend nach § 14 (1) GrStG sowie für Zweifamilienhäuser 3,1 vom Tausend nach § 14 (2) Nr. 2 GrStG angesetzt. Für Einfamilienhäuser wird nach § 14 (2) Nr. 1 GrStG eine Steuermesszahl von 2,6 vom Tausend für die ersten 38.346,89 € des Einheitswerts angesetzt, 3,5 vom Tausend für den restlichen Einheitswert berechnet.

Das Ergebnis, der Steuermessbetrag, wird mit dem von der Gemeinde festgelegten Hebesatz multipliziert (§§ 25 ff GrStG). Die Hebesätze liegen zwischen ca. 320 und 810 %. Die jährliche Grundsteuer wird in vier Raten vierteljährlich bezahlt.

 Beispiel:

Der 1964 zunächst auf DM festgesetzte Einheitswert eines Einfamilienhauses liegt bei umgerechnet 150.000 €. Der Hebesatz der Gemeinde liegt bei 350 %. Die Grundsteuer soll berechnet werden.

Die ersten 38.346,89 € sind mit der Steuermesszahl 2,6 ‰ zu multiplizieren. Dies ergibt einen Steuermessbetrag von 99,70 €.

Die restlichen 111.653,11 € werden mit einer Steuermesszahl von 3,5 vom Tausend verrechnet. Dies ergibt einen Steuermessbetrag von 390,79 €.

Die Grundsteuer errechnet sich durch die Multiplikation der Summe aus 390,79 € und 99,70 € mit dem Hebesatz von 350 %. Dies ergibt eine Grundsteuer von jährlich 1.716,72 € und pro Quartal von 429,18 €.

In den **neuen Bundesländern** sind einige andere Regelungen zu beachten:
- Die zu verwendenden Einheitswerte stammen aufgrund der besonderen Eigentumsverhältnisse zu Zeiten der Deutschen Demokratischen Republik aus dem Jahr 1935. Daher werden auch andere Steuermesszahlen verwendet.
- Als Schuldner der Grundsteuer werden die Nutzer herangezogen (§ 40 GrStG). Die Werte von Mietwohngrundstücken und Einfamilienhäusern werden, falls kein Einheitswert aus 1935 vorliegt, gemäß Wohn- und Nutzfläche festgelegt (§ 42 (1) GrStG).

3.2.2.7 Grunderwerbsteuer

Der Kauf, Verkauf sowie der Eigentumsübergang aufgrund anderer Rechtsvorgänge von inländischen Grundstücken werden gemäß § 1 Grunderwerbsteuergesetz GrEStG mit der Grunderwerbsteuer belastet.

Bemessungsgrundlage ist nach § 8 GrEStG der Wert der Gegenleistung. Eine Gegenleistung ist nach § 9 GrEStG beim Kauf der Kaufpreis zuzüglich vom Käufer übernommene sonstige Leistungen, wie die vom Käufer übernommenen durch Hypothek oder Grundschuld gesicherten Verbindlichkeiten, abzüglich der dem Verkäufer vorbehaltenen Nutzungen, wie ein Wohnrecht des Verkäufers auf einem Teil des verkauften Grundstücks.
Bei einem Grundstückstausch besteht die Gegenleistung in der Tauschleistung, etwa einem anderen Grundstück einschließlich vereinbarter zusätzlicher Leistungen wie die Übernahme von Verbindlichkeiten.

Auf diese Bemessungsgrundlage ist laut § 11 GrEStG ein Steuersatz von 3,5 % anzuwenden. Gemäß Art 105 Abs. 2a GG dürfen die Bundesländer ab dem 01.09.2006 den Steuersatz für die Grunderwerbsteuer abweichend vom Gesetz festsetzen. Nordrhein-Westfalen folgte zum 01.10.2011 den Bundesländern Berlin, Brandenburg,

Bremen, Hamburg, Niedersachsen, Saarland und Sachsen-Anhalt und setzte den Steuersatz für die Grunderwerbsteuer auf 5 % fest.

Steuerschuldner kann nach § 13 GrEStG sowohl der Käufer wie auch der Verkäufer sein. Dies wird im Allgemeinen beim Abschluss des Kaufvertrages festgelegt.

Steuerbefreit sind gemäß § 3 GrEStG Grundstücksverkäufe an Ehe- oder Lebenspartner der Veräußerer. Auch Eigentumsübergänge aufgrund von Erbschaft oder Schenkung werden von der Grunderwerbsteuer befreit, da diese der Erbschaft- und Schenkungsteuer unterliegen und eine Doppelbesteuerung vermieden werden soll.
Nach § 4 Nr. 6 GrEStG sind auch Verkäufe an eine Gemeinde, an das Land oder den Bund grunderwerbsteuerbefreit.

Nicht zum Grundstück gehören nach § 2 (1) GrEStG Maschinen und Vorrichtungen, die sich auf dem Grundstück befinden. Ebenso sind Mineralgewinnungsrechte, sonstige Gewerbeberechtigungen und das Recht auf Erhalt eines Erbbauzinses ausgenommen.
Gleichzustellen mit Grundstücken sind gemäß § 2 (2) GrEStG u.a. Gebäude auf fremden Grundstücken.

3.2.2.8 Erbschaft- und Schenkungsteuer (von Karsten Sitko)

3.2.2.8.1 Allgemeines

Die verfassungsrechtliche Gewährleistung des Erbrechts bzw. der Erbschaftsteuer ergibt sich aus Artikel 14 GG. Über Artikel 106 Abs. 2 GG ergibt sich die **Erhebungshoheit der Länder**.

Die Erb- und Schenkungsteuer beruht auf dem unentgeltlichen Vermögensübergang von einer natürlichen Person auf eine andere Person. Grundsätzlich beruht diese Besteuerung auf den erbrechtlichen Regelungen im fünften Buch des **Bürgerlichen Gesetzbuches**, sie ist konzipiert als **Erbanfallsteuer**, d.h., es wird die Bereicherung des Erwerbers und nicht die Höhe des Nachlasses als Bemessungsgrundlage für den steuerpflichtigen Erwerb erfasst. Tragendes Element der ErbSt ist somit das **Bereicherungsprinzip**.
Neben den Erwerben von Todes wegen erfasst das ErbStG auch die **Schenkungen unter Lebenden**, um eine mögliche Steuerumgehung durch eine vorzeitige Vermögensübertragung unter Lebenden zu vermeiden. Die Erbschaftsteuer wird in solchen Fällen als Schenkungsteuer (SchSt) bezeichnet. Als Steuerschuldner der ErbSt wird in der Regel der Erwerber herangezogen, sofern die Steuer den Mindestbetrag von 50 € übersteigt (§ 22 ErbStG).

Da Steuern Geldleistungen sind, muss auch die **Bemessungsgrundlage** für die einzelne Steuer auf einen Geldbetrag lauten. Damit sind die Vermögensgegenstände, die nicht bereits auf einem Geldbetrag lauten, nach dem Bewertungsgesetz (BewG) in Geld zu bewerten. Die Bewertung des steuerpflichtigen Erwerbs i.S.d. ErbStG regelt § 12 ErbStG, wonach, soweit nichts anderes bestimmt ist, die **Bewertung nach den allgemeinen Vorschriften des BewG** erfolgt. Dabei ist grundsätzlich der gemeine Wert maßgeblich.

Abb. 3.3: Wertermittlung des steuerpflichtigen Erwerbs

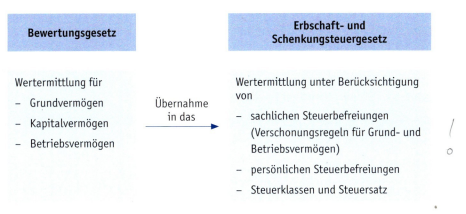

Ausnahmen hiervon ergeben sich aus den einzelnen Vorschriften im BewG. Seit dem 01.01.2009 werden einheitlich die Steuerwerte (= gemeinen Werte) der Besteuerung zugrunde gelegt. Das aktuell bestehende und mehrfach geänderte Gesetz wird jedoch aufgrund seiner unterschiedlichen Bewertungsansätze durch die laufende Rechtsprechung des Bundesverfassungsgerichts angegriffen und steht erneut auf dem Prüfstand, es bleibt abzuwarten, ob eine erneute Verfassungswidrigkeit festgestellt wird.

3.2.2.8.2 Sachliche Steuerpflicht

Grundvoraussetzung für die Besteuerung bildet der steuerpflichtige Vorgang (§ 1 ErbStG):

- **Erbschaftsteuer** § 1 Abs. 1 Nr. 1 ErbStG:
  Erwerb von Todes wegen (§ 3 ErbStG)
  – durch Erbanfall (§ 1922 BGB),
  – durch Vermächtnis (§ 2147 BGB),
  – aufgrund des geltend gemachten Pflichtteilsanspruchs,
  – durch Schenkung auf den Todesfall,
  – durch einen vom Erblasser geschlossenen Vertrag.

- **Schenkungsteuer** § 1 Abs. 1 Nr. 2 ErbStG:
  Erwerb unter Lebenden (§ 7 ErbStG) mit Schwerpunkt der Schenkung als Bereicherung

3.2.2.8.3 Persönliche Steuerpflicht

Zu berücksichtigen ist hierbei die persönliche Steuerpflicht, geregelt im § 2 ErbStG. Das ErbStG knüpft dabei eng an den **Inländerbegriff** im Zeitpunkt des Todes bzw. der Schenkung an. Hierbei wird auf den Wohnsitz (§ 8 AO) oder gewöhnlichen Aufenthalt (§ 9 AO) des Verstorbenen/Schenkers oder des Erwerbers abgestellt.

Darüber hinaus besteht die Möglichkeit, bestimmte Vermögenswerte im Inland auch dann zu besteuern, wenn weder der Erblasser noch der Erwerber die Inländereigenschaften hat. Der Gesetzgeber spricht hier vom **Erwerb des Inlandsvermögens** (z.B. inländisches Grundvermögen, inländisches Betriebsvermögen oder Anteile an inländischen Kapitalgesellschaften), welches letztlich in Deutschland besteuert werden muss.

3.2.2.8.4 Steuerpflichtiger Erwerb

Bemessungsgrundlage für die Besteuerung bildet der steuerpflichtige Erwerb nach § 10 ErbStG, welcher sich für die SchSt und die ErbSt wie folgt ermitteln lässt:

- **Schenkungsteuer**:
  Steuerwert der Zuwendung („Roherwerb")
- – sachliche Steuerbefreiungen (§§ 13, 13a ErbStG)
- = Steuerwert der Zuwendung (§ 10 Abs. 1 S. 2 ErbStG)
- = Bereicherung des Erwerbers („Reinnachlass" § 10 Abs. 1 ErbStG)
- – persönlicher Freibetrag (§ 16 ErbStG)
- = **steuerpflichtiger Erwerb** (abzurunden auf volle 100 € gemäß § 10 Abs. 1 S. 6 ErbStG)

- **Erbschaftsteuer**:
  Steuerwert des Vermögensanfalls („Roherwerb")
- – sachliche Steuerbefreiungen (§§ 13, 13a ErbStG)
- = Steuerwert des Nachlasses (§ 10 Abs. 1 S. 2 ErbStG)
- – abzugsfähige Nachlassverbindlichkeiten (§ 10 Abs. 5 und Abs. 6 ErbStG), mindestens Pauschbetrag für Erbanfallkosten (in Höhe von 10.300 €, § 10 Abs. 5 Nr. 3 ErbStG)
- = Bereicherung des Erwerbers („Reinnachlass" § 10 Abs. 1 ErbStG)
- – persönlicher Freibetrag (§ 16 ErbStG)
- – Versorgungsfreibetrag (§ 17 ErbStG)
- = **steuerpflichtiger Erwerb** (abzurunden auf volle 100 € gemäß § 10 Abs. 1 S. 6 ErbStG)

Die **festzusetzende Steuer** ergibt sich sowohl für die Erbschaft- als auch für die Schenkungsteuer wie folgt:
Steuerpflichtiger Erwerb · Steuersatz (§ 19 ErbStG) mit entsprechender Steuerklasse (§ 15 ErbStG) = **festzusetzende Steuer**

3.2.2.8.5 Steuerklassen und persönliche Freibeträge

Bei der Gewährung von Freibeträgen und der Festlegung des Steuersatzes unterscheidet der Gesetzgeber in Abhängigkeit vom persönlichen Verhältnis des Erwerbers zum Erblasser oder Schenker. Hierfür teilt er die Erwerber in **drei Steuerklassen** ein (Steuerklasse I, II und III). Jedem Erwerber steht ein persönlicher Freibetrag zu. Kinder verstorbener Kinder erhalten den besonderen persönlichen Freibetrag von 400.000 €, welcher grundsätzlich auf ihre verstorbenen Eltern gewährt worden wäre. Überdies beachtet der Gesetzgeber einen besonderen Versorgungsgedanken bei überlebenden Ehegatten und Kindern bis zu einem Alter von 27 Jahren.

Abb. 3.4:   Freibeträge der Steuerklassen

Steuer-klasse	Personen	Persönliche Freibeträge	Besondere Versorgungsfrei-beträge
I	Ehepartner, eingetragene Lebenspartner, Kinder (Stief- und Adoptivkinder)	500.000 €	Kinder bis 27 Jahren zwischen 10.000 und 52.000 €
	Abkömmlinge der Kinder	400.000 €	
	Eltern und Großeltern (bei Erwerb von Todes wegen)	100.000 €	
II	Eltern und Großeltern (bei Schenkungen); die Geschwister, die Abkömmlinge ersten Grades von Geschwistern, die Stiefeltern, die Schwiegerkinder, die Schwiegereltern, der geschiedene Ehegatte und der Lebenspartner einer aufgehobenen Lebenspartnerschaft	20.000 €	
III	Alle übrigen Personen	20.000 €	

Abb. 3.5:   Wert des steuerpflichtigen Erwerbs

Wert des steuerpflichtigen Erwerbs (§ 10) bis einschließlich ... Euro	Prozentsatz in der Steuerklasse		
	I	II	III
75.000	7	15	30
300.000	11	20	30
600.000	15	25	30
6.000.000	19	30	30
13.000.000	23	35	50
26.000.000	27	40	50
über 26.000.000	30	43	50

3.2.2.8.6 Sachliche Steuerbefreiungen

Im ErbStG wird stets nur die Bereicherung des Erwerbers besteuert. Für die Ermittlung lässt das ErbStG **ausgesuchte Steuerbefreiungen** zu. Hierunter fallen gemäß § 13 ErbStG u.a. folgende Vermögensgegenstände:

- Für Personen der Steuerklasse I: Hausrat mit einem Freibetrag von 41.000 € und bewegliche Wirtschaftsgüter mit einem Freibetrag von 12.000 €
- Für Personen der Steuerklassen II und III: Hausrat und bewegliche Wirtschaftsgüter mit einem Freibetrag von 12.000 €
- Übliche Gelegenheitsgeschenke
- Zuwendungen im Zusammenhang mit einer Ausbildung
- Zuwendungen, welche den Lebensunterhalt von Angehörigen absichern sollen
- Steuerbefreiungen für übertragenes Grundvermögen in Deutschland, der Europäischen Union (EU) oder dem Europäischen Wirtschaftsraum (EWR)

a) Selbstgenutzte Familienwohnheime (§ 13 Abs. 1 Nr. 4 bis Nr. 4c ErbStG)
b) Grundstücksschenkungen unter Ehegatten (§ 13 Abs. 1 Nr. 4 ErbStG)
  – Im Wege der Erbfolge übertragene Grundstücke an Ehegatten (§ 13 Abs. 1 Nr. 4a ErbStG)
  – Im Wege der Erbfolge übertragene Grundstücke an Kinder, soweit die anteilige Grundstücksgröße 200 qm nicht übersteigt. Darüber hinaus wird der anteilige Wert des Grundstücks versteuert (§ 13 Abs. 1 Nr. 4b ErbStG).
  – Dies gilt für Familienwohnheime im Erbfall nur, wenn diese durch den Erwerber innerhalb von zehn Jahren weiterhin selbst bewohnt werden. Bei einem Verstoß hiergegen, z.B. durch Veräußerung oder Vermietung des Familienwohnheimes wird das Vermögen rückwirkend der Besteuerung unterworfen.
c) Fremdvermietetes Grundvermögen (§ 13c ErbStG)
- Steuerbefreiung in Höhe von 10 % des Vermögenswertes

Ermittlung der einzelnen Vermögenswerte

Grundvermögen:

Das unbebaute Grundstück wird dabei wie folgt ermittelt:

Fläche in qm · Bodenrichtwert/qm

Der **Bodenrichtwert** wird hierbei regelmäßig von Gutachterausschüssen ermittelt.

Für bebaute Grundstücke divergiert die Ermittlung und teilt sich in drei Ermittlungsverfahren auf.

- **Vergleichswertverfahren:**
Es erfolgt der direkte Vergleich der Kaufpreise von Immobilien, welche weitestgehend übereinstimmen. Es ist anzuwenden bei Eigentumswohnungen und Ein- und Zweifamilienhäusern. Findet in der Praxis wohl seltener Anwendung.

- **Ertragswertverfahren:**
  Jahresrohertrag (Miete bzw. übliche Miete)
  − Bewirtschaftungskosten
  = Reinertrag des Grundstücks
  − Bodenwertverzinsung
  = Gebäudereinertrag
  · Vervielfältiger
  = Gebäudeertragswert
  + Bodenwert
  = Grundbesitzwert

Das Ertragswertverfahren ist anzuwenden bei Mietwohngrundstücken und Geschäftsgrundstücken und gemischt genutzten Grundstücken, sofern sich hier eine ortsübliche Miete ermitteln lässt.

- **Sachwertverfahren:**
  Flächenpreis (Regelherstellungskosten)

- Bruttogrundfläche
= Gebäuderegelherstellungswert
– Altersminderung
= Gebäudesachwert
+ Bodenwert
= vorläufiger Sachwert des Grundbesitzes
- Wertzahl
= Grundbesitzwert

Es ist anzuwenden bei allen anderen Grundstücken, welche bisher noch nicht zu bewerten gewesen sind.

Die entsprechenden **Vervielfältiger**, die Bodenwerte, die Regelherstellungskosten und die Abschläge hinsichtlich des Alters der Immobilie ergeben sich hierbei aus den Anlagen zum ErbStG.

Kapitalvermögen:

a) Wertpapiere zum niedrigsten Stichtagskurs, soweit sie an der Börse notiert sind

b) Nicht börsennotierte Anteile an Kapitalgesellschaften vorrangig abgeleitet aus zeitnahen Verkäufen oder nach einem vereinfachten Ertragswertverfahren

c) Lebensversicherungen mit dem Rückkaufswert

Das **vereinfachte Ertragswertverfahren** lässt sich nach folgender Formel bestimmen:

Nachhaltig erzielbarer Jahresertrag · Kapitalisierungsfaktor = Unternehmenswert

Der **Jahresertrag** ergibt sich aus dem durchschnittlichen Betriebsergebnis der letzten drei Jahre, bereinigt um Sondereinflüsse nach Abzug eines angemessenen Unternehmerlohns, bereinigt um pauschal mit 30 % berücksichtigten Ertragsteuern.

Der **Kapitalisierungsfaktor** ergibt sich aus 1 / Kapitalisierungszins. Dabei ist der Kapitalisierungszins der Basiszins + einen pauschalen Risikozuschlag von 4,5 %, wobei der Basiszinssatz einmal jährlich jeweils zum ersten Börsentag des Jahres durch die Bundesbank festgesetzt wird.

Als Wertuntergrenze ist der Substanz- oder Liquidationswert anzusetzen, berechnet aus dem gemeinen Wert der Einzelwirtschaftsgüter abzüglich der Schulden.

 Beispiel:

Durchschnittsertrag nach § 202 BewG:	10.500 €
Basiszinssatz nach § 203 Abs. 2 BewG zum 01.01.2012	2,44 %
• Kapitalisierungszinssatz = 2,44 % + 4,5 % =	6,94 %
• Kalkulationsfaktor = 1 / 6,94 % =	14,4092
Vereinfachter Ertragswert = 10.500 € · 14,4092 =	151.296 €

Betriebsvermögen:

Als besonderes Betriebsvermögen orientiert sich der Wert des land- und forstwirtschaftlichen Vermögens an der Ertragskraft des land- oder forstwirtschaftlichen Betriebes.

Die Wertermittlung von Einzelunternehmen, Anteilen an Personengesellschaften und Anteilen an nicht börsennotierten Kapitalgesellschaften erfolgt

- vorrangig abgeleitet aus Verkäufen unter fremden Dritten, die weniger als ein Jahr zurückliegen,
- ansonsten auf der Grundlage einer anerkannten betriebswirtschaftlichen Methode
- oder mit einem vereinfachten Ertragswertverfahren (§ 199 ff BewG, s. Kapitalvermögen).

Für Erwerber von unternehmerischen Vermögen hat der Gesetzgeber zwei Verschonungsregeln vorgegeben (**Betriebsvermögenfreibeträge** §13a, § 13b ErbStG).

Grundmodell

- Verschonungsabschlag von 85 %
- Darüber hinaus Abzugsbetrag von 150.000 € bei gleitender Regelung
- Voraussetzungen:
  - Betriebsfortführung von fünf Jahren (mit Escape-Klauseln wie Reinvestition des Veräußerungserlöses innerhalb von sechs Monaten)
  - Die Lohnsumme muss innerhalb der Zeit 400 % einer Ausgangslohnsumme erreichen (greift erst ab 20 Arbeitnehmern)
  - Das nicht begünstigte Verwaltungsvermögen darf 50 % nicht übersteigen

Optionsmodell

- Verschonungsabschlag von 100 %
- Kein weiterer Abzugsbetrag notwendig
- Voraussetzungen:
  - Betriebsfortführung von sieben Jahren
  - Die Lohnsumme muss innerhalb der Zeit 700 % der Ausgangslohnsumme erreichen
  - Das nicht begünstigte Verwaltungsvermögen darf 10 % nicht übersteigen

Die einmal getroffene Wahl ist bindend, d.h., sie kann nachträglich nicht revidiert werden. Der Gesetzgeber spricht hier von der Verschonungsregelung, womit grundsätzlich die Übertragung von begünstigten Betriebsvermögen zu **85 % steuerfrei** gestellt wird (Grundmodell). Das Grundmodell beinhaltet hierbei gleichzeitig den **abschmelzenden Abzugsbetrag**, welcher letztlich dazu führt, dass man bei einem Betriebsvermögen ab 3.000.000 € keinen Abzugsbetrag mehr erhält.

 Beispiel:

Franz Honig hat ein betriebliches Unternehmen zum Vertrieb von Merchandise-Artikeln. Sein Betriebsvermögen (nach dem Ertragswertverfahren) beträgt 1.000.000 €.

Der Ansatz im Rahmen der Erbschaftsteuererklärung erfolgt für 2012 wie folgt:

Betriebsvermögen (Ertragswert):	1.000.000 €
Begünstigtes Vermögen 85 %:	− 850.000 €
Nicht begünstigtes Vermögen 15 %:	150.000 €
Abzugsbetrag § 13a Abs. 2:	− 150.000 €
Zu versteuern nach § 13a, § 13b:	0 €

Abwandlung: Franz Honig hat ein betriebliches Unternehmen zum Vertrieb von Merchandise-Artikeln. Sein Betriebsvermögen (nach dem Ertragswertverfahren) beträgt 2.500.000 €.

Der Ansatz im Rahmen der Erbschaftsteuererklärung erfolgt wie folgt:

Betriebsvermögen (Ertragswert):		2.500.000 €
Begünstigtes Vermögen 85 %:		− 2.125.000 €
Nicht begünstigtes Vermögen 15 %:		− 375.000 €
Abzugsbetrag § 13a Abs. 2:		
	375.000 €	
	− 150.000 €	
	= 225.000 €	
· 50 % =	112.500 €	
150.000 − 112.500 € = 37.500 €:		− 37.500 €
Zu versteuern nach § 13a, § 13b:		337.500 €

Der Erwerber kann jedoch auch zum **Optionsmodell** wechseln, welches letztlich eine **Steuerbefreiung zu 100 %** gewährt, aber auch erschwerte Voraussetzungen beinhaltet.

Voraussetzung bei beiden Modellen ist, dass das übertragene Vermögen innerhalb einer vorgegebenen Haltedauer nicht veräußert, aufgegeben oder in das Privatvermögen überführt wird und die Lohnsumme eine vorgeschriebene Mindestgröße erreicht. Zum begünstigten Betriebsvermögen zählt insbesondere die Übertragung des gesamten Betriebes, von Anteilen an Kapitalgesellschaften (wenn diese mehr als 25 % umfassen) sowie von land- und forstwirtschaftlichen Vermögen.
Abzugrenzen hiervon ist das **unproduktive Vermögen**, das so genannte Verwaltungsvermögen, welches lediglich eine Kapitalbeteiligung darstellt (hierunter fallen beispielsweise Anteile an Kapitalgesellschaften bis zu 25 %, vermietete Immobilien oder Wertpapiere und Kunstgegenstände).

3.2.3 *Abgabenordnung*

Das allgemeine Steuerrecht ist Teil des Verwaltungsrechts innerhalb des öffentlichen Rechts (Staat – Bürger). Es besteht u.a. aus der Abgabenordnung und dem Bewertungsgesetz. Die Abgabenordnung bildet die **Grundlage für sämtliche Steuerarten**. Sie enthält Regelungen für verschiedene einzelne Steuerarten wie auch für mehrere Steuerarten gemeinsam. So regelt sie für die Einkommensteuer die Begriffe „Wohnsitz" und „gewöhnlicher Aufenthalt" (§§ 8 und 9 AO).

Für sämtliche Steuerarten gemeinsam beinhaltet sie die Vorschriften bezüglich des Ablaufs der Besteuerung,

- Steuererklärung (§§ 149 ff AO),
- Steuerfestsetzung bzw. Steuerbescheid (§§ 155 ff AO),
- Steuerzahlung (§§ 224 ff AO),
- Steuerprüfung (§§ 193 ff AO),
- Vollstreckung (§§ 249 ff AO),

außerdem Straf- und Bußgeldvorschriften (§§ 369 ff AO) sowie die Buchführungspflicht (§§ 140 ff AO).

Der Steuerpflichtige erstellt den steuerrechtlichen Jahresabschluss und auf dieser Basis die Steuererklärungen. Das örtlich zuständige Finanzamt ermittelt die Steuer und erlässt den Steuerbescheid. Von Fall zu Fall entsendet das Finanzamt Prüfer für die Betriebs- oder Außenprüfung zu den einzelnen Betrieben. Der Steuerpflichtige zahlt die Steuern oder lässt sie, falls die Einziehung eine erhebliche Härte darstellen würde, stunden (§ 222 AO).

Bei Verspätung der Steuererklärung droht eine Schätzung der Steuerhöhe durch das Finanzamt (§ 162 AO).

Gemeinsam mit dem Grundgesetz regelt die Abgabenordnung die **Zuständigkeiten der einzelnen Finanzbehörden**:

- **Örtliche Behörden**:

Finanzämter sind Behörden der **Bundesländer**. Sie erheben die Einkommensteuer, die Körperschaftsteuer und die Umsatzsteuer. Bei ihnen haben die Steuerpflichtigen ihre Steuererklärungen abzugeben. Sie setzen die Steuer fest und erlassen die Steuerbescheide. Die örtliche Zuständigkeit der Finanzämter wird in den §§ 17 ff AO geregelt.
Die Gewerbesteuer wie auch die Grundsteuer werden von den **Gemeinden** erhoben. Das Betriebsfinanzamt erstellt den Steuermessbetragsbescheid. Die Bescheide für Verbrauchsteuern wie Mineralölsteuer oder Tabaksteuer und die Einfuhrumsatzsteuer werden von der Bundeszollverwaltung erlassen.

- **Mittelbehörden**:
Die **Oberfinanzdirektionen** der Länder leiten die Finanzämter, die Oberfinanzdirektionen des Bundes die Hauptzollämter. Sie haben unterschiedliche Bezeichnungen in den einzelnen Ländern.

- **Oberste Behörden**:
Die obersten Finanzbehörden sind das für die Bundessteuergesetzgebung zuständige **Bundesfinanzministerium** sowie das für die Landessteuergesetzgebung zuständige **Landesfinanzministerium**.

- **Finanzgerichtsbarkeit**
Gerichtliche Entscheidungen werden in den Ländern von den Finanzgerichten, bundesweit vom Bundesfinanzhof (BFH) getroffen.

- **Einspruchsfristen**: Einspruch gegen einen Steuerbescheid
Soll gegen einen Steuerbescheid Einspruch erhoben werden, hat der Steuerpflichtige eine Einspruchsfrist von einem Monat ab Bekanntgabe des Bescheids gemäß § 355 (1) AO einzuhalten.

Als Datum der Bekanntgabe gilt nach § 122 (2) Nr. 1 AO der dritte Tag nach Aufgabe zur Post durch das Finanzamt.

Beispiel:

Gibt das Finanzamt den Steuerbescheid am 07.06. bei der Post auf, gilt als Bekanntgabedatum der 10.06.

Die Monatsfrist beginnt gemäß § 187 (1) BGB am nächsten Tag nach der Bekanntgabe. Nach § 188 (2) BGB endet die Monats- und damit die Einspruchsfrist mit dem Ablauf des gleichen Tages des Folgemonats.

Beispiel:

Das Bekanntgabedatum liegt auf dem 10.06. Hier findet das so genannte Ereignis statt. Am 11.06. beginnt die Einspruchsfrist. Sie endet am 10.07. Fällt der 10.07. auf einen Samstag, zählt der 12.07., der Montag nach § 193 BGB als Ende der Einspruchsfrist.

Schlussbemerkung:

Das deutsche Steuerrecht und auch alle angesprochenen Steuerarten beinhalten weit mehr als die hier aufgeführten Regelungen. Dennoch erhält der Leser einen wichtigen Überblick über das deutsche Steuergesetz. Der Leser sollte sich alle Gesetzesparagrafen aus dem Steuergesetz heraussuchen, markieren und das Gesetzbuch mit Post-its® strukturieren. Damit erhält er eine wertvolle Basis für die zukünftige Auseinandersetzung mit dem Thema „Steuern".

3.2.4 *Aufgaben und Lösungshinweise*

1. Aufgabe

a) Stellen Sie die Abgabenordnung im Überblick dar.
b) Was sind Steuern?
c) Nennen Sie fünf Kategorien von Steuern und nennen Sie jeweils drei Beispiele von Steuerarten.
d) Stellen sie mithilfe der Abgabenordung den Weg von der Buchführungspflicht über die Einkommensteuererklärung bis zur Steuerzahlung und darüber hinaus dar.

2. Aufgabe

a) Erklären Sie, welche Unternehmen den Gewinn nach § 4 (1) EStG berechnen! Begründen Sie dies mithilfe der Abgabenordnung und des EStG. Gehen Sie dabei auch auf das HGB ein.
   Welche Unternehmen bleiben übrig? Wie berechnen diese ihren Gewinn?
b) Sepp ist im Winter vom Dezember bis einschließlich März als Skilehrer in einer Skischule in Kitzbühel angestellt. In diesen Monaten wohnt er hier bei einem Freund. Es wird davon ausgegangen, dass zwischen Deutschland und Österreich ein Doppelbesteuerungsabkommen besteht. Das übrige Jahr arbeitet er in seinem Baggerbetrieb in Straubing. Welche Einkünfte hat er wo zu versteuern?

3. Aufgabe

Franka ist am 05.06.1947 geboren. Sie ist Inhaberin und Geschäftsführerin eines Sportgeschäftes in der Rechtsform eines Einzelunternehmens. Daraus bezieht sie im Jahr 2012 Einnahmen in Höhe von 120.000 €. Ihre Ausgaben daraus betragen 70.000 €. Ihr 20 Jahre jüngerer Mann erledigt die Buchhaltung und erhält dafür ein monatliches Gehalt von 1.200 € brutto.

Franka ist Gesellschafterin der Müller-GmbH und erhält in diesem Jahr eine Dividende von 15.000 €.

Sie ist Gesellschafterin einer OHG und erhält eine Gewinnbeteiligung für dieses Jahr von 20.000 €.

Nebenberuflich ist sie Dozentin bei der IHK und erhält im Jahr ein Honorar von 10.000 €. Für diesen Job benötigt sie Fachliteratur von 500 € im Jahr. Das Ehepaar hat ein Kind im Alter von 25 Jahren in Berufsausbildung. (Kindergeld wird nicht berücksichtigt.) An die Kirche spendet sie 2.000 €.

Berechnen Sie die Einkommensteuer und prüfen Sie mittels Tabellen bei Zusammenveranlagung.

4. Aufgabe

Wer muss Umsatzsteuer zahlen? Welcher Unterschied besteht zwischen Vor- und Umsatzsteuer?

Wie heißt die Umsatzsteuer, die Sie bei Einfuhr aus Drittländern zahlen müssen?

5. Aufgabe

a) Die Schmidt OHG ist in der Textilherstellung tätig. Ihr Gewinn beträgt 60.000 €. Folgende Betriebsausgaben wurden bei der Gewinnermittlung berücksichtigt:
   - Zinsen 30.000 €
   - Gewinnausschüttung an stille Gesellschafter 30.000 €
   - Mieten für Maschinen 50.000 €
   - Miete für Gebäude 90.000 €

   Die Gemeinde hat einen Hebesatz von 400 %. Berechnen Sie die Gewerbesteuer.

b) Eigentümer der OHG sind die beiden Schmidt-Brüder Bastian und Florian zu gleichen Teilen. Sie beziehen keine weiteren Einnahmen. Für seinen alten Großvater hat Florian für netto 6.000 € einen Aufzug in sein Privathaus einbauen lassen. Berechnen Sie die Einkommensteuern der beiden Brüder unter Berücksichtigung des § 35 EStG. Pauschalbeträge für Sonderausgaben werden außer Acht gelassen. Beide sind ledig und haben keine Kinder.

Lösungshinweise

1. Aufgabe

a) Gliederung in neun Teile
1. Einleitende Vorschriften
2. Steuerschuldrecht
3. Allgemeine Verfahrensvorschriften
4. Durchführung der Besteuerung
5. Erhebungsverfahren

6. Vollstreckung
7. Außergerichtliches Rechtsbehelfsverfahren
8. Straf- und Bußgeldvorschriften, Straf- und Bußgeldverfahren
9. Schlussvorschriften

b) Steuern sind Abgaben ohne Gegenleistung zur Erzielung von Einnahmen für den Staat. Sie sind gesetzlich geregelt und müssen bei Erfüllung gewisser Tatbestände entrichtet werden.

c) Fünf beispielhafte Steuerkategorien:
   - Personensteuern: Einkommen-, Körperschaft-, Erbschaftsteuer
   - Sachsteuern: Kfz-Steuer, Gewerbesteuer, Hundesteuer
   - Verbrauchsteuern: Tabaksteuer, Mineralölsteuer, Umsatzsteuer
   - Verkehrsteuer: Versicherungsteuer, Grunderwerbsteuer, Kfz-Steuer, Umsatzsteuer
   - Indirekte Steuer: Umsatzsteuer, Schaumweinsteuer, Biersteuer, Lohnsteuer
   - Direkte Steuern: Einkommen-, Körperschaft-, Gewerbesteuer

d) Die Abgabenordnung sagt dazu:
   - Nach § 140 und 141 AO besteht entweder eine derivative oder eine originäre Buchführungspflicht. Entsprechend § 2 (1) bis (5) ist das zu versteuernde Einkommen zu ermitteln.
   - Nach §§ 149 ff AO haben die Steuerpflichtigen ihre Steuererklärungen für die verschiedenen Einkunfts- und Steuerarten beim Finanzamt einzureichen.
   - §§ 155 ff AO: Das Finanzamt prüft die Steuererklärungen, setzt die Steuern fest und sendet an den Steuerpflichtigen den Steuerbescheid.
   - §§ 193 ff AO: Alle paar Jahre werden die Betriebe vom Finanzamt einer Betriebsprüfung unterzogen. Ein Prüfer durchforstet die Buchhaltung des Steuerpflichtigen und kontrolliert die Rechtmäßigkeit der Aufzeichnungen der Buchhaltung und der Steuererklärungen mehrerer Jahre.
   - §§ 222 ff AO: Die Steuern sind zu zahlen. Bei entsprechender Begründung können Steuern gestundet werden, gegen bestehende Ansprüche gegen das Finanzamt aufgerechnet werden und bei extremen Härtefällen auch erlassen werden, wenn die Zahlung als unzumutbar angesehen wird.
   - §§ 233 ff AO: Bei verspäteter Einreichung der Steuerunterlagen können vom Finanzamt Säumniszuschläge erhoben werden.
   - §§ 249 ff AO: Zahlt der Steuerpflichtige trotz mehrmaliger Aufforderung nicht, kommt es zur Vollstreckung.
   - §§ 369 AO: Verstößt der Steuerpflichtige grob fahrlässig oder vorsätzlich gegen Steuergesetze, können von den Finanzbehörden Straf- und Bußgeldverfahren eingeleitet werden.

2. Aufgabe

a) Gemäß § 5 (1) EStG haben alle Gewerbetreibenden, die aufgrund gesetzlicher Vorschriften Bücher führen müssen oder freiwillig Bücher führen, ihren Gewinn nach § 4 (1) EStG zu ermitteln. Nach § 141 AO haben alle Gewerbetreibenden und Land- und Forstwirte einer gewissen Größe Bücher zu führen. § 140 AO verpflichtet auch alle diejenigen zur steuerlichen Buchführung, die aufgrund anderer Gesetze wie § 238 HGB Bücher führen müssen. Dazu gehören alle Kaufleute, d.h. alle Gewerbebetriebe einer gewissen Größe und Art, alle freiwillig in das Handelsregister eingetragenen Gewerbebetriebe, Landwirtschaftsbetriebe einer gewissen Größe, die sich freiwillig in das Handelsregister eintragen lassen, alle OHGs, KGs, GmbHs, AGs, KGaA und sonstige Unternehmen, die als Handelsgesellschaften geführt werden. Sie ermitteln ihren Gewinn durch Betriebsvermögensvergleich zweier aufeinanderfolgender Jahre gemäß § 4 (1) EStG.

Kleinere Gewerbetreibende und Land- und Forstwirte wie auch Freiberufliche ermitteln ihren Gewinn entsprechend der Einnahmenüberschussrechnung gemäß § 4 (3) EStG, sie müssen also keine Bilanz erstellen.

b) Sepp ist in Österreich beschränkt einkommensteuerpflichtig. Er hat in Österreich weder einen Wohnsitz noch seinen gewöhnlichen Aufenthalt.

Er versteuert sein Skilehrergehalt in Österreich. Mit Österreich besteht ein Doppelbesteuerungsabkommen. Folglich versteuert er diese Einkünfte aus nichtselbstständiger Arbeit nur in Österreich. Da er in Deutschland unbeschränkt steuerpflichtig ist und hier sein „Welteinkommen" zu versteuern hat, andererseits aber ein Doppelbesteuerungsabkommen besteht, werden sowohl die Einkünfte in Deutschland wie auch die Einkünfte in Österreich bei der Festsetzung des Steuersatzes berücksichtigt. Es wird von Progressionsvorbehalt gesprochen. Seine Einkünfte aus Gewerbebetrieb mit seinem Baggerunternehmen versteuert er in Deutschland.

3. Aufgabe

Franka erzielt Einkünfte aus einem Gewerbebetrieb § 2 (1) Nr. 2 EStG i.V.m. § 15 (1) Nr. 1 EStG.

– Einnahmen	120.000 €	
– Betriebsausgaben	70.000 €	
– Gewinn		50.000 €
Weitere Einkünfte aus Gewerbebetrieb aus der OHG § 15 (1) Nr. 2 EStG		20.000 €
Einkünfte aus Gewerbebetrieb gesamt		**70.000 €**

Einkünfte aus selbstständiger Arbeit § 2 (1) Nr. 3 EStG i.V.m. § 18 EStG

– Einnahmen	10.000 €	
– Fachliteratur	500 €	
– Gewinn		9.500 €

Einkünfte aus Kapitalvermögen § 2 (1) Nr. 5 EStG

– Einnahmen Müller GmbH	15.000 €	
– Werbungskosten		
– Sparer-Pauschbetrag (Zusammenveranlagung)	1.602 €	
– Überschuss		13.398 €
§ 2 (3) EStG Summe der Einkünfte Franka		**92.898 €**

Einkünfte Ehemann aus nichtselbstständiger Arbeit § 2 (1) Nr. 4 EStG i.V.m. § 19 EStG

– Einnahmen	14.400 €	
– Werbungskostenpauschale	1.000 €	
– Überschuss		13.400 €

Summe der Einkünfte Ehepaar	**106.298 €**
– Altersentlastungsbetrag § 24a EStG 28,8 % maximal 1.368 €	1.368 €
– **Gesamtbetrag der Einkünfte**	**104.930 €**
– Spende an die Kirche als Sonderausgabe nach § 10b (1) EStG	2.000 €
– **Einkommen § 2 (5) EStG**	**102.930 €**
– Kinderfreibetrag § 32 (6) EStG 2.184 € · 2 =	4.368 €
– Betreuungs- und Erziehungsfreibetrag § 32 (6) EStG 1.320 € · 2 =	2.640 €
Zu versteuerndes Einkommen § 2 (5) EStG	**95.922 €**

§ 32a (1) und (5) EStG:
Halber Betrag — 47.961 €

Nach § 32a EStG besteht für zu versteuernde Einkünfte zwischen 13.470 Euro bis 52.881 Euro folgende Berechnungsformel:

$$(228{,}74 \cdot z + 2.397) \cdot z + 1.038$$

Nach § 32a (1) S. 4 gilt: „z ist ein Zehntausendstel des 13.469 Euro übersteigenden Teils des auf einen vollen Euro-Betrag abgerundeten zu versteuernden Einkommens."

$$z = (47.961 - 13.469) / 10.000 = 3{,}4492$$

Eingesetzt in obige Formel ergibt dies:
$(228{,}74 \cdot 3{,}4492 + 2.397) \cdot 3{,}4492 + 1.038 =$ — 12.027 €

Diese Steuer besteht pro Person. Um beide Ehegatten zu berücksichtigen; ist dieser Betrag mit 2 zu multiplizieren.
Gesamt 2 · 12.027 € = — 24.054 €

Dies ist die Steuer für beide Ehepartner gemeinsam bei Zusammenveranlagung.

4. Aufgabe

Umsatzsteuer muss jedes Unternehmen zahlen, das Leistungen im Inland erbringt und nicht von der Umsatzsteuer per Gesetz ausgenommen ist.

Der Regelsteuersatz liegt bei 19 %, der ermäßigte Steuersatz für im Anhang zum Umsatzsteuergesetz gelistete Gegenstände bei 7 %. Der Steuersatz für die Forstwirtschaft ist auf 5,5 %, für die Landwirtschaft auf 10,7 % beschränkt.

Vorsteuer fällt an beim Kauf von Waren oder Dienstleistungen aus der Sicht des Käufers, Umsatzsteuer entsteht beim Verkauf von Waren bzw. bei Durchführung einer Leistung.

Werden Waren aus einem Nicht-EU-Land nach Deutschland eingeführt, wird in Deutschland eine Einfuhrumsatzsteuer in Höhe der deutschen Umsatzsteuer fällig.

5. Aufgabe

Gewinn	60.000 €
Hinzurechnungen § 8 GewStG :	
– Zinsen	30.000 €
– Gewinnausschüttung an stillen Gesellschafter	30.000 €

– Miete für Maschinen: ⅕ · 50.000 € =	10.000 €
– Miete für Gebäude: ½ · 90.000 € =	45.000 €
Summe	115.000 €
Freibetrag	100.000 €
Summe über Freibetrag	15.000 €
· ¼ =	3.750 €
Vorläufiger Gewerbeertrag § 7 GewStG	63.750 €
Abzurunden auf volle 100 €	63.700 €
Freibetrag § 11 (1) Nr. 1 GewStG	24.500 €
Veränderter Gewerbeertrag	39.200 €
· 3,5% (Steuermesszahl) = Steuermessbetrag	1.372 €
Hebesatz 400% · 1.372 € =	5.488 €

Bastian erhält vom OHG-Gewinn 30.000 €.
Seine vorläufige Einkommensteuer beträgt 5.625 €.

Gemäß § 35 EStG kann aufgrund der Gewerbesteuer angerechnet werden:
3,8 · ½ · 1.372 € = 2.607 €

Endgültige Einkommensteuer 5.625 € abzgl. 2.607 €	3.018 €

Florian erhält ebenfalls einen Gewinnanteil von 30.000 €.

Außergewöhnliche Belastungen – zumutbar 6% von 30.000 € (Gesamtbetrag der Einkünfte)	1.800 €
Kosten des Aufzugs	6.000 €
Abzuziehen	4.200 €
Gewinnanteil von Florian 30.000 €	
Außergewöhnliche Belastungen	– 4.200 €
Einkommen	25.800 €
Kein Kinderfreibetrag	
Zu versteuerndes Einkommen	25.800 €
Einkommensteuer	4.340 €

Für die Gewerbesteuer ist abzuziehen der „anteilige Gewerbesteuermessbetrag"

§ 35 (1) Nr. 2 GewStG: 3,8 · ½ · 1.372 € =	2.607 €
Verbleibende Einkommensteuer	1.733 €

3.3 Musterklausur

1. Aufgabe

Der 17-jährige Fritz Müller möchte sich gerne einen Roller kaufen. Bei einem Händler sieht er ein gebrauchtes Fahrzeug zum Preis von 2.000 Euro. Fritz möchte den Roller gern erwerben und bietet dem Händler eine Ratenzahlung von 50 Euro monatlich an. Fritz verfügt über 60 Euro monatlich und er weiß, dass seine Eltern gegen die Anschaffung sind, da sie die monatliche Belastung als zu hoch empfinden.

a) Erläutern Sie, ob Fritz den Kauf ohne Zustimmung seiner Eltern tätigen kann. (**10 Punkte**)

b) Fritz stellt zudem die Frage, ob ein Kaufvertrag schriftlich verfasst werden muss. Beschreiben Sie, ob dies nach den gesetzlichen Vorschriften erforderlich ist. (**4 Punkte**)

c) Nennen Sie neben der Schriftform zwei weitere „Formvorschriften", die das BGB im Allgemeinen Teil vorsieht. (**4 Punkte**)

2. Aufgabe

Lisbeth Müller kauft sich im Geschäft eine Hose, probiert sie jedoch nicht an. Zu Hause stellt sie fest, dass die Hose zu groß ist. Erläutern Sie ausführlich, ob der Verkäufer die Hose zurücknehmen muss. Nennen Sie die zugrunde liegenden Rechtsvorschriften. (**20 Punkte**)

3. Aufgabe

Frau A wird von einer Werbefirma angerufen und am Telefon befragt, ob sie mit dem Werbeanruf einverstanden sei. Sie erklärt sich einverstanden.

a) Ist solch ein Verhalten im Sinne des UWG zulässig? Begründen Sie Ihre Antwort unter Nennung der entsprechenden Vorschriften. (**8 Punkte**)

b) Welche Rechtsfolgen sieht das UWG grundsätzlich bei Verstößen vor. (**4 Punkte**)

4. Aufgabe

Für Ihren Chef wollen Sie einen Vortrag zu einigen Themen des Handelsrechts vorbereiten.

a) Beschreiben Sie die Befugnisse eines Prokuristen und nennen Sie die gesetzliche Grundlage. (**4 Punkte**)

b) Grenzen Sie die Prokura von der Handlungsvollmacht ab. (**4 Punkte**)

c) Nennen Sie zwei selbstständige Hilfspersonen des Kaufmanns. (**2 Punkte**)

5. Aufgabe

Der Arbeitgeber A möchte sich gern von seinem Arbeitnehmer B trennen.

a) Nennen Sie drei Möglichkeiten, wie Arbeitsverträge beendet werden können, und erläutern Sie diese. (**9 Punkte**)

b) Was versteht man unter einer Kündigungsfrist im Arbeitsrecht? (**3 Punkte**)

6. Aufgabe

A erhält seinen Steuerbescheid und sieht, dass einige Fahrten zur Arbeitsstelle nicht anerkannt worden sind.

a) Nennen Sie die Rechtsnatur des Steuerbescheids. (**3 Punkte**)

b) Innerhalb welcher Frist und auf welche Weise müsste A gegen den Bescheid vorgehen? (**4 Punkte**)

c) Erläutern Sie unabhängig von den Fragen a) und b) den Sinn und Zweck der Abgabenordnung. (**8 Punkte**)

7. Aufgabe

Eine der wichtigsten Steuerarten ist die Einkommensteuer.

a) Nennen Sie vier Merkmale, die der Steuer zuzuordnen sind. (**8 Punkte**)

b) Nennen Sie fünf Einkunftsarten, die bei der Einkommensteuer vorgesehen sind. (**5 Punkte**)

Lösungsvorschläge

1. Aufgabe

a) Solange Fritz minderjährig ist, braucht er für den Abschluss von Verträgen **grundsätzlich** die Zustimmung seiner Eltern als gesetzliche Vertreter, denn Fritz ist gemäß § 106 BGB beschränkt geschäftsfähig. Ausnahmsweise benötigt Fritz die Zustimmung nicht, wenn das Rechtsgeschäft gemäß § 107 BGB für ihn lediglich vorteilhaft ist. Das ist hier jedoch nicht der Fall, denn es besteht die Verpflichtung zur Ratenzahlung. Eine weitere Ausnahme sieht § 110 BGB vor, der so genannte „Taschengeldparagraf". Wenn der Minderjährige eine vertragsgemäße Leistung, hier die Ratenzahlung mit Mitteln bewirkt, die ihm dafür von seinen gesetzlichen Vertretern oder von Dritten mit Zustimmung der gesetzlichen Vertreter zur Verfügung gestellt werden. Dies ist hier jedoch auch nicht der Fall, da die Eltern Bedenken zu der Ratenzahlung erhoben haben.

Ergebnis: Fritz kann den Kauf nicht ohne die Zustimmung seiner Eltern tätigen.

b) Das BGB sieht grundsätzlich vor, dass die Parteien an keine bestimmte Form für diesen Vertragsabschluss gebunden sind.

c) Z.B.: Textform, notarielle Beglaubigung, öffentliche Beglaubigung

2. Aufgabe

Lisbeth Müller hat einen Kaufvertrag gemäß § 433 BGB geschlossen, an den sie gebunden ist, es sei denn, es stünde ihr aus dem Vertrag oder aus Gesetz ein Rücktrittsrecht oder ein Anfechtungsrecht zu. Im Sachverhalt finden sich keine diesbezüglichen Angaben.

Die Hose ist nicht i.S. der §§ 434 ff BGB mangelhaft. Ein Mangel im Sinne des Gesetzes liegt vor, wenn die Hose nicht die vereinbarte Beschaffenheit aufweisen würde. Das ist jedoch nicht der Fall, da Lisbeth sie genauso gekauft hat. Ein Mangel wäre nur zu bejahen, wenn etwa ein Riss oder eine Verfärbung vorläge. Auch ein rechtlich relevanter Irrtum für eine Anfechtung im Sinne eines Erklärungsirrtums liegt nicht vor. Denkbar aber, dass der Verkäufer Denis D. ein Umtauschrecht eingeräumt hat und damit ein vertragliches Rücktrittsrecht bestünde. Auch hierzu enthält der Sachverhalt keine Angaben.

Ergebnis: Der Verkäufer muss die Hose nicht zurücknehmen.

3. Aufgabe

a) Der Werbeanruf könnte eine unzumutbare Belästigung darstellen und damit gegen die Vorschrift des § 7 UWG verstoßen. In § 3 UWG ist normiert, dass unlautere geschäftliche Handlungen unzulässig sind, wenn sie die Interessen anderer beeinträchtigen. In § 7 Abs. 2 Nr. 2 UWG ist dieses Verbot noch deutlicher konkretisiert und danach ist eine unzumutbare Belästigung stets anzunehmen, wenn eine Werbung mittels eines Telefonanrufs ohne vorherige ausdrückliche Einwilligung des Verbrauchers geschaltet wird. Dies ist hier der Fall, denn die ausdrückliche vorherige Einwilligung liegt nicht vor und kann auch in dem Telefonat nicht nachgeholt werden, weil durch den Anruf der Tatbestand der unzumutbaren Belästigung bereits realisiert ist.

Ergebnis: Das Verhalten ist unzulässig.

b) Das UWG sieht nach § 8 bis 10 UWG grundsätzlich die Beseitigung und Unterlassung sowie Schadensersatz und Gewinnabschöpfung vor.

4. Aufgabe

a) Gemäß § 49 HGB ermächtigt die Prokura zu allen gerichtlichen und außergerichtlichen Rechtshandlungen und Geschäften, die der Betrieb des Handelsgewerbes mit sich bringt.

Zur Veräußerung und Belastung von Grundstücken ist der Prokurist jedoch nur mit einer besonders erteilten Befugnis ermächtigt.

b) Die Handlungsvollmacht ist in § 54 HGB geregelt. Ohne Prokurist zu sein, kann der Handlungsbevollmächtigte bestimmte Arten von Geschäften vornehmen. Die Prokura ist im Handelsregister einzutragen, was bei der Handlungsvollmacht nicht der Fall ist. Die Prokura ist Dritten gegenüber auch nicht beschränkbar.

c) Die selbstständigen Hilfspersonen sind: Handelsvertreter, Handelsmakler und Kommissionär.

5. Aufgabe

a) Eine Beendigung des Arbeitsvertrages ist durch ordentliche oder außerordentliche Kündigung denkbar. Bei der ordentlichen Kündigung sind die Kündigungsfrist und die zwingende Schriftform zu bedenken. Zu prüfen ist auch, ob ggf. das Kündigungsschutzgesetz Anwendung findet und dann bestimmte Voraussetzungen erfüllt sein müssen. Die außerordentliche Kündigung ist nur zulässig, wenn sie aus wichtigem Grund erfolgt. Dieser liegt vor, wenn die Fortsetzung des Arbeitsverhältnisses einer Partei nicht zumutbar ist. Eine weitere Beendigungsmöglichkeit ist der Aufhebungsvertrag. Dieser kann jederzeit zwischen den Parteien vereinbart werden und bedarf auch zwingend der Schriftform. Daneben beenden der Tod des Arbeitnehmers und der Ablauf der Frist bei befristeten Verträgen Arbeitsverträge.

b) Die Kündigungsfrist ist die Zeitspanne zwischen Kündigungserklärung und der daraus resultierenden Beendigung des Arbeitsvertrages.

6. Aufgabe

a) Der Steuerbescheid ist ein Verwaltungsakt.

b) A kann gemäß §§ 347, 355 AO innerhalb eines Monats bei der Finanzbehörde Einspruch einlegen.

c) Die Abgabenordnung wird häufig als das „Grundgesetz" des Steuerrechts bezeichnet. Sie enthält Regelungen, die für alle Steuerarten in Bezug auf Ermittlung, Festsetzung, Erhebung und Vollstreckung gelten. Wenn es dieses grundlegende Gesetz nicht geben würde, müssten entsprechende Regelungen in allen einzelnen Steuergesetzen festgelegt werden.

7. Aufgabe

a) Die Einkommensteuer:

- Ist eine Besitzsteuer, die das Einkommen natürlicher Personen erfasst.
- Knüpft als Personensteuer an die Leistungsfähigkeit einer Person an.
- Ist eine direkte Steuer, weil sie bei demjenigen erhoben wird, der die Belastung trägt.
- Ist eine Gemeinschaftsteuer, denn sie steht Bund, Ländern und Gemeinden gemeinsam zu.
- Vom Gesamtbetrag der Einkünfte werden Sonderausgaben und außergewöhnliche Belastungen abgezogen und der Einkommensteuerbetrag ermittelt.
- Veranlagungszeitraum ist das Kalenderjahr.

b) Das Einkommensteuergesetz sieht abschließend **sieben** Einkunftsarten gemäß § 2 Abs. 1 EStG vor: Einkünfte aus Land- und Forstwirtschaft; aus Gewerbebetrieb; aus selbstständiger Arbeit; aus nichtselbstständiger Arbeit; aus Kapitalvermögen, aus Vermietung und Verpachtung und sonstige Einkünfte gem. § 22 EStG.

4 Unternehmensführung

4.1 Betriebsorganisation

4.1.1 Unternehmensleitbild, Unternehmensphilosophie, Unternehmenskultur und Corporate Identity

4.1.1.1 Allgemeine Einführung

Seit jeher wird das wirtschaftliche Handeln der Menschen durch ihre Bedürfnisse beeinflusst. Da der größte Anteil der Menschen schon lange nicht mehr als Selbstversorger fungiert, müssen die benötigten Güter vom Markt her bezogen werden. Auf diesem Markt bzw. den Märkten herrscht wiederum eine enorme Vielfalt an Produkten und Dienstleistungen, da sich die einzelnen Unternehmen dort zu überbieten versuchen, um den Käufer für sich zu gewinnen.

Wenn unterschiedliche Märkte betrachtet werden, dann lassen sich zunächst einmal ganz allgemein in diesem Zusammenhang folgende Märkte nennen:
* **Absatzmarkt** – auf dem die einzelnen Unternehmen ihre Produkte abzusetzen versuchen,
* **Beschaffungsmarkt** – auf dem die Unternehmen die einzelnen Roh-, Hilfs- und Betriebsstoffe zur Herstellung ihrer Produkte einkaufen,
* **Arbeitsmarkt** – auf dem die benötigten Arbeitskräfte z.B. für die Herstellung und den Vertrieb der Erzeugnisse zu erhalten sind.

Da sich die Situationen auf den Märkten ständig verändern, benötigen die Unternehmen ein hohes Maß an Flexibilität, um dauerhaft zu bestehen und sich von der Konkurrenz zu unterscheiden. Dies geschieht z.B., indem die Unternehmensführung neue Produkte in den Markt einführt oder aber ganz neue Märkte zu erschließen versucht.

Zusammenfassend lässt sich festhalten, dass ein Unternehmen folgende charakteristische Merkmale aufweist:
* Es ist eine eigenständige Wirtschaftseinheit.
* Es hat eine Organisation und eine Organisationsstruktur, die von dem Unternehmer geführt wird.
* Es handelt durch eigene Initiative, Planung und Verantwortung.
* Es ist frei in der Bestimmung der eigenen Ziele.
* Es ist ein soziales System durch die dort agierenden Menschen.

Zu erkennen ist, dass eine Vielzahl von Aufgaben erfüllt werden müssen, um als Unternehmen die Wirtschaft nachhaltig zu prägen. Daher gehören v.a. zu den Aufgaben der Unternehmensführung:
* die Festlegung der strategischen Richtung,
* die Entwicklung des Unternehmens,
* die Steuerung und
* die Kontrolle des Unternehmens.

Die Unternehmensführung selbst wird aufgrund der Verschiedenartigkeit an Personen und Funktionen wie folgt differenziert:

Abb. 4.1: Differenzierung der Unternehmensführung

Institutionaler Sinn der Unternehmensführung: Durch die verschiedenen Rechtsformen einer Unternehmung (vgl. Kapitel 1 „Volks- und Betriebswirtschaft") kann es eine Vielzahl an unterschiedlichen Bezeichnungen geben: Unternehmer, Vorstand, Geschäftsführer, leitende Angestellte usw. Die folgende Darstellung dient als Übersicht für eine Einordnung:

Abb. 4.2: Managementebenen

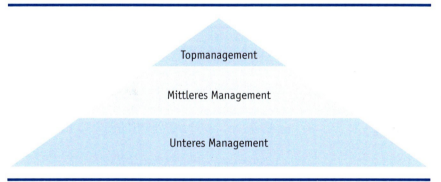

Welche Person/Personengruppe welcher Ebene eines Unternehmens konkret zuzuordnen ist, hängt von der Anzahl der Hierarchieebenen sowie den zugewiesenen Entscheidungs- und Anordnungskompetenzen ab.

Funktionaler Sinn der Unternehmensführung: Hiermit ist vor allem die Einhaltung einer sinnvollen Reihenfolge an unterschiedlichen Handlungen gemeint, wie es auch durch den sog. **Management-Regelkreis** dargestellt werden kann (vgl. Kapitel 4.1.2). Die Stufen sind: Zielformulierung, Planung, Entscheidung, Durchführung und Kontrolle.

4.1.1.2 Unternehmenspolitik

Abgeleitet aus den vielfältigen Aufgaben und Ansprüchen an eine Unternehmung muss es somit eine Unternehmenspolitik geben, die das Handeln in dem Unternehmen steuert und lenkt. Die Unternehmenspolitik setzt sich aus mehreren wichtigen Bestandteilen wie z.B. Personalpolitik, Produktpolitik, Finanzpolitik, Kontrahierungspolitik, Kommunikationspolitik zusammen.

Die Unternehmenspolitik wird von der Unternehmensführung festgelegt und umfasst die Gesamtheit aller Aufgaben. Sie setzt die jeweiligen Ziele und formuliert die erforderlichen Maßnahmen zur Durchsetzung der Ziele.

In einem Überblick lässt sich die **Unternehmenspolitik** wie folgt festhalten:
• Sie stellt den Zweck des Unternehmens dar bzw. erklärt diesen.
• Sie beschreibt die Unternehmensziele und die damit zusammenhängenden Strategien.
• Sie legt die Verhaltensgrundsätze der unmittelbar Beteiligten fest.
• Sie setzt sich ausführlich mit den Interessen der so genannten Stakeholder auseinander.

Vor allem der letzte Punkt ist von großer Bedeutung und muss daher näher betrachtet werden. Damit die zu treffenden Entscheidungen auch tatsächlich den Wünschen, Vorstellungen und Interessen aller Beteiligten gerecht werden, ist eine grundlegende Analyse der **Stakeholder** erforderlich. Dabei lassen sich – differenziert nach internen und externen Stakeholdern – folgende Gruppen unterscheiden:

Interne Stakeholder	Interessen und Ziele
Mitarbeiter	• Einkommen • Soziale Sicherheit • Sinnvolle Beschäftigung • Zwischenmenschliche Beziehungen • Status/Anerkennung
Management und Eigentümer	• Einkommen/Gewinn • Erhaltung, Verzinsung und Wertsteigerung des investierten Kapitals • Selbstständigkeit/Entscheidungsautonomie • Macht, Einfluss, Prestige • Entfaltung eigener Ideen und Fähigkeiten
Externe Stakeholder	**Interessen und Ziele**
Lieferanten	• Sichere Liefermöglichkeiten • Zahlungsfähigkeit des Kunden • Vertrauensvolle Geschäftsbeziehung
Kunden	• Befriedigende Marktleistung zu guten Preisen • Kundenservice • Flexibilität des Lieferanten
Konkurrenz	• Einhaltung von Spielregeln des fairen Wettbewerbs • Kooperation auf branchenpolitischer Grundlage
Gläubiger	• Sichere Kapitalanlage • Vermögenszuwachs • Gute Verzinsung

Staat und Gesellschaft	• Schaffung und Erhaltung von Arbeitsplätzen • Einhalten von Gesetzen, Normen und Rechtsvorschriften • Ökologische Verantwortung • Steuern

Ein weiterer wichtiger Faktor der Unternehmenspolitik und der Beschreibung von Unternehmenszielen ist der **Machtaspekt**.

So, wie es Aufgabe und Pflicht von Management und Eigentümer ist, die langfristige Existenz- und Erfolgsinteressen des Unternehmens zu wahren und zu vertreten, so haben die einzelnen Stakeholder ein Interesse, einen großen Teil ihrer eigenen Vorstellungen in die unternehmenspolitischen Entscheidungen einzubringen durch Einflussnahme auf das Topmanagement. Ob und wieweit das gelingt, ist stark abhängig von der tatsächlichen Machtkonstellation.

Beispiel: Hat ein Unternehmen einen hohen Verschuldungsgrad, so ist die Möglichkeit der Einflussnahme von Banken auf unternehmenspolitische Entscheidungen wie Produktportfolio, Personalabbau usw. sehr groß. Die Gewährung weiterer Kredite oder Stundungen wird mit der Umsetzung gewünschter Maßnahmen vonseiten der Banken verknüpft.

Das Topmanagement ist dafür verantwortlich, dass die festgelegte Unternehmenspolitik an die Mittel und Möglichkeiten des Unternehmens sowie an die vorliegenden Umweltbedingungen angepasst wird. Diese Umweltbedingungen können interne Ursachen haben, wie z.B. Finanzkraft des Unternehmens, Produktangebot, Absatzkanäle, oder auch externe Ursachen, wie z.B. Rohstoffpreise, Nachfrage der Kunden, Wettbewerber usw.

4.1.1.3 Unternehmenskultur

Die Unternehmenskultur stellt die Grundwerte dar, die zum Erfolg des Unternehmens geführt haben. Sie ist entstanden aus den Erfahrungen einer erfolgreichen Vergangenheit und ist heute in den tatsächlich gelebten Werten zu erkennen.

Jedes Unternehmen hat seine eigene Unternehmenskultur, die durch gezielte Fragen ermittelt werden kann:

• Aus welcher Idee heraus ist das Unternehmen gegründet worden?
• Wie war die Vorgehensweise für den Aufbau des Unternehmens?
• Womit hatten die Unternehmensgründer Erfolg?
• Was war ihnen damals wichtig?
• Wie wurden die Mitarbeiter geführt?

Das sind nur einige mögliche Fragen zur Vergangenheit eines Unternehmens. Mit ihrer Beantwortung ist es möglich, sich einen Überblick über die Unternehmenskultur zu verschaffen.

Anders ausgedrückt lässt sich die Unternehmenskultur als gelebte und angesammelte Lernerfahrung einer Organisation beschreiben. Sie darf nicht mit Begriffen wie Leitsätzen und Visionen einer Organisation verwechselt werden.

Die Unterschiede können Sie dieser Tabelle entnehmen (Quelle: Froese 2011, S. 13):

Unternehmensphilosophie	Unternehmenskultur	Unternehmensleitbild
Soll-Charakter	Ist-Charakter	Soll-Charakter
Gibt die Antworten auf Fragen, wie: • Wer wollen wir sein? • Was soll unser Handeln bewirken? • Wohin gehen wir?	Besteht aus tatsächlich gelebten Werten: • Geschichte • Rituale • Architektur • Kleidung • Sponsoring	Fasst die Unternehmensphilosophie in Leitgedanken: • „Der Mensch steht für uns im Mittelpunkt." • „An die Qualität und Sicherheit unserer Produkte stellen wir höchste Ansprüche."

Die Unternehmenskultur ist somit:
• ein wirtschaftlich wesentlicher Erfolgsfaktor,
• ein Entwicklungsprozess,
• nur begrenzt steuerbar,
• nicht auswechselbar,
• für die Beteiligten schwer zu greifen und zu definieren.

4.1.1.4 Unternehmensleitbild

Die vorstehend schon angesprochene Unternehmensphilosophie präsentiert die weltanschauliche Grundhaltung des Unternehmens. Als das oberste Wertesystem erklärt sie die Identität, Orientierung und den Sinn des Unternehmens. Die Unternehmensphilosophie wird von der Unternehmensführung schriftlich verfasst und ist die konkretisierte Wertvorstellung in Form von Leitbildern. Das Unternehmensleitbild vermittelt daher eine Vision der gemeinsamen Werte, z.B.:
• die langfristigen Ziele,
• die Werte und Normen,
• die Maßnahmen und Aktivitäten,
• den Umgang aller miteinander,
• die Kommunikation und das Verhalten nach außen.

> **!** Das Unternehmensleitbild hat eine umfassende Bedeutung. Es ist konkret, sachlich und zukunftsorientiert aufgestellt und verbindet die Unternehmensphilosophie mit der Praxis.

Ein Unternehmensleitbild besteht aus drei Teilbereichen:
• Leitidee
• Leitsätze
• Motto

Die **Leitidee** formuliert den Sinn bzw. den Nutzen eines Unternehmens für Kunden, Markt und Gesellschaft, z.B.:
• „Individualität als Schlüssel zum Erfolg"
• „Wir begegnen unseren Kunden vorbehaltlos, respektvoll und kompetent."

Die **Leitsätze** konkretisieren die Leitidee und treffen Kernaussagen über Werte, Ziele und Erfolgskriterien des Unternehmens. Sie erläutern die Leistungsfähigkeiten, Kompetenzen und Wettbewerbsvorteile, z.B.:

- „Als Familienunternehmen fühlen wir uns dem Wohl unserer Mitarbeiter und ihrer persönlichen Entwicklung verpflichtet."
- „Als gewissenhafter Lieferant leisten wir unverzichtbare Beiträge zum Erfolg unserer Kunden."

Das **Motto**, auch Slogan genannt, bringt das Leitbild auf den Punkt. Es vermittelt in einem kurzen Satz genau das, was sich bei den Empfängern einprägen soll, z.B.:

- „Freude am Fahren"
- „Vorsprung durch Technik"
- „Nichts ist unmöglich"
- „Geiz ist geil"

Ein gut eingeführtes und stimmiges Leitbild kann die unterschiedlichsten Funktionen übernehmen. So dient es der Orientierung, indem es aufzeigt, wie die Zukunftsziele erreicht werden sollen. Da es zudem helfen soll, sich im Wettbewerb von der Konkurrenz zu unterscheiden, übernimmt es bei den Beteiligten eine Motivationsfunktion. Nicht zuletzt vermittelt es immaterielle Werte durch den Versuch, das Zusammengehörigkeitsgefühl zu steigern.

Zu beachten ist jedoch, dass diese Funktionen nur dann erreicht werden können, wenn das Leitbild von allen Führungskräften und Mitarbeitern verstanden und akzeptiert wird. Besonders die Unternehmensleitung ist hier gefordert, denn sie muss die dort formulierten Aspekte wirklich wollen und leben, damit sie wirkungsvoll werden können. Das Leitbild muss für alle sichtbar und klar gemacht werden durch Veröffentlichung an geeigneten Orten, wie z.B. Intranet, Internet, Broschüren, Poster.

Viele Unternehmen haben die große Bedeutung der Leitbilder für den Geschäftserfolg erkannt und sie zu einem festen Bestandteil ihrer Corporate-Identity-Politik gemacht.

4.1.1.5 Corporate Identity (CI)

Corporate Identity (CI) ist die Bezeichnung für die Unternehmensidentität oder auch das Selbstbild eines Unternehmens. Sie ergibt sich aus den strategischen Zielen und Leitbildern eines Unternehmens.
Da die Corporate Identity eindeutig, einheitlich und für die Öffentlichkeit mühelos zu erkennen sein soll, wird sie durch drei starke Säulen getragen:

- **Corporate Design**: Unternehmenserscheinungsbild
- **Corporate Behaviour**: Unternehmensverhalten
- **Corporate Communication**: Unternehmenskommunikation

So ist eine eindeutige Positionierung des Unternehmens gewährleistet und kann nach außen, aber auch nach innen zum Wohl der Mitarbeiter wirken.

Corporate Design

Das visuelle Erscheinungsbild eines Unternehmens wird als Corporate Design oder als „visuelle Identität" bezeichnet. Es soll das Unternehmen nach innen und außen optisch identifizierbar machen.

Das Corporate Design setzt sich aus vier Elementen zusammen:
- **Produktdesign**, z.B. in der äußeren Gestaltung der Produkte.
- **Kommunikationsdesign**, u.a. als Printmediendesign, Fotodesign, Messedesign, Design für audiovisuelle Medien wie Videos sowie das Webdesign.
- **Geschäftsausstattung**, z.B. die Visitenkarten, Briefpapier mit dem Firmenlogo und der Hausfarbe.
- **Architekturdesign**, das sich in der Gestaltung von Geschäftshäusern und deren Innenausstattung äußert.

Corporate Behaviour

Corporate Behaviour vereinheitlicht das Verhalten der Mitarbeiter eines Unternehmens untereinander und auch gegenüber Kunden, Lieferanten und Verbrauchern. Alle Mitarbeiter sollen das Unternehmen durch ihr Verhalten und Auftreten unverwechselbar repräsentieren.

Corporate Behaviour spiegelt sich in folgenden Verhaltensgrundsätzen wider:
- im Führungsstil, in der Mitarbeiterförderung und in der Gehaltspolitik,
- im Verhalten gegenüber den Geschäftspartnern und Kunden, z.B. beim Umgang mit Reklamationen und Beschwerden,
- im Verhalten der Mitarbeiter untereinander, z.B. Verlässlichkeit, Teamorientierung, Kommunikation,
- in der Haltung dem Staat, der Öffentlichkeit und der Umwelt gegenüber, z.B. Engagement gegen ökonomische Probleme, Interesse am Fortschritt.

Corporate Communication

Corporate Communication entsteht durch den Einsatz von Kommunikationsinstrumenten eines Unternehmens. Dazu gehören:
- **Unternehmenswerbung** (Corporate Advertising) zur Erhöhung des Bekanntheitsgrades, zum Aufbau des Vertrauens und Unternehmensimages beim Kunden, z.B. durch Anzeigen, TV-Spots, Plakate.
- **Verkaufsförderung** unterstützt den Handel beim Absatz der Produkte, z.B. Preisausschreiben, Sonderpreisaktionen.
- **Öffentlichkeitsarbeit** (Public Relations) mit dem Ziel, Vertrauen und Verständnis für das Unternehmen zu schaffen, z.B. Pressemitteilungen und Pressekonferenzen, Betriebsbesichtigungen, Kongresse.
- **Sponsoring** im sozialen, kulturellen oder sportlichen Bereich erhöht die Bekanntheit und das Image eines Unternehmens. Der Sponsor wird durch Aufdrucke von z.B. Firmenlogos bekannt.

Corporate Social Responsibility (CSR)

Das Zusammenspiel zwischen Wirtschaft, Politik und Gesellschaft ist ein Ausdruck der modernen Form der sozialen Wirtschaft. Corporate Social Responsibility beschreibt das freiwillige Engagement und die freiwillig übernommene Verantwortung der Unternehmen für die Gesellschaft und die Umwelt, in der sie wirtschaften.

Unternehmen, die in der Gesellschaft pflichtbewusst handeln und so von ihrer Umwelt wahrgenommen werden, verbessern ihren **Persönlichkeitswert** und erhöhen so die **Kundenbindung** durch das Vertrauen in die Nachhaltigkeit des Betriebes.

 Die nachhaltige Entwicklung eines Unternehmens ist nur dann möglich, wenn die ökonomischen, ökologischen und sozialen Ziele gleichermaßen verfolgt werden gegenüber den Stakeholdern und auch gegenüber den zukünftigen Generationen.

Die Corporate Social Responsibility basiert heute auf mehreren internationalen Instrumenten, die wie ein Leitfaden der Grundsätze, der Werte und der Mechanismen für die gesellschaftliche Verantwortung zu sehen sind.

Corporate Citizenship (CC)

Corporate Citizenship (unternehmerisches Bürgerengagement) steht für eine neue Rolle von Unternehmen in der Gesellschaft. CC umfasst die **gesellschaftsbezogenen Tätigkeiten und deren Einbindung in die strategische Planung** eines Unternehmens.

Corporate Citizenship ist ein fester Bestandteil der Unternehmenskultur. CC erklärt die Unternehmen zu öffentlichen Institutionen und fordert von ihnen den gleichen Beitrag wie von allen Bürgern der Gesellschaft.

Corporate Governance (CG)

Corporate Governance kann als **verantwortungsvolle und gute Unternehmensführung** verstanden werden. Corporate Governance verfolgt die gleichen Ziele wie Corporate Social Responsibility, mit dem Unterschied, dass Corporate Governance sich auf die Organe des Unternehmens beschränkt. Corporate Social Responsibility betrachtet darüber hinaus die dazugehörenden Prozesse.

Corporate Governance beschäftigt sich mit den Faktoren, die das Fehlverhalten des Managements eliminieren. Es umfasst obligatorische und freiwillige Maßnahmen:
- das Einhalten von Gesetzen und Regelwerken (Compliance),
- das Befolgen anerkannter Standards und Empfehlungen und
- das Entwickeln und Befolgen eigener Unternehmensleitlinien.

4.1.2   *Strategische und operative Planung*

Die Unternehmensführung beinhaltet sowohl die Benennung eines bestimmten Personenkreises als auch Funktionen, die wahrzunehmen sind. Hierbei geht es um die Aufgabenschwerpunkte:
- **Willensbildung**: Problemerkennung und Lösungsplanung
- **Willensdurchsetzung**: Realisierung und Sicherung der Pläne

Zu den generellen **Managementfunktionen** gehören in diesem Zusammenhang:
- zielorientierte Gestaltung und Steuerung von Prozessen,
- Zielformulierung,
- Planung,
- Entscheidung,

- Durchsetzung,
- Kontrolle,
- zielgerechte Beeinflussung des Mitarbeiterverhaltens.

Unter dem Aufgabenschwerpunkt der **Willensbildung** (Problemerkennung und Lösungsplanung) lassen sich folgende Managementfunktionen darstellen (Quelle: Froese 2011, S. 22):

Führungsfunktionen		Prozessstufen
Willensbildung	Planung	**Planungsprozess**
		• Zielbildung: konkrete Zielvorstellungen und Absichtserklärungen
		• Problemanalyse: Soll-Ist-Abweichung einer Zielvorstellung
		• Alternativensuche und Prognose: systematische Aufbereitung und Zusammenfassung von Vorschlägen
		• Alternativenbeurteilung: Bestimmung von Bewertungskriterien für die Alternativlösungen
	Entscheidung	**Entscheidungsprozess**
		• Vorlage von mindestens zwei Handlungsmöglichkeiten
		• Verifizierung von Zielvorstellungen
		• Anwendung der Bewertungskriterien

Unter dem Aufgabenschwerpunkt der **Willensdurchsetzung** (Realisierung und Sicherung der Pläne) lassen sich wiederum folgende Managementfunktionen darstellen (Quelle: Froese 2011, S. 23):

Führungsfunktionen		Prozessstufen
Willensdurchsetzung	Durchsetzung	**Durchsetzungsprozess**
		• Operationalisierung der Entscheidung durch:
		– Klare Aufgabenstellungen und Vorgaben
		– Organisation der Zuständigkeiten und Abläufe
		– Terminplanung
		– Festlegung von Soll-Vorgaben
		– Instruktion und Motivation der Mitwirkenden
		– Veranlassung der Aufgabendurchführung
		– Koordination und Planfortschrittskontrolle
	Kontrolle	**Kontrollvorbereitung**
		• Bestimmung der Kontrollobjekte, Kontrollmethoden
		• Messung der Ist-Werte
		Kontrolldurchführung
		• Soll-Ist-Vergleich
		• Feststellung und Analyse der Abweichungen
		• Berichterstattung und Sicherung der Erfahrungen

Der Management-Regelkreis veranschaulicht die unterschiedlichen Managementfunktionen:

Abb. 4.3:   Management-Regelkreis

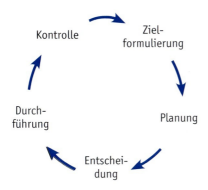

Zielformulierung

In einem Unternehmen gibt es nie nur ein einziges Unternehmensziel, sondern es besteht in der Regel ein komplexes System aus vielen Zielen. Für eine positive Entwicklung des Unternehmens müssen die Ziele daher in Übereinstimmung mit den Unternehmensleitlinien und in einer realistischen Betrachtung von Chancen und Risiken sowie kurz- und langfristigem Denken formuliert werden.

Im Management-Regelkreis steht als erster Punkt die Zielsetzung. Ziele werden nach verschiedenartigen Merkmalen unterschieden:

- Zielarten
- Zeitaspekt der Ziele
- Verhältnis der Ziele
- Messbarkeit der Ziele

Folgende **Zielarten** lassen sich unterscheiden:
- **Formalziele**: Sie sind in der Regel langfristig angelegt und erfassen das gesamte Unternehmen. Sie beziehen sich auf die übergelagerten Unternehmensziele wie Umsatzsteigerung, Kostenminimierung, Erhöhung des Cashflows, Erhaltung der unternehmerischen Selbstständigkeit.
- **Sachziele**: Sachziele dienen der Erreichung der Formalziele und beziehen sich direkt auf die Leistungserstellung. Alle Abteilungen müssen ihren speziellen Beitrag leisten, um die Unternehmensziele zu erreichen. Z.B.: Kostenminimierung durch die Senkung der Einstandspreise im Einkauf.
- **Oberziele**: Diese Ziele werden von der obersten Führungsebene fixiert und können sowohl Formal- als auch Sachziele sein.
- **Unterziele**: Sie werden von den Oberzielen abgeleitet und stellen konkrete Handlungsanweisungen dar.

Wenn der **Zeitaspekt** von Zielen betrachtet wird, lässt sich folgende Differenzierung vornehmen:
- Kurzfristige (operative) Ziele: ca. 1–12 Monate
- Mittelfristige (taktische) Ziele: ca. 1–5 Jahre
- Langfristige (strategische) Ziele: mehr als 5 Jahre

Zu beachten ist, dass sich eine Angabe über Zeiträume nicht einheitlich darstellen lässt. Je nach Branche müssen längere oder kürzere Zeiträume betrachtet werden.

Bei einer Betrachtung nach dem **Verhältnis der Ziele** wird folgende Unterscheidung vorgenommen:

- **Komplementäre Beziehung** der Ziele (**Zielharmonie**): Hier führt das Erreichen eines Zieles auch automatisch zur Erfüllung eines anderen Zieles.

Beispiel: Eine Maßnahme zur Reduzierung von Arbeitsunfällen führt auch zu einer Senkung der Fehlzeitenquote.

- **Konkurrierende Beziehung** der Ziele (**Zielkonflikt**): Hier führt das Erreichen des einen Zieles zu einer Behinderung oder sogar Verhinderung eines anderen Zieles.

Beispiel: Eine Maßnahme zur Reduzierung der Lohn- und Gehaltskosten führt zu einem Konflikt in Bezug auf die Steigerung der Mitarbeiterzufriedenheit.

Zielkonflikte lassen sich nicht immer vermeiden. Sollten Ziele in einem Konflikt zueinander stehen, müssen die Ziele in eine Rangfolge eingeordnet werden. Es muss immer Klarheit darüber herrschen, welches Ziel Priorität hat.

- **Indifferente Beziehung** der Ziele: Das Erreichen des einen Zieles hat keinen Einfluss auf die Erreichung eines anderen Zieles.

Beispiel: Eine Maßnahme zur Verbesserung der Mitarbeiterzufriedenheit hat keinen Einfluss auf die Eigenkapitalrentabilität.

Von entscheidender Bedeutung ist die **Messbarkeit** der Ziele:
- **Zielinhalt**: Was soll erreicht werden?
- **Zielausmaß**: Wie und wann soll es erreicht werden?
- **Geltungsbereich**: Wo soll es erreicht werden?

Zusammenfassend lässt sich festhalten, dass Ziele immer **eindeutig** (operational) formuliert werden müssen. Allgemeine Formulierungen wie „Steigerung des Umsatzes" oder „Senkung der Kosten" beinhalten keine konkreten Vorgaben und damit auch keine Orientierung.

Vollständige und messbare Ziele lassen sich am besten unter Anwendung der **SMART-Regel** formulieren:
- **S**pezifisch: Konkrete und eindeutige Formulierung der Ziele.
- **M**essbar: Das erreichte Ziel muss messbar sein.
- **A**ttraktiv: Positive Formulierung des Zieles.
- **R**ealistisch: Das Ziel muss erreichbar sein.
- **T**erminiert: Das Ziel muss ein eindeutiges Enddatum haben.

Beispiel: Zielformulierung für einen Außendienstmitarbeiter = Der Umsatz im Vertriebsgebiet „Märkischer Kreis" soll im nächsten Geschäftsjahr um 2 % gesteigert werden, um einen guten Beitrag zum Gesamtumsatz zu leisten.

Planung

Die zweite Stufe im Management-Regelkreis ist die Planung. Die Planung dient der **Erkennung und Lösung von Zukunftsproblemen**. Sie ist die gedankliche Vorwegnahme von Handlungsschritten, die zur Erreichung eines Zieles notwendig sind. Dabei ist zu beachten, dass die Planung immer unsicherer wird, je weiter die Zukunft entfernt ist.

Methoden der Planung werden auf den unterschiedlichsten Gebieten genutzt und eingesetzt. Unabhängig davon, was geplant werden soll, hat die Planung jedoch Gemeinsamkeiten:

- sie ist zukunftsbezogen,
- sie findet immer in Unsicherheit statt,
- sie soll das rationale Lösen von Problemen ermöglichen,
- sie soll die Zukunft positiv beeinflussen und gestalten,
- sie soll Informationen liefern,
- sie ist ein Prozess, der in verschiedenen Phasen abläuft.

Genau wie bei der Zielformulierung findet auch bei der Planung eine Unterteilung in den Zeitaspekt strategisch, taktisch und operativ statt. Dabei ist die strategische Planung naturgemäß eine von sehr großer Unsicherheit geprägte Grobplanung, die noch sehr abstrakt ist. Die taktische Planung hat eine größere Präzision und wandelt die strategische Planung schon in konkretere Ziele und Maßnahmen um. In der anschließenden operativen Planung wird der Leistungserstellungs- und Leistungsaustauschprozess detailliert geplant.

Die **strategische Planung** mit ihrer Zeitperspektive von mehreren Jahren muss nicht zwingend in regelmäßigen Abständen ablaufen. Da sie sich mit der Fragestellung **„Tun wir die richtigen Dinge?"** beschäftigt, ist sie schwerpunktmäßig **problemorientiert** und befasst sich z.B. mit:

- Verbesserung der Marktstellung des Unternehmens,
- Verteidigung der Marktführerschaft,
- Sicherung der Unabhängigkeit des Unternehmens,
- Verbesserung der Eigenkapital-, Fremdkapitalrentabilität,
- Optimierung der Organisationsstruktur.

Die **taktische Planung** befasst sich mit den **mittelfristig** umzusetzenden Plänen, abgeleitet aus der strategischen Planung. In ihr werden operationalisierbare Ziele und Maßnahmen beschrieben. Auch erfolgt bereits eine Festlegung von benötigten Ressourcen. Sie beschäftigt sich schwerpunktmäßig z.B. mit:

- Betriebsmittelkapazität,
- Produktionsprogramm,
- Absatzprogramm,
- Sourcing-Konzepten.

Die **operative Planung** ist **zeitraumorientiert** und an der strategischen Planung ausgerichtet. Sie trägt Sorge, dass die strategische Planung umgesetzt wird. Die operative Planung beschäftigt sich ganz konkret und detailliert z.B. mit folgenden Festlegungen:

- Budgets für einzelne Geschäftsbereiche,
- dem Personalbedarf,
- konkreten Maßnahmen für einzelne Abteilungen oder Bereiche.

Nachfolgende Darstellung grenzt die strategische und die operative Planung voneinander ab (vgl. Froese 2011, S. 26):

Aspekt	Strategische Planung	Operative Planung
Grundlegende Orientierung	problemorientiert	zeitraumorientiert
Planungsobjekt	Gesamtunternehmen	Teilbereiche oder Funktionsbereiche des Unternehmens
Planungsträger	Topmanagement	mittleres und unteres Management
Planungshorizont	langfristig	kurzfristig, laufendes Geschäft
Planungsrhythmus	unregelmäßig, ereignisorientiert	regelmäßig, periodisch, in kurzen Zeitabständen
Planungsziele	Entwicklung von Strategien zur Existenzsicherung des Unternehmens und zur langfristigen Weiterentwicklung, Erhaltung von Erfolgspotenzialen	Umsetzung von Strategien in den einzelnen Bereichen, Erarbeitung von Vorgaben für die Ausführungsebenen, Ressourcenoptimierung, Erfolgs- und Liquiditätserzielung
Konkretisierungsgrad	abstrakt, wenig strukturiert	konkret, gut strukturiert
Bedeutung	meist mit erheblichen Investitionen verbunden, nur schwer umkehrbar, riskant	einzelne Maßnahmen können leichter korrigiert und stufenweise verbessert werden

Abhängig von der Größe eines Unternehmens wird auf unterschiedliche Ausprägungen der Planung zurückgegriffen. Große Unternehmen bzw. Konzerne müssen aufgrund ihrer Komplexität und schweren Steuerbarkeit auf alle Zeitaspekte der Planung zurückgreifen. Hingegen können kleine Unternehmen oft mit der operativen Planung auskommen, da alles gut überschaubar ist.

Die letztendliche Entscheidung über die Ausgestaltung der Unternehmensplanung findet immer im Topmanagement statt.

Entscheidung

Die dritte Stufe im Management-Regelkreis ist die Entscheidung. Unter einer Entscheidung wird eine bewusste Wahl zwischen mehreren Alternativen zur Erreichung von Zielen verstanden. Bei dieser Auswahl geht es um die bestmögliche Erfüllung der ausgewählten Bewertungskriterien oder auch um Unterlassung einer Handlung.

Durchführung

Im Management-Regelkreis steht an vierter Stelle die Durchführung. Die getroffenen Entscheidungen werden zur Weitergabe aufbereitet, sodass die Durchführung ziel- und entscheidungsgerecht vollzogen werden kann.

Die Durchführung kann in folgenden Schritten erfolgen:
- Klare Definitionen der Aufgabenstellungen und Vorgaben
- Organisation der Zuständigkeiten und der Abläufe
- Terminplanung
- Bereitstellung, Koordination und Integration von Ressourcen
- Festlegung von Planvorgaben
- Instruktion und Motivation der Durchführenden
- Veranlassung der Aufgabendurchführung
- Planung und Koordination der Fortschrittskontrolle

Kontrolle

An fünfter Stelle im Management-Regelkreis steht die Kontrolle. Die Kontrolle gehört zu den nicht delegierbaren Aufgaben der Führungskräfte zur zweckgerichteten Lenkung des Unternehmens. Sie ist ein zielgerichteter Vergleich von angestrebten Plangrößen, z.B.
- Ergebniskontrollen (Endkontrollen, Zwischenkontrollen),
- Verhaltenskontrollen (Beobachtung, Anleitung und zielgerichtete Beeinflussung des Mitarbeiterverhaltens).

Während der Kontrolle werden die **Abweichungen** der Ist-Werte (z.B. Ist-Kosten, Ist-Arbeitszeit, Ist-Auslastung) von den entsprechenden Soll-Werten zu einem bestimmten Termin festgestellt und analysiert, um notwendige Korrekturmaßnahmen für die Erreichung der Ziele zu planen und erfolgreich durchzuführen.

Die festgestellten Abweichungen werden auf ihre **Ursachen** hin analysiert und durch eine neue Zielformulierung beginnt der Management-Regelkreis von vorne.

4.1.2.1 Strategische Planung

Die strategische Planung orientiert sich am Markt. Zur Analyse des Marktes ermittelt das Unternehmen die Marktanteile und die Marktpotenziale. Unter **Marktanteil** versteht man den Anteil, den ein Unternehmen am gesamten Absatz- oder Umsatzvolumen des betrachteten Marktes hat. Unter **Marktpotenzial** wird die Gesamtheit der insgesamt möglich absetzbaren Mengen eines Produktes auf dem betrachteten Markt verstanden.

Da sich jedes einzelne Unternehmen langfristig und vor allem erfolgreich am Markt behaupten will, muss es rechtzeitig die dafür notwendigen Ausrichtungen erkennen und die entsprechenden Maßnahmen ergreifen. Folgende Bedingungen soll die strategische Planung dabei erfüllen:
- Sie soll die einzuleitenden Maßnahmen an konkreten Zielen ausrichten,
- sie soll eine Konzentration auf die wirklich wichtigen Ziele vornehmen,
- sie muss langfristig ausgerichtet sein,

- alle Beteiligten im Unternehmen müssen rechtzeitig und umfassend über die erforderlichen Maßnahmen unterrichtet werden,
- bereichs- und abteilungsübergreifende Aktivitäten müssen abgestimmt werden.

Die langfristige Planung der Unternehmensziele und Prozesse bedient sich mehrerer Instrumente:

Abb. 4.4: Instrumente der strategischen Planung

Produktlebenszyklus

Jedes Produkt hat einen eigenen Lebenszyklus, der in Phasen die Spanne von seiner Einführung am Markt bis zu seinem Verschwinden mangels Nachfrage umfasst. Die Lebensdauer der Produkte lässt sich mit vier bzw. fünf Phasen darstellen.

Der **Fünf-Phasen-Produktlebenszyklus** besteht aus:
- Einführungsphase (Produkterstellung und Einführung)
- Wachstumsphase
- Reifephase
- Sättigungsphase
- Degenerationsphase (Abstieg und Untergang)

Der **Vier-Phasen-Produktlebenszyklus** unterscheidet sich vom Fünf-Phasen-Produktlebenszyklus nur dadurch, dass die Sättigungs- und Degenerationsphase zu einer gemeinsamen Phase zusammengefasst werden.

Abb. 4.5: Vier-Phasen-Produktlebenszyklus (Quelle: Froese 2011, S. 32)

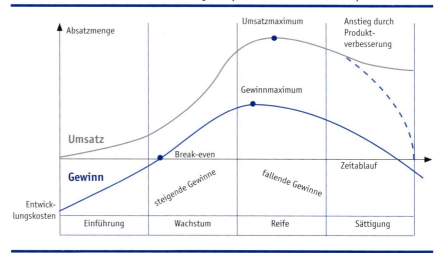

1. **Einführungsphase**: Das neue Produkt wird am Markt eingeführt. Durch hohe Einführungskosten (Werbungskosten, Preisnachlässe) werden in dieser Phase noch keine Gewinne erwirtschaftet. Der Umsatz bzw. Absatz steigt langsam, der Kapitalbedarf ist hoch und die Rentabilität meist negativ. Die niedrige Absatzmenge verursacht hohe Selbstkosten.

2. **Wachstumsphase**: Der Umsatz und Absatz steigen infolge der steigenden Nachfrage. Der Kapitalbedarf ist bedingt durch die Erweiterungsinvestitionen ebenfalls progressiv steigend, sodass sich das Umsatzwachstum noch nicht auf die Rentabilität auswirkt. In dieser Phase werden neue Märkte erobert und durch die steigende Menge fallen die Selbstkosten pro Stück.

3. **Reifephase**: Das Produkt ist auf dem Markt bekannt und wird von den meisten potenziellen Käufern akzeptiert. Die Zuwachsraten werden geringer, der Umsatz und der Gewinn erreichen ihr Maximum. In dieser Phase geht es um die Verteidigung der Marktposition gegenüber der Konkurrenz.

4. **Sättigungsphase**: Umsatz, Gewinn und Rentabilität sind rückläufig. Das Produkt konkurriert auf dem Markt mit neuen Produkten und verliert seine Marktanteile.

Das Modell des Lebenszyklus beeinflusst
- die Preispolitik,
- die Sortimentspolitik,
- die Marktpolitik,
- die Technologie-, Kapazitäts- bzw. Auslastungspolitik und
- die Absatzförderung eines Produktes.

Produktportfolio

Die Portfolio-Analyse gehört zu den am häufigsten eingesetzten Instrumenten der strategischen Planung. Sie wurde ursprünglich von der Boston Consulting Group zur optimalen Zusammensetzung eines Wertpapier-Portefeuilles in der Finanzwirtschaft entwickelt.

In der Praxis der strategischen Unternehmensführung wurde das Konzept zur Darstellung von Produkt-Markt-Beziehungen weiterentwickelt.

Ausgangspunkt bei der Durchführung einer Portfolio-Analyse ist eine Aufspaltung des Unternehmens in **strategische Geschäftsfelder**. Merkmale der strategischen Geschäftsfelder, z.B. Produkte, Märkte, Kundengruppen sind:
- eigene Kunden und eigenständige Marktaufgaben,
- strategische Unabhängigkeit von anderen strategischen Geschäftsfeldern,
- eigene Wettbewerbssituation und die Möglichkeit, eigene Marktvorteile zu realisieren,
- eine wesentliche Größe und Anzahl der relevanten Märkte und potenzieller Kunden.

Abb. 4.6:   Marktwachstums-Marktanteil-Matrix (Quelle: Froese 2011, S. 34)

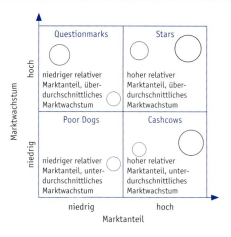

Entscheidend sind die notwendigen drei Datenbereiche, die in dem Diagramm erscheinen sollen:

- der relative Marktanteil an der x-Achse (Abszisse),
- das durchschnittliche Marktwachstum an der y-Achse (Ordinate),
- die Umsatzanteile als Durchmesser (bzw. Umfang) der Kreise.

Questionmarks (Fragezeichen)

Diese strategischen Geschäftsfelder zeichnen sich durch einen relativ niedrigen Marktanteil aus bei einem potenziell hohen Marktwachstum. Zur Marktdurchdringung sind hohe Investitionen erforderlich bei momentanen geringen Einnahmen. Diese Fragezeichen sind die Zukunftserwartungen des Unternehmens.

Die **Normstrategie**: Den Marktanteil deutlich steigern, um das Produkt zu einem „Star" werden zu lassen. Ist eine Erhöhung des Marktanteils in einer vertretbaren Zeit nicht realisierbar, soll eine Desinvestitionsstrategie durchgeführt werden.

Stars

Aus einem erfolgreich am Markt platzierten Fragezeichen wird ein Star, der sich durch einen hohen Marktanteil (Marktführerschaft) in einem Wachstumsmarkt auszeichnet. Dazu gehören große Produktionsmengen verbunden mit Kostendegressionspotenzial sowie zu erwartende hohe Konkurrenzintensität.

Die **Normstrategie**: Weitere Investitionen zum Erhalt und Ausbau der Wettbewerbsposition.

Cashcows (Milchkühe)

Trotz sinkender Nachfrage können aufgrund der Umsatzgröße und der geringen laufenden Kosten Gewinne abgeschöpft werden. In dieser Phase sind die Investitionen bereits durchgeführt und Kostendegressionspotenziale realisiert worden. Erst jetzt wird ein hoher Cashflow erreicht. Diese strategischen Geschäftsfelder stellen demzufolge die Finanzierungsbasis für die schwächeren strategischen

Geschäftsfelder. Milchkühe sind demnach die Geldlieferanten für „Fragezeichen" und „Stars".

Die **Normstrategie**: Den Marktanteil halten und die Rationalisierungschancen wahrnehmen.

Poor Dogs (Arme Hunde)

Diese strategischen Geschäftsfelder haben einen geringen Marktanteil erreicht und sind auf einem Markt tätig, der nur noch ein niedriges Wachstumspotenzial aufweist. Damit ist weder mit Volumenverbesserungen noch mit der Kostendegression zu rechnen. Diese strategischen Geschäftsfelder sind auf ihren Fortbestand hin zu überprüfen, um eine Desinvestition zu berücksichtigen.

Die **Normstrategie**: Den Marktanteil deutlich senken und die strategischen Geschäftsfelder veräußern oder in Produktverbesserung und Produktinnovationen investieren, um eine Bewegung Richtung „Stars" zu versuchen.

Benchmarking

Benchmarking (= Maßstäbe setzen) ist ein kontinuierlicher Verbesserungsprozess, bei dem Produkte und Dienstleistungen des eigenen Unternehmens an denen des stärksten Mitbewerbers gemessen und mit diesen verglichen werden. Damit können die Unternehmensziele und Unternehmensaktivitäten an die sich ständig verändernden Kundenbedürfnisse angepasst werden.

Die wesentlichen Ziele des Benchmarkings sind:

- Kostensenkung,
- Verbesserung der Qualität,
- Leistungssteigerung,
- Prozessoptimierung,
- Steigerung der Mitarbeiterzufriedenheit.

Es lassen sich im Rahmen eines Benchmarkings die unterschiedlichsten Objekte miteinander vergleichen, z.B. Produkte, Prozesse, Kosten, Organisation, Märkte, Führung.

Schatten-Benchmarking (Wettbewerbs-Benchmarking) ist der einfache Vergleich mit dem direkten Konkurrenten auf dem Markt, der ähnliche Technologien, Betriebsmittel und Arbeitsprozesse verwendet. Dieser Vergleich gestaltet sich unter erschwerter Informationsbeschaffung, da der Konkurrent nicht weiß, dass Vergleiche vorgenommen werden.

Beim **funktionalen Benchmarking** (generisches Benchmarking) entdeckt das Unternehmen innovative Prozesse in anderen Branchen. Hier kommt es zu einem schwierigen Transfer des Wissens in andere Arbeitsgebiete.

Beim **internen Benchmarking** kommt es zu einem Vergleich innerhalb des Unternehmens mit verschiedenen Abteilungen, Standorten und Sparten. Vorteile dieser Art des Benchmarkings liegen im geringen Aufwand. Diese Daten sind relativ einfach zu bekommen, dafür ist die innovative Entdeckung eher seltener.

Abb. 4.7: Ablauf eines Benchmarkings

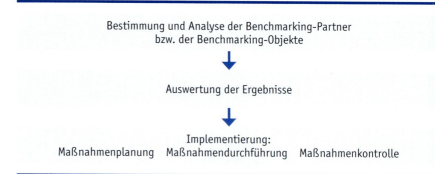

Bestimmung und Analyse der Benchmarking-Partner
bzw. der Benchmarking-Objekte

↓

Auswertung der Ergebnisse

↓

Implementierung:
Maßnahmenplanung   Maßnahmendurchführung   Maßnahmenkontrolle

Erfahrungskurve

Grundgedanke der Erfahrungskurve ist die Steigerung der Produktivität bei steigender Produktionserfahrung.

Der typische Verlauf der Erfahrungskurve zeigt in erster Linie das Kostensenkungspotenzial auf, das mit zunehmender Produktionsmenge erreicht wird. Die faktischen Stückkosten eines Produktes gehen jedes Mal um einen relativ konstanten Anteil zurück, wenn sich die in Produktmengen ausgedrückte Produkterfahrung verdoppelt. Die Stückkosten umfassen die Kosten der Produktionsfaktoren, z.B. Fertigungskosten, Verwaltungskosten, Kapitalkosten.

 Mit dem Marktanteilswachstum vergrößert sich das Kostensenkungspotenzial.

Wenn höhere Marktanteile nicht nur Kostenvorteile durch Volumen, sondern auch durch Erfahrung ermöglichen, wird die Marktführerschaft noch attraktiver. Damit sichert sie dem Marktführer nachhaltig höhere Erträge als den Wettbewerbern.

Abb. 4.8: Erfahrungskurve (Quelle: Froese 2011, S. 31)

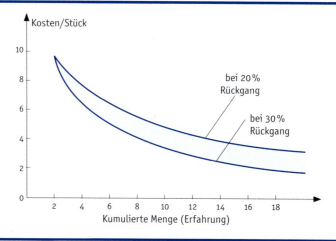

SWOT-Analyse

Die SWOT-Analyse (**S**trengths – **W**eaknesses – **O**pportunities – **T**hreats) verknüpft die Ergebnisse eines Stärken-Schwächen-Profils (interne Faktoren) und die Ergebnisse eines Chancen-Risiko-Profils (externe Faktoren) miteinander.

Die Darstellung ist in Form einer Matrix möglich, die folgendes Aussehen haben kann:

Abb. 4.9: SWOT-Matrix

	Externe Faktoren	
	Risiken (Threats): Welche Gefahren bedrohen das Unternehmen evtl. in der Zukunft?	**Chancen (Opportunities):** Welche Trends und Möglichkeiten zeichnen sich für die Zukunft ab, die genutzt werden können?
Interne Faktoren		
Stärken (Strengths): Auf welche Ursachen lassen sich die Erfolge der Vergangenheit zurückführen?	1. Kombination: Stärken/Risiken Welche Stärken lassen sich zur Abwehr von Risiken einsetzen?	2. Kombination: Stärken/Chancen Welche Stärken lassen sich zur Nutzung von Chancen einsetzen?
Schwächen (Weaknesses): Welche Schwächen hat das Unternehmen, die beseitigt werden müssen?	3. Kombination: Schwächen/Risiken Welche Schwächen müssen abgebaut werden, damit die vorhandenen Risiken vermieden werden können?	4. Kombination: Schwächen/Chancen Welche Schwächen müssen abgebaut werden, damit die vorhandenen Chancen genutzt werden können?

4.1.2.2 Operative Planung

Integration der Teilpläne

Die operative und taktische Planung sollen die strategische Planung umsetzen. Dafür ist es notwendig, die einzelnen Planungen miteinander zu verbinden. Hierbei spricht man von einer Integration der Teilpläne, für die verschiedene Gestaltungsvarianten zur Verfügung stehen.

1. Prinzip der Reihung

Bei dem Prinzip der Reihung verläuft die Planung von der kurzfristigen in die langfristige Planung. Dieses Vorgehen von der kurzfristigen in die langfristige Planung wird auch induktive Entwicklung genannt (aus dem Speziellen in das Allgemeine). Es wird zunächst ein kurzfristiger Plan entwickelt. An diesen schließt sich der mittelfristige Plan an. Zu beachten ist, dass diese beiden Pläne sich zeitlich nicht überlappen. Die Enddaten des kurzfristigen Planes sind gleichzeitig die Ausgangsdaten des mittelfristigen Planes.

Analog zu dieser Vorgehensweise wird der langfristige Plan entwickelt. Auch hier findet keinerlei Überlappung zwischen dem mittelfristigen und dem langfristigen Plan statt.

Abb. 4.10: Reihung der Pläne

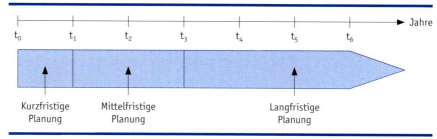

2. Prinzip der Staffelung

Bei dem Prinzip der Staffelung werden die einzelnen Pläne miteinander verbunden und überlappen sich. Das zweite Halbjahr des kurzfristigen Planes ist identisch mit dem ersten Halbjahr des mittelfristigen Planes. Nach dem gleichen Prinzip erfolgt die weitere Staffelung: Das letzte Jahr des mittelfristigen Planes ist identisch mit dem ersten Jahr der langfristigen Planung. Wie zu erkennen ist, gibt es keine komplette, sondern immer nur eine partielle Überlappung der Pläne.

Abb. 4.11: Staffelung der Pläne

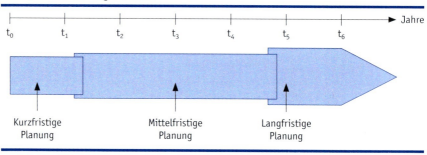

3. Prinzip der Schachtelung

Bei dem Prinzip der Schachtelung sind alle Planungsteile vollständig integriert. Alle Planungsteile setzen zum gleichen Zeitpunkt auf. Begonnen wird hier mit der langfristigen Planung. In diese wird die mittelfristige Planung integriert, danach wird der kurzfristige Plan in den mittelfristigen Plan integriert. Aufgrund dieser Vorgehensweise wird hier von der deduktiven Planung gesprochen (aus dem Allgemeinen in das Spezielle).

Abb. 4.12: Schachtelung der Pläne

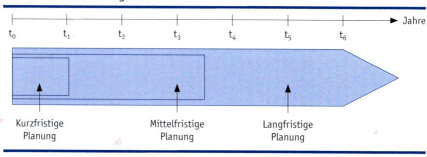

Differenzierung des Planungsvorgehens

Ebenso wichtig wie eine Integration der Teilpläne ist die Differenzierung des Planungsvorgehens. Es wird dabei festgelegt, von welcher Unternehmensebene die Pläne der vor- oder nachstehenden Planungsebene (Hierarchieebene) abgeleitet werden. Hier lassen sich drei mögliche Vorgehensweisen festhalten:

1. Top-down-Methode (retrograde Planung)

Bei diesem Planungsvorgehen werden die Pläne von oben nach unten abgeleitet. Das bedeutet, dass zunächst von der Unternehmensführung ein globaler Plan aufgestellt wird. Dieser wird dann schrittweise durch die darunterliegende Planungsebene in Teilpläne zerlegt und konkretisiert. Diese Teilpläne gelten wiederum für die nächste Planungsebene als Vorgabe und werden dort weiter zerlegt und konkretisiert. Das geht so lange weiter, wie Planungsebenen in einem Unternehmen vorhanden sind.

Vorteilhaft an dieser Vorgehensweise ist die starke Übereinstimmung der Zielsetzung aller Teilpläne mit der Zielsetzung des gesamten Unternehmens und somit den Vorstellungen der Unternehmensführung.

Nachteilig ist vor allem, dass die Planungen aus der obersten Planungsebene häufig unrealistisch sind und von den nachfolgenden Planungsebenen nicht umgesetzt und erfüllt werden können. Auch kann das Gefühl des „Verplantwerdens" bei den unteren Planungsebenen aufkommen und die Motivation der dort tätigen Mitarbeiter kann leiden.

Abb. 4.13: Top-down-Methode

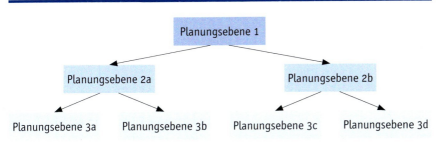

2. Bottom-up-Methode (progressive Planung)

Bei diesem Planungsvorgehen wird der umgekehrte Weg beschritten, d.h., zunächst werden die Pläne auf der untersten Planungsebene aufgestellt. Ist das erfolgt, werden die einzelnen Teilpläne an die darüberliegende Planungsebene weitergeleitet und dort überprüft und zusammengefasst. Dieses Vorgehen wird so oft wiederholt, bis die oberste Planungsebene erreicht ist. Auf der obersten Planungsebene wird dann abschließend durch die Unternehmensführung das Gesamtziel des Unternehmens formuliert.

Vorteilhaft ist bei diesem Vorgehen, dass die Planung direkt von den betroffenen bzw. die Handlungen ausführenden Mitarbeitern ausgeht. Dadurch können die

Pläne sehr realistisch sein. Auch auf die Motivation kann sich dieses Vorgehen positiv auswirken, da die Beteiligten die Pläne selbst ausgearbeitet haben.

Nachteilig kann sein, dass sich die einzelnen Pläne widersprechen bzw. nicht gleichzeitig realisiert werden können. Der Aufwand für die Überprüfungen und Zusammenfassungen auf den darüberliegenden Ebenen kann groß sein. Auch ist sehr wahrscheinlich, dass sich im Ergebnis ein unternehmerisches Gesamtziel ergibt, das weit an der Vorstellung der Unternehmensführung vorbeigeht.

Abb. 4.14:   Bottom-up-Methode

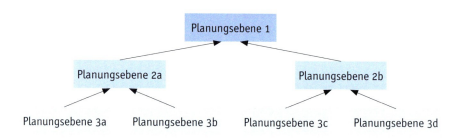

3. Top-down-/Bottom-up-Methode (Gegenstromplanung)

Bei diesem Planungsvorgehen werden die Pläne zunächst wie bei der Top-down-Methode von oben nach unten abgeleitet. Diese so entstandenen Pläne sind nur vorläufige Teilpläne, die auf der untersten Planungsebene dann auf ihre Realisierbarkeit überprüft und ggf. angepasst werden. Gleiches geschieht dann auf den folgenden Planungsebenen, bis wieder die oberste Planungsebene erreicht ist. Entstehen dadurch auf einer Planungsebene Widersprüche bei den Teilplänen, werden diese dort gelöst und in eine stimmige Planung gebracht.

Durch dieses Vorgehen sollen die Nachteile der beiden anderen Vorgehensweisen reduziert werden. Allerdings ist hier als ein neuer und wesentlicher Nachteil festzustellen, dass diese Vorgehensweise sehr zeitintensiv und dadurch auch kostenintensiv ist.

Abb. 4.15:   Top-down-/Bottom-up-Methode

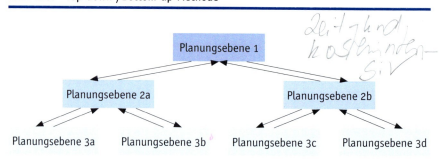

Ergebniskontrolle

Wie zu erkennen ist, stehen die strategische und die operative Planung in einem untrennbaren Zusammenhang. Während die strategische Planung die grobe Zielsetzung festlegt, findet in der operativen Planung die Festlegung der Umsetzung statt. Um die Ergebnisse der Planung kontrollieren zu können, kann folgendermaßen vorgegangen werden:

1. Festlegung der Soll-Werte
2. Feststellung der Ist-Werte
3. Soll-/Ist-Vergleich und Analyse der Abweichungen
4. Festlegung und Durchführung erforderlicher Maßnahmen

Die Methoden der Break-even-Analyse und der Deckungsbeitragsrechnung bieten sich für dieses Vorgehen an.

Break-even-Analyse (Gewinnschwelle)

Die Gewinnschwelle ist der Schnittpunkt zwischen Erlösen und Kosten. In diesem Punkt sind sämtliche fixen und variablen Kosten durch den Umsatz gedeckt. Diese Berechnung beantwortet die Frage: Wie hoch muss der Output (die Beschäftigung sein), um alle Kosten zu decken? (Vgl. hierzu auch Kapitel 2.3.5.1.5)

- Die Umsatzkurve beginnt im Nullpunkt, weil 0 Stück auch 0,00 € Umsatz erbringen.
- Die Gesamtkostenkurve besteht aus fixen und variablen Kosten.
- Die Fixkostenkurve zeigt die unveränderten fixen Kosten.
- Die Verlustzone – das Dreieck aus Umsatz- und Gesamtkostenkurve – zeigt das Feld der nicht gedeckten Kosten.
- Im Feld der Gewinnzone liegen die Umsätze über den Gesamtkosten (weitere Ausführungen s. Kapitel 2.3.5.1.5).

Abb. 4.16:   Break-even-Point

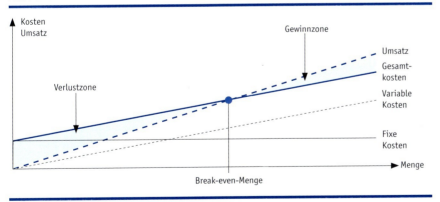

Deckungsbeitragsrechnung

Der Deckungsbeitrag wird pro Einheit (db) oder z.B. pro Produktgruppe (DB) ermittelt. Er dient zur Deckung der fixen Kosten.

Bei der einstufigen Deckungsbeitragsrechnung werden von den Nettoerlösen der einzelnen Produkte die variablen Kosten abgezogen, um den Deckungsbeitrag je

Produktart zu errechnen. Dieser Deckungsbeitrag zeigt den Beitrag jeder Produktart zur Deckung der Fixkosten des Unternehmens. Die Summe aller Deckungsbeiträge ergibt den Gesamtdeckungsbeitrag (weitere Ausführungen vgl. Kapitel 2.3.5.2).

Bei der mehrstufigen Deckungsbeitragsrechnung werden die Fixkosten nicht als ein Block behandelt, sondern aufgeteilt in z.B. Erzeugnis-, Erzeugnisgruppen- und Unternehmensfixkosten. Damit können die Deckungsbeiträge der Produktgruppen, Kostenstellen und Unternehmensbereiche ermittelt werden, um besseren Einblick in die Erfolgsstruktur des Unternehmens zu gewinnen.

4.1.2.3 Integrierte Managementsysteme

Ein Managementsystem ist ein Instrument zur gezielten Umsetzung von Unternehmenszielen. Dazu gehören
- die **Planung** betrieblicher Abläufe,
- die **Ausführung** dieser Abläufe entsprechend der Planung,
- die **Überprüfung**/Erfolgskontrolle,
- die **Optimierung** bzw. Korrektur, falls der geplante Soll-Zustand nicht erreicht wurde.

Dieses Vorgehen wird auch PDCA-Zyklus genannt, nach dem englischen **P**lan – **D**o – **C**heck – **A**ct (also Planen – Ausführen – Überprüfen – Optimieren). Hinzu kommt zu Beginn eine Analyse des bestehenden Zustands.

Der PDCA-Zyklus ist in allen Vorgaben für Managementsysteme zu finden, wenn auch teilweise mit anderen Bezeichnungen. Managementsysteme sind prozessorientiert, was bedeutet, dass sie sich auf die Abläufe eines Unternehmens konzentrieren, um durch gezielte Steuerung die Unternehmensziele zu erreichen. Als „integriert" werden Managementsysteme bezeichnet, wenn ihre einzelnen Varianten große Gemeinsamkeiten aufweisen und sie eng zusammenwirken.

Die bekanntesten und gebräuchlichsten Managementsysteme sind
- das Qualitätsmanagement,
- das (technische) Sicherheitsmanagement,
- das Umweltmanagement.

Mit der Einführung der genannten Managementsysteme haben die Unternehmen ein Werkzeug, die Umsetzung zentraler Themen mit formalisierten Systemen in die Unternehmensführung aufzunehmen. Mit Teilmanagementsystemen laufen die Unternehmen Gefahr, das zentrale Ziel – die ganzheitliche Führung eines Unternehmens – nicht zu erreichen.

Es gibt sehr viele thematische Überschneidungen zwischen den Managementsystemen. Alle Systeme stellen Anforderungen an Schulungen und an die Qualität, Umweltschutz und Arbeitssicherheit etc.

Betrachtet man das alles separat, kommt es zu Doppelarbeiten oder sogar zu widersprüchlichen Regelungen.

Das Ziel und damit die Lösung dieses Problems ist es, die Managementsysteme nicht getrennt voneinander, sondern als integriertes System aufzubauen. Dabei wählt man meist die Methode der **Prozessintegration**:

Ausgangspunkt sind die Unternehmensprozesse, die erfasst und in einem Modell abgebildet werden. Die Anforderungen aus den Managementsystemen werden in Aufgaben und Pflichten umformuliert und den Unternehmensprozessen bzw. einzelnen Tätigkeiten zugeordnet. Nachfolgend werden die genannten Managementsysteme kurz vorgestellt.

Qualitätsmanagement

Der Erfolg eines Unternehmens ist stark von der Qualität seiner Produkte und/oder Dienstleistungen abhängig. Mittels eines Qualitätsmanagements versucht ein Unternehmen, sein Angebot nach anerkannten Grundsätzen (ISO-Norm) qualitativ gut herzustellen und anzubieten. Qualität bedeutet in Hinblick auf die Kunden, dass die angebotenen Produkte und/oder Dienstleistungen den Anforderungen und Erwartungen entsprechen, die die Kunden an diese stellen. Durch eine Zertifizierung bescheinigt zu bekommen, dass das Produkt und der Herstellungsprozess des Produktes den Kundenanforderungen entsprechen, führt zu einer höheren Akzeptanz bei diesen und bringt einen entscheidenden Wettbewerbsvorteil.

Sicherheitsmanagement (technisch)

Im Rahmen des Sicherheitsmanagements werden die Prozesse der Arbeitssicherheit und des Arbeitsschutzes betrachtet. Arbeitsunfälle bedeuten immer eine Störung des Wertschöpfungsprozesses und verursachen Kosten. Darüber hinaus können weitere Menschen von Unfällen betroffen sein und langfristig geschädigt werden, was zu den dadurch noch höheren Kosten auch einen Imageschaden verursachen kann. Daher ist es wichtig, vorbeugende Maßnahmen zu ergreifen. Das schließt auch die Mitarbeiter ein, indem diese erkennen, wie wichtig entsprechende Verhaltensweisen sind, um Arbeitsschutz und Arbeitssicherheit herzustellen und einzuhalten.

Umweltmanagement

Im Rahmen des Umweltmanagements werden gesetzliche Bestimmungen und selbst auferlegte Vorgaben im Rahmen von Corporate Social Responsibility umgesetzt. Auch bei diesem Managementsystem geht es darum, Schäden durch vorbeugende Maßnahmen zu vermeiden. Alle betrieblichen Prozesse und Produkte sollen möglichst umweltverträglich sein und das Handeln der Mitarbeiter soll dieser Zielsetzung entsprechen. Direkte Umweltaspekte, wie z.B. Abfall, Abwasser, Recycling werden dabei genauso betrachtet wie indirekte Aspekte von Logistik, Produktdesign oder Kundenbeziehungen. Die Unternehmen beschreiben ihren Beitrag zum schonenden und respektvollen Umgang mit der Umwelt und verpflichten sich zur Einhaltung aller Regelungen wie z.B.:

- Energieeinsparung,
- Reduzierung von Transportwegen,
- Eliminierung umweltschädlicher Hilfsstoffe und Rohstoffe,
- Verminderung von Abfallmengen.

4.1.3 Aufbauorganisation

Damit die Unternehmensführung ihre Ziele und geplanten Vorhaben durchsetzen und umsetzen kann, muss das Unternehmen so organisiert werden, dass die größtmögliche Wirtschaftlichkeit unter gleichzeitig hoher Motivation aller Beteiligten erreicht wird. Hierzu müssen die Ressourcen organisiert und die Arbeitsprozesse geregelt werden, indem die sachliche, zeitliche und räumliche Ordnung bestimmt wird.

Mit Organisation werden unterschiedliche Sachverhalte bezeichnet:

- **Funktionaler Organisationsbegriff**: Hier wird Organisation als Tätigkeit zur Gestaltung von Strukturen und Abläufen im Unternehmen verstanden.
- **Instrumentaler Organisationsbegriff**: Das tatsächliche Ergebnis aus dieser Tätigkeit.
- **Sozialpsychologischer Organisationsbegriff**: Hier wird Organisation als ein System verstanden, welches die eingesetzten Sachmittel und die menschliche Arbeit in Beziehung setzt.

Nicht alles, was in einem Unternehmen als Tätigkeiten ausgeführt wird, lässt sich tatsächlich auch als Organisation bezeichnen. Folgende Begrifflichkeiten gilt es hier zu unterscheiden:

- **Organisation**: Organisation hat einen dauerhaften Charakter. Hier werden somit Regelungen getroffen, die lange Gültigkeit haben und Stabilität verleihen. Ein Handlungsspielraum ist normalerweise nicht vorhanden.
- **Disposition**: Hier werden Regelungen getroffen, die einen gewissen Handlungsspielraum aufweisen. Einzelne Aufgaben bekommen z.B. situationsabhängige unterschiedliche Regelungen. Das Verhältnis von Organisation zu Disposition bestimmt den Organisationsgrad.
- **Improvisation**: Improvisation wird immer dann angewendet, wenn sich häufig verändernde Situationen dauerhafte organisatorische Regelungen oder auch dispositive Vorgaben unmöglich machen. Auch unvorhersehbare und dadurch nicht planbare Ereignisse werden durch Improvisation gelöst.

Wie groß der Organisationsgrad eines Unternehmens sein soll, lässt sich nicht eindeutig festhalten. Allerdings sollte ein großes Unternehmen mit hohem Einsatz an Technologie/EDV mehr organisatorische Regelungen haben als ein kleines oder mittelständisches Unternehmen, da es sonst nicht gut steuerbar ist. Organisatorische Regelungen verschaffen zwar Eindeutigkeit und Stabilität, können aber zu Überorganisation führen und die Mitarbeiter demotivieren, da sie keinen Handlungsspielraum mehr haben. Zu wenig Organisation verschafft wiederum Freiraum und Flexibilität, gibt aber Raum für Fehlentscheidungen.

Um die Arbeitsprozesse ökonomisch zu gestalten, müssen im Vorfeld Fragen beantwortet werden:

1. Wie kann eine Aufgabe am sinnvollsten arbeitsteilig erledigt werden? An welchen Gliederungsmerkmalen kann man sich orientieren?
2. Wie sind die arbeitsteiligen Prozesse am effizientesten zu strukturieren?

Hierzu bedient man sich der klassischen Organisationsformen der Aufbau- und der Ablauforganisation, wobei es eine völlige Trennung der beiden Formen nicht gibt.

Die **Aufbauorganisation** regelt die Aufgabenverteilung eines Betriebes auf die Mitarbeiter und beantwortet damit die Frage: Wer tut was?

Die **Ablauforganisation** regelt die Arbeitsabläufe eines Unternehmens und beantwortet die Fragen:
- Wann sind die Tätigkeiten zu erledigen?
- Wo sind sie zu erledigen?
- Wie sind sie zu erledigen?

4.1.3.1 Bildung von Organisationseinheiten

Ausgangspunkt für die Aufbauorganisation ist die **Aufgabenanalyse**. Bei der Aufgabenanalyse werden die Gesamtaufgaben des Unternehmens gegliedert, d.h., sie werden in immer kleiner werdende Teilaufgaben zerlegt. Diese Zerlegung erfolgt so lange, bis eine kleinere Zerlegung nicht mehr möglich bzw. sinnvoll ist. Dieser kleinste Teil wird als **Elementaraufgabe** bezeichnet.

Aus dieser Vielzahl von Elementaraufgaben heraus findet nun die **Aufgabensynthese** statt. Bei der Aufgabensynthese werden die Elementaraufgaben zu sinnvollen Aufgaben zusammengefasst, die von einer Person geleistet werden können. Es findet somit eine Bündelung von Aufgaben zu einer **Stelle** statt. Diese Stelle ist auch gleichzeitig die kleinste organisatorische Einheit eines Unternehmens und mit Aufgaben- und Zuständigkeitskompetenzen für den zuzuordnenden Stelleninhaber verbunden. Bündelungen von Stellen zu der nächsthöheren organisatorischen Einheit sind dann z.B. Gruppen oder Abteilungen.

Eine Stelle, die mit ganz besonderen Rechten und Pflichten ausgestattet ist, wie beispielsweise Entscheidungsbefugnissen, Weisungsbefugnissen, Verfügungsbefugnissen und Verantwortung, wird als Instanz bezeichnet.

Einer **Instanz** lässt sich eine Leitungs- bzw. Kontrollspanne zuordnen. Mit dieser Leitungsspanne werden alle Stellen erfasst, die unmittelbar einer Instanz unterstellt sind. Es sollte immer darauf geachtet werden, dass die Leitungsspannen für einzelne Instanzen nicht zu groß sind, denn dann kann es zu einer Überforderung des Stelleninhabers kommen.

Wird von einer **Instanzentiefe** gesprochen, so ist damit die Anzahl der Hierarchieebenen in einem Unternehmen gemeint. Hat ein Unternehmen sehr viele Hierarchieebenen, so wird von einer steilen Struktur gesprochen. Das hat vor allem den Nachteil, dass der Kommunikations- und Informationsfluss langsam wird und unterbrochen werden kann.

Das Gegenteil davon ist die flache Struktur, wenn nur sehr wenige Hierarchieebenen vorhanden sind. In dem Zusammenhang ist auch der Begriff Lean Management zu nennen. Die Bestrebungen in Richtung Lean Management werden bei vielen Unternehmen immer größer, da man sich dadurch sowohl einen besseren Kommunikations- und Informationsfluss als auch geringere Kosten durch niedrigeren Personalbedarf verspricht.

Abb. 4.17:   Flache Struktur mit geringer Leitungsspanne

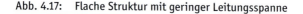

Abb. 4.18:   Flache Struktur mit größerer Leitungsspanne

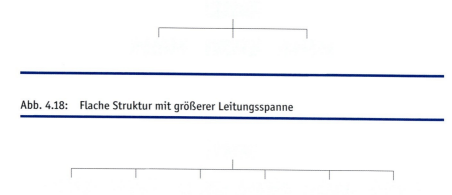

Abb. 4.19:   Steile Struktur

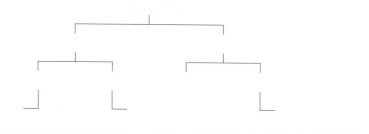

Aufgaben können in einem Unternehmen auch zentral oder dezentral erledigt bzw. angeordnet werden.

- **Zentralisation** bedeutet dabei die Zusammenfassung gleichartiger Aufgaben in einer Stelle, Abteilung oder an einem Ort. Die Stelleninhaber sind spezialisiert.
- **Dezentralisation** ist dagegen die Verteilung gleichartiger Aufgaben auf verschiedene, voneinander in weiten Teilen unabhängige Stellen, Abteilungen oder Orte. Je mehr Unabhängigkeit zwischen den Organisationseinheiten besteht, desto mehr kann Verantwortung und Entscheidungsbefugnis dezentral geregelt werden.

Zusammenfassend kann festgehalten werden, dass bei der Zentralisation ein geringerer Bedarf an Personal und Sachmitteln möglich ist. Das Personal besteht in der Regel aus Spezialisten mit vertieften Kenntnissen. Die Koordination wird einfacher, Entscheidungen einheitlicher und Kontrollen erleichtert.

Nachteilig kann sich die hohe Arbeitsbelastung auswirken. Besonders die leitende Instanz kann überlastet sein. Die Kommunikation und Koordination werden erschwert.

Häufig werden im Zusammenhang mit der Zentralisation von Aufgaben **Profit-center** gebildet. Dies ist sehr häufig in großen Unternehmen der Fall, in denen einzelne Abteilungen oder Bereiche für das operative Geschäft und den geschäftlichen Erfolg selbst verantwortlich gemacht werden. Profitcenter werden daher als „Unternehmen im Unternehmen" bezeichnet.

Aus der Vorgabe von z.B. Gewinnzielen agieren die Profitcenter weitgehend autonom und sind für Erfolg oder Misserfolg selbst verantwortlich. Sie können durch Kennzahlen mit externen Unternehmen gemessen werden.

Neben den positiven Aspekten, zu denen auch eine höhere Motivation der Mitarbeiter gehören kann, kann als nachteilig festgehalten werden, dass durch die Bildung von Profitcentern ein Abbau von Beschäftigung erfolgen kann, bedingt durch die hohe Erfolgsorientierung. Ferner können einzelne Profitcenter auch in Konkurrenz zueinander stehen, was zu einer verstärkten „Ellenbogenmentalität" führen kann.

4.1.3.2 Instrumente der Aufbauorganisation

Stellenbeschreibungen

Eine Stelle muss sowohl aus organisatorischen als auch aus juristischen Gründen beschrieben werden. Mit der Stellenbeschreibung sind die Aufgaben und Kompetenzen der einzelnen Mitarbeiter verbindlich festgelegt. Sie soll ein möglichst umfassendes Bild über alle die Stelle betreffenden Daten und Rahmenbedingungen geben. Sie beschreibt aber nicht die Art der Arbeitsdurchführung und die benötigten Arbeitsmittel.

Die Mitarbeiter sind verpflichtet, in diesem Rahmen selbstständig zu handeln und im Einzelfall Sonderaufgaben zu übernehmen. Kommt es zu einer wesentlichen Veränderung der Tätigkeit muss die Stellenbeschreibung aktualisiert werden.

Die Informationen aus der Stellenbeschreibung werden benötigt für die

- Erstellung des Anforderungsprofils,
- Stellenbewertung,
- Stellenausschreibung,
- Mitarbeiterbeurteilung,
- Personalentwicklung.

Die Stellenbeschreibung ist ein wirksames Führungsinstrument. Sie unterstützt die Einarbeitung neuer Mitarbeiter und gibt dem Stelleninhaber **Handlungssicherheit**. Zu den Nachteilen von Stellenbeschreibungen gehört der hohe **Zeitaufwand** für ihre Erstellung.

In der Praxis gibt es eine Vielzahl unterschiedlicher Stellenbeschreibungen. Persönliche Daten der Stelleninhaber sind i.d.R. nicht enthalten, da die Stellenbeschreibungen unabhängig von Personen sein sollen.

Hinsichtlich Form und Inhalt von Stellenbeschreibungen gibt es keine Vorschriften, jedoch sollten nachfolgende Inhalte auf jeden Fall enthalten sein (vgl. Froese 2011, S. 118):

Stellenbezeichnung	Name der Stelle und deren Kostenstelle
Einordnung der Stelle in die Unternehmensorganisation	Vorgesetzte Instanz, nachgeordnete Stellen, Abteilungszugehörigkeit, Erklärung der Stellenart, z.B. Stabsstelle oder Assistenz
Stellenaufgaben	Beschreibung der Sachaufgaben, soweit es sich um Daueraufgaben handelt; unterschiedliche Detaillierungsgrade sind möglich
Stellenziele	Zielvorgaben, um die Ausführung der Stellenaufgaben messen zu können
Stellenbefugnisse und Stellenverantwortung	Führungsbefugnisse, sachliche Befugnisse, Unterschriftsbefugnisse
Stellvertretung	Wen vertritt der Stelleninhaber? Von wem wird der Stelleninhaber vertreten?
Unterschriften	Unterschriften, die diese Stellenbeschreibung beurkunden und legitimieren

Organigramm

Mithilfe eines Organigramms kann die Aufbauorganisation in grafischer Form dargestellt werden. Weitere Bezeichnungen für Organigramme sind auch Organisationsplan, Organisationsschaubild oder Stellenplan.

Die Gestaltung eines Organigramms orientiert sich an:
- Zuordnung der Aufgaben zu den Stellen,
- Gliederung der Stellen,
- Zusammenfassung von Stellen zu Abteilungen,
- Leitungsebenen,
- Unter- und Überordnung,
- Zuordnung der Stabsstellen.

Folgende Darstellungsformen sind gebräuchlich:

Abb. 4.20: Vertikale Darstellungsform

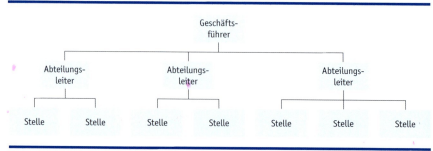

Abb. 4.21:   Horizontale Darstellungsform

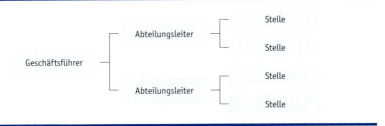

Abb. 4.22:   Vertikal-horizontale Darstellungsform

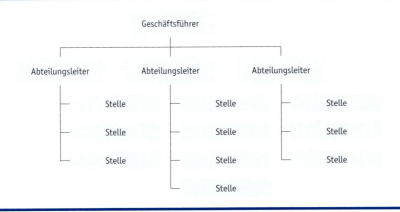

Vorteilhaft ist an der Visualisierung der Struktur eines Unternehmens, dass Zuständigkeiten und Hierarchien eindeutig dargestellt sind. Dadurch kann sowohl neuen Mitarbeitern als auch Außenstehenden wie z.B. Kunden, Lieferanten, Banken ein guter erster Überblick verschafft werden.

Informationsfluss im Unternehmen

Die Weitergabe von Informationen ergibt sich aus der obersten Führungsebene, heruntergebrochen bis zu den Mitarbeitern auf der untersten Hierarchieebene. Darüber hinaus ist es natürlich auch erforderlich, dass die Mitarbeiter auf dem umgekehrten Weg ihre Vorgesetzten informieren.

Aus der Organisationsstruktur eines Unternehmens werden die dafür erforderlichen Kommunikationswege sichtbar. Diese werden unterschieden in:

- **Formelle Kommunikationswege**, z.B. für Anordnungen, Dienstanweisungen, Mitteilungen und Berichte
- **Informelle Kommunikationswege**, z.B. für Rückfragen bei Kollegen

Die formellen Kommunikationswege sind bewusst geschaffen zur gezielten Informationsweitergabe an die relevanten Personen. Die informellen Kommunikationswege ergeben sich ungeplant und entstehen oft aus einer Situation des unbefriedigten Informationsbedürfnisses der Mitarbeiter oder durch Unvollständigkeit der Information.

Darüber hinaus wird nach der Form der Informationsweitergabe unterschieden in schriftliche (z.B. Mail, Aushang) oder mündliche Information (z.B. Abteilungs- oder Betriebsversammlungen, allgemeine Besprechungen oder Mitarbeitergespräche).

4.1.3.3 Organisationsformen

Liniensysteme sind Aufbauorganisationen mit der Verknüpfung von Stellen durch Leitungsbeziehungen. Diese zeichnen die Weisungsbefugnisse der jeweils übergeordneten Instanzen gegenüber den Handlungsträgern der untergeordneten organisatorischen Einheiten nach. Darüber hinaus stellen sie auch eindeutig dar, in welcher Form die einzelnen Instanzen und Stellen miteinander kommunizieren sollen.

Folgende Organisationsformen lassen sich unterscheiden:
* Einlinienorganisation,
* Stablinienorganisation,
* Mehrlinienorganisation,
* Spartenorganisation (Divisionalorganisation),
* Matrixorganisation.

Einlinienorganisation

Eine Einlinienorganisation liegt vor, wenn eine hierarchisch niedrigere Stelle nur durch eine Linie mit einer hierarchisch höheren Stelle verbunden ist. Die Einhaltung der Dienstwege soll die Einheitlichkeit der Leistungen garantieren.

Merkmale der Einlinienorganisation (vgl. Froese 2011, S. 47):
* Jeder Mitarbeiter hat nur einen einzigen Vorgesetzten, ein Vorgesetzter hat aber mehrere Mitarbeiter.
* Eine höhere Stelle kann mehreren niedrigeren Stellen Weisungen erteilen, aber eine niedrigere Stelle kann nur von einer höheren Stelle Weisungen empfangen.
* Die Kommunikationswege verlaufen vertikal von oben nach unten und umgekehrt.
* Die Ziele und Aufgaben werden von oben vorgegeben und der Vollzug der Aufgaben wird von unten nach oben gemeldet.
* Ein Vorgesetzter darf eine unterstellte Instanz nicht überspringen, um mit einer niedrigeren Instanz zu kommunizieren.
* Gleichrangige Mitarbeiter müssen über den gemeinsamen Vorgesetzten miteinander kommunizieren.
* Die Koordination der Arbeitsprozesse erfolgt durch die Hierarchie.

Abb. 4.23: Einlinienorganisation

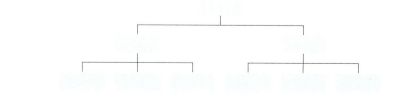

Vorteile	Nachteile
• Transparenz und Einheitlichkeit der organisatorischen Beziehungen und Zuständigkeiten • Wirksame Kontrolle und Autorität der Instanzen • Klare Weisungs- und Berichtswege • Keine Kompetenzschwierigkeit, dadurch wenig Konflikte • Straffe Disziplin • Lückenlose Information	• Lange Kommunikationswege, dadurch Gefahr von Zeitverzögerung und Verlust von Informationen („Stille-Post-Syndrom") • Überlastung der Instanzen • Die Arbeitsverdichtung steigt mit der Führungsebene • Starke Hierarchie und Bürokratie

Normalerweise ist zwischen gleichrangigen Mitarbeitern die direkte Kontaktaufnahme und Kommunikation nur über den gemeinsamen Vorgesetzten möglich. Das kann aber in Notsituationen, wenn z.B. der Vorgesetzte nicht erreichbar ist, zu großen Problemen führen. Für solche Situationen darf die Fayol'sche Brücke (auch Passerelle genannt) genutzt werden. Sie ist eine direkte Verbindung zwischen gleichrangigen Wegen und ist ein reiner Informationsweg.

Abb. 4.24: Die Fayol'sche Brücke

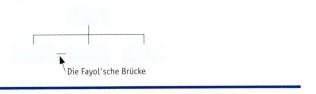

Die Fayol'sche Brücke

Stablinienorganisation

Die Stablinienorganisation ist eine Variante der Linienorganisation. Die Linienorganisation wird durch Stäbe (Leitungshilfsstellen) ergänzt.

Abb. 4.25: Stablinienorganisation mit Stäben auf mehreren Hierarchieebenen

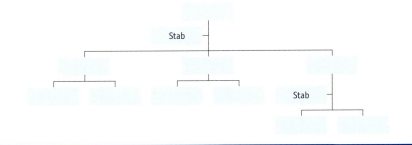

Alle Grundsätze und Merkmale der Linienorganisation sind hier wiederzufinden mit folgenden ergänzenden Merkmalen:

- Hinzugefügte Stäbe (Stabsstellen) beraten und unterstützen die Instanzen auf den unterschiedlichen Hierarchieebenen.
- Stäbe haben keine fachlichen und disziplinarischen Weisungsbefugnisse gegenüber der Linie.
- Persönliche Stäbe unterstützen die Vorbereitung, Koordination und die Abwicklung von Leitungsaufgaben.
- Fachliche Stäbe bestehen aus Spezialisten, die mit ihrem Fachwissen die Leitungsorgane unterstützen.

Vorteile	Nachteile
• Das Spezialwissen der Stäbe erleichtert den Instanzen die Entscheidungsfindung • Hohe Qualität der Entscheidungen • Entlastung der Instanzen • Einfaches Leitungssystem • Klare Weisungs- und Berichtswege • Optimierter Informationsfluss zu den Instanzen	• Verzögerung der Entscheidungen • Unklare Abgrenzung der Kompetenzen zwischen Stab und Linie • Die Wirksamkeit der Stabsstelle hängt vom guten Willen der Linie ab – sehr häufig mangelnde Akzeptanz der Stäbe • Keine Autorität der Stäbe • Informelle Macht der Stäbe – es besteht die Möglichkeit der einseitigen Beeinflussung der Instanz • Allgemeine Nachteile der Einlinienorganisation

Mehrlinienorganisation

Im Mehrliniensystem ist die Leitungsfunktion auf mehrere Instanzen verteilt. Dies funktioniert nach dem Prinzip des Funktionsmeistersystems nach F. W. Taylor. Taylor als der Begründer des Taylorismus war der Meinung, dass die Kompetenzen für Entscheidungen und Weisungen den Experten des Fachgebietes bzw. der zu erledigenden Aufgabe zugewiesen werden sollten. Dadurch sollte auch die Informationsweitergabe verbessert werden, denn diese Vorgehensweise verinnerlicht das Prinzip des „kürzesten Weges" ohne Umwege über überstellte Vorgesetzte.

Abb. 4.26:   Mehrlinienorganisation

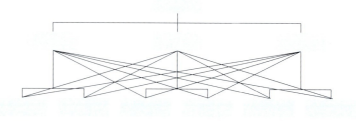

Die Mehrlinienorganisation hat folgende Merkmale:

- Jeder Mitarbeiter hat mehrere Vorgesetzte (nach Funktionen spezialisiert).
- Eine hierarchisch niedrigere Stelle ist mit zwei oder mehreren hierarchisch höheren Stellen verbunden und kann von ihnen Weisungen fachlicher Art empfangen (Mehrfachunterstellung).
- Disziplinarisch bleibt das Unterstellungsverhältnis zu einer hierarchisch höheren Stelle.
- Die Mitarbeiter erledigen Aufgaben für mehrere höhere Stellen.

Vorteile	Nachteile
• Koordination der Mitarbeiter durch Funktionsprinzip (Fachkompetenzen) • Direkter Instanzenweg, dadurch Verkürzung der Wege für Informationen und Anweisungen • Entlastung der oberen Leitung • Mitarbeiter haben den direkten Zugriff auf die Spezialisten • Unmittelbare und schnelle Kommunikation • Die fachliche Autorität rückt in den Vordergrund zulasten hierarchischer Macht	• Relativ hoher Abstimmungsbedarf mit daraus resultierenden Zeitverlusten • Unsicherheit über die Dringlichkeit und Folge der erteilten Aufträge bei den einzelnen Mitarbeitern • Die Abgrenzung von Aufgaben, Kompetenzen und Verantwortung ist schwierig, dadurch entstehen Kompetenzkonflikte zwischen Instanzen • Die Weisungen mehrerer Instanzen können widersprüchlich sein • Schlechte Zuordnung von Verantwortung bei Fehlentscheidungen

Spartenorganisation (Divisionalorganisation)

Bei einer Spartenorganisation wird das Unternehmen nach **Objekten** (meistens Produkten) gegliedert. Diese Vorgehensweise hat vor allem dann Sinn, wenn das Unternehmen eine heterogene (verschiedenartige) Produktpalette und daraus resultierend unterschiedliche Absatzmärkte und Kunden aufweisen kann. Durch die Globalisierung erschließen sich immer schneller neue und rasant expandierende Märkte.

Die dadurch notwendige Diversifikation vor allem im Produktbereich (Erweiterung der Produktgestaltung) erfordert schnelle, qualifizierte und vielfältige Entscheidungen. Die Einhaltung von Dienstwegen, wie z.B. bei der Einlinienorganisation, behindert eine schnelle Anpassung an sich permanent verändernde Märkte.

Um eine bessere, schnellere und vor allem effizientere Ausrichtung des Unternehmens zu erreichen, werden **Sparten** bzw. Divisionen gebildet. Sehr häufig übernehmen darüber hinaus Zentralbereiche vielfältige Aufgaben, die zielführenden Charakter für das gesamte Unternehmen haben. Ferner findet man in den Zentralbereichen auch eine Bündelung von Aufgaben für Waren und Dienstleistungen, die in allen Sparten anzutreffen sind, um einen Synergieeffekt zu erzielen. Die Unternehmensleitung selbst hat zu allen unterstellten Bereichen Linienfunktion.

Die Spartenorganisation findet man in zwei Ausprägungen vor:
- Im **Profitcenter**, in dem der Spartenleiter vor allem für die Erreichung eines vorgegebenen Gewinns verantwortlich ist.

- Im **Costcenter**, in dem der Spartenleiter bei vorgegebenen Kosten für den höchstmöglichen Umsatz verantwortlich ist.

Die Spartenorganisation hat folgende weitere Merkmale:

- Das Unternehmen muss eine relativ hohe Unternehmensgröße (Mitarbeiter) aufweisen.
- Es besteht eine unmittelbare Verantwortung für das Geschäftsergebnis.

Abb. 4.27: Spartenorganisation (Divisionalorganisation)

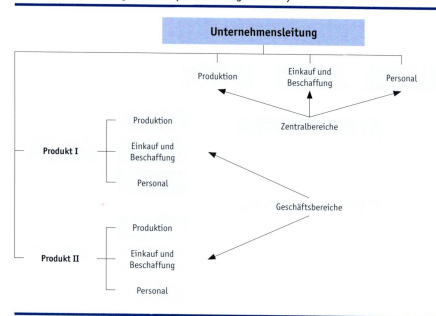

Vorteile	Nachteile
• Durch eine hohe Marktnähe besteht eine schnelle Anpassungsfähigkeit • Die Geschäftsleitung muss nur noch strategische Planungen vorgeben, in den Sparten findet die komplette Umsetzung statt • Das unternehmerische Denken eines jeden Beteiligten wird gefordert und gefördert • Schnelle und vor allem flexible Reaktionen auf Veränderungen sind möglich • Die Mitarbeiter weisen eine hohe Motivation und Interesse an dem Unternehmen auf	• Durch die unmittelbare Konkurrenz der einzelnen Sparten besteht die Gefahr, kurzfristig auf Gewinn orientiert zu sein, ohne die Risiken der Umwelt zu berücksichtigen • Enorme Dopplung an Tätigkeiten in den einzelnen Sparten und dem Zentralbereich • Über den zwangsläufig großen Bedarf an Leitungsstellen (Instanzen) besteht ein hoher Bedarf an ausführenden Stellen • Durch die Eingriffsmöglichkeiten der Zentralbereiche bedingt, besteht ein hohes Konfliktpotenzial zwischen Zentrale und Sparte

Matrixorganisation

Die Matrixorganisation hat ihre Bezeichnung von der grafischen Darstellung als Matrix. Die Einsatzmöglichkeit dieser Organisationsform ist genau wie bei der Spartenorganisation besonders für große Unternehmen mit heterogener Produktpalette geeignet, die sich ggf. schnell an verändernde Marktbedingungen anpassen müssen. Darüber hinaus können statt Produkten auch Regionen oder Projekte eingesetzt werden, wenn das Unternehmen stärker in diese Richtungen ausgerichtet ist.

Durch die Kombination von Funktionen und Objekten, z.B. Produkten, entstehen Matrixschnittstellen. Diese sind für die operative Aufgabenerledigung zuständig und erhalten von den übergeordneten Matrixstellen (aus Funktionsbereich und Objektbereich) Weisungen.

Merkmale der Matrixorganisation:

- Die Matrixorganisation ist ein zweidimensionales Strukturmodell, bei dem sich zwei verschiedene Leitungssysteme überlagern.
- Die Entscheidungs- und Weisungsbefugnisse werden zwischen den beiden Führungsebenen (Matrixstellen) geteilt.
- Die Matrixabbildung zeigt vertikal z.B. die Produktgruppen und horizontal die Funktionen.
- Angestrebt wird die Zusammenarbeit zwischen der fachlichen Spezialisierung (hier Produktgruppen) und den Funktionsbereichen (z.B. Beschaffung, Produktion, Vertrieb).

Abb. 4.28: Matrixorganisation

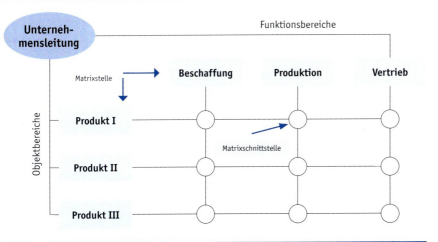

Vorteile	Nachteile
• „Produktive Konflikte" zwischen Funktions- und Objektleitern • Keine einseitigen Entscheidungen • Kürzere Kommunikationswege	• Höherer Bedarf an Führungskräften • Schwierige Kompetenzabgrenzung zwischen Funktions- und Objektleitern

- Höhere Flexibilität in wettbewerbsrelevanten Aspekten, innovative Problemlösungen sind möglich
- Spezialisierung der Leitungsfunktion bei gleichzeitiger Entlastung der obersten Unternehmensleitung
- Die Hierarchie steht nicht im Vordergrund, es gibt Gleichberechtigung zwischen den einzelnen Funktions- und Objektbereichen
- Doppelunterstellung der Mitarbeiter

- Konflikte durch Kompetenzüberschreitungen, dadurch ggf. Machtkämpfe
- Konfliktbedingte Verzögerungen der Arbeit
- Hoher Koordinationsaufwand
- Gefahr zu vieler Kompromisse

4.1.4 Ablauforganisation

Die Ablauforganisation baut auf den Ergebnissen der Aufbauorganisation auf und strukturiert den Arbeitsprozess, indem sie die einzelnen Aufgaben und die zu ihrer Erfüllung notwendigen Verrichtungen miteinander verbindet. Ihre Hauptzielsetzung ist ein ununterbrochener reibungsloser Ablauf der einzelnen Tätigkeiten von Stellen innerhalb der zugeordneten Abteilung sowie die Abstimmung der einzelnen Tätigkeiten mit den Stellen anderer Abteilungen mit dem geringsten Aufwand. Sie ordnet die Prozesse nach:

- **Arbeitsinhalt**: Der Arbeitsinhalt kann hinsichtlich der Arbeitsobjekte oder der Verrichtungen geordnet werden. Diese ergeben sich aus der Gesamtaufgabe des Betriebes, die in der Aufgabenanalyse bereits in Teilaufgaben zerlegt worden ist. Die Ablauforganisation verbindet die einzelnen Teilaufgaben zu Abläufen.
- **Arbeitszeit**: Die Ordnung der Arbeitszeit erfolgt in drei Schritten:
  – Bestimmung der Zeitfolge der einzelnen Teilaufgaben,
  – Festlegung der Zeitdauer der einzelnen Vorgänge,
  – Fixierung von Anfang und Ende einer Arbeit nach dem Kalender.
- **Arbeitsraum**: Die Ablauforganisation bestimmt die räumliche Zuordnung der Aufgabenverrichtung nach wirtschaftlichen Gesichtspunkten.

Die Ablauforganisation verfolgt mehrere Ziele:
- Optimale Auslastung der Kapazitäten
- Minimierung der Arbeitszeiten
- Verbesserung der Arbeitsbedingungen
- Hohe Termintreue
- Kostenminimierung

4.1.4.1 Gliederung und Prinzipien der Ablauforganisation

Die Gesamtheit der betrieblichen Prozesse wird in zwei große Prozessarten eingeteilt:

1. **Kerngeschäftsprozesse** gehören zum operativen Geschäft und sind unmittelbar an der Wertschöpfung beteiligt. Typisch zuzuordnen sind hier Einkauf und Beschaffung, die Produktion und der Vertrieb.
2. **Unterstützungsprozesse** sind Prozesse, ohne die ein Kerngeschäftsprozess nicht erfolgreich ablaufen kann. Typisch zuzuordnen sind hier z.B. Buchhaltung, Controlling, EDV-Abteilung, Personalabteilung, Qualitätsmanagement.

4.1.4.2 Darstellungs- und Durchführungsformen der Ablauforganisation

Zur Darstellung der Arbeitsabläufe und der zeitlichen Überwachung der Tätigkeiten und Ressourcen werden grafische Darstellungen verwendet. Dies hat gegenüber der verbalen Form den Vorteil, dass eine grafische Darstellung übersichtlicher ist.

Es gibt eine Vielzahl von Darstellungsmöglichkeiten, die gebräuchlichsten sind das Flussdiagramm, das Balkendiagramm (Gantt-Diagramm), der Netzplan (Netzplantechnik), das Arbeitsablaufdiagramm und der Workflow.

Flussdiagramm

Ein Flussdiagramm ist ein einfaches Hilfsmittel, einzelne Aufgaben und ihre Reihenfolge darzustellen. Besonders hilfreich ist hier, dass auch unterschiedliche Handlungsmöglichkeiten berücksichtigt und dargestellt werden können.
Das Flussdiagramm, auch als Programmablaufplan (PAP) bezeichnet, ist eine normierte, schematische Darstellung der Funktionen und Abläufe mit standardisierten Zeichnungselementen.

Abb. 4.29: Standardisierte Symbole eines Flussdiagramms

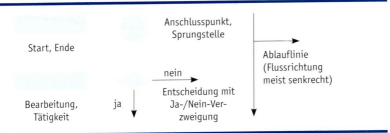

Im Flussdiagramm werden logische Entscheidungen durch „rautenförmige" Symbole gekennzeichnet und Aktionen durch rechteckige Kästen dargestellt. An den rautenförmigen Entscheidungssymbolen gibt es jeweils eine Eingangsverbindung und zwei Ausgangslinien, von denen eine mit der Antwort „Ja", die andere mit der Antwort „Nein" auf eine Frage (im rautenförmigen Symbol) bezeichnet ist. Aktionen in Abhängigkeit von Entscheidungen lassen sich damit eindeutig darstellen.

Abb. 4.30: Verschiedenartige Flussdiagramme

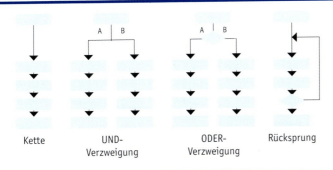

Balkendiagramm (Gantt-Diagramm)

Das Balkendiagramm zählt neben dem Netzplan zu den bekanntesten Darstellungstechniken. Es visualisiert die Ablaufstruktur der Vorgänge. Diese werden über eine Zeitlinie als horizontale Balken oder Linien gezeichnet und können durch Beziehungen verknüpft werden.

Das Balkendiagramm hat zwei Funktionen: Einmal stellt es den zeitlichen Ablauf der einzelnen Arbeitsabschnitte für alle Beteiligten dar und zum anderen ermöglicht es dem verantwortlichen Mitarbeiter, die einzelnen Termine zu verwalten.

Balkendiagramme werden häufig für die Planung von z.B. Projekten, Maschinenbelegungen, Personaleinsatz, Raumbelegung, Montagearbeiten, Wartungsarbeiten, Inventurarbeiten verwendet.

Abb. 4.31: Beispiel eines Balkendiagramms

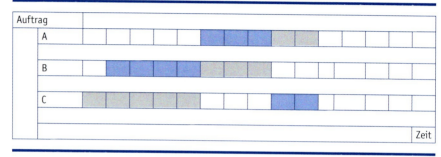

Netzplan

Bei sehr komplexen, zeitlich langen und sehr wichtigen Abläufen sind Flussdiagramme oder Balkendiagramme oft nicht ausreichend. Dann bietet sich die Netzplantechnik, eine häufig genutzte Methode des Projektmanagements, zur Nutzung an.

Die Vorgehensweise bei der Erstellung eines Netzplans sollte folgenden Ablauf haben:

1. Der erste Arbeitsschritt beinhaltet die Aufstellung aller zu erledigenden Aufgaben oder Arbeitspakete in einer **Vorgangsliste**. Alle Vorgänge werden der Reihe nach durchnummeriert, ohne Beachtung der tatsächlichen Reihenfolge.

Nr.	Vorgang (Beschreibung)	Vorgänger	Dauer	Ressourcen
1.				
2.				

2. In einem zweiten Arbeitsschritt wird die Bestimmung der **Abhängigkeiten** zwischen den Vorgängen vorgenommen.
3. Im dritten Arbeitsschritt erfolgt eine **Schätzung der voraussichtlichen Dauer** der einzelnen Vorgänge in z.B. Tagen, Stunden oder Minuten. Meilensteine haben immer die Dauer „0", da sie kein eigentlicher Vorgang sind. Sie sind Zeitpunkte, zu denen ein konkretes, messbares Ergebnis (ein Teilziel) festgestellt wird.
4. Im vierten Schritt erfolgt die **Zuordnung der Personen und Sachressourcen**, die für die jeweiligen Vorgänge benötigt werden.

5. Im fünften Schritt werden die **Vorgangsknoten und ihre Anordnung** erstellt. Die Vorgänge werden in ihrer zeitlichen und logischen Abfolge dargestellt. Die Abhängigkeiten der Vorgänge untereinander werden mit Linien dargestellt.

FA	Dauer		FE
Vorgangsbezeichnung			
Vorgänger	Ressourcen		Lfd. Nr.
SA	GP	FP	SE

FA = frühester Anfang
SA = spätester Anfang
FE = frühestes Ende
SE = spätestes Ende
GP = Gesamtpuffer
FP = freier Puffer

6. Im sechsten Schritt erfolgt die **Vorwärts- und Rückwärts-Berechnung** des Netzplanes. Die Vorwärts-Berechnung erfolgt in der oberen Zeile in jedem Vorgang von links nach rechts. Das Ergebnis der Berechnung ist das früheste Ende des Projektes. Die Rückwärts-Berechnung fängt im letzten Vorgang an, von rechts nach links.

7. Im siebten Schritt wird der **freie Puffer** ermittelt. Die Differenz zwischen dem spätesten Ende und dem frühesten Ende (oder auch zwischen dem spätesten Anfang und dem frühesten Anfang) ergibt den **Gesamtpuffer**.

8. Der achte und letzte Schritt ist die Markierung des **kritischen Weges**. Alle Vorgänge mit dem Gesamtpuffer „0" liegen auf dem „kritischen Weg" und müssen besonders gekennzeichnet sein. Eine Verspätung in einem solchen Vorgang verursacht eine Verzögerung des gesamten Vorgangs.

Abb. 4.32: Beispiel eines berechneten Netzplanes (Quelle: Härtl 2012, S. 223)

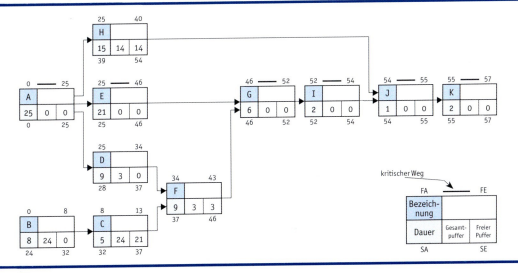

Insgesamt lassen sich mit der Netzplantechnik
- Vorgänge und Projekte transparent und in einem umfassenden Gesamtüberblick planen,
- die zeitlichen Reserven erkennen,
- die zeitkritischen Vorgänge erfassen.

Damit bereitet sie bereits im Vorfeld auf mögliche Störungen des Ablaufes oder ein Überschreiten des Puffers vor.

Arbeitsablaufdiagramm

Arbeitsabläufe können tabellarisch oder symbolisch dargestellt werden (vgl. Härtl 2012, S. 216 ff). Man unterscheidet dabei

- **stellenorientierte Ablaufdiagramme**, bei denen den einzelnen Arbeitsgängen die ausführenden Stellen zugeordnet sind, und
- **verrichtungsorientierte Ablaufdiagramme**, bei denen die Arbeitsgänge durch Symbole den Verrichtungen zugeteilt werden.

Abb. 4.33: Beispiel für eine tabellarisch verbale Ablaufdarstellung
(Quelle: Härtl 2012, S. 216)

Nr.	Tätigkeit: Warenannahme	Menge	Zeit	Unterbrechung	Bemerkungen
1	Lagermeister überprüft Lieferscheine	2	5 Min.		Hilfsmittel: Bestellscheine
2	Lagermeister zählt Kartons	200	10 Min.		Auf Beschädigung achten
3					
4					
Aufgenommen von Datum Unterschrift					

Abb. 4.34: Beispiel für ein Blockdiagramm als Ablaufdiagramm
(Quelle: Härtl 2012, S. 216)

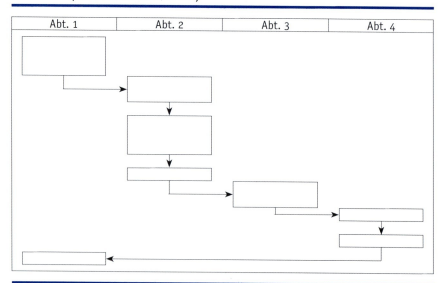

Funktionssymbole erhöhen die Übersichtlichkeit der Arbeitsfolgen. Es muss ihnen der entsprechende Arbeitsgang zugeordnet werden. Der Kreis symbolisiert z.B. eine Bearbeitung, der Pfeil steht für Transport, das Quadrat für Kontrolle usw. Die Definition kann unternehmensspezifisch erfolgen.

Abb. 4.35: Beispiel für ein verrichtungsorientiertes Ablaufdiagramm mit Funktionssymbolen (Quelle: Härtl 2012, S. 217)

Nr. der Tätigkeit	Tätigkeit	Symbol	Bemerkung
1			
2			
3			
4			
5			
6			
7			
8			

In dem folgenden Beispiel werden den einzelnen Arbeitsgängen die ausführenden Stellen zugeordnet.

Abb. 4.36: Beispiel für die Grundstruktur eines stellenorientierten Ablaufdiagramms (Quelle: Härtl 2012, S. 217)

Lfd. Nr.	Arbeitsgang	Abt. 1	Abt. 2	Abt. 3
01	Vorgang 1	●		
02	Vorgang 2		●	
03	Vorgang 3		●	
04	Vorgang 4			●
05	Vorgang 5			●
06	Vorgang 6			●

Workflow

Eine andere Form, Arbeitsprozesse darzustellen, erfolgt durch die Modellierung von Workflows. Ein Workflow ist eine inhaltlich abgeschlossene, zeitlich und logisch zusammenhängende **Abfolge einzelner Funktionen**, die zur Bearbeitung einer Aufgabe notwendig sind.

Diese Workflows haben immer einen definierten Anfang, einen festgelegten Ablauf und ein definiertes Ende. Sie werden durch entsprechende IT-Systeme – die sog. **Workflow-Managementsysteme** – gesteuert. Diese Softwaresysteme steuern alle beteiligten Instanzen nach einem im Rechner abgebildeten Schema und stellen die Daten bereit. Das macht es möglich, dass jeder Mitarbeiter jederzeit auf die relevanten Daten zugreifen kann und zwischen den einzelnen Stationen ein sofortiger Datenaustausch stattfinden kann. Das Workflow-Managementsystem steuert somit, wer was wann und wie bearbeitet.

Insgesamt bringt der Einsatz von Workflow-Management folgende Vorteile:
- die Prozesse werden vereinheitlicht,
- jederzeitige und umfassende Verfügbarkeit aller Informationen,
- Steigerung der Transparenz für alle Beteiligten.

4.1.5   Analysemethoden

4.1.5.1   Methoden zur Messung der Kundenzufriedenheit und Auswertung der Ergebnisse

Das Hauptinteresse eines Unternehmens liegt im dauerhaften Erfolg in den relevanten Märkten. Das gelingt nur, wenn die Kunden mit den Produkten und Dienstleistungen zufrieden sind. Jedes Unternehmen sollte daher in regelmäßigen Abständen ermitteln, wie sich die Kundenzufriedenheit darstellt. Zur Ermittlung bieten sich z.B. folgende Instrumente an:
- Schriftliche Befragung mittels Fragebögen oder Formularen, z.B. als Produktbeilage
- Online-Befragung
- Standardisierte Interviews mit einem festgelegten Ablauf, von dem nicht abgewichen werden darf. Dieses Vorgehen bietet die Möglichkeit der 100%igen Vergleichbarkeit und Auswertung.
- Testlabor für den Einsatz von z.B. Versuchsreihen. Dabei werden besonders die Reaktionen der Testpersonen ausgewertet, um auf das spätere Käuferverhalten zu schließen.

Problemanalyse

Das Ziel der Problemanalyse ist offensichtlich: Mögliche Probleme sollen erkannt werden, sie müssen analysiert und dann gelöst werden. Normalerweise wird ein Problem in kleinere Teilprobleme zerlegt, um diese dann systematisch zu beschreiben. Dazu gilt es, mögliche Lösungen zu finden und gleichzeitig die Nachteile dieser Lösungen festzustellen.

Mit einem **Problem-Analyse-Schema** ist eine klare Struktur vorgegeben. Meist wird mit vier Spalten in einem Formular gearbeitet:

- **Auswirkungen** des erkannten Problems,
- mögliche **Ursachen** für das Problem,
- mögliche **Lösungen** zur Beseitigung des Problems,
- **Nachteile** der gefundenen Lösungen.

Auch die Problemanalyse bedient sich mehrerer Methoden und Hilfsmittel. Dazu gehören die ABC-Analyse mit ihrer wertorientierten Vorgehensweise und das Ishikawa-/Fischgräten-Diagramm mit seiner problemorientierten Vorgehensweise.

ABC-Analyse

Die ABC-Analyse ist in Kapitel 0.5.2 bereits vorgestellt worden als eine **Methode zur Priorisierung von Aufgaben und Zeit**. Sie lässt sich aber auch als Analysemethode in unterschiedlichen Bereichen des Unternehmens nutzen, z.B. in Bezug auf Produkte, Kunden und Lieferanten. Hier ist es das Ziel der ABC-Analyse, herauszufinden, welchem Bereich besondere Aufmerksamkeit geschenkt werden muss.

Die untersuchten Objekte werden nach festgelegten Kriterien in die Gruppen A, B und C aufgeteilt. Das Kriterium kann z.B. Umsatz, Preis oder Rohertrag sein. Zusätzlich werden Grenzen für die einzelnen Gruppen festgelegt. Egal wo die Grenze konkret festgelegt wird, in der Gruppe A befinden sich die besten und in der Gruppe C die schlechtesten Repräsentanten.

In der Materialwirtschaft z.B. wird mittels der ABC-Analyse eine Klassifizierung von Gütern durchgeführt in hochwertige, mittelwertige und niedrigwertige Produkte.

Klasse	Bedeutung	Wertanteil	Mengenanteil
A	Hochwertig, umsatzstark, wichtig	ca. 60–85 %	ca. 5–10 %
B	Mittelwertig, mittlere Umsätze, mittelwichtig	ca. 10–15 %	ca. 20–30 %
C	Niedrigwertig, schwache Umsätze, weniger wichtig	ca. 5–15 %	ca. 70–80 %

Nach dieser Rangordnung der Güter stellt man fest, dass ein mengenmäßig kleiner Teil einen sehr hohen Wertanteil besitzt. Es ist die Gruppe A, die besonderer Aufmerksamkeit bedarf. Grafisch werden die Ergebnisse mit der Lorenzkurve dargestellt.

Abb. 4.37: Lorenzkurve

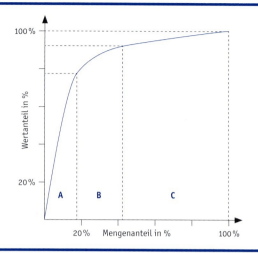

Ishikawa-/Fischgräten-Diagramm

Das Ishikawa-/Fischgräten-Diagramm eignet sich für die systematische Suche und die Erfassung der Ursachen eines Problems. Das Problem ist dabei bekannt. Typische Ursachenkategorien sind Mensch, Maschine, Material, Methode und weitere. Die Ursachen können aber auch ganz konkret für ein spezifisches Problem benannt werden.

Die Problemursachen werden in einem Gespräch mit den Mitarbeitern ausfindig gemacht und eingetragen. Dabei können die gefundenen Hauptursachen noch weiter verfeinert werden in damit zusammenhängende Nebenursachen. Zum Abschluss kann eine Gewichtung der Ursachen erfolgen.

Abb. 4.38: Muster eines Ishikawa-Diagramms

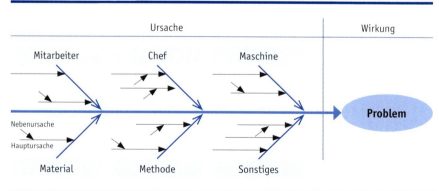

Balanced Scorecard

Die Balanced Scorecard stellt nicht nur ein neues Kennzahlensystem dar, sondern soll als Managementsystem das Bindeglied zwischen der Entwicklung einer Strategie und ihrer Umsetzung sein. In diesem Konzept werden die traditionellen finanziellen Kennzahlen um eine Kunden-, eine interne Prozess- und eine Lern- und Entwicklungsperspektive ergänzt.

- Die finanzielle Perspektive zeigt, ob die Implementierung der Strategie zur Ergebnisverbesserung beitragen kann.
- Die Kundenperspektive zeigt die strategischen Ziele des Unternehmens in Bezug auf die Kunden- und Marktsegmente.
- Die internen Geschäftsprozesse zeigen die Prozesse im Unternehmen, die von größerer Bedeutung sind.
- Lernen und Entwicklung ist notwendig, um die Ziele der ersten drei Perspektiven zu erreichen.

In allen vier Bereichen sollen Kennzahlen, Zielvorgaben und Maßnahmen entwickelt werden.

Abb. 4.39:   Balanced Scorecard

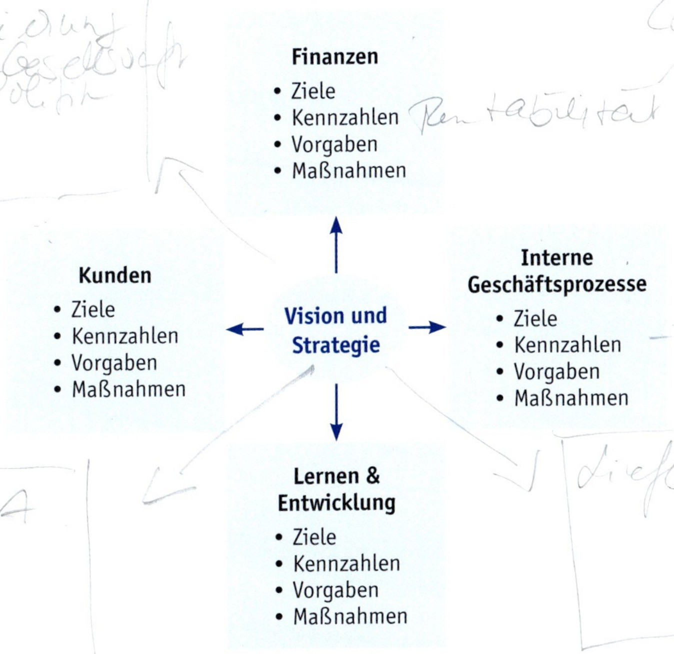

Finanzen
- Ziele
- Kennzahlen
- Vorgaben
- Maßnahmen

Kunden
- Ziele
- Kennzahlen
- Vorgaben
- Maßnahmen

Vision und Strategie

Interne Geschäftsprozesse
- Ziele
- Kennzahlen
- Vorgaben
- Maßnahmen

Lernen & Entwicklung
- Ziele
- Kennzahlen
- Vorgaben
- Maßnahmen

4.1.5.2   Wertanalyse

Die Wertanalyse ist ein Verfahren zur Verbesserung der Ergebnisse in den einzelnen Bereichen eines Unternehmens. Die Wertanalyse wird auch oft als Funktionswertanalyse bezeichnet, da sie den geplanten und vom Kunden erwarteten Nutzen eines Produktes mit möglichst wenig Kosten umsetzen soll.

Damit kehrt sich die Fragestellung der klassischen Kalkulation um. Diese fragt danach, was ein Produkt kosten wird, während die Wertanalyse von der Fragestellung ausgeht, was ein Produkt kosten darf. Dann geht es darum, das Produkt zu diesen Kosten zu produzieren, wobei jede einzelne Funktion des Produktes auf

Notwendigkeit aus Kundensicht überprüft und jeweils ermittelt wird, ob sie nicht billiger realisiert werden kann. Ergänzend sei angemerkt, dass der dahinterliegende betriebswirtschaftliche Ansatz auch „Target Costing" genannt wird.

Die Wertanalyse wird in fünf Phasen durchgeführt:

1. **Ermittlung des Ist-Zustands**: Beschreibung des Erzeugnisses und seiner Funktionen, Ermittlung der Kosten.
2. **Prüfung des Ist-Zustands**: Erfüllt das Erzeugnis die von ihm erwarteten Funktionen gemäß der Funktionsbeschreibung? Sind die Kosten angemessen?
3. **Ermittlung von Lösungen**: Hier werden Kreativitätstechniken angewendet, um die Mitwirkenden zu Innovationen anzuregen.
4. **Prüfung von Lösungen**: Sind die Vorschläge technisch durchführbar? Entsteht aus den Lösungen ein wirtschaftlicher Vorteil?
5. **Auswahl des Lösungsvorschlags**: Die möglichen Lösungen werden bewertet und unter Einbeziehung diverser Kriterien untersucht. Der beste Lösungsvorschlag wird der Unternehmensleitung präsentiert, die über die Einführung entscheidet.

4.1.5.3 Betriebsstatistiken als Entscheidungshilfe

Die Statistik befasst sich mit der zahlenmäßigen Erfassung von Vorgängen, z.B. Entwicklung von Gewinn und Umsatz in den letzten fünf Jahren, Häufigkeit des Auftretens bestimmter Fehler in der Produktion, Krankheitstage der Mitarbeiter pro Jahr, Resturlaube pro Mitarbeiter usw.

Die Statistiken sind ein hilfreiches Instrument für die Aufstellung von Zukunftsprognosen und haben im Wesentlichen vier Grundaufgaben:

- Information
- Kontrolle
- Hilfe bei Entscheidungen
- Dokumentation

Zur Erhebung einer Statistik sind folgende Schritte erforderlich:

1. Datensammlung in den Bereichen des Unternehmens,
2. Aufbereitung der Daten,
3. Auswertung der Daten,
4. Zusammenstellung der Daten in Tabellen und
5. Veranschaulichung durch grafische Darstellungen.

Dabei können z.B. die o.g. Umsatzzahlen nach Produkten getrennt werden oder aber die Umsatzzahlen pro Niederlassung betrachtet und ausgewertet werden.

Eine Vielzahl von Auswertungsmöglichkeiten ist generell gegeben. Durch die Statistik lassen sich Entwicklungen in den verschiedenen Bereichen gut verfolgen, indem z.B. ein Zeitvergleich durchgeführt wird. Aus den ausgewerteten Zahlen lassen sich Eingriffsmöglichkeiten feststellen. Sinkt z.B. der Absatz eines bestimmten Produktes in einem Bundesland, kann dafür speziell eine Werbekampagne gestartet werden.

Sehr oft werden die betriebseigenen Daten mit dem Branchendurchschnitt verglichen. Anhand dieser Zahlen, die Verbände, Industrie- und Handelskammern oder das Statistische Bundesamt in Wiesbaden herausgeben, kann ein Unternehmen seine eigene Situation auf dem Markt besser einschätzen. Aus den Statistiken werden Unterlagen für die unternehmerische Planung und Disposition gewonnen.

Bei grafischen Darstellungen zur Veranschaulichung der Daten muss immer darauf geachtet werden, dass sie genau beschriftet und bezeichnet werden, um die notwendigen Informationen daraus entnehmen zu können.

Im folgenden Beispiel wurde eine Datenerhebung zu den „Überstunden" in einem Unternehmen für die gewerblich-technischen Bereiche durchgeführt. Es ergaben sich folgende Zahlen, die zunächst in einer Tabelle zusammengestellt wurden:

Überstunden im Jahr 2012 in gewerblich-technischen Bereichen:											
01/12	02/12	03/12	04/12	05/12	06/12	07/12	08/12	09/12	10/12	11/12	12/12
264	302	312	250	182	125	103	80	95	123	194	167

Danach kann eine Visualisierung vorgenommen werden, die folgendes Aussehen haben kann:

Abb. 4.40: Säulendiagramm zur Darstellung von Überstunden in gewerblich-technischen Bereichen

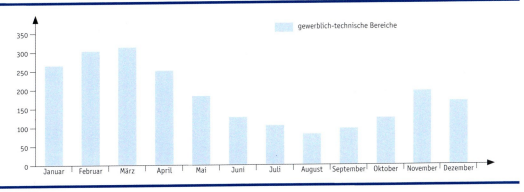

4.1.6   Aufgaben und Lösungshinweise

1. Aufgabe
Nennen Sie die wesentlichen Inhalte der Unternehmenspolitik.

2. Aufgabe
Begründen Sie, warum Unternehmen Leitbilder aufstellen.

3. Aufgabe
Stellen Sie die Teilbereiche eines Unternehmensleitbildes dar.

4. Aufgabe

Was stellt die Corporate Identity dar?

5. Aufgabe

Grenzen Sie die strategische und die operative Planung voneinander ab.

6. Aufgabe

Zur Analyse des Marktes werden Marktanteile und Marktpotenziale ermittelt. Erläutern Sie diese Begriffe.

7. Aufgabe

Nennen und beschreiben Sie die Phasen des Produktlebenszyklus.

8. Aufgabe

Innerhalb der operativen Planung wird das Planungsvorgehen differenziert. Hier wird zwischen der Top-down-Methode, Bottom-up-Methode und Gegenstromplanung unterschieden. Erklären Sie die Top-down-Methode.

9. Aufgabe

Stellen Sie den Nutzen von Managementsystemen dar.

10. Aufgabe

Beschreiben Sie den Unterschied zwischen Organisation und Disposition.

11. Aufgabe

Was verstehen Sie unter einer Instanz?

12. Aufgabe

Grenzen Sie die Begriffe Zentralisation und Dezentralisation voneinander ab.

13. Aufgabe

Wofür werden jeweils formelle und informelle Kommunikationswege genutzt?

14. Aufgabe

Stellen Sie die zwei Prozessarten dar.

15. Aufgabe

Beschreiben Sie die Einsatzmöglichkeit von Netzplänen.

16. Aufgabe

Nennen Sie Instrumente zur Ermittlung der Kundenzufriedenheit.

17. Aufgabe

Für welchen Zweck wird die Wertanalyse eingesetzt?

18. Aufgabe

Nennen Sie die Grundaufgaben der Statistik.

Lösungshinweise

1. Aufgabe

In der Unternehmenspolitik findet die Darstellung und Erklärung des Unternehmenszwecks statt. Sie beschreibt die Unternehmensziele und die damit zusammenhängenden Strategien und legt die Verhaltensgrundsätze der unmittelbar Beteiligten fest. Darüber hinaus setzt sie sich ausführlich mit den Interessen der Stakeholder auseinander.

2. Aufgabe

Das Unternehmensleitbild vermittelt eine Vision der gemeinsamen Werte, z.B die langfristigen Ziele, die Werte und Normen, die Maßnahmen und Aktivitäten, den Umgang aller miteinander und die Kommunikation und das Verhalten nach außen.

3. Aufgabe

Die Leitidee formuliert den Sinn bzw. den Nutzen eines Unternehmens für Kunden, Markt und Gesellschaft. Die Leitsätze konkretisieren die Leitidee und treffen Kernaussagen über Werte, Ziele und Erfolgskriterien des Unternehmens. Das Motto bringt das Leitbild auf den Punkt. Es vermittelt in einem kurzen Satz das, was sich bei den Empfängern einprägen soll.

4. Aufgabe

Die Corporate Identity ist die Bezeichnung für die Unternehmensidentität oder auch das Selbstbild eines Unternehmens. Sie ergibt sich aus den strategischen Zielen und dem Leitbild eines Unternehmens.

5. Aufgabe

Die strategische Planung ist schwerpunktmäßig problemorientiert und befasst sich z.B. mit der Verbesserung der Marktstellung des Unternehmens oder der Verteidigung der Marktführerschaft. Die operative Planung ist zeitraumorientiert und an der strategischen Planung ausgerichtet. Sie beschäftigt sich konkret z.B. mit den Budgets für einzelne Geschäftsbereiche oder konkreten Maßnahmen für einzelne Abteilungen oder Bereiche.

6. Aufgabe

Unter Marktanteil versteht man den Anteil eines Unternehmens an dem gesamten Absatz- oder Umsatzvolumen des betrachteten Marktes. Unter Marktpotenzial wird die Gesamtheit der insgesamt möglich absetzbaren Mengen eines Produktes auf dem betrachteten Markt verstanden.

7. Aufgabe

In der Einführungsphase wird das neue Produkt am Markt eingeführt. Durch hohe Einführungskosten (Werbungskosten, Preisnachlässe) werden in dieser Phase noch keine Gewinne erwirtschaftet. Die niedrige Absatzmenge verursacht hohe Selbstkosten. In der anschließenden Wachstumsphase steigen Umsatz und Absatz infolge der steigenden Nachfrage. In dieser Phase werden neue Märkte erobert und durch die steigende Menge fallen die Selbstkosten pro Stück. Es schließt sich die Reifephase an. Das Produkt ist auf dem Markt bekannt und wird von den meisten potenziellen Käufern akzeptiert. Die Zuwachsraten werden geringer, der Umsatz und der Gewinn erreichen ihr Maximum. In dieser Phase geht es um die Verteidigung der Marktposition gegenüber der Konkurrenz. Die letzte Phase ist die Sättigungsphase.

Umsatz, Gewinn und Rentabilität sind rückläufig. Das Produkt konkurriert auf dem Markt mit neuen Produkten und verliert seine Marktanteile.

8. Aufgabe

Bei diesem Planungsvorgehen wird zunächst von der Unternehmensführung ein globaler Plan aufgestellt. Dieser wird dann schrittweise durch die darunterliegende Planungsebene in Teilpläne zerlegt und konkretisiert. Diese Teilpläne gelten wiederum für die nächste Planungsebene als Vorgabe und werden dort weiter zerlegt und konkretisiert. Das geht so lange weiter, wie Planungsebenen in einem Unternehmen vorhanden sind.

9. Aufgabe

Ein Managementsystem ist ein Instrument zur gezielten Umsetzung von Unternehmenszielen. Dazu gehören die Planung betrieblicher Abläufe, die Ausführung dieser Abläufe entsprechend der Planung, die Überprüfung/Erfolgskontrolle und die Optimierung bzw. Korrektur, falls der geplante Soll-Zustand nicht erreicht wurde.

10. Aufgabe

Organisation hat einen dauerhaften Charakter. Hier werden Regelungen getroffen, die lange Gültigkeit haben und Stabilität verleihen. Es gibt keinen Handlungsspielraum. Bei der Disposition werden Regelungen getroffen, die einen gewissen Handlungsspielraum aufweisen. Einzelne Aufgaben bekommen z.B. situationsabhängige unterschiedliche Regelungen.

11. Aufgabe

Eine Instanz ist eine Stelle, die mit ganz besonderen Rechten und Pflichten ausgestattet ist, wie z.B. Entscheidungsbefugnissen und Weisungsbefugnissen.

12. Aufgabe

Zentralisation bedeutet die Zusammenfassung gleichartiger Aufgaben in einer Stelle, Abteilung oder an einem Ort. Dezentralisation ist dagegen die Verteilung gleichartiger Aufgaben auf verschiedene, voneinander in weiten Teilen unabhängige Stellen, Abteilungen oder Orte.

13. Aufgabe

Formelle Kommunikationswege werden für Anordnungen, Dienstanweisungen, Mitteilungen und Berichte genutzt. Informelle Kommunikationswege können für Rückfragen bei Kollegen genutzt werden.

14. Aufgabe

Kerngeschäftsprozesse gehören zum operativen Geschäft und sind unmittelbar an der Wertschöpfung beteiligt. Unterstützungsprozesse sind Prozesse, ohne die ein Kerngeschäftsprozess nicht erfolgreich ablaufen kann.

15. Aufgabe

Bei sehr komplexen, zeitlich langen und sehr wichtigen Abläufen oder Projekten bietet sich die Netzplantechnik an. Mit ihrer Hilfe kann ein umfassender Gesamtüberblick geplant und dargestellt werden, die zeitlichen Reserven können erkannt und die zeitkritischen Vorgänge erfasst werden.

16. Aufgabe

Schriftliche Befragung mittels Fragebögen oder Formularen; Online-Befragung; standardisierte Interviews; Testlabor für den Einsatz von Versuchsreihen.

17. Aufgabe

Die Wertanalyse ist ein Verfahren zur Verbesserung der Ergebnisse in den einzelnen Bereichen eines Unternehmens. Die Wertanalyse wird auch Funktionswertanalyse genannt, da sie den geplanten und vom Kunden erwarteten Nutzen eines Produktes mit möglichst wenig Kosten umsetzen soll.

18. Aufgabe

Information; Kontrolle; Hilfe bei Entscheidungen; Dokumentation.

4.2 Personalführung und Personalplanung

4.2.1 Zusammenhang zwischen Unternehmenszielen, Führungsleitbild und Personalpolitik

4.2.1.1 Einflussfaktoren auf die Personalpolitik

Wie bereits in Kapitel 4.1 behandelt, verfolgt jedes Unternehmen bestimmte Ziele, wie z.B. die Steigerung des Gewinns oder die Erhöhung der Marktanteile. Diese Ziele werden von der Unternehmensführung festgelegt und eine entsprechende Unternehmenspolitik wird entwickelt, um diese Ziele verwirklichen zu können.

Die Unternehmenspolitik steht über den einzelnen Teilbereichen des Unternehmens, z.B. Einkauf, Produktion, Vertrieb, Personal, und gibt diesen die strategische Ausrichtung und die zu verfolgenden Ziele vor. Diese Bereiche wiederum entwickeln eigene Politiken, nach denen nun gehandelt werden soll.

Der Personalpolitik kommt dabei eine wesentliche Bedeutung zu, denn sie ist ein wichtiger Teilbereich der Unternehmenspolitik und kann durch ihre Querschnittsfunktion die anderen Teilpolitiken positiv beeinflussen, aber auch behindern.

Beispiel: Ein Unternehmen möchte den Umsatz innerhalb von drei Jahren um 5 % steigern. Dieses Ziel lässt sich nur dann realisieren, wenn der Vertriebsbereich offensiv den Markt bearbeitet. Dazu wurde festgelegt, dass mehrere qualifizierte Mitarbeiter eingestellt werden müssen, um zum Erfolg der Maßnahmen beizutragen. Versäumt nun der Personalbereich die rechtzeitige Beschaffung des neuen Personals in der entsprechenden Qualifikation, kann der Vertrieb nur verspätet oder mit zu geringen Möglichkeiten zur Zielerreichung beitragen. Die Ziele des Bereiches Vertrieb und dadurch auch die Ziele des gesamten Unternehmens sind hier gefährdet.

Eine sehr wesentliche Beeinflussung der Personalpolitik findet durch die Unternehmenskultur statt, denn dieses Wertesystem eines jeden Unternehmens spiegelt sich in den Handlungen der Führungskräfte und Mitarbeiter wider. Festgehalten wird dieses Wertesystem mit seinen Normen und Regelungen in dem Leitbild des Unternehmens.

Das Bild, welches das Unternehmen nach innen und nach außen vermittelt, hat zudem Auswirkungen auf die Personalpolitik und die daraus resultierenden Maßnahmen. Eine verantwortungsbewusste und für alle Beteiligten durchschaubare Personalpolitik trägt zum Vertrauen der Mitarbeiter bei und kann dadurch zu hoher Motivation, Loyalität und Mitarbeiterbindung führen. Die Fach- und Führungskräfte bleiben dem Unternehmen treu und tragen dauerhaft zu seinem Erfolg bei. Auch die Außenwirkung ist nicht zu unterschätzen. Ein positives Bild sorgt für Wettbewerbsvorteile, verhindert imageschädliche Meldungen und trägt dazu bei, dass das Unternehmen als potenzieller Arbeitgeber attraktiv ist. In Zeiten des Fachkräftemangels sind solche Auswirkungen absolut erstrebenswert.

4.2.1.2 Personalführung und Anforderungen an Führungskräfte

Die Personalführung ist in diesem Zusammenhang von großer Wichtigkeit denn mit ihrer Hilfe sollen die Mitarbeiter zielgerichtet beeinflusst werden, die gemeinsamen Ziele und Aufgaben zu erreichen. Diese Beeinflussung wird durch die Führungskräfte vorgenommen, die von der Unternehmensleitung dazu legitimiert sind. Personalführung kann dabei sowohl durch den direkten Kontakt zwischen der Führungskraft und dem Mitarbeiter stattfinden (interaktive Führung) als auch durch den Einsatz organisatorischer Hilfsmittel (indirekte Führung), wie z.B. Führungsleitlinien, Betriebsordnung, Organigramm, Stellenbeschreibung.

Nicht jede Person, der Führungsaufgaben übertragen werden, ist auch automatisch als Führungskraft geeignet. Allgemein betrachtet reicht es aus, wenn die Führungsaufgaben an einen Mitarbeiter dauerhaft übertragen werden. Tatsächlich sollten Führungskräfte jedoch eine besondere Eignung haben, um den Anforderungen der modernen Personalführung gerecht werden zu können. Nur dann ist gewährleistet, dass eine positive Beeinflussung der unterstellten Mitarbeiter stattfinden kann.

Von einer Führungskraft, die auch als Führungspersönlichkeit anerkannt werden will, kann z.B. erwartet werden:
- **Menschenkenntnis**, um in der Lage zu sein, die Mitarbeiter entsprechend der vorhandenen Qualifikationen und ihrer eigenen Bedürfnisse einzusetzen.
- **Einfühlungsvermögen**, um Konflikte, Probleme oder besonderen Gesprächsbedarf zu erkennen.
- **Kommunikationsfähigkeit und Kommunikationsbereitschaft**, um jederzeit und umfassend die unterstellten Mitarbeiter zu informieren.
- **Zielorientierung**, um sowohl Unternehmensziele als auch eigene Ziele und Mitarbeiterziele verfolgen zu können.

4.2.1.3 Umsetzung der Personalpolitik in die Praxis

Das Personalmanagement setzt die Personalpolitik in die Praxis um. Unter Personalmanagement versteht man in der direkten Übersetzung dieses Begriffes die Führung der (abhängig) in einem Unternehmen beschäftigten Mitarbeiter. Betrachtet man jedoch die vielfältigen Aufgaben, die im Zusammenhang mit den Mitarbeitern zu bewältigen sind, wird deutlich, dass diese Definition nur einen sehr geringen Teil des Aufgabengebietes beschreibt.

Die unterschiedlichen Aufgabengebiete des Personalmanagements werden von den Führungskräften und der Personalabteilung wahrgenommen unter Berücksichtigung folgender Interessenlagen:
- Berücksichtigung der **Unternehmensbedürfnisse**, denn das Unternehmen muss mit
  - der richtigen Anzahl an Mitarbeitern
  - mit der erforderlichen Qualifikation
  - zum richtigen Zeitpunkt und
  - am richtigen Ort
  ausgestattet werden, um seine unternehmerischen Ziele (Steigerung des Umsatzes, Absatzes, Gewinns usw.) realisieren zu können.

- Berücksichtigung der **Mitarbeiterbedürfnisse**, beispielsweise durch
  - eine angemessene Betreuung,
  - zeitgemäße Führung,
  - „gerechte" Entlohnung und
  - eine zukunftsorientierte Personalentwicklung,

  um die Leistungsbereitschaft und -fähigkeit zu erhalten und die Mitarbeiter an das Unternehmen zu binden.

Um die geschilderten Bedürfnisse befriedigen zu können, werden im Personalmanagement zwei unterschiedliche Zielrichtungen verfolgt: zum einen **wirtschaftliche Ziele**, die aus den Unternehmenszielen abgeleitet werden, und zum anderen die **sozialen Ziele**, die den Menschen im Unternehmen in den Mittelpunkt der Betrachtung rücken.

Wirtschaftliche Ziele (orientieren sich an dem Wirtschaftlichkeitsprinzip)	• Minimierung der Personalkosten und Maximierung des Gewinns (ökonomisches Prinzip) • Qualifikationsbezogener Personaleinsatz („Der richtige Mensch am richtigen Platz") • Steigerung der Mitarbeiterleistung, z.B. durch Weiterbildung oder „Training on the Job" • Nutzung der Kenntnisse, Erfahrungen, Fertigkeiten und der Kreativität der Mitarbeiter bei der Optimierung der Leistungsprozesse
Soziale Ziele (sog. humanitäre Ziele, sind auf die Menschen im Unternehmen ausgerichtet)	• Ergonomische Arbeitsplatzgestaltung • Flexible Arbeitszeitgestaltung • Planmäßige Personalentwicklung • Gerechte Personalentlohnung • Arbeitsschutzmaßnahmen • Optimale Mitarbeiterführung

Aus den o.g. Einzelzielen lässt sich erkennen, dass die wirtschaftlichen und sozialen Ziele teilweise miteinander im Konflikt stehen. Wird z.B. die Minimierung der Personalkosten als ein wirtschaftliches Ziel angestrebt, ist die Verfolgung des sozialen Zieles der gerechten Personalentlohnung aus Mitarbeitersicht in weiter Ferne.

Leicht ist hier zu erkennen, dass Personalmanagement häufig ein „Drahtseilakt" zwischen unterschiedlichen Sichtweisen ist. Erstrebenswert ist es, so oft wie möglich Harmonie zwischen den Zielen zu erreichen und dabei nicht das unternehmerische Hauptziel (Maximierung des Gewinns) aus dem Auge zu verlieren.

Alle Träger des Personalmanagements müssen ihren Beitrag zur Realisierung der Zielsetzungen leisten:

- Die **Geschäftsleitung** trifft grundlegende Entscheidungen über personalpolitische Ziele in Übereinstimmung mit Gesamtzielen des Unternehmens.

- Die **Vorgesetzten** haben die Aufgabe, sowohl die wirtschaftlichen als auch gleichzeitig die sozialen Ziele der Mitarbeiter zu erfüllen.
- Der **Betriebsrat** setzt sich für die sozialen Ziele der Mitarbeiter ein und ist an einer stabilen, ökonomischen Situation des Unternehmens interessiert.
- Die **Personalabteilung** ist für die Planung und Verwaltung personalwirtschaftlicher Belange zuständig und wirkt bei der Umsetzung der wirtschaftlichen und sozialen Ziele mit.

Die einzelnen Aufgabenbereiche des Personalmanagements lassen sich wie folgt unterteilen:

Rahmenaufgaben	Kernaufgaben
<ul><li>Personalpolitik</li><li>Personalplanung</li><li>Personalführung</li><li>Personalorganisation</li><li>Personalcontrolling</li></ul>	<ul><li>Personalmarketing und -beschaffung</li><li>Personalfreisetzung</li><li>Personaleinsatz</li><li>Personalentlohnung</li><li>Personalentwicklung</li><li>Personalbetreuung</li><li>Personalverwaltung</li></ul>

Je nachdem wie groß das Unternehmen ist, wird das Personalmanagement von einzelnen Personen oder aber Abteilungen vorgenommen. Darüber hinaus kann das Personalmanagement sowohl zentral als auch dezentral organisiert sein.

Gerade in größeren Unternehmen mit Niederlassungen an mehreren Orten muss überlegt werden, ob das Personalmanagement zentral oder dezentral durchgeführt werden soll. Aus organisatorischer Sicht sind dabei Vorteile, aber auch diverse Risiken zu erkennen:

Zentralisation	
Vorteile	**Risiken**
<ul><li>Einheitliche Regelungen</li><li>Einheitliche Entscheidungen</li><li>Geringerer Personalbedarf</li><li>Gebündeltes Know-how</li><li>Sämtliche Sachmittel befinden sich an einem Ort</li><li>Optimale Nutzung der vorhandenen Ressourcen</li><li>Erleichterte Kontrollen</li><li>Vereinfachte Koordination</li></ul>	<ul><li>Langsame Entscheidungen</li><li>Häufig Überlastung der Mitarbeiter</li><li>Regionale Zielsetzungen werden nicht berücksichtigt</li><li>Oft zu hoher Organisationsgrad</li><li>Wenig bis kein Entscheidungsspielraum</li><li>Wenig Flexibilität</li><li>Entscheidungen werden oft vom „grünen Tisch aus" getroffen</li></ul>

Die Vorteile und Risiken der Zentralisation sind die Risiken und Vorteile der Dezentralisation. Für eine optimale Ausrichtung bietet sich eine Kombination aus beiden Gestaltungsmöglichkeiten an. Zum Beispiel lässt sich die Personalentwicklung zentral planen und organisieren, die Umsetzung der einzelnen Maßnahmen erfolgt dann dezentral.

Je nach der Größe des Unternehmens oder Zielrichtung lässt sich das Personalmanagement in unterschiedlichen Formen organisieren.

Organisationsformen des Personalmanagements	
Eingliederung in die Geschäftsführung	• Die Personalarbeit läuft nebenher und hat keine große Wichtigkeit. • Die Geschäftsführung trifft alle Entscheidungen allein. • Die häufig nicht vorhandene Fachkompetenz führt zu Fehlentscheidungen
Eingliederung als eigene Personalabteilung	• Die Personalarbeit ist bei dieser Form bedeutend. • Die Personalleitung triff die relevanten Personalentscheidungen. • Die Entscheidungen gehen dabei häufig an Führungskräften der einzelnen Fachabteilungen vorbei.
Eingliederung in die jeweiligen Fachabteilungen	• Die Personalarbeit ist auch hier bedeutend. • Den einzelnen Führungskräften in den jeweiligen Fachabteilungen wird entsprechende Verantwortung für diverse Personalangelegenheiten übertragen. • Die Personalabteilung unterstützt die Fachabteilungen durch professionelle Beratung und koordinierende Tätigkeiten.
Personalmanagement als Profitcenter	• Bei dieser Form werden einzelne Dienstleistungen zu Verrechnungssätzen den Fachabteilungen angeboten. • Dabei wird die Qualität der Personalarbeit messbar.
Outsourcing	• Einzelne Teile der Personalarbeit werden an externe Dienstleister ausgelagert. • Kosten sollen dadurch reduziert werden und höhere Fachkompetenz durch die Spezialisierung der Dienstleister eingekauft werden. • Es besteht die Gefahr der Abhängigkeit von dem jeweiligen Dienstleister.

4.2.2 Arten von Führung

Wie schon dargestellt, ist Führung die zielgerichtete Beeinflussung der Mitarbeiter, um die Ziele des Unternehmens zu erreichen. Dazu ist es erforderlich, den Mitarbeitern die Aufgaben zu übertragen, für die sie geeignet sind, damit die höchstmögliche Leistung erzielt werden kann. Es ist sicher, dass ein zufriedener Mitarbeiter eine höhere Leistung erbringt als ein unzufriedener. Die Führungskraft hat daher die Aufgabe, die Leistungsbereitschaft des Mitarbeiters zu wecken bzw. zu steigern. Die Leistung lässt sich unterteilen in:

- **Leistungsfähigkeit**, die sich zusammensetzt aus den körperlichen Voraussetzungen, den intellektuellen Fähigkeiten und der geistigen Haltung eines Menschen,
- **Leistungsbereitschaft**, die sich aus der Motivation und dem persönlichen Antrieb eines Menschen zusammensetzt.

Während der Bereich der Leistungsfähigkeit nur sehr begrenzt und nur über einen langen Zeitraum durch eine Führungskraft beeinflussbar ist, findet man in der Leistungsbereitschaft die Ansatzpunkte der zielgerichteten Beeinflussung.

4.2.2.1 Führung über Motivation

Die Mitarbeiter müssen sich mit den Unternehmenszielen identifizieren können und erwarten Wertschätzung für ihre Leistungen. Motivation kann eine Führungskraft nur dann erzeugen, wenn der Mitarbeiter ein oder mehrere Motive hat, die sein Handeln auslösen. Aus dieser Betrachtung heraus sind diverse Motivationstheorien entwickelt worden, die sich damit beschäftigen, warum ein Mensch bestimmte Aktivitäten ausführt, um Leistungen zu erbringen.

Zu den bekanntesten **Motivationstheorien** gehören die „XY-Theorie" von McGregor, die „Bedürfnispyramide" von Maslow und die „Zwei-Faktoren-Theorie" von Herzberg.

XY-Theorie

Die XY-Theorie wurde in den Sechzigerjahren von Douglas M. McGregor entwickelt. Dieser war der Meinung, dass das Führungsverhalten eines Vorgesetzten davon abhängig ist, welche Sichtweise er auf einen Menschen hat.

Im Rahmen dieser Theorie wurden zwei Menschenbilder aufgestellt:
- Die **Theorie X** hat ein negatives Menschenbild. In ihr wird davon ausgegangen, dass Menschen faul sind, die Arbeit grundsätzlich verabscheuen und alles tun, um sie zu vermeiden. Darüber hinaus hat der Mensch keinerlei Ehrgeiz und drückt sich vor der Übernahme von Verantwortung. Die Menschen wollen geführt werden. Das Einzige, was sie wirklich interessiert, ist ein Höchstmaß an Sicherheit.
  Ein Vorgesetzter mit diesem Menschenbild muss somit durch massive Kontrollen und durch Bestrafung dafür sorgen, dass im Sinne des Unternehmens gearbeitet wird. Eine straffe Führung durch Befehle und Anweisungen ist daher zwingend notwendig.
- Die **Theorie Y** hat ein entgegengesetztes und somit positives Menschenbild. In ihr wird davon ausgegangen, dass die Arbeit für den Menschen die Basis seiner Zufriedenheit ist. Hier weist der Mensch einen eigenen Antrieb auf und entwickelt Ehrgeiz. Er stellt sich nicht nur der Verantwortung, sondern sucht sie auch, denn die Befriedigung von Bedürfnissen wie Anerkennung und Selbstverwirklichung sind ihm wichtig.
  Hat ein Vorgesetzter diese Sichtweise, so kann er auf Kontrollen weitgehend verzichten, da der Mensch durch seinen eigenen Antrieb und eigene Initiative Selbstkontrollen vornimmt. Durch Förderung der vorhandenen Mitarbeiter-

potenziale durch den Vorgesetzten werden die Unternehmensziele schneller und besser erreicht.

McGregor empfiehlt, nach der Y-Theorie zu führen. Heute ist diese Art der Führung in den meisten Unternehmen selbstverständlich.

Bedürfnispyramide nach Maslow

Bei der Bedürfnispyramide geht der Psychologe Abraham H. Maslow von zwei unterschiedlichen Arten von Bedürfnissen der Menschen aus:

- den **Defizitbedürfnissen** und
- den **Wachstumsbedürfnissen**.

Aus dieser generellen Sicht heraus entwickelte er ein Modell, welches die Bedürfnisse genauer betrachtet und sie in eine hierarchische Ordnung bringt. Dieses Modell beinhaltet fünf unterschiedliche Bedürfnisklassen die aufeinander aufbauen.

Abb. 4.41: Bedürfnispyramide nach Maslow

Das Modell stellt eine Pyramide dar, die von unten nach oben zu lesen ist:

- Die unterste Klasse stellt die **physiologischen Bedürfnisse** – auch Grundbedürfnisse genannt – dar. Hier finden sich die elementaren Bedürfnisse wie Nahrung, Kleidung, Wohnung und Schlaf wieder. Diese Bedürfnisse müssen befriedigt werden, sonst ist der Mensch nicht überlebensfähig. Die Grundbedürfnisse müssen befriedigt werden, bevor andere Bedürfnisse entstehen. Diese Klasse ist daher die Basis, auf der die anderen Bedürfnisklassen aufbauen. Diese Bedürfnisse werden in einem Unternehmen z.B. durch eine gute Arbeitszeitgestaltung, eine gerechte Entlohnung, eine Firmenwohnung befriedigt.
- Die folgende Klasse betrachtet die **Sicherheitsbedürfnisse** der Menschen. Allgemein sind das die Bedürfnisse des Schutzes der Bürger durch Gesetze und durch die Polizei. Auf den Betrieb übertragen finden sich hier die Bedürfnisse nach einem sicheren Einkommen, Unfallschutz am Arbeitsplatz oder Sozialleistungen.

- An dritter Stelle stehen die **sozialen Bedürfnisse.** Sie spiegeln den Wunsch der Menschen nach Gesellschaft und Austausch wider. So, wie das allgemein betrachtet der Freundeskreis oder Vereinszugehörigkeit sein kann, so sind es auf den Betrieb übertragen Kollegentreffen, Zugehörigkeit zu einer Gruppe, Teamarbeit oder Kommunikation am Arbeitsplatz.
- Es schließen sich in der nächsten Stufe die **Wertschätzungsbedürfnisse** an. Hier geht es sowohl allgemein als auch betrieblich um den Wunsch nach Anerkennung und Lob sowie Behandlung mit Respekt. Vorgesetzte können diese Bedürfnisse z.B. durch die Übertragung von Verantwortung und Kompetenzen oder Vergabe von Statussymbolen befriedigen.
- Als letzte Stufe schließen sich die **Bedürfnisse nach Selbstverwirklichung** an. Diese stellen nach Maslow auch gleichzeitig die Wachstumsbedürfnisse dar, während alle anderen Bedürfnisklassen die Defizitbedürfnisse widerspiegeln. Diese höchste Stufe an Bedürfnissen stellt das Streben nach Entfaltung der eigenen Persönlichkeit und Unabhängigkeit dar. Diese Bedürfnisse lassen sich z.B. durch Mitbestimmung, Verantwortungsübertragung und Vollmachten sowie Aufstiegsmöglichkeiten befriedigen.

Zwei-Faktoren-Theorie von Herzberg

Frederick Herzberg war ein amerikanischer Professor der Arbeitswissenschaft und klinischen Psychologie. Er stellte 1959 die Zwei-Faktoren-Theorie auf, die heute neben der Theorie von Maslow am häufigsten Erwähnung findet. Herzberg unterscheidet dabei zwei **Einflussgrößen** auf die Motivation eines Menschen:

- **Hygienefaktoren** sind nach Herzberg auf den Kontext der Arbeit bezogen. Das bedeutet, dass es hier um äußere Bedingungen wie z.B. die Organisationsstruktur, das Betriebsklima, den Führungsstil, die Höhe der Vergütung, die allgemeinen Arbeitsbedingungen geht.
  Diese Faktoren können von sich aus keine Zufriedenheit erzeugen, da sie zum großen Teil als Selbstverständlichkeit empfunden werden. Sie verhindern lediglich, dass Unzufriedenheit empfunden wird. Es lässt sich somit sagen, dass die Hygienefaktoren die Zustände „unzufrieden" und „nicht unzufrieden" beschreiben.
- **Motivatoren** sind hingegen auf den Inhalt der Arbeit bezogen. Hierzu gehören z.B. Anerkennung, Verantwortung, Erfolg, berufliche Entwicklung. Sie beschreiben die Zustände „nicht zufrieden" und „zufrieden". Nach Herzberg wird die Motivation eines Mitarbeiters nur durch eine gute Gestaltung der Arbeitsinhalte und der ganz individuellen Bedürfnisbefriedigung erzeugt.

Die Führungskräfte sollten daher für optimal gestaltete Hygienefaktoren sorgen, damit keine Unzufriedenheit entstehen kann. Dies in einer Kombination mit den Motivatoren sorgt für die höchstmögliche Leistungsbereitschaft der Mitarbeiter.

Wie ausgeführt, muss bei Mitarbeitern Motivation erzeugt werden. Der Begriff Motivation muss dabei differenziert betrachtet werden. Grundsätzlich wird bei der Motivation zwischen der sog. intrinsischen (primären) und der extrinsischen (sekundären) unterschieden.

> **!** **Intrinsische Motivation** entsteht aus dem eigenen Interesse eines Menschen an einer Sache. Die Motivation kommt von innen und ist somit völlig unabhängig von externen Belohnungen oder möglichen Sanktionen.
>
> **●** **Extrinsische Motivation** wird durch äußere Anreize erzeugt. Sie entsteht z.B. aus dem Wunsch nach Belohnung oder Anerkennung oder der Bemühung, einer Bestrafung oder negativen Folgen zu entgehen.

Führungskräfte können durch Anreize von außen dem Verlust oder Rückgang der intrinsischen Motivation vorbeugen.

4.2.2.2 Führen durch Zielvereinbarung

Das Führen durch Zielvereinbarung hat eine stark motivierende Wirkung. Durch die Einbindung der Mitarbeiter in eine realistische Zielformulierung reduziert sich die Fremdbestimmung. Dadurch werden die unterschiedlichen Bedürfnisse besser befriedigt, denn der Mitarbeiter verfolgt eigene Ziele.

Die Zielvereinbarungen werden in der Regel im Rahmen von Zielvereinbarungsgesprächen vorgenommen. Selbstverständlich sind die Ziele für die einzelnen Mitarbeiter nicht frei wählbar, da die Ziele aus den übergeordneten Unternehmenszielen abgeleitet werden. In dem Gespräch finden jedoch eine Konkretisierung des Zieles und vor allem eine Einigung auf eine gemeinsame Zielvorstellung statt, die sich vor allem auf Dauer und Ausmaß der Zielerreichung erstreckt.

Die Zielvereinbarung lässt sich als eine Art Vertrag bezeichnen, den Führungskraft und Mitarbeiter schließen und der dem Mitarbeiter die Möglichkeit gibt, sich seinen Vorstellungen entsprechend einzubringen. Zudem kann er über einzelne Maßnahmen mitentscheiden, die für die Zielerreichung erforderlich sind. Auch diese Ziele sollten so formuliert werden, dass sie die SMART-Regel erfüllen, d.h., sie sollen spezifisch, messbar, attraktiv, realistisch und terminiert sein, s. hierzu Kapitel 4.1.2.

Das **Management by Objectives** (MbO) ist das bekannteste System, welches die Personalführung auf der Grundlage von Zielen gestaltet. Das MbO baut auf drei Elementen auf:

1. Einem **Zielsystem** bestehend aus Ober- und Unterzielen. Die Oberziele werden durch die Unternehmensführung festgelegt und daraus die Unterziele abgeleitet. Im Vordergrund sollten dabei immer erreichbare Ziele stehen, die auf den einzelnen Mitarbeiter oder eine Mitarbeitergruppe personalisiert sind. Neben der Einhaltung der SMART-Regel müssen ggf. Prioritäten festgelegt werden.
2. Einer klar **festgelegten Organisation**. Dabei ist vor allem wichtig, dass das MbO im Unternehmen festgelegt wird mit eindeutig abgegrenzten Verantwortungsbereichen. Hierzu bedient man sich der Stellenbeschreibung, in der die Verantwortungen festgelegt werden bzw. Ausnahmeregelungen verankert sind.
3. Einem **Kontrollsystem**, welches sicherstellt, dass ein dauerhafter Vergleich von Soll-Werten bzw. Zielen mit den Ist-Werten, d.h. den tatsächlichen Ergebnissen, stattfindet. Sollte es zu Abweichungen kommen, müssen diese ermittelt und analysiert werden. Die Ursachen der Abweichungen sollen dabei festgestellt

werden, z.B. zu unrealistische Ziele, unvorhergesehene Ereignisse. Darüber hinaus ist dieses Kontrollsystem die Grundlage für Leistungsbeurteilungen.

Die Führungskraft ist beim MbO verpflichtet, die Mitarbeiter bei der Zielerreichung zu unterstützen. Sie muss z.B. Beratungsgespräche führen, wenn es Zielabweichungen gegeben hat.

Vorteile von MbO:
- Die Führungskraft wird entlastet.
- Die Identifikation der Mitarbeiter mit den Unternehmenszielen wird verbessert.
- Die Mitarbeiterbeurteilung kann objektiver werden.
- Die Vergütung kann leistungsgerechter werden.
- Die Eigeninitiative, Leistungsmotivation und Verantwortungsbereitschaft der einzelnen Mitarbeiter werden gesteigert.

Nachteile von MbO:
- Die Mitarbeiter können sich einem hohen Leistungsdruck ausgesetzt fühlen.
- Die Ziele sind oft zu detailliert und unrealistisch festgelegt.
- Die Mitarbeiter haben öfter Probleme, sich mit den Unternehmenszielen zu identifizieren.
- Eine häufige Einigung auf messbare, d.h. quantitative Ziele, kann qualitative Ziele verdrängen.

Abb. 4.42: Vorgehensweise beim Management by Objectives

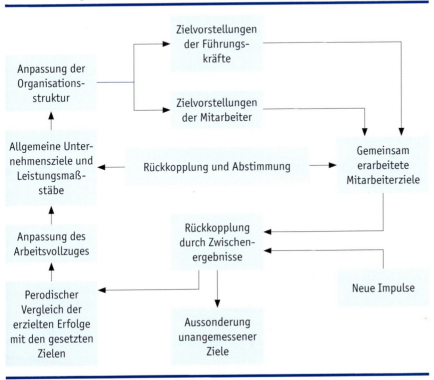

4.2.2.3 Aufgabenbezogenes Führen

Eine andere Möglichkeit der Führung besteht im sog. aufgabenbezogenen Führen. In diesem Zusammenhang wird von der Delegation gesprochen, die ein direktes Führungsmittel darstellt. Eine gute Führungskraft hat Interesse an der Förderung der Mitarbeiter zu einer größeren Selbstständigkeit und Eigenverantwortung.

Eine **Delegation** findet immer dann statt, wenn Aufgabe, notwendige Kompetenzen und Verantwortung an einen Mitarbeiter übertragen werden. Das bedeutet, dass die Aufgabe klar definiert werden muss. Hierbei ist zu beachten, dass der Mitarbeiter zu Beginn der Delegation und im Verlauf alle Informationen erhält, die er zur Aufgabenerledigung benötigt.

Delegierbar ist dabei alles, was an Sachaufgaben zu erledigen ist, da dafür auch die entsprechende Handlungsverantwortung übertragen werden kann. Führungsaufgaben sind nicht delegierbar, da die Führungsverantwortung immer bei der Führungskraft bleiben muss. Zu diesen nicht delegierbaren Aufgaben gehören z.B.:

- Zielsetzung und Planung von Aufgaben,
- Personalauswahl und Einstellung,
- interne Besetzung der einzelnen Stellen der Abteilung,
- Leistungsbeurteilungen und
- Kontrolle der einzelnen Mitarbeiter.

Ist eine Aufgabe delegiert, so ist ein willkürliches Eingreifen der Führungskraft nicht ratsam, da der Mitarbeiter dadurch verunsichert oder bloßgestellt werden kann. Sollte die Führungskraft den Eindruck erhalten, dass es zu fehlerhaften Handlungen kommt und das Ziel verfehlt wird, dann ist zunächst ein klärendes Gespräch zu führen. Eingreifen muss die Führungskraft allerdings, wenn die Handlungen und Entscheidungen des Mitarbeiters für das Unternehmen nachteilig sind.

Nach Erledigung der delegierten Aufgabe muss eine Kontrolle erfolgen zwecks Überprüfung, ob das Ziel in dem geplanten Ausmaß und der gewünschten Qualität erreicht wurde. Dabei sollten zur Motivation des Mitarbeiters die Delegationsmittel **Anerkennung oder Kritik** genutzt werden.

Als besondere **Vorteile der Delegation** lassen sich vor allem folgende Punkte nennen:

- Das **kreative Potenzial** der Mitarbeiter kann erkannt und genutzt werden.
- Die getroffenen Entscheidungen sind in der Regel aufgrund der **Fachkenntnisse** der Mitarbeiter sehr gut und nachvollziehbar.
- Das **Betriebsklima** bzw. Abteilungsklima wird verbessert.
- Erfolgreiche Mitarbeiter bestätigen die Führungskraft in ihrer **Führungskompetenz** und **Führungspersönlichkeit**.

Nachfolgende **Delegationsfehler** sollten vermieden werden:

- Zu wenig Kontrolle
- Delegation an falsche Mitarbeiter (zu gering qualifiziert)
- Keine Delegation, weil dem Mitarbeiter nichts zugetraut wird

- Zu wenig Informationen über die Aufgabe
- Doppel-Delegation an zwei Mitarbeiter, um sich danach das „bessere" Ergebnis auszuwählen (Demotivation)
- Rücknahme der Delegation
- Mitarbeiter zu wenig Kompetenzen für die Aufgabe geben
- Dem Mitarbeiter nicht nur das Ziel, sondern auch die Wege zur Aufgabenerledigung vorgeben
- Die Ergebnisse der Mitarbeiter als die eigenen ausgeben

Eine Vielzahl von Führungskräften hat Sorge, die Kontrolle über die Abteilung zu verlieren, wenn keine Detailkenntnisse mehr über Vorgänge und Abläufe vorhanden sind. Auch besteht häufig zu wenig Vertrauen in die Mitarbeiter selbst oder deren Fachkenntnisse. Wenn dann aus Zeitgründen oder zu großer Arbeitsbelastung doch delegiert wird, werden diese Sorgen oft bestätigt, da die Mitarbeiter unsicher sind, sich selbst nichts zutrauen oder Fehler machen. Diese Führungskräfte vergessen allerdings, dass sie in der Vergangenheit nie die plötzlich gewünschten Kompetenzen gefördert haben.

Delegation kann zusammenfassend betrachtet aus den unterschiedlichsten Gründen erfolgen:
- Befriedigung der Mitarbeiterbedürfnisse nach anspruchsvollen Aufgaben und Entscheidungsbereichen,
- Nutzung der vorhandenen Fachkenntnisse beim Mitarbeiter oder
- Reduzierung der Arbeitsbelastung der Führungskraft.

Der letzte Punkt der **Arbeitsbelastung bei der Führungskraft** muss näher betrachtet werden. Keine Führungskraft ist in der Lage, alle Aufgaben selbst zu erledigen. Um erkennen zu können, welche Aufgaben delegiert werden können bzw. sollten, muss eine **Unterscheidung von wichtigen und unwichtigen Aufgaben** erfolgen. Dazu bieten sich mehrere Möglichkeiten der Unterscheidung an.

Pareto-Analyse

Die Pareto-Analyse verdankt ihren Namen dem italienischen Ökonomen Vilfredo Pareto. Dieser untersuchte die Vermögensverteilung in Italien und fand heraus, dass 20 % der Familien 80 % des Vermögens besitzen. Daraus zog er den Schluss, dass sich die Banken nur um diesen Kundenstamm kümmern müssten, um die eigene Auftragslage zu sichern. Daraus entstand die sog. 80/20-Regel, die sich auf die unterschiedlichsten Bereiche übertragen lässt:
- 20 % der Kunden bringen 80 % des Umsatzes,
- 20 % der Produktionsfehler verursachen 80 % des Ausschusses,
- 20 % der investierten Zeit bringen 80 % des Arbeitsergebnisses,
- 20 % der Aufgaben erzielen 80 % des Erfolgs.

Das Schaubild auf der nächsten Seite lässt erkennen, dass ein relativ geringer Anteil der Aufgaben einen großen Anteil am Erfolg hat. Die verbleibenden Aufgaben können ganz oder teilweise an die Mitarbeiter delegiert werden.

Abb. 4.43: Pareto-Analyse

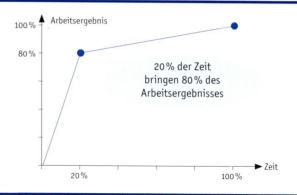

Eisenhower-Prinzip

Das Eisenhower-Prinzip hat seinen Namen vom US-Präsidenten Dwight D. Eisenhower. Es ist eine der bekanntesten Techniken, bei der die Aufgaben nach den Hauptkriterien Wichtigkeit und Dringlichkeit eingeteilt werden. Dies erfolgt unter dem Grundsatz, dass die Wichtigkeit einer Aufgabe Vorrang vor der Dringlichkeit hat. Dieser Grundsatz kommt vor allem dadurch zustande, dass wichtige Aufgaben helfen, die Ziele zu erreichen.

Abb. 4.44: Eisenhower-Matrix

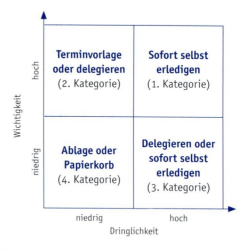

Wie anhand des Schaubildes zu erkennen ist, werden die Aufgaben auf der x-Achse und y-Achse in vier Quadranten eingeteilt. Dabei beschreibt die y-Achse mit ihren Ausprägungen niedrig und hoch die Wichtigkeit der Aufgaben und die x-Achse mit ihren Ausprägungen niedrig und hoch die Dringlichkeit der Aufgaben. Durch diese Einteilung kann nun eine Zuordnung einzelner Aufgaben erfolgen, die sich wie folgt beschreiben lässt:

- **1. Kategorie = hohe Wichtigkeit und hohe Dringlichkeit:**
  Wird eine Aufgabe sowohl als sehr wichtig als auch sehr dringlich eingestuft, muss sie sofort selbst erledigt werden.

- **2. Kategorie = hohe Wichtigkeit und niedrige Dringlichkeit:**
  Wird eine Aufgabe als sehr wichtig, aber nicht dringlich eingestuft, ergibt sich eine Wahlmöglichkeit. Gibt es keine andere Person, der diese Aufgabe zugewiesen werden kann, dann wird sie der Terminvorlage zugeordnet. Gibt es eine andere Person, an die diese Aufgabe delegiert werden kann, dann reduziert sich das eigene Arbeitsvolumen und die Aufgabe muss nur noch nach Erledigung kontrolliert werden.

- **3. Kategorie = hohe Dringlichkeit und niedrige Wichtigkeit:**
  Gibt es eine andere Person, der die Aufgabe zugewiesen werden kann, dann muss sie auf jeden Fall delegiert werden, um das eigene Arbeitsvolumen zu reduzieren. Sollte dies nicht der Fall sein, muss diese Aufgabe sofort selbst erledigt werden.

- **4. Kategorie = niedrige Dringlichkeit und niedrige Wichtigkeit:**
  Diese Aufgaben sind praktisch bedeutungslos und zehren nur an der verfügbaren Zeit. Sie sollten sofort abgelegt oder aber direkt eliminiert werden. Bei Unsicherheit, ob dieses Vorgehen möglich ist, sollte delegiert werden.

ABC-Analyse

Die ABC-Analyse kann helfen, das „Wesentliche" vom „Unwesentlichen" zu trennen, Schwerpunkte zu erkennen, unnötige Anstrengungen zu vermeiden, die Wirtschaftlichkeit zu steigern und die Zeit effektiver einzusetzen. Mit ihrer Hilfe lässt sich auf eine einfache Art eine Einteilung von Objekten in **Klassen unterschiedlicher Bedeutung** einteilen. Häufig ist diese Methode in Unternehmen im Einsatz, die damit erkennen können, welche ihrer Produkte am stärksten am Umsatz beteiligt sind und welche am wenigsten. Daraus wiederum lassen sich Schlüsse ziehen, bei welchen Produkten sich weitere Maßnahmen lohnen und welche aus dem Produktprogramm genommen werden sollten.

Im Führungsbereich wird die Methode eingesetzt, um die Aufgaben nach ihrer Wertigkeit zu ordnen, unnötige Zeitverwendung zu vermeiden und die Delegationsfähigkeit der Aufgaben zu erkennen. Eine Einteilung kann folgendes Aussehen haben:

Kategorie	Aufgabentyp	Zeitverwendung	Wert der Tätigkeit
A = sehr wichtig	Aufgaben, die selbst erledigt werden müssen.	15 %	65 %
B = wichtig	Aufgaben, die ganz oder teilweise delegiert werden können.	20 %	20 %
C = weniger wichtig	Routineaufgaben, die delegiert werden können oder aber in geringer Anzahl selbst erledigt werden.	65 %	15 %

Die Tabelle stellt eine mögliche Einteilung dar. Die endgültige Einteilung kann individuell vorgenommen werden mit ungefähr vergleichbarer Größenordnung.

4.2.3 *Führungsstile*

Ein Führungsstil stellt die Vorgehensweise dar, mit der eine Führungskraft die unterstellten Mitarbeiter führt und die allgemeinen Führungsaufgaben wahrnimmt. Dazu gehört auch die Grundeinstellung und somit das Verhalten gegenüber den Mitarbeitern. Der Führungsstil einer Führungskraft ist relativ stabil und nur durch längerfristige Maßnahmen beeinflussbar.

Alle Führungsstile haben unterschiedliche Merkmale wie:
* allgemeine Vorgehensweise, die betrieblichen Entscheidungen zu treffen,
* den Umgang der Führungskraft mit den unterstellten Mitarbeitern,
* den Umfang, das Ausmaß und die Auswirkungen von Kontrollen,
* den Informationsumfang und die Kommunikation zwischen Führungskraft und den Mitarbeitern,
* den erlaubten Handlungsspielraum für Entscheidungen der Mitarbeiter,
* das erlaubte Ausmaß an Kreativität durch den einzelnen Mitarbeiter.

Bekannt ist mittlerweile, dass der Führungsstil einen sehr großen Einfluss auf Erfolg oder Misserfolg eines Unternehmens haben kann.

> **!** Ein Führungsstil, bei dem die Mitarbeiter respektiert, gefördert und gefordert werden, bringt in der Regel zufriedene, motivierte und engagierte Mitarbeiter hervor. Das hat wiederum positive Auswirkungen auf die allgemeine Kundenzufriedenheit und damit auch auf den wirtschaftlichen Erfolg des Unternehmens.

Bedingt durch diese Erkenntnisse muss sich die Unternehmensführung die Frage stellen, welcher Führungsstil das Unternehmen erfolgreich machen kann und nach welchen Kriterien man daher das Führungspersonal auswählen bzw. entwickeln sollte.

Die Führungsstile lassen sich in einer ersten Differenzierung in unterschiedliche Dimensionen einteilen, die Auskunft über die verschiedenen Orientierungsmerkmale z.B. Mensch, Aufgabe geben.

4.2.3.1 Eindimensionale Führungsstile

Kurt Lewin war einer der bekanntesten Begründer der modernen Sozialpsychologie. Seine Untersuchungen brachten eine Einteilung des Führungsverhaltens in drei unterschiedliche Ausprägungen hervor, die als eindimensionale Führungsstile beschrieben werden:

Abb. 4.45: Eindimensionale Führungsstile

Autoritärer (hierarchischer) Führungsstil

Der autoritäre Führungsstil ist dadurch gekennzeichnet, dass der Vorgesetzte Anweisungen und Aufgaben ohne Einbeziehung seiner Mitarbeiter weitergibt. Vonseiten der Mitarbeiter wird keinerlei Widerspruch oder Kritik akzeptiert. Stattdessen werden uneingeschränkte Unterordnung, Zustimmung zu den getroffenen Entscheidungen, Gefügigkeit und absolute Ergebenheit erwartet. Es werden häufige Zurechtweisungen bzw. Bestrafungen bei Fehlern vorgenommen. Gelobt wird – wenn überhaupt – nur sehr selten.

Vorteilhaft an diesem Führungsstil ist die recht hohe Geschwindigkeit, mit der Entscheidungen getroffen werden können. Auch die Übersichtlichkeit der jeweiligen Kompetenzen und die sehr guten Kontrollmöglichkeiten in Bezug auf die Erledigung der Aufgaben lassen sich positiv darstellen. Der autoritäre Führungsstil kann für einen begrenzten Zeitraum des Einsatzes auch verbesserte Leistungen der Mitarbeiter erzeugen.

Als nachteilig sind die mangelnde Motivation der Mitarbeiter und die Gefahr von Fehlentscheidungen der Führungskräfte zu nennen. Die Mitarbeiter sind sehr unselbstständig und daher nicht in der Lage, längere Ausfallzeiten einer Führungskraft zu überbrücken. Dadurch ist die Leistungsfähigkeit aller Beteiligten stark reduziert.

Kooperativer (demokratischer) Führungsstil

Bei dem kooperativen Führungsstil werden die Mitarbeiter von der Führungskraft in die zu treffenden Entscheidungen einbezogen. Die Führungskraft möchte die Mitarbeiter durch diese Vorgehensweise zur Aufgeschlossenheit hinführen und fördert dabei Selbstständigkeit und kritisches Denken. Diskussionen über zu treffende Entscheidungen sind dabei nicht nur erlaubt, sondern auch erwünscht. Fehler der Mitarbeiter werden nicht bestraft und getadelt, sondern es erfolgt Unterstützung bei der Fehlerbeseitigung und zur Vermeidung von zukünftigen Fehlern.

Vorteilhaft bei diesem Führungsstil ist die hohe Motivation der Mitarbeiter. Diese kommt durch die Chance zur Entfaltung von Kreativität zustande sowie durch die höhere Selbstständigkeit und Förderung der Leistungsfähigkeit. Dadurch erzielt die Führungskraft für sich selbst wiederum eine Entlastung und reduziert das Risiko von Fehlentscheidungen. Die Identifikation mit den Unternehmenszielen sowie die Loyalität dem Unternehmen gegenüber sind erhöht.

Als nachteilig lässt sich der höhere Zeitbedarf für Entscheidungen nennen, verursacht durch die verstärkt notwendige Information und Kommunikation mit den einzelnen Mitarbeitern. Auch benötigen die Mitarbeiter eine höhere Qualifikation als bei dem autoritären Führungsstil.

Laissez-faire-Führungsstil

Unter dem Laissez-faire-Führungsstil wird ein Stil des Gestattens und Gewährens vonseiten der Führungskräfte verstanden. Dabei erhalten die Mitarbeiter viele Freiheiten in der Form, dass sie selbst entscheiden, welche Aufgaben sie wie, wann, wo und mit welchen Mitteln erledigen. Dabei erfolgen keine Eingriffe durch die Führungskraft. Sie unterstützt die Mitarbeiter nicht, bestraft sie aber auch nicht, falls es zu fehlerhaften Entscheidungen oder einer schlechten Arbeitserledigung gekommen ist.

Vorteilhaft ist dieser Führungsstil durch die Gewährung der hohen Freiheiten und der eigenständigen Arbeitsweise der Mitarbeiter. Diese können Entscheidungen eigenständig treffen und ihre Kreativität steigern.

Nachteilig wirkt sich evtl. aufkommende Disziplinlosigkeit aus. Kompetenzstreitigkeiten und mangelnde Koordination sind häufig zu finden. Schwächere und unsichere Mitarbeiter, die ein stärkeres Maß an Führung und Unterstützung benötigen, fühlen sich bei diesem Führungsstil oft alleingelassen, sind unsicher und machen verhältnismäßig oft Fehler.

4.2.3.2 Zweidimensionale Führungsstile

Entgegen der eindimensionalen Betrachtungsweise des Führungsverhaltens nach Lewin erfolgt bei den zweidimensionalen Führungsstilen eine Betrachtung des Führungsverhaltens in verschiedenen Ausprägungen.

Abb. 4.46: Zweidimensionale Führungsstile

Managerial Grid

Beim Managerial Grid erfolgt eine Betrachtung des Führungsverhaltens in zwei Dimensionen:
- der Aufgabenorientierung (Betrachtung der Leistung) und
- der Mitarbeiterorientierung (Betrachtung des Menschen / der Beziehung).

Das Managerial Grid (Verhaltensgitter der Führung) wurde 1964 im Rahmen eines Führungstrainings von den Wissenschaftlern Robert R. Blake und Jane Mouton entwickelt. Diese kombinierten die Aufgaben- und die Mitarbeiterorientierung einer Führungskraft derart, dass 81 mögliche Verhaltensmuster der Führung entstanden.

Die beiden Dimensionen **Aufgabenorientierung** und **Mitarbeiterorientierung** lassen sich in einzelnen zu betrachtenden Kriterien wie folgt beschreiben:

1. Dimension = Aufgabenorientierung (Betonung der Leistung)	2. Dimension = Mitarbeiterorientierung (Betonung des Menschen)
Stückzahl	Arbeitsbedingungen
Umsatzzahlen	Gestaltung des Entgelts
Durchlaufzeiten	Arbeitsplatzsicherheit
Ausschussquoten	Sozialleistungen
Anzahl der entwickelten Produkte	
Schnelligkeit/Qualität/Gründlichkeit	

Blake und Mouton hielten fest, dass jede Führungskraft unterschiedlichen **Einflussfaktoren** unterliegt:

- die Organisation, in der die einzelnen Menschen arbeiten,
- die jeweils bestehende Situation, in der sie sich befinden,
- die Werte und Einstellungen der Führungskraft,
- die Persönlichkeit und der Charakter der Führungskraft,
- die Gelegenheiten, in denen eine Führungskraft das erlernte Führungsverhalten auf konkrete Situationen übertragen kann.

In einer darauf folgenden grafischen Darstellung in Form eines Koordinatenkreuzes werden zwei Achsen dargestellt, die in jeweils neun Stufen unterteilt sind. Es wird davon ausgegangen, dass jede Führungskraft grundsätzlich mindestens zwei Orientierungen im jeweiligen Führungsverhalten aufweist.

Die waagerechte x-Achse stellt die aufgabenorientierte Dimension dar und die senkrechte y-Achse stellt die mitarbeiterorientierte Dimension dar. Aus den theoretisch möglichen 81 unterschiedlichen Verhaltensmustern werden nur fünf als wesentlich betrachtet. Vier davon sind extreme Verhaltensmuster mit einem fünften, welches ein Mittelmaß darstellt. Diese fünf wesentlichen Verhaltensmuster werden als „reine" Grid-Stile bezeichnet.

Bei der sich ergebenden Zahlenkombination bedeutet die erste Zahlenangabe die Aufgabenorientierung (Betonung der Leistung), die zweite Zahlenangabe die Mitarbeiterorientierung (Betonung des Menschen).

Abb. 4.47: Managerial Grid

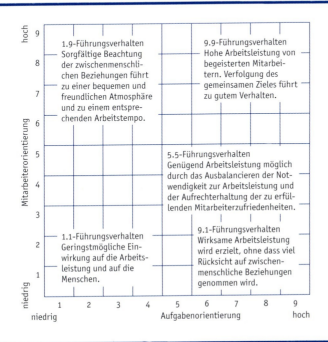

Die fünf „reinen" Grid-Stile (von unten links nach oben rechts gelesen) lassen sich wie folgt beschreiben:

- Der **1.1-Führungsstil** lässt sich mit dem Laissez-faire-Führungsstil vergleichen. Hier wird weder Wert auf die Aufgaben noch auf die Mitarbeiter gelegt. Die Führungskraft tut nur so viel, dass ihr selbst nicht gekündigt wird. Dieser Führungsstil wird daher auch als Überlebensmanagement bezeichnet.
- Beim **9.1-Führungsstil** konzentriert sich die Führungskraft auf eine Maximierung der Leistung unter gleichzeitiger Vernachlässigung der Mitarbeiterbedürfnisse. Den Mitarbeitern wird vorgeschrieben, was und wie sie zu arbeiten haben. Hier lassen sich die Ausprägungen des autoritären Führungsstils erkennen. Dieser Führungsstil wird auch als Befehl-Gehorsam-Management bezeichnet.
- Der **5.5-Führungsstil** ist gekennzeichnet von Kompromissen zwischen einer zufrieden stellenden Arbeitsleistung und einem zufrieden stellenden Arbeitsklima und damit mittlerer Berücksichtigung der Mitarbeiterwünsche. Er wird auch als Organisationsmanagement bezeichnet.
- Der **1.9-Führungsstil** ist zu erkennen an einer Vernachlässigung der Leistung bei gleichzeitiger guter Beziehungspflege zu den Mitarbeitern. Die zwischenmenschlichen Beziehungen stehen im Zentrum, d.h., die Erzielung eines angenehmen Betriebsklimas und der Wunsch nach hoher Bedürfnisbefriedigung bei den Mitarbeitern prägen das Verhalten der Führungskraft. Die Unternehmensziele werden nur in einem geringen Maß verfolgt, daher sind negative Arbeitsergebnisse und ein geringes Arbeitstempo zu verzeichnen. Dieser Führungsstil wird als Glacéhandschuhführung bezeichnet.
- Der **9.9-Führungsstil** verbindet das Bestreben nach höchstmöglicher Leistung mit gleichzeitiger höchstmöglicher Bedürfnisbefriedigung bei den Mitarbeitern. Die Führungskraft ist zielorientiert in beide Richtungen. Dieser Führungsstil wird auch als Teammanagement bezeichnet wegen der Einbindung der Mitarbeiter und der gemeinsamen Lösung von Problemen und Konflikten.

Der 9.9-Führungsstil gilt als der empfohlene Führungsstil und soll nach Empfehlung von Blake und Mouton immer angestrebt werden. Größter Kritikpunkt ist allerdings, dass immer wieder Situationen entstehen, in denen ein Wechsel des Führungsstils notwendig wird, z.B. in Extremsituationen/Notfallsituationen. Das Managerial Grid berücksichtigt die unterschiedlichen Führungssituationen nicht angemessen. Daher sollte eine Führungskraft als Führungsstrategie den 9.9-Führungsstil anstreben, als Führungstaktik jedoch unterschiedliche Führungsstile einsetzen, wenn es die Situation erforderlich macht.

Polaritätenprofil

Bei dem Polaritätenprofil von Bleicher wird davon ausgegangen, dass sich das Führungsverhalten einer Führungskraft auf die unterschiedlichen Ausprägungen einzelner Führungselemente auswirkt. Je stärker die Ausprägung eines einzelnen Merkmals sich im nachfolgenden Schaubild auf der Skala nach rechts ausdehnt, desto autoritärer wird das jeweilige Führungsverhalten sein. Dementsprechend umgekehrt ist ein umso kooperativeres Führungsverhalten zu erkennen, je stärker die Ausdehnung nach links ist.

Abb. 4.48: Polaritätenprofil

Vorgesetzter mit über-wiegend kooperativer Führung	1	2	3	4	5	Vorgesetzter mit über-wiegend autoritärer Führung
einfühlsam			●			unsensibel
teamfähig		●				einzelgängerisch
optimistisch		●				pessimistisch
motivierend	●					demotivierend
nachsichtig			●			streng
...						...

4.2.3.3 Dreidimensionale Führungsstile

Bei den dreidimensionalen Führungsstilen kommt zu den bisherigen Dimensionen der Aufgabenorientierung (Betrachtung der Leistung) und Mitarbeiterorientierung (Betrachtung des Menschen / der Beziehung) als eine dritte Dimension die jeweilige **Führungssituation** hinzu. Die beiden nachfolgenden Modelle besagen, dass eine Führungskraft je nach Situation unterschiedliche Führungsstile wählen soll, um erfolgreich zu sein.

Klassische Führungstheorien gehen davon aus, dass bestimmte Verhaltensweisen oder Persönlichkeitsmerkmale zum Führungserfolg führen. Die dreidimensionalen Modelle stellen hingegen heraus, dass der Erfolg einer Führungskraft immer auch davon abhängig ist, in welchen Rahmenbedingungen sich die Führungskraft und ihre Mitarbeiter befinden. Gemäß ersten Überlegungen ist ein Führungserfolg, welcher an der Leistung einer geführten Gruppe gemessen werden kann, nicht nur vom Führungsstil, sondern auch von folgenden Faktoren abhängig:

- der persönlichen Beziehung zwischen der Führungskraft und den einzelnen Mitarbeitern,
- dem Schwierigkeitsgrad der einzelnen Aufgaben,
- der hierarchischen Macht der Führungskraft.

Abb. 4.49: Dreidimensionale Führungsstile

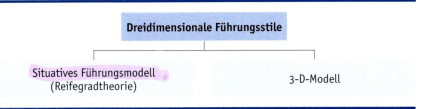

Bei den dreidimensionalen Führungsstilen hat nur das situative Führungsmodell eine weit reichende Akzeptanz. Trotzdem erfolgen auch zum 3-D-Modell nähere Ausführungen.

Situatives Führungsmodell (Reifegradtheorie)

Paul Hersey und Ken Blanchard entwickelten im Jahr 1977 aus den vorher dargestellten Überlegungen heraus ihr „Situatives Führungsmodell". Von allen bekannten Theorien ist dieses mit Abstand das bekannteste und populärste Modell.

Hersey und Blanchard unterscheiden bei diesem Modell zwischen einem eher aufgabenbezogenen oder einem eher personenbezogenen Führungsstil. Unter Berücksichtigung des jeweiligen „Reifegrades" eines Mitarbeiters wird ein anderer Führungsstil von der Führungskraft gewählt.

Dabei wurden unterschiedliche grundlegende Aspekte definiert:
- Die **Aufgabenorientierung** besagt in diesem Modell, dass die Führungskraft
  detaillierte Anweisung gibt, eindeutige Erwartungen formuliert und Vorgaben
  macht, was bis wann und wie erledigt werden muss.
- Die **Beziehungsorientierung** stellt dar, dass die Führungskraft großen Wert auf
  gute persönliche Kontakte zu den Mitarbeitern legt. Dies ist u.a. erkennbar durch
  das Anbieten von Unterstützung, Lob und Ermunterung der Mitarbeiter.
- Beide Orientierungen stellen ein **Kontinuum** mit den beiden Polen „Aufgabenorientierung" und „Beziehungsorientierung" dar (siehe nachfolgende Abbildung).
- Der **Reifegrad** von Mitarbeitern äußert sich in zwei Ausprägungen:
  - in der Qualifikation, eine Aufgabe zu erfüllen, z.B. Fachwissen, Kenntnisse,
    Fertigkeiten,
  - in der psychologischen Reife, z.B. Motivation, Selbstvertrauen, Unabhängig-
    keit.
- Der Reifegrad ist immer mit der jeweiligen **Aufgabe** gekoppelt. So kann ein Mitarbeiter bei der einen Aufgabe eine hohe Reife aufweisen, weil er dafür die entsprechende Qualifikation und z.B. das notwendige Selbstvertrauen zur Lösung
  dieser Aufgabe hat, während er bei einer neuen Aufgabe eine geringe Reife aufgrund fehlender Qualifikation und Unsicherheit hat.
- Als effektiv wird die Führung dann bezeichnet, wenn der gewählte Führungsstil
  zum Reifegrad des Mitarbeiters und zur bestehenden Führungssituation passt.

Aus der Abbildung ist zu erkennen, dass die beiden Dimensionen der Aufgabenorientierung und der Beziehungsorientierung in vier Quadranten eingeteilt jeweils
einen bestimmten Führungsstil darstellen:
- **Führungsstil S 1**: Bei diesem Führungsstil werden von der Führungskraft die
  Aufgaben genau festgelegt und gesagt, wann diese wie, wo und von wem zu
  erledigen sind. Die Aufgabenorientierung ist hoch, die Beziehungsorientierung
  hingegen niedrig.
- **Führungsstil S 2**: Hierbei berücksichtigt die Führungskraft die Meinung der
  Mitarbeiter, behält sich aber die endgültige Entscheidung vor. Die Führungskraft soll versuchen, den Mitarbeitern die eigene Meinung als die richtige zu
  verkaufen. Es soll somit gleichzeitig hoch aufgabenorientiert und beziehungsorientiert geführt werden.
- **Führungsstil S 3**: Bei diesem Führungsstil entscheiden die Führungskraft und
  die Mitarbeiter gemeinsam. Letztere werden darüber hinaus auch an den Ziel-

setzungen beteiligt. Hier soll sowohl Selbstbewusstsein als auch Teamgeist vermittelt werden Dies bedeutet, dass stark beziehungsorientiert und gleichzeitig weniger aufgabenorientiert geführt werden soll.

- **Führungsstil S 4**: Hierbei delegiert die Führungskraft die Aufgaben, Kompetenzen und Verantwortung und kontrolliert die Ergebnisse. Die Mitarbeiter können nach anfänglicher Information durch die Führungskraft alleine entscheiden. Hierbei kann sowohl die Aufgabenorientierung als auch die Beziehungsorientierung reduziert werden, da diese Mitarbeiter „von alleine laufen".

Abb. 4.50: Situatives Führen

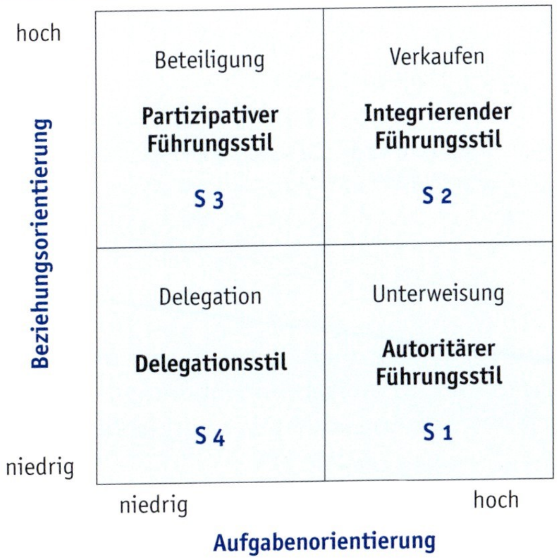

Die möglichen Reifegrade der Mitarbeiter können folgendermaßen dargestellt werden:

- **Reifegrad D 1**: Hier liegt ein niedriger Entwicklungsstand des Mitarbeiters vor. Das bedeutet, dass der Mitarbeiter weder die Qualifikation noch die psychologische Reife besitzt, um die Aufgabe lösen zu können.
- **Reifegrad D 2**: Es liegt ein mittlerer Entwicklungsstand des Mitarbeiters vor. Dieser ist gekennzeichnet von einer niedrigen Qualifikation mit gleichzeitig hoher psychologischer Reife, die Aufgabe vernünftig lösen zu können.
- **Reifegrad D 3**: Auch hier liegt ein mittlerer Entwicklungsstand vor. Der Unterschied besteht in der hohen Qualifikation des Mitarbeiters, aber gleichzeitig geringer psychologischer Reife, die Aufgabe zu lösen. Der Reifegrad ist hier höher, weil die Qualifikation als wichtiger eingestuft wird als die psychologische Reife.
- **Reifegrad D 4**: Hier liegt ein hoher Entwicklungsstand des Mitarbeiters vor. Zu erkennen ist das an der hohen Qualifikation mit gleichzeitig hoher psychologischer Reife, die sich in Leistungsbereitschaft und Zuversicht darstellt.

Daraus lassen sich folgende **Empfehlungen** ableiten:

- Liegt der Reifegrad D 1 vor, dann muss nach Führungsstil S 1 geführt werden.
- Liegt der Reifegrad D 2 vor, dann muss nach Führungsstil S 2 geführt werden.
- Liegt der Reifegrad D 3 vor, dann muss nach Führungsstil S 3 geführt werden.
- Liegt der Reifegrad D 4 vor, dann muss nach Führungsstil S 4 geführt werden.

Abschließend lässt sich festhalten, dass die Führungskraft für jede Aufgabe und für jeden einzelnen Mitarbeiter den Entwicklungsstand bestimmen muss und den passenden Führungsstil festzulegen hat.

Darüber hinaus muss eine Führungskraft alle Führungsstile beherrschen und soll die Mitarbeiter in ihrer weiteren Entwicklung unterstützen, um jeden zu einem hohen Entwicklungsstand weiterzuentwickeln. Zu erkennen ist hier, wie komplex und gleichzeitig schwierig die Führungsaufgabe für die einzelne Führungskraft ist.

Als positiv kann genannt werden, dass der einzelne Mitarbeiter in seiner jeweiligen Entwicklung Berücksichtigung und Beachtung findet. Das Modell ist klar und eindeutig formuliert und stellt damit eine wichtige Orientierungshilfe für die Führungskräfte dar. Als negativ kann die mangelnde Überprüfbarkeit festgestellt werden. Kritiker sind der Meinung, dass der Entwicklungsstand der Mitarbeiter überbetont wird.

3-D-Modell

Das 3-D-Modell wurde von William J. Reddin entwickelt. Auch hier sind die bekannten Dimensionen der **Aufgabenorientierung** und **Beziehungsorientierung** zu finden mit der **Führungssituation** als dritter Dimension. Anders als Hersey und Blanchard betrachtet Reddin sowohl effektive als auch ineffektive Führungsstile.

Bei dem 3-D-Modell ist die **Führungssituation** zu beschreiben. Das kann nach folgenden Aspekten erfolgen:
- Die vorliegende Organisationsstruktur bzw. das bestehende Klima ist zu ermitteln.
- Die zu erledigenden Aufgaben bzw. die Arbeitsweise sind zu ermitteln.
- Die Führungskraft prägt die Situation durch eigene Einstellungen, Erfahrungen und den Ausbildungsstand.
- Die Mitarbeiter wirken auf die Situation durch ihre eigenen Einstellungen, Erfahrungen und ihren Ausbildungsstand ein.

Die Führungskraft hat folgende **Aufgaben**:
- Die Führungssituation muss richtig eingeschätzt werden.
- Entsprechend der eingeschätzten Führungssituation muss der angemessene – effektive – Führungsstil praktiziert werden.

Dabei hat Reddin zunächst **vier Grundstile** definiert:
- Den **Verfahrensstil**, bei dem die Führungskraft Regeln schafft, nach denen zu arbeiten ist.
- Den **Aufgabenstil**, bei dem die Führungskraft die Leistungen und Aufgabenerfüllung der Mitarbeiter überwacht. Sie gibt Anweisungen und kontrolliert die Ergebnisse.

- Den **Beziehungsstil**, bei dem die Führungskraft die Mitarbeiterbedürfnisse berücksichtigt und großen Wert auf ein gutes Verhältnis zu den Mitarbeitern legt.
- Den **Integrationsstil**, der dann gewählt wird, wenn die Führungskraft team-orientiert führt. Die Mitarbeiter werden akzeptiert und zielorientiert geführt.

In der Folge wird die Führungssituation (Soll-Situation) dem tatsächlichen Ist-Führungsstil der Führungskraft gegenübergestellt.

> **!** Dabei ist ein Führungsstil effektiv, wenn der Ist-Führungsstil und die Anforderung der Situation sich im Idealfall decken oder mindestens eine Schnittmenge vorhanden ist. Ineffektiv ist der Führungsstil, wenn keinerlei Übereinstimmung vorliegt.

Abgeleitet aus den vier Grundstilen können die **effektiven und ineffektiven Ausrichtungen** wie folgt dargestellt werden:
- Der Verfahrensstil ist effektiv in einer stabilen Umwelt, in der Routineprozesse ablaufen. Er ist ineffektiv in einer dynamischen Umwelt, in der flexibles Handeln erforderlich ist. Versucht eine Führungskraft, in so einer Führungssituation dennoch den Verfahrensstil durchzusetzen, hat sie nach Reddin Angst vor der Verantwortung, Entscheidungen treffen zu müssen, und flüchtet sich in Regeln und Dienstvorschriften.
- Der Aufgabenstil ist effektiv in Führungssituationen mit anspruchsvollen, aber realisierbaren Zielen. Er ist ineffektiv, wenn Kreativität gefordert ist und Leistung nicht direkt messbar ist.
- Der Beziehungsstil ist effektiv, wenn die bestehende Situation Delegation erlaubt, Leistungen nicht direkt messbar sind oder Kreativität nötig ist. Er ist ineffektiv, wenn die Situation die Erfüllung konkreter Aufgaben in einer ganz bestimmten Zeit erfordert und Kreativität nicht nötig ist.
- Der Integrationsstil ist effektiv in Teams mit annähernd gleicher Qualifikation und gleicher Leistungsfähigkeit und -bereitschaft. Er ist ineffektiv, wenn Unterforderung der Mitarbeiter eintritt oder die Bearbeitungszeit steigt.

Das nachfolgende Schaubild soll das 3-D-Modell mit seinen jeweiligen effektiven und ineffektiven Ausprägungen darstellen:

Abb. 4.51: 3-D-Modell von Reddin (Quelle: Froese 2011, S. 103)

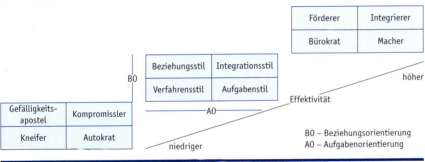

Als positiv lässt sich am 3-D-Modell festhalten, dass es die unterschiedlichen Führungssituationen berücksichtigt. Negativ sind die relativ vagen Aussagen und die zu oberflächliche Erfassung der Führungssituation. Eine Überprüfung der Richtigkeit des Konzeptes ist kaum möglich, da die Analyse der Situation der Führungskraft überlassen wird. Daher wird die Führungskraft den Führungsstil als angemessen identifizieren, den sie ohnehin seit langem praktiziert.

Heutzutage tendiert man in den Unternehmen eher zu demokratischen Führungsstilen, wobei immer auch das Aufgabengebiet in die Betrachtung miteinbezogen werden muss, um den tatsächlich auch angemessenen Führungsstil zu erkennen.

4.2.4 Führen von Gruppen

4.2.4.1 Gruppenstrukturen und deren Merkmale

Die Bezeichnung „**Gruppe**" ist der Grundbegriff der verschiedensten soziologischen Systeme und distanziert sich von der Masse.

Der Mensch lebt von frühester Kindheit an in Gruppen. Hierbei ist jede Person sowohl ein Teil der Gruppe als auch in der Lage, diese individuell und somit den eigenen Bedürfnissen entsprechend zu nutzen. Durch die Konstellation der Gemeinschaft bietet sie die Möglichkeit für Austausch und Meinungsbildung und ist eine Grundlage für gegenseitige Toleranz und Demokratie. In jeder Gruppe können darüber hinaus Spannungen und Unstimmigkeiten auftreten.

Unter **Masse** versteht man in diesem Zusammenhang das zufällige Zusammentreffen einer Vielzahl von Menschen. Charakteristisch ist dabei, dass es in ihr keine Rollen und entsprechende Rollenverteilungen gibt und keine längerfristig angelegten Gemeinsamkeiten.

Die Gruppe hingegen ist gekennzeichnet durch mehrere Merkmale:
- In ihr besteht in der Regel eine enge soziale Interaktion und innerer Zusammenhalt,
- sie ist nach außen abgegrenzt,
- es besteht physische Nähe,
- die Gruppenmitglieder verfolgen gemeinsame Ziele und unterliegen Regeln und Normen,
- die Gruppenmitglieder haben unterschiedliche Rollen angenommen und
- es besteht ein Wir-Gefühl, d.h. ein gemeinsames Gruppenbewusstsein.

Gruppen werden in die Bereiche der formellen und der informellen Gruppen unterteilt. Diese lassen sich wie folgt beschreiben:
- **Formelle Gruppen** unterliegen einer rationalen Organisation. Sie sind bewusst geplant und werden ziel- und ergebnisorientiert eingesetzt. Das Vorhandensein bestimmter Kenntnisse bzw. Qualifikationen oder sonstiger Voraussetzungen ist entscheidend. Als Beispiel lässt sich hier die in einem Unternehmen durch die Führungskraft gebildete Arbeitsgruppe nennen.
- **Informelle Gruppen** bilden sich häufig spontan. In ihnen entstehen ungeplante Beziehungen. Gemeinsame Interessen, Hobbys oder Sympathien sind ausschlag-

gebend für die Bildung dieser Gruppen. In ihnen können die unterschiedlichen Bedürfnisse der einzelnen Mitglieder befriedigt werden. Sie können neben vorhandenen formellen Gruppen bestehen. Als Beispiel lassen sich die Fans eines bestimmten Fußballvereins nennen, die sich über die Abteilungsgrenzen hinweg zusammenschließen. Informelle Gruppen können eine schnellere Kommunikation zwischen den einzelnen Abteilungen unterstützen und bieten zusätzliche Möglichkeiten in Richtung Hilfe und Anerkennung. Nachteilig sind informelle Gruppen immer dann, wenn ihre eigenen Ziele von den Zielen der Abteilung oder des Unternehmens abweichen. Auch können sie zur Isolation unbeliebter Mitarbeiter durch den herrschenden Gruppendruck beitragen. Eine stärkere Verbreitung von Gerüchten über die informellen Kanäle kann darüber hinaus als negativ festgestellt werden. Behält eine Führungskraft diese möglichen Nachteile im Auge, kann man durch informelle Gruppen mehr Vorteile als Nachteile erkennen.

Folgende Begriffe werden bei Gruppen unterschieden:

Abb. 4.52: Grundbegriffe der Gruppensoziologie

Als **Gruppendynamik** werden die Veränderungsprozesse bezeichnet, die in einer Gruppe stattfinden. Vor allem ist hier der Prozess der Meinungs- und Entscheidungsbildung innerhalb der Gruppe gemeint.

Unter **Gruppendruck** werden die Forderungen der Gruppengesamtheit an die einzelnen Gruppenmitglieder verstanden. Es wird somit erwartet, dass sich die einzelnen Gruppenmitglieder den ungeschriebenen Regeln und Gesetzen der Gruppe unterordnen. Schert ein Gruppenmitglied aus, so verhängt die Gruppe entsprechende Strafen, z.B. durch Ausschluss aus der Gruppe. Insgesamt kann durch den Gruppendruck das Arbeitsverhalten eines Gruppenmitglieds gefördert oder aber verhindert oder behindert werden.

Als **Gruppenkohäsion** wird der innere Zusammenhalt einer Gruppe bezeichnet. Der Begriff Kohäsion stammt von dem lateinischen Wort „cohaerere" ab und bedeutet „zusammenhängen". Wie stark die Gruppenkohäsion ist, hängt z.B. von der Art der Aufgaben oder der übereinstimmenden Interessenlage ab. Je niedriger die Gruppenkohäsion, desto geringer die Qualität der Arbeit.

Phasen der Gruppenbildung (Teambildung)

Im Rahmen der Gruppenforschung sowie aufgrund der gemachten Erfahrungen mit Gruppen in den Unternehmen kann nachfolgender Phasenverlauf der Gruppenbildung – mit vier Phasen – dargestellt werden:

Abb. 4.53: Gruppenbildungsphasen

In der **Formierungsphase** lernen sich die einzelnen Gruppenmitglieder kennen. Diese Phase ist stark geprägt von Ängsten und Unsicherheiten bei den Personen. Zu erkennen ist ein distanziertes Verhalten gegenüber den anderen Gruppenmitgliedern. Es gibt noch keine festen Regeln und Abläufe.

Während der **Konfliktphase** kommt es zu Machtkämpfen der einzelnen Gruppenmitglieder. Die einzelnen Rollen bilden sich und werden von den Personen angenommen. Regeln und Normen bilden sich langsam.

In der **Normierungsphase** sind die Regeln endgültig aufgestellt und von allen Mitgliedern akzeptiert. Das Wir-Gefühl entsteht und die gegenseitige Akzeptanz der einzelnen Mitglieder und ihrer Rollen besteht.

In der **Arbeitsphase** ist die Gruppe effektiv. Die Mitglieder nutzen ihre gemeinsamen Kräfte, um die Ziele zu erreichen. Die Distanz zu anderen Gruppen vergrößert sich, genauso wie der Zusammenhalt innerhalb der Gruppe immer stärker wird. Konflikte können i.d.R. konstruktiv gelöst und produktiv genutzt werden.

Bei Gruppen, die nicht dauerhaft ausgelegt waren, sondern nur für eine bestimmte Zeit ins Leben gerufen wurden, bietet sich eine fünfte Phase an: die **Trennungsphase** (adjourning).

Mit Erreichen des Gruppenzieles wird die Gruppe aufgelöst. Je länger die Zusammenarbeit war, desto schwerer wird für die einzelnen Mitglieder die Lösung von der Gruppe und das Zurückfinden in die alten Strukturen. Hier sollte mit Vorbereitungen auf das Ende der gemeinsamen Arbeit eine Desorientierung der Mitglieder verhindert werden, damit diese nicht in frühere Phasen zurückfallen. Der Führungskraft fällt die Aufgabe zu, durch stunden- oder tageweisen Einsatz in den alten Abteilungen eine Reintegration vorzunehmen. Auch bieten sich Schulungsmaßnahmen an.

Rollenverteilung in Gruppen

Innerhalb der Gruppen gibt es eine Vielzahl unterschiedlicher Charaktere bzw. Typen von Mitarbeitern. Diese erfordern ein differenziertes Führungsverhalten, welches sich an den einzelnen Personen und an der Gruppe orientiert.

Der **Star** ist häufig der informelle Führer der Gruppe und hat daher einen hohen Anteil an der gesamten Gruppenleistung. Diese Person verfügt meistens über ein hohes Selbstvertrauen und besitzt viel Sozialkompetenz. Ein fördernder Führungsstil kann diese positiven Aspekte noch weiter entwickeln.

Abb. 5.54: Mitarbeitertypen

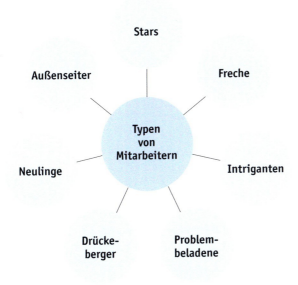

Der **Freche** ist meistens ein Wichtigtuer, der durch sein provozierendes Verhalten auffallen will. Dieses Verhalten muss beobachtet werden und bei Bedarf sollten Grenzen gesetzt werden. Die Führungskraft muss ein konsequentes Verhalten zeigen und auch streng – ggf. autoritär – auftreten.

Der **Intrigant** versucht, auf Kosten anderer Vorteile zu erzielen. Dies geschieht z.B., indem er versucht, andere Personen durch negative Äußerungen gegeneinander aufzubringen. Die Führungskraft muss so ein Verhalten unterbinden, z.B. durch offene Gespräche, in denen das Fehlverhalten mit ihm thematisiert wird und Sanktionen angedroht werden. Im Wiederholungsfall muss das Verhalten dann bestraft werden, z.B. durch Ermahnungen oder Abmahnungen.

Der **Problembeladene** ist vom Prinzip her eine positive Person, jedoch sieht er hinter jeder neuen Aufgabe oder Anforderung eine Vielzahl von Problemen. Häufig ist ein mangelndes Selbstvertrauen an diesem Verhalten schuld. Hier kann die Führungskraft unterstützend eingreifen, indem Hilfe zur Selbsthilfe angeboten wird. Kleinere überschaubare Aufgaben mit entsprechenden Erfolgserlebnissen und Anerkennung sind hilfreich.

Der **Drückeberger** kann mehr leisten, als tatsächlich vorgewiesen wird. Oft sind diese Personen interesselos und faul. Solche Mitarbeiter müssen gefordert werden. Sie brauchen klare Anweisungen mit messbaren Ergebnissen und Terminen. Die Einhaltung muss unbedingt in regelmäßigen Abständen kontrolliert werden. Bei Nichteinhaltung der Anweisungen darf keine Milde gezeigt werden, da dies i.d.R. ausgenutzt wird.

Der **Neuling** zeigt sich häufig unsicher und zurückhaltend. Dieses Verhalten entsteht durch die ungewohnte Arbeitssituation und die noch fremden Kollegen. Er sollte zu Beginn mehr Aufmerksamkeit erhalten, damit er schneller integriert werden kann. Die Unterstützung durch den Star oder einen Paten ist hilfreich, um schnell die volle Arbeitsleistung zu erhalten.

Der **Außenseiter** grenzt sich von der Arbeitsgruppe ab. Das kann verschiedenartige Ursachen haben, z.B. Schüchternheit, Unsicherheit, fehlendes Interesse an der Gruppenarbeit, persönliche Probleme. Hier sollte die Führungskraft versuchen, ihn durch die Aufgabenstellung zu integrieren. Vorher könnte in einem Gespräch geklärt werden, was die tatsächlichen Ursachen für diese Rolle sind.

Konflikte im Team

Ein Konflikt (lat.: confligere = zusammentreffen, kämpfen) entsteht immer dann, wenn zwei oder mehrere Ziele oder Meinungen aufeinandertreffen. Ein Konflikt wird vor allem dann problematisch, wenn die jeweilige Alternative für die einzelne Konfliktpartei wichtig ist. Grundsätzlich ist ein Konflikt nicht als negativ zu betrachten, da er nur unterschiedliche Positionen ausdrückt.

Für eine Führungskraft ist es wichtig, sich mit Konflikten auszukennen, denn nur dann ist sie in der Lage, diese zu lösen. Darüber hinaus sollte die Führungskraft selbst auch eine gewisse Konfliktbereitschaft mitbringen, um den Anforderungen von Unternehmensleitung und Mitarbeitern gerecht zu werden.

Konflikte können latenter (unterschwelliger) Natur sein oder auch offensichtlich vorliegen. Ein latenter Konflikt ist nicht sofort erkennbar. Das liegt z.B. daran, dass die betroffenen Personen sich des Konfliktes nicht bewusst sind oder ihn verdrängen. Ein offener Konflikt ist bereits offensichtlich geworden und wird von den Konfliktparteien mit steigender Intensität ausgetragen.

Nachfolgende beispielhafte Konfliktsymptome können bei Menschen beobachtet werden. Es sollte allerdings nicht sofort auf einen Konflikt geschlossen werden, nur weil ein Symptom beobachtet wird. Vielmehr sind die auftauchenden Veränderungen bei einem Menschen Warnsignale. Mehrere nebeneinander auftauchende Konfliktsymptome sind allerdings wichtige Hinweise:

Widerstand	Kann sich in Widerspruch, Trotz, Aufbauschen von geringfügigen Dingen usw. äußern.
Feindseligkeit	Äußert sich in kränkenden Bemerkungen, Herabsetzung der Leistung einer Person, Verbreitung von Gerüchten, „Anschwärzen" von Kollegen bei anderen usw.
Sturheit	Ist erkennbar an der Uneinsichtigkeit einer Person und dem Festhalten an alten Vorgehensweisen.
Flucht	Kann sich mit erhöhten Fehlzeiten, Isolierung von anderen Mitarbeitern, Versetzungswunsch oder eigener Kündigung zu erkennen geben.

Desinteresse	Erkennbar ist das Symptom z.B. am sog. „Dienst nach Vorschrift"; Entscheidungszurückhaltung, geringe Motivation verbunden mit reduzierter Leistungsbereitschaft.
Formalität	Kann sich in starker Distanz zu anderen, übertriebener Höflichkeit, plötzlicher Bevorzugung der schriftlichen Informationsweitergabe äußern.

Konfliktarten

Die Führungskraft muss diverse Arten von Konflikten unterscheiden. Dazu gehören:

- **Beurteilungskonflikte** können durch einen mangelnden Informationsstand oder durch eine unterschiedliche Auffassung einer Zielerreichung entstehen.
- **Zielkonflikte** entstehen, wenn sich Menschen nicht auf ein gemeinsames Ziel einigen können. Sie sind unterschiedlicher Meinung, welches Ziel tatsächlich das beste ist.
- **Verteilungskonflikte** liegen vor, wenn mehrere Parteien ein möglichst großes „Stück vom Kuchen" haben möchten. In den Unternehmen geht es dabei meist um die Zuteilung von Budgets.
- **Beziehungskonflikte** haben ihren Ursprung in den zwischenmenschlichen Beziehungen und haben oft etwas mit Antipathie einem anderen gegenüber zu tun. Ein Beziehungskonflikt kann von Beginn an vorliegen, aber auch erst im Laufe der Zusammenarbeit durch diese entstehen.

Konflikte müssen rechtzeitig erkannt werden, um gelöst zu werden. Konflikte lassen sich nicht komplett vermeiden, sie sollten aber minimiert werden, durch die Schaffung guter Bedingungen wie z.B. ein positives Arbeitsklima, Lob und Anerkennung, Delegation von Aufgaben, regelmäßige Abteilungsbesprechungen und Mitarbeitergespräche.

Weiterhin bieten sich folgende **Maßnahmen zur Konfliktvermeidung bzw. -reduzierung** an:

- **Nachgeben**, wenn der nachgebenden Partei die Sache nicht so wichtig ist. Diese Maßnahme ist nur in Ausnahmefällen zielführend. Gibt eine Partei verhältnismäßig oft nach, fühlt sie sich unterlegen, und der Konflikt ist nicht tatsächlich beseitigt.
- **Kompromisse** sind dann sinnvoll, wenn der Konflikt noch am Anfang ist und der Mittelweg gute Ergebnisse bringen kann.
- Ein **Konsens** durch ein partnerschaftliches Vorgehen bietet sich dann an, wenn beide Parteien bereit sind, ihre jeweilige Vorstellung aufzugeben und gemeinsam eine dritte Alternative zu suchen und sich darauf zu einigen.

4.2.4.2 Gruppenverhalten und dessen Auswirkungen

Die Führungskraft steht in den Unternehmen zwischen den Vorstellungen und Interessen der Unternehmensleitung und den Interessen der unterstellten Mitarbeiter. Die betrieblichen Sachaufgaben und die Erwartungen der Mitarbeiter müssen in Einklang gebracht werden. Daher ist die Wahrnehmung von Aufgaben der Mitarbeiterführung neben den Sachaufgaben hoch.

Nachfolgend ein **Überblick möglicher Sach- und Führungsaufgaben**:
- die Aufgaben planen, vorbereiten und delegieren,
- die Mitarbeiter an- und unterweisen,
- die Aufgabenerledigung steuern und überwachen,
- die Leistungsbereitschaft und -fähigkeit der Mitarbeiter fördern,
- die Mitarbeiter beurteilen,
- die Mitarbeiter entsprechend ihren Fähigkeiten einsetzen,
- die Mitarbeiter rechtzeitig und umfassend informieren und mit ihnen kommunizieren,
- die Interessen der Mitarbeiter bei der Unternehmensleitung vertreten.

Zur Wahrnehmung dieser vielfältigen Aufgaben benötigt die Führungskraft neben der formal verliehenen Autorität aufgrund der Führungsposition auch eine erworbene Autorität als faire, zuverlässige und berechenbare Persönlichkeit. Die erworbene Autorität wiederum ist erkennbar an der fachlichen und persönlichen Vorbildfunktion. Die Mitarbeiter erwarten von einer Führungskraft ein glaubwürdiges und verlässliches Verhalten mit der Möglichkeit der Mitwirkung und Teilhabe an Prozessen der Zielfindung und Entscheidungsfindung. Dann sind die einzelnen Gruppen bereit, gemeinsam mit der Führungskraft an der Verwirklichung der Aufgaben mit großer Leistungsbereitschaft zu arbeiten.

Ein Vorgesetzter benötigt eine Vielzahl von Kompetenzen, die sich zusammengefasst als **Handlungskompetenz** bezeichnen lässt:

Abb. 4.55: Elemente der Handlungskompetenz

Zu der Handlungskompetenz gehören:
- **Fachkompetenz**: Hiermit sind die Fähigkeiten gemeint, die nötig sind, um Aufgaben fachgerecht bearbeiten zu können, z.B. fachliche Kenntnisse, Fähigkeiten und Fertigkeiten.
- **Methodenkompetenz**: Beschreibt die Fähigkeit eines Menschen, Begabungen weiterzuentwickeln und neue Fähigkeiten wie z.B. Lernfähigkeit, Arbeitsmethodik, Problemlösungsfähigkeit und Organisationsfähigkeit zu erwerben.

- **Sozialkompetenz**: Damit wird die Fähigkeit beschrieben, mit anderen Menschen zusammenzuarbeiten, zu ihr gehören z.B. Teamfähigkeit, Kritikfähigkeit und Konfliktfähigkeit.
- **Individualkompetenz**: Verdeutlicht die Bereitschaft eines Menschen, sich selbst in seiner Persönlichkeit weiterzuentwickeln und eigene Begabungen zu entfalten, z.B. Konzentrationsvermögen, Verantwortungsbewusstsein, Selbstständigkeit, Einsatzwillen.

4.2.5   *Personalplanung*

Die Personalplanung ist der Ausgangspunkt aller zu bewältigenden Aufgaben des Personalmanagements. Hier findet vorausschauend und zukunftsorientiert die gedankliche Vorbereitung aller im Zusammenhang mit dem „Produktionsfaktor Arbeit" stehenden Maßnahmen statt.

Mit der Personalplanung werden die quantitativen und qualitativen Ziele verfolgt, um Fehlentwicklungen beim Personal zu vermeiden, Kosten zu minimieren und Unsicherheiten in Bedarf, Beschaffung, Einsatz und Freisetzung der Mitarbeiter zu verringern.

Eine gute Personalplanung bietet sowohl für die Mitarbeiter als auch für das Unternehmen eine Vielzahl positiver Aspekte:

Vorteile aus Unternehmenssicht:
- Personalengpässe oder Überkapazitäten werden rechtzeitig erkannt.
- Rechtzeitige Personalsuche und -entwicklung reduziert die Abhängigkeit vom externen Arbeitsmarkt.
- Potenziale der Mitarbeiter können besser genutzt werden.
- Imageverbesserung durch eine bekannte und nachhaltige Personalpolitik.
- Motivationsverbesserung durch gezieltere Personalentwicklungsmaßnahmen.

Vorteile aus Mitarbeitersicht:
- Gezielte Personalplanung erhöht die Sicherheit des Arbeitsplatzes.
- Individuelle Wünsche nach beruflicher Qualifizierung können besser berücksichtigt werden.
- Möglichkeiten und Chancen des internen Arbeitsmarktes können erkannt werden.

Einflussfaktoren auf die Personalplanung

Genau wie die Unternehmensplanung hängt auch die Personalplanung von diversen internen und externen Einflussfaktoren ab. Zu den wesentlichen Einflussfaktoren gehören:
- **Interne Einflussfaktoren**, z.B. Unternehmensplanung, Personalbestand, Altersstruktur, Qualifikationsstruktur, Arbeitszeitregelungen, Fluktuationsquote, Fehlzeiten, Personalkosten.
- **Externe Einflussfaktoren**, z.B. Entwicklungen am Absatz- und Arbeitsmarkt, arbeitsrechtliche Veränderungen, Bevölkerungsstruktur und -entwicklung, technologische Entwicklung.

Teilbereiche der Personalplanung

Die verschiedenen Teilbereiche der Personalplanung beantworten folgende Fragen:

- **Personalbedarfsplanung**: Wie viele Arbeitskräfte werden mit welcher Qualifikation wann und wo benötigt?
- **Personalbeschaffungsplanung**: Was muss unternommen werden, damit dem Unternehmen die benötigten Arbeitskräfte zur Verfügung gestellt werden können?
- **Personalanpassungsplanung**: Was muss unternommen werden, damit eine personelle Überdeckung abgebaut oder verhindert werden kann?
- **Personalentwicklungsplanung**: Wie und wann lassen sich die Qualifikationen der Mitarbeiter verbessern?
- **Personaleinsatzplanung**: Welche Arbeitsplätze sind mit welchen Mitarbeitern zu besetzen?
- **Personalkostenplanung**: Welche Kosten verursachen die beabsichtigten personellen Maßnahmen?

Instrumente für die Ermittlung des quantitativen und qualitativen Personalbedarfs

Die Personalbedarfsplanung ist das Herzstück der Planung. Aus ihr leiten sich alle anderen Teilbereiche der Personalplanung ab. Wird der Personalbedarf nicht genau ermittelt, so kann das erhebliche Folgen für das Unternehmen haben. Wird z.B. der Bedarf zu hoch festgelegt und dementsprechend eine zu große Anzahl an neuen Mitarbeitern beschafft, entstehen kostenintensive Personalüberhänge, die wieder abgebaut werden müssen. Das verursacht über den Kostenblock hinaus auch einen Ansehensverlust für das Unternehmen.

Wird jedoch der Bedarf zu niedrig festgelegt, kommt es zwangsläufig zu Engpässen. Daraus resultierend können Aufträge nicht rechtzeitig oder nur mit großer Belastung für die vorhandenen Arbeitnehmer bearbeitet werden.

> **!** Bei der Personalbedarfsplanung muss also sehr sorgfältig gearbeitet werden, um Planungsfehler zu vermeiden.

Die Ausgangsgröße für die Personalbedarfsplanung ist der **aktuelle Personalbestand**. Der aktuelle Personalbestand ist einfach zu ermitteln, muss aber die unterschiedlichen Arbeitnehmergruppen berücksichtigen und festlegen, wie diese zu zählen sind. Zu diesen **Arbeitnehmergruppen** zählen z.B.:

- **Vollbeschäftigte**, sie bilden i.d.R. die Grundlage der Ermittlung,
- **Teilzeitbeschäftigte**, z.B. Mitarbeiter mit flexibler Jahresarbeitszeit, Jobsharing-Mitarbeiter oder die Teilzeitbeschäftigten mit unterschiedlichen Wochenarbeitszeitstunden,
- **Leiharbeiter**, die sich das Unternehmen durch Inanspruchnahme der Arbeitnehmerüberlassung beschafft hat.

Nun müssen die **Personalzugänge und -abgänge** ermittelt werden.

- Zugänge entstehen z.B. durch:

– Übernahme von Auszubildenden
– Versetzung von Mitarbeitern aus anderen Abteilungen
– Besetzung von frei gewordenen Stellen
– Rückkehr nach Beurlaubung

- Abgänge entstehen z.B. durch:
  – Kündigungen (personen-, verhaltens- und betriebsbedingt)
  – Aufhebungsverträge
  – Versetzung
  – Beendigung von befristeten Arbeitsverträgen
  – Kündigung des Arbeitsvertrages durch den Arbeitnehmer

Diese vorstehenden Informationen liefern aber noch nicht genug Hinweise auf den Personalbedarf. Es muss darüber hinaus auch ermittelt werden, wie sich der Stellenbedarf zukünftig darstellt. Das bedeutet:
- Welche Aufgabenbereiche sind durch Mitarbeiter besetzt oder noch nicht besetzt?
- Welche Aufgabenbereiche müssen neu besetzt werden, weil weitere Stellen geschaffen werden?
- Welche Aufgabenbereiche müssen frei werden, weil Stellen abgeschafft werden?

Bei der Personalbedarfsplanung wird somit das erforderliche Personal für die Bewältigung der Aufgabenpakete (Stellen) hinsichtlich
- der Qualität (mit welchen Qualifikationen/Fähigkeiten),
- der Quantität (wie viele Mitarbeiter),
- der Zeit (wann und wie lange)
- und dem Raum (an welchen Orten)
ermittelt und die Über- und Unterdeckung des zukünftigen Bedarfs festgestellt.

Unabhängig davon, welche Verfahren zur Prognose des Bedarfs im Einzelnen eingesetzt werden, erfolgt die Bedarfsplanung mittels des nachfolgenden Berechnungsschemas zur Ermittlung des Nettopersonalbedarfs:
- **1. Schritt: Ermittlung des Bruttopersonalbedarfs** (Betrachtung der „Stellen")
  Der momentane Stellenbestand wird unter Berücksichtigung der zu erwartenden Stellenzugänge und Stellenabgänge hochgerechnet. Er gibt an, wie viele Mitarbeiter mit welcher Qualifikation zur Durchführung der Betriebsaufgaben benötigt werden.
- **2. Schritt: Ermittlung des fortgeschriebenen Personalbestands** (Betrachtung des „Personals")
  Der Mitarbeiterbestand wird hochgerechnet aufgrund der zu erwartenden Personalzugänge und Personalabgänge.
- **3. Schritt: Ermittlung des Nettopersonalbedarfs**
  Vom Bruttopersonalbedarf wird der fortgeschriebene Personalbestand subtrahiert. Das Ergebnis zeigt die personelle Überdeckung (zu viele Mitarbeiter) oder die Unterdeckung (zu wenige Mitarbeiter). Man erhält den Nettopersonalbedarf (= Personalbedarf i.e.S.).

Arbeitsschritte	Lfd. Nr.	Berechnungsgröße	Zahlen-beispiel
1. Schritt	1	Stellenbestand	110
	2	+ Stellenzugänge (geplant)	+ 2
	3	– Stellenabgänge (geplant)	– 8
	4	Bruttopersonalbedarf	104
2. Schritt	5	Personalbestand	108
	6	+ Personalzugänge (sicher)	+ 3
	7	– Personalabgänge (sicher)	– 2
	8	– Personalabgänge (geschätzt)	– 2
	9	Fortgeschriebener Personalbestand	107
3. Schritt	**10**	**Nettopersonalbedarf (4 – 9)**	**–3**

Anhand des Beispiels ist zu erkennen, dass eine personelle Überdeckung in dem Unternehmen vorhanden ist.

Der geschilderte Freisetzungsbedarf ist nur eine Art des Personalbedarfs. Es sind mehrere **Arten des Personalbedarfs** zu unterscheiden:

Einsatzbedarf	Deckt die personelle Kapazität ab, die zur Erfüllung der angestrebten Ziele erforderlich ist.
Ersatzbedarf	Sichere Abgänge des Personals sind zu erwarten und müssen ersetzt werden.
Neubedarf	Er entsteht immer dann, wenn über den Ersatz hinaus Personen eingestellt werden müssen, aufgrund eines höheren zukünftigen Personalbedarfs. Hier sind folgende Angaben erforderlich: • Stellenbeschreibung • Personalkosten • Dauer der Besetzung • Begründung für den Bedarf
Reservebedarf	Berücksichtigt die unvermeidlichen Ausfälle u.a. durch Krankheit, Unfall, Urlaub, Freistellung, Fluktuation.
Freisetzungs-bedarf	Entsteht immer dann, wenn mehr Personal vorhanden ist, als zur Bewältigung der Betriebsaufgaben benötigt wird.
Mehrbedarf	Er entsteht aufgrund von Veränderungen bei gleicher Kapazität und unterliegt externen Einflussfaktoren, z.B. tarifliche Veränderungen durch Verkürzung der Arbeitszeit, gesetzliche Vorgaben usw.

Wichtig ist es, Zahlen zu erhalten, die den Bruttopersonalbedarf so genau wie möglich beziffern, um entsprechende Maßnahmen ergreifen zu können. Damit ist es möglich, sowohl einen **Stellenplan** als auch einen **Stellenbesetzungsplan** aufzustellen. Mit diesen Plänen kann ein Überblick über die vorhandenen Stellen und die besetzten Stellen geschaffen werden.

4.2.5.1 Quantitative Personalplanung

Unterschiedliche Verfahren können zur Ermittlung des Bruttopersonalbedarfs eingesetzt werden, die sich wie folgt klassifizieren lassen:

- **Globale Verfahren** für die gesamten Planstellen eines Unternehmens oder eines Bereiches wie z.B. Materialwirtschaft (Einkauf, Lager, Versand) mittels:
  - Schätzverfahren
  - Kennzahlenmethode mithilfe globaler Kennzahlen
- **Differenzierte Verfahren** für einzelne Abteilungen mittels:
  - Kennzahlenmethode mithilfe differenzierter Kennzahlen
  - Stellenplanmethode
  - Arbeitswissenschaftliche Methoden, z.B. REFA

Durch den Einsatz der globalen und differenzierten Verfahren der Bedarfsprognose können unterschiedliche Bedürfnisse befriedigt werden.

Schätzverfahren

Schätzverfahren werden häufig in Klein- und Mittelbetrieben eingesetzt mit unterschiedlichen Vorgehensweisen:

- **Einfaches Schätzverfahren**: Die einzelnen Führungskräfte des Unternehmens schätzen aufgrund von Erfahrungen, wie viele Mitarbeiter sie benötigen. Danach erfolgt z.B. in der Personalabteilung eine Zusammenfassung der einzelnen Schätzungen zum Bruttopersonalbedarf.
- **Einfache Expertenschätzung**: Bei diesem Verfahren entscheidet nicht mehr nur die einzelne Führungskraft über den Personalbedarf in ihrer Abteilung, sondern es wird eine Gruppe von Personen zusammengestellt, die gemeinsam die Entscheidungen treffen. Danach findet eine Zusammenfassung zu einer Gesamtschätzung statt.
- **Systematische Expertenschätzung**: Hier werden die Führungskräfte und externe Experten mithilfe eines Fragebogens über den zukünftigen Personalbedarf befragt (Delphi-Methode). Diese geben ihre Schätzung mit einer Begründung ab. Nach der ersten Befragung werden die Ergebnisse ausgewertet, analysiert und zusammengefasst. Es erfolgt eine Rückmeldung der Ergebnisse an alle Beteiligten, die dann eine erneute verfeinerte Schätzung auf der Grundlage ihres neuen Informationsstands abgeben.

Globale Kennzahlen

Wird die globale Kennzahlenmethode genutzt, greift man auf Daten aus der Vergangenheit zurück. Es wird davon ausgegangen, dass diese Werte stabil waren und dass aus ihnen sichere Aussagen für die Zukunft abgeleitet werden können. Es werden Beziehungen zwischen dem Personalbedarf und bestimmten Einflussfaktoren hergestellt.

Die **Einflussfaktoren für den Personalbedarf** können z.B. sein:

- Arbeitsproduktivität (Produktionsmenge in Stückzahl je Zeiteinheit wie Stunde, Tag, Woche)
- Umsatz je Mitarbeiter pro Monat
- Umsatz im Verhältnis zu den Gesamtpersonalkosten
- Arbeitseinheiten zu den geleisteten Arbeitsstunden
- Anzahl der Kunden

Die gebräuchlichste Beziehung wird durch die Kennzahl „Umsatz im Verhältnis zu der Mitarbeiteranzahl" hergestellt. Es ist folgende Berechnung durchzuführen:

Beispiel:

Ausgangsdaten: 200 Mio. € Umsatz mit 500 Mitarbeitern, die diesen Umsatz erwirtschaftet haben.

Durch Division des Umsatzes durch die Anzahl der Mitarbeiter ergibt sich ein Umsatz von 400.000 € pro Mitarbeiter. Durch Statistiken im Unternehmen wurde festgestellt, dass dieser Wert auch in den Jahren davor relativ stabil war. Nun kann auf Basis dieser Werte der Bruttopersonalbedarf für das folgende Jahr errechnet werden:

Das Unternehmen plant aufgrund der guten Situation am Absatzmarkt eine Umsatzsteigerung auf 220 Mio. €. Da die ermittelte Kennzahl 400.000 € Umsatz/Mitarbeiter beträgt, wird gerechnet:

$$\frac{220 \text{ Mio. € Umsatz}}{400.000 \text{ € Umsatz/Mitarbeiter}} = 550 \text{ Mitarbeiter}$$

Der Bruttopersonalbedarf beträgt 550 Mitarbeiter. Bringt man nun den Personalbestand in Höhe von 500 Mitarbeitern in Abzug, so ergibt sich ein Nettopersonalbedarf in Höhe von 50 Mitarbeitern. Das bedeutet eine Personalunterdeckung und den Einsatz der Personalbeschaffungsplanung, um das Unternehmen mit den benötigten Mitarbeitern einzudecken.

Differenzierte Kennzahlen (Bearbeitungskennziffern)

Bei diesem differenzierten Verfahren erfolgt eine **Betrachtung einzelner Abteilungen**. Während in dem Beispiel für das globale Verfahren der Nettopersonalbedarf eines ganzen Unternehmens gezeigt wurde ohne Hinweis darauf, in welchen Abteilungen der Bedarf genau besteht, hat man hier nun die Möglichkeit der detaillierten Ermittlung. Die Berechnung erfolgt aufgrund der normalerweise von einem Mitarbeiter in einem Monat zu erledigenden Aufgaben.

Auch bei dieser Methode ist vorteilhaft, dass sie sehr einfach in der Anwendung ist. Verschiedene Einflussgrößen gehen allerdings nur grob in die Kennziffern ein.

Stellenplanmethode

Die Stellenplanmethode kann z.B. dann zur Personalbedarfsplanung genutzt werden, wenn noch keine Soll-Zeiten für die einzelnen Arbeitsabläufe vorliegen.

Bei der Durchführung der Stellenplanmethode werden einzelne Aufgaben zu Stellen zusammengefasst. Eine Stelle wird dabei als die Menge an Aufgaben, die von einer Person bei normaler Leistung durchgeführt wird, definiert. Ein Stellenplan umfasst alle Stellen pro Abteilung, Hauptabteilung, Bereich, Filiale oder sonstiger Organisationseinheit.

Im ersten Schritt wird eine **Aufgabenanalyse** durchgeführt. Es werden alle Aufgaben des gewünschten Bereiches oder des gesamten Betriebes erfasst und in Teilaufgaben zerlegt. Nachdem diese Aufgliederung der Aufgaben stattgefunden hat, müssen in einem zweiten Schritt die Teilaufgaben beurteilt (qualitativer Aspekt) und zu sinnvollen Aufgabenstellungen zusammengefasst (quantitativer Aspekt) werden.

Die Zusammenfassung der Aufgaben zu einer Stelle (**Aufgabensynthese**) erfolgt so, dass die enthaltenen Aufgaben nach Art und Menge dem qualitativen und quantitativen Kapazitätsbestand eines Menschen entsprechen.

Nach dieser Zusammenfassung ist der Bruttopersonalbedarf bekannt und kann mit dem Personalbestand abgeglichen werden. Nun ist zu erkennen, ob eine Personalüberdeckung oder -unterdeckung vorliegt.

REFA-Methode

Mit dieser Methode wird der Personal-Soll-Bestand anhand der Zeit ermittelt, die zur Bewältigung der geplanten Arbeit erforderlich ist, und anhand der Zeit, in der die Mitarbeiter dem Betrieb zur Verfügung stehen.

Die Anwendung dieser Methode ist dann zweckmäßig, wenn der untersuchte Arbeitsablauf hinsichtlich der Arbeitsverfahren, der Arbeitsmethode und der Arbeitsbedingungen in gleicher Weise wiederholt wird.

$$\text{Personalbedarf (in Vollzeitkräften)} = \frac{\text{Arbeitsmenge} \cdot \text{Zeitbedarf pro Einheit}}{\text{Regelarbeitszeit pro Mitarbeiter}}$$

Nach der REFA-Methode führt dies zu folgender Formel:

$$\text{Personalbedarf (in Vollzeitkräften)} = \frac{\text{Rüstzeit} + (\text{Einheiten/Auftrag} \cdot \text{Zeit/Einheit})}{\text{mtl. Regelarbeitszeit/MA} \cdot \text{Leistungsfaktor}}$$

Quantitative Personalkostenplanung

Die Personalkosten gehören zu den Kosten, die einen großen Einfluss auf das Betriebsergebnis eines Unternehmens haben. Diese Kosten bestehen nicht nur aus den Bruttolöhnen und -gehältern, sondern auch aus den Kosten für gesetzliche, tarifliche und freiwillige Sozialleistungen des Arbeitgebers. Personalkosten sind kurzfristig kaum zu beeinflussen und deshalb müssen sie sorgfältig geplant werden.

Bei der Personalkostenplanung müssen zwei Einflussgrößen berücksichtigt werden:
- der zukünftige Personalbestand
- und die zu erwartende Lohnentwicklung.

Hinzu kommen noch Kosten für Personalentwicklung, z.B. Fortbildungskosten, und Personalerhaltungskosten, z.B. Personalbeschaffungskosten.

Zu den gesetzlichen und freiwilligen sozialen Aufwendungen gehören:

Gesetzliche Sozialkosten (durch Gesetz, Verordnung oder Tarifvertrag veranlasste Aufwendungen des Arbeitgebers)	Diese gesetzlichen Sozialaufwendungen sind mit den Löhnen und Gehältern gleichzeitig fällig: • Arbeitgeberanteile an der Sozialversicherung (Kranken-, Renten-, Pflege- und Arbeitslosenversicherung) • Kosten für die Unfallversicherung, die an die Berufsgenossenschaft zu entrichten sind
Freiwillige Sozialkosten (freiwillige Maßnahmen des Arbeitgebers zugunsten der Belegschaft oder deren Angehöriger)	• Zuschüsse zu Pensionskassen • Gratifikationen • Werksküchen • Werkswohnungen • Erholungsheime • Unterstützungseinrichtungen • Ausgaben für kulturelle und sportliche Einrichtungen der Belegschaft

4.2.5.2 Qualitative Personalplanung

Unter Personaleinsatz versteht man die wirtschaftliche Zuordnung der Mitarbeiter zu den freien Stellen, unter Berücksichtigung der persönlichen Fähigkeiten der Arbeitskräfte und der spezifischen Anforderungen der zu besetzenden Stellen. Die Personaleinsatzplanung wird unter qualitativen und quantitativen Gesichtspunkten durchgeführt.

* **Qualitative Personaleinsatzplanung** beantwortet die Frage: Welchem Mitarbeiter wird aufgrund seiner Eigenschaften welche Stelle zugewiesen?
* **Quantitative Personaleinsatzplanung** beantwortet die Frage: Wer wird wo eingesetzt unter Berücksichtigung der betrieblichen Arbeitszeiten?

Die Personaleinsatzplanung soll neben den Unternehmenszielen auch die Mitarbeiterziele berücksichtigen. Eine gute Einsatzplanung wird unter Einbeziehung der individuellen Mitarbeiterwünsche gemacht, hat einen angemessenen Planungshorizont und ist durch objektive Gleichbehandlung aller Arbeitnehmer annehmbar.

Die **Einführung und Einarbeitung der neuen Mitarbeiter** muss systematisch erfolgen, denn der neue Mitarbeiter erhält einen ersten Eindruck von seinem neuen beruflichen Umfeld. Eine positive Haltung aller Beteiligten, gezielte Informationen zu den wichtigen Regelungen sowie ein sorgfältig vorbereiteter Arbeitsplatz helfen, die Belastungen durch die ungewohnte Situation zu reduzieren.

Diese Maßnahmen – verbunden mit einer gezielten Einarbeitung – fördern die schnelle Integration der neuen Mitarbeiter, vermeiden Fluktuation, erhöhen die Leistungsbereitschaft sowie die Arbeitszufriedenheit und verringern die Fehlzeiten.

Neue Mitarbeiter müssen auf ihre Aufgaben vorbereitet werden, indem sie eine umfassende Einarbeitung auf dem neuen Arbeitsplatz bekommen. Damit hat der **Einarbeitungsplan** folgende **Zielsetzungen**:

- Sicherstellung der Grundkenntnisse der wichtigsten Abläufe
- Schaffung einer Transparenz für neue Mitarbeiter
- Sicherung der Qualität der Arbeit
- Herstellung und Sicherung einer konstruktiven Atmosphäre
- Vermeidung von Missverständnissen
- Klarheit in den zwischenmenschlichen Beziehungen

Von guten Vorgesetzten muss erwartet werden, dass sie gerade in den ersten Wochen möglichen Fehlern oder einer langsameren Arbeitsweise tolerant gegenüberstehen und die neuen Mitarbeiter motivieren. Unter-, aber vor allem Überforderung müssen vermieden werden. In dieser Zeit des „Neuen und Ungewohnten" kann nicht bereits volle Leistungsfähigkeit erwartet werden.

4.2.6 *Personalbeschaffung*

Personalbeschaffung beschäftigt sich mit der Bereitstellung der für das Unternehmen erforderlichen Arbeitskräfte in qualitativer, quantitativer, örtlicher und zeitlicher Hinsicht. Ergibt sich aufgrund der Personalbedarfsplanung eine Personalunterdeckung, werden hier die notwendigen Maßnahmen ergriffen.

4.2.6.1 Personalanforderung

Ausgangspunkt einer Personalbeschaffung ist die Anforderung von Personal. Bei der Personalanforderung ist vor allem zwischen **Ersatzbedarf** und **Neubedarf** zu unterscheiden. Handelt es sich um Ersatzbedarf, kann der Abteilungsleiter die Personalanforderung ohne **Einschaltung der Geschäftsleitung** direkt an die Personalabteilung geben. Handelt es sich um einen Neubedarf, wird i.d.R. die Personalanforderung mit einer Begründung für diesen Bedarf der Geschäftsleitung zur Genehmigung vorgelegt.

Stellenbeschreibung

Wie bereits in Kapitel 4.1.3.2 erwähnt, werden mit der Stellenbeschreibung die Aufgaben und Kompetenzen der Arbeitnehmer verbindlich festgelegt. Die Informationen aus der Stellenbeschreibung werden benötigt für die

- Erstellung des Anforderungsprofils,
- inhaltliche Ausarbeitung des Stellengesuchs,
- Vorbereitung des Vorstellungsgespräches und
- Analyse der Bewerbungsunterlagen.

Anforderungsprofil

Das Anforderungsprofil ergänzt die Stellenbeschreibung. Im Anforderungsprofil werden alle wichtigen **Anforderungsarten** und **Anforderungsmerkmale** genannt. Dazu gehören neben den Ausführungen zu den Aufgaben, Zielen, Befugnissen und übertragenen Verantwortungen auch die fachlichen und verhaltensbezogenen Anforderungskriterien für einen bestimmten Tätigkeitsbereich.

Anforderungsmerkmale sollten operationalisiert (messbar, vergleichbar) werden, indem das erwartete Verhalten so beschrieben wird, dass es eingeordnet werden kann. Die Ausprägungen der einzelnen Anforderungsmerkmale werden in der Regel skaliert, z.B. über die Punkte 1 bis 5 (1 = niedrig, 2 = unterdurchschnittlich, 3 = mittel, 4 = überdurchschnittlich, 5 = hoch) oder beschreibend (wenig ausgeprägt / ausgeprägt / überdurchschnittlich ausgeprägt) dargestellt.

Qualifikationsprofil

Ein Qualifikationsprofil setzt die Fähigkeiten und Fertigkeiten des potenziellen Stelleninhabers in Beziehung zu den Anforderungen der Stelle. Die zur Verfügung stehenden Unterlagen wie Lebenslauf, Schul- und Arbeitszeugnisse und Tätigkeitsnachweise werden analysiert, um die Ausprägung der einzelnen Anforderungsarten und Anforderungsmerkmale des Bewerbers festzustellen.

Um weitere Entscheidungen aufgrund der Eignungsfeststellung zu treffen, wird das Anforderungsprofil der Stelle dem Qualifikationsprofil des potenziellen Stelleninhabers gegenübergestellt. Angestrebt wird eine weitgehende Deckungsgleichheit von Anforderungen und Qualifikationen.

Auswahl der Beschaffungswege

Maßgeblich für die Entscheidung, ob ein Unternehmen seinen Bedarf intern oder extern deckt, sind nachfolgende Faktoren:
- Potenzial der Märkte (offenes Beschaffungspotenzial, z.B. Arbeitslose, Beschäftigte mit Veränderungswunsch, Neueintritte in das Erwerbsleben; latentes Beschaffungspotenzial, z.B. Abwerbung von anderen Unternehmen)
- Fragen der Verfügbarkeit
- Dringlichkeit der Stellenbesetzung
- Gehaltsstrukturen, intern und extern
- Standort des Unternehmens
- Beschaffungskosten
- Erfolgsaussichten und Erfahrungswerte
- Bedeutung der zu besetzenden Stelle

4.2.6.2 Interne Beschaffungswege

Die interne Personalbeschaffung bezieht sich auf die Besetzung der freien Stellen durch eigenes Personal. Diese Entscheidung kann sowohl Vorteile als auch Nachteile für das Unternehmen bedeuten:

Vorteile	Nachteile
• Aufstiegsmöglichkeiten für eigene Mitarbeiter • Möglichkeit der langfristigen und zielgerichteten Personalentwicklungsplanung • Motivation und Bindung der Mitarbeiter an das Unternehmen • Geringeres Auswahlrisiko • Schnelle Beschaffung des fehlenden Personals • Rasche Einarbeitung • Kostengünstige Personalbeschaffung • Positiver Beitrag zum Betriebsklima	• Die Auswahlmöglichkeiten sind verringert • Kein „frischer Wind" (Betriebsblindheit) • Angst der Mitarbeiter vor Ablehnung bei einer Bewerbung • Rivalitäten zwischen den Mitarbeitern • Mögliche Verschlechterung des Betriebsklimas durch Neid und Missgunst • Evtl. hohe Kosten für Qualifizierungsmaßnahmen

Abb. 4.56: Interne Beschaffungswege

Innerbetriebliche Stellenausschreibung

Bei einer innerbetrieblichen Stellenausschreibung werden die Mitarbeiter aufgefordert, sich auf die zu besetzenden Stellen zu bewerben. In der Regel werden diese freien Arbeitsplätze in der Werkszeitung, am schwarzen Brett oder im Intranet publik gemacht.

Das Unternehmen ist grundsätzlich in der Wahl der Personalbeschaffungswege frei. Der Betriebsrat kann gemäß § 93 BetrVG aber verlangen, dass die zu besetzende Stelle innerbetrieblich ausgeschrieben wird.

Aus der innerbetrieblichen Stellenausschreibung muss Folgendes hervorgehen:
• Um welchen Arbeitsplatz es sich handelt,
• welche Qualifikationsanforderungen bestehen und
• wo und bis wann die Bewerbung zu erfolgen hat.

Personalentwicklung

Die Entwicklung der eigenen Mitarbeiter ist ein weiteres Instrument der internen Personalbeschaffung.

Ziel dabei ist es, den zukünftigen Bedarf an qualifiziertem Personal zu decken, z.B. durch Verbesserung der Qualifikationen in der Personalbildung. Hierzu gehören die kontinuierliche Personalentwicklung, wie die Ausbildung, und unregelmäßige Maßnahmen, wie Fortbildung und Umschulung.

Versetzung

Durch die Versetzung kann die interne Personalbeschaffung ohne Erhöhung der Mitarbeiteranzahl des Unternehmens vollzogen werden. Eine Versetzung liegt vor, wenn

- dem Arbeitnehmer ein anderer Arbeitsbereich zugewiesen wird,
- die Zuweisung die voraussichtliche Dauer von einem Monat überschreitet oder
- mit einer erheblichen Änderung der Umstände verbunden ist, unter denen die Arbeit zu leisten ist.

> **!** Die Mitbestimmungsrechte des Betriebsrates sind zu beachten. Ohne Zustimmung des Betriebsrates darf gemäß § 95 Abs. 3 BetrVG keine Versetzung erfolgen.

Mehrarbeit

Die Mehrarbeit gehört zu der internen Personalbeschaffung ohne Erhöhung der Mitarbeiteranzahl und bedeutet die **Verlängerung der Arbeitszeit** für die Arbeitnehmer. Dadurch können die kurzfristigen Spitzen im Leistungsbedarf gedeckt werden, z.B. durch **Sonderschichten**.

Zu beachten sind auf jeden Fall die Regelungen des Arbeitszeitgesetzes (ArbZG) und die Mitbestimmungsrechte des Betriebsrates.

Urlaubsverschiebung

Die Deckung des Mehrbedarfs an Arbeitskräften eines Unternehmens kann durch die Veränderung von Urlaubsplanung und Urlaubsabwicklung erreicht werden. So wird eine durch Urlaub blockierte Kapazität wieder frei verfügbar.

Geeignet ist diese Form der internen Personalbeschaffung jedoch nur bei kurzfristigen personellen Engpässen.

4.2.6.3 Externe Beschaffungswege

Bei der externen Personalbeschaffung kommt es zu einer **Neueinstellung**, um den Personalbedarf im Unternehmen zu decken. Die Nutzung der externen Beschaffungswege kann unterschiedliche Vor- und Nachteile für das Unternehmen haben:

Vorteile	Nachteile
• Größere Auswahl aus vielen Bewerbern • Gewinnung von neuen Kenntnissen und Erfahrungen • Frische Ideen der neuen Mitarbeiter	• Zeitaufwendige Beschaffung der neuen Mitarbeiter • Zusätzliche Beschaffungskosten • Längere Einarbeitung in das Unternehmen

• Weniger Aufwendungen für Personalentwicklung	• Demotivation der eigenen Bewerber
• Möglichkeit des Benchmarkings	• Möglichkeit der höheren Fluktuation
	• Höheres Auswahlrisiko
	• Häufig höhere Gehälter

Abb. 4.57: Externe Beschaffungswege

Arbeitsagentur

Der Arbeitgeberservice der Agentur für Arbeit fungiert als Partner für Unternehmen, die Arbeitskräfte außerhalb der eigenen Organisation suchen. Der Arbeitsvermittler muss das Unternehmen so genau wie möglich kennen, um gut beraten und vermitteln zu können. Zum Angebot der Arbeitsagentur gehören die gezielte Auswahl qualifizierter Bewerber und die Führung von Stellenbörsen, bei denen sich eine größere Zahl von Bewerbern präsentieren kann.

Private Arbeitsvermittlung

Private Personalvermittler sind Dienstleister, deren Tätigkeit darauf gerichtet ist, Arbeitssuchende und Ausbildungssuchende mit Arbeitgebern zur Begründung von Arbeitsverhältnissen zusammenzuführen. Durch die Auslagerung von verwaltungsintensiven Arbeiten, wie z.B. dem Bewerberschriftverkehr, kommt es zu einer erheblichen Zeit- und Kosteneinsparung.

Print-Stellenanzeigen

Diese Vorgehensweise mit der Variante der Schaltung von Anzeigen im Internet ist der am meisten genutzte Weg der externen Personalbeschaffung und gleichzeitig auch ein Instrument des externen Personalmarketings, da dieses Medium auch zur Selbstdarstellung des Unternehmens genutzt werden kann.

Stellenausschreibungen müssen immer **geschlechtsneutral** erfolgen (§ 1 AGG, § 611b BGB). Ausnahme: wenn ein bestimmtes Geschlecht unverzichtbare Voraussetzung für eine gewisse Tätigkeit ist.

Inhaltliche Gestaltungskriterien von Stellenanzeigen:

Wir sind

Angaben zum Unternehmen: Firma, Logo, Standort, Bedeutung, Branche, Kunden

Wir haben

Angaben zu freien Stellen: Anzahl, Ausschreibungsgrund, Besetzungszeitpunkt, die Dauer der Arbeitsstelle, Aufgaben, Arbeitszeiten, besondere Aufgaben

Wir suchen

Anforderungsprofil: Alter, Schul- und Berufsausbildung, Berufserfahrung, Zusatzqualifikationen, Sprachkenntnisse

Wir bieten

Leistungen des Unternehmens: Höhe der Vergütung, zusätzliche soziale Leistungen, Fortbildungsangebot, Aufstiegsmöglichkeiten

Wir bitten

Angaben zu den geforderten Bewerbungsunterlagen (Anschreiben, Lebenslauf, Zeugnisse) und Ansprechpartner im Unternehmen

Da dieser Beschaffungsweg relativ kostenintensiv ist, bevorzugen heute viele Unternehmen die Variante der Schaltung von Stellenanzeigen im Internet.

Personalberater

Personalberater werden meistens dann eingeschaltet, wenn Arbeitskräfte der höheren oder hohen Hierarchieebene benötigt werden. Sie sind Experten und kennen den Arbeitsmarkt i.d.R. sehr genau. Die Gründe für ihr Einschalten sind vielfältig, beispielsweise:

* Das Unternehmen möchte nach außen nicht in Erscheinung treten (der Arbeitsplatz ist noch besetzt; soll der Konkurrenz nicht bekannt werden; soll unerwünschten Interessenten nicht bekannt werden)
* Erfolglosigkeit der vorausgegangenen Beschaffungsaktionen
* Die Auswahl verlangt ein besonderes Know-how
* Neutralität bei der Auswahl

In welchem Umfang die Dienste von Personalberatern in Anspruch genommen werden, hängt von den Gründen für deren Einschalten, aber auch vom vorhandenen Budget ab, da dieser Beschaffungsweg relativ kostenintensiv ist.

Personalleasing

Beim Personalleasing (**Arbeitnehmerüberlassung**) wird ein Arbeitnehmer (Leiharbeitnehmer) von seinem Arbeitgeber (Verleiher) einem Dritten (Entleiher) zur Arbeitsleistung überlassen.

Der **Arbeitsvertrag** und die **Arbeitsleistung** fallen auseinander: Der Arbeitsvertrag des Leiharbeitnehmers besteht mit dem Verleiher, die Arbeitsleistung erfolgt beim Entleiher. Die Rechte des Leiharbeitnehmers und die Pflichten des Verleihers sind im **Arbeitnehmerüberlassungsgesetz** (AÜG) geregelt.

Das Personalleasing hat für den Leasingnehmer mehrere **Vorteile**:
- kurzfristige Einsetzbarkeit der qualifizierten Arbeitskräfte,
- zeitliche Befristung zum Ausgleich von Kapazitätsschwankungen,
- fest kalkulierbare Kosten für einen bestimmten Personaleinsatz,
- Verlagerung des Auswahlrisikos an den Verleiher,
- Flexibilisierung der Arbeitszeit für das Stammpersonal.

Nachteilig können folgende Aspekte sein:
- hoher Einarbeitungsaufwand im Verhältnis zur Einsatzzeit,
- i.d.R. höhere Kosten als bei angestellten Mitarbeitern,
- ggf. geringere Motivation der Leiharbeitnehmer.

4.2.6.4 Personalauswahl

Nach dem Eingang der Bewerbungen muss die richtige Personalauswahl getroffen werden. Das Auswahlproblem stellt sich grundsätzlich unabhängig von der Zahl der Bewerbungen; selbst bei einem einzigen Bewerber muss festgestellt werden, ob die individuellen Fähigkeiten den Arbeitsplatzanforderungen entsprechen.

Das Ziel und somit auch der Grundsatz der Personalauswahl ist es, aus einer Anzahl eingegangener Bewerbungen die für die Aufgabe bestgeeigneten Bewerber systematisch auszuwählen.

Eine **schriftliche Bewerbung** besteht aus mehreren Dokumenten. Dazu gehören:
- Anschreiben
- Lebenslauf
- Arbeitszeugnisse
- Schulzeugnisse

Zusätzlich können Arbeitsproben, Referenzen oder ausgefüllte Personalfragebögen angefordert werden.

> **!** Die Bewerbungsunterlagen sollen vollständig sein, damit sich das Unternehmen einen umfassenden ersten Eindruck verschaffen kann.

Bei der Vorauswahl der Bewerbungen wird überprüft, ob die Anforderungen erfüllt werden und welchen Eindruck die Bewerbungsunterlagen machen. Die äußere Form, Sprachstil, Übersichtlichkeit und Fehlerfreiheit geben einen Eindruck, wie der Bewerber sich selbst sieht und von anderen gesehen werden will.

Anschließend werden die Bewerbungen detailliert geprüft. Große Aussagekraft haben dabei das Bewerbungsschreiben, der Lebenslauf sowie beigelegte Arbeitszeugnisse.

Bewerbungsanschreiben

Das Bewerbungsschreiben soll über den Bewerber informieren und bei den am Auswahlprozess beteiligten Personen Interesse erzeugen.

Deshalb gehört in das Bewerbungsschreiben vor allem eine Darstellung, warum die Person sich gerade für diese Stelle bewirbt und warum sie sich für die ausgeschriebene Position als besonders geeignet ansieht. Interesse weckend sind auch Informationen, mit denen der Bewerber zu erkennen gibt, dass er zu den Aufgaben der zu besetzenden Stelle besondere Begabungen und Fähigkeiten bei sich sieht.

Lebenslauf

Der Lebenslauf ist die Unterlage, die den umfassendsten Einblick in die berufliche und persönliche Gesamtentwicklung des Bewerbers gibt.

Die **Analyse** des Lebenslaufes kann nach mehreren Kriterien erfolgen:

- **Zeitfolgenanalyse**: Bei dieser Analyse geht es um die Prüfung der Zeitdauer, der Zeitlücken und um die Häufigkeit der Arbeitsplatzwechsel. Besonders sollte die Lückenlosigkeit im Zeitablauf geprüft werden, da nicht erklärte Lücken darauf schließen lassen, dass der Bewerber möglicherweise etwas zu verheimlichen hat.

- **Entwicklungsanalyse**: Hier geht es um die Analyse, ob die berufliche Entwicklung des Bewerbers einen geradlinigen Trend zeigt. Schwerpunktmäßig wird somit betrachtet, ob die bisherigen Beschäftigungsverhältnisse zu beruflichem Aufstieg oder Abstieg geführt haben oder ob gravierende Wechsel zwischen unterschiedlichen Berufen erfolgt sind.

- **Firmen- und Branchenanalyse**: Dies ist eine allgemeine Analyse, ob die bisherigen Beschäftigungsverhältnisse in Klein- oder Großunternehmen waren. Darüber hinaus werden evtl. gravierende Wechsel zwischen unterschiedlichen Branchen betrachtet oder ob der Bewerber bisher immer in der gleichen Branche tätig war.

Vom **Aufbau** her sollte der Lebenslauf einen logischen und zeitlichen Überblick über die persönliche und berufliche Entwicklung des Bewerbers geben. Der Lebenslauf sollte knapp formuliert sein, aber vollständig alle wichtigen Daten über die nachfolgenden Hauptpunkte enthalten:
- persönliche Daten,
- Schulausbildung,
- Berufsausbildung,
- ggf. Studium,
- Berufserfahrung,
- Zusatzqualifikationen und
- evtl. vorhandene besondere Kenntnisse und Fähigkeiten.

Arbeitszeugnis

Arbeitszeugnisse sollten neben den ausgeübten Tätigkeiten auch deren Bewertung durch den Vorgesetzten beinhalten. Der Arbeitnehmer hat nach § 630 BGB bei der Beendigung des Arbeitsverhältnisses einen Anspruch auf ein Arbeitszeugnis.

Ein Arbeitszeugnis wird als **einfach** bezeichnet, wenn es sich lediglich auf die Art und Dauer des Arbeitsverhältnisses bezieht. Von einem **qualifizierten** Arbeitszeugnis wird gesprochen, wenn auch die Führung und Leistung des Arbeitnehmers im Zeugnis dargestellt werden.

Die Analyse der Arbeitszeugnisse erstreckt sich auf objektive Tatbestände, wie die persönlichen Daten, Dauer der Tätigkeit, Tätigkeitsinhalte, Vollmachten und den Beendigungstermin, darüber hinaus auf subjektive Tatbestände (versteckte Zeugnissprache), die Rückschlüsse auf die Arbeitsleistung und das Sozialverhalten zulassen.

 Bei der Auswertung von Arbeitszeugnissen kommt es daher nicht nur auf die Bewertung der Inhalte an, die im Zeugnis stehen, sondern auch darauf, was dort nicht zu finden ist, normalerweise aber enthalten sein sollte.

Schulzeugnisse sind normalerweise nur beim Eintritt in das Berufsleben von Bedeutung, da zu diesem Zeitpunkt noch keine anderen Unterlagen vorhanden sind, die Aufschluss über den Bewerber liefern können.

Bedingt durch das Allgemeine Gleichbehandlungsgesetz (AGG) darf ein Unternehmen die Bewerber nicht mehr dazu auffordern, den Bewerbungsunterlagen ein Bewerbungsfoto beizufügen. Falls doch ein Foto eingereicht wird, darf es nicht für die Entscheidungsfindung genutzt werden.

Diverse Auswahlverfahren

Testverfahren werden vor allem bei großen Unternehmen durchgeführt. Mit ihrer Hilfe können die vielen Bewerber ohne größeren Personalaufwand vorselektiert werden. Aufgrund der Wichtigkeit der Personalauswahl sollten aber auch kleinere Unternehmen Überlegungen anstellen, ob nicht durch den Einsatz weiterer Auswahlverfahren die Entscheidung für einen Bewerber stärker abgesichert werden kann.

Psychologische Eignungstests sind nur dann rechtlich zulässig, wenn
- der Bewerber über Inhalt und Reichweite des Tests unterrichtet ist,
- sein Einverständnis gegeben hat
- und sich der Test ausschließlich auf arbeitsplatzspezifische Merkmale bezieht.

Persönlichkeitstests dienen der Überprüfung der Denk- und Leistungsfähigkeit, des Leistungs- und Einfühlungsvermögens, des Verantwortungsbewusstseins und des sozialen Verhaltens. Diese Tests sind aus arbeitsrechtlicher Sicht kritisch zu betrachten, da sie persönliche Merkmale des Bewerbers offenlegen. Sollen Persönlichkeitstests dennoch durchgeführt werden, muss diese Aufgabe an Psychologen übertragen werden.

Intelligenztests dienen der Feststellung der kognitiven Fähigkeiten eines Menschen. Es existiert eine Vielzahl unterschiedlicher Tests für unterschiedliche Zielgruppen.

Ärztliche Eignungsuntersuchung

Den Abschluss des Auswahlverfahrens stellt in vielen Fällen die ärztliche Eignungsuntersuchung dar. Damit soll festgestellt werden, inwieweit ein Bewerber den physischen Belastungen seiner künftigen Tätigkeit gewachsen ist.

Die Tauglichkeitsbescheinigung muss darauf beschränkt sein, den Bewerber als „tauglich", „nur für den Arbeitsplatz tauglich", „anderweitig tauglich", „zurzeit nicht tauglich", „untauglich" einzustufen. Ein weiter gehendes ärztliches Urteil ist ohne Zustimmung des Bewerbers unzulässig.

Vorstellungsgespräch

Das Vorstellungsgespräch verfolgt den Zweck, weitere Informationen und Eindrücke über die Bewerber zu erlangen. Dem Bewerber sollten daher Fragen gestellt werden, die zur Beurteilung seiner Person, seiner fachlichen, methodischen- und sozialen Kompetenzen erforderlich sind. Außerdem werden meistens nachfolgende zusätzliche Aspekte beurteilt:
* Äußeres Erscheinungsbild
* Ausdrucksfähigkeit
* Fachwissen
* Teamfähigkeit
* Aufgeschlossenheit

Insgesamt wird das Vorstellungsgespräch vergangenheitsbezogene Aspekte behandeln, die sich mit dem persönlichen und beruflichen Werdegang, der Ausbildung und Berufserfahrung befassen. Es sollen Hinweise auf die fachliche Eignung für die angebotene Stelle und die sozialen und persönlichen Kompetenzen gewonnen werden.

Ferner erfolgt eine zukunftsbezogene Betrachtung der künftigen Berufs- und Karrierevorstellungen des Bewerbers, um daraus Aufschluss über Zielstrebigkeit und Willen zum Weiterkommen zu gewinnen.

Ein besonderes Problem beim Vorstellungsgespräch besteht darin, dass das Ergebnis von subjektiven Aspekten beeinflusst werden kann. Deshalb sollte das Vorstellungsgespräch mit mehreren Vertretern des Unternehmens stattfinden, z.B. als Zweier-Vorstellungsgespräch mit dem Personalleiter und dem Abteilungsleiter.

Der Ablauf von Vorstellungsgesprächen kann unterschiedlich strukturiert werden. In der Praxis unterscheidet man zwischen
* **freien Vorstellungsgesprächen**, bei denen die Gesprächsinhalte und der Ablauf nicht vorgegeben sind,
* **strukturierten Vorstellungsgesprächen**, bei denen ein bestimmter Rahmen vorgegeben ist, der sich auf zu klärende Fragen bezieht, der generelle Gesprächsablauf aber nicht festgelegt ist,
* **standardisierten Vorstellungsgesprächen**, bei denen sowohl Gesprächsinhalte als auch der Gesprächsablauf im Vorfeld festgelegt werden.

Folgende **Vorgehensweise** für die Durchführung von Vorstellungsgesprächen hat sich bewährt:

- Begrüßung des Bewerbers,
- Besprechung persönlicher Aspekte, Bildung und beruflicher Entwicklung,
- Informationen über Unternehmen und Stelle,
- Informationswünsche des Bewerbers,
- Vertragsfragen,
- Gesprächsabschluss mit Hinweis auf weitere Vorgehensweise.

Im Vorstellungsgespräch sind Fragen nach Rasse, ethnischer Herkunft, Geschlecht, Religion, Weltanschauung, Behinderung, Alter und sexueller Identität (acht **Diskriminierungsmerkmale** nach dem Allgemeinen Gleichbehandlungsgesetz) nicht zulässig.

Unmittelbar nach Beendigung des Vorstellungsgespräches sollte das Ergebnis schriftlich festgehalten und eine systematische Auswertung vorgenommen werden.

Entscheidung

Die Auswahlentscheidung sollte sich auf möglichst gesicherte Informationen stützen. Bei der Entscheidung über die Auswahl werden die Anforderungen des Arbeitsplatzes mit den Fähigkeiten der Bewerber systematisch verglichen. Die Wahl sollte dann auf den Bewerber fallen, bei dem die größte Übereinstimmung zwischen den Anforderungen des Arbeitsplatzes und seinen Fähigkeiten besteht.

4.2.7 *Personalanpassungsmaßnahmen*

Ziel der Personalanpassung ist die Vermeidung bzw. Beseitigung von personellen Überkapazitäten (Personalüberhang). Ursachen für einen Personalüberhang können innerhalb oder außerhalb des Unternehmens liegen.

Interne (geplante) Ursachen sind z.B.:
- zunehmende Technisierung,
- Reorganisationsprozesse,
- Mechanisierungs- und Rationalisierungsprozesse.

Zu den **externen (ungeplanten) Ursachen** zählen u.a.:
- veränderte Konjunktur bzw. Nachfragerückgang,
- mitarbeiterbezogene Veränderungen.

Mithilfe der Personalanpassungsplanung sollen Maßnahmen zur Verminderung personeller Kapazität in quantitativer, qualitativer, örtlicher und zeitlicher Hinsicht erarbeitet werden.

Wenn Personalanpassungsmaßnahmen durchgeführt werden, ist eine Vielzahl rechtlicher Rahmenbedingungen zu beachten. In diversen Gesetzen findet man besondere Regelungen zum Kündigungsschutz, beispielsweise im Kündigungsschutzgesetz allgemein, im Betriebsverfassungsgesetz für Betriebsratsmitglieder, im Berufsbildungsgesetz für Auszubildende, im Sozialgesetzbuch IX für behinderte Mitarbeiter.

4.2.7.1 Indirekte und direkte Maßnahmen der Personalanpassung

Maßnahmen der Personalanpassung umfassen sowohl direkte Maßnahmen als auch indirekte (vorbeugende) Maßnahmen.

Bei den **indirekten Maßnahmen** der Personalanpassung wird personelle Kapazität durch Änderungen von bestehenden Arbeitsverhältnissen und durch Änderungen in anderen Unternehmensbereichen angepasst, ohne dass es zu Entlassungen kommt.

Zu den indirekten Maßnahmen gehören:
- Versetzung auf ein anderes Aufgabengebiet
- Abbau von Leiharbeit
- Einstellungsstopp
- Auslaufen befristeter Verträge
- Nichtersetzen natürlicher Fluktuation
- Angebot der Teilzeit
- Altersteilzeit nach Altersteilzeitgesetz
- Abbau von Mehrarbeit
- Einführung von Kurzarbeit
- Abbau von Schichten
- Gezielte Urlaubsplanung

Bei den **direkten Maßnahmen** der Personalanpassung geht es grundsätzlich um eine Reduzierung der Kopfzahlen der Belegschaft. Personelle Kapazität wird durch Beendigung bestehender Arbeitsverhältnisse angepasst.

Zu den direkten Maßnahmen gehören:
- Aufhebungsverträge (Beendigung des Arbeitsverhältnisses im gegenseitigen Einvernehmen)
- Anreize zur Eigenkündigung (Anbieten von Entschädigungen, wenn der Mitarbeiter von sich aus kündigt)
- Entlassungen (Beendigung der Arbeitsverhältnisse einzelner Mitarbeiter oder größerer Teile der Belegschaft)

4.2.7.2 Kündigungsarten und Kündigungsfristen

Die Beschäftigungsverhältnisse können durch den Arbeitnehmer und durch den Arbeitgeber gekündigt werden.

Kündigt der Arbeitnehmer, erfolgt das normalerweise aufgrund des Wunsches nach beruflicher Veränderung.

> **!** Eine Kündigung muss gem. § 623 BGB immer schriftlich erfolgen, da sie sonst unwirksam ist.

Der **allgemeine Kündigungsschutz** gemäß dem Kündigungsschutzgesetz (KSchG) regelt, dass Arbeitnehmern nur gekündigt werden darf, wenn die Kündigung durch

Gründe veranlasst wird, die in der Person oder dem Verhalten des Arbeitnehmers oder in dringenden betrieblichen Erfordernissen liegen.

Bei den **arbeitgeberseitigen Kündigungen** werden folgende Arten differenziert:

- **Fristlose Kündigung aus wichtigem Grund** (außerordentliche Kündigung): Diese Gründe können Diebstahl, Verrat von Betriebsgeheimnissen, Unterschlagung, beharrliche Arbeitsverweigerung sein (die Regelungen der §§ 622, 623 BGB gelten entsprechend).

- **Personenbedingte Kündigung**: Die Gründe liegen in der Person des Arbeitnehmers und es besteht keine Beeinflussungsmöglichkeit durch den Arbeitnehmer, z.B. mangelnde Qualifikation, mangelnde körperliche oder geistige Eignung (z.B. Allergien, kognitive Überforderung), lange Krankheiten mit negativer Zukunftsprognose.

- **Verhaltensbedingte Gründe**: Die Gründe liegen in einem Fehlverhalten des Arbeitnehmers, wie z.B. Verletzung von Regelungen des Arbeitsvertrages (Verspätungen, Fehltage), Vernachlässigung der Arbeitsaufgaben, Störung des Betriebsfriedens (Beleidigung von Kollegen).

> **!** Vor dem Aussprechen einer verhaltensbedingten Kündigung muss das Fehlverhalten abgemahnt werden.

- **Betriebsbedingte Gründe**: Eine betriebsbedingte Kündigung ist die Folge einer unternehmerischen Entscheidung und kommt z.B. durch eine verschlechterte wirtschaftliche Situation des Unternehmens (Auftragsrückgang, Umsatzrückgang), Rationalisierung der Produktionsabläufe oder Stilllegung zustande. Betriebsbedingte Kündigungen erfolgen entweder als Entlassung einzelner Mitarbeiter oder aber als Massenentlassung gem. § 17 Abs. 1 KSchG.
  Bei Massenentlassungen besteht eine Anzeigepflicht gegenüber der Arbeitsagentur. Nach durchgeführter Anzeige der Massenentlassung dürfen die folgenden vier Wochen keine Kündigungen ausgesprochen werden.
  Häufig werden im Zusammenhang mit Massenentlassungen so genannte Transfergesellschaften gegründet. Diese bereiten die betroffenen Arbeitnehmer auf neue Beschäftigungsverhältnisse vor. Es werden z.B. Bewerbungen erarbeitet, Stärken und Schwächen der Betroffenen ermittelt und Vorstellungsgespräche geprobt. Dadurch sollen diese Arbeitnehmer in neue Beschäftigungsverhältnisse vermittelt werden.

Für die Bestimmung der von einer Kündigung betroffenen Personen ist eine Auswahl nach **sozialen Kriterien** vorzunehmen. Dabei werden berücksichtigt:
- das Lebensalter,
- der Familienstand,
- die Anzahl der Kinder,
- die Dauer der Betriebszugehörigkeit.

Die ordentliche Kündigung bedarf der Einhaltung einer **Kündigungsfrist**. Diese Frist ist je nach Dauer der Beschäftigungsverhältnisse unterschiedlich lang. Konkrete Regelungen sind im § 622 BGB zu finden. Sind in Tarifverträgen oder im Einzelarbeitsvertrag Kündigungsfristen vereinbart, die für den Arbeitnehmer günstiger sind, d.h. längere Kündigungsfristen, so gelten die günstigeren Vereinbarungen.

In Unternehmen, die über einen **Betriebsrat** verfügen, hat dieser beim Personalabbau ein Mitbestimmungsrecht. Vor jeder Kündigung ist der Betriebsrat gem. § 102 Abs. 1 und 2 BetrVG zu hören. Dabei hat der Arbeitgeber ihm Angaben über die Person, den Kündigungstermin und die Gründe für die Kündigung mitzuteilen.

! Eine ohne Anhörung des Betriebsrates ausgesprochene Kündigung ist unwirksam.

4.2.8 Entgeltformen

4.2.8.1 Bestimmungsgrößen und Bestandteile

Unter Personalentlohnung wird das Arbeitsentgelt als Gegenleistung für die geleistete Arbeit der Mitarbeiter verstanden. Auf Basis des Arbeitsvertrages sind die Arbeitnehmer zur Arbeitsleistung und die Arbeitgeber zur Zahlung des Entgelts verpflichtet.

Die Personalentlohnung kann in zwei Formen erfolgen:
- **geldliche Leistungen**, die als Löhne, Zulagen, Zuschläge, Gratifikationen und Prämien den Mitarbeitern gezahlt werden, und
- **geldwerte Leistungen**, wie Überlassung von Werkswohnungen oder Dienstwagen.

Bestandteile des Arbeitsentgelts: Der Bruttoverdienst eines Arbeitnehmers ist die Bemessungsgrundlage für die Berechnung der Lohnsteuer und der Sozialversicherungsbeiträge.

Berechnung des **Auszahlungsbetrages**:

	Bruttolohn/-gehalt
+	vermögenswirksame Leistung des Arbeitgebers
+	sonstige (geldliche) Bezüge, z.B. Weihnachts-/Urlaubsgeld, Gratifikationen
+	Sachbezug (geldwerter Vorteil), z.B. private Pkw-Nutzung
=	**steuer- und sozialversicherungspflichtiger Bruttolohn bzw. -gehalt**
–	Lohnsteuer
–	Kirchensteuer
–	Solidaritätszuschlag
–	Sozialversicherungsbeiträge: Krankenversicherung, Rentenversicherung, Arbeitslosenversicherung und Pflegeversicherung
=	**Nettolohn/-gehalt**
–	vermögenswirksame Leistung (Arbeitgeber- und Arbeitnehmeranteil)
–	Vorschuss

– Sachbezug
– Lohn- bzw. Gehaltspfändung
= Auszahlungsbetrag

Die Höhe des Arbeitsentgelts wird letztendlich durch gesetzliche Regelungen bestimmt, z.B. durch Festlegung von Mindestlöhnen, Tarifverträge mit der Zuordnung von Entgelten zu einzelnen Lohngruppen, betriebliche Übung oder aber durch den individuellen Arbeitsvertrag. Darüber hinaus nehmen natürlich auch die allgemeinen wirtschaftlichen Bedingungen Einfluss auf die Höhe der Entgelte.

4.2.8.2 Entlohnungsformen

Abb. 4.58: Verschiedene Entgeltformen

Der **Zeitlohn** wird als eine Form der Entlohnung bezeichnet, bei der die Mitarbeiter ausschließlich nach der dem Unternehmen zur Verfügung gestellten Zeit entlohnt werden (Stunde, Tag, Wochen, Monat). Unberücksichtigt bleiben Quantität und Qualität, was mit dem Risiko der Minderleistungen des Arbeitnehmers verbunden ist. Um das Risiko der Minderleistung zu verringern, wird der Zeitlohn vielfach durch eine Leistungszulage ergänzt.

Der **Prämienlohn** setzt sich aus dem Grundlohn (Fixum) und einer leistungsabhängigen Prämie zusammen. Die Prämie kann für unterschiedliche Leistungen bezahlt werden:
• **Mengenprämie** für Steigerung des Outputs pro Zeiteinheit,
• **Nutzungsprämie** für hohe Kapazitätsauslastung,
• **Qualitätsprämie** für Verbesserung der Produktqualität.

Im Gegensatz zum Zeitlohn wird beim **Akkordlohn** ausschließlich das Arbeitsergebnis vergütet und er ist unabhängig von der dafür benötigten Zeit. Hierfür wird eine Normalleistung mit einem bestimmten Akkordrichtsatz bewertet.

Der Akkordrichtsatz setzt sich aus dem garantierten Mindestlohn und dem Akkordzuschlag zusammen. Liegt die Leistung des Mitarbeiters über der Normalleistung, führt das zu einem proportional höheren Arbeitsverdienst. Wird die Normalleistung unterschritten, so ist der tarifliche oder vereinbarte Grundlohn zu berechnen.

Die Anwendung vom Akkordlohn kann nur dann stattfinden, wenn folgende Voraussetzungen erfüllt sind:
• die Normalleistung muss bestimmbar sein,
• das Arbeitsergebnis der Mitarbeiter muss messbar sein,
• die Arbeitsgeschwindigkeit muss vom Mitarbeiter beeinflussbar sein.

> **!** Akkordlohn und Prämienlohn sind Formen des Leistungslohnes.

Der **Beteiligungslohn** wird zusätzlich zum Lohn oder Gehalt bezahlt und orientiert sich am Erfolg des Unternehmens (Leistungs-, Ertrags- und Gewinnbeteiligung) oder erfolgt als Kapitalbeteiligung. Der Beteiligungslohn bindet die Arbeitnehmer an das Unternehmen und fördert bessere Leistung.

4.2.8.3 Betriebliche Sozialpolitik

Ein Unternehmen kann nicht ausschließlich seine wirtschaftlichen Ziele verfolgen. Die sozialen Ziele müssen als ebenso wichtig betrachtet werden. Je nach Unternehmensgröße werden die jeweiligen sozialen Ziele unterschiedlich sein.

Allgemein lassen sich z.B. folgende **Ziele der betrieblichen Sozialpolitik** nennen:
- Steigerung der Motivation und Leistungsverbesserung
- Erhalt der Arbeits- und Leistungskraft der Mitarbeiter
- Bindung der Mitarbeiter an das Unternehmen
- Individuelle Förderung der Mitarbeiter
- Reduzierung von Härten
- Verbesserung des Unternehmensimages

Abb. 4.59: Die betriebliche Sozialpolitik ruht auf vier Säulen

Sozial-leistungen (z.B. Essens-zuschuss)	Sozial-einrichtungen (z.B. Ruhe-räume)	Alters-versorgung (z.B. Betriebs-rente)	Arbeits- und Gesundheits-schutz (z.B. Sicherheits-schuhe)

Sozialleistungen sind Zuwendungen, die für einzelne Mitarbeiter bestimmt sind. **Sozialeinrichtungen** hingegen stellen ein generelles Angebot für alle Mitarbeiter dar.

Die Maßnahmen der betrieblichen Sozialpolitik lassen sich auch nach der Anspruchsgrundlage differenzieren:
- gesetzliche Leistungen, z.B. Arbeitgeberbeiträge zur Sozialversicherung,
- tarifliche Leistungen, z.B. zusätzliches Urlaubsgeld,
- betriebliche Sozialleistungen, z.B. seit Jahren freiwillig gezahltes Weihnachtsgeld.

4.2.9 Aufgaben und Lösungshinweise

1. Aufgabe
Nennen und beschreiben Sie die einzelnen Träger des Personalmanagements.

2. Aufgabe
Welche Aufgabenbereiche des Personalmanagements gehören zu den Rahmenaufgaben?

3. Aufgabe
In welche Kriterien wird die Leistung von Menschen unterteilt?

4. Aufgabe
Nennen Sie die einzelnen Bedürfnisklassen nach Maslow beginnend mit der untersten Ebene der Pyramide.

5. Aufgabe
Beschreiben Sie die Elemente des Managements by Objectives.

6. Aufgabe
Welche Aufgaben einer Führungskraft sind nicht delegierbar?

7. Aufgabe
Beschreiben Sie den kooperativen Führungsstil.

8. Aufgabe
Welcher Führungsstil wird im Managerial Grid als der richtige empfohlen?

9. Aufgabe
Welche Merkmale kennzeichnen eine Gruppe?

10. Aufgabe
Erläutern Sie den Begriff der Gruppenkohäsion.

11. Aufgabe
Nennen Sie die vier Phasen der Gruppenbildung.

12. Aufgabe
Stellen Sie die verschiedenen Konfliktarten dar.

13. Aufgabe
Welche Kompetenzen beinhaltet die Handlungskompetenz?

14. Aufgabe
Welche Teilbereiche der Personalplanung werden unterschieden?

15. Aufgabe
Bei der Personalbedarfsplanung kann sowohl ein Ersatzbedarf als auch ein Neubedarf festgestellt werden. Grenzen Sie beide Bedarfsarten voneinander ab.

16. Aufgabe
Stellen Sie den Unterschied zwischen der qualitativen und der quantitativen Personaleinsatzplanung dar.

17. Aufgabe

Nennen Sie je drei Vorteile der internen und der externen Personalbeschaffung.

18. Aufgabe

Welche Dokumente gehören zu einer schriftlichen Bewerbung?

19. Aufgabe

Beschreiben Sie die Möglichkeiten, Vorstellungsgespräche zu strukturieren.

20. Aufgabe

Nennen Sie vier Maßnahmen der indirekten Personalanpassung.

21. Aufgabe

Welche Maßnahmen gehören zu den direkten Maßnahmen der Personalanpassung?

22. Aufgabe

Nennen Sie drei Ziele der betrieblichen Sozialpolitik.

Lösungshinweise

1. Aufgabe

Einer der Träger des Personalmanagements ist die Geschäftsleitung. Sie trifft grundlegende Entscheidungen über personalpolitische Ziele in Übereinstimmung mit den Gesamtzielen des Unternehmens. Weitere Träger sind die Vorgesetzten. Sie haben die Aufgabe, sowohl die wirtschaftlichen als auch gleichzeitig die sozialen Ziele der Mitarbeiter zu erfüllen. Ferner der Betriebsrat, welcher sich für die sozialen Ziele der Mitarbeiter einsetzt. Abschließend die Personalabteilung, die für die Planung und Verwaltung personalwirtschaftlicher Belange zuständig ist und bei der Umsetzung der wirtschaftlichen und sozialen Ziele mitwirkt.

2. Aufgabe

Personalpolitik, Personalplanung, Personalführung, Personalorganisation, Personalcontrolling

3. Aufgabe

Die Leistung der Menschen wird unterteilt in die Leistungsfähigkeit, die sich zusammensetzt aus den körperlichen Voraussetzungen, den intellektuellen Fähigkeiten und der geistigen Haltung eines Menschen. Ferner in die Leistungsbereitschaft, die sich aus der Motivation und dem persönlichen Antrieb eines Menschen zusammensetzt.

4. Aufgabe

Die unterste Klasse stellt die physiologischen Bedürfnisse – auch Grundbedürfnisse genannt – dar. Die folgende Klasse betrachtet die Sicherheitsbedürfnisse der Menschen. An dritter Stelle stehen die sozialen Bedürfnisse. Es schließen sich in der nächsten Stufe die Wertschätzungsbedürfnisse an. Als letzte Stufe folgen die Bedürfnisse nach Selbstverwirklichung.

5. Aufgabe

Das MbO baut auf den Elementen Zielsystem, Organisation und Kontrollsystem auf. Das Zielsystem besteht aus Ober- und Unterzielen. Die Oberziele werden durch die Unternehmensführung festgelegt und daraus die Unterziele abgeleitet. Im Vordergrund sollten dabei immer erreichbare Ziele stehen, die auf den einzelnen Mitarbeiter oder eine Mitarbeitergruppe personalisiert sind. Bei der Organisation wird dargestellt, dass das MbO im Unternehmen mit eindeutig abgegrenzten Verantwortungsbereichen festgelegt ist. Das Element des Kontrollsystems stellt sicher, dass ein dauerhafter Vergleich von Soll-Werten und Ist-Werten stattfindet.

6. Aufgabe

Nicht delegierbare Aufgaben sind z.B. die Zielsetzung und Planung von Aufgaben, Personalauswahl und Einstellung, Leistungsbeurteilungen und Kontrolle der Mitarbeiter.

7. Aufgabe

Bei dem kooperativen Führungsstil werden die Mitarbeiter von der Führungskraft in die zu treffenden Entscheidungen einbezogen. Die Führungskraft möchte die Mitarbeiter durch diese Vorgehensweise zur Aufgeschlossenheit hinführen und fördert dabei Selbstständigkeit und kritisches Denken. Diskussionen über zu treffende Entscheidungen sind dabei nicht nur erlaubt, sondern auch erwünscht. Fehler der Mitarbeiter werden nicht bestraft und getadelt, sondern es erfolgt Unterstützung bei der Fehlerbeseitigung und zur Vermeidung von zukünftigen Fehlern.

8. Aufgabe

Der 9.9-Führungsstil verbindet das Bestreben nach höchstmöglicher Leistung mit gleichzeitiger höchstmöglicher Bedürfnisbefriedigung bei den Mitarbeitern. Die Führungskraft ist zielorientiert in beide Richtungen. Daher wird der 9.9-Führungsstil als der richtige Führungsstil empfohlen.

9. Aufgabe

Die Gruppe ist z.B. gekennzeichnet durch folgende Merkmale:
- enge soziale Interaktion und innerer Zusammenhalt,
- Abgrenzung nach außen,
- physische Nähe,
- Verfolgung gemeinsamer Ziele,
- Mitglieder unterliegen gemeinsamen Regeln und Normen,
- es besteht ein Wir-Gefühl.

10. Aufgabe

Als Gruppenkohäsion wird der innere Zusammenhalt einer Gruppe bezeichnet.

11. Aufgabe

Formierungsphase; Konfliktphase; Normierungsphase; Arbeitsphase

12. Aufgabe

Zu den Konfliktarten gehören:

- Beurteilungskonflikte, die durch mangelnde Informationen oder unterschiedliche Auffassungen zur Zielerreichung entstehen,
- Zielkonflikte, die entstehen, wenn sich Menschen nicht auf ein gemeinsames Ziel einigen können,
- Verteilungskonflikte, wenn mehrere Parteien ein möglichst großes „Stück vom Kuchen" haben möchten, und
- Beziehungskonflikte, die ihren Ursprung in den zwischenmenschlichen Beziehungen haben.

13. Aufgabe

Die Handlungskompetenz beinhaltet:

- die Fachkompetenz – die Fähigkeit, Aufgaben fachgerecht bearbeiten zu können,
- die Methodenkompetenz – die Fähigkeit eines Menschen, Begabungen weiterzuentwickeln und neue Fähigkeiten zu erwerben,
- die Sozialkompetenz – die Fähigkeit, mit anderen Menschen zusammenzuarbeiten,
- die Individualkompetenz – die Bereitschaft eines Menschen, sich selbst in seiner Persönlichkeit weiterzuentwickeln.

14. Aufgabe

Bei der Personalplanung werden folgende Teilbereiche unterschieden:

- Personalbedarfsplanung: Wie viele Arbeitskräfte werden mit welcher Qualifikation wann und wo benötigt?
- Personalbeschaffungsplanung: Welche Maßnahmen sind erforderlich, damit dem Unternehmen die benötigten Arbeitskräfte zur Verfügung gestellt werden können?
- Personalanpassungsplanung: Was muss unternommen werden, damit eine personelle Überdeckung abgebaut oder verhindert werden kann?
- Personalentwicklungsplanung: Wie und wann lassen sich die Qualifikationen der Mitarbeiter verbessern?
- Personaleinsatzplanung: Welche Arbeitsplätze sind mit welchen Mitarbeitern zu besetzen?
- Personalkostenplanung: Welche Kosten verursachen die beabsichtigten personellen Maßnahmen?

15. Aufgabe

Ein Ersatzbedarf liegt immer dann vor, wenn sichere Abgänge des Personals erwartet werden und ersetzt werden müssen. Ein Neubedarf liegt vor, wenn z.B. aufgrund von Produktionserweiterungen zusätzliches Personal eingestellt werden muss.

16. Aufgabe

Die qualitative Personaleinsatzplanung beschäftigt sich damit, welche Mitarbeiter aufgrund ihrer Eigenschaften welchen Stellen zugewiesen werden. Die quantitative Personaleinsatzplanung beschäftigt sich hingegen mit den Überlegungen, wer an den unterschiedlichen Stellen unter Berücksichtigung der betrieblichen Arbeitszeit eingesetzt wird.

17. Aufgabe

Vorteile der internen Personalbeschaffung sind z.B.:
- Aufstiegsmöglichkeiten der Mitarbeiter,
- Motivation und Bindung der Mitarbeiter,
- schnelle Einarbeitung,
- kostengünstige Personalbeschaffung.

Vorteile der externen Personalbeschaffung sind z.B.:
- größere Auswahl,
- Gewinnung von neuen Kenntnissen und Erfahrungen,
- frische Ideen der neuen Mitarbeiter,
- weniger Aufwendungen für Personalentwicklung.

18. Aufgabe

Zu einer schriftlichen Bewerbung gehören das Anschreiben, der Lebenslauf, die Arbeitszeugnisse und die Schulzeugnisse.

19. Aufgabe

Unterschieden werden können:
- das freie Vorstellungsgespräch, bei dem die Gesprächsinhalte und der Ablauf nicht vorgegeben sind,
- das strukturierte Vorstellungsgespräch, bei dem ein bestimmter Rahmen vorgegeben ist, der sich auf zu klärende Fragen bezieht,
- das standardisierte Vorstellungsgespräch, bei dem sowohl Gesprächsinhalte als auch der Gesprächsablauf im Vorfeld festgelegt werden.

20. Aufgabe

Zu den indirekten Maßnahmen der Personalanpassung gehören z.B.:
- Abbau von Leiharbeit,
- Auslaufen befristeter Verträge,
- Nichtersetzen natürlicher Fluktuation,
- Einführung von Kurzarbeit.

21. Aufgabe

Zu den direkten Maßnahmen der Personalanpassung gehören:
- Aufhebungsverträge,
- Anreize zur Eigenkündigung,
- Entlassungen.

22. Aufgabe

Ziele der betrieblichen Sozialpolitik sind z.B.:
- Steigerung der Motivation und Leistungsverbesserung,
- Bindung der Mitarbeiter an das Unternehmen,
- individuelle Förderung der Mitarbeiter.

4.3 Personalentwicklung

Die Personalentwicklung hat die Erhaltung und Verbesserung von Qualifikationen der Mitarbeiter zum Ziel. Es müssen daher entsprechende Maßnahmen zur Anpassung der Qualifikationen der Mitarbeiter an momentane, aber auch an die zukünftigen Anforderungen der Arbeitsplätze erarbeitet werden.

Berücksichtigt werden sowohl die tatsächlich gegebenen Entwicklungsmöglichkeiten im Unternehmen als auch die persönlichen Wünsche der Mitarbeiter.

Die Personalentwicklung hat diverse Vorteile gegenüber der externen Personalbeschaffung wie z.B.:
- Verminderung der Fluktuation,
- deutlich kürzere Einarbeitungszeiten,
- Kostenvorteil, da Personalbeschaffungskosten entfallen,
- Aufstiegsmöglichkeiten innerhalb des Unternehmens steigern die Mitarbeitermotivation,
- optimale Nutzung des vorhandenen Personalpotenzials.

Über diese Hauptzielsetzung hinaus lassen sich im Detail folgende **Ziele und Aufgaben** festhalten:

- **Anpassung an allgemeine Veränderungen im Unternehmen**
  Die Arbeitsanforderungen verändern sich durch die rasant fortschreitende Globalisierung immer stärker in technischer, wirtschaftlicher, organisatorischer, aber auch gesellschaftlicher Hinsicht. Es muss sichergestellt werden, dass sich die Qualifikation der Mitarbeiter an die sich verändernden Anforderungen der Arbeitsplätze anpassen.

- **Leistungsfähigkeit und Leistungsbereitschaft der Mitarbeiter verbessern**
  Im Interesse einer möglichst optimalen Aufgabenerfüllung sind Qualifikationsdefizite abzubauen. Unbefriedigende Arbeitsergebnisse entstehen meistens aus mangelnder Qualifikation.

- **Flexibler Personaleinsatz**
  Je umfassender die Qualifikation der Mitarbeiter, desto flexibler können diese an unterschiedlichen Arbeitsplätzen eingesetzt werden, da sie dann normalerweise die Mindestanforderungen mehrerer Arbeitsplätze abdecken.

- **Sicherung des Bestands an Fach- und Führungskräften aus dem internen Potenzial**
  Führungspositionen müssen schnell und qualifiziert neu besetzt werden. Eine Nachfolgeplanung durch die Förderung von Talenten im eigenen Unternehmen stellt sicher, dass der Bedarf an Führungskräften dauerhaft für die Zukunft gedeckt werden kann.

- **Erkennen von Fehlbesetzungen**
  Mittels der im Vorfeld durchgeführten Personalbeurteilung werden gravierende Schwächen von Mitarbeitern und dadurch Fehlbesetzungen von Stellen erkannt. Schulungen können helfen, zu gering qualifizierte Mitarbeiter zu fördern oder sie auf ihren Qualifikationen entsprechende Arbeitsplätze zu versetzen.

- **Integration besonderer Personengruppen**
  Jugendliche und Auszubildende, Schwerbehinderte und Mitarbeiter mit Migrationshintergrund benötigen häufiger Unterstützung und weiterführende Maßnahmen, um sich an das betriebliche Gefüge anpassen zu können.

- **Imageverbesserung**
  Unternehmen, die gezielt Aus-, Weiter- und Fortbildung betreiben und sich darüber hinaus intensiv mit einer gezielten Führungskräfteentwicklung beschäftigen, haben normalerweise ein positives Image in der Öffentlichkeit und daher auch wenig Probleme, neues Personal zu gewinnen.

- **Verbesserung des Führungsverhaltens von Vorgesetzten**
  Eine gezielte Personalentwicklung fördert die Führungskompetenz der Vorgesetzten durch intensive Schulungen über Führungsstile und -techniken.

4.3.1 *Arten der Personalentwicklung*

Das Berufsbildungsgesetz (BBiG) regelt mehrere Teilbereiche der Berufsbildung:
- die Berufsausbildung,
- die berufliche Fortbildung und
- berufliche Umschulung.

4.3.1.1 Ausbildung

Die duale Berufsausbildung findet parallel im Betrieb und in der Berufsschule statt. Voraussetzung für die Ausbildung ist ein Berufsausbildungsvertrag. Der praktische Teil der Ausbildung wird den Auszubildenden in den Betrieben vermittelt, den theoretischen Teil übernimmt die Berufsschule. Der Unterricht an den Berufsschulen findet an einem oder zwei Tagen in der Woche statt. Etwa ein Drittel des Unterrichts beansprucht die Allgemeinbildung, zwei Drittel entfallen auf die Fachbildung. Die wöchentlichen Berufsschultage können auch zu Blöcken zusammengezogen werden. Die Auszubildenden sind dann mehrere Wochen ausschließlich in der Schule.

Für die praktische Ausbildung werden die Betriebe von der Industrie- und Handelskammer geprüft, ob sie für die Ausbildung geeignet sind.

Am Ende einer Ausbildung steht die Abschlussprüfung. Die Abschlussprüfung wird in der Regel schriftlich und mündlich durchgeführt. Im technischen Bereich besteht sie aus einer Fertigkeits- und einer Kenntnisprüfung und im kaufmännischen Bereich steht, neben einer schriftlichen, die mündliche Prüfung mit einer Situationsaufgabe oder Präsentation eines betrieblichen Projektes.

 Die Ausbildung ist eine kontinuierliche Maßnahme zur Personalentwicklung und wird von Ausbildern und Ausbildungsbeauftragten in Vollzeit- oder Teilzeiteinsatz durchgeführt.

4.3.1.2 Fortbildung

Im Mittelpunkt der Fortbildung steht die **Verbesserung der fachlichen Qualifikationen** der Mitarbeiter, die bereits in einem Ausbildungsberuf erworben wurden. Sie sollen erhalten, erweitert, der technischen Entwicklung angepasst oder so ausgebaut werden, dass ein beruflicher Aufstieg möglich wird.

Es wird unterschieden zwischen:

- **Erhaltungsfortbildung** mit dem Ziel, mögliche Verluste von Kenntnissen und Fähigkeiten auszugleichen.
- **Erweiterungsfortbildung**: Sie dient der zusätzlichen Qualifizierung, z.B. dem Erwerb zusätzlicher Computerkenntnisse.
- **Anpassungsfortbildung**: Sie aktualisiert bzw. vertieft das bereits erworbene Wissen und Können sowie die Verhaltensweisen. Zusätzlich werden Kenntnisse, Fähigkeiten und Verhaltensweisen vermittelt, um die horizontale Mobilität der Mitarbeiter zu sichern.
- **Aufstiegsfortbildung** mit dem Ziel, die vertikale Mobilität der Mitarbeiter zu erhöhen. Es werden Kenntnisse vermittelt, um die weiter gehenden Aufgaben zu bewältigen, z.B. beim Aufstieg vom Sachbearbeiter zum Gruppenleiter.

Die Fortbildung ist normalerweise eine unregelmäßig durchgeführte Maßnahme, die von wechselnden Mitarbeitern ausgeführt werden kann.

4.3.1.3 Innerbetriebliche Förderung

Die **Personalförderung** gehört zur Personalentwicklung im weiteren Sinne. Hierzu zählt die **Bildung am Arbeitsplatz** („Training on the Job"). Sie findet direkt am Arbeitsplatz statt und ist somit kostenneutral. Es gibt verschiedene Ausprägungen.

Abb. 4.60: Bildung am Arbeitsplatz

Planmäßige Unterweisung: Organisiertes Lehren durch die Vermittlung von Erfahrungen z.B. mithilfe der Vier-Stufen-Methode:

- In der Vorbereitungsphase werden Grobziele genannt, Vorkenntnisse festgestellt, die Unterweisungsmittel erläutert.
- In der zweiten Phase erfolgt die Erklärung des Unterweisungsvorgangs unter Beobachtung des Lernenden.
- In der dritten Phase vollzieht der Lernende den Vorgang selbst.
- Anschließend werden durch den Unterweisenden die Lernerfolge festgehalten.

Übertragung von Sonderaufgaben: Sie stellen eine Herausforderung für die Mitarbeiter dar und sollten selbstständig und eigenverantwortlich von ihnen bewältigt werden, wie z.B. Übernahme von Projektaufgaben oder ein Auslandseinsatz.

Jobrotation: Planmäßiger und systematischer Wechsel von Arbeitsplatz und Arbeitsaufgaben zur Erhöhung der Flexibilität, Leistungsfähigkeit und Qualifikationen der Mitarbeiter.

Die **individuellen Fördermaßnahmen** sollen die Mitarbeiter in ihrer persönlichen Entwicklung unterstützen und auf die Veränderungen am Arbeitsplatz vorbereiten. Zu den individuellen Fördermaßnahmen gehören:

Abb. 4.61: Individuelle Fördermaßnahmen

- **Fördergespräche**:
  In Fördergesprächen setzen sich Führungskraft und Mitarbeiter mit den erreichten Arbeitsergebnissen auseinander. Gemeinsam besprechen sie die Entwicklungspotenziale und Entwicklungsperspektiven des Mitarbeiters. Anschließend werden erforderliche Personalentwicklungsmaßnahmen vereinbart und in die Wege geleitet.

- **Job-Enlargement**:
  Durch Aufgabenerweiterung wird der Arbeitsinhalt so ausgedehnt, dass zusätzliche Arbeitselemente die Tätigkeit bereichern. In diesem Fall handelt es sich um mehrere verschiedene Tätigkeiten mit demselben Anforderungsniveau. Damit soll die starke Spezialisierung und Monotonie verringert und das Interesse an der Arbeit wieder geweckt werden.

- **Job-Enrichment**:
  Vertikale Aufgabenanreicherung, d.h. Erweiterung des Arbeitsfeldes eines Mitarbeiters um Planungsaufgaben, Kontrollaufgaben und Entscheidungsaufgaben. Hiermit wird das individuelle Streben nach einem neuen Handlungsspielraum, Selbstverwirklichung und Anerkennung unterstützt.

- **Coaching**:
  Coaching ist eine interaktive, personenzentrierte Beratung und Begleitung durch die Führungskräfte. Der Coach liefert keine Lösungsvorschläge, sondern begleitet den Mitarbeiter und regt ihn dabei an, eigene Lösungen zu entwickeln.

- **Mentoring**:
  „One-to-One-Beziehung" ist ein Prozess, in dem der Mentor die Karriere und die Entwicklung einer anderen Person (Mentee) außerhalb der normalen Vorgesetzten-Untergebenen-Beziehung unterstützt, um die potenziellen Fähigkeiten und neue Kompetenzen zu entwickeln.

- **Laufbahnplanung**:
  Die positionsorientierte Laufbahnplanung zielt auf die Entwicklung von Fach- und Führungskräften ab. Die potenzialorientierte Laufbahnplanung bringt die persönlichen Entwicklungswünsche und Interessen des Mitarbeiters mit den Wünschen des Unternehmens in Einklang.

Daneben stehen **betriebsexterne Maßnahmen** zur Personalentwicklung zur Verfügung, beispielsweise:
- Seminar- und Kursbesuche
- Kongressteilnahmen
- Messe- und Ausstellungsbesuche
- Überbetriebliche Berufsbildung

4.3.2 Potenzialanalyse

Wenn von einer Potenzialanalyse gesprochen wird, geht es um Maßnahmen, die dazu dienen, schlummernde Fähigkeiten und Fertigkeiten von Mitarbeitern zu erkennen und diese zielgerichtet weiterzuentwickeln. Während Leistungsbeurteilungen die erbrachten Leistungen der Vergangenheit untersuchen, will man mit einer Potenzialanalyse in die Zukunft blicken. Eine Möglichkeit dafür ist die Ausrichtung einer Assessment-Center-Veranstaltung.

4.3.2.1 Assessment-Center

Der Begriff Assessment-Center kommt aus dem Amerikanischen (to assess = bewerten, beurteilen, einschätzen). Ein Assessment-Center ist ein systematisches Verfahren zur Feststellung von Verhaltensleistungen. Damit beabsichtigen die Unternehmen, das Risiko einer Fehlbesetzung zu minimieren. Mehrere Kandidaten werden von einer mehrköpfigen geschulten Beobachterkommission gleichzeitig in unterschiedlichen Testsituationen beobachtet und anhand vorher definierter Kriterien beurteilt.

Zu den wesentlichen Merkmalen eines Assessment-Centers gehört die Erstellung eines **Anforderungsprofils**. Das Anforderungsprofil setzt sich aus einer Liste von Qualifikationen bzw. Kompetenzen zusammen, die für die zu besetzende Position von besonderer Bedeutung sind. Danach werden Übungen zusammengestellt, mit deren Hilfe das Verhalten der Kandidaten im Hinblick auf die jeweiligen Anforderungsmerkmale beobachtet wird.

Bei der Personalauswahl wird das individuelle Fähigkeitsprofil eines Bewerbers mit dem Anforderungsprofil einer Zielposition verglichen. Bei der Potenzialanalyse der eigenen Mitarbeiter liefert das individuelle Kandidatenprofil Hinweise auf weitere Förder- und Beratungsbedarfe.

Folgende Aufgabentypen können in diesem Verfahren eingesetzt werden, um bestimmte Beobachtungen zu machen:

Aufgaben	Beobachtungsmerkmale
Einzelvorstellung in Form eines strukturierten Interviews oder einer Selbstpräsentation	• Sprachliche Kompetenz • Zielorientierte Initiative • Fachkompetenz • Motivation
Einzelaufgaben: Rollenspiel, Vortrag/Präsentation, Fallstudie, „Postkorb"	• Sicherheit im Auftreten • Präsentationsgeschick • Selbstorganisation/Organisation • Strategisches Denken • Führungsverhalten
Gruppenaufgaben: Gruppenarbeiten mit oder ohne Moderation, konkurrenz- oder konsensorientiert, Gruppendiskussion	• Moderationsvermögen • Teamfähigkeit • Konfliktfähigkeit • Einfallsreichtum • Zielorientierung
Schriftliche Verfahren: Tests zur intellektuellen Leistungsfähigkeit, Wissenstests, Arbeitsproben, Fallbeispiele	• Intellektuelle Verarbeitungskapazität • Kreativität • Arbeitseffizienz • Allgemeinwissen • Rechtschreibkenntnisse • Fremdsprachenkenntnisse

Übungen im Assessment-Center sind beispielsweise:
- Beim **Kurzvortrag** erhalten die Bewerber ein Thema, das sie innerhalb einer vorgegebenen Zeit ausarbeiten und strukturieren sollen. Anschließend tragen sie ein etwa zehnminütiges Referat vor. Es sollen der mündliche Ausdruck, das Präsentationsgeschick, die Überzeugungsfähigkeit und der Umgang mit dem Zeitdruck beurteilt werden.
- Bei der **Gruppendiskussion** diskutieren die Kandidaten über ein bestimmtes Thema und suchen eine gemeinsame Lösung für das angesprochene Problem. Bei der Gruppendiskussion werden insbesondere Fragen aus dem Bereich des menschlichen Umgangs geklärt, wie z.B. Team- und Kooperationsfähigkeit.
- Beim **„Postkorb"** werden den Bewerbern Unterlagen wie Schreiben, Aktennotizen, Anfragen etc. vorgelegt und ihre Aufgabe ist es, die Vielfalt der erhaltenen Informationen aufzunehmen, zu strukturieren und Entscheidungen zu treffen. Dabei werden z.B. die Planungs- und Organisationsfähigkeit oder Delegationskompetenz überprüft.
- Beim **Rollenspiel** werden nach Spielanweisung typische Gesprächssituationen simuliert. Beispiele für Rollenspiele können im Hinblick auf das Anforderungsmerkmal „Führungskompetenz" ein kritisches Gespräch mit einem Mitarbeiter sein oder im Hinblick auf das Merkmal „Kundenorientierung" eine Beschwerde.

Hier können Merkmale wie z.B. Einfühlungsvermögen und Konfliktfähigkeit oder Verhandlungsgeschick überprüft werden.

Bei der Durchführung der Übungen werden für jeden Teilnehmer von einzelnen Beobachtern Einzelbeurteilungen vorgenommen. Diese müssen unabhängig von den anderen Beobachtern erfolgen. Danach erfolgt eine Zusammenfassung der Einzelbeurteilungen zu einer Gesamtbeurteilung für jeden Teilnehmer als Grundlage der zu treffenden Entscheidung und als Grundlage für ein abschließendes Feedback-Gespräch.

Dieses Feedback sollte in Form eines persönlichen Gespräches mit jedem einzelnen Teilnehmer erfolgen, nach Möglichkeit kurzfristig nach Abschluss des Assessment-Centers. In diesem Gespräch sollten den einzelnen Teilnehmern ausführlich die beobachteten Stärken und Schwächen in den einzelnen Übungen und Tests erläutert werden, damit die Teilnehmer die Möglichkeit haben, die Selbsteinschätzung der eigenen Leistung mit der Bewertung durch das Beobachtergremium zu vergleichen. Ferner werden den nicht erfolgreichen Teilnehmern die Gründe für die anderweitige Entscheidung offengelegt.

Vorteilhaft am Assessment-Center ist die große Zuverlässigkeit der Prognose. Durch die Mehrfachbeurteilung reduzieren sich subjektive Einflüsse und eine größere Objektivität wird gewährleistet. Als nachteilig stellt sich der hohe Aufwand dar ebenso wie die nicht unerheblichen Kosten.

4.3.2.2 Personalbeurteilung

Die Personalbeurteilung ist das Gegenüberstellen bzw. der Vergleich von Anforderungen des Arbeitsplatzes und der Leistungen des Mitarbeiters auf diesem Arbeitsplatz. Anders als bei der Arbeitsbewertung stehen bei der Personalbeurteilung die Mitarbeiter mit ihren vergangenheitsbezogenen individuellen Leistungen im Mittelpunkt der Betrachtung.

Zielsetzung und Aufgaben der Personalbeurteilung

Die **Zielsetzung** der Personalbeurteilung kann aus **zwei Blickwinkeln** betrachtet werden:

Betriebliche Sicht	Sicht der Mitarbeiter
• Gewinnung eines eindeutigen Maßstabs und der Vergleichbarkeit der Mitarbeiterleistungen. • Die Führungsqualität der Vorgesetzten soll verbessert werden, da sie sich mit Ergebnissen aus ihrem Führungsverhalten auseinandersetzen müssen.	• Orientierungsmöglichkeiten über das eigene Leistungsverhalten werden geschaffen und Leistungsanreize geboten. • Der Mitarbeiter erhält ein Feedback, wie er von seinem Vorgesetzten gesehen wird, und kann diese Sicht mit seiner persönlichen Einschätzung abgleichen.

- Das Führungsverhalten der Vorgesetzten soll sich angleichen durch ein klares und einheitliches Beurteilungssystem.
- Stärken, Schwächen und Potenziale der Mitarbeiter sollen erkannt werden, Defizite ausgeglichen und Leistungen gesteigert werden.
- Professionelle Beurteilungen sollen Motivation beim Mitarbeiter erzeugen, aus eigenem Antrieb Verbesserungen anzustreben.

- Ein klares und einheitliches Beurteilungssystem bietet Schutz vor willkürlichen Beurteilungen.
- Der Mitarbeiter kann Entwicklungsmöglichkeiten erkennen und seine Aufstiegschancen realer einschätzen.

Zu den **wesentlichen Aufgaben** der Personalbeurteilung gehören:
- Optimaler und wirtschaftlicher Einsatz der Mitarbeiter
- Gezielte Planung von Fortbildungsmaßnahmen
- Ermittlung des leistungsgerechten Entgelts
- Korrekte Formulierung von Arbeitszeugnissen
- Laufbahn- und Nachfolgeplanungen im Unternehmen
- Nutzung als wirkungsvolles Führungsinstrument
- Nutzung als gezieltes Motivationsinstrument

Anlässe und Arten der Personalbeurteilung

Die Anlässe der Personalbeurteilung können nach dem Kriterium der Regelmäßigkeit unterteilt werden. Einmal gibt es die **planmäßigen Beurteilungen**. Diese sind erforderlich:
- vor Ablauf der Probezeit,
- vor Beginn des Kündigungsschutzes (sog. Sechsmonatsfrist),
- im Rahmen der jährlichen Überprüfung des Arbeitsentgelts,
- in bestimmten Zeitabständen (z.B. alle zwei Jahre – entsprechend dem festgelegten Zeitabstand im Beurteilungssystem).

Darüber hinaus sind die **außerplanmäßigen Beurteilungen** z.B. zu folgenden Situationen erforderlich:
- bei Versetzungen, Beförderungen oder Wechsel des Arbeitsplatzes,
- bei Wechsel des Vorgesetzten,
- auf besonderen Wunsch des Vorgesetzten oder des Mitarbeiters,
- bei außerplanmäßiger Entgeltanpassung.

Bei den Arten der Personalbeurteilung wird schwerpunktmäßig nach Form und Inhalt differenziert. Wird von einer **Beurteilung nach der Form** gesprochen erfolgt nachfolgende Unterteilung:
- **Freie Beurteilung**: Es erfolgt keine Festlegung von Beurteilungskriterien, Maßstab, Durchführungsverfahren oder Formularen. Der Vorgesetzte formuliert frei nach eigenem Ermessen.
- **Gebundene Beurteilung**: Feste Vorgabe von Beurteilungskriterien, Maßstab, Durchführungsverfahren und Formularen.

- **Teilweise gebundene Beurteilung**: Mischform von freier und gebundener Beurteilung. Feste Beurteilungskriterien und Maßstab mit einem zusätzlichen Teil für freie Meinungsäußerung des Vorgesetzten.

Die Festlegung der **relevanten Beurteilungskriterien** erfolgt nach den Vorstellungen des jeweiligen Unternehmens. Standardmäßig erfolgt aber sehr häufig eine Festlegung nach:

- **Arbeitsquantität**, die sich z.B. im Umfang der Arbeitsergebnisse oder in der Zeitnutzung darstellen kann.
- **Arbeitsqualität**, die sich z.B. nach der Gleichmäßigkeit der Qualität oder Genauigkeit bei der Arbeitserledigung darstellen kann.
- **Arbeitseinsatz**, der sich durch Eigeninitiative, Belastbarkeit oder Ausdauer darstellen kann.
- **Arbeitssorgfalt**, die sich z.B. durch Zuverlässigkeit oder den wirtschaftlichen Verbrauch von Materialien darstellen kann.
- **Zusammenarbeit**, welche sich z.B. durch die Fähigkeit zur Teamarbeit, Zusammenarbeit mit Kollegen und Führungskräften oder Beachten von Vorschriften darstellen kann.

Wird von einer **Personalbeurteilung nach dem Inhalt** gesprochen, erfolgt eine Unterteilung in:

- Die **Leistungsbeurteilung**, bei der es um die vergangenheitsbezogene Bewertung und Beurteilung des individuellen Leistungsvermögens des Mitarbeiters geht.
- Die **Potenzialbeurteilung**, bei der es um eine Einschätzung des weiteren Leistungsvermögens und um eine Prognose der zukünftigen Entwicklungsmöglichkeiten des Mitarbeiters im Unternehmen geht.

Phasen der Personalbeurteilung

Die Durchführung der Personalbeurteilung kann in vier Phasen eingeteilt werden.

- Die erste Phase ist die **Beobachtung**:
  In dieser Phase soll die Arbeitsleistung und das Arbeitsverhalten des Mitarbeiters gleichmäßig wahrgenommen werden. Zu beachten ist, dass in dieser Phase keine Bewertung vorgenommen werden soll. Es geht um eine möglichst wertfreie Erfassung der Beobachtungen. Da jeder Mitarbeiter aufgrund seines Biorhythmus unterschiedliches Leistungsvermögen zeigt, sollen die Beobachtungen an wechselnden Tagen und Uhrzeiten erfolgen sowie bei wechselnden Aufgabenstellungen.

- Die zweite Phase ist die **Beschreibung**:
  Hier erfolgt eine möglichst wertfreie Wiedergabe der Einzelbeobachtungen. Diese Phase ist sehr wichtig, um wichtige Beobachtungen nicht zu vergessen und um Beurteilungsfehler zum Zeitpunkt der Bewertung zu vermeiden.

- Die darauf folgende Phase ist die **Bewertung** des beobachteten und beschriebenen Verhaltens:

Es erfolgt die Eintragung in das z.B. vorher festgelegte Beurteilungsformular, anhand der dort aufgeführten Kriterien, auf einer definierten Bewertungsskala. Zu beachten ist, dass beschriebene Einzelbeobachtungen, die sich über den Zeitverlauf nicht wiederholt haben, in die Bewertung nicht einfließen. Das gilt sowohl für positive als auch für negative Einzelbeobachtungen.

- Die vierte und letzte Phase ist das zu führende **Beurteilungsgespräch**:
  Es wird zeitnah nach der Bewertung durchgeführt und soll die bereits dargestellten Ziele der Personalbeurteilung verfolgen und die gewünschten Aufgaben erfüllen.
  Sind die Bewertungen der Leistungen positiv ausgefallen, dient das Beurteilungsgespräch der Anerkennung und der weiteren Leistungsmotivation. Gab es negative Bewertungen, geht es in dem Gespräch um eine Darstellung der Schwachstellen und die Besprechung, wie diese beseitigt werden können.

Für die **Gesprächsführung bei einem Beurteilungsgespräch** gelten folgende Empfehlungen:
- Bei der Eröffnung des Gespräches eine lockere Atmosphäre schaffen
- Gespräch unter vier Augen
- Gespräch der Persönlichkeit des Beurteilten anpassen
- Positive Bewertungen zuerst besprechen
- Danach die Kritikpunkte ansprechen
- Leistungsverhalten besprechen/kritisieren und nicht die Person
- Sachlich bleiben; keine Übertreibungen
- Meinung des Beurteilten erfragen
- Konkrete Hinweise zur Verbesserung von Fehlern geben und Vertrauen bekunden
- Gemeinsam nach Möglichkeiten zur Förderung des Mitarbeiters suchen und Maßnahmen und Arbeitsziele festlegen
- Positiver Gesprächsabschluss

Nach dem Gespräch wird die Personalbeurteilung der Personalakte zugeführt. Die besprochenen Maßnahmen, z.B. Schulungen usw., müssen veranlasst werden.

Beurteilungsfehler

Bei jeder Beurteilung besteht die Gefahr, dass der Vorgesetzte unbewusst Beurteilungsfehler macht. Dies kann große Folgen nach sich ziehen, denn Mitarbeiter die sich ungerecht beurteilt fühlen, können in ihrer Leistungsbereitschaft und Motivation nachlassen. Auch sollte bedacht werden, dass Beurteilungsfehler auch zu gute Beurteilungen nach sich ziehen können. Erfolgt wegen einer zu guten Beurteilung eine Versetzung in eine bessere Position, so hat das möglicherweise Überforderung bei dem Mitarbeiter und unzureichende Arbeitsergebnisse auf diesem Arbeitsplatz zur Folge.

Beurteilungsfehler lassen sich in die Kategorien „Fehlerquellen im Maßstab" und „Fehlerquellen in der Wahrnehmung" einteilen. Typisch sind folgende Beurteilungsfehler:

Fehlerquellen im Maßstab

Tendenz zur Mitte	Es erfolgt überdurchschnittlich oft eine Einschätzung im Mittelbereich.
Tendenz zur Milde	Hier werden die Mitarbeiter überdurchschnittlich oft zu gut beurteilt.
Tendenz zur Strenge	Hier tritt das Gegenteil auf. Der Vorgesetzte hat zu hohe Ansprüche an die Leistungen und das Verhalten der Mitarbeiter. Da nur sehr wenige Mitarbeiter diesen überhöhten Ansprüchen gerecht werden können, sind überproportional schlechte Beurteilungen die Folge.
Sympathie-/ Antipathiefehler	Hier erfolgt bei Sympathie eine zu positive bzw. bei Antipathie eine zu negative Beurteilung der einzelnen Mitarbeiter.
Subjektivität	Der Vorgesetzte nimmt sich selber als Maßstab. Er vergleicht die Mitarbeiter mit sich selbst und bewertet sie dementsprechend.

Fehlerquellen in der Wahrnehmung

Halo-Effekt	Der Vorgesetzte schließt von einem Merkmal auf die gesamte Person. Ein einziges Merkmal verfälscht dadurch die gesamte Beurteilung. Wird dieses Merkmal positiv gewertet, fällt die gesamte Beurteilung zu positiv aus, und umgekehrt.
Recency-Effekt	Der Vorgesetzte hat nur die jüngsten bzw. zuletzt gemachten Beobachtungen in die Beurteilung einfließen lassen.
Primacy-Effekt	Der Vorgesetzte berücksichtigt die länger zurückliegenden Beobachtungen stärker als die jüngeren Beobachtungen.
Selektionseffekt	Der Vorgesetzte selektiert die Beurteilungskriterien nach dem, was er selber für relevant hält. Diese werden dann oft realistisch oder zu streng bewertet, während andere Kriterien als nebensächlich betrachtet werden und häufig nicht aufgrund von tatsächlichen Beobachtungen, sondern aus einem Gefühl heraus bewertet werden.
Klebereffekt	Der Vorgesetzte beurteilt Mitarbeiter, die noch nicht oder länger nicht befördert wurden, schlechter als andere Mitarbeiter.
Hierarchieeffekt	Der Vorgesetzte beurteilt Mitarbeiter einer höheren Hierarchieebene besser als Mitarbeiter auf darunterliegenden Ebenen, ohne die unterschiedlichen Anforderungen zu berücksichtigen.
Lorbeereffekt	Positive Leistungen aus früheren Beurteilungen werden in die Bewertung miteinbezogen und die Beurteilung fällt dadurch zu gut aus, obwohl sich diese Leistungen danach nicht mehr bestätigt haben.

So positiv die Zielsetzung und die Aufgaben der Personalbeurteilung auch sind, so darf nicht außer Acht gelassen werden, dass mit der Einführung eines Personalbeurteilungssystems auch Probleme entstehen.

Wenn die Personalbeurteilungen fundiert durchgeführt werden, entsteht ein erheblicher Zeitaufwand beim Vorgesetzten für die Beobachtungen, Beschreibungen, Bewertungen und für das Beurteilungsgespräch. Es muss nach Lösungen gesucht werden, die Arbeitsbelastung nicht zu groß werden zu lassen, denn darunter kann auch die Qualität der Beurteilungen leiden.

Auch muss bedacht werden, dass selbst bei größter Objektivität und guter Gesprächsführungstechnik Konflikte nicht ausgeschlossen werden können. Vorgesetzte benötigen daher intensive Schulungen, um Konflikten angemessen begegnen zu können und um negative Folgen wie Demotivation, Rücknahme der Leistungsbereitschaft, Verschlechterung des Betriebsklimas zu reduzieren.

Auch bei intensiver Schulung der Vorgesetzten lassen sich Beurteilungsfehler nur senken, aber nicht ganz ausschließen. Fehlerlose Beurteilungen können nicht erreicht werden.

Personalentwicklungsmaßnahmen im Vergleich

Die Maßnahmen der Personalentwicklung können unterschieden werden nach den Gesichtspunkten Zeitpunkt, Zielrichtung und der Beziehung zur ausgeübten Tätigkeit. Dadurch werden folgende Unterscheidungen der einzusetzenden Methoden und der PE-Instrumente (Personalentwicklungsinstrumente) vorgenommen:

PE into the Job	Vorbereitung auf bestimmte berufliche Funktionen. Folgende Maßnahmen können hier eingeordnet werden: • Berufliche Erstausbildung • Praktikum • Trainee-Programm
PE on the Job	Die Qualifikation findet am Arbeitsplatz bzw. im Funktionsfeld statt. Hierzu zählen: • Anleitung und Beratung • Arbeitsstrukturierungsmaßnahmen wie z.B. Jobrotation • Planmäßige Unterweisung • Sonderaufgaben
PE near the Job	Die Qualifikation findet im Umfeld des Arbeitsplatzes/Funktionsfeldes statt. Hierzu zählt der Quality Circle. Dies ist eine spezielle Form der Gruppenarbeit. Kleingruppen von etwa 7–12 Mitarbeitern versuchen, unter Anleitung eines Moderators, Schwachstellen im eigenen Arbeitsgebiet aufzudecken und Vorschläge zu deren Beseitigung zu erarbeiten.

PE off the Job	Die Qualifikation findet außerhalb des Arbeitsplatzes/Funktionsfeldes statt. Hierzu zählen Schulungen und Seminare die mithilfe von • Lehrvortrag, • Lehrgespräch, • programmierter Unterweisung, • Fallmethode, • Rollenspiel, • gruppendynamischem Training durchgeführt werden.
PE along the Job	Hier findet eine vertikale Qualifizierung durch Laufbahn- und Nachfolgeplanung statt. Die Laufbahnplanung beschäftigt sich mit dem persönlichen Karriereplan eines Arbeitnehmers. Der individuelle Aufbau von Karrierewegen der eigenen Mitarbeiter sichert den künftigen Bedarf an qualifizierten Führungskräften eines Unternehmens. Bei dieser Planung steht der Mitarbeiter mit seinem beruflichen Werdegang im Vordergrund. Zu den Karriereanreizen gehört die hierarchische Höherstellung, besseres Entgelt und Sicherung des Arbeitsplatzes. Die Grundlage für die Laufbahnplanung bilden • die erworbenen Fertigkeiten am Arbeitsplatz, • die notwendige Berufserfahrung in der Vergangenheit, • die Mitarbeiterbeurteilung. Die Nachfolgeplanung hat zum Ziel, die Wiederbesetzung von freien Stellen rechtzeitig zu sichern, wobei die zu besetzende Stelle im Vordergrund steht. Hierfür müssen alle personellen Veränderungen durch Austritte, Versetzungen, Pensionierungen und Beförderung ihrem Termin nach ermittelt werden. Der Nachfolger wird nach bestimmten Kriterien wie Ausbildung, Persönlichkeit und Personalbeurteilung in größter Übereinstimmung mit der Stellenbeschreibung ausgewählt. Es geht somit um die konkrete Zusicherung eines neuen Arbeitsplatzes auf einer höheren Position.
PE out of the Job	Diese Methode dient der Vorbereitung eines Mitarbeiters auf das Ausscheiden aus dem Unternehmen. Hierzu zählen: • Outplacement • Vorbereitung auf den Ruhestand

4.3.3 Kosten- und Nutzenanalyse der Personalentwicklung

Bei der Kosten- und Nutzenanalyse erfolgt eine Betrachtung der Aufwendungen für Personalentwicklungsmaßnahmen im Vergleich zu den gewünschten Ergebnissen. Dieses Bildungscontrolling kann wie folgt gegliedert sein:

Abb. 4.62: Elemente des Bildungscontrollings

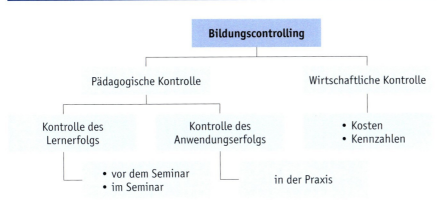

Im Rahmen einer **pädagogischen Kontrolle** sollte bereits vor dem Seminar mit dem Mitarbeiter über die Maßnahme gesprochen und das individuelle Lernziel festgelegt werden.

Unmittelbar nach dem Seminar sollte mit dem Mitarbeiter über seinen Eindruck, seine Erkenntnisse und seine geplanten Schritte zur Umsetzung des Gelernten am Arbeitsplatz gesprochen werden. In der Folgezeit sollte der Lerntransfer des Mitarbeiters unterstützt und kontrolliert werden.

Sowohl die Mitarbeiter als auch die Vorgesetzten sind verantwortlich für den Lerntransfer, d.h. für die Übertragung der Erkenntnisse in den betrieblichen Alltag. Zur **Kontrolle des Anwendungserfolgs** müssen die Vorgesetzten die Ergebnisse der Qualifizierung festhalten und analysieren.

Im Rahmen der **wirtschaftlichen Kontrolle** wird überprüft, ob die geplanten Kosten den tatsächlichen Kosten entsprechen. Sollten Abweichungen festgestellt werden, muss analysiert werden, wo die Abweichungen entstanden sind, wann sie entstanden sind und welches Ausmaß die Abweichung hatte.

Gebräuchlich ist die Einteilung in Personalkosten, Sachkosten und sonstige Kosten, die weiter aufgegliedert werden können:

- **Personalkosten**
    - Kosten der Bildungsteilnehmer (anteiliges Arbeitsentgelt für ausgefallene Arbeitszeit)
    - Kosten für interne Dozenten (= anteiliges Arbeitsentgelt für ausgefallene Arbeitszeit)
    - Kosten für externe Dozenten
    - Planungs- und Verwaltungskosten (= anteilige Kosten der Bildungsplanung)

- **Sachkosten**
    - Seminargebühren
    - Kosten für Arbeitsmaterialien
    - Reisekosten

– Kosten für Unterkunft und Verpflegung
– Raumkosten

- **Sonstige Kosten**
  – Gebühren (z.B. Prüfungsgebühren)
  – Kommunikationskosten

> **!** Kostenvergleichsrechnungen sind immer dann erforderlich, wenn zwischen interner oder externer Durchführung eines Seminars entschieden werden muss.

Die aufzuwendenden Kosten werden ohne Berücksichtigung der pädagogischen Aspekte verglichen.

4.3.4 Aufgaben und Lösungshinweise

1. Aufgabe
Welche Vorteile verspricht sich ein Unternehmen von der Bevorzugung der Personalentwicklung vor der externen Personalbeschaffung?

2. Aufgabe
Erklären Sie den Begriff der „dualen Berufsausbildung".

3. Aufgabe
In welche einzelnen Bereiche wird die Fortbildung unterschieden?

4. Aufgabe
Erläutern Sie die Laufbahnplanung.

5. Aufgabe
Nennen Sie vier Aufgaben der Personalbeurteilung.

6. Aufgabe
Nennen Sie drei mögliche Fehlerquellen im Maßstab.

7. Aufgabe
Was verstehen Sie unter „PE off the Job"?

8. Aufgabe
Stellen Sie die Aspekte der wirtschaftlichen Kontrolle von Personalentwicklungsmaßnahmen dar.

Lösungshinweise

1. Aufgabe
Ein Unternehmen verspricht sich diverse Vorteile wie z.B.:
- Verminderung der Fluktuation,
- deutlich kürzere Einarbeitungszeiten,
- Kostenvorteil, da Personalbeschaffungskosten entfallen,

- Steigerung der Mitarbeitermotivation,
- optimale Nutzung des vorhandenen Personalpotenzials.

2. Aufgabe

Die duale Berufsausbildung findet parallel im Betrieb und in der Berufsschule statt. Dabei wird der praktische Teil der Ausbildung den Auszubildenden in den Betrieben vermittelt, den theoretischen Teil übernimmt die Berufsschule.

3. Aufgabe

Es wird unterschieden zwischen:
- Erhaltungsfortbildung mit dem Ziel, mögliche Verluste von Kenntnissen und Fähigkeiten auszugleichen,
- Erweiterungsfortbildung dient der zusätzlichen Qualifizierung,
- Anpassungsfortbildung aktualisiert bzw. vertieft das bereits erworbene Wissen und Können sowie die Verhaltensweisen,
- Aufstiegsfortbildung mit dem Ziel, die vertikale Mobilität der Mitarbeiter zu erhöhen.

4. Aufgabe

Die positionsorientierte Laufbahnplanung zielt auf die Entwicklung von Fach- und Führungskräften ab. Die potenzialorientierte Laufbahnplanung bringt die persönlichen Entwicklungswünsche und Interessen des Mitarbeiters mit den Wünschen des Unternehmens in Einklang.

5. Aufgabe

Zu den wesentlichen Aufgaben der Personalbeurteilung gehören z.B.
- der optimale und wirtschaftliche Einsatz der Mitarbeiter,
- die gezielte Planung von Fortbildungsmaßnahmen,
- die Ermittlung des leistungsgerechten Entgelts,
- die korrekte Formulierung von Arbeitszeugnissen.

6. Aufgabe

Bei der Tendenz zur Mitte erfolgt überdurchschnittlich oft eine Einschätzung im Mittelbereich. Bei der Tendenz zur Milde werden die Mitarbeiter oft zu gut beurteilt. Bei der Tendenz zur Strenge hat der Vorgesetzte zu hohe Ansprüche an die Leistungen und das Verhalten der Mitarbeiter.

7. Aufgabe

Bei der „PE off the Job" findet die Qualifikation eines Mitarbeiters außerhalb des Arbeitsplatzes, z.B. in Lehrgängen oder Lehrgesprächen, statt.

8. Aufgabe

Im Rahmen der wirtschaftlichen Kontrolle wird überprüft, ob die geplanten Kosten der Entwicklungsmaßnahme den tatsächlichen Kosten entsprechen.

4.4 Musterklausur

1. Aufgabe

In einer Führungskreissitzung werden die Ziele und Pläne Ihres Unternehmens für die nächsten fünf Jahre diskutiert. Dabei tauchen verschiedene Fragestellungen auf.

a) Ein Sitzungsteilnehmer äußert, dass es sowohl eine strategische als auch taktische und operative Planung geben muss. Stellen Sie den Unterschied zwischen diesen Planungen dar und nennen Sie jeweils ein Beispiel. (**6 Punkte**)

b) Ein Sitzungsteilnehmer äußert, dass Ziele nach der SMART-Regel formuliert werden sollen. Beschreiben Sie diese Regel und begründen Sie, warum ihre Einhaltung wichtig ist. (**6 Punkte**)

c) Stellen Sie den Unterschied zwischen einer komplementären und einer konkurrierenden Zielbeziehung dar und geben Sie jeweils ein Beispiel. (**6 Punkte**)

2. Aufgabe

Ihr Geschäftsführer möchte sich in Zukunft für die langfristige Planung der Unternehmensziele mehr auf fundierte Informationen stützen. In diesem Zusammenhang möchte er von Ihnen einen Überblick über die möglichen Instrumente erhalten.

a) Nennen Sie vier Instrumente der strategischen Planung ohne Nennung des Benchmarkings. (**4 Punkte**)

b) Erklären Sie das Benchmarking. (**8 Punkte**)

3. Aufgabe

Bisher hat es in Ihrem Unternehmen noch kein Organigramm gegeben. Sie möchten das gerne verändern, da Sie Organigramme für wichtig halten.

a) Erklären Sie Ihrer Geschäftsleitung, an welchen Kriterien sich die Gestaltung eines Organigramms orientiert. (**6 Punkte**)

b) Erläutern Sie Ihrer Geschäftsleitung, warum Sie ein Organigramm für wichtig halten. (**4 Punkte**)

4. Aufgabe

Sie möchten Ihre Geschäftsleitung davon überzeugen, dass das Führen über Zielvereinbarung eine stark motivierende Wirkung auf die Mitarbeiter haben kann. In einer Besprechung wollen Sie das damit in Zusammenhang stehende Management by Objectives (MbO) näher erläutern.

a) Erklären Sie die einzelnen Elemente des MbO. (**6 Punkte**)

b) Nennen Sie jeweils zwei Vor- und Nachteile beim MbO. (**4 Punkte**)

5. Aufgabe

Ein Kollege von Ihnen hat schon öfter geäußert, dass er sich durch die Arbeitsmenge und den Termindruck überlastet fühlt. Er macht häufig Überstunden, weiß aber abends oft nicht, was er während des Tages geleistet hat. Sie wollen ihm helfen, damit er wieder positive Erlebnisse an seinem Arbeitsplatz hat. Beschreiben Sie drei Methoden/Techniken, die Sie für ein effektives Zeitmanagement empfehlen. (**12 Punkte**)

6. Aufgabe

In Ihrem Unternehmen soll die Gruppenarbeit eingeführt werden. Sie sollen vor der Belegschaft eine Präsentation zu diesem Thema halten.

a) Um für ein allgemeines Verständnis und einen Überblick zu sorgen, nennen Sie zunächst fünf Merkmale von Gruppen. (**5 Punkte**)

b) Beschreiben Sie die Begriffe Gruppendruck, Gruppendynamik und Gruppenkohäsion. (**9 Punkte**)

c) Gruppenmitglieder nehmen Rollen ein. Stellen Sie drei Rollen dar und erklären Sie Ihr mögliches Führungsverhalten. (**9 Punkte**)

7. Aufgabe

In Ihrem Unternehmen müssen in den nächsten drei Jahren mehrere Führungspositionen neu besetzt werden. Ihre Geschäftsleitung bittet Sie um eine Beratung, wie diese Positionen besetzt werden können.

a) Stellen Sie dar, aufgrund welcher Überlegungen eine Auswahl der Beschaffungswege erfolgen kann. (**7 Punkte**)

b) Nennen Sie je zwei Vor- und Nachteile der internen Beschaffung. (**4 Punkte**)

c) Nennen Sie jeweils zwei Vor- und Nachteile der externen Beschaffung. (**4 Punkte**)

Lösungshinweise

1. Aufgabe

a) Die strategische Planung betrachtet mehrere Jahre. Sie kann in unregelmäßigen Abständen durchgeführt werden. In ihr findet schwerpunktmäßig eine problemorientierte Betrachtungsweise statt. Sie beschäftigt sich z.B. mit der Verbesserung der Marktstellung des Unternehmens, der Sicherung der Unabhängigkeit des Unternehmens usw.

Die taktische Planung befasst sich mit den mittelfristigen Plänen und leitet sich aus der strategischen Planung ab. Hier werden operationalisierbare Ziele und Maßnahmen beschrieben, mit einer Festlegung von Ressourcen. Sie beschäftigt sich z.B. mit der Betriebsmittelkapazität, dem Absatzprogramm usw.

Die operative Planung ist zeitraumorientiert und an der strategischen Planung ausgerichtet. Mit ihr soll die strategische Planung umgesetzt werden. Die operative Planung ist konkret und detailliert und beschäftigt sich z.B. mit den Budgets für einzelne Geschäftsbereiche, dem Personalbedarf usw.

b) Ziele müssen immer eindeutig formuliert werden. Die Mitarbeiter brauchen konkrete Vorgaben und Orientierung. Daher werden Ziele am besten messbar und vollständig beschrieben, indem man die SMART-Regel anwendet:

S = spezifisch: Konkrete und eindeutige Formulierung der Ziele.
M = messbar: Das erreichte Ziel muss messbar sein.
A = attraktiv: Positive Formulierung des Zieles.
R = realistisch: Das Ziel muss erreichbar sein.
T = terminiert: Das Ziel muss ein eindeutiges Enddatum haben.

c) Bei einer komplementären Beziehung der Ziele wird auch von Zielharmonie gesprochen. Das bedeutet, dass durch das Erreichen eines Zieles auch automatisch ein anderes Ziel erfüllt wird. Ein Beispiel hierzu ist, dass das Anbieten von Personalentwicklungsmaßnahmen zur Verbesserung der Qualifikation der Mitarbeiter auch gleichzeitig zu einer Steigerung der Mitarbeiterzufriedenheit führt.

Bei einer konkurrierenden Beziehung der Ziele wird auch von einem Zielkonflikt gesprochen. Hier führt das Erreichen des einen Zieles zu einer Behinderung oder sogar Verhinderung eines anderen Zieles. Das Ziel des Aufbaus eines neuen Marktes steht im Konflikt zur gewünschten Kostenminimierung im Unternehmen.

2. Aufgabe

a) Produktlebenszyklus, Produktportfolio, Erfahrungskurve, SWOT-Analyse

b) Benchmarking ist ein kontinuierlicher Verbesserungsprozess, bei dem Produkte und Dienstleistungen des eigenen Unternehmens an denen des stärksten Mitbewerbers gemessen und mit diesen verglichen werden. Damit können die Unternehmensziele und Unternehmensaktivitäten an die sich ständig verändernden Kundenbedürfnisse angepasst werden. Die wesentlichen Ziele des Benchmarkings sind z.B. Kostensenkung, Verbesserung der Qualität und Leistungssteigerung. Es lassen sich im Rahmen eines Benchmarkings die unterschiedlichsten Objekte miteinander vergleichen, z.B. Produkte, Prozesse, Kosten, Organisation, Märkte, Führung.

3. Aufgabe

a) Mithilfe eines Organigramms kann die Aufbauorganisation in grafischer Form dargestellt werden. Die Gestaltung eines Organigramms orientiert sich an:
- Zuordnung der Aufgaben zu den Stellen,
- Gliederung der Stellen,
- Zusammenfassung von Stellen zu Abteilungen,
- Leitungsebenen,
- Unter- und Überordnung,
- Zuordnung der Stabsstellen.

b) Vorteilhaft ist an der Visualisierung der Struktur eines Unternehmens, dass Zuständigkeiten und Hierarchien eindeutig dargestellt sind. Dadurch kann sowohl neuen Mitarbeitern als auch Außenstehenden wie z.B. Kunden, Lieferanten, Banken ein guter erster Überblick verschafft werden.

4. Aufgabe

a) Das MbO baut auf drei Elementen auf:
1. Einem Zielsystem bestehend aus Ober- und Unterzielen. Die Oberziele werden durch die Unternehmensführung festgelegt und daraus die Unterziele abgeleitet. Im Vordergrund sollten dabei immer erreichbare Ziele stehen.
2. Einer klar festgelegten Organisation mit eindeutig abgegrenzten Verantwortungsbereichen. Hierzu kann die Stellenbeschreibung genutzt werden.
3. Einem Kontrollsystem, welches sicherstellt, dass ein dauerhafter Vergleich von Soll-Werten bzw. Zielen mit den Ist-Werten, d.h. den tatsächlichen Ergebnissen, stattfindet. Sollte es zu Abweichungen kommen, müssen diese ermittelt und analysiert werden. Die Ursachen der Abweichungen sollen dabei festgestellt werden.

b) Vorteile von MbO sind z.B.:
- Die Führungskraft wird entlastet.
- Die Mitarbeiterbeurteilung kann objektiver werden.

Nachteile von MbO:
- Die Mitarbeiter können sich einem hohen Leistungsdruck ausgesetzt fühlen.
- Die Ziele sind oft zu detailliert und unrealistisch festgelegt.

5. Aufgabe

Eisenhower-Prinzip

Das Eisenhower-Prinzip ist ein einfaches und pragmatisches Hilfsmittel, um schnell Prioritäten zu setzen. Man unterscheidet bei einem Vorgang zwischen der Dringlichkeit (Zeit-/Terminaspekt) und der Wichtigkeit (Bedeutung der Sache) in den Ausprägungen „hoch" und „niedrig". Das Ergebnis ist eine Vier-Felder-Matrix, die eine einfache, aber wirksame Handlungsorientierung bietet. Die sog. „Vorfahrtsregel" lautet: Wichtigkeit geht vor Dringlichkeit.

Pareto-Prinzip

Das Pareto-Prinzip besagt, dass wichtige Dinge normalerweise einen kleinen Anteil innerhalb einer Gesamtmenge ausmachen. Diese Regel hat sich in den verschiedensten Lebensbereichen als sog. 80/20-Regel bestätigt:
- 20 % der Kunden bringen 80 % des Umsatzes,
- 20 % der Fehler bringen 80 % des Ausschusses,
- 20 % der Arbeitsenergie bringen (bereits) 80 % des Arbeitsergebnisses.

ABC-Analyse

Der ABC-Analyse liegt die Erfahrung zugrunde, dass
- 15 % aller Aufgaben   65 % zur Zielerreichung beitragen,
- 20 % aller Aufgaben (nur) 20 % zur Zielerreichung beitragen,
- 65 % aller Aufgaben (nur) 15 % zur Zielerreichung beitragen.

Eine Schwierigkeit bei der ABC-Analyse ergibt sich aus der Tatsache, dass man die eigene Tätigkeit nach der Priorität der einzelnen Aufgaben einteilen muss.

6. Aufgabe

a) Die Gruppe ist gekennzeichnet durch folgende Merkmale:
   - Es besteht in der Regel eine enge soziale Interaktion und innerer Zusammenhalt,
   - sie ist nach außen abgegrenzt,
   - es besteht physische Nähe,
   - die Gruppenmitglieder verfolgen gemeinsame Ziele und unterliegen Regeln und Normen,
   - die Gruppenmitglieder haben unterschiedliche Rollen angenommen und
   - es besteht ein Wir-Gefühl, d.h. ein gemeinsames Gruppenbewusstsein.

b) Unter Gruppendruck werden die Forderungen der Gruppengesamtheit an die einzelnen Gruppenmitglieder verstanden. Es wird erwartet, dass sich die einzelnen Gruppenmitglieder den ungeschriebenen Regeln und Gesetzen der Gruppe unterordnen. Schert ein Gruppenmitglied aus, so verhängt die Gruppe entsprechende Strafen.

Als Gruppendynamik werden die Veränderungsprozesse bezeichnet, die in einer Gruppe stattfinden. Vor allem ist hier der Prozess der Meinungs- und Entscheidungsbildung innerhalb der Gruppe gemeint.

Als Gruppenkohäsion wird der innere Zusammenhalt einer Gruppe bezeichnet. Wie ausgeprägt die Gruppenkohäsion ist, hängt z.B. von der Art der Aufgaben ab. Je niedriger die Gruppenkohäsion, desto geringer die Qualität der Arbeit.

c) Folgende drei Rollen können beispielhaft genannt werden:

- Der Star ist häufig der informelle Führer der Gruppe und hat daher einen hohen Anteil an der gesamten Gruppenleistung. Diese Person verfügt oft über ein hohes Selbstvertrauen und Sozialkompetenz. Ein fördernder Führungsstil kann diese positiven Aspekte noch weiter entwickeln.

- Der Drückeberger kann mehr leisten, als er tatsächlich erbringt. Oft sind diese Personen interesselos und faul. Solche Mitarbeiter brauchen klare Anweisungen mit messbaren Ergebnissen und Terminen. Die Einhaltung muss in regelmäßigen Abständen kontrolliert werden. Bei Nichteinhaltung der Anweisungen darf keine Milde gezeigt werden.

- Der Außenseiter grenzt sich von der Arbeitsgruppe ab, z.B. wegen Schüchternheit, Unsicherheit oder fehlenden Interesses an der Gruppenarbeit. Diese Person sollte durch die Aufgabenstellung integriert werden. In einem Gespräch können die Ursachen für die Aussenseiterrolle geklärt werden.

7. Aufgabe

a) Maßgeblich für die Entscheidung, ob der Bedarf an Personal intern oder extern gedeckt wird, sind nachfolgende Faktoren:

- Potenzial der Märkte
- Fragen der Verfügbarkeit
- Dringlichkeit der Stellenbesetzung
- Gehaltsstrukturen, intern und extern
- Standort des Unternehmens
- Beschaffungskosten
- Erfolgsaussichten und Erfahrungswerte
- Bedeutung der zu besetzenden Stelle

b) Vorteile der internen Beschaffung:

- Aufstiegsmöglichkeiten für eigene Mitarbeiter
- Möglichkeit der langfristigen und zielgerichteten Personalentwicklungsplanung
- Motivation und Bindung der Mitarbeiter an das Unternehmen

Nachteile der internen Beschaffung:

- Die Auswahlmöglichkeiten sind verringert
- Kein „frischer Wind" (Betriebsblindheit)
- Angst der Mitarbeiter vor Ablehnung bei einer Bewerbung

c) Vorteile der externen Beschaffung:

- Größere Auswahl aus vielen Bewerbern
- Gewinnung von neuen Kenntnissen und Erfahrungen
- Frische Ideen der neuen Mitarbeiter

Nachteile der externen Beschaffung:

- Zeitaufwendige Beschaffung der neuen Mitarbeiter
- Zusätzliche Beschaffungskosten
- Längere Einarbeitung in das Unternehmen

Hinweis

Als sinnvolle **Weiterführung** für angehende Wirtschaftsfachwirte/-wirtinnen empfehlen wir Ihnen das **Kompendium Wirtschaftsfachwirte-Prüfung**. Dieses setzt auf dem Basisband auf und deckt inhaltlich den zweiten Teil des Lehrplans für die Wirtschaftsfachwirte ab, also die handlungsspezifischen Qualifikationen. Beide Bücher zusammen stellen ein komplettes Werk zur Vorbereitung auf die Wirtschaftsfachwirte-Prüfung dar.

Wenn Sie einen Abschluss als Industriefachwirt/-in anstreben, empfehlen wir Ihnen das **Kompendium Industriefachwirte-Prüfung**: Auch dieses setzt auf dem vorliegenden Basisband auf und deckt inhaltlich den zweiten Teil des Lehrplans für die Industriefachwirte ab, also die handlungsspezifischen Qualifikationen. Beide Bücher zusammen stellen ein komplettes Werk zur Vorbereitung auf die Industriefachwirte-Prüfung dar.

Eine **Kaufmännische Formelsammlung** rundet dieses Angebot ab. Dieser Band umfasst den Inhalt der offiziell für die Prüfung zugelassenen Formelsammlung (die jeweils von der prüfenden Stelle ausgegeben wird) und enthält darüber hinaus umfassende Erläuterungen, Beispiele und Prüfungsstoff – optimal für die Vorbereitung und zum Erproben der Prüfungssituation.

Literaturverzeichnis

Kapitel 0: Lern- und Arbeitsmethodik

Bischof/Bischof/Müller 2012: Bischof, Klaus / Bischof, Anita / Müller, Horst: Selbstmanagement. 2., ergänzte Auflage, Freiburg 2012.

Brakelmann 2012: Brakelmann, Brigitte: Lerntechniken und Arbeitsmethodik. Berlin 2012.

Felser 2012: Felser, Georg: Selbstmotivation. Berlin 2012.

Hofmann/Löhle 2012: Hofmann, Eberhardt / Löhle, Monika: Erfolgreich Lernen: Effiziente Lern- und Arbeitsstrategien für Schule, Studium und Beruf. 2., neu ausgestattete Auflage, Göttingen 2012.

Leonhardt 2012: Leonhardt, Jennifer: Stressmanagement – mit weniger Druck mehr erreichen. Berlin 2012.

Metzig/Schuster 2010: Metzig, Werner / Schuster, Martin: Lernen zu lernen: Lernstrategien wirkungsvoll einsetzen. 8., aktualisierte Auflage. Heidelberg 2010.

Pauly 2011: Pauly, Alexander: Zeitmanagement. Berlin 2011.

Reinhaus 2011: Reinhaus, David: Lerntechniken. Freiburg 2011.

Stroebe 2010: Stroebe, Rainer W.: Arbeitsmethodik: Energie-, Zeit- und Stress-Management. 9., überarbeitete Auflage. Hamburg 2010.

Kapitel 1: Volks- und Betriebswirtschaft

Felsch/Frühbauer/Krohn/Kurtenbach/Müller 2012: Felsch, Stefan / Frühbauer, Raimund / Krohn, Johannes / Kurtenbach, Stefan / Müller, Jürgen: Betriebswirtschaftslehre der Unternehmung. Haan-Gruiten 2012.

Härtl 2011: Härtl, Johanna: Aufgaben VWL & BWL. Berlin 2011.

Mankiw/Taylor 2012: Mankiw, N. Gregory / Taylor, Mark P.: Grundzüge der Volkswirtschaftslehre. 5. Auflage, Stuttgart 2012.

Seidel/Temmen 2011: Seidel, Horst / Temmen, Rudolf: Grundlagen der Volkswirtschaftslehre, Lerngerüst – Lerninformationen – Lernaufgaben – Lernkontrolle. 29. Auflage, Köln 2011.

Voss 2012: Voss, Rüdiger: BWL kompakt: Grundwissen Betriebswirtschaftslehre. 6. Auflage, Rinteln 2012.

Wöhe/Döring 2010: Wöhe, Günter / Döring, Ulrich: Einführung in die Allgemeine Betriebswirtschaftslehre. 24. Auflage, München 2010.

Woll 2011: Woll, Artur: Volkswirtschaftslehre. 16. Auflage, München 2011.

Kapitel 2: Rechnungswesen

Baum 2011: Baum, Frank: Kosten- und Leistungsrechnung. 4. Auflage, Berlin 2011.

Deitermann /Schmolke/Rückwart 2012: Deitermann, Manfred / Schmolke, Siegfried / Rückwart, Wolf-Dieter: Industrielles Rechnungswesen – IKR: Schülerbuch. 41., überarbeitete Auflage. Braunschweig 2012.

Härtl 2011: Härtl, Johanna: Aufgaben Rechnungswesen. Berlin 2011.

Kudert/Sorg 2011: Kudert, Stephan / Sorg, Peter: Übungsbuch Rechnungswesen – leicht gemacht: Lernziele, Leitsätze, Kontrollfragen, Übungen. Die ideale Prüfungsvorbereitung! Berlin 2011.

Reichelt 2012: Reichelt, Hanfried: Kosten- und Leistungsrechnung Schritt für Schritt. 9. Auflage, Haan-Gruiten 2012.

Schultz 2011: Schultz, Volker: Basiswissen Rechnungswesen: Buchführung, Bilanzierung, Kostenrechnung, Controlling. 6. Auflage, München 2011.

Wedell/Dilling 2010: Wedell, Harald / Dilling, Achim A.: Grundlagen des Rechnungswesens: Buchführung und Jahresabschluss. Kosten- und Leistungsrechnung. 13., vollständig überarbeitete Auflage, Herne 2010.

Kapitel 3: Recht und Steuern

Beck-Texte im dtv 2013: Beck-Texte im dtv (Hrsg.): Arbeitsgesetze. 81. Auflage, München 2013.

Beck-Texte im dtv 2012: Beck-Texte im dtv (Hrsg.): Steuergesetze: Abgabenordnung, Bewertungsgesetz, Einkommensteuer einschließlich Nebenbestimmungen sowie Einkommensteuer-Tabellen, Erbschaftsteuer, ... u.a., Rechtsstand: 1. Juli 2012. 8. Auflage, München 2012.

Birk 2012: Birk, Dieter: Steuerrecht (Schwerpunktbereich). 15., neu bearbeitete Auflage, Heidelberg 2012.

Bornhofen 2012: Bornhofen, Manfred: Steuerlehre 1 Rechtslage 2012: Allgemeines Steuerrecht, Abgabenordnung, Umsatzsteuer (Bornhofen Steuerlehre 1 LB) (German Edition). 33., überarbeitete Auflage, Heidelberg 2012.

Campenhausen/Grawert 2011: Campenhausen, Otto von; Grawert, Achim: Steuerrecht im Überblick. 2., überarbeitete und aktualisierte Auflage. Stuttgart 2011.

Hafke/Niederle 2012: Hafke, Bianca / Niederle, Jan: Arbeitsrecht: Mit Darstellung des AGG sowie des Teilzeit- und Befristungsgesetzes. 8., unveränderte Auflage, Altenberge 2012.

Hauptmann 2012: Hauptmann, Peter-Helge: Arbeitsrecht leicht gemacht: Eine Darstellung mit praktischen Fällen, verständlich – kurz – praxisorientiert, für Juristen, Volks- und Betriebswirte, ... Arbeitgeberverbände und Gewerkschaften. 7. Auflage, Berlin 2012.

Hefermehl 2012: Hefermehl, Wolfgang: Handelsgesetzbuch HGB: ohne Seehandelsrecht, mit Wechselgesetz und Scheckgesetz und Publizitätsgesetz. 53. Auflage, München 2012.

Jesgarzewski 2012: Jesgarzewski, Tim: Wirtschaftsprivatrecht: Grundlagen und Praxis des Bürgerlichen Rechts (FOM-Edition). Heidelberg 2012.

Jung 2012: Jung, Peter: Handelsrecht. 9. Auflage, München 2012.

Klunzinger 2011: Klunzinger, Eugen: Grundzüge des Handelsrechts. 14. Auflage, München 2011.

Köhler 2012: Köhler, Helmut: Bürgerliches Gesetzbuch BGB: mit Allgemeinem Gleichbehandlungsgesetz, BeurkundungsG, BGB-Informationspflichten-Verordnung, Einführungsgesetz, ... Rechtsstand: 23. Januar 2013. 71. Auflage, München 2012.

Kudert 2011: Kudert, Stephan: Steuerrecht leicht gemacht: Eine Einführung nicht nur für Studierende an Hochschulen, Fachhochschulen und Berufsakademien. 4., überarbeitete Auflage, Berlin 2011.

Niederle 2012: Niederle, Jan: Einführung in das Bürgerliche Recht: Das BGB leicht erklärt für Anfänger. 8., unveränderte Auflage, Altenberge 2012.

Wörlen/Kokemoor 2011: Wörlen, Rainer / Kokemoor, Axel: Arbeitsrecht: Lernbuch, Strukturen, Übersichten. 10. Auflage, München 2011.

Zankl 2012: Zankl, Wolfgang: Bürgerliches Recht: Kurzlehrbuch. 6., überarbeitete Auflage, Wien 2012.

Kapitel 4: Unternehmensführung

Brakelmann 2012: Brakelmann, Brigitte: Personalmanagement. Berlin 2012.

Froese 2011: Froese, Eva: Unternehmensführung. Berlin 2011.

Härtl 2012: Härtl, Johanna: Kompendium für die Meisterprüfung. 6. Auflage, Berlin 2012.

Kolb/Burkart/Zundel 2010: Kolb, Meinulf / Burkart, Brigitte / Zundel, Frank: Personalmanagement: Grundlagen und Praxis des Human Resources Managements. 2., aktualisierte und überarbeitete Auflage. Heidelberg 2010.

Müller 2010: Müller, Hans-Erich: Unternehmensführung: Strategien – Konzepte – Praxisbeispiele. München 2010.

Schmeisser/Andresen/Kaiser 2012: Schmeisser, Wilhelm / Andresen, Maike / Kaiser, Stephan: Personalmanagement. Stuttgart 2012.

Schreyögg 2012: Schreyögg, Georg: Grundlagen der Organisation: Basiswissen für Studium und Praxis. Heidelberg 2012.

Stichwortverzeichnis

Der Querschnitt

Diese Formelsammlung berücksichtigt alle Themen-
felder, die in kaufmännischen Weiterbildungs-
prüfungen (Fachwirte, Fachkaufleute) benötigt
werden. Sie enthält die Formeln und Erläuterungen im Anwendungszusammenhang.
Die Inhalte der zugelassenen und bei der
Prüfung von den Kammern ausgegebenen
Formelsammlung sind mit enthalten und
entsprechend gekennzeichnet.

Johanna Härtl
Kaufmännische Formelsammlung
272 Seiten, kartoniert
ISBN 978-3-06-151032-9

Erhältlich im Buchhandel. Weitere Informationen zum Programm gibt
es dort oder im Internet unter **www.cornelsen.de/berufskompetenz**

Cornelsen Verlag • 14328 Berlin
www.cornelsen.de